OMNIBUS OF
FRENCH LITERATURE

THE MACMILLAN COMPANY
NEW YORK · BOSTON · CHICAGO · DALLAS
ATLANTA · SAN FRANCISCO

MACMILLAN AND CO., Limited
LONDON · BOMBAY · CALCUTTA · MADRAS
MELBOURNE

THE MACMILLAN COMPANY
OF CANADA, Limited
TORONTO

OMNIBUS OF FRENCH LITERATURE

the Nineteenth Century

VOLUME II

by HARRY STEINHAUER

University of Saskatchewan

and FELIX WALTER

Trinity College, University of Toronto

NEW YORK : THE MACMILLAN COMPANY

1941

PREFACE

The anthology is the stepchild among textbooks; disliked by everybody, it must nevertheless be endured. Even a good anthology may contain excerpts from the best works, but somehow the best excerpts — that is, the instructor's favorite passages — never manage to be included.

The present work was designed to remedy this unhappy condition. The bulk of its contents consists of complete representative classics of French literature from the Renaissance to the end of the nineteenth century; it offers, in addition, a liberal selection from other important works which could not be reprinted in full. This will enable the instructor to make up his own anthology of favorite readings.

Although this *Omnibus* is intended primarily for undergraduate reading, we have taken pains to provide scholarly texts, based on the most authoritative editions available. The only liberty we have taken with our models is to modernize the spelling. The notes are factual, not interpretative; their purpose is to help the student understand what he is reading, not to solve literary problems for him. By explaining the more difficult words and phrases as they occur in each text, we have sought to remove from the beginner's path the big stumbling block to the study of foreign literature as literature. For, by the time the undergraduate has struggled through an assignment with the aid of a dictionary or vocabulary, he has not much spirit left for literary appreciation. We feel that the liberal help we have given him in overcoming the language obstacle will increase his interest in these works as literary masterpieces and enable him to read far more extensively than he could do hitherto. The biographical sketches relate the bare facts of the author's life, allowing the instructor to make his own estimate of the writer's character and position in the history of French letters.

We wish to express our thanks to Professor Arthur C. Gilligan of Bowdoin College for his invaluable assistance in the preparation of the manuscript and in reading the proofs, to Mrs. D. Walter of Trinity College, in the University of Toronto, for her revision of the manuscript, and to Miss Margaret Cameron of the University of Saskatchewan for her interest and helpful suggestions. Other colleagues have given us the benefit of their advice with reference to individual authors and we wish in this connection to thank Professor J. S. Will of University College, Toronto, and Professor P. G. C. Campbell of Queen's University.

We are indebted to the following Paris publishers for permission to reproduce certain texts in this volume of the Omnibus: to Lemerre, éditeur, 22–23, Passage Choiseul, for Leconte de Lisle's *Sacra Fames;* to the Librairie Stock, 6, rue Casimir Delavigne, for Becque's *Les Corbeaux;* to Messein, éditeur, 19, quai Saint-Michel, for Verlaine's *A Louis 11 de Bavière;* to the Librairie Académique Perrin, 35, quai des Grands Augustins, for Mallarmé's *Le Tombeau d'Edgar Poe;* to the Mercure de France, 26, rue de Condé, for all the extracts from Rimbaud; to Calmann-Lévy, éditeurs, 3, rue Auber, for Anatole France's *Crainquebille.*

H. STEINHAUER   FELIX WALTER
University of Saskatchewan   Trinity College, University of Toronto

February, 1941

TABLE OF CONTENTS

CHATEAUBRIAND

CHATEAUBRIAND

FRANÇOIS-RENE, vicomte de Chateaubriand (1768–1848), was born at
Saint-Malo, in Brittany. His father, who had made money as a ship-owner,
had bought the château de Combourg near Dol. It was there that Chateaubriand
spent most of his boyhood years, being frequently in the company of his sister
Lucille. He attended various schools—at Dol, at Rennes and at Dinan—and
was for long undecided in his choice of a career. When he failed to get into the
navy he thought for a time of taking orders, but finally obtained a commission in
the Régiment de Navarre (1784), and spent a few months in garrison at Cambrai. After his father's death he went to Paris, was presented at court, began to
frequent the literary circle of Fontanes, Chamfort and Parny and became a
friend of the elderly Malesherbes. In 1790 he published his first poems in the
Almanach des Muses. A year later Chateaubriand sailed for America with a half-
formed plan to discover the North-West Passage. He landed at Baltimore, called
on George Washington and, from Albany, went on an expedition that took him
to Niagara Falls and possibly as far as the Ohio. He returned to France on the
news of the king's abortive flight to Varennes, was persuaded by his family to
contract a marriage of convenience, and then hurried off to join the Army of the
Princes. At Thionville he was badly wounded and he contracted small-pox at
the siege of Verdun. Chateaubriand took refuge on the Island of Jersey, where
he lived for four months with an uncle. As soon as he was fit to move again, he
joined the main body of the *émigrés* in England (1793). During his seven years
of exile there he worked hard at various literary projects, published his Rousseauistic *Essai sur les Révolutions* (1797), and earned his living as a language
teacher. By 1800 Chateaubriand felt it safe to return to France with a false pass-
port. The following year the publication of *Atala* not only won him literary re-
nown but attracted the favor of the First Consul. In 1803, Chateaubriand was
given a diplomatic post at Rome and, in 1804, was about to become minister to
the Valais, when he resigned in protest against the execution of the duc d'En-
ghien. During the next ten years Chateaubriand traveled in the Near East and in
Spain, but spent most of his time in seclusion at La Vallée aux Loups, near Sceaux.
He was elected to the Academy in 1811. His political fortunes rose again with
the Restoration; he wss successively Minister of the Interior, Ambassador to
Berlin and to London, Minister of Foreign Affairs and Ambassador to Rome.
After the July Revolution he sought retirement and consoled his old age with the
continuation of his *Mémoires d'Outre-Tombe*. Chateaubriand was loved by many
great ladies, but the most faithful of all was Mme Récamier, who met him in the
year of the publication of *Atala* and came, old and half-blind, to pray at his
death-bed. In accordance with a wish expressed in his will, Chateaubriand was
buried on the Island of Grand-Bé, opposite his birth-place.

Chateaubriand's principal novels are: *Atala* (1801), *René* (1802), *Les Martyrs*

(1809), *Les Natchez* (1826), *Les Aventures du dernier Abencérage* (1826). The *Génie du Christianisme* was published in 1802. His chief political works are: *Essai sur les Révolutions* (1797), *De Buonaparte et des Bourbons* (1814), *La Monarchie selon la Charte* (1816). The *Itinéraire de Paris à Jérusalem* was published in 1811, his *Vie de Rancé* in 1844 and the autobiographical *Mémoires d'Outre-Tombe* in 1849–50.

ATALA[1]

PROLOGUE

La France possédait autrefois dans l'Amérique septentrionale[2] un vaste empire, qui s'étendait depuis le Labrador jusqu'aux Florides, et depuis les rivages de l'Atlantique jusqu'aux lacs les plus reculés[3] du haut Canada.[4]

Quatre grands fleuves, ayant leurs sources dans les mêmes montagnes, divisaient ces régions immenses: le fleuve Saint-Laurent, qui se perd à l'est dans le golfe de son nom; la rivière de l'Ouest,[5] qui porte ses eaux à des mers inconnues; le fleuve Bourbon,[6] qui se précipite du midi[7] au nord dans la baie d'Hudson; et le Meschacebé,[a] qui tombe du nord au midi dans le golfe du Mexique.

Ce dernier fleuve, dans un cours de plus de mille lieues,[8] arrose[9] une délicieuse contrée, que les habitants des Etats-Unis appellent le *nouvel Eden*, et à laquelle les Français ont laissé le doux nom de *Louisiane*. Mille autres fleuves, tributaires du Meschacebé, le Missouri, l'Illinois, l'Akanza,[10] l'Ohio, le Wabache, le Tenase,[11] l'engraissent de leur limon[12] et la fertilisent de leurs eaux. Quand tous ces fleuves se sont gonflés[13] des déluges de l'hiver, quand les tempêtes ont abattu des pans entiers[14] de forêts, les arbres déracinés[15] s'assemblent sur les sources. Bientôt la vase[16] les cimente, les lianes[17] les enchaînent, et des plantes, y prenant

[a] Vrai nom du Mississippi ou Meschassipi

[1] Shortly after his mother's death in 1798 Chateaubriand abandoned the Rousseauistic deism of his youth and was caught up in the current revival of Christianity. When, a year later, his former friend Parny published an anti-Christian poem, *La Guerre des Dieux*, Chateaubriand decided to answer with a treatise expounding the beauties of Christianity and illustrated by episodes on primitive man, which were to be drawn from the huge manuscript on his travels to America, already named *Les Natchez*. The whole apology, later to be called *Le Génie du christianisme*, was being set up by Dulau in London when Chateaubriand returned to France with the manuscript. In Paris, Migneret agreed to publish the book, but the political situation was unstable, so Fontanes advised the publication of a detached episode and, with Joubert and Chênedollé, helped Chateaubriand to recast *Atala*. It appeared with the sub-title *Les Amours de deux sauvages dans le désert* in April, 1801, and was an immediate success, not only in France but throughout the western world. The author described it in the preface as "une sorte de poème." Its remote literary ancestors are too numerous to mention; the travels of Carver, Bartram, Catesby, Imlay and Charlevoix were extensively used for the American background; Atala herself, who resembles Charlotte Ives, one of Chateaubriand's English pupils, is only one of the characters drawn from recognizable models.   [2] 'northern'   [3] 'remote'   [4] Upper Canada; here roughly the region west of the Ottawa river   [5] the Oregon river   [6] the Nelson river   [7] 'south'   [8] 'leagues'   [9] 'waters'   [10] the Arkansas   [11] the Wabash, the Tennessee   [12] 'enrich it with their silt'   [13] 'have become swollen'   [14] 'have laid low whole sections'   [15] 'uprooted'   [16] 'mud'   [17] 'creepers'

racine de toutes parts,[18] achèvent de consolider ces débris. Charriés par les vagues écumantes,[19] ils descendent au Meschacebé: le fleuve s'en empare,[20] les pousse au golfe Mexicain, les échoue[21] sur des bancs de sable, et accroît[22] ainsi le nombre de ses embouchures.[23] Par intervalles, il élève sa voix en passant sur les monts, et répand ses eaux débordées[24] autour des colonnades des forêts et des pyramides des tombeaux indiens; c'est le Nil des déserts.[25] Mais la grâce est toujours unie à la magnificence dans les scènes de la nature: tandis que le courant du milieu entraîne[26] vers la mer les cadavres[27] des pins et des chênes,[28] on voit sur les deux courants latéraux remonter, le long des rivages,[29] des îles flottantes de pistia et de nénufar,[30] dont les roses jaunes s'élèvent comme de petits pavillons.[31] Des serpents verts, des hérons bleus, des flamants[32] roses, de jeunes crocodiles, s'embarquent passagers sur ces vaisseaux de fleurs, et la colonie, déployant[33] au vent ses voiles d'or, va aborder[34] endormie dans quelque anse[35] retirée du fleuve.

Les deux rives du Meschacebé présentent le tableau le plus extraordinaire. Sur le bord occidental, des savanes[36] se déroulent à perte de vue;[37] leurs flots[38] de verdure, en s'éloignant, semblent monter dans l'azur du ciel, où ils s'évanouissent.[39] On voit dans ces prairies sans bornes[40] errer à l'aventure[41] des troupeaux de trois ou quatre mille buffles[42] sauvages. Quelquefois un bison chargé d'années, fendant[43] les flots à la nage, se vient coucher, parmi de hautes herbes, dans une île du Meschacebé. A son front orné de deux croissants,[44] à sa barbe antique et limoneuse, vous le prendriez pour le dieu du fleuve, qui jette un œil satisfait sur la grandeur de ses ondes[45] et la sauvage abondance de ses rives.

Telle est la scène sur le bord occidental; mais elle change sur le bord opposé, et forme avec la première un admirable contraste. Suspendus sur le cours des eaux, groupés sur les rochers et sur les montagnes, dispersés dans les vallées, des arbres de toutes les formes, de toutes les couleurs, de tous les parfums, se mêlent, croissent ensemble, montent dans les airs à des hauteurs qui fatiguent les regards. Les vignes sauvages, les bignonias, les coloquintes,[46] s'entrelacent au pied de ces arbres, escaladent leurs rameaux, grimpent[47] à l'extrémité des branches, s'élancent de l'érable[48] au tulipier, du tulipier à l'alcée,[49] en formant mille grottes, mille voûtes,[50] mille portiques. Souvent, égarées[51] d'arbre en arbre, ces

---

[18] 'taking root on all sides'   [19] 'borne along by the foaming waves'   [20] 'takes hold of them'   [21] 'beaches them'   [22] 'increases'   [23] 'mouths'   [24] 'overflowing'   [25] 'the Nile of the wilderness'   [26] 'carries along'   [27] 'dead bodies'   [28] 'oaks'   [29] 'shores'   [30] 'great duck-weed and water-lilies'   [31] 'flags'   [32] 'flamingoes'   [33] 'unfolding'   [34] 'lands'   [35] 'cove'   [36] 'prairies'   [37] 'as far as the eye can see'   [38] 'waves'   [39] 'fade out of sight'   [40] 'boundless'   [41] 'aimlessly'   [42] 'buffaloes'   [43] 'cleaving'   [44] 'crescents'   [45] 'waters'   [46] 'trumpet-flowers, bitter apples'   [47] 'scale their branches, climb'   [48] 'spring from the maple'   [49] 'the althea'; a tree of the mallow family   [50] 'vaults'   [51] 'straying'

lianes traversent des bras de rivière sur lesquels elles jettent des ponts de fleurs. Du sein de ces massifs[52] le magnolia élève son cône immobile; surmonté de ses larges roses blanches, il domine toute la forêt, et n'a d'autre rival que le palmier, qui balance légèrement auprès de lui ses éventails[53] de verdure.

Une multitude d'animaux placés dans ces retraites par la main du Créateur y répandent[54] l'enchantement et la vie. De l'extrémité des avenues on aperçoit des ours enivrés de raisin, qui chancellent[55] sur les branches des ormeaux;[56] des cariboux se baignent dans un lac; des écureuils[57] noirs se jouent dans l'épaisseur des feuillages; des oiseaux-moqueurs, des colombes[58] de Virginie, de la grosseur d'un passereau,[59] descendent sur les gazons[60] rougis par les fraises;[61] des perroquets[62] verts à têtes jaunes, des piverts empourprés,[63] des cardinaux de feu, grimpent en circulant au haut des cyprès; des colibris étincellent[64] sur le jasmin des Florides, et des serpents-oiseleurs sifflent[65] suspendus aux dômes des bois en s'y balançant comme des lianes.

Si tout est silence et repos dans les savanes de l'autre côté du fleuve, tout ici, au contraire, est mouvement et murmure: des coups de bec contre le tronc des chênes, des froissements[66] d'animaux qui marchent, broutent ou broient[67] entre leurs dents les noyaux[68] des fruits; des bruissements[69] d'ondes, de faibles gémissements, de sourds meuglements,[70] de doux roucoulements,[71] remplissent ces déserts d'une tendre et sauvage harmonie. Mais quand une brise vient à animer ces solitudes, à balancer ces corps flottants, à confondre ces masses de blanc, d'azur, de vert, de rose, à mêler toutes les couleurs, à réunir tous les murmures, alors il sort de tels bruits du fond des forêts, il se passe de telles choses aux yeux, que j'essayerais en vain de les décrire à ceux qui n'ont point parcouru[72] ces champs primitifs de la nature.

Après la découverte du Meschacebé par le père Marquette et l'infortuné La Salle,[73] les premiers Français qui s'établirent au Biloxi[74] et à la Nouvelle-Orléans firent alliance avec les Natchez,[75] nation indienne dont la puissance était redoutable dans ces contrées. Des querelles et des jalousies ensanglantèrent dans la suite[76] la terre de l' hospitalité. Il y avait parmi ces sauvages un vieillard nommé *Chactas,*[a] qui, par son âge, sa

---

[a] La voix harmonieuse

[52] 'groves' [53] 'fans' [54] 'spread' [55] 'bears, drunken with grapes, who stagger' [56] 'young elms' [57] 'squirrels' [58] 'mocking birds, doves' [59] 'sparrow' [60] 'turf' [61] 'strawberries' [62] 'parrots' [63] 'red-headed woodpeckers' [64] 'humming-birds sparkle' [65] 'bird-catching snakes hiss' [66] 'rustling' [67] 'crop or crush' [68] 'kernels' [69] 'murmuring' [70] 'moaning, deep lowing' [71] 'cooing' [72] 'have not traversed' [73] Jacques Marquette (1637–75) and Robert Cavelier de La Salle (1643–87), French explorers of the Mississippi basin [74] a village (now a city) on the Gulf of Mexico, about 80 miles from New Orleans [75] a tribe of Indians, dispersed in 1729 by the French [76] 'drenched with blood subsequently'

sagesse et sa science[77] dans les choses de la vie, était le patriarche et l'amour des déserts. Comme tous les hommes, il avait acheté la vertu par l'infortune. Non seulement les forêts du Nouveau-Monde furent remplies de ses malheurs, mais il les porta jusque sur les rivages de la

5 France. Retenu aux galères[78] à Marseille par une cruelle injustice, rendu à la liberté, présenté à Louis XIV, il avait conversé avec les grands hommes de ce siècle et assisté[79] aux fêtes de Versailles, aux tragédies de Racine,[80] aux oraisons funèbres[81] de Bossuet;[82] en un mot, le sauvage avait contemplé la société à son plus haut point de splendeur.

10 Depuis plusieurs années, rentré dans le sein[83] de sa patrie, Chactas jouissait du repos. Toutefois le ciel lui vendait encore cher cette faveur: le vieillard était devenu aveugle. Une jeune fille l'accompagnait sur les coteaux[84] du Meschacebé, comme Antigone[85] guidait les pas d'Œdipe sur le Cythéron,[86] ou comme Malvina[87] conduisait Ossian sur les rochers de

15 Morven.[88]

Malgré les nombreuses injustices que Chactas avait éprouvées de la part des Français, il les aimait. Il se souvenait toujours de Fénelon,[89] dont il avait été l'hôte,[90] et désirait pouvoir rendre quelque service aux compatriotes de cet homme vertueux. Il s'en présenta une occasion favo-

20 rable. En 1725, un Français nommé *René*, poussé par des passions et des malheurs, arriva à la Louisiane. Il remonta le Meschacebé jusqu'aux Natchez, et demanda à être reçu guerrier de cette nation. Chactas l'ayant interrogé, et le trouvant inébranlable[91] dans sa résolution, l'adopta pour fils, et lui donna pour épouse une Indienne appelée *Céluta*.

25 Peu de temps après ce mariage, les sauvages se préparèrent à la chasse du castor.[92]

Chactas, quoique aveugle, est désigné par le conseil des Sachems[a] pour commander l'expédition, à cause du respect que les tribus indiennes lui portaient. Les prières et les jeûnes[93] commencent; les Jongleurs[94] inter-

30 prètent les songes;[95] on consulte les Manitous;[96] on fait des sacrifices de petun;[97] on brûle des filets de langue d'orignal;[98] on examine s'ils pétillent[99] dans la flamme, afin de découvrir la volonté des Génies;[1] on part enfin, après avoir mangé le chien sacré. René est de la troupe. A l'aide

[a] Vieillards ou conseillers

[77] 'knowledge'   [78] 'galleys'   [79] 'been present'   [80] Jean Racine (1639–99), French tragic poet   [81] 'funeral orations'   [82] Jacques-Bénigne Bossuet (1627–1704), Bishop of Meaux, historian, theologian and court preacher   [83] 'bosom' [84] 'hillsides'   [85] the daughter of King Œdipus of Thebes, who accompanied her blind father into exile   [86] a mountain range in Boeotia   [87] the widowed daughter-in-law of the legendary Celtic bard Ossian; poems attributed to him were published in 1760 by James Macpherson and influenced the pre-romantic movement.   [88] a mountain in northeastern Scotland   [89] François de Salignac de la Mothe-Fénelon (1651–1715), Archbishop of Cambrai, theologian and author of *Télémaque*   [90] 'guest'   [91] 'unshakable'   [92] 'beaver'   [93] 'fasts'   [94] 'medicine-men'   [95] 'dreams'   [96] 'spirits' [97] 'tobacco'   [98] 'thin strips of moose tongue'   [99] 'crackle'   [1] 'deities'

des contre-courants, les pirogues[2] remontent le Meschacebé, et entrent
dans le lit de l'Ohio. C'est en automne. Les magnifiques déserts du
Kentucky se déploient aux yeux étonnés du jeune Français. Une nuit,
à la clarté de la lune, tandis que tous les Natchez dorment au fond de
leurs pirogues, et que la flotte indienne, élevant ses voiles de peaux[3] de
bêtes, fuit devant une légère brise, René, demeuré seul avec Chactas,
lui demande le récit de ses aventures. Le vieillard consent à le satisfaire,
et, assis avec lui sur la poupe[4] de la pirogue, il commence en ces mots:

LE RECIT

LES CHASSEURS

«C'est une singulière destinée, mon cher fils, que celle qui nous réunit.
Je vois en toi l'homme civilisé qui s'est fait sauvage; tu vois en moi
l'homme sauvage que le Grand Esprit (j'ignore pour quel dessein) a
voulu civiliser. Entrés l'un et l'autre dans la carrière de la vie par les
deux bouts opposés, tu es venu te reposer à ma place, et j'ai été m'asseoir à la tienne: ainsi nous avons dû avoir des objets une vue totalement
différente. Qui, de toi ou de moi, a le plus gagné ou le plus perdu à ce
changement de position? C'est ce que savent les Génies, dont le moins
savant a plus de sagesse que tous les hommes ensemble.

«A la prochaine lune des fleurs,[a] il y aura sept fois dix neiges, et trois
neiges de plus,[b] que ma mère me mit au monde sur les bords du Meschacebé. Les Espagnols s'étaient depuis peu établis dans la baie de Pensa-
cola,[1] mais aucun blanc n'habitait encore la Louisiane. Je comptais à
peine dix-sept chutes de feuilles[2] lorsque je marchai avec mon père, le
guerrier Outalissi, contre les Muscogulges,[3] nation puissante des Florides.
Nous nous joignîmes aux Espagnols, nos alliés, et le combat se donna sur
une des branches de la Maubile.[4] Areskoui[c] et les Manitous ne nous
furent pas favorables. Les ennemis triomphèrent; mon père perdit la vie;
je fus blessé deux fois en le défendant. Oh! que ne descendis-je alors dans
le pays des âmes![d] j'aurais évité les malheurs qui m'attendaient sur la
terre. Les Esprits en ordonnèrent autrement: je fus entraîné par les
fuyards[5] à Saint-Augustin.[6]

«Dans cette ville, nouvellement bâtie par les Espagnols, je courais le
risque d'être enlevé[7] pour les mines de Mexico, lorsqu'un vieux Castillan

[a] Mois de mai   [b] Neige pour année; soixante-treize ans   [c] Dieu
de la guerre   [d] Les enfers

[2] 'dug-out canoes'   [3] 'sails of skins'   [4] 'stern'
[1] town on the northwest coast of Florida   [2] i.e. autumns   [3] Muscogees or
Creek Indians   [4] the Mobile river   [5] 'fugitives'   [6] oldest European settlement in the United States, founded in Florida by the Spaniards in 1565   [7] 'carried
away'

nommé *Lopez*, touché de ma jeunesse et de ma simplicité, m'offrit un asile[8] et me présenta à une sœur avec laquelle il vivait sans épouse.

«Tous les deux prirent pour moi les sentiments les plus tendres. On m'éleva avec beaucoup de soin; on me donna toutes sortes de maîtres. Mais, après avoir passé trente lunes à Saint-Augustin, je fus saisi du dégoût de la vie des cités. Je dépérissais à vue d'œil:[9] tantôt je demeurais immobile pendant des heures à contempler la cime des lointaines forêts;[10] tantôt on me trouvait assis au bord d'un fleuve, que je regardais tristement couler.[11] Je me peignais[12] les bois à travers lesquels cette onde avait passé, et mon âme était tout entière à la solitude.

«Ne pouvant plus résister à l'envie de retourner au désert, un matin je me présentai à Lopez, vêtu de mes habits de sauvage, tenant d'une main mon arc et mes flèches[13] et de l'autre mes vêtements européens. Je les remis à mon généreux protecteur, aux pieds duquel je tombai en versant[14] des torrents de larmes.[15] Je me donnai des noms odieux; je m'accusai d'ingratitude: «Mais enfin, lui dis-je, ô mon père! tu le vois toi-«même: je meurs si je ne reprends la vie de l'Indien.»

«Lopez, frappé d'étonnement, voulut me détourner de mon dessein. Il me représenta les dangers que j'allais courir en m'exposant à tomber de nouveau entre les mains des Muscogulges. Mais, voyant que j'étais résolu à tout entreprendre, fondant[16] en pleurs et me serrant[17] dans ses bras: «Va, s'écria-t-il, enfant de la nature! reprends cette indépendance «de l'homme que Lopez ne te veut point ravir.[18] Si j'étais plus jeune «moi-même, je t'accompagnerais au désert (où j'ai aussi de doux sou-«venirs!), et je te remettrais dans les bras de ta mère. Quand tu seras «dans tes forêts, songe quelquefois à ce vieil Espagnol qui te donna «l'hospitalité, et rappelle-toi, pour te porter[19] à l'amour de tes sem-«blables,[20] que la première expérience que tu as faite du cœur humain a «été tout en sa faveur.» Lopez finit par une prière au Dieu des chrétiens, dont j'avais refusé d'embrasser le culte, et nous nous quittâmes avec des sanglots.[21]

«Je ne tardai pas à être puni[22] de mon ingratitude. Mon inexpérience m'égara[23] dans les bois, et je fus pris par un parti de Muscogulges et de Siminoles,[24] comme Lopez me l'avait prédit. Je fus reconnu pour Natchez à mon vêtement et aux plumes qui ornaient ma tête. On m'enchaîna, mais légèrement, à cause de ma jeunesse. Simaghan, le chef de la troupe, voulut savoir mon nom; je répondis: «Je m'appelle *Chactas*, fils d'Outa-«lissi, fils de Miscou, qui ont enlevé plus de cent chevelures[25] aux héros «muscogulges.» Simaghan me dit: «Chactas, fils d'Outalissi, fils de

---

[8] 'refuge'   [9] 'I was wasting away visibly'   [10] 'the tops of the distant forests'
[11] 'flow'   [12] 'I pictured to myself'   [13] 'my bow and arrows'   [14] 'shedding'
[15] 'tears'   [16] 'bursting'   [17] 'clasping'   [18] 'rob you of'   [19] 'incline'
[20] 'fellow-men'   [21] 'sobs'   [22] 'it was not long before I was punished'   [23] 'led me astray'   [24] Seminole Indians   [25] 'scalps'

«Miscou, réjouis-toi: tu seras brûlé au grand village.» Je repartis: «Voilà qui va bien;» et j'entonnai[26] ma chanson de mort.

«Tout prisonnier que j'étais, je ne pouvais, durant les premiers jours, m'empêcher d'admirer mes ennemis. Le Muscogulge, et surtout son allié, le Siminole, respire la gaieté, l'amour, le contentement. Sa démarche[27] est légère, son abord[28] ouvert et serein. Il parle beaucoup et avec volubilité; son langage est harmonieux et facile. L'âge même ne peut ravir aux Sachems cette simplicité joyeuse: comme les vieux oiseaux de nos bois, ils mêlent encore leurs vieilles chansons aux airs nouveaux de leur jeune postérité.

«Les femmes qui accompagnaient la troupe témoignaient[29] pour ma jeunesse une pitié tendre et une curiosité aimable. Elles me questionnaient sur ma mère, sur les premiers jours de ma vie; elles voulaient savoir si l'on suspendait mon berceau[30] de mousse aux branches fleuries des érables, si les brises m'y balançaient[31] auprès du nid des petits oiseaux. C'étaient ensuite mille autres questions sur l'état de mon cœur: elles me demandaient si j'avais vu une biche[32] blanche dans mes songes et si les arbres de la vallée secrète m'avaient conseillé d'aimer. Je répondais avec naïveté aux mères, aux filles et aux épouses des hommes. Je leur disais: «Vous êtes les grâces du jour, et la nuit vous aime comme la rosée.[33] «L'homme sort de votre sein pour se suspendre à votre mamelle[34] et à «votre bouche; vous savez des paroles magiques qui endorment toutes «les douleurs. Voilà ce que m'a dit celle qui m'a mis au monde, et qui «ne me reverra plus! Elle m'a dit encore que les vierges étaient des «fleurs mystérieuses, qu'on trouve dans les lieux solitaires.»

«Ces louanges faisaient beaucoup de plaisir aux femmes: elles me comblaient[35] de toutes sortes de dons; elles m'apportaient de la crème de noix, du sucre d'érable, de la sagamité,[a] des jambons[37] d'ours, des peaux de castor, des coquillages pour me parer[38] et des mousses pour ma couche. Elles chantaient, elles riaient avec moi, et puis elles se prenaient[39] à verser des larmes en songeant que je serais brûlé.

«Une nuit que les Muscogulges avaient placé leur camp sur le bord d'une forêt, j'étais assis auprès du *feu de la guerre*, avec le chasseur commis à ma garde. Tout à coup j'entendis le murmure d'un vêtement sur l'herbe, et une femme à demi voilée vint s'asseoir à mes côtés. Des pleurs roulaient sous sa paupière;[40] à la lueur du feu un petit crucifix d'or brillait sur son sein. Elle était régulièrement belle; l'on remarquait sur son visage je ne sais quoi de vertueux et de passionné dont l'attrait était irrésistible. Elle joignait à cela des grâces plus tendres: une extrême

---

[a] Sorte de pâte de maïs[36]

[26] 'began to sing'   [27] 'step'   [28] 'manner'   [29] 'displayed'   [30] 'cradle'
[31] 'rocked'   [32] 'hind'   [33] 'dew'   [34] 'breast'   [35] 'showered me'   [36] 'a kind
of corn-meal mush'   [37] 'hams'   [38] 'shells to adorn myself'   [39] 'began'   [40] 'eyelids'

sensibilité[41] unie à une mélancolie profonde respirait dans ses regards; son sourire était céleste.

«Je crus que c'était la *Vierge des dernières amours*, cette vierge qu'on envoie au prisonnier de guerre pour enchanter[42] sa tombe. Dans cette persuasion, je lui dis en balbutiant[43] et avec un trouble qui pourtant ne venait pas de la crainte du bûcher:[44] «Vierge, vous êtes digne des pre-«mières amours, et vous n'êtes pas faite pour les dernières. Les mouve-«ments d'un cœur qui va bientôt cesser de battre répondraient mal aux «mouvements du vôtre. Comment mêler la mort et la vie? Vous me «feriez trop regretter le jour.[45] Qu'un autre soit plus heureux que moi, «et que de longs embrassements unissent la liane et le chêne!»

«La jeune fille me dit alors: «Je ne suis point la *Vierge des dernières* «*amours*. Es-tu chrétien?» Je répondis que je n'avais point trahi les Génies de ma cabane.[46] A ces mots l'Indienne fit un mouvement involon-taire. Elle me dit: «Je te plains de n'être qu'un méchant idolâtre. Ma «mère m'a faite chrétienne; je me nomme *Atala*, fille de Simaghan aux «bracelets d'or et chef des guerriers de cette troupe. Nous nous rendons «à Apalachucla,[47] où tu seras brûlé.» En prononçant ces mots, Atala se lève et s'éloigne.»

Ici Chactas fut contraint d'interrompre son récit. Les souvenirs se pressèrent en foule[48] dans son âme; ses yeux éteints[49] inondèrent de larmes ses joues flétries:[50] telles[51] deux sources cachées dans la profonde nuit de la terre se décèlent[52] par les eaux qu'elles laissent filtrer entre les rochers.

«O mon fils! reprit-il enfin: tu vois que Chactas est bien peu sage, malgré sa renommée[53] de sagesse! Hélas! mon cher enfant, les hommes ne peuvent déjà plus voir,[54] qu'ils peuvent encore pleurer! Plusieurs jours s'écoulèrent; la fille du Sachem revenait chaque soir me parler. Le sommeil avait fui de mes yeux, et Atala était dans mon cœur comme le souvenir de la couche[55] de mes pères.

«Le dix-septième jour de marche, vers le temps où l'éphémère[56] sort des eaux, nous entrâmes sur la grande savane Alachua. Elle est en-vironnée de coteaux qui, fuyant les uns derrière les autres, portent, en s'élevant jusqu'aux nues,[57] des forêts étagées[58] de copalmes, de citron-niers,[59] de magnolias et de chênes-verts.[60] Le chef poussa le cri d'arrivée, et la troupe campa aux pieds des collines. On me relégua[61] à quelque dis-tance, au bord d'un de ces *puits*[62] *naturels* si fameux dans les Florides.

---

[41] 'tenderness'   [42] 'delight'   [43] 'stammering'   [44] 'stake'   [45] i.e. life
[46] 'hut'   [47] Apalachicola, capital of the Creek Indians, on the Chattahoochee river, in Georgia   [48] 'came crowding'   [49] 'sightless'   [50] 'withered'   [51] 'thus'
[52] 'reveal themselves'   [53] 'reputation'   [54] 'even when men can no longer see'
[55] 'last resting-place'   [56] 'may-fly'   [57] 'clouds'   [58] i.e. forming a succession of terraces   [59] 'sweet gum trees, lemon trees'   [60] 'evergreen oaks'   [61] 'I was isolated'   [62] 'wells'

J'étais attaché au pied d'un arbre; un guerrier veillait[63] impatiemment auprès de moi. J'avais à peine passé quelques instants dans ce lieu, qu'Atala parut sous les liquidambars[64] de la fontaine.[65] «Chasseur, dit-«elle au héros muscogulge, si tu veux poursuivre le chevreuil,[66] je gar-«derai le prisonnier.» Le guerrier bondit de joie à cette parole de la fille du chef; il s'élance du sommet de la colline, et allonge ses pas[67] dans la plaine.

«Etrange contradiction du cœur de l'homme! Moi qui avais tant dé-siré de dire les choses du mystère[68] à celle que j'aimais déjà comme le soleil, maintenant interdit[69] et confus, je crois que j'eusse préféré d'être jeté aux crocodiles de la fontaine[70] à me trouver seul ainsi avec Atala. La fille du désert était aussi troublée que son prisonnier; nous gardions un profond silence; les Génies de l'amour avaient dérobé[71] nos paroles. Enfin Atala, faisant un effort, dit ceci: «Guerrier, vous êtes retenu faible-«ment; vous pouvez aisément vous échapper.» A ces mots, la hardiesse revint sur ma langue; je répondis: «Faiblement retenu, ô femme...!» Je ne sus comment achever. Atala hésita quelques moments, puis elle dit: «Sauvez-vous.»[72] Et elle me détacha du tronc de l'arbre. Je saisis la corde, je la remis dans la main de la fille étrangère, en forçant ses beaux doigts à se fermer sur ma chaîne. «Reprenez-la! reprenez-la!» m'écriai-je. — «Vous êtes un insensé,[73] dit Atala d'une voix émue. «Malheureux! ne sais-tu pas que tu seras brûlé? Que prétends-tu?[74] «Songes-tu bien que je suis la fille d'un redoutable Sachem?» — «Il fut «un temps, répliquai-je avec des larmes, que j'étais aussi porté dans une «peau de castor aux épaules d'une mère. Mon père avait aussi une belle «hutte, et ses chevreuils buvaient les eaux de mille torrents; mais j'erre «maintenant sans patrie. Quand je ne serai plus, aucun ami ne mettra «un peu d'herbe sur mon corps pour le garantir[75] des mouches. Le corps «d'un étranger malheureux n'intéresse personne.»

«Ces mots attendrirent[76] Atala. Ses larmes tombèrent dans la fon-taine. «Ah! repris-je avec vivacité, si votre cœur parlait comme le mien! «Le désert n'est-il pas libre? Les forêts n'ont-elles point de replis[77] où «nous cacher? Faut-il donc, pour être heureux, tant de choses aux en-«fants des cabanes! O fille plus belle que le premier songe de l'époux! «ô ma bien-aimée! ose suivre mes pas.» Telles furent mes paroles. Atala me répondit d'une voix tendre: «Mon jeune ami, vous avez appris le «langage des blancs; il est aisé de tromper une Indienne.» — «Quoi! «m'écriai-je, vous m'appelez votre jeune ami! Ah! si un pauvre es-«clave...» — «Eh bien, dit-elle en se penchant sur[78] moi, un pauvre

---

[63] 'watched'   [64] 'sweet gum trees'   [65] 'spring'   [66] 'deer'   [67] 'lengthens his stride'   [68] i.e. the mystery of love   [69] 'tongue-tied'   [70] 'pool'   [71] 'had stolen'   [72] 'flee'   [73] 'madman'   [74] 'what do you aspire to?'   [75] 'protect it'   [76] 'moved'   [77] 'recesses'   [78] 'bending over'

«esclave...» Je repris avec ardeur: «Qu'un baiser l'assure de ta foi!» Atala écouta ma prière. Comme un faon[79] semble pendre aux fleurs de lianes roses, qu'il saisit de sa langue délicate dans l'escarpement[80] de la montagne, ainsi je restai suspendu aux lèvres de ma bien-aimée.

5 «Hélas! mon cher fils, la douleur touche de près[81] au plaisir! Qui eût pu croire que le moment où Atala me donnait le premier gage[82] de son amour serait celui-là même où elle détruirait mes espérances? Cheveux blanchis du vieux Chactas, quel fut votre étonnement lorsque la fille du Sachem prononça ces paroles: «Beau prisonnier, j'ai follement cédé à 10 «ton désir; mais où nous conduira cette passion? Ma religion me sépare «de toi pour toujours... O ma mère! qu'as-tu fait?...» Atala se tut tout à coup, et retint je ne sus quel fatal secret près d'échapper à ses lèvres. Ses paroles me plongèrent dans le désespoir. «Eh bien! m'écriai-je, je «serai aussi cruel que vous: je ne fuirai point. Vous me verrez dans le 15 «cadre[83] de feu; vous entendrez les gémissements de ma chair et vous «serez pleine de joie.» Atala saisit mes mains entre les deux siennes. «Pauvre jeune idolâtre, s'écria-t-elle, tu me fais réellement pitié! Tu «veux donc que je pleure tout mon cœur? Quel dommage que je ne «puisse fuir avec toi! Malheureux a été le ventre[84] de ta mère, ô Atala! 20 «Que[85] ne te jettes-tu au crocodile de la fontaine?»

«Dans ce moment même, les crocodiles, aux approches du coucher du soleil, commençaient à faire entendre leurs rugissements.[86] Atala me dit: «Quittons ces lieux.» J'entraînai la fille de Simaghan au pied des coteaux qui formaient des golfes de verdure en avançant leurs promontoires dans 25 la savane. Tout était calme et superbe au désert. La cigogne[87] criait sur son nid; les bois retentissaient[88] du chant monotone des cailles,[89] du sifflement des perruches,[90] du mugissement[91] des bisons et du hennissement des cavales[92] siminoles.

«Notre promenade fut presque muette. Je marchais à côté d'Atala; 30 elle tenait le bout de la corde que je l'avais forcée de reprendre. Quelquefois nous versions des pleurs, quelquefois nous essayions de sourire. Un regard tantôt levé vers le ciel, tantôt attaché à la terre, une oreille attentive au chant de l'oiseau, un geste vers le soleil couchant, une main tendrement serrée, un sein tour à tour[93] palpitant, tour à tour tranquille, 35 les noms de Chactas et d'Atala doucement répétés par intervalles... O première promenade de l'amour! il faut que votre souvenir soit bien puissant, puisque après tant d'années d'infortune vous remuez encore le cœur du vieux Chactas!

«Qu'ils sont incompréhensibles les mortels agités par des passions! Je 40 venais d'abandonner le généreux Lopez, je venais de m'exposer à tous

[79] 'fawn'	[80] 'steep slope'	[81] 'follows close'	[82] 'pledge'	[83] 'frame'
[84] 'womb'	[85] 'why'	[86] 'roars'	[87] 'stork'	[88] 'echoed'	[89] 'quails'
[90] 'parakeets'	[91] 'bellowing'	[92] 'neighing of the mares'	[93] 'by turns'

les dangers pour être libre: dans un instant le regard d'une femme avait changé mes goûts,[94] mes résolutions, mes pensées! Oubliant mon pays, ma mère, ma cabane et la mort affreuse qui m'attendait, j'étais devenu indifférent à tout ce qui n'était pas Atala. Sans force pour m'élever à la raison de l'homme, j'étais retombé tout à coup dans une espèce d'enfance; et loin de pouvoir rien faire pour me soustraire[95] aux maux qui m'attendaient, j'aurais eu presque besoin qu'on s'occupât de mon sommeil et de ma nourriture.

«Ce fut donc vainement qu'après nos courses[96] dans la savane, Atala, se jetant à mes genoux, m'invita de nouveau à la quitter. Je lui protestai que je retournerais seul au camp si elle refusait de me rattacher au pied de mon arbre. Elle fut obligée de me satisfaire, espérant me convaincre une autre fois.

«Le lendemain de cette journée, qui décida du destin de ma vie, on s'arrêta dans une vallée, non loin de Cuscowilla,[97] capitale des Siminoles. Ces Indiens, unis aux Muscogulges, forment avec eux la confédération des Creeks. La fille du pays des palmiers vint me trouver au milieu de la nuit. Elle me conduisit dans une grande forêt de pins, et renouvela ses prières pour m'engager[98] à la fuite. Sans lui répondre, je pris sa main dans ma main, et je forçai cette biche altérée[99] d'errer avec moi dans la forêt. La nuit était délicieuse. Le Génie des airs secouait sa chevelure bleue, embaumée de la senteur[1] des pins, et l'on respirait la faible odeur d'ambre qu'exhalaient les crocodiles couchés sous les tamarins[2] des fleuves. La lune brillait au milieu d'un azur sans tache, et sa lumière gris de perle descendait sur la cime indéterminée des forêts. Aucun bruit ne se faisait entendre, hors je ne sais quelle harmonie lointaine qui régnait dans la profondeur des bois: on eût dit que l'âme de la solitude soupirait[3] dans toute l'étendue du désert.

«Nous aperçumes à travers les arbres un jeune homme qui, tenant à la main un flambeau,[4] ressemblait au Génie du printemps parcourant les forêts pour ranimer la nature; c'était un amant qui allait s'instruire de son sort à la cabane de sa maîtresse.[5]

«Si la vierge éteint le flambeau, elle accepte les vœux[6] offerts; si elle se voile sans l'éteindre, elle rejette un époux.

«Le guerrier, en se glissant dans les ombres, chantait à demi-voix ces paroles:

«Je devancerai[7] les pas du jour sur le sommet des montagnes pour «chercher ma colombe solitaire parmi les chênes de la forêt.

«J'ai attaché à son cou un collier de porcelaines[a]; on y voit trois

---

[a] Sorte de coquillage

[94] 'inclinations'   [95] 'save myself'   [96] 'wanderings'   [97] on the Flint river
[98] 'urge me'   [99] 'thirsting'   [1] 'fragrance'   [2] 'tamarinds'   [3] 'was sighing'   [4] 'torch'   [5] 'beloved'   [6] i.e. love   [7] 'shall outstrip'

«grains[8] rouges pour mon amour, trois violets pour mes craintes, trois
«bleus pour mes espérances.

«Mila a les yeux d'une hermine[9] et la chevelure légère d'un champ de
«riz;[10] sa bouche est un coquillage rose garni de perles; ses deux seins
5 «sont comme deux petits chevreaux sans tache, nés au même jour, d'une
«seule mère.

«Puisse Mila éteindre ce flambeau! Puisse sa bouche verser sur lui
«une ombre voluptueuse! Je fertiliserai son sein. L'espoir de la patrie
«pendra à sa mamelle féconde, et je fumerai mon calumet de paix[11] sur
10 «le berceau de mon fils.

«Ah! laissez-moi devancer les pas du jour sur le sommet des montagnes
«pour chercher ma colombe solitaire parmi les chênes de la forêt!»

«Ainsi chantait ce jeune homme, dont les accents portèrent le trouble
jusqu'au fond de mon âme et firent changer de visage à Atala.[12] Nos
15 mains unies frémirent[13] l'une dans l'autre. Mais nous fûmes distraits de
cette scène par une scène non moins dangereuse pour nous.

«Nous passâmes auprès du tombeau d'un enfant, qui servait de limites
à deux nations. On l'avait placé au bord du chemin, selon l'usage, afin
que les jeunes femmes, en allant à la fontaine, pussent attirer dans leur
20 sein l'âme de l'innocente créature et la rendre à la patrie. On y voyait
dans ce moment des épouses nouvelles qui, désirant les douceurs de la
maternité, cherchaient, en entr'ouvrant[14] leurs lèvres, à recueillir[15] l'âme
du petit enfant, qu'elles croyaient voir errer sur les fleurs. La véritable
mère vint ensuite déposer une gerbe de maïs[16] et des fleurs de lis blancs
25 sur le tombeau. Elle arrosa la terre de son lait, s'assit sur le gazon humide
et parla à son enfant d'une voix attendrie:

«Pourquoi te pleuré-je dans ton berceau de terre, ô mon nouveau-né?
«Quand le petit oiseau devient grand, il faut qu'il cherche sa nourriture,
«et il trouve dans le désert bien des graines amères. Du moins tu as
30 «ignoré les pleurs; du moins ton cœur n'a point été exposé au souffle[17]
«dévorant des hommes. Le bouton[18] qui sèche dans son enveloppe
«passe avec tous ses parfums, comme toi, ô mon fils! avec toute ton
«innocence. Heureux ceux qui meurent au berceau; ils n'ont connu que
«les baisers et les souris d'une mère!»

35 «Déjà subjugués par notre propre cœur, nous fûmes accablés[19] par ces
images d'amour et de maternité, qui semblaient nous poursuivre dans
ces solitudes enchantées. J'emportai Atala dans mes bras au fond de la
forêt, et je lui dis des choses qu'aujourd'hui je chercherais en vain sur
mes lèvres. Le vent du midi, mon cher fils, perd sa chaleur en passant
40 sur des montagnes de glace. Les souvenirs de l'amour dans le cœur d'un

---

[8] 'beads'   [9] 'ermine'   [10] 'rice'   [11] 'pipe of peace'   [12] i.e. made
Atala change color   [13] 'trembled'   [14] 'parting'   [15] 'receive'   [16] 'sheaf
of maize'   [17] 'breath'   [18] 'bud'   [19] 'overwhelmed'

vieillard sont comme les feux du jour réfléchis par l'orbe paisible de la lune, lorsque le soleil est couché et que le silence plane[20] sur la hutte des sauvages.

«Qui pouvait sauver Atala? qui pouvait l'empêcher de succomber à la nature? Rien qu'un miracle, sans doute; et ce miracle fut fait! La fille de Simaghan eut recours au Dieu des chrétiens; elle se précipita sur la terre, et prononça une fervente oraison,[21] adressée à sa mère et à la Reine des vierges.[22] C'est de ce moment, ô René! que j'ai conçu une merveilleuse idée de cette religion qui dans les forêts, au milieu de toutes les privations de la vie, peut remplir de mille dons[23] les infortunés; de cette religion qui, opposant sa puissance au torrent des passions, suffit seule pour les vaincre, lorsque tout les favorise, et le secret des bois, et l'absence des hommes, et la fidélité des ombres. Ah! qu'elle me parut divine, la simple sauvage, l'ignorante Atala, qui à genoux devant un vieux pin tombé, comme au pied d'un autel,[24] offrait à son Dieu des vœux[25] pour un amant idolâtre! Ses yeux levés vers l'astre de la nuit,[26] ses joues brillantes des pleurs de la religion et de l'amour, étaient d'une beauté immortelle. Plusieurs fois il me sembla qu'elle allait prendre son vol[27] vers les cieux; plusieurs fois je crus voir descendre sur les rayons de la lune et entendre dans les branches des arbres ces Génies que le Dieu des chrétiens envoie aux ermites des rochers, lorsqu'il se dispose à les rappeler à lui. J'en fus affligé, car je craignis qu'Atala n'eût que peu de temps à passer sur la terre.

«Cependant elle versa tant de larmes, elle se montra si malheureuse, que j'allais peut-être consentir à m'éloigner, lorsque le cri de mort retentit dans la forêt. Quatre hommes armés se précipitent sur moi: nous avions été découverts; le chef de guerre avait donné l'ordre de nous poursuivre.

«Atala, qui ressemblait à une reine pour[28] l'orgueil de la démarche, dédaigna de parler à ces guerriers. Elle leur lança un regard superbe,[29] et se rendit auprès de Simaghan.

«Elle ne put rien obtenir. On redoubla mes gardes, on multiplia mes chaînes, on écarta[30] mon amante. Cinq nuits s'écoulent, et nous apercevons Apalachucla, situé au bord de la rivière Chata-Uche.[31] Aussitôt on me couronne de fleurs; on me peint le visage d'azur et de vermillon; on m'attache des perles au nez et aux oreilles, et l'on me met à la main un chichikoué.[a]

«Ainsi paré pour le sacrifice, j'entre dans Apalachucla aux cris répétés de la foule. C'en était fait de[32] ma vie, quand tout à coup le bruit d'une

---

[a] Instrument de musique des sauvages

[20] 'hovers'	[21] 'prayer'	[22] i.e. the Virgin Mary	[23] 'gifts'	[24] 'altar'
[25] 'prayers'	[26] i.e. the moon	[27] 'to take flight'	[28] 'in'	[29] 'proud'
[30] 'removed'	[31] the Chattahoochee	[32] 'it was all up with'		

conque[33] se fait entendre, et le Mico, ou chef de la nation, ordonne de s'assembler.

«Tu connais, mon fils, les tourments que les sauvages font subir[34] aux prisonniers de guerre. Les missionnaires chrétiens, au péril de leurs jours
5 et avec une charité infatigable, étaient parvenus[35] chez plusieurs nations à faire substituer un esclavage assez doux aux horreurs du bûcher. Les Muscogulges n'avaient point encore adopté cette coutume, mais un parti nombreux s'était déclaré en sa faveur. C'était pour prononcer sur cette importante affaire que le Mico convoquait les Sachems. On me conduit
10 au lieu des délibérations.

«Non loin d'Apalachucla s'élevait, sur un tertre[36] isolé, le pavillon du conseil. Trois cercles de colonnes formaient l'élégante architecture de cette rotonde. Les colonnes étaient de cyprès poli et sculpté; elles augmentaient en hauteur et en épaisseur et diminuaient en nombre à mesure
15 qu'elles se rapprochaient du centre, marqué par un pilier unique.[37] Du sommet de ce pilier partaient des bandes d'écorce,[38] qui, passant sur le sommet des autres colonnes, couvraient le pavillon en forme d'éventail à jour.[39]

«Le conseil s'assemble. Cinquante vieillards, en manteau de castor,
20 se rangent sur des espèces de gradins[40] faisant face à la porte du pavillon. Le grand chef est assis au milieu d'eux, tenant à la main le calumet de paix à demi coloré pour la guerre. A la droite des vieillards se placent cinquante femmes, couvertes d'une robe de plumes de cygne.[41] Les chefs de guerre, le tomahawk[a] à la main, le pennage[42] en tête, les bras et la
25 poitrine teints de sang, prennent la gauche.

«Au pied de la colonne centrale brûle le feu du conseil. Le premier Jongleur, environné[43] des huit gardiens du temple, vêtu de longs habits et portant un hibou empaillé[44] sur la tête, verse du baume de copalme sur la flamme et offre un sacrifice au soleil. Ce triple rang de vieillards,
30 de matrones, de guerriers; ces prêtres, ces nuages d'encens, ce sacrifice, tout sert à donner à ce conseil un appareil[45] imposant.

«J'étais debout enchaîné au milieu de l'assemblée. Le sacrifice achevé, le Mico prend la parole et expose avec simplicité l'affaire qui rassemble le conseil. Il jette un collier bleu[46] dans la salle en témoignage de ce qu'il
35 vient de dire.

«Alors un Sachem de la tribu de l'Aigle se lève et parle ainsi:

«Mon père le Mico, Sachems, matrones, guerriers des quatre tribus «de l'Aigle, du Castor, du Serpent et de la Tortue,[47] ne changeons rien «aux mœurs de nos aïeux;[48] brûlons le prisonnier, et n'amollissons point[49]

[a] La hache

[33] 'conch-shell'   [34] 'undergo'   [35] 'had succeeded'   [36] 'hillock'   [37] 'single'
[38] 'bark'   [39] 'an open fan'   [40] 'tiers'   [41] 'swan'   [42] 'plumage'
[43] 'surrounded'   [44] 'stuffed owl'   [45] 'pomp'   [46] i.e. the symbol of peace
[47] 'tortoise'   [48] 'customs of our ancestors'   [49] 'let us not soften'

«nos courages. C'est une coutume des blancs qu'on vous propose; elle
«ne peut être que pernicieuse. Donnez un collier rouge[50] qui contienne
«mes paroles. J'ai dit.»

«Et il jette un collier rouge dans l'assemblée.

«Une matrone se lève et dit: 5

«Mon père l'Aigle, vous avez l'esprit d'un renard[51] et la prudente
«lenteur d'une tortue. Je veux polir avec vous la chaîne d'amitié, et
«nous planterons ensemble l'arbre de paix. Mais changeons les cou-
«tumes de nos aïeux en ce qu'elles ont de funeste.[52] Ayons des esclaves
«qui cultivent nos champs, et n'entendons plus les cris des prisonniers, 10
«qui troublent le sein des mères. J'ai dit.»

«Comme on voit les flots de la mer se briser pendant un orage, comme
en automne les feuilles séchées sont enlevées par un tourbillon,[53] comme
les roseaux[54] du Meschacebé plient et se relèvent dans une inondation
subite, comme un grand troupeau de cerfs brame[55] au fond d'une forêt, 15
ainsi s'agitait et murmurait le conseil. Des Sachems, des guerriers, des
matrones parlent tour à tour ou tous ensemble. Les intérêts se cho-
quent,[56] les opinions se divisent, le conseil va se dissoudre; mais enfin
l'usage antique l'emporte,[57] et je suis condamné au bûcher.

«Une circonstance vint retarder mon supplice:[58] la *Fête des morts* ou 20
Festin des âmes approchait. Il est d'usage de ne faire mourir aucun captif
pendant les jours consacrés à cette cérémonie. On me confia à une garde
sévère, et sans doute les Sachems éloignèrent la fille de Simaghan, car je
ne la revis plus.

«Cependant les nations de plus de trois cents lieues à la ronde arri- 25
vaient en foule pour célébrer le *Festin des âmes*. On avait bâti une
longue hutte sur un site écarté.[59] Au jour marqué, chaque cabane ex-
huma les restes de ses pères de leurs tombeaux particuliers,[60] et l'on suspendit les squelettes, par ordre et par famille, aux murs de la *Salle
commune des aïeux*. Les vents (une tempête s'était élevée), les forêts, 30
les cataractes mugissaient au dehors, tandis que les vieillards des diverses
nations concluaient entre eux des traités de paix et d'alliance sur les os
de leurs pères.

«On célèbre les jeux funèbres, la course, la balle, les osselets.[61] Deux
vierges cherchent à s'arracher une baguette de saule.[62] Les boutons[63] 35
de leurs seins viennent se toucher; leurs mains voltigent[64] sur la baguette,
qu'elles élèvent au-dessus de leurs têtes. Leurs beaux pieds nus s'entrelacent, leurs bouches se rencontrent, leurs douces haleines[65] se confondent; elles se penchent et mêlent leurs chevelures; elles regardent leurs

[50] i.e. the symbol of hostility   [51] 'fox'   [52] 'baneful'   [53] 'whirlwind'
[54] 'reeds'   [55] 'a herd of stags bells'   [56] 'clash'   [57] 'prevails'
[58] 'execution'   [59] 'secluded'   [60] 'individual'   [61] 'knuckle-bones'
[62] 'willow rod'   [63] 'nipples'   [64] 'flutter'   [65] 'breaths'

mères, rougissent: on applaudit.[a] Le Jongleur invoque Michabou, génie des eaux. Il raconte les guerres du grand Lièvre[67] contre Matchimanitou, dieu du mal. Il dit[68] le premier homme et Atahensic[69] la première femme précipités[70] du ciel pour avoir perdu l'innocence, la terre rougie du sang
5 fraternel, Jouskeka l'impie immolant[71] le juste Tahouistsaron, le déluge descendant à la voix du Grand Esprit, Massou sauvé seul dans son canot d'écorce, et le corbeau[72] envoyé à la découverte de la terre; il dit encore la belle Endaé, retirée de la contrée des âmes par les douces chansons de son époux.

10 «Après ces jeux et ces cantiques,[73] on se prépare à donner aux aïeux une éternelle sépulture.[74]

«Sur les bords de la rivière Chata-Uche se voyait un figuier[75] sauvage, que le culte des peuples avait consacré. Les vierges avaient accoutumé de laver leurs robes d'écorce dans ce lieu et de les exposer au souffle du
15 désert, sur les rameaux de l'arbre antique. C'était là qu'on avait creusé un immense tombeau. On part de la salle funèbre en chantant l'hymne à la mort; chaque famille porte quelques débris sacrés. On arrive à la tombe, on y descend les reliques; on les y étend par couches,[76] on les sépare avec des peaux d'ours et de castor; le mont du tombeau s'élève,
20 et l'on y plante l'*Arbre des pleurs et du sommeil*.

«Plaignons les hommes, mon cher fils! Ces mêmes Indiens dont les coutumes sont si touchantes, ces mêmes femmes qui m'avaient témoigné un intérêt si tendre, demandaient maintenant mon supplice à grands cris, et des nations entières retardaient leur départ pour avoir le plaisir
25 de voir un jeune homme souffrir des tourments épouvantables.[77]

«Dans une vallée au nord, à quelque distance du grand village, s'élevait un bois de cyprès et de sapins,[78] appelé le *Bois du sang*. On y arrivait par les ruines d'un de ces monuments dont on ignore l'origine, et qui sont l'ouvrage d'un peuple maintenant inconnu. Au centre de ce bois s'éten-
30 dait une arène où l'on sacrifiait les prisonniers de guerre. On m'y conduit en triomphe. Tout se prépare pour ma mort: on plante le poteau[79] d'Areskoui; les pins, les ormes, les cyprès tombent sous la cognée;[80] le bûcher s'élève; les spectateurs bâtissent des amphithéâtres avec des branches et des troncs d'arbres. Chacun invente un supplice:[81] l'un se
35 propose de m'arracher la peau du crâne, l'autre de me brûler les yeux avec des haches ardentes.[82] Je commence ma chanson de mort:

«Je ne crains point les tourments: je suis brave, ô Muscogulges! Je «vous défie; je vous méprise[83] plus que des femmes. Mon père Outalissi,

----

[a] La rougeur est sensible[66] chez les jeunes sauvages

[66] 'noticeable'   [67] 'Hare'; one of the Manitous   [68] 'recites [the story of]'
[69] the spirit of vengeance   [70] 'hurled'   [71] 'sacrificing'   [72] 'crow'   [73] 'hymns'
[74] 'burial'   [75] 'fig-tree'   [76] 'layers'   [77] 'horrible'   [78] 'fir-trees'
[79] 'stake'   [80] 'axe'   [81] 'torment'   [82] 'red-hot axes'   [83] 'despise you'

«fils de Miscou, a bu dans le crâne de vos plus fameux guerriers; vous
«n'arracherez pas un soupir de mon cœur.»

«Provoqué par ma chanson, un guerrier me perça le bras d'une flèche;
je dis: «Frère, je te remercie.»

«Malgré l'activité des bourreaux,[84] les préparatifs du supplice ne
purent être achevés avant le coucher du soleil. On consulta le Jongleur,
qui défendit de troubler les Génies des ombres, et ma mort fut encore
suspendue jusqu'au lendemain. Mais, dans l'impatience de jouir du
spectacle et pour être plus tôt prêts au lever de l'aurore,[85] les Indiens ne
quittèrent point le *Bois du sang;* ils allumèrent de grands feux et commencèrent des festins et des danses.

«Cependant on m'avait étendu sur le dos. Des cordes partant de mon
cou, de mes pieds, de mes bras, allaient s'attacher à des piquets enfoncés[86]
en terre. Des guerriers étaient couchés sur ces cordes, et je ne pouvais
faire un mouvement sans qu'ils n'en fussent avertis.[87] La nuit s'avance:
les chants et les danses cessent par degrés; les feux ne jettent plus que
des lueurs rougeâtres,[88] devant lesquelles on voit encore passer les ombres
de quelques sauvages; tout s'endort: à mesure que[89] le bruit des hommes
s'affaiblit, celui du désert augmente, et au tumulte des voix succèdent
les plaintes du vent dans la forêt.

«C'était l'heure où une jeune Indienne qui vient d'être mère se réveille
en sursaut[90] au milieu de la nuit, car elle a cru entendre les cris de son
premier-né, qui lui demande la douce nourriture. Les yeux attachés au
ciel, où le croissant de la nuit errait dans les nuages, je réfléchissais sur
ma destinée. Atala me semblait un monstre d'ingratitude: m'abandonner
au moment du supplice, moi qui m'étais dévoué[91] aux flammes plutôt que
de la quitter! Et pourtant je sentais que je l'aimais toujours et que je
mourrais avec joie pour elle.

«Il est dans les extrêmes plaisirs un aiguillon[92] qui nous éveille, comme
pour nous avertir de profiter de ce moment rapide; dans les grandes
douleurs, au contraire, je ne sais quoi de pesant[93] nous endort: des yeux
fatigués par les larmes cherchent naturellement à se fermer, et la bonté
de la Providence se fait ainsi remarquer jusque dans nos infortunes. Je
cédai malgré moi à ce lourd sommeil que goûtent quelquefois les misérables. Je rêvais qu'on m'ôtait mes chaînes; je croyais sentir ce soulagement[94] qu'on éprouve lorsque, après avoir été fortement pressé, une main
secourable relâche[95] nos fers.

«Cette sensation devint si vive qu'elle me fit soulever les paupières.
A la clarté de la lune, dont un rayon s'échappait entre deux nuages,
j'entrevois une grande figure blanche penchée sur moi et occupée à dé-

---

[84] 'executioners' [85] 'dawn' [86] 'pegs buried' [87] 'without their
being aware of it' [88] 'reddish' [89] 'in proportion as' [90] 'with a start'
[91] 'had sacrificed myself' [92] 'sting' [93] 'heavy' [94] 'relief' [95] 'loosens'

nouer[96] silencieusement mes liens.[97] J'allais pousser un cri, lorsqu'une main, que je reconnus à l'instant, me ferma la bouche. Une seule corde restait, mais il paraissait impossible de la couper sans toucher un guerrier qui la couvrait tout entière de son corps. Atala y porte la main; le guer-
5 rier s'éveille à demi, et se dresse sur son séant.[98] Atala reste immobile et le regarde. L'Indien croit voir l'Esprit des ruines; il se recouche en fermant les yeux et en invoquant son Manitou. Le lien est brisé. Je me lève; je suis ma libératrice, qui me tend le bout d'un arc dont elle tient l'autre extrémité. Mais que de dangers nous environnent! Tantôt nous
10 sommes prêts de heurter[99] des sauvages endormis; tantôt une garde nous interroge, et Atala répond en changeant sa voix. Des enfants poussent des cris, des dogues aboient.[1] A peine sommes-nous sortis de l'enceinte[2] funeste, que des hurlements ébranlent[3] la forêt. Le camp se réveille, mille feux s'allument, on voit courir de tous côtés des sauvages avec des
15 flambeaux: nous précipitons notre course.

«Quand l'aurore se leva sur les Apalaches,[4] nous étions déjà loin. Quelle fut ma félicité lorsque je me trouvai encore une fois dans la solitude avec Atala, avec Atala ma libératrice, avec Atala qui se donnait à moi pour toujours! Les paroles manquèrent à ma langue; je tombai à
20 genoux, et je dis à la fille de Simaghan: «Les hommes sont bien peu de «chose; mais quand les Génies les visitent, alors ils ne sont rien du tout. «Vous êtes un Génie, vous m'avez visité, et je ne puis parler devant «vous.» Atala me tendit la main avec un sourire: «Il faut bien, dit-elle, «que je vous suive, puisque vous ne voulez pas fuir sans moi. Cette
25 «nuit, j'ai séduit le Jongleur par des présents, j'ai enivré[5] vos bourreaux «avec de l'essence de feu,[a] et j'ai dû hasarder ma vie pour vous, puisque «vous aviez donné la vôtre pour moi. Oui, jeune idolâtre, ajouta-t-elle «avec un accent qui m'effraya, le sacrifice sera réciproque.»

«Atala me remit les armes qu'elle avait eu soin d'apporter; ensuite
30 elle pansa ma blessure.[7] En l'essuyant avec une feuille de papaya,[8] elle la mouillait[9] de ses larmes. «C'est un baume, lui dis-je, que tu répands «sur ma plaie.[10] — Je crains plutôt que ce ne soit un poison,» répondit-elle. Elle déchira[11] un des voiles de son sein, dont elle fit une première compresse, qu'elle attacha avec une boucle[12] de ses cheveux.

35 «L'ivresse, qui dure longtemps chez les sauvages et qui est pour eux une espèce de maladie, les empêcha sans doute de nous poursuivre durant les premières journées. S'ils nous cherchèrent ensuite, il est probable que ce fut du côté du couchant,[13] persuadés que nous aurions essayé de

---

[a] De l'eau-de-vie[6]

[96] 'untying'   [97] 'bonds'   [98] 'sits up'   [99] 'stumble against'
[1] 'mastiffs bark'   [2] 'enclosure'   [3] 'yells shake'   [4] i.e. Appalachian mountains
[5] 'intoxicated'   [6] 'brandy' (or 'fire-water')   [7] 'dressed my wound'   [8] 'the papaw tree'
[9] 'wet it'   [10] 'wound'   [11] 'tore'   [12] 'lock'   [13] i.e. the west

nous rendre au Meschacebé; mais nous avions pris notre route vers l'étoile immobile,[a] en nous dirigeant sur[14] la mousse du tronc des arbres.

«Nous ne tardâmes pas à nous apercevoir que nous avions peu gagné à ma délivrance. Le désert déroulait maintenant devant nous ses solitudes démesurées.[15] Sans expérience de la vie des forêts, détournés de notre vrai chemin et marchant à l'aventure,[16] qu'allions-nous devenir? Souvent, en regardant Atala, je me rappelais cette antique histoire d'Agar,[17] que Lopez m'avait fait lire, et qui est arrivée dans le désert de Bersabée,[18] il y a bien longtemps, alors que les hommes vivaient trois âges de chêne.

«Atala me fit un manteau avec la seconde écorce du frêne,[19] car j'étais presque nu. Elle me broda[20] des mocassines[b] de peau de rat musqué,[22] avec du poil de porc-épic.[23] Je prenais soin à mon tour de sa parure.[24] Tantôt je lui mettais sur la tête une couronne de ces mauves[25] bleues que nous trouvions sur notre route, dans des cimetières indiens abandonnés; tantôt je lui faisais des colliers avec des graines rouges d'azalea, et puis je me prenais à sourire en contemplant sa merveilleuse beauté.

«Quand nous rencontrions un fleuve, nous le passions sur un radeau[26] ou à la nage. Atala appuyait une de ses mains sur mon épaule, et, comme deux cygnes voyageurs, nous traversions ces ondes solitaires.

«Souvent, dans les grandes chaleurs du jour, nous cherchions un abri[27] sous les mousses des cèdres. Presque tous les arbres de la Floride, en particulier le cèdre et le chêne-vert, sont couverts d'une mousse blanche[28] qui descend de leurs rameaux jusqu'à terre. Quand la nuit, au clair de la lune, vous apercevez sur la nudité d'une savane une yeuse[29] isolée revêtue de cette draperie, vous croiriez voir un fantôme traînant après lui ses longs voiles. La scène n'est pas moins pittoresque au grand jour,[30] car une foule de papillons,[31] de mouches brillantes, de colibris, de perruches vertes, de geais d'azur,[32] vient s'accrocher[33] à ces mousses, qui produisent alors l'effet d'une tapisserie[34] en laine blanche où l'ouvrier européen aurait brodé des insectes et des oiseaux éclatants.[35]

«C'était dans ces riantes hôtelleries,[36] préparées par le Grand Esprit, que nous nous reposions à l'ombre. Lorsque les vents descendaient du ciel pour balancer ce grand cèdre, que le château aérien bâti sur ses branches allait flottant avec les oiseaux et les voyageurs endormis sous ses abris, que mille soupirs sortaient des corridors et des voûtes[37] du

---

[a] Le nord   [b] Chaussure[21] indienne

[14] 'by'   [15] 'boundless'   [16] 'at random'   [17] Hagar, the concubine of Abraham, who was driven into the wilderness with her son Ishmael because of Sarah's jealousy   [18] Beersheba   [19] 'ash-tree'   [20] 'embroidered'   [21] 'footgear'   [22] 'muskrat'   [23] 'porcupine hair'   [24] 'adornment'   [25] 'marshmallows'   [26] 'raft'   [27] 'shelter'   [28] i.e. Spanish moss   [29] 'evergreen oak'   [30] 'in broad daylight'   [31] 'butterflies'   [32] 'blue jays'   [33] 'cling'   [34] 'tapestry'   [35] 'brightly colored'   [36] 'inns'   [37] 'vaults'

mobile édifice, jamais les merveilles de l'Ancien Monde n'ont approché de ce monument du désert.

«Chaque soir nous allumions un grand feu et nous bâtissions la hutte du voyage avec une écorce élevée sur quatre piquets. Si j'avais tué une dinde[38] sauvage, un ramier,[39] un faisan des bois, nous le suspendions devant le chêne embrasé,[40] au bout d'une gaule[41] plantée en terre, et nous abandonnions au vent le soin de tourner la proie du chasseur. Nous mangions des mousses appelées *tripes de roche*,[42] des écorces sucrées de bouleau,[43] et des pommes de mai,[44] qui ont le goût de la pêche et de la framboise.[45] Le noyer noir,[46] l'érable, le sumac, fournissaient le vin à notre table. Quelquefois j'allais chercher parmi les roseaux une plante dont la fleur allongée en cornet[47] contenait un verre de la plus pure rosée. Nous bénissions la Providence, qui sur la faible tige[48] d'une fleur avait placé cette source limpide au milieu des marais[49] corrompus, comme elle a mis l'espérance au fond des cœurs ulcérés par le chagrin,[50] comme elle a fait jaillir[51] la vertu du sein des misères de la vie!

«Hélas! je découvris bientôt que je m'étais trompé sur le calme apparent d'Atala. A mesure que nous avancions, elle devenait triste. Souvent elle tressaillait[52] sans cause et tournait précipitamment[53] la tête. Je la surprenais attachant sur moi un regard passionné, qu'elle reportait vers le ciel avec une profonde mélancolie. Ce qui m'effrayait surtout était un secret, une pensée cachée au fond de son âme, que j'entrevoyais[54] dans ses yeux. Toujours m'attirant et me repoussant, ranimant et détruisant mes espérances quand je croyais avoir fait un peu de chemin dans son cœur, je me retrouvais au même point. Que de fois elle m'a dit: «O mon jeune amant! je t'aime comme l'ombre des bois au milieu «du jour! Tu es beau comme le désert avec toutes ses fleurs et toutes «ses brises. Si je me penche sur toi, je frémis; si ma main tombe sur la «tienne, il me semble que je vais mourir. L'autre jour le vent jeta tes «cheveux sur mon visage tandis que tu te délassais[55] sur mon sein, je «crus sentir le léger toucher des Esprits invisibles. Oui, j'ai vu les «chevrettes[56] de la montagne d'Occone,[57] j'ai entendu les propos des «hommes rassasiés de jours:[58] mais la douceur des chevreaux[59] et la «sagesse des vieillards sont moins plaisantes et moins fortes que tes «paroles. Eh bien, pauvre Chactas, je ne serai jamais ton épouse!»

«Les perpétuelles contradictions de l'amour et de la religion d'Atala, l'abandon de sa tendresse et la chasteté de ses mœurs, la fierté ge son caractère et sa profonde sensibilité, l'élévation de son âme dans les

---

[38] 'turkey' [39] 'ring-dove' [40] 'glowing embers of oak wood' [41] 'long pole'
[42] 'rock tripe'; a lichen [43] 'birch tree' [44] 'may apples' [45] 'raspberry'
[46] 'black walnut' [47] 'horn' [48] 'stem' [49] 'marshes' [50] 'grief'
[51] 'gush forth' [52] 'shuddered' [53] 'suddenly' [54] 'of which
I caught a glimpse' [55] 'rested' [56] 'kids' [57] Oconee, in northern Georgia
[58] 'surfeited with life' [59] 'kids'

grandes choses, sa susceptibilité dans les petites, tout en faisait pour moi un être incompréhensible. Atala ne pouvait pas prendre sur un homme un faible empire:[60] pleine de passions, elle était pleine de puissance; il fallait ou l'adorer ou la haïr.

«Après quinze nuits d'une marche précipitée, nous entrâmes dans la chaîne des monts Alléganys et nous atteignîmes une des branches du Tenase, fleuve qui se jette dans l'Ohio. Aidé des conseils d'Atala, je bâtis un canot, que j'enduisis[61] de gomme de prunier,[62] après en avoir recousu[63] les écorces avec des racines de sapin. Ensuite je m'embarquai avec Atala, et nous nous abandonnâmes au cours du fleuve.

«Le village indien de Sticoé, avec ses tombes pyramidales et ses huttes en ruine, se montrait à notre gauche, au détour[64] d'un promontoire; nous laissions à droite la vallée de Keow,[65] terminée par la perspective[66] des cabanes de Jore,[67] suspendues au front de la montagne du même nom. Le fleuve qui nous entraînait coulait entre de hautes falaises,[68] au bout desquelles on apercevait le soleil couchant. Ces profondes solitudes n'étaient point troublées par la présence de l'homme. Nous ne vîmes qu'un chasseur indien, qui, appuyé sur son arc et immobile sur la pointe d'un rocher, ressemblait à une statue élevée dans la montagne au Génie de ces déserts.

«Atala et moi nous joignions notre silence au silence de cette scène. Tout à coup la fille de l'exil fit éclater dans les airs une voix pleine d'émotion et de mélancolie; elle chantait la patrie absente:

«Heureux ceux qui n'ont point vu la fumée des fêtes de l'étranger et «qui ne se sont assis qu'aux festins de leurs pères!

«Si le geai bleu du Meschacebé disait à la nonpareille[69] des Florides: «Pourquoi vous plaignez-vous si tristement? n'avez-vous pas ici de belles «eaux et de beaux ombrages,[70] et toutes sortes de pâtures comme dans «vos forêts? — Oui, répondrait la nonpareille fugitive, mais mon nid est «dans le jasmin: qui me l'apportera? Et le soleil de ma savane, l'avez-«vous?

«Heureux ceux qui n'ont point vu la fumée des fêtes de l'étranger et «qui ne se sont assis qu'aux festins de leurs pères!

«Après les heures d'une marche pénible, le voyageur s'assied tranquille-«ment. Il contemple autour de lui les toits des hommes; le voyageur «n'a pas un lieu où reposer sa tête. Le voyageur frappe à la cabane, il «met son arc derrière la porte, il demande l'hospitalité; le maître fait un «geste de la main; le voyageur reprend son arc, et retourne au désert!

«Heureux ceux qui n'ont point vu la fumée des fêtes de l'étranger et «qui ne se sont assis qu'aux festins de leurs pères!

---

[60] 'power'   [61] 'coated over'   [62] 'plum-tree'   [63] 'sewn together'   [64] 'turn'
[65] Cowe, a Cherokee town on the Tennessee   [66] 'view'   [67] on the Tennessee
[68] 'cliffs'   [69] 'nonpareil'; a small finch   [70] 'shady groves'

«Merveilleuses histoires racontées autour du foyer, tendres épanche-
«ments[71] du cœur, longues habitudes d'aimer si nécessaires à la vie, vous
«avez rempli les journées de ceux qui n'ont point quitté leur pays natal!
«Leurs tombeaux sont dans leur patrie, avec le soleil couchant, les pleurs
«de leurs amis et les charmes de la religion.

«Heureux ceux qui n'ont point vu la fumée des fêtes de l'étranger et
«qui ne se sont assis qu'aux festins de leurs pères!»

«Ainsi chantait Atala. Rien n'interrompait ses plaintes, hors le bruit
insensible de notre canot sur les ondes. En deux ou trois endroits seulement elles furent recueillies par un faible écho, qui les redit à un second
plus faible, et celui-ci à un troisième plus faible encore: on eût cru que
les âmes de deux amants jadis infortunés comme nous, attirées par cette
mélodie touchante, se plaisaient à en soupirer les derniers sons dans la
montagne.

«Cependant la solitude, la présence continuelle de l'objet aimé, nos
malheurs mêmes, redoublaient à chaque instant notre amour. Les forces
d'Atala commençaient à l'abandonner, et les passions, en abattant[72] son
corps, allaient triompher de sa vertu. Elle priait continuellement sa
mère, dont elle avait l'air de vouloir apaiser l'ombre irritée. Quelquefois
elle me demandait si je n'entendais pas une voix plaintive, si je ne voyais
pas des flammes sortir de la terre. Pour moi, épuisé de fatigue, mais toujours brûlant de désir, songeant que j'étais peut-être perdu sans retour
au milieu de ces forêts, cent fois je fus prêt à saisir mon épouse dans mes
bras, cent fois je lui proposai de bâtir une hutte sur ces rivages et de nous
y ensevelir[73] ensemble. Mais elle me résista toujours: «Songez, me disait-
«elle, mon jeune ami, qu'un guerrier se doit à sa patrie. Qu'est-ce qu'une
«femme auprès des[74] devoirs que tu as à remplir? Prends courage, fils
«d'Outalissi; ne murmure point contre ta destinée. Le cœur de l'homme
«est comme l'éponge[75] du fleuve, qui tantôt boit une onde pure dans les
«temps de sérénité, tantôt s'enfle[76] d'une eau bourbeuse[77] quand le ciel a
«troublé les eaux. L'éponge a-t-elle le droit de dire: Je croyais qu'il n'y
«aurait jamais d'orages, que le soleil ne serait jamais brûlant?»

«O René! si tu crains les troubles du cœur, défie-toi[78] de la solitude: les
grandes passions sont solitaires, et les transporter au désert, c'est les
rendre à leur empire. Accablés de soucis et de craintes, exposés à tomber
entre les mains des Indiens ennemis, à être engloutis[79] dans les eaux,
piqués[80] des serpents, dévorés des bêtes, trouvant difficilement une
chétive[81] nourriture, et ne sachant plus de quel côté tourner nos pas, nos
maux semblaient ne pouvoir plus s'accroître, lorsqu'un accident y vint
mettre le comble.[82]

---

[71] 'effusions'   [72] 'weakening'   [73] 'bury ourselves there'   [74] 'in comparison with the'   [75] 'sponge'   [76] 'is swollen'   [77] 'muddy'   [78] 'beware'
[79] 'swallowed up'   [80] 'bitten'   [81] 'scanty'   [82] 'climax'

«C'était le vingt-septième soleil depuis notre départ des cabanes, la *lune de feu*[a] avait commencé son cours, et tout annonçait un orage. Vers l'heure où les matrones indiennes suspendent la crosse du labour[83] aux branches du savinier[84] et où les perruches se retirent dans le creux[85] des cyprès, le ciel commença à se couvrir. Les voix de la solitude s'éteignirent, le désert fit silence et les forêts demeurèrent dans un calme universel. Bientôt les roulements d'un tonnerre lointain, se prolongeant dans ces bois aussi vieux que le monde, en firent sortir des bruits sublimes. Craignant d'être submergés, nous nous hâtâmes de gagner le bord du fleuve et de nous retirer dans une forêt.

«Ce lieu était un terrain marécageux.[86] Nous avancions avec peine sous une voûte de smilax parmi des ceps de vigne,[87] des indigos, des faséoles,[88] des lianes rampantes, qui entravaient[89] nos pieds comme des filets.[90] Le sol spongieux tremblait autour de nous, et à chaque instant nous étions près d'être engloutis dans des fondrières.[91] Des insectes sans nombre, d'énormes chauves-souris,[92] nous aveuglaient; les serpents à sonnettes bruissaient[93] de toutes parts, et les loups, les ours, les carcajous,[94] les petits tigres, qui venaient se cacher dans ces retraites, les remplissaient de leurs rugissements.

«Cependant l'obscurité redouble: les nuages abaissés entrent sous l'ombrage des bois. La nue se déchire, et l'éclair trace un rapide losange[95] de feu. Un vent impétueux, sorti du couchant, roule les nuages sur les nuages; les forêts plient,[96] le ciel s'ouvre coup sur coup,[97] et à travers ses crevasses on aperçoit de nouveaux cieux et des campagnes ardentes. Quel affreux, quel magnifique spectacle! La foudre[98] met le feu dans les bois; l'incendie[99] s'étend comme une chevelure de flammes; des colonnes d'étincelles[1] et de fumée assiègent[2] les nues, qui vomissent leurs foudres dans le vaste embrasement.[3] Alors le Grand Esprit couvre les montagnes d'épaisses ténèbres;[4] du milieu de ce vaste chaos s'élève un mugissement confus formé par le fracas[5] des vents, le gémissement des arbres, le hurlement des bêtes féroces, le bourdonnement[6] de l'incendie et la chute répétée du tonnerre qui siffle en s'éteignant dans les eaux.

«Le Grand Esprit le sait! Dans ce moment je ne vis qu'Atala, je ne pensai qu'à elle. Sous le tronc penché d'un bouleau, je parvins à la garantir[7] des torrents de la pluie. Assis moi-même sous l'arbre, tenant ma bien-aimée sur mes genoux, et réchauffant ses pieds nus entre mes mains, j'étais plus heureux que la nouvelle épouse qui sent pour la première fois son fruit tressaillir dans son sein.

[a] Mois de juillet

[83] 'ploughing stick'   [84] 'red cedar'   [85] 'hollow'   [86] 'marshy'   [87] 'vine-stocks'
[88] 'kidney-beans'   [89] 'impeded'   [90] 'nets'   [91] 'bogs'   [92] 'bats'   [93] 'rattle-snakes made noises'   [94] 'wolverines'   [95] 'zig-zag'   [96] 'bend'
[97] 'again and again'   [98] 'lightning'   [99] 'fire'   [1] 'sparks'   [2] 'besiege'
[3] 'conflagration'   [4] 'darkness'   [5] 'clamor   [6] 'roaring'   [7] 'protect her'

«Nous prêtions l'oreille au bruit de la tempête; tout à coup je sentis
une larme d'Atala tomber sur mon sein: «Orage du cœur, m'écriai-je,
«est-ce une goutte[8] de votre pluie?» Puis, embrassant étroitement celle
que j'aimais: «Atala, lui dis-je, vous me cachez quelque chose. Ouvre-
5 «moi ton cœur, ô ma beauté! cela fait tant de bien quand un ami regarde
«dans notre âme! Raconte-moi cet autre secret de la douleur, que tu
«t'obstines à taire. Ah! je le vois, tu pleures ta patrie.» Elle repartit[9]
aussitôt: «Enfant des hommes, comment pleurerais-je ma patrie,
«puisque mon père n'était pas du pays des palmiers? — Quoi! répliquai-je
10 «avec un profond étonnement, votre père n'était point du pays des
«palmiers! Quel est donc celui qui vous a mise sur cette terre? Ré-
«pondez.» Atala dit ces paroles:

«Avant que ma mère eût apporté en mariage au guerrier Simaghan
«trente cavales, vingt buffles, cent mesures d'huile de glands,[10] cin-
15 «quante peaux de castors et beaucoup d'autres richesses, elle avait
«connu un homme de la chair blanche. Or, la mère de ma mère lui jeta
«de l'eau au visage, et la contraignit d'épouser le magnanime Simaghan,
«tout semblable à un roi et honoré des peuples comme un Génie. Mais
«ma mère dit à son nouvel époux: «Mon ventre a conçu, tuez-moi.»
20 Simaghan lui répondit: «Le Grand Esprit me garde d'une si mauvaise
«action! Je ne vous mutilerai point, je ne vous couperai point le nez ni
«les oreilles, parce que vous avez été sincère et que vous n'avez point
«trompé ma couche. Le fruit de vos entrailles sera mon fruit, et je ne
«vous visiterai qu'après le départ de l'oiseau de rizière,[11] lorsque la
25 «treizième lune aura brillé.» En ce temps-là je brisai le sein de ma mère[12]
«et je commençai à croître, fière comme une Espagnole et comme une
«sauvage. Ma mère me fit chrétienne, afin que son Dieu et le Dieu de
«mon père fût aussi mon Dieu. Ensuite le chagrin d'amour vint la
«chercher, et elle descendit dans la petite cave garnie de peaux d'où
30 «l'on ne sort jamais.»

«Telle fut l'histoire d'Atala. «Et quel était donc ton père, pauvre
«orpheline? lui dis-je; comment les hommes l'appelaient-ils sur la terre
«et quel nom portait-il parmi les Génies? — Je n'ai jamais lavé les pieds
«de mon père, dit Atala; je sais seulement qu'il vivait avec sa sœur à
35 «Saint-Augustin et qu'il a toujours été fidèle à ma mère: *Philippe*
«était son nom parmi les anges, et les hommes le nommaient *Lopez*.»

«A ces mots je poussai un cri qui retentit dans toute la solitude; le
bruit de mes transports se mêla au bruit de l'orage. Serrant Atala sur
mon cœur, je m'écriai avec des sanglots: «O ma sœur! ô fille de Lopez!
40 «fille de mon bienfaiteur!» Atala, effrayée, me demanda d'où venait
mon trouble; mais quand elle sut que Lopez était cet hôte généreux qui

---

[8] 'drop'   [9] 'replied'   [10] 'acorn oil'   [11] 'the rice plantation'
[12] i.e. I was born

m'avait adopté à Saint-Augustin, et que j'avais quitté pour être libre, elle fut saisie elle-même de confusion et de joie.

«C'en était trop pour nos cœurs que cette amitié fraternelle qui venait nous visiter et joindre son amour à notre amour. Désormais les combats d'Atala allaient devenir inutiles! en vain je la sentis porter une main à son sein et faire un mouvement extraordinaire: déjà je l'avais saisie, déjà je m'étais enivré de son souffle, déjà j'avais bu toute la magie de l'amour sur ses lèvres. Les yeux levés vers le ciel, à la lueur des éclairs, je tenais mon épouse dans mes bras en présence de l'Eternel. Pompe nuptiale, digne de nos malheurs et de la grandeur de nos amours; superbes forêts qui agitiez vos lianes et vos dômes comme les rideaux et le ciel[13] de notre couche, pins embrasés qui formiez les flambeaux de notre hymen,[14] fleuve débordé, montagnes mugissantes, affreuse et sublime nature, n'étiez-vous donc qu'un appareil préparé pour nous tromper, et ne pûtes-vous cacher un moment dans vos mystérieuses horreurs la félicité d'un homme?

«Atala n'offrait plus qu'une faible résistance, je touchais au moment du bonheur, quand tout à coup un impétueux éclair, suivi d'un éclat de la foudre, sillonne[15] l'épaisseur des ombres, remplit la forêt de soufre[16] et de lumière et brise un arbre à nos pieds. Nous fuyons. O surprise!... dans le silence qui succède nous entendons le son d'une cloche! Tous deux interdits,[17] nous prêtons l'oreille à ce bruit si étrange dans un désert. A l'instant un chien aboie dans le lointain; il approche, il redouble ses cris, il arrive, il hurle de joie à nos pieds; un vieux solitaire portant une petite lanterne le suit à travers les ténèbres de la forêt. «La Providence «soit bénie! s'écria-t-il aussitôt qu'il nous aperçut. Il y a bien longtemps «que je vous cherche! Notre chien vous a sentis dès le commencement «de l'orage, et il m'a conduit ici. Bon Dieu! comme ils sont jeunes! «Pauvres enfants! comme ils ont dû souffrir! Allons! j'ai apporté une «peau d'ours, ce sera pour cette jeune femme; voici un peu de vin dans «notre calebasse.[18] Que Dieu soit loué dans toutes ses œuvres! sa miséri-«corde[19] est bien grande, et sa bonté est infinie!»

«Atala était aux pieds du religieux: «Chef de la prière, lui disait-elle, «je suis chrétienne. C'est le ciel qui t'envoie pour me sauver. — Ma «fille, dit l'ermite en la relevant, nous sonnons ordinairement la cloche «de la mission pendant la nuit et pendant les tempêtes pour appeler les «étrangers, et, à l'exemple de nos frères des Alpes et du Liban,[20] nous «avons appris à notre chien à découvrir les voyageurs égarés.»[21] Pour moi, je comprenais à peine l'ermite; cette charité me semblait si fort

---

[13] 'the curtains and the canopy'   [14] 'wedding'   [15] 'flashes through'   [16] 'sulphur'
[17] 'amazed'   [18] 'calabash'   [19] 'mercy'   [20] an allusion to the hospices of the Monks of St. Bernard and of the Maronite Monks in the Lebanon
[21] 'who have lost their way'

au-dessus de l'homme, que je croyais faire un songe. A la lueur[22] de la
petite lanterne que tenait le religieux, j'entrevoyais sa barbe et ses
cheveux tout trempés d'eau;[23] ses pieds, ses mains et son visage étaient
ensanglantés par les ronces.[24]   «Vieillard, m'écriai-je enfin, quel cœur[25]
5 «as-tu donc, toi qui n'as pas craint d'être frappé par la foudre? —
«Craindre! repartit le père avec une sorte de chaleur; craindre lorsqu'il
«y a des hommes en péril et que je leur puis être utile! je serais donc un
«bien indigne serviteur de Jésus-Christ! — Mais sais-tu, lui dis-je, que
«je ne suis pas chrétien? — Jeune homme, répondit l'ermite, vous ai-je
10 «demandé votre religion? Jésus-Christ n'a pas dit: «Mon sang lavera
«celui-ci, et non celui-là.» Il est mort pour le Juif et le Gentil, et il n'a
«vu dans tous les hommes que des frères et des infortunés. Ce que je
«fais ici pour vous est fort peu de chose, et vous trouveriez ailleurs bien
«d'autres secours; mais la gloire n'en doit point retomber sur les prêtres.
15 «Que sommes-nous, faibles solitaires, sinon de grossiers[26] instruments
«d'une œuvre céleste? Eh! quel serait le soldat assez lâche pour reculer[27]
«lorsque son chef, la croix à la main et le front couronné d'épines,[28]
«marche devant lui au secours des hommes?»

«Ces paroles saisirent mon cœur, des larmes d'admiration et de ten-
20 dresse tombèrent de mes yeux. «Mes chers enfants, dit le missionnaire,
«je gouverne dans ces forêts un petit troupeau de vos frères sauvages.
«Ma grotte est assez près d'ici dans la montagne: venez vous réchauffer
«chez moi; vous n'y trouverez pas les commodités de la vie, mais vous
«y aurez un abri, et il faut encore en remercier la bonté divine, car il y
25 «a bien des hommes qui en manquent.»

LES LABOUREURS[29]

«Il y a des justes dont la conscience est si tranquille, qu'on ne peut
approcher d'eux sans participer à la paix qui s'exhale pour ainsi dire de
leur cœur et de leurs discours. A mesure que le solitaire parlait, je sentais les passions s'apaiser dans mon sein, et l'orage même du ciel semblait
30 s'éloigner à sa voix. Les nuages furent bientôt assez dispersés pour nous
permettre de quitter notre retraite. Nous sortîmes de la forêt, et nous
commençâmes à gravir le revers[30] d'une haute montagne. Le chien
marchait devant nous en portant au bout d'un bâton la lanterne éteinte.
Je tenais la main d'Atala, et nous suivions le missionnaire. Il se détour-
35 nait souvent pour nous regarder, contemplant avec pitié nos malheurs et
notre jeunesse. Un livre était suspendu à son cou; il s'appuyait sur un
bâton blanc. Sa taille était élevée,[31] sa figure pâle et maigre, sa physio-

---

22 'gleam'   23 'running with water'   24 'briars'   25 'courage'
26 'crude'   27 'cowardly enough to flinch'   28 'thorns'   29 'tillers of the soil'
30 'climb the slope'   31 'he was tall of stature'

nomie simple et sincère. Il n'avait pas les traits morts et effacés de l'homme né sans passions; on voyait que ses jours avaient été mauvais, et les rides[32] de son front montraient les belles cicatrices[33] des passions guéries par la vertu et par l'amour de Dieu et des hommes. Quand il nous parlait debout et immobile, sa longue barbe, ses yeux modestement baissés, le son affectueux[34] de sa voix, tout en lui avait quelque chose de calme et de sublime. Quiconque a vu, comme moi, le père Aubry cheminant[35] seul avec son bâton et son bréviaire dans le désert, a une véritable idée du voyageur chrétien sur la terre.

«Après une demi-heure d'une marche dangereuse par les sentiers de la montagne, nous arrivâmes à la grotte du missionnaire. Nous y entrâmes à travers les lierres et les giraumonts humides,[36] que la pluie avait abattus des rochers. Il n'y avait dans ce lieu qu'une natte[37] de feuille de papaya, une calebasse pour puiser[38] de l'eau, quelques vases, une bêche,[39] un serpent familier;[40] et, sur une pierre qui servait de table, un crucifix et le livre des chrétiens.

«L'homme des anciens jours se hâta d'allumer du feu avec des lianes sèches; il brisa du maïs entre deux pierres, et, en ayant fait un gâteau, il le mit cuire sous la cendre. Quand ce gâteau eut pris au feu une belle couleur dorée, il nous le servit tout brûlant, avec de la crème de noix dans un vase d'érable. Le soir ayant ramené la sérénité, le serviteur du Grand Esprit nous proposa d'aller nous asseoir à l'entrée de la grotte. Nous le suivîmes dans ce lieu, qui commandait une vue immense. Les restes de l'orage étaient jetés en désordre vers l'orient; les feux de l'incendie allumé dans les forêts par la foudre brillaient encore dans le lointain; au pied de la montagne, un bois de pins tout entier était renversé dans la vase, et le fleuve roulait pêle-mêle les argiles détrempées,[41] les troncs des arbres, les corps des animaux et les poissons morts, dont on voyait le ventre argenté[42] flotter à la surface des eaux.

«Ce fut au milieu de cette scène qu'Atala raconta notre histoire au grand Génie de la montagne. Son cœur parut touché, et des larmes tombèrent sur sa barbe. «Mon enfant, dit-il à Atala, il faut offrir vos «souffrances à Dieu, pour la gloire de qui vous avez déjà fait tant de «choses; il vous rendra le repos. Voyez fumer ces forêts, sécher ces tor-«rents, se dissiper ces nuages: croyez-vous que celui qui peut calmer une «pareille tempête ne pourra pas apaiser les troubles du cœur de l'homme? «Si vous n'avez pas de meilleure retraite, ma chère fille, je vous offre «une place au milieu du troupeau que j'ai eu le bonheur d'appeler à «Jésus-Christ. J'instruirai Chactas, et je vous le donnerai pour époux «quand il sera digne de l'être.»

---

[32] 'wrinkles'   [33] 'scars'   [34] 'affectionate'   [35] 'walking'
[36] 'wet ivy and wild pumpkins'   [37] 'mat'   [38] 'draw'   [39] 'spade'   [40] 'tame'
[41] 'wet clay'   [42] 'silvery'

«A ces mots je tombai aux genoux du solitaire en versant des pleurs de joie; mais Atala devint pâle comme la mort. Le vieillard me releva avec bénignité,[43] et je m'aperçus alors qu'il avait les deux mains mutilées. Atala comprit sur-le-champ ses malheurs. «Les barbares!» s'écria-t-elle.

5 «Ma fille, reprit le père avec un doux sourire, qu'est-ce que cela au-«près de ce qu'a enduré mon divin Maître? Si les Indiens idolâtres m'ont «affligé, ce sont de pauvres aveugles que Dieu éclairera[44] un jour. Je les «chéris même davantage en proportion des maux qu'ils m'ont faits. Je «n'ai pu rester dans ma patrie, où j'étais retourné, et où une illustre 10 «reine m'a fait l'honneur de vouloir contempler ces faibles marques de «mon apostolat. Et quelle récompense plus glorieuse pouvais-je recevoir «de mes travaux que d'avoir obtenu du chef de notre religion la per-«mission de célébrer le divin sacrifice avec ces mains mutilées? Il ne me «restait plus, après un tel honneur, qu'à tâcher de m'en rendre digne: je 15 «suis revenu au Nouveau-Monde consumer le reste de ma vie au service «de mon Dieu. Il y a bientôt trente ans que j'habite cette solitude, et il «y en aura demain vingt-deux que j'ai pris possession de ce rocher. «Quand j'arrivai dans ces lieux, je n'y trouvai que des familles vaga-«bondes, dont les mœurs étaient féroces et la vie fort misérable. Je leur 20 «ai fait entendre la parole de paix, et leurs mœurs se sont graduellement «adoucies.[45] Ils vivent maintenant rassemblés au bas de cette mon-«tagne. J'ai tâché, en leur apprenant les voies du salut,[46] de leur ap-«prendre les premiers arts de la vie, mais sans les porter trop loin, et en «retenant ces honnêtes gens dans cette simplicité qui fait le bonheur. 25 «Pour moi, craignant de les gêner[47] par ma présence, je me suis retiré «sous cette grotte, où ils viennent me consulter. C'est ici que, loin des «hommes, j'admire Dieu dans la grandeur de ces solitudes et que je me «prépare à la mort, que m'annoncent mes vieux jours.»

«En achevant ces mots, le solitaire se mit à genoux, et nous imitâmes 30 son exemple. Il commença à haute voix une prière, à laquelle Atala ré-pondait. De muets éclairs couvraient encore les cieux dans l'orient, et sur les nuages du couchant trois soleils brillaient ensemble. Quelques renards dispersés par l'orage allongeaient leurs museaux[48] noirs au bord des précipices, et l'on entendait le frémissement des plantes qui, séchant 35 à la brise du soir, relevaient de toutes parts leurs tiges abattues.

«Nous rentrâmes dans la grotte, où l'ermite étendit un lit de mousse de cyprès pour Atala. Une profonde langueur se peignait[49] dans les yeux et dans les mouvements de cette vierge; elle regardait le père Aubry, comme si elle eût voulu lui communiquer un secret, mais quelque chose 40 semblait la retenir, soit ma présence, soit une certaine honte, soit l'inu-

---

[43] 'kindness' [44] 'will enlighten' [45] 'have gradually become gentler'
[46] 'ways of salvation' [47] 'embarrass them' [48] 'stretched out their muzzles'
[49] 'was portrayed'

tilité de l'aveu.[50] Je l'entendis se lever au milieu de la nuit; elle cherchait
le solitaire, mais comme il lui avait donné sa couche, il était allé contempler la beauté du ciel et prier Dieu sur le sommet de la montagne.
Il me dit le lendemain que c'était assez sa coutume, même pendant
l'hiver, aimant à voir les forêts balancer leurs cimes dépouillées,[51] les
nuages voler dans les cieux, et à entendre les vents et les torrents
gronder[52] dans la solitude. Ma sœur fut donc obligée de retourner à sa
couche, où elle s'assoupit.[53] Hélas! comblé[54] d'espérance, je ne vis dans
la faiblesse d'Atala que des marques passagères de lassitude!

«Le lendemain, je m'éveillai aux chants des cardinaux et des oiseaux-
moqueurs nichés[55] dans les acacias et les lauriers[56] qui environnaient la
grotte. J'allai cueillir une rose de magnolia, et je la déposai, humectée[57]
des larmes du matin, sur la tête d'Atala endormie. J'espérais, selon la
religion de mon pays, que l'âme de quelque enfant mort à la mamelle
serait descendue sur cette fleur dans une goutte de rosée, et qu'un
heureux songe la porterait au sein de ma future épouse. Je cherchai ensuite mon hôte; je le trouvai la robe relevée[58] dans ses deux poches, un
chapelet[59] à la main, et m'attendant assis sur le tronc d'un pin tombé de
vieillesse. Il me proposa d'aller avec lui à la Mission, tandis qu'Atala
reposait encore; j'acceptai son offre, et nous nous mîmes en route à
l'instant.

«En descendant la montagne, j'aperçus des chênes où les Génies semblaient avoir dessiné[60] des caractères étrangers. L'ermite me dit qu'il les
avait tracés lui-même, que c'étaient des vers d'un ancien poète appelé
Homère et quelques sentences[61] d'un autre poète plus ancien encore,
nommé *Salomon*. Il y avait je ne sais quelle mystérieuse harmonie entre
cette sagesse des temps, ces vers rongés[62] de mousse, ce vieux solitaire
qui les avait gravés et ces vieux chênes qui lui servaient de livres.

«Son nom, son âge, la date de sa mission étaient aussi marqués sur un
roseau de savane, au pied de ces arbres. Je m'étonnai de la fragilité du
dernier monument: «Il durera encore plus que moi, me répondit le père,
«et aura toujours plus de valeur que le peu de bien que j'ai fait.»

«De là nous arrivâmes à l'entrée d'une vallée, où je vis un ouvrage
merveilleux: c'était un pont naturel, semblable à celui de la Virginie,[63]
dont tu as peut-être entendu parler. Les hommes, mon fils, surtout ceux
de ton pays, imitent souvent la nature, et leurs copies sont toujours
petites; il n'en est pas ainsi de la nature quand elle a l'air d'imiter les
travaux des hommes, en leur offrant en effet des modèles. C'est alors
qu'elle jette des ponts du sommet d'une montagne au sommet d'une

---

[50] 'avowal' [51] 'leafless' [52] 'roar' [53] 'fell asleep' [54] 'filled'
[55] 'nesting' [56] 'laurels' [57] 'moistened' [58] 'his cassock tucked up'
[59] 'rosary' [60] 'to have traced' [61] 'maxims' [62] 'eaten away'
[63] near Lexington

autre montagne, suspend des chemins dans les nues, répand des fleuves pour canaux, sculpte des monts pour colonnes et pour bassins creuse[64] des mers.

«Nous passâmes sous l'arche unique de ce pont, et nous nous trouvâmes devant une autre merveille: c'était le cimetière des Indiens de la Mission, ou *les Bocages*[65] *de la mort*. Le père Aubry avait permis à ses néophytes[66] d'ensevelir leurs morts à leur manière et de conserver au lieu de leurs sépultures son nom sauvage; il avait seulement sanctifié ce lieu par une croix.[a] Le sol en était divisé, comme le champ commun des moissons,[67] en autant de lots qu'il y avait de familles. Chaque lot faisait à lui seul un bois qui variait selon le goût de ceux qui l'avaient planté. Un ruisseau serpentait sans bruit au milieu de ces bocages; on l'appelait *le Ruisseau de la paix*. Ce riant asile des âmes était fermé à l'orient par le pont sous lequel nous avions passé; deux collines le bornaient au septentrion et au midi; il ne s'ouvrait qu'à l'occident, où s'élevait un grand bois de sapins. Les troncs de ces arbres, rouges marbrés[68] de vert, montant sans branches jusqu'à leurs cimes, ressemblaient à de hautes colonnes, et formaient le péristyle de ce temple de la mort; il y régnait un bruit religieux, semblable au sourd mugissement de l'orgue[69] sous les voûtes d'une église; mais lorsqu'on pénétrait au fond du sanctuaire, on n'entendait plus que les hymnes des oiseaux qui célébraient à la mémoire des morts une fête éternelle.

«En sortant de ce bois, nous découvrîmes le village de la Mission, situé au bord d'un lac, au milieu d'une savane semée de fleurs. On y arrivait par une avenue de magnolias et de chênes-verts, qui bordaient une de ces anciennes routes que l'on trouve vers les montagnes qui divisent le Kentucky des Florides. Aussitôt que les Indiens aperçurent leur pasteur dans la plaine, ils abandonnèrent leurs travaux, et accoururent au-devant de lui.[70] Les uns baisaient sa robe, les autres aidaient ses pas; les mères élevaient dans leurs bras leurs petits enfants pour leur faire voir l'homme de Jésus-Christ, qui répandait des larmes. Il s'informait en marchant de ce qui se passait au village; il donnait un conseil à celui-ci, réprimandait doucement celui-là; il parlait des moissons à recueillir, des enfants à instruire, des peines à consoler, et il mêlait Dieu à tous ses discours.

«Ainsi escortés, nous arrivâmes au pied d'une grande croix qui se trouvait sur le chemin. C'était là que le serviteur de Dieu avait accoutumé de célébrer les mystères de sa religion: «Mes chers néophytes, dit-il «en se tournant vers la foule, il vous est arrivé un frère et une sœur, et, «pour surcroît de bonheur,[71] je vois que la divine Providence a épargné

[a] Le père Aubry avait fait comme les Jésuites à la Chine, qui permettaient aux Chinois d'enterrer leurs parents dans leurs jardins, selon leur ancienne coutume.

[64] 'hollows out'   [65] 'groves'   [66] 'converts'   [67] 'crops'   [68] 'veined'
[69] 'organ'   [70] 'came running up to him'   [71] 'a crowning happiness'

«hier vos moissons; voilà deux grandes raisons de la remercier. Offrons «donc le saint sacrifice, et que chacun y apporte un recueillement[72] pro-«fond, une foi vive, une reconnaissance[73] infinie et un cœur humilié.»

«Aussitôt le prêtre divin revêt une tunique blanche d'écorce de mûrier,[74] les vases[75] sacrés sont tirés d'un tabernacle au pied de la croix, l'autel se prépare sur un quartier[76] de roche, l'eau se puise dans le torrent voisin, et une grappe de raisin sauvage[77] fournit le vin du sacrifice. Nous nous mettons tous à genoux dans les hautes herbes: le mystère commence.

«L'aurore, paraissant derrière les montagnes, enflammait l'orient. Tout était d'or ou de rose dans la solitude. L'astre[78] annoncé par tant de splendeur sortit enfin d'un abîme[79] de lumière, et son premier rayon rencontra l'hostie[80] consacrée, que le prêtre en ce moment même élevait dans les airs. O charme de la religion! O magnificence du culte chrétien! Pour sacrificateur[81] un vieil ermite, pour autel un rocher, pour église le désert, pour assistance[82] d'innocents sauvages! Non, je ne doute point qu'au moment où nous nous prosternâmes le grand mystère ne s'accomplît et que Dieu ne descendît sur la terre, car je le sentis descendre dans mon cœur.

«Après le sacrifice, où il ne manqua pour moi que la fille de Lopez, nous nous rendîmes au village. Là régnait le mélange le plus touchant de la vie sociale et de la vie de la nature: au coin d'une cyprière[83] de l'antique désert on découvrait une culture naissante; les épis[84] roulaient à flots d'or sur le tronc du chêne abattu, et la gerbe[85] d'un été remplaçait l'arbre de trois siècles. Partout on voyait les forêts livrées aux flammes pousser de grosses fumées[86] dans les airs, et la charrue[87] se promener lentement entre les débris de leurs racines. Des arpenteurs[88] avec de longues chaînes allaient mesurant le terrain; des arbitres[89] établissaient les premières propriétés; l'oiseau cédait son nid; le repaire[90] de la bête féroce se changeait en une cabane; on entendait gronder des forges, et les coups de la cognée faisaient pour la dernière fois mugir des échos, expirant eux-mêmes avec les arbres qui leur servaient d'asile.

«J'errais avec ravissement au milieu de ces tableaux, rendus plus doux par l'image d'Atala et par les rêves de félicité dont je berçais mon cœur. J'admirais le triomphe du christianisme sur la vie sauvage; je voyais l'Indien se civilisant à la voix de la religion; j'assistais aux noces primitives[91] de l'homme et de la terre: l'homme, par ce grand contrat, abandonnant à la terre l'héritage de ses sueurs,[92] et la terre s'engageant en retour à porter fidèlement les moissons, les fils et les cendres de l'homme.

«Cependant on présenta un enfant au missionnaire qui le baptisa

[72] 'meditation'   [73] 'gratitude'   [74] 'mulberry-tree'   [75] 'vessels'   [76] 'block' [77] 'cluster of wild grapes'   [78] i.e. the sun   [79] 'abyss'   [80] 'host'   [81] i.e. celebrant [82] 'congregation'   [83] 'cypress grove'   [84] 'ears of grain'   [85] 'sheaf'   [86] 'columns of smoke'   [87] 'plow'   [88] 'surveyors'   [89] 'arbitrators'   [90] 'lair' [91] 'witnessed the primeval marriage'   [92] 'sweat'

parmi les jasmins en fleurs, au bord d'une source, tandis qu'un cercueil,[93]
au milieu des jeux et des travaux, se rendait aux Bocages de la mort.
Deux époux reçurent la bénédiction nuptiale sous un chêne, et nous
allâmes ensuite les établir dans un coin du désert. Le pasteur marchait
5 devant nous, bénissant çà et là, et le rocher, et l'arbre, et la fontaine,
comme autrefois, selon le livre des chrétiens, Dieu bénit la terre inculte[94]
en la donnant en héritage à Adam. Cette procession, qui pêle-mêle avec
ses troupeaux suivait de rocher en rocher son chef vénérable, représentait
à mon cœur attendri ces migrations des premières familles, alors que
10 Sem,[95] avec ses enfants, s'avançait à travers le monde inconnu, en suivant
le soleil qui marchait devant lui.

«Je voulus savoir du saint ermite comment il gouvernait ses enfants;
il me répondit avec une grande complaisance:[96] «Je ne leur ai donné aucune
«loi; je leur ai seulement enseigné à s'aimer, à prier Dieu et à espérer une
15 «meilleure vie: toutes les lois du monde sont là-dedans. Vous voyez au
«milieu du village une cabane plus grande que les autres: elle sert de
«chapelle dans la saison des pluies. On s'y assemble soir et matin pour
«louer le Seigneur, et quand je suis absent, c'est un vieillard qui fait la
«prière, car la vieillesse est, comme la maternité, une espèce de sacer-
20 «doce.[97] Ensuite on va travailler dans les champs, et si les propriétés
«sont divisées, afin que chacun puisse apprendre l'économie sociale,[98] les
«moissons sont déposées dans des greniers[99] communs, pour maintenir la
«charité fraternelle. Quatre vieillards distribuent avec égalité le produit
«du labeur. Ajoutez à cela des cérémonies religieuses, beaucoup de
25 «cantiques; la croix où j'ai célébré les mystères, l'ormeau sous lequel je
«prêche dans les bons jours, nos tombeaux tout près de nos champs de
«blé, nos fleuves, où je plonge les petits enfants et les saints Jean de
«cette nouvelle Béthanie,[1] vous aurez une idée complète de ce royaume
«de Jésus-Christ.»

30 «Les paroles du solitaire me ravirent,[2] et je sentis la supériorité de
cette vie stable et occupée sur la vie errante et oisive[3] du sauvage.

«Ah, René! je ne murmure point contre la Providence, mais j'avoue
que je ne me rappelle jamais cette société évangélique sans éprouver
l'amertume[4] des regrets. Qu'une hutte avec Atala sur ces bords eût
35 rendu ma vie heureuse! Là finissaient toutes mes courses; là, avec une
épouse, inconnu des hommes, cachant mon bonheur au fond des forêts,
j'aurais passé comme ces fleuves qui n'ont pas même un nom dans le désert. Au lieu de cette paix que j'osais alors me promettre, dans quel
trouble n'ai-je point coulé[5] mes jours! Jouet[6] continuel de la fortune,

---

[93] 'coffin'   [94] 'untilled'   [95] Shem; the eldest son of Noah   [96] 'kindness'
[97] 'priesthood'   [98] 'political economy'   [99] 'granaries'   [1] Bethany, where
John the Baptist was baptized   [2] 'delighted me'   [3] 'idle'   [4] 'bitterness'
[5] 'spent'   [6] 'plaything'

brisé sur tous les rivages, longtemps exilé de mon pays, et n'y trouvant à mon retour qu'une cabane en ruine et des amis dans la tombe, telle devait être la destinée de Chactas.»

LE DRAME

«Si mon songe de bonheur fut vif, il fut aussi d'une courte durée, et le réveil m'attendait à la grotte du solitaire. Je fus surpris, en y arrivant ₅ au milieu du jour, de ne pas voir Atala accourir au-devant de nos pas. Je ne sais quelle soudaine horreur me saisit. En approchant de la grotte, je n'osais appeler la fille de Lopez: mon imagination était également épouvantée, ou du bruit, ou du silence qui succéderait à mes cris. Encore plus effrayé de la nuit qui régnait à l'entrée du rocher, je dis au mission- ₁₀ naire: «O vous que le ciel accompagne et fortifie, pénétrez dans ces «ombres.»

«Qu'il est faible celui que les passions dominent! qu'il est fort celui qui se repose en Dieu! Il y avait plus de courage dans ce cœur religieux, flétri par soixante-seize années, que dans toute l'ardeur de ma jeunesse. ₁₅ L'homme de paix entra dans la grotte, et je restai au dehors, plein de terreur. Bientôt un faible murmure semblable à des plaintes[7] sortit du fond du rocher et vint frapper mon oreille. Poussant un cri et retrouvant mes forces, je m'élançai dans la nuit de la caverne... Esprits de mes pères, vous savez seuls le spectacle qui frappa mes yeux! ₂₀

«Le solitaire avait allumé un flambeau de pin; il le tenait d'une main tremblante au-dessus de la couche d'Atala. Cette belle et jeune femme, à moitié soulevée sur le coude,[8] se montrait pâle et échevelée.[9] Les gouttes d'une sueur pénible brillaient sur son front; ses regards à demi éteints cherchaient encore à m'exprimer son amour, et sa bouche essayait de ₂₅ sourire. Frappé comme d'un coup de foudre, les yeux fixés, les bras étendus, les lèvres entr'ouvertes, je demeurai immobile. Un profond silence règne un moment parmi les trois personnages de cette scène de douleur. Le solitaire le rompt le premier: «Ceci, dit-il, ne sera qu'une «fièvre occasionnée par la fatigue, et si nous nous résignons à la volonté ₃₀ «de Dieu, il aura pitié de nous.»

«A ces paroles, le sang suspendu reprit son cours dans mon cœur, et, avec la mobilité du sauvage, je passai subitement de l'excès de la crainte à l'excès de la confiance. Mais Atala ne m'y laissa pas longtemps. Balançant[10] tristement la tête, elle nous fit signe de nous approcher de ₃₅ sa couche.

«Mon père, dit-elle d'une voix affaiblie en s'adressant au religieux, je «touche au moment de la mort. O Chactas! écoute sans désespoir le «funeste secret que je t'ai caché, pour ne pas te rendre trop misérable et

---

[7] 'moans' [8] 'elbow' [9] 'dishevelled' [10] 'shaking'

«pour obéir à ma mère. Tâche de ne pas m'interrompre par des marques
«d'une douleur qui précipiterait[11] le peu d'instants que j'ai à vivre.
«J'ai beaucoup de choses à raconter, et aux battements de ce cœur,
«qui se ralentissent...[12] à je ne sais quel fardeau[13] glacé que mon sein
5 «soulève à peine... je sens que je ne me saurais trop hâter.»

«Après quelques moments de silence, Atala poursuivit ainsi:

«Ma triste destinée a commencé presque avant que j'eusse vu la
«lumière. Ma mère m'avait conçue dans le malheur; je fatiguais son
«sein,[14] et elle me mit au monde avec de grands déchirements[15] d'en-
10 «trailles; on désespéra de ma vie. Pour sauver mes jours, ma mère fit un
«vœu, elle promit à la Reine des Anges que je lui consacrerais ma vir-
«ginité si j'échappais à la mort... Vœu fatal, qui me précipite au tom-
«beau!

«J'entrais dans ma seizième année lorsque je perdis ma mère. Quel-
15 «ques heures avant de mourir, elle m'appela au bord de sa couche. «Ma
«fille, me dit-elle en présence d'un missionnaire qui consolait ses derniers
«instants; ma fille, tu sais le vœu que j'ai fait pour toi. Voudrais-tu
«démentir[16] ta mère? O mon Atala! je te laisse dans un monde qui n'est
«pas digne de posséder une chrétienne, au milieu d'idolâtres qui persécu-
20 «tent le Dieu de ton père et le mien, le Dieu qui, après t'avoir donné le
«jour, te l'a conservé par un miracle. Eh! ma chère enfant, en acceptant
«le voile des vierges, tu ne fais que renoncer aux soucis de la cabane et
«aux funestes passions qui ont troublé le sein de ta mère! Viens donc,
«ma bien-aimée, viens, jure sur cette image de la Mère du Sauveur,
25 «entre les mains de ce saint prêtre et de ta mère expirante, que tu ne me
«trahiras point[17] à la face du ciel. Songe que je me suis engagée pour
«toi, afin de te sauver la vie, et que si tu ne tiens ma promesse, tu
«plongeras l'âme de ta mère dans des tourments éternels.»

«O ma mère! pourquoi parlâtes-vous ainsi! O religion qui fais à la
30 «fois mes maux et ma félicité, qui me perds et qui me consoles! Et toi,
«cher et triste objet d'une passion qui me consume jusque dans les bras
«de la mort, tu vois maintenant, ô Chactas, ce qui a fait la rigueur de
«notre destinée!... Fondant en pleurs et me précipitant dans le sein
«maternel, je promis tout ce qu'on me voulut faire promettre. Le mis-
35 «sionnaire prononça sur moi les paroles redoutables, et me donna le
«scapulaire[18] qui me lie pour jamais. Ma mère me menaça de sa malé-
«diction si jamais je rompais mes vœux, et après m'avoir recommandé
«un secret inviolable envers les païens,[19] persécuteurs de ma religion,
«elle expira en me tenant embrassée.

40 «Je ne connus pas d'abord le danger de mes serments.[20] Pleine d'ardeur

---

[11] 'would hasten' [12] 'are slackening' [13] 'burden' [14] 'womb'
[15] 'rending' [16] 'give the lie to' [17] 'will not betray me' [18] 'scapulary'
[19] 'pagans' [20] 'vows'

«et chrétienne véritable, fière du sang espagnol qui coule dans mes
«veines, je n'aperçus autour de moi que des hommes indignes de recevoir
«ma main; je m'applaudis de[21] n'avoir d'autre époux que le Dieu de
«ma mère. Je te vis, jeune et beau prisonnier, je m'attendris sur ton
«sort, je t'osai parler au bûcher de la forêt: alors je sentis tout le poids[22]
«de mes vœux.»

«Comme Atala achevait de prononcer ces paroles, serrant les poings[23]
et regardant le missionnaire d'un air menaçant, je m'écriai: «La voilà
«donc cette religion que vous m'avez tant vantée! Périsse le serment
«qui m'enlève Atala! Périsse le Dieu qui contrarie[24] la nature! Homme
«prêtre, qu'es-tu venu faire dans ces forêts?»

«— Te sauver, dit le vieillard d'une voix terrible, dompter[25] tes pas-
«sions et t'empêcher, blasphémateur, d'attirer sur toi la colère céleste!
«Il te sied bien,[26] jeune homme à peine entré dans la vie, de te plaindre
«de tes douleurs! Où sont les marques de tes souffrances? Où sont les
«injustices que tu as supportées? Où sont tes vertus, qui seules pour-
«raient te donner quelques droits à la plainte? Quel service as-tu rendu?
«Quel bien as-tu fait? Eh, malheureux! tu ne m'offres que des passions,
«et tu oses accuser le ciel! Quand tu auras, comme le père Aubry, passé
«trente années exilé sur les montagnes, tu seras moins prompt à juger
«des desseins de la Providence; tu comprendras alors que tu ne sais
«rien, que tu n'es rien, et qu'il n'y a point de châtiments[27] si rigoureux,
«point de maux si terribles, que la chair[28] corrompue ne mérite de
«souffrir.»

«Les éclairs qui sortaient des yeux du vieillard, sa barbe, qui frappait
sa poitrine, ses paroles foudroyantes,[29] le rendaient semblable à un dieu.
Accablé de sa majesté, je tombai à ses genoux, et lui demandai pardon de
mes emportements.[30] «Mon fils, me répondit-il avec un accent si doux
«que le remords[31] entra dans mon âme, mon fils, ce n'est pas pour moi-
«même que je vous ai réprimandé. Hélas! vous avez raison, mon cher
«enfant: je suis venu faire bien peu de chose dans ces forêts, et Dieu n'a
«pas de serviteur plus indigne que moi. Mais, mon fils, le ciel, le ciel,
«voilà ce qu'il ne faut jamais accuser! Pardonnez-moi si je vous ai
«offensé, mais écoutons votre sœur. Il y a peut-être du remède, ne nous
«lassons point[32] d'espérer. Chactas, c'est une religion bien divine que
«celle-là qui a fait une vertu de l'espérance!»

«— Mon jeune ami, reprit Atala, tu as été témoin de mes combats, et
«cependant tu n'en as vu que la moindre partie; je te cachais le reste.
«Non, l'esclave noir qui arrose de ses sueurs les sables ardents de la
«Floride est moins misérable que n'a été Atala. Te sollicitant[33] à la fuite,

---

[21] 'congratulated myself on'   [22] 'weight'   [23] 'clenching my fists'   [24] 'goes against'
[25] 'subdue'   [26] 'it [ill] becomes you'   [27] 'punishments'   [28] 'flesh'   [29] 'devastating'
[30] 'outbursts'   [31] 'remorse'   [32] 'let us not tire'   [33] 'urging you'

«et pourtant certaine de mourir si tu t'éloignais de moi; craignant de
«fuir avec toi dans les déserts, et cependant haletant[34] après l'ombrage
«des bois... Ah! s'il n'avait fallu que quitter parents, amis, patrie; si
«même (chose affreuse!) il n'y eût eu que la perte de mon âme!... Mais
5 «ton ombre, ô ma mère! ton ombre était toujours là, me reprochant ses
«tourments! J'entendais tes plaintes, je voyais les flammes de l'enfer te
«consumer. Mes nuits étaient arides et pleines de fantômes, mes jours
«étaient désolés; la rosée du soir séchait en tombant sur ma peau brû-
«lante; j'entr'ouvrais mes lèvres aux brises, et les brises, loin de m'ap-
10 «porter la fraîcheur,[35] s'embrasaient du feu de mon souffle. Quel tour-
«ment de te voir sans cesse auprès de moi, loin de tous les hommes, dans
«de profondes solitudes, et de sentir entre toi et moi une barrière in-
«vincible! Passer ma vie à tes pieds, te servir comme ton esclave, ap-
«prêter[36] ton repas et ta couche dans quelque coin ignoré de l'univers,
15 «eût été pour moi le bonheur suprême; ce bonheur, j'y touchais et je ne
«pouvais en jouir. Quel dessein n'ai-je point rêvé! Quel songe n'est
«point sorti de ce cœur si triste! Quelquefois, en attachant mes yeux sur
«toi, j'allais jusqu'à former des désirs aussi insensés que coupables:
«tantôt j'aurais voulu être avec toi la seule créature vivante sur la terre;
20 «tantôt, sentant une divinité qui m'arrêtait dans mes horribles trans-
«ports, j'aurais désiré que cette divinité se fût anéantie,[37] pourvu que,
«serrée dans tes bras, j'eusse roulé d'abîme en abîme avec les débris de
«Dieu et du monde! A présent même..., le dirai-je! à présent que l'éter-
«nité va m'engloutir, que je vais paraître devant le Juge inexorable, au
25 «moment où, pour obéir à ma mère, je vois avec joie ma virginité dévorer
«ma vie, eh bien! par une affreuse contradiction, j'emporte le regret de
«n'avoir pas été à toi!...»

«— Ma fille, interrompit le missionnaire, votre douleur vous égare.
«Cet excès de passion auquel vous vous livrez est rarement juste, il
30 «n'est pas même dans la nature; et en cela il est moins coupable aux
«yeux de Dieu, parce que c'est plutôt quelque chose de faux dans l'esprit
«que de vicieux dans le cœur. Il faut donc éloigner de vous ces emporte-
«ments, qui ne sont pas dignes de votre innocence. Mais aussi, ma chère
«enfant, votre imagination impétueuse vous a trop alarmée sur vos
35 «vœux. La religion n'exige point[38] de sacrifice plus qu'humain. Ses
«sentiments vrais, ses vertus tempérées, sont bien au-dessus des senti-
«ments exaltés et des vertus forcées d'un prétendu[39] héroïsme. Si vous
«aviez succombé, eh bien! pauvre brebis égarée,[40] le bon Pasteur vous
«aurait cherchée pour vous ramener au troupeau. Les trésors du re-
40 «pentir vous étaient ouverts: il faut des torrents de sang pour effacer
«nos fautes aux yeux des hommes, une seule larme suffit à Dieu. Ras-

[34] 'panting'   [35] 'coolness'   [36] 'prepare'   [37] 'annihilated'
[38] 'does not demand'   [39] 'would-be'   [40] 'lost sheep'

«surez-vous donc, ma chère fille, votre situation exige du calme; adres-
«sons-nous à Dieu, qui guérit toutes les plaies[41] de ses serviteurs. Si c'est
«sa volonté, comme je l'espère, que vous échappiez à cette maladie,
«j'écrirai à l'évêque de Québec:[42] il a les pouvoirs nécessaires pour vous
«relever de vos vœux, qui ne sont que des vœux simples,[43] et vous 5
«achèverez vos jours près de moi avec Chactas votre époux.»

«A ces paroles du vieillard, Atala fut saisie d'une longue convulsion,
dont elle ne sortit que pour donner des marques d'une douleur effrayante.
«Quoi! dit-elle en joignant les deux mains avec passion, il y avait du
«remède! Je pouvais être relevée de mes vœux!» — «Oui, ma fille, ré- 10
«pondit le père, et vous le pouvez encore.» — «Il est trop tard, il est trop
«tard! s'écria-t-elle. Faut-il mourir au moment où j'apprends que
«j'aurais pu être heureuse! Que n'ai-je connu plus tôt ce saint vieillard!
«Aujourd'hui, de quel bonheur je jouirais avec toi, avec Chactas chré-
«tien... consolée, rassurée par ce prêtre auguste... dans ce désert... pour 15
«toujours... Oh! c'eût été trop de félicité!» — «Calme-toi, lui dis-je en
«saisissant une des mains de l'infortunée; calme-toi, ce bonheur, nous
«allons le goûter.» — «Jamais! jamais!» dit Atala. — «Comment?» re-
«partis-je. — «Tu ne sais pas tout, s'écria la vierge; c'est hier... pendant
«l'orage... J'allais violer mes vœux; j'allais plonger ma mère dans les 20
«flammes de l'abîme; déjà sa malédiction était sur moi, déjà je mentais
«au Dieu qui m'a sauvé la vie... Quand tu baisais mes lèvres trem-
«blantes, tu ne savais pas que tu n'embrassais que la mort!» — «O ciel!
«s'écria le missionnaire; chère enfant, qu'avez-vous fait?» — «Un crime,
«mon père, dit Atala les yeux égarés;[44] mais je ne perdais que moi, et 25
«je sauvais ma mère.» — «Achève donc,» m'écriai-je, plein d'épou-
«vante. — «Eh bien! dit-elle, j'avais prévu ma faiblesse; en quittant les
«cabanes, j'ai emporté avec moi...» — «Quoi?» repris-je avec horreur. —
«Un poison?» dit le père. «Il est dans mon sein,» s'écria Atala.

«Le flambeau échappe de la main du solitaire, je tombe mourant 30
près de la fille de Lopez; le vieillard nous saisit l'un et l'autre dans ses
bras, et tous trois, dans l'ombre, nous mêlons un moment nos sanglots
sur cette couche funèbre.

«Réveillons-nous, réveillons-nous! dit bientôt le courageux ermite en
«allumant une lampe. Nous perdons des moments précieux: intrépides 35
«chrétiens, bravons les assauts de l'adversité: la corde au cou, la cendre
«sur la tête, jetons-nous aux pieds du Très-Haut pour implorer sa clé-
«mence, pour nous soumettre à ses décrets. Peut-être est-il temps en-
«core. Ma fille, vous eussiez dû m'avertir hier au soir.»

«— Hélas! mon père, dit Atala, je vous ai cherché la nuit dernière, 40
«mais le ciel, en punition de mes fautes, vous a éloigné de moi. Tout

---

[41] i.e. afflictions over all New France   [42] 'the bishop of Quebec,' whose authority, prior to 1763, extended   [43] i.e. preliminary   [44] 'wild-eyed'

«secours eût d'ailleurs été inutile, car les Indiens mêmes, si habiles dans
«ce qui regarde les poisons, ne connaissent point de remède à celui que
«j'ai pris. O Chactas! juge de mon étonnement quand j'ai vu que le
«coup[45] n'était pas aussi subit que je m'y attendais! Mon amour a re-
5 «doublé mes forces, mon âme n'a pu si vite se séparer de toi.»

«Ce ne fut plus ici par des sanglots que je troublai le récit d'Atala, ce
fut par ces emportements qui ne sont connus que des sauvages. Je me
roulai furieux sur la terre en me tordant[46] les bras et en me dévorant les
mains. Le vieux prêtre, avec une tendresse merveilleuse, courait du
10 frère à la sœur, et nous prodiguait[47] mille secours. Dans le calme de
son cœur et sous le fardeau des ans, il savait se faire entendre à notre
jeunesse, et sa religion lui fournissait des accents plus tendres et plus
brûlants que nos passions mêmes. Ce prêtre, qui depuis quarante années
s'immolait chaque jour au service de Dieu et des hommes dans ces mon-
15 tagnes, ne te rappelle-t-il pas ces holocaustes[48] d'Israël fumant perpétuellement sur les hauts lieux, devant le Seigneur?

«Hélas! ce fut en vain qu'il essaya d'apporter quelque remède aux maux
d'Atala. La fatigue, le chagrin, le poison, et une passion plus mortelle
que tous les poisons ensemble, se réunissaient pour ravir cette fleur à la
20 solitude. Vers le soir, des symptômes effrayants se manifestèrent; un engourdissement[49] général saisit les membres d'Atala, et les extrémités de
son corps commencèrent à refroidir: «Touche mes doigts, me disait-elle:
«ne les trouves-tu pas bien glacés?» Je ne savais que répondre, et mes
cheveux se hérissaient[50] d'horreur; ensuite elle ajoutait: «Hier encore,
25 «mon bien-aimé, ton seul toucher me faisait tressaillir, et voilà que je
«ne sens plus ta main, je n'entends presque plus ta voix, les objets de
«la grotte disparaissent tour à tour. Ne sont-ce pas les oiseaux qui
«chantent? Le soleil doit être près de se coucher maintenant; Chactas,
«ses rayons seront bien beaux au désert, sur ma tombe!»

30 «Atala, s'apercevant que ces paroles nous faisaient fondre en pleurs,
nous dit: «Pardonnez-moi, mes bons amis; je suis bien faible, mais peut-
«être que je vais devenir plus forte. Cependant mourir si jeune, tout à
«la fois,[51] quand mon cœur était si plein de vie! Chef de la prière, aie
«pitié de moi; soutiens-moi. Crois-tu que ma mère soit contente et que
35 «Dieu me pardonne ce que j'ai fait?»

«— Ma fille,» répondit le bon religieux en versant des larmes et les
essuyant[52] avec ses doigts tremblants et mutilés; «ma fille, tous vos mal-
«heurs viennent de votre ignorance; c'est votre éducation sauvage et le
«manque d'instruction nécessaire qui vous ont perdue; vous ne saviez
40 «pas qu'une chrétienne ne peut disposer de sa vie. Consolez-vous donc,
«ma chère brebis; Dieu vous pardonnera à cause de la simplicité de

---

[45] 'effect'   [46] 'twisting'   [47] 'lavished'   [48] 'burnt offerings'   [49] 'numbness'
[50] 'stood on end'   [51] 'at a time'   [52] 'wiping them away'

«votre cœur. Votre mère et l'imprudent missionnaire qui la dirigeait
«ont été plus coupables que vous; ils ont passé leurs pouvoirs en vous
«arrachant[53] un vœu indiscret; mais que la paix du Seigneur soit avec
«eux! Vous offrez tous trois un terrible exemple des dangers de l'en-
«thousiasme et du défaut de lumières[54] en matière de religion. Rassurez-
«vous, mon enfant: celui qui sonde les reins et les cœurs[55] vous jugera
«sur vos intentions, qui étaient pures, et non sur votre action, qui est
«condamnable.

«Quant à la vie, si le moment est arrivé de vous endormir dans le
«Seigneur, ah! ma chère enfant, que vous perdez peu de chose en per-
«dant ce monde! Malgré la solitude où vous avez vécu, vous avez connu
«les chagrins: que penseriez-vous donc si vous eussiez été témoin des
«maux de la société? si, en abordant sur les rivages de l'Europe, votre
«oreille eût été frappée de ce long cri de douleur qui s'élève de cette vieille
«terre? L'habitant de la cabane et celui des palais, tout souffre, tout
«gémit ici-bas; les reines ont été vues pleurant comme de simples femmes,
«et l'on s'est étonné de la quantité de larmes que contiennent les yeux
«des rois!

«Est-ce votre amour que vous regrettez? Ma fille, it faudrait autant
«pleurer un songe. Connaissez-vous le cœur de l'homme, et pourriez-
«vous compter les inconstances de son désir? Vous calculeriez plutôt le
«nombre des vagues que la mer roule dans une tempête. Atala, les sacri-
«fices, les bienfaits, ne sont pas des liens éternels: un jour peut-être le
«dégoût fût venu avec la satiété, le passé eût été compté pour rien, et
«l'on n'eût plus aperçu que les inconvénients[56] d'une union pauvre et
«méprisée. Sans doute, ma fille, les plus belles amours furent celles de
«cet homme et de cette femme sortis de la main du Créateur. Un paradis
«avait été formé pour eux, ils étaient innocents et immortels. Parfaits
«de l'âme et du corps, ils se convenaient[57] en tout: Eve avait été créée
«pour Adam, et Adam pour Eve. S'ils n'ont pu toutefois se maintenir
«dans cet état de bonheur, quels couples le pourront après eux? Je ne
«vous parlerai point des mariages des premiers-nés des hommes, de ces
«unions ineffables,[58] alors que la sœur était l'épouse du frère, que l'amour
«et l'amitié fraternelle se confondaient dans le même cœur et que la
«pureté de l'une augmentait les délices[59] de l'autre. Toutes ces unions
«ont été troublées; la jalousie s'est glissée à l'autel de gazon où l'on
«immolait le chevreau, elle a régné sous la tente d'Abraham et dans ces
«couches mêmes où les patriarches goûtaient tant de joie qu'ils oubliaient
«la mort de leurs mères.[60]

«Vous seriez-vous donc flattée, mon enfant, d'être plus innocente et

---

[53] 'exceeded their power in exacting from you'
trieth the reins and the heart,' *Psalms* VII, 9
each other' [58] 'exquisite' [59] 'delights'
[54] 'understanding' [55] 'he who
[56] 'disadvantages' [57] 'suited
[60] cf. *Genesis* XXIV, 67

«plus heureuse dans vos liens que ces saintes familles dont Jésus-Christ
«a voulu[61] descendre? Je vous épargne les détails des soucis du ménage,[62]
«les disputes, les reproches mutuels, les inquiétudes, et toutes ces
«peines secrètes qui veillent sur l'oreiller[63] du lit conjugal. La femme
5 «renouvelle ses douleurs chaque fois qu'elle est mère, et elle se marie
«en pleurant. Que de maux dans le seule perte d'un nouveau-né à qui
«l'on donnait le lait et qui meurt sur votre sein! La montagne a été
«pleine de gémissements; rien ne pouvait consoler Rachel, parce que
«ses fils n'étaient plus.[64] Ces amertumes attachées aux tendresses hu-
10 «maines sont si fortes, que j'ai vu dans ma patrie de grandes dames,
«aimées par des rois, quitter la cour pour s'ensevelir dans des cloîtres et
«mutiler cette chair révoltée dont les plaisirs ne sont que des douleurs.[65]

«Mais peut-être direz-vous que ces derniers exemples ne vous regardent
«pas;[66] que toute votre ambition se réduisait à vivre dans une obscure
15 «cabane avec l'homme de votre choix; que vous cherchiez moins les dou-
«ceurs du mariage que les charmes de cette folie que la jeunesse appelle
«*amour?* Illusion, chimère, vanité, rêve d'une imagination blessée! Et
«moi aussi, ma fille, j'ai connu les troubles du cœur; cette tête n'a pas
«toujours été chauve[67] ni ce sein aussi tranquille qu'il vous le paraît
20 «aujourd'hui. Croyez-en mon expérience: si l'homme, constant dans
«ses affections, pouvait sans cesse fournir à un sentiment renouvelé sans
«cesse, sans doute la solitude et l'amour l'égaleraient à Dieu même, car
«ce sont là les deux éternels plaisirs du grand Etre. Mais l'âme de
«l'homme se fatigue, et jamais elle n'aime longtemps le même objet avec
25 «plénitude. Il y a toujours quelques points par où deux cœurs ne se
«touchent pas, et ces points suffisent à la longue[68] pour rendre la vie in-
«supportable.

«Enfin, ma chère fille, le grand tort des hommes, dans leur songe de
«bonheur, est d'oublier cette infirmité de la mort attachée à leur nature:
30 «il faut finir. Tôt ou tard, quelle qu'eût été votre félicité, ce beau visage
«se fût changé en cette figure uniforme que le sépulcre donne à la famille
«d'Adam; l'œil même de Chactas n'aurait pu vous reconnaître entre vos
«sœurs de la tombe. L'amour n'étend point son empire sur les vers[69] du
«cercueil. Que dis-je! (ô vanité des vanités!) que parlé-je de la puissance
35 «des amitiés de la terre! Voulez-vous, ma chère fille, en connaître l'éten-
«due? Si un homme revenait à la lumière quelques années après sa mort,
«je doute qu'il fût revu avec joie par ceux-là mêmes qui ont donné le plus
«de larmes à sa mémoire: tant on forme vite d'autres liaisons,[70] tant on
«prend facilement d'autres habitudes, tant l'inconstance est naturelle

---

[61] 'deigned'   [62] 'domestic cares'   [63] 'pillow'   [64] cf. *Jeremiah* XXXI, 15,
and *Matthew* II, 18   [65] an allusion to Mlle de La Vallière, the mistress of Louis
XIV, who became a Carmelite nun   [66] 'do not concern you'   [67] 'bald'
[68] 'in the end'   [69] 'worms'   [70] 'ties'

«à l'homme, tant notre vie est peu de chose, même dans le cœur de nos «amis!

«Remerciez donc la bonté divine, ma chère fille, qui vous retire si «vite de cette vallée de misère. Déjà le vêtement blanc et la couronne «éclatante des vierges se préparent pour vous sur les nuées;[71] déjà j'en- «tends la Reine des Anges qui vous crie: Venez, ma digne servante, «venez, ma colombe, venez vous asseoir sur un trône de candeur, parmi «toutes ces filles qui ont sacrifié leur beauté et leur jeunesse au service «de l'humanité, à l'éducation des enfants et aux chefs-d'œuvre de la «pénitence. Venez, rose mystique, vous reposer sur le sein de Jésus- «Christ. Ce cercueil, lit nuptial que vous vous êtes choisi, ne sera point «trompé, et les embrassements de votre céleste époux ne finiront jamais!»

«Comme le dernier rayon du jour abat[72] les vents et répand le calme dans le ciel, ainsi la parole tranquille du vieillard apaisa les passions dans le sein de mon amante. Elle ne parut plus occupée que de ma douleur et des moyens de me faire supporter sa perte. Tantôt elle me disait qu'elle mourrait heureuse si je lui promettais de sécher mes pleurs; tantôt elle me parlait de ma mère, de ma patrie; elle cherchait à me distraire de la douleur présente en réveillant en moi une douleur passée. Elle m'exhortait à la patience, à la vertu. «Tu ne seras pas toujours malheureux, «disait-elle: si le ciel t'éprouve[73] aujourd'hui, c'est seulement pour te «rendre plus compatissant[74] aux maux des autres. Le cœur, ô Chactas! «est comme ces sortes d'arbres qui ne donnent leur baume pour les bles- «sures des hommes que lorsque le fer les a blessés eux-mêmes.»

«Quand elle avait ainsi parlé, elle se tournait vers le missionnaire, cherchait auprès de lui le soulagement qu'elle m'avait fait éprouver, et, tour à tour consolante et consolée, elle donnait et recevait la parole de vie sur la couche de la mort.

«Cependant l'ermite redoublait de zèle. Ses vieux os s'étaient rallumés par l'ardeur de la charité, et toujours préparant des remèdes, rallumant le feu, rafraîchissant la couche, il faisait d'admirables discours sur Dieu et sur le bonheur des justes. Le flambeau de la religion à la main, il semblait précéder Atala dans la tombe, pour lui en montrer les secrètes merveilles. L'humble grotte était remplie de la grandeur de ce trépas[75] chrétien, et les esprits célestes étaient sans doute attentifs à cette scène où la religion luttait seule contre l'amour, la jeunesse et la mort.

«Elle triomphait, cette religion divine, et l'on s'apercevait de sa victoire à une sainte tristesse qui succédait dans nos cœurs aux premiers transports des passions. Vers le milieu de la nuit, Atala sembla se ranimer pour répéter des prières que le religieux prononçait au bord de sa couche. Peu de temps après elle me tendit la main, et avec une voix

---

[71] 'clouds'   [72] 'quiets'   [73] 'tests you'   [74] 'compassionate'   [75] 'death'

qu'on entendait à peine, elle me dit: «Fils d'Outalissi, te rappelles-tu
«cette première nuit où tu me pris pour la Vierge des dernières amours?
«Singulier présage de notre destinée!» Elle s'arrêta, puis elle reprit:
«Quand je songe que je te quitte pour toujours, mon cœur fait un tel
5 «effort pour revivre, que je me sens presque le pouvoir de me rendre
«immortelle à force d'aimer. Mais, ô mon Dieu, que votre volonté soit
«faite!» Atala se tut[76] pendant quelques instants; elle ajouta: «Il ne me
«reste plus qu'à vous demander pardon des maux que je vous ai causés.
«Je vous ai beaucoup tourmenté par mon orgueil et mes caprices.
10 «Chactas, un peu de terre jeté sur mon corps va mettre tout un monde
«entre vous et moi et vous délivrer pour toujours du poids de mes in-
«fortunes.»

«— Vous pardonner! répondis-je, noyé[77] de larmes: n'est-ce pas moi
«qui ai causé tous vos malheurs? — Mon ami, dit-elle en m'interrom-
15 «pant, vous m'avez rendue très heureuse, et si j'étais à recommencer la
«vie, je préférerais encore le bonheur de vous avoir aimé quelques in-
«stants dans un exil infortuné à toute une vie de repos dans ma patrie.»

«Ici la voix d'Atala s'éteignit; les ombres de la mort se répandirent
autour de ses yeux et de sa bouche; ses doigts errants cherchaient à
20 toucher quelque chose; elle conversait tout bas avec des esprits invisibles.
Bientôt, faisant un effort, elle essaya, mais en vain, de détacher de son
cou le petit crucifix; elle me pria de le dénouer[78] moi-même, et elle me dit:

«Quand je te parlai pour la première fois, tu vis cette croix briller à
«la lueur du feu sur mon sein; c'est le seul bien que possède Atala. Lopez,
25 «ton père et le mien, l'envoya à ma mère peu de jours après ma naissance.
«Reçois donc de moi cet héritage, ô mon frère! conserve-le en mémoire
«de mes malheurs. Tu auras recours à ce Dieu des infortunés dans les
«chagrins de ta vie. Chactas, j'ai une dernière prière à te faire. Ami,
«notre union aurait été courte sur la terre, mais il est après cette vie
30 «une plus longue vie. Qu'il serait affreux d'être séparée de toi pour jamais!
«Je ne fais que te devancer[79] aujourd'hui, et je te vais attendre dans
«l'empire céleste. Si tu m'as aimée, fais-toi instruire dans la religion
«chrétienne, qui préparera notre réunion. Elle fait sous tes yeux un
«grand miracle, cette religion, puisqu'elle me rend capable de te quitter
35 «sans mourir dans les angoisses du désespoir. Cependant, Chactas, je
«ne veux de toi qu'une simple promesse, je sais trop ce qu'il en coûte
«pour te demander un serment. Peut-être ce vœu te séparerait-il de
«quelque femme plus heureuse que moi... O ma mère! pardonne à ta
«fille. O Vierge! retenez votre courroux.[80] Je retombe dans mes faiblesses,
40 «et je te dérobe, ô mon Dieu! des pensées qui ne devraient être que pour
«toi.»

---

[76] 'remained silent' [77] 'bathed' [78] 'untie it' [79] 'precede you'
[80] 'wrath'

«Navré[81] de douleur, je promis à Atala d'embrasser un jour la religion chrétienne. A ce spectacle, le solitaire, se levant d'un air inspiré et étendant les bras vers la voûte de la grotte: «Il est temps, s'écria-t-il, il est «temps d'appeler Dieu ici!»

«A peine a-t-il prononcé ces mots qu'une force surnaturelle me contraint de tomber à genoux et m'incline la tête au pied du lit d'Atala. Le prêtre ouvre un lieu secret où était enfermée une urne d'or couverte d'un voile de soie; il se prosterne, et adore profondément. La grotte parut soudain illuminée; on entendit dans les airs les paroles des anges et les frémissements des harpes célestes; et lorsque le solitaire tira le vase sacré de son tabernacle, je crus voir Dieu lui-même sortir du flanc de la montagne.

«Le prêtre ouvrit le calice;[82] il prit entre ses deux doigts une hostie blanche comme la neige, et s'approcha d'Atala en prononçant des mots mystérieux. Cette sainte avait les yeux levés au ciel, en extase. Toutes ses douleurs parurent suspendues, toute sa vie se rassembla sur sa bouche; ses lèvres s'entr'ouvrirent, et vinrent avec respect chercher le Dieu caché sous le pain mystique. Ensuite le divin vieillard trempe[83] un peu de coton dans une huile consacrée; il en frotte les tempes[84] d'Atala, il regarde un moment la fille mourante, et tout à coup ces fortes paroles lui échappent: «Partez, âme chrétienne,[85] allez rejoindre votre Créateur!» Relevant alors ma tête abattue, je m'écriai en regardant le vase où était l'huile sainte: «Mon père, ce remède rendra-t-il la vie à Atala? — «Oui, mon fils, dit le vieillard en tombant dans mes bras, la vie éternelle!» Atala venait d'expirer.»

Dans cet endroit, pour la seconde fois depuis le commencement de son récit, Chactas fut obligé de s'interrompre. Ses pleurs l'inondaient,[86] et sa voix ne laissait échapper que des mots entrecoupés.[87] Le Sachem aveugle ouvrit son sein, il en tira le crucifix d'Atala. «Le voilà, s'écria-t-il, ce gage de l'adversité! O René! ô mon fils! tu le vois, et moi je ne le vois plus! Dis-moi, après tant d'années, l'or n'en est-il point altéré?[88] n'y vois-tu point la trace de mes larmes? Pourrais-tu reconnaître l'endroit qu'une sainte a touché de ses lèvres? Comment Chactas n'est-il point encore chrétien? Quelles frivoles raisons de politique et de patrie l'ont jusqu'à présent retenu dans les erreurs de ses pères? Non, je ne veux pas tarder plus longtemps. La terre me crie: Quand donc descendras-tu dans la tombe, et qu'attends-tu pour embrasser une religion divine?... O terre! vous ne m'attendrez pas longtemps: aussitôt qu'un prêtre aura rajeuni[89] dans l'onde cette tête blanchie par les chagrins, j'espère me réunir à Atala... Mais achevons ce qui me reste à conter de mon histoire.»

[81] 'heart-broken'   [82] 'chalice'   [83] 'dips'   [84] 'anoints the temples'
[85] cf. the prayer for the dying: "Proficiscere, anima christiana . . ."   [86] 'overwhelmed him'   [87] 'broken'   [88] 'tarnished'   [89] 'shall have rejuvenated'; i.e. by baptism

LES FUNERAILLES[90]

«Je n'entreprendrai point, ô René! de te peindre aujourd'hui le désespoir qui saisit mon âme lorsque Atala eut rendu le dernier soupir. Il
faudrait avoir plus de chaleur qu'il ne m'en reste; il faudrait que mes
yeux fermés se pussent rouvrir au soleil pour lui demander compte des
5 pleurs qu'ils versèrent à sa lumière. Oui, cette lune qui brille à présent
sur nos têtes se lassera d'éclairer les solitudes du Kentucky; oui, le
fleuve qui porte maintenant nos pirogues suspendra le cours de ses eaux
avant que mes larmes cessent de couler pour Atala! Pendant deux jours
entiers je fus insensible aux discours de l'ermite. En essayant de calmer
10 mes peines, cet excellent homme ne se servait point des vaines raisons
de la terre, il se contentait de me dire: «Mon fils, c'est la volonté de
«Dieu;» et il me pressait dans ses bras. Je n'aurais jamais cru qu'il y
eût tant de consolation dans ce peu de mots du chrétien résigné, si je ne
l'avais éprouvé moi-même.

15 «La tendresse, l'onction, l'inaltérable patience du vieux serviteur de
Dieu, vainquirent enfin l'obstination de ma douleur. J'eus honte des
larmes que je lui faisais répandre.[91] «Mon père, lui dis-je, c'en est trop:
«que les passions d'un jeune homme ne troublent plus la paix de tes
«jours. Laisse-moi emporter les restes de mon épouse; je les ensevelirai
20 «dans quelque coin du désert, et si je suis encore condamné à la vie, je
«tâcherai de me rendre digne de ces noces éternelles qui m'ont été
«promises par Atala.»

«A ce retour inespéré de courage, le bon père tressaillit de joie; il
s'écria: «O sang de Jésus-Christ, sang de mon divin Maître, je reconnais
25 «là tes mérites! Tu sauveras sans doute ce jeune homme. Mon Dieu!
«achève ton ouvrage; rends la paix à cette âme troublée, et ne lui laisse
«de ses malheurs que d'humbles et utiles souvenirs!»

«Le juste refusa de m'abandonner le corps de la fille de Lopez, mais
il me proposa de faire venir ses néophytes et de l'enterrer avec toute la
30 pompe chrétienne; je m'y refusai à mon tour. «Les malheurs et les vertus
«d'Atala, lui dis-je, ont été inconnus des hommes: que sa tombe, creusée
«furtivement par nos mains, partage cette obscurité.» Nous convînmes
que nous partirions le lendemain, au lever du soleil, pour enterrer Atala
sous l'arche du pont naturel, à l'entrée des Bocages de la mort. Il fut
35 aussi résolu que nous passerions la nuit en prière auprès du corps de cette
sainte.

«Vers le soir, nous transportâmes ses précieux restes à une ouverture
de la grotte qui donnait vers le nord. L'ermite les avait roulés dans une
pièce de lin[92] d'Europe, filé[93] par sa mère: c'était le seul bien qui lui restât
40 de sa patrie, et depuis longtemps il le destinait à son propre tombeau.

[90] 'funeral ceremonies' [91] 'shed' [92] 'linen' [93] 'woven'

Atala était couchée sur un gazon de sensitives[94] des montagnes; ses pieds, sa tête, ses épaules et une partie de son sein étaient découverts. On voyait dans ses cheveux une fleur de magnolia fanée...[95] celle-là même que j'avais déposée sur le lit de la vierge pour la rendre féconde.[96] Ses lèvres, comme un bouton de rose cueilli depuis deux matins, semblaient languir[97] et sourire. Dans ses joues, d'une blancheur éclatante,[98] on distinguait quelques veines bleues. Ses beaux yeux étaient fermés, ses pieds modestes étaient joints, et ses mains d'albâtre pressaient sur son cœur un crucifix d'ébène;[99] le scapulaire de ses vœux était passé[1] à son cou. Elle paraissait enchantée par l'Ange de la mélancolie et par le double sommeil de l'innocence et de la tombe: je n'ai rien vu de plus céleste. Quiconque eût ignoré que cette jeune fille avait joui de la lumière aurait pu la prendre pour la statue de la Virginité endormie.

«Le religieux ne cessa de prier toute la nuit. J'étais assis en silence au chevet[2] du lit funèbre de mon Atala. Que de fois, durant son sommeil, j'avais supporté sur mes genoux cette tête charmante! Que de fois je m'étais penché sur elle pour entendre et pour respirer son souffle! Mais à présent aucun bruit ne sortait de ce sein immobile, et c'était en vain que j'attendais le réveil de la beauté!

«La lune prêta son pâle flambeau à cette veillée[3] funèbre. Elle se leva au milieu de la nuit, comme une blanche vestale[4] qui vient pleurer sur le cercueil d'une compagne. Bientôt elle répandit dans les bois ce grand secret de mélancolie qu'elle aime à raconter aux vieux chênes et aux rivages antiques des mers. De temps en temps le religieux plongeait un rameau[5] fleuri dans une eau consacrée, puis, secouant la branche humide, il parfumait la nuit des baumes du ciel. Parfois il répétait sur un air antique quelques vers d'un vieux poète nommé *Job*; il disait:

«J'ai passé comme une fleur; j'ai séché comme l'herbe des champs.[6]

«Pourquoi la lumière a-t-elle été donnée à un misérable et la vie à «ceux qui sont dans l'amertume du cœur?»[7]

«Ainsi chantait l'ancien des hommes.[8] Sa voix grave et peu cadencée[9] allait roulant dans le silence des déserts. Le nom de Dieu et du tombeau sortait de tous les échos, de tous les torrents, de toutes les forêts. Les roucoulements de la colombe de Virginie, la chute d'un torrent dans la montagne, les tintements[10] de la cloche qui appelait les voyageurs, se mêlaient à ces chants funèbres, et l'on croyait entendre dans les Bocages

---

[94] 'a bed of mimosa' [95] 'faded' [96] 'fertile' [97] 'droop' [98] 'dazzling'
[99] 'ebony' [1] 'was suspended' [2] 'head' [3] 'watch' [4] 'vestal virgin'
[5] 'branch' [6] cf. *Job* XIV, 2, and *Psalms* XC, 6, and CII, 11 [7] cf. *Job* III, 20
[8] i.e. the old man [9] 'rhythmical' [10] 'ringing'

de la mort le chœur lointain des décédés,[11] qui répondait à la voix du solitaire.

«Cependant une barre d'or se forma dans l'orient. Les éperviers[12] criaient sur les rochers et les martres[13] rentraient dans le creux des ormes: c'était le signal du convoi[14] d'Atala. Je chargeai le corps sur mes épaules; l'ermite marchait devant moi, une bêche à la main. Nous commençâmes à descendre de rocher en rocher; la vieillesse et la mort ralentissaient également nos pas. A la vue du chien qui nous avait trouvés dans la forêt, et qui maintenant, bondissant de joie, nous traçait une autre route, je me mis à fondre en larmes. Souvent la longue chevelure d'Atala, jouet des brises matinales, étendait son voile d'or sur mes yeux; souvent, pliant sous le fardeau, j'étais obligé de le déposer sur la mousse et de m'asseoir auprès, pour reprendre des forces. Enfin, nous arrivâmes au lieu marqué par ma douleur; nous descendîmes sous l'arche du pont. O mon fils! il eût fallu voir un jeune sauvage et un vieil ermite à genoux l'un vis-à-vis de l'autre dans un désert, creusant avec leurs mains un tombeau pour une pauvre fille dont le corps était étendu près de là, dans la ravine desséchée[15] d'un torrent!

«Quand notre ouvrage fut achevé, nous transportâmes la beauté dans son lit d'argile. Hélas! j'avais espéré de préparer une autre couche pour elle! Prenant alors un peu de poussière dans ma main et gardant un silence effroyable, j'attachai pour la dernière fois mes yeux sur le visage d'Atala. Ensuite je répandis la terre du sommeil sur un front de dix-huit printemps; je vis graduellement disparaître les traits de ma sœur et ses grâces se cacher sous le rideau de l'éternité; son sein surmonta quelque temps le sol noirci, comme un lis blanc s'élève du milieu d'une sombre argile: «Lopez, m'écriai-je alors, vois ton fils inhumer[16] ta fille!» et j'achevai de couvrir Atala de la terre du sommeil.

«Nous retournâmes à la grotte, et je fis part[17] au missionnaire du projet que j'avais formé de me fixer près de lui. Le saint, qui connaissait merveilleusement le cœur de l'homme, découvrit ma pensée et la ruse de ma douleur. Il me dit: «Chactas, fils d'Outalissi, tandis qu'Atala a vécu «je vous ai sollicité moi-même de demeurer auprès de moi, mais à présent «votre sort est changé, vous vous devez à votre patrie. Croyez-moi, mon «fils, les douleurs ne sont point éternelles; il faut tôt ou tard qu'elles «finissent, parce que le cœur de l'homme est fini;[18] c'est une de nos «grandes misères: nous ne sommes pas même capables d'être longtemps «malheureux. Retournez au Meschacebé; allez consoler votre mère, qui «vous pleure tous les jours et qui a besoin de votre appui. Faites-vous «instruire dans la religion de votre Atala, lorsque vous en trouverez «l'occasion, et souvenez-vous que vous lui avez promis d'être vertueux

---

[11] 'dead'   [12] 'hawks'   [13] 'martens'   [14] 'funeral procession'   [15] 'dried up'   [16] 'bury'   [17] 'informed'   [18] 'finite'

«et chrétien. Moi, je veillerai ici sur son tombeau. Partez, mon fils. «Dieu, l'âme de votre sœur et le cœur de votre vieil ami vous suivront.»

«Telles furent les paroles de l'homme du rocher; son autorité était trop grande, sa sagesse trop profonde, pour ne lui obéir pas. Dès le lendemain je quittai mon vénérable hôte, qui, me pressant sur son cœur, 5 me donna ses derniers conseils, sa dernière bénédiction et ses dernières larmes. Je passai au tombeau; je fus surpris d'y trouver une petite croix qui se montrait au-dessus de la mort, comme on aperçoit encore le mât[19] d'un vaisseau qui a fait naufrage.[20] Je jugeai que le solitaire était venu prier au tombeau pendant la nuit; cette marque d'amitié et 10 de religion fit couler mes pleurs en abondance. Je fus tenté de rouvrir la fosse et de voir encore une fois ma bien-aimée; une crainte religieuse me retint. Je m'assis sur la terre fraîchement remuée.[21] Un coude appuyé sur mes genoux et la tête soutenue dans ma main, je demeurai enseveli dans la plus amère rêverie. O René! c'est là que je fis pour la première 15 fois des réflexions sérieuses sur la vanité de nos jours et la plus grande vanité de nos projets! Eh, mon enfant! qui ne les a point faites, ces ré- flexions? Je ne suis plus qu'un vieux cerf blanchi par les hivers; mes ans le disputent à ceux de la corneille:[22] eh bien, malgré tant de jours ac- cumulés sur ma tête, malgré une si longue expérience de la vie, je n'ai 20 point encore rencontré d'homme qui n'eût été trompé dans ses rêves de félicité, point de cœur qui n'entretînt une plaie cachée. Le cœur le plus serein en apparence ressemble au puits naturel de la savane Alachua: la surface en paraît calme et pure, mais quand vous regardez au fond du bassin, vous apercevez un large crocodile, que le puits nourrit dans ses 25 eaux.

«Ayant ainsi vu le soleil se lever et se coucher sur ce lieu de douleur, le lendemain, au premier cri de la cigogne, je me préparai à quitter la sépulture sacrée. J'en partis comme de la borne[23] d'où je voulais m'élan- cer dans la carrière de la vertu. Trois fois j'évoquai l'âme d'Atala; trois 30 fois le Génie du désert répondit à mes cris sous l'arche funèbre. Je saluai ensuite l'orient, et je découvris au loin, dans les sentiers de la montagne, l'ermite qui se rendait à la cabane de quelque infortuné. Tombant à genoux et embrassant étroitement la fosse,[24] je m'écriai: «Dors en paix «dans cette terre étrangère, fille trop malheureuse! Pour prix de ton 35 «amour, de ton exil et de ta mort, tu vas être abandonnée, même de «Chactas!» Alors, versant des flots de larmes, je me séparai de la fille de Lopez; alors je m'arrachai de ces lieux, laissant au pied du monument de la nature un monument plus auguste: l'humble tombeau de la vertu.»

[19] 'mast'   [20] 'has been shipwrecked'   [21] 'turned'   [22] 'crow'   [23] 'start- ing-post'   [24] 'grave'

EPILOGUE

Chactas, fils d'Outalissi le Natchez, a fait cette histoire à René l'Européen. Les pères l'ont redite aux enfants, et moi, voyageur aux terres lointaines, j'ai fidèlement rapporté ce que des Indiens m'en ont appris. Je vis dans ce récit le tableau du peuple chasseur et du peuple
5 laboureur, la religion, première législatrice des hommes, les dangers de l'ignorance et de l'enthousiasme religieux opposés aux lumières, à la charité et au véritable esprit de l'Evangile,[1] les combats des passions et des vertus dans un cœur simple, enfin le triomphe du christianisme sur le sentiment le plus fougueux[2] et la crainte la plus terrible, l'amour et la
10 mort.

Quand un Siminole me raconta cette histoire, je la trouvai fort instructive et parfaitement belle, parce qu'il y mit la fleur du désert, la grâce de la cabane et une simplicité à conter la douleur que je ne me flatte pas d'avoir conservées. Mais une chose me restait à savoir. Je
15 demandais ce qu'était devenu le père Aubry, et personne ne me le pouvait dire. Je l'aurais toujours ignoré, si la Providence, qui conduit tout, ne m'avait découvert ce que je cherchais. Voici comme la chose se passa:

J'avais parcouru les rivages du Meschacebé, qui formaient autrefois la barrière méridionale[3] de la Nouvelle-France, et j'étais curieux de
20 voir, au nord, l'autre merveille de cet empire, la cataracte de Niagara. J'étais arrivé tout près de cette chute, dans l'ancien pays des Agannonsioni,[a] lorsqu'un matin, en traversant une plaine, j'aperçus une femme assise sous un arbre et tenant un enfant mort sur ses genoux. Je m'approchai doucement de la jeune mère, et je l'entendis qui disait:

25 «Si tu étais resté parmi nous, cher enfant, comme ta main eût bandé[4] «l'arc avec grâce! Ton bras eût dompté l'ours en fureur, et sur le sommet «de la montagne tes pas auraient défié le chevreuil à la course. Blanche «hermine du rocher, si jeune être allé dans le pays des âmes! Comment «feras-tu pour y vivre? Ton père n'y est point pour t'y nourrir de sa
30 «chasse. Tu auras froid, et aucun Esprit ne te donnera des peaux pour «te couvrir. Oh! il faut que je me hâte de t'aller rejoindre pour te chanter «des chansons et te présenter mon sein.»

Et la jeune mère chantait d'une voix tremblante, balançait l'enfant sur ses genoux, humectait ses lèvres du lait maternel et prodiguait à la mort
35 tous les soins qu'on donne à la vie.

Cette femme voulait faire sécher le corps de son fils sur les branches d'un arbre, selon la coutume indienne, afin de l'emporter ensuite aux tombeaux de ses pères. Elle dépouilla donc le nouveau-né, et respirant quelques instants sur sa bouche, elle dit: «Ame de mon fils, âme char-

[a] Les Iroquois

[1] 'Gospel'   [2] 'passionate'   [3] 'southern'   [4] 'would have bent'

«mante, ton père t'a créée jadis sur mes lèvres par un baiser; hélas! les «miens n'ont pas le pouvoir de te donner une seconde naissance.» Ensuite elle découvrit son sein, et embrassa ces restes glacés, qui se fussent ranimés au feu du cœur maternel si Dieu ne s'était réservé le souffle qui donne la vie.   5

Elle se leva, et chercha des yeux un arbre sur les branches duquel elle pût exposer son enfant. Elle choisit un érable à fleurs rouges, festonné de guirlandes d'apios,[5] et qui exhalait les parfums les plus suaves.[6] D'une main elle en abaissa[7] les rameaux inférieurs, de l'autre elle y plaça le corps; laissant alors échapper la branche, la branche retourna à sa posi-   10 tion naturelle, emportant la dépouille[8] de l'innocence, cachée dans un feuillage odorant. Oh! que cette coutume indienne est touchante! Je vous ai vus dans vos campagnes désolées, pompeux monuments des Crassus[9] et des Césars, et je vous préfère encore ces tombeaux aériens[10] du sauvage, ces mausolées de fleurs et de verdure que parfume l'abeille,[11]   15 que balance le zéphyr, et où le rossignol[12] bâtit son nid et fait entendre sa plaintive mélodie. Si c'est la dépouille d'une jeune fille que la main d'un amant a suspendue à l'arbre de la mort, si ce sont les restes d'un enfant chéri qu'une mère a placés dans la demeure[13] des petits oiseaux, le charme redouble encore. Je m'approchai de celle qui gémissait au   20 pied de l'érable; je lui imposai les mains sur la tête en poussant les trois cris de douleur. Ensuite, sans lui parler, prenant comme elle un rameau, j'écartai[14] les insectes qui bourdonnaient autour du corps de l'enfant. Mais je me donnai de garde[15] d'effrayer une colombe voisine. L'Indienne lui disait: «Colombe, si tu n'es pas l'âme de mon fils qui s'est envolée,   25 «tu es sans doute une mère qui cherche quelque chose pour faire un «nid. Prends de ces cheveux, que je ne laverai plus dans l'eau d'esquine;[16] «prends-en pour coucher tes petits: puisse le Grand Esprit te les con-«server!»

Cependant la mère pleurait de joie en voyant la politesse de l'étranger. 30 Comme nous faisions ceci, un jeune homme approcha: «Fille de Céluta,[17] «retire notre enfant; nous ne séjournerons pas plus longtemps ici et «nous partirons au premier soleil.» Je dis alors: «Frère, je te souhaite «un ciel bleu, beaucoup de chevreuils, un manteau de castor et l'es-«pérance. Tu n'es donc pas de ce désert? — Non, répondit le jeune   35 «homme, nous sommes des exilés et nous allons chercher une patrie.» En disant cela le guerrier baissa la tête dans son sein, et avec le bout de son arc il abattait la tête des fleurs. Je vis qu'il y avait des larmes au fond de cette histoire, et je me tus. La femme retira son fils des branches

---

[5] 'purple vetch'   [6] 'fragrant'   [7] 'lowered'   [8] 'remains'   [9] a Roman statesman of the 1st century B.C., notorious for his greed and love of luxury   [10] 'aerial' [11] 'bee'   [12] 'nightingale'   [13] 'dwelling-place'   [14] 'brushed away'   [15] 'I took care not'   [16] 'china-root'   [17] Céluta is René's beloved in *Les Natchez.*

de l'arbre et elle le donna à porter à son époux. Alors je dis: «Voulez-
«vous me permettre d'allumer votre feu cette nuit? — Nous n'avons
«point de cabane, reprit le guerrier; si vous voulez nous suivre, nous
«campons au bord de la chute. — Je le veux bien,» répondis-je, et nous
5 partîmes ensemble.

Nous arrivâmes bientôt au bord de la cataracte, qui s'annonçait par
d'affreux mugissements. Elle est formée par la rivière Niagara, qui
sort du lac Erié et se jette dans le lac Ontario; sa hauteur perpendiculaire
est de cent quarante-quatre pieds. Depuis le lac Erié jusqu'au Saut,[18]
10 le fleuve accourt[19] par une pente[20] rapide, et au moment de la chute c'est
moins un fleuve qu'une mer dont les torrents se pressent à la bouche
béante[21] d'un gouffre.[22] La cataracte se divise en deux branches et se
courbe en fer à cheval.[23] Entre les deux chutes s'avance une île creusée
en dessous,[24] qui pend avec tous ses arbres sur le chaos des ondes. La
15 masse du fleuve qui se précipite au midi s'arrondit en un vaste cylindre,
puis se déroule en nappe[25] de neige et brille au soleil de toutes les couleurs;
celle qui tombe au levant[26] descend dans une ombre effrayante; on dirait
d'une colonne d'eau du déluge. Mille arcs-en-ciel[27] se courbent et se
croisent sur l'abîme. Frappant le roc ébranlé,[28] l'eau rejaillit en tour-
20 billons d'écume,[29] qui s'élèvent au-dessus des forêts comme les fumées
d'un vaste embrasement. Des pins, des noyers sauvages, des rochers
taillés[30] en forme de fantômes, décorent la scène. Des aigles entraînés
par le courant d'air descendent en tournoyant[31] au fond du gouffre, et
des carcajous se suspendent par leurs queues[32] flexibles au bout d'une
25 branche abaissée pour saisir dans l'abîme les cadavres brisés des élans[33]
et des ours.

Tandis qu'avec un plaisir mêlé de terreur je contemplais ce spectacle,
l'Indienne et son époux me quittèrent. Je les cherchai en remontant le
fleuve au-dessus de la chute, et bientôt je les trouvai dans un endroit
30 convenable à leur deuil.[34] Ils étaient couchés sur l'herbe, avec des vieillards, auprès de quelques ossements[35] humains enveloppés dans des
peaux de bêtes. Etonné de tout ce que je voyais depuis quelques heures,
je m'assis auprès de la jeune mère, et lui dis: «Qu'est-ce que tout ceci,
«ma sœur?» Elle me répondit: «Mon frère, c'est la terre de la patrie,
35 «ce sont les cendres de nos aïeux, qui nous suivent dans notre exil. —
«Et comment, m'écriai-je, avez-vous été réduits à un tel malheur?» La
fille de Céluta repartit: «Nous sommes les restes des Natchez. Après le
«massacre que les Français firent de notre nation pour venger leurs
«frères, ceux de nos frères qui échappèrent aux vainqueurs trouvèrent

---

[18] 'falls'   [19] 'rushes on'   [20] 'slope'   [21] 'yawning'   [22] 'chasm'   [23] 'horse-shoe'
[24] 'hollowed out underneath'   [25] 'sheet'   [26] 'east'   [27] 'rainbows'
[28] 'quivering'   [29] 'spurts up in whirling clouds of foam'   [30] 'hewn'
[31] 'whirling about'   [32] 'tails'   [33] 'elk'   [34] 'mourning'   [35] 'bones'

«un asile chez les Chikassas,[36] nos voisins. Nous y sommes demeurés
«assez longtemps tranquilles; mais il y a sept lunes que les blancs de la
«Virginie se sont emparés de nos terres, en disant qu'elles leur ont été
«données par un roi d'Europe. Nous avons levé les yeux au ciel, et,
«chargés des restes de nos aïeux, nous avons pris notre route à travers
«le désert. Je suis accouchée[37] pendant la marche, et comme mon lait
«était mauvais, à cause de la douleur, il a fait mourir mon enfant.» En
disant cela, la jeune mère essuya ses yeux avec sa chevelure; je pleurais
aussi.

Or, je dis bientôt: «Ma sœur, adorons le Grand Esprit, tout arrive
«par son ordre. Nous sommes tous voyageurs, nos pères l'ont été comme
«nous; mais il y a un lieu où nous nous reposerons. Si je ne craignais
«d'avoir la langue aussi légère que celle d'un blanc, je vous demanderais
«si vous avez entendu parler de Chactas le Natchez.» A ces mots l'Indienne me regarda et me dit: «Qui est-ce qui vous a parlé de Chactas
«le Natchez?» Je répondis: «C'est la Sagesse.» L'Indienne reprit: «Je
«vous dirai ce que je sais, parce que vous avez éloigné les mouches du
«corps de mon fils et que vous venez de dire de belles paroles sur le
«Grand Esprit. Je suis la fille de la fille de René l'Européen, que Chactas
«avait adopté. Chactas, qui avait reçu le baptême, et René, mon aïeul
«si malheureux, ont péri dans le massacre. — L'homme va toujours de
«douleur en douleur, répondis-je en m'inclinant. Vous pourriez donc
«aussi m'apprendre des nouvelles du père Aubry? — Il n'a pas été plus
«heureux que Chactas, dit l'Indienne. Les Chéroquois,[38] ennemis des
«Français, pénétrèrent à sa Mission; ils y furent conduits par le son de
«la cloche qu'on sonnait pour secourir les voyageurs. Le père Aubry se
«pouvait sauver, mais il ne voulut pas abandonner ses enfants, et il de-
«meura pour les encourager à mourir par son exemple. Il fut brûlé
«avec de grandes tortures; jamais on ne put tirer de lui un cri qui tour-
«nât à la honte de son Dieu ou au déshonneur de sa patrie. Il ne cessa,
«durant le supplice, de prier pour ses bourreaux et de compatir au sort
«des victimes. Pour lui arracher une marque de faiblesse, les Chéroquois
«amenèrent à ses pieds un sauvage chrétien qu'ils avaient horriblement
«mutilé. Mais ils furent bien surpris quand ils virent le jeune homme se
«jeter à genoux et baiser les plaies du vieil ermite, qui lui criait: «Mon
«enfant, nous avons été mis en spectacle aux anges et aux hommes.»
«Les Indiens furieux lui plongèrent un fer rouge dans la gorge pour l'em-
«pêcher de parler. Alors, ne pouvant plus consoler les hommes, il expira.

«On dit que les Chéroquois, tout accoutumés qu'ils étaient à voir des
«sauvages souffrir avec constance, ne purent s'empêcher d'avouer qu'il
«y avait dans l'humble courage du père Aubry quelque chose qui leur

---

[36] Chickasaws, a tribe of Indians who lived in Mississippi [37] 'I was brought to bed'
[38] Cherokee Indians

«était inconnu et qui surpassait tous les courages de la terre. Plusieurs
«d'entre eux, frappés de cette mort, se sont faits chrétiens.

«Quelques années après, Chactas, à son retour de la terre des blancs,
«ayant appris les malheurs du chef de la prière, partit pour aller recueillir
5 «ses cendres et celles d'Atala. Il arriva à l'endroit où était située la
«Mission, mais il put à peine le reconnaître. Le lac s'était débordé et la
«savane était changée en un marais; le pont naturel, en s'écroulant,[39]
«avait enseveli sous ses débris le tombeau d'Atala et les Bocages de la
«mort. Chactas erra longtemps dans ce lieu; il visita la grotte du soli-
10 «taire, qu'il trouva remplie de ronces et de framboisiers, et dans laquelle
«une biche allaitait[40] son faon. Il s'assit sur le rocher de la Veillée de la
«mort, où il ne vit que quelques plumes tombées de l'aile de l'oiseau de
«passage. Tandis qu'il y pleurait, le serpent familier du missionnaire
«sortit des broussailles[41] voisines, et vint s'entortiller[42] à ses pieds.
15 «Chactas réchauffa dans son sein ce fidèle ami, resté seul au milieu de
«ces ruines. Le fils d'Outalissi a raconté que plusieurs fois, aux approches
«de la nuit, il avait cru voir les ombres d'Atala et du père Aubry s'élever
«dans la vapeur du crépuscule.[43] Ces visions le remplirent d'une reli-
«gieuse frayeur[44] et d'une joie triste.

20 «Après avoir cherché vainement le tombeau de sa sœur et celui de
«l'ermite, il était près d'abandonner ces lieux, lorsque la biche de la
«grotte se mit à bondir devant lui. Elle s'arrêta au pied de la croix de la
«Mission. Cette croix était alors à moitié entourée d'eau; son bois était
«rongé de mousse, et le pélican du désert aimait à se percher sur ses bras
25 «vermoulus.[45] Chactas jugea que la biche reconnaissante l'avait conduit
«au tombeau de son hôte. Il creusa sous la roche qui jadis servait d'autel,
«et il y trouva les restes d'un homme et d'une femme. Il ne douta point
«que ce ne fussent ceux du prêtre et de la vierge, que les anges avaient
«peut-être ensevelis dans ce lieu; il les enveloppa dans des peaux d'ours
30 «et reprit le chemin de son pays, emportant ces précieux restes, qui ré-
«sonnaient[46] sur ses épaules comme le carquois[47] de la mort. La nuit
«il les mettait sous sa tête, et il avait des songes d'amour et de vertu. O
«étranger! tu peux contempler ici cette poussière avec celle de Chactas
«lui-même.»

35 Comme l'Indienne achevait de prononcer ces mots, je me levai; je
m'approchai des cendres sacrées et me prosternai devant elles en silence.
Puis, m'éloignant à grands pas, je m'écriai: «Ainsi passe sur la terre tout
«ce qui fut bon, vertueux, sensible![48] Homme, tu n'es qu'un songe
«rapide, un rêve douloureux; tu n'existes que par le malheur; tu n'es
40 «quelque chose que par la tristesse de ton âme et l'éternelle mélancolie
«de ta pensée!»

[39] 'collapsing' [40] 'was suckling' [41] 'brushwood' [42] 'to coil itself around' [43] 'twilight' [44] 'dread' [45] 'worm-eaten' [46] 'resounded' [47] 'quiver' [48] 'tender'

Ces réflexions m'occupèrent toute la nuit. Le lendemain, au point du jour, mes hôtes me quittèrent. Les jeunes guerriers ouvraient la marche et les épouses la fermaient; les premiers étaient chargés des saintes reliques; les secondes portaient leurs nouveau-nés; les vieillards cheminaient lentement au milieu, placés entre leurs aïeux et leur postérité, entre les souvenirs et l'espérance, entre la patrie perdue et la patrie à venir. Oh! que de larmes sont répandues lorsqu'on abandonne ainsi la terre natale, lorsque du haut de la colline de l'exil on découvre pour la dernière fois le toit où l'on fut nourri et le fleuve de la cabane qui continue à couler tristement à travers les champs solitaires de la patrie!

Indiens infortunés que j'ai vus errer dans les déserts du Nouveau-Monde avec les cendres de vos aïeux! vous qui m'aviez donné l'hospitalité malgré votre misère! je ne pourrais vous la rendre aujourd'hui, car j'erre, ainsi que vous, à la merci des hommes, et, moins heureux dans mon exil, je n'ai point emporté les os de mes pères!

LAMARTINE

LAMARTINE

ALPHONSE–MARIE–LOUIS DE LAMARTINE (1790–1869) was born at Mâcon in Burgundy. His father, an officer in the royal army, was obliged to live quietly as a country gentleman during and after the Revolution, and the future poet was educated with his five sisters by their cultured and deeply religious mother on the family estate at Milly. At the age of ten Lamartine was sent to school at Lyons, and, when his education was completed, he spent five restless years at Milly and at Saint-Point in the Jura. In 1811–12 he traveled in Italy with his friend Virieu and was deeply impressed by the color and beauty of the south. In Naples, where he lived for four months, he fell in love with an Italian girl of humble birth, whom he later celebrated under the name of Graziella. The first Restoration of the Bourbons brought a short military interlude, when Lamartine served without much enthusiasm in the royal lifeguards. By 1815 his literary vocation was clear, and Lamartine turned to the composition of classical tragedies and short lyric poems. In 1816 he met Mme Charles at Aix-les-Bains; the tragic episode of his love for her, while it enriched his poetic background, did not leave him inconsolable for long. By 1819 he had begun to be a familiar figure in certain royalist and Catholic salons, and in the following year he married a well-to-do English girl, Maria Birch. His *Méditations poétiques* (1820) made him famous almost overnight, and he had now no difficulty in securing the diplomatic appointment he coveted. Until 1828 he served in the French embassies at Naples and at Florence. He was elected to the Academy in 1830. Two years later he traveled extensively in the eastern Mediterranean. The writings of Lamennais had liberalized the views of many French Catholics of Lamartine's generation, and the poet himself became increasingly interested in political reforms. He was elected to the Chamber of Deputies in 1833. He played an important part in the early stages of the Revolution of 1848, and was nominated as a candidate for the Presidency of the Second Republic. The *coup d'état* of 1851 ruined Lamartine politically and financially, and he spent his remaining years in relative obscurity, doing literary hack work to eke out a living. In 1860 the city of Paris presented him with a small villa at Passy and seven years later the Imperial government granted him a modest pension.

Lamartine's chief poetic works are: *Méditations poétiques* (1820), *La Mort de Socrate* (1823), *Nouvelles Méditations poétiques* (1823), *Harmonies poétiques et religieuses* (1830), *Jocelyn* (1836), *La Chute d'un ange* (1838), *Recueillements poétiques* (1839). His most notable prose work is the *Histoire des Girondins* (1847).

MEDITATIONS POÉTIQUES[1]

L'ISOLEMENT[2]

Souvent sur la montagne, à l'ombre du vieux chêne,[3]
Au coucher du soleil, tristement je m'assieds;
Je promène au hasard mes regards sur la plaine,
Dont le tableau changeant se déroule[4] à mes pieds.

5 Ici, gronde[5] le fleuve aux vagues écumantes,[6]
Il serpente, et s'enfonce en un lointain obscur;[7]
Là, le lac immobile étend ses eaux dormantes
Où l'étoile du soir se lève dans l'azur.

Au sommet de ces monts couronnés de bois sombres,
10 Le crépuscule[8] encor jette un dernier rayon,[9]
Et le char vaporeux[10] de la reine des ombres[11]
Monte, et blanchit déjà les bords de l'horizon.

Cependant, s'élançant[12] de la flèche[13] gothique,
Un son religieux se répand[14] dans les airs,
15 Le voyageur s'arrête, et la cloche[15] rustique
Aux derniers bruits du jour mêle de saints concerts.

Mais à ces doux tableaux mon âme indifférente
N'éprouve devant eux ni charme,[16] ni transports,
Je contemple la terre, ainsi qu'une ombre[17] errante:
20 Le soleil des vivants n'échauffe plus[18] les morts.

De colline[19] en colline en vain portant ma vue,
Du sud à l'aquilon, de l'aurore au couchant,[20]

[1] The twenty-four poems which make up this volume were composed between 1815 and
1820. Some of them were read in the salons which Lamartine began to frequent in 1819.
The volume appeared anonymously in March of the following year and enjoyed an immediate success, not only in France but in many other European countries as well. Lamartine
signed the second edition and added poems in this and subsequent ones. A preface, *Les
Destinées de la poésie*, was included in 1834, and a commentary in 1849.   [2] 'Isolation.'
Begun at Milly in August, 1818, this poem, along with two others, was printed and circu-
lated among Lamartine's friends in the latter part of 1819. The scene described is a composite one, though certain features recall the prospect from Le Craz, a hill overlooking
Milly, from which there is a view across the Saône to the foothills of the Alps.   [3] 'oak'
[4] 'unfolds'   [5] 'roars'   [6] 'foaming waves'   [7] 'it winds away, and loses itself in the
dim distance'   [8] 'twilight'   [9] 'ray'   [10] 'misty chariot'   [11] i.e. the moon
[12] 'mounting'   [13] 'spire'   [14] 'spreads'   [15] 'church-bell'   [16] 'delight'   [17] 'shadow'
[18] 'no longer warms'   [19] 'hill'   [20] i.e. from south to north, from east to west

Je parcours[21] tous les points de l'immense étendue,[22]
Et je dis: Nulle part[23] le bonheur ne m'attend.

Que me font[24] ces vallons, ces palais, ces chaumières?[25] 25
Vains objets dont pour moi le charme est envolé;[26]
Fleuves, rochers, forêts, solitudes si chères,
Un seul être vous manque, et tout est dépeuplé.[27]

Que le tour du soleil ou commence ou s'achève,
D'un œil indifférent je le suis dans son cours; 30
En un ciel sombre ou pur qu'il se couche ou se lève,
Qu'importe le soleil? je n'attends rien des jours.

Quand[28] je pourrais le suivre en sa vaste carrière,[29]
Mes yeux verraient partout le vide et les déserts;
Je ne désire rien de tout ce qu'il éclaire,[30] 35
Je ne demande rien à l'immense univers.

Mais peut-être au delà des bornes[31] de sa sphère,
Lieux où le vrai soleil éclaire d'autres cieux,
Si je pouvais laisser ma dépouille[32] à la terre,
Ce que j'ai tant rêvé paraîtrait à mes yeux? 40

Là, je m'enivrerais à la source où j'aspire,[33]
Là, je retrouverais et l'espoir et l'amour,
Et ce bien idéal que toute âme désire
Et qui n'a pas de nom au terrestre séjour![34]

Que[35] ne puis-je, porté sur le char de l'aurore,[36] 45
Vague objet de mes vœux,[37] m'élancer[38] jusqu'à toi;
Sur la terre d'exil pourquoi resté-je encore?
Il n'est rien de commun entre la terre et moi.

Quand la feuille des bois tombe dans la prairie,[39]
Le vent du soir se lève et l'arrache[40] aux vallons; 50
Et moi, je suis semblable à la feuille flétrie:[41]
Emportez-moi comme elle, orageux aquilons![42]

---

[21] 'scan'   [22] 'expanse'   [23] 'nowhere'   [24] 'what matter to me'
[25] 'thatched cottages'   [26] 'fled'   [27] 'empty'   [28] 'even if'
[29] 'course'   [30] 'illumines'   [31] 'limits'   [32] 'remains'   [33] 'I would
intoxicate myself at the spring for which I thirst'   [34] 'earthly abode'
[35] 'why'   [36] 'dawn'   [37] 'desires'   [38] 'take flight'   [39] 'meadow'
[40] 'snatches it'   [41] 'withered'   [42] 'stormy north winds'

LE VALLON [1]

Mon cœur, lassé[2] de tout, même de l'espérance,
N'ira plus de ses vœux[3] importuner le sort;[4]
Prêtez-moi seulement, vallons de mon enfance,
Un asile[5] d'un jour pour attendre la mort.

5   Voici l'étroit sentier[6] de l'obscure vallée:
Du flanc de ces coteaux[7] pendent des bois épais
Qui, courbant sur mon front leur ombre entremêlée,[8]
Me couvrent tout entier de silence et de paix.

Là, deux ruisseaux[9] cachés sous des ponts de verdure,
10   Tracent en serpentant[10] les contours du vallon;
Ils mêlent un moment leur onde[11] et leur murmure,
Et non loin de leur source ils se perdent sans nom.

La source de mes jours comme eux s'est écoulée,[12]
Elle a passé sans bruit, sans nom, et sans retour:
15   Mais leur onde est limpide, et mon âme troublée
N'aura pas réfléchi les clartés d'un beau jour.

La fraîcheur[13] de leurs lits, l'ombre qui les couronne
M'enchaînent tout le jour sur les bords des ruisseaux;
Comme un enfant bercé[14] par un chant monotone,
20   Mon âme s'assoupit[15] au murmure des eaux.

Ah! c'est là qu'entouré d'un rempart de verdure,
D'un horizon borné[16] qui suffit à mes yeux,
J'aime à fixer mes pas, et, seul dans la nature,
A n'entendre que l'onde, à ne voir que les cieux.

25   J'ai trop vu, trop senti, trop aimé dans ma vie,
Je viens chercher vivant le calme du Léthé;[17]
Beaux lieux, soyez pour moi ces bords[18] où l'on oublie:
L'oubli seul désormais est ma félicité.

---

[1] The valley of Férouillat adjoined the ancestral estate of Lamartine's friend Aymon de Virieu at Le Grand-Lemps in Dauphiné. The poem was begun there in the summer of 1819, and finished at Mâcon in the autumn of the same year.   [2] 'wearied'   [3] 'prayers'   [4] 'fate'   [5] 'refuge'   [6] 'path'   [7] 'hills'   [8] 'tangled'   [9] 'streams'   [10] 'winding'   [11] 'waters'   [12] 'has flowed away'   [13] 'coolness'   [14] 'lulled'   [15] 'grows drowsy'   [16] 'limited'   [17] a river in the underworld of the Ancients; the dead drank of its waters to obtain forgetfulness   [18] 'banks'

Mon cœur est en repos, mon âme est en silence!
Le bruit lointain du monde expire en arrivant,   30
Comme un son[19] éloigné qu'affaiblit la distance,
A l'oreille incertaine apporté par le vent.

D'ici je vois la vie, à travers un nuage,[20]
S'évanouir[21] pour moi dans l'ombre du passé;
L'amour seul est resté: comme une grande image   35
Survit seule au réveil[22] dans un songe effacé.[23]

Repose-toi, mon âme, en ce dernier asile,
Ainsi qu'un voyageur, qui, le cœur plein d'espoir,
S'asseoit avant d'entrer aux portes de la ville,
Et respire un moment l'air embaumé[24] du soir.   40

Comme lui, de nos pieds secouons la poussière;[25]
L'homme par ce chemin ne repasse jamais;
Comme lui, respirons au bout de la carrière[26]
Ce calme avant-coureur[27] de l'éternelle paix.

Tes jours, sombres et courts comme des jours d'automne,   45
Déclinent comme l'ombre au penchant[28] des coteaux;
L'amitié te trahit,[29] la pitié t'abandonne,
Et, seule, tu descends le sentier des tombeaux.[30]

Mais la nature est là qui t'invite et qui t'aime;
Plonge-toi dans son sein[31] qu'elle t'ouvre toujours;   50
Quand tout change pour toi, la nature est la même,
Et le même soleil se lève sur tes jours.

De lumière et d'ombrage elle t'entoure encore;
Détache ton amour des faux biens[32] que tu perds;
Adore ici l'écho qu'adorait Pythagore,[33]   55
Prête avec lui l'oreille aux célestes concerts.

Suis le jour dans le ciel, suis l'ombre sur la terre,
Dans les plaines de l'air vole avec l'aquilon,[34]
Avec les doux rayons[35] de l'astre du mystère[36]
Glisse[37] à travers les bois dans l'ombre du vallon.   60

---

[19] 'sound'   [20] 'cloud'   [21] 'fade away'   [22] 'awakening'   [23] 'vanished dream'
[24] 'perfumed'   [25] 'let us shake the dust'   [26] 'course'   [27] 'forerunner'   [28] 'slope'
[29] 'betrays you'   [30] 'tombs'   [31] 'bosom'   [32] 'treasures'   [33] Pythagoras, the Greek philosopher of the 6th century B.C., who first enunciated the theory of the music of the spheres   [34] 'north wind'   [35] 'rays'   [36] i.e. the moon   [37] 'glide'

Dieu, pour le concevoir,[38] a fait l'intelligence;
Sous la nature enfin découvre son auteur!
Une voix à l'esprit parle dans son silence,
Qui n'a pas entendu cette voix dans son cœur?

LE LAC [1]

Ainsi, toujours poussés vers de nouveaux rivages,[2]
Dans la nuit éternelle emportés sans retour,
Ne pourrons-nous jamais sur l'océan des âges
    Jeter l'ancre un seul jour?

O lac! l'année à peine a fini sa carrière,[3]
Et près des flots chéris[4] qu'elle devait revoir,
Regarde! je viens seul m'asseoir sur cette pierre
    Où tu la vis s'asseoir!

Tu mugissais[5] ainsi sous ces roches profonaes;
Ainsi tu te brisais sur leurs flancs déchirés:[6]
Ainsi le vent jetait l'écume de tes ondes[7]
    Sur ses pieds adorés.

Un soir, t'en souvient-il?[8] nous voguions[9] en silence;
On n'entendait au loin, sur l'onde et sous les cieux,
Que le bruit des rameurs[10] qui frappaient en cadence
    Tes flots harmonieux.

Tout à coup des accents inconnus à la terre
Du rivage charmé[11] frappèrent les échos;
Le flot fut attentif, et la voix qui m'est chère
    Laissa tomber ces mots:

«O temps, suspends ton vol![12] et vous, heures propices,[13]
    Suspendez votre cours!

[38] 'that we might conceive him'
[1] In the autumn of 1816 Lamartine met Mme Julie Charles, the young wife of an elderly scientist, at Aix-les-Bains. They fell deeply in love and during the next winter Lamartine frequented Mme Charles' salon in Paris. They planned to meet again in the late summer of 1817 at the Lac du Bourget in Savoy. But by that time Mme Charles was too ill to travel. Lamartine never saw her again, for she died in December of that year. He celebrated her under the name of Elvire. *Le Lac*, which originally bore the title *Ode au lac de B . . .*, was begun on an excursion to the Abbaye de Hautecombe on August 29, 1817 and finished a month later. It was the most popular of Lamartine's poems and was reprinted in a contemporary anthology, the *Almanach des Muses*, in 1821.   [2] 'shores'   [3] 'course'   [4] 'beloved waves'   [5] 'roared'   [6] 'jagged'   [7] 'the foam of your waves'   [8] 'do you remember?'   [9] 'were rowing'   [10] 'oarsmen'   [11] 'enchanted'   [12] 'flight'   [13] 'propitious'

Laissez-nous savourer les rapides délices[14]
  Des plus beaux de nos jours!

«Assez de malheureux ici-bas vous implorent: 25
  Coulez,[15] coulez pour eux;
Prenez avec leurs jours les soins[16] qui les dévorent;
  Oubliez les heureux.

«Mais je demande en vain quelques moments encore,
  Le temps m'échappe et fuit;   30
Je dis à cette nuit: «Sois plus lente»; et l'aurore[17]
  Va dissiper la nuit.

«Aimons donc, aimons donc! de l'heure fugitive,
  Hâtons-nous, jouissons![18]
L'homme n'a point de port, le temps n'a point de rive;[19] 35
  Il coule, et nous passons!»

Temps jaloux, se peut-il que ces moments d'ivresse,[20]
Où l'amour à longs flots[21] nous verse[22] le bonheur,
S'envolent[23] loin de nous de la même vitesse
  Que les jours de malheur?   40

Hé quoi! n'en pourrons-nous fixer au moins la trace?
Quoi! passés pour jamais? quoi! tout entiers perdus?
Ce temps qui les donna, ce temps qui les efface,
  Ne nous les rendra plus?

Eternité, néant,[24] passé, sombres abîmes,[25]   45
Que faites-vous des jours que vous engloutissez?[26]
Parlez: nous rendrez-vous ces extases sublimes
  Que vous nous ravissez?[27]

O lac! rochers muets! grottes! forêt obscure!
Vous, que le temps épargne[28] ou qu'il peut rajeunir,[29] 50
Gardez de cette nuit, gardez, belle nature,
  Au moins le souvenir!

Qu'il soit dans ton repos, qu'il soit dans tes orages,[30]
  Beau lac, et dans l'aspect de tes riants coteaux,[31]

[14] 'delights' [15] 'flow on' [16] 'cares' [17] 'dawn' [18] 'let us enjoy'
[19] 'shore' [20] 'intoxication' [21] 'draughts' [22] 'pours out' [23] 'fly away'
[24] 'nothingness' [25] 'abysses' [26] 'swallow up' [27] 'steal from us'
[28] 'spares' [29] 'rejuvenate' [30] 'storms' [31] 'smiling hills'

55   Et dans ces noirs sapins,[32] et dans ces rocs sauvages
Qui pendent sur tes eaux!

Qu'il soit dans le zéphyr qui frémit[33] et qui passe,
Dans les bruits de tes bords[34] par tes bords répétés,
Dans l'astre au front d'argent[35] qui blanchit ta surface
60   De ses molles[36] clartés!

Que le vent qui gémit,[37] le roseau qui soupire,[38]
Que les parfums légers de ton air embaumé,[39]
Que tout ce qu'on entend, l'on voit ou l'on respire,
Tout dise: «Ils ont aimé!»

NOUVELLES MEDITATIONS POETIQUES[1]

LE CRUCIFIX[2]

Toi que j'ai recueilli[3] sur sa bouche expirante
Avec son dernier souffle[4] et son dernier adieu,
Symbole deux fois saint, don[5] d'une main mourante,
Image de mon Dieu;

5   Que de pleurs ont coulé[6] sur tes pieds que j'adore,
Depuis l'heure sacrée où, du sein[7] d'un martyr,
Dans mes tremblantes mains tu passas, tiède[8] encore
De son dernier soupir![9]

Les saints flambeaux[10] jetaient une dernière flamme;
10   Le prêtre murmurait ces doux chants de la mort,
Pareils aux chants plaintifs que murmure une femme
A l'enfant qui s'endort.

De son pieux espoir son front[11] gardait la trace,
Et sur ses traits,[12] frappés[13] d'une auguste beauté,

---

[32] 'fir-trees'   [33] 'the breeze which shivers'   [34] 'shores'   [35] 'the planet with the silver brow'; i.e. the moon   [36] 'soft'   [37] 'moans'   [38] 'the sighing reed'   [39] 'fragrant'
    [1] This volume, containing twenty-six poems of varied inspiration, appeared in September, 1823. It did not enjoy as much popularity as the first collection of *Méditations*.   [2] This elegy is a fusion of two poems which Lamartine composed at two different times: the first dealing with the last moments of Mme Charles' life, based on the account given him by her physician; and a prose poem (composed in the winter of 1822–23) on Mme Charles' crucifix, which had been brought to Lamartine by a friend who received it from the priest in attendance at her death-bed.   [3] 'received'   [4] 'breath'   [5] 'gift'   [6] 'have flowed'   [7] 'bosom'   [8] 'warm'   [9] 'sigh'   [10] 'candles'   [11] 'brow'   [12] 'features'   [13] 'stamped'

La douleur fugitive avait empreint sa grâce,   15
    La mort sa majesté.

Le vent qui caressait sa tête échevelée[14]
Me montrait tour à tour[15] ou me voilait ses traits,
Comme l'on voit flotter sur un blanc mausolée[16]
    L'ombre des noirs cyprès.   20

Un de ses bras pendait de la funèbre[17] couche;
L'autre, languissamment replié[18] sur son cœur,
Semblait chercher encore et presser sur sa bouche
    L'image du Sauveur.

Ses lèvres s'entr'ouvraient[19] pour l'embrasser encore;   25
Mais son âme avait fui dans ce divin baiser,[20]
Comme un léger parfum[21] que la flamme dévore
    Avant de l'embraser.[22]

Maintenant tout dormait sur sa bouche glacée,
Le souffle se taisait dans son sein endormi,   30
Et sur l'œil sans regard[23] la paupière affaissée[24]
    Retombait à demi.

Et moi, debout, saisi d'une terreur secrète,
Je n'osais m'approcher de ce reste adoré,
Comme si du trépas[25] la majesté muette   35
    L'eût déjà consacré.

Je n'osais!... Mais le prêtre entendit[26] mon silence,
Et, de ses doigts glacés prenant le crucifix:
«Voilà le souvenir, et voilà l'espérance:
    Emportez-les, mon fils!»   40

Oui, tu me resteras, ô funèbre héritage!
Sept fois, depuis ce jour, l'arbre que j'ai planté
Sur sa tombe sans nom a changé de feuillage:
    Tu ne m'as pas quitté.

Placé près de ce cœur, hélas! où tout s'efface,   45
Tu l'as contre le temps défendu de l'oubli,

[14] 'dishevelled'   [15] 'in turn'   [16] 'tomb'   [17] 'funereal'   [18] 'languidly folded'   [19] 'parted'   [20] 'kiss'   [21] i.e. incense   [22] 'consuming it'   [23] 'sightless'   [24] 'drooping eyelid'   [25] 'death'   [26] 'understood'

Et mes yeux goutte à goutte[27] ont imprimé leur trace
　　Sur l'ivoire amolli.[28]

O dernier confident de l'âme qui s'envole,[29]
50　Viens, reste sur mon cœur! parle encore, et dis-moi
Ce qu'elle te disait quand sa faible parole
　　N'arrivait plus qu'à toi;

A cette heure douteuse où l'âme recueillie,[30]
Se cachant sous le voile épaissi[31] sur nos yeux,
55　Hors de nos sens glacés pas à pas se replie,[32]
　　Sourde[33] aux derniers adieux;

Alors qu'entre la vie et la mort incertaine,
Comme un fruit par son poids détaché du rameau,[34]
Notre âme est suspendue et tremble à chaque haleine[35]
60　　Sur la nuit du tombeau;

Quand des chants, des sanglots[36] la confuse harmonie
N'éveille déjà plus notre esprit endormi,
Aux lèvres du mourant collé dans l'agonie,[37]
　　Comme un dernier ami;

65　Pour éclaircir[38] l'horreur de cet étroit passage,[39]
Pour relever vers Dieu son regard abattu,[40]
Divin consolateur, dont nous baisons l'image,
　　Réponds, que lui dis-tu?

Tu sais, tu sais mourir! et tes larmes divines,
70　Dans cette nuit terrible où tu prias en vain,[41]
De l'olivier[42] sacré baignèrent les racines[43]
　　Du soir jusqu'au matin.

De la croix, où ton œil sonda[44] ce grand mystère,[45]
Tu vis ta mère en pleurs et la nature en deuil;[46]
75　Tu laissas comme nous tes amis sur la terre,
　　Et ton corps au cercueil![47]

---

[27] 'drop by drop'　　[28] 'softened'　　[29] 'takes its flight'　　[30] 'rapt'　　[31] 'the veil grown thicker'　　[32] 'retreats'　　[33] 'deaf'　　[34] 'branch'　　[35] 'breath' [36] 'sobs'　　[37] 'glued in the agony [of death]'　　[38] 'lighten'　　[39] i. e. from life to death　　[40] 'downcast'　　[41] i.e. in the Garden of Gethsemane　　[42] 'olive-tree' [43] 'roots'　　[44] 'probed'　　[45] i.e. death　　[46] 'mourning'　　[47] 'coffin'

Au nom de cette mort, que ma faiblesse obtienne[48]
De rendre sur ton sein ce douloureux soupir:
Quand mon heure viendra, souviens-toi de la tienne,[49]
    O toi qui sais mourir!   80

Je chercherai la place où sa bouche expirante
Exhala sur tes pieds l'irrevocable adieu,
Et son âme viendra guider mon âme errante
    Au sein du même Dieu.

Ah! puisse, puisse alors sur ma funèbre couche,   85
Triste et calme à la fois, comme un ange éploré,[50]
Une figure en deuil recueillir sur ma bouche
    L'héritage sacré!

Soutiens ses[51] derniers pas, charme sa dernière heure;
Et, gage[52] consacré d'espérance et d'amour,   90
De celui qui s'éloigne[53] à celui qui demeure
    Passe ainsi tour à tour,

Jusqu'au jour où, des morts perçant la voûte[54] sombre,
Une voix dans le ciel, les appelant sept fois,
Ensemble éveillera[55] ceux qui dorment à l'ombre   95
    De l'éternelle croix!

[48] 'be granted'   [49] i.e. Thine own last hour   [50] 'weeping'   [51] i.e. of the friend who will perform this last service   [52] 'pledge'   [53] 'departs'   [54] 'vault'   [55] 'will awaken'

VIGNY

VIGNY

LFRED-VICTOR, comte de Vigny (1797–1863), was born at Loches, in
Touraine. His father, who had fought as an officer in the Seven Years
War, was sixty years old when his youngest son was born. At the age of eight
Vigny was enrolled at the pension Hix in Paris and attended classes at the lycée
Bonaparte. On the fall of Napoleon, in 1814, he obtained a commission in the
royal army and remained on the active list until 1827, when he retired with the
rank of captain. In 1825 he married a young English heiress named Lydia Bun-
bury. Vigny found army life in peace time monotonous and soon turned to literature. His school-friend Emile Deschamps introduced him to Hugo and his
circle in 1820. Two years later Vigny's first volume of verse appeared anonymously, and for the next thirteen years he wrote and published with some regu-
larity, particularly in the field of the novel and the drama. His tragedy *Chatterton*
scored a notable success on the stage of the Comédie-Française in 1835 — a success partly due to the acting of Marie Dorval, who had been the poet's mistress
for some years and whose infidelities caused Vigny much unhappiness. With
the exception of some important philosophical poems, which appeared intermittently in the *Revue des Deux Mondes*, Vigny published little after this date.
His natural aloofness made him a man of few friends, and he preferred to spend
the greater part of the time in the company of his invalid wife on his estate at
Le Maine-Giraud in Angoumois. He was elected to the Academy in 1845 after
five unsuccessful attempts. Stricken with cancer in the autumn of 1861, Vigny
died two years later.

Vigny's principal volumes of verse are: *Poèmes* (1822), *Poèmes antiques et
modernes* (1826), *Les Destinées* (1864). His prose works include the historical
novel *Cinq-Mars* (1826), *Stello* (1832), *Servitude et Grandeur militaires* (1835);
two plays: *La Maréchale d'Ancre* (1831), *Chatterton* (1835), and some translations from Shakespeare.

POEMES ANTIQUES ET MODERNES[1]

LIVRE MYSTIQUE [2]

MOISE [3]

Poème [4]

Le soleil prolongeait sur la cime[5] des tentes
Ces obliques rayons,[6] ces flammes éclatantes,[7]
Ces larges traces d'or qu'il laisse dans les airs,
Lorsqu'en un lit de sable[8] il se couche aux déserts.
5   La pourpre et l'or semblaient revêtir[9] la campagne.
Du stérile Nébo[10] gravissant[11] la montagne,
Moïse, homme de Dieu, s'arrête, et, sans orgueil,[12]
Sur le vaste horizon promène un long coup d'œil.
Il voit d'abord Phasga,[13] que des figuiers[14] entourent;
10   Puis, au delà des monts que ses regards parcourent,[15]
S'étend tout Galaad, Ephraïm, Manassé,[16]
Dont le pays fertile à sa droite est placé;
Vers le Midi,[17] Juda, grand et stérile, étale[18]
Ses sables où s'endort la mer occidentale;[19]
15   Plus loin, dans un vallon que le soir a pâli,
Couronné d'oliviers,[20] se montre Nephtali;[21]
Dans des plaines de fleurs magnifiques et calmes,
Jéricho s'aperçoit: c'est la ville des palmes;
Et, prolongeant ses bois, des plaines de Phogor[22]
20   Le lentisque touffu[23] s'étend jusqu'à Ségor.[24]
Il voit tout Chanaan[25] et la terre promise,

[1] Vigny used three different titles for the various editions of his collected poems: *Poèmes* (1822, 1829, 1834), *Poèmes antiques et modernes* (1826, 1837, 1846, 1859), and *Poésies complètes* (1841, 1852). The edition of 1859, the last which Vigny corrected himself, offers the definitive text of his poems.   [2] Wishing to present his work in a chronological order of subjects rather than that of composition, Vigny rearranged his poems in 1837 and chose this title for a division which includes three poems of a mystical and religious character. [3] Written in 1822 and first published in 1826, with a dedication to Victor Hugo, in the *Poèmes antiques et modernes*. It was reprinted in the *Annales romantiques* in 1827–28. The poem originally bore the epigraph: *Le souffle de Dieu dans l'homme est une lampe dévorante* (*Prov. Salomon*).   [4] used by Vigny in the sense of a philosophical idea treated in epic or dramatic form   [5] 'top'   [6] 'rays'   [7] 'dazzling'   [8] 'sand'   [9] 'to bedeck'   [10] a mountain east of the Dead Sea   [11] 'climbing'   [12] 'pride' [13] Pisgah; at the foot of Mount Nebo   [14] 'fig-trees'   [15] 'scan'   [16] Gilead, Ephraim, Manasseh; regions north and west of Mount Nebo   [17] 'south'   [18] 'displays'   [19] i.e. the Mediterranean   [20] 'olive-trees'   [21] Naphtali, in northern Palestine   [22] Peor, east of Mount Nebo   [23] 'the bushy mastic-trees'   [24] Zoar, northeast of Mount Nebo   [25] Canaan

Où sa tombe, il le sait, ne sera point admise.
Il voit; sur les Hébreux étend sa grande main,
Puis vers le haut du mont il reprend son chemin.

Or, des champs de Moab[26] couvrant la vaste enceinte,[27] 25
Pressés[28] au large pied de la montagne sainte,
Les enfants d'Israël s'agitaient au vallon
Comme les blés épais qu'agite l'aquilon.[29]
Dès l'heure où la rosée humecte[30] l'or des sables
Et balance sa perle au sommet des érables,[31] 30
Prophète centenaire, environné d'honneur,
Moïse était parti pour trouver le Seigneur.
On le suivait des yeux aux flammes de sa tête,
Et, lorsque du grand mont il atteignit le faîte,[32]
Lorsque son front perça le nuage[33] de Dieu 35
Qui couronnait d'éclairs[34] la cime du haut lieu,
L'encens brûla partout sur les autels[35] de pierre.
Et six cent mille Hébreux, courbés dans la poussière,[36]
A l'ombre du parfum[37] par le soleil doré,[38]
Chantèrent d'une voix le cantique[39] sacré; 40
Et les fils de Lévi,[40] s'élevant sur la foule,
Tels qu'un bois de cyprès sur le sable qui roule,
Du peuple avec la harpe accompagnant les voix,
Dirigeaient vers le ciel l'hymne du Roi des Rois.

Et, debout devant Dieu, Moïse ayant pris place, 45
Dans le nuage obscur lui parlait face à face.

Il disait au Seigneur: «Ne finirai-je pas?
Où voulez-vous encor que je porte mes pas?
Je vivrai donc toujours puissant[41] et solitaire?
Laissez-moi m'endormir du sommeil de la terre! 50
Que vous ai-je donc fait pour être votre élu?[42]
J'ai conduit votre peuple où vous avez voulu.
Voilà que son pied touche à la terre promise.
De vous à lui qu'un autre accepte l'entremise,[43]
Au coursier[44] d'Israël qu'il attache le frein;[45] 55
Je lui lègue[46] mon livre[47] et la verge d'airain.[48]

---

[26] a region southeast of the Dead Sea [27] 'circuit' [28] 'crowded' [29] 'north wind' [30] 'the dew dampens' [31] 'maples' [32] 'summit' [33] 'cloud' [34] 'flashes of lightning' [35] 'altars' [36] 'bowed in the dust' [37] i.e. incense [38] 'gilded' [39] 'hymn' [40] i.e. the Levites [41] 'powerful' [42] 'elect' [43] 'the office of intermediary' [44] 'steed' [45] 'bit' [46] 'bequeath him' [47] i.e. the Pentateuch [48] 'the rod of brass' (with which Moses struck the rock to obtain water)

«Pourquoi vous fallut-il tarir[49] mes espérances,
Ne pas me laisser homme avec mes ignorances,
Puisque du mont Horeb[50] jusques au mont Nébo

60 Je n'ai pas pu trouver le lieu de mon tombeau?
Hélas! Vous m'avez fait sage parmi les sages!
Mon doigt du peuple errant[51] a guidé les passages;
J'ai fait pleuvoir le feu sur la tête des rois;[52]
L'avenir à genoux[53] adorera mes lois;

65 Des tombes des humains j'ouvre la plus antique,[54]
La mort trouve à ma voix une voix prophétique,
Je suis très grand, mes pieds sont sur les nations,
Ma main fait et défait les générations.
Hélas! je suis, Seigneur, puissant et solitaire,

70 Laissez-moi m'endormir du sommeil de la terre!

«Hélas! je sais aussi tous les secrets des cieux,
Et vous m'avez prêté la force de vos yeux.
Je commande à la nuit de déchirer ses voiles;[55]
Ma bouche par leur nom a compté les étoiles,

75 Et, dès qu'au firmament mon geste l'appela,
Chacune s'est hâtée en disant «Me voilà.»
J'impose mes deux mains sur le front des nuages
Pour tarir dans leurs flancs la source des orages;[56]
J'engloutis[57] les cités sous les sables mouvants;

80 Je renverse les monts sous les ailes[58] des vents;
Mon pied infatigable est plus fort que l'espace;
Le fleuve aux grandes eaux[59] se range[60] quand je passe,
Et la voix de la mer se tait devant ma voix.
Lorsque mon peuple souffre, ou qu'il lui faut des lois,

85 J'élève mes regards, votre esprit me visite;
La terre alors chancelle[61] et le soleil hésite;
Vos anges sont jaloux et m'admirent entre eux. —
Et cependant, Seigneur, je ne suis pas heureux;
Vous m'avez fait vieillir puissant et solitaire,

90 Laissez-moi m'endormir du sommeil de la terre!

«Sitôt que votre souffle[62] a rempli le berger,[63]
Les hommes se sont dit: «Il nous est étranger»;

---

[49] 'dry up'   [50] in the desert of Sinai, where Jehovah first appeared to Moses
[51] 'wandering'   [52] an allusion to the plagues of Egypt   [53] i.e. future generations
kneeling   [54] possibly an allusion to the bones of Joseph (*Exodus*, XIII, 19)
[55] 'rend its veils'   [56] 'storms'   [57] 'bury'   [58] 'wings'   [59] i.e. the Red
Sea   [60] 'parts its waters'   [61] 'reels'   [62] 'breath'   [63] Moses was a shepherd in his youth

Et leurs yeux se baissaient devant mes yeux de flamme,
Car ils venaient, hélas! d'y voir plus que mon âme.
J'ai vu l'amour s'éteindre[64] et l'amitié tarir;   95
Les vierges se voilaient et craignaient de mourir.
M'enveloppant alors de la colonne noire,[65]
J'ai marché devant tous, triste et seul dans ma gloire,
Et j'ai dit dans mon cœur: Que vouloir à présent?
Pour dormir sur un sein[66] mon front est trop pesant,[67]   100
Ma main laisse l'effroi[68] sur la main qu'elle touche,
L'orage est dans ma voix, l'éclair est sur ma bouche;
Aussi, loin de m'aimer, voilà qu'ils tremblent tous,
Et, quand j'ouvre les bras, on tombe à mes genoux.
O Seigneur! j'ai vécu puissant et solitaire,   105
Laissez-moi m'endormir du sommeil de la terre!»

Or, le peuple attendait, et, craignant son courroux,[69]
Priait sans regarder le mont du Dieu jaloux;
Car, s'il levait les yeux, les flancs noirs du nuage
Roulaient et redoublaient les foudres[70] de l'orage,   110
Et le feu des éclairs, aveuglant les regards,
Enchaînait tous les fronts courbés de toutes parts.[71]

Bientôt le haut du mont reparut sans Moïse. —
Il fut pleuré. — Marchant vers la terre promise,
Josué[72] s'avançait pensif et pâlissant,   115
Car il était déjà l'élu du Tout-Puissant.

---

[64] 'die down'   [65] i.e. the Biblical column of cloud   [66] 'bosom'   [67] 'heavy'
[68] 'terror'   [69] 'wrath'   [70] 'thunderbolts'   [71] 'on all sides'   [72] Joshua,
Moses' successor

LES DESTINEES[1]

LA MAISON DU BERGER [2]

Lettre à Eva[3]

I

Si ton cœur, gémissant du poids[4] de notre vie,
Se traîne et se débat[5] comme un aigle blessé,[6]
Portant comme le mien, sur son aile asservie,[7]
Tout un monde fatal, écrasant[8] et glacé;
5   S'il ne bat qu'en saignant[9] par sa plaie[10] immortelle,
S'il ne voit plus l'amour, son étoile fidèle,
Eclairer[11] pour lui seul l'horizon effacé;

Si ton âme enchaînée, ainsi que l'est mon âme,
Lasse de son boulet[12] et de son pain amer,[13]
10   Sur sa galère en deuil[14] laisse tomber la rame,[15]
Penche[16] sa tête pâle et pleure sur la mer,
Et, cherchant dans les flots[17] une route inconnue,
Y voit, en frissonnant,[18] sur son épaule nue
La lettre sociale[19] écrite avec le fer;

15   Si ton corps, frémissant[20] des passions secrètes,
S'indigne des regards, timide et palpitant;
S'il cherche à sa beauté de profondes retraites
Pour la mieux dérober[21] au profane[22] insultant;
Si ta lèvre se sèche au poison des mensonges,
20   Si ton beau front rougit[23] de passer dans les songes[24]
D'un impur inconnu qui te voit et t'entend:

[1] In January, 1843, there appeared in the *Revue des Deux Mondes* the first poem by Vigny of a series in which he proposed to discuss in verse some of the great problems of humanity. The general title, *Poèmes philosophiques*, was used by the poet until his death. When this group of poems appeared in book form in 1864 it was entitled *Les Destinées*.   [2] A reference to the hut on wheels in which shepherds live when they tend their flocks. The symbol was taken from Chateaubriand, *Les Martyrs*, X: "Je n'ai jamais aperçu au coin d'un bois la hutte roulante d'un berger sans songer qu'elle me suffirait avec toi." The poem falls naturally into separate parts; the opening stanzas were begun as early as 1838, the diatribe against railways in 1842, shortly after a disaster on the Paris-Versailles line. The later sections on nature, poetry and human suffering were looked upon by Vigny as of fundamental importance. It was first published in the *Revue des Deux Mondes* (July 15, 1844).   [3] Eva probably represents woman in general; it does not seem likely that the poet had any special person in mind.   [4] 'groaning under the weight'   [5] 'drags itself along and struggles'   [6] 'wounded eagle'   [7] 'enslaved wing'   [8] 'crushing'   [9] 'bleeding'   [10] 'wound'   [11] 'light up'   [12] 'weary of its ball and chain'   [13] 'bitter'   [14] 'mourning galley'   [15] 'oar'   [16] 'bends'   [17] 'waves'   [18] 'shuddering'   [19] i.e. the letters T. F. (*travaux forcés*) branded on the convict's shoulder   [20] 'trembling'   [21] 'conceal'   [22] i.e. vulgar throng   [23] 'blushes'   [24] 'dreams'

Pars courageusement, laisse toutes les villes;
Ne ternis[25] plus tes pieds aux poudres[26] du chemin;
Du haut de nos pensers vois les cités serviles
Comme les rocs fatals de l'esclavage humain.   25
Les grands bois et les champs sont de vastes asiles,[27]
Libres comme la mer autour des sombres îles.
Marche à travers les champs une fleur à la main.

La Nature t'attend dans un silence austère;
L'herbe lève à tes pieds son nuage[28] des soirs,   30
Et le soupir[29] d'adieu du soleil à la terre
Balance les beaux lys comme des encensoirs.[30]
La forêt a voilé[31] ses colonnes profondes,
La montagne se cache, et sur les pâles ondes[32]
Le saule[33] a suspendu ses chastes reposoirs.[34]   35

Le crépuscule ami[35] s'endort dans la vallée
Sur l'herbe d'émeraude et sur l'or du gazon,[36]
Sous les timides joncs[37] de la source[38] isolée
Et sous le bois rêveur[39] qui tremble à l'horizon,
Se balance en fuyant dans les grappes sauvages,[40]   40
Jette son manteau gris sur le bord des rivages,[41]
Et des fleurs de la nuit entr'ouvre[42] la prison.

Il est sur ma montagne une épaisse bruyère[43]
Où les pas du chasseur[44] ont peine à se plonger,
Qui plus haut que nos fronts[45] lève sa tête altière,[46]   45
Et garde dans la nuit le pâtre[47] et l'étranger.
Viens y cacher l'amour et ta divine faute;
Si l'herbe est agitée ou n'est pas assez haute,
J'y roulerai pour toi la Maison du Berger.

Elle va doucement avec ses quatre roues,[48]   50
Son toit n'est pas plus haut que ton front et tes yeux;
La couleur du corail[49] et celle de tes joues
Teignent[50] le char nocturne et ses muets essieux.[51]
Le seuil[52] est parfumé, l'alcôve est large et sombre,

---

[25] 'do not soil'   [26] 'dust'   [27] 'refuges'   [28] 'cloud'   [29] 'sigh'
[30] 'sways the beautiful lilies like censers'   [31] 'veiled'   [32] 'waters'   [33] 'willow'
[34] 'shelters'; in the ecclesiastical sense, a resting-place or temporary altar for the Host
[35] 'friendly twilight'   [36] 'grass'   [37] 'rushes'   [38] 'spring'   [39] 'dreamy'
[40] 'wild clusters'   [41] 'banks'   [42] 'sets ajar'   [43] 'heath'   [44] 'hunter'
[45] 'brows'   [46] 'proud'   [47] 'shepherd'   [48] 'wheels'   [49] 'coral'   [50] 'color'
[51] 'axles'   [52] 'threshold'

55 Et là, parmi les fleurs, nous trouverons dans l'ombre,
Pour nos cheveux unis, un lit silencieux.

Je verrai, si tu veux, les pays de la neige,
Ceux où l'astre amoureux[53] dévore et resplendit,[54]
Ceux que heurtent[55] les vents, ceux que la mer assiège,[56]
60 Ceux où le pôle obscur sous sa glace est maudit.[57]
Nous suivrons du hasard la course vagabonde.
Que m'importe le jour? que m'importe le monde?
Je dirai qu'ils sont beaux quand tes yeux l'auront dit.

Que Dieu guide à son but[58] la vapeur foudroyante[59]
65 Sur le fer des chemins qui traversent les monts,
Qu'un Ange soit debout sur sa forge bruyante,[60]
Quand elle va sous terre ou fait trembler les ponts,
Et de ses dents de feu dévorant ses chaudières,[61]
Transperce[62] les cités et saute les rivières,
70 Plus vite que le cerf[63] dans l'ardeur de ses bonds!

Oui, si l'Ange aux yeux bleus ne veille[64] sur sa route,
Et le glaive[65] à la main ne plane[66] et la défend,
S'il n'a compté les coups du levier,[67] s'il n'écoute
Chaque tour de la roue en son cours triomphant,
75 S'il n'a l'œil sur les eaux et la main sur la braise,[68]
Pour jeter en éclats[69] la magique fournaise,
Il suffira toujours du caillou[70] d'un enfant.

Sur le taureau[71] de fer qui fume, souffle et beugle,[72]
L'homme a monté trop tôt. Nul ne connaît encor
80 Quels orages[73] en lui porte ce rude[74] aveugle,
Et le gai voyageur lui livre[75] son trésor;
Son vieux père et ses fils, il les jette en otage[76]
Dans le ventre[77] brûlant du taureau de Carthage,[78]
Qui les rejette en cendre[79] aux pieds du Dieu de l'or.

85 Mais il faut triompher du temps et de l'espace,
Arriver ou mourir. Les marchands sont jaloux.[80]

---

[53] i.e. the sun   [54] 'shines'   [55] 'shake'   [56] 'besieges'   [57] 'cursed'
[58] 'goal'   [59] 'thundering steam engine'   [60] 'clamorous'   [61] 'boilers'
[62] 'runs through'   [63] 'stag'   [64] 'does not keep watch'   [65] 'sword'   [66] 'hover'
[67] 'lever'   [68] 'glowing embers'   [69] 'shatter'   [70] 'pebble'   [71] 'bull'
[72] 'puffs and bellows'   [73] 'tempests'   [74] 'harsh'   [75] 'surrenders'   [76] 'hostage'   [77] 'belly'   [78] Moloch, the brazen monster in which human victims were immolated by the Carthaginians   [79] 'ashes'   [80] 'greedy'

L'or pleut sous les charbons[81] de la vapeur qui passe,
Le moment et le but sont l'univers pour nous.
Tous se sont dit: «Allons!» Mais aucun n'est le maître
Du dragon mugissant[82] qu'un savant a fait naître;   90
Nous nous sommes joués à plus fort que nous tous.[83]

Eh bien! que tout circule et que les grandes causes
Sur les ailes de feu lancent[84] les actions,
Pourvu qu'ouverts toujours aux généreuses choses,
Les chemins du vendeur[85] servent les passions!   95
Béni[86] soit le Commerce au hardi caducée,[87]
Si l'Amour que tourmente une sombre pensée
Peut franchir[88] en un jour deux grandes nations!

Mais, à moins qu'un ami menacé dans sa vie
Ne jette, en appelant, le cri du désespoir,   100
Ou qu'avec son clairon[89] la France nous convie[90]
Aux fêtes du combat, aux luttes[91] du savoir;
A moins qu'au lit de mort une mère éplorée[92]
Ne veuille encor poser sur sa race adorée
Ces yeux tristes et doux qu'on ne doit plus revoir,   105

Evitons ces chemins. — Leur voyage est sans grâces[93]
Puisqu'il est aussi prompt, sur ses lignes de fer,
Que la flèche[94] lancée à travers les espaces
Qui va de l'arc au but en faisant siffler l'air.[95]
Ainsi jetée au loin, l'humaine créature   110
Ne respire et ne voit, dans toute la nature,
Qu'un brouillard étouffant[96] que traverse un éclair.[97]

On n'entendra jamais piaffer[98] sur une route
Le pied vif du cheval sur les pavés[99] en feu;
Adieu, voyages lents, bruits lointains qu'on écoute,   115
Le rire du passant, les retards[1] de l'essieu,
Les détours imprévus des pentes variées,[2]
Un ami rencontré, les heures oubliées,
L'espoir d'arriver tard dans un sauvage lieu.

---

[81] 'cinders'   [82] 'bellowing'   [83] 'we have pitted ourselves against something mightier than all of us'   [84] 'launch'   [85] 'trader'   [86] 'blessed'   [87] 'bold wand of Mercury'   [88] 'cross'   [89] 'bugle'   [90] 'invites us'   [91] 'contests'   [92] 'weeping' [93] 'attractions'   [94] 'arrow'   [95] 'which whistles through the air as it speeds from bow to target'   [96] 'stifling fog'   [97] 'flash of lightning'   [98] 'pawing the ground' [99] 'cobble-stones'   [1] 'slowness'   [2] 'the unexpected bends on varied slopes'

120 La distance et le temps sont vaincus. La science
Trace autour de la terre un chemin triste et droit.
Le Monde est rétréci³ par notre expérience
Et l'équateur n'est plus qu'un anneau⁴ trop étroit.
Plus de hasard. Chacun glissera⁵ sur sa ligne
125 Immobile au seul rang que le départ assigne,
Plongé dans un calcul silencieux et froid.

Jamais la Rêverie. amoureuse et paisible
N'y verra sans horreur son pied blanc attaché;
Car il faut que ses yeux sur chaque objet visible
130 Versent⁶ un long regard, comme un fleuve épanché,⁷
Qu'elle interroge tout avec inquiétude,
Et, des secrets divins se faisant une étude,
Marche, s'arrête et marche avec le col⁸ penché.

II

Poésie! ô trésor! perle de la pensée!
135 Les tumultes du cœur, comme ceux de la mer,
Ne sauraient empêcher ta robe nuancée⁹
D'amasser les couleurs qui doivent te former.
Mais sitôt qu'il te voit briller sur un front mâle,
Troublé de ta lueur¹⁰ mystérieuse et pâle,
140 Le vulgaire¹¹ effrayé commence à blasphémer.

Le pur enthousiasme est craint des faibles âmes
Qui ne sauraient porter son ardeur et son poids.
Pourquoi le fuir? — La vie est double dans les flammes.
D'autres flambeaux¹² divins nous brûlent quelquefois:
145 C'est le Soleil du ciel, c'est l'Amour, c'est la Vie;
Mais qui de les. éteindre¹³ a jamais eu l'envie?
Tout en les maudissant, on les chérit tous trois.

La Muse a mérité les insolents sourires
Et les soupçons¹⁴ moqueurs qu'éveille son aspect.
150 Dès que son œil chercha le regard des satyres,
Sa parole trembla, son serment¹⁵ fut suspect,
Il lui fut interdit¹⁶ d'enseigner la sagesse.
Au passant du chemin elle criait: «Largesse!»¹⁷
Le passant lui donna sans crainte et sans respect.

³ 'shrunken'   ⁴ 'ring'   ⁵ 'will slide'   ⁶ 'shed'   ⁷ 'overflowing'
⁸ 'neck'   ⁹ 'variegated'   ¹⁰ 'gleam'   ¹¹ 'ignorant layman'   ¹² 'torches'
¹³ 'extinguish them'   ¹⁴ 'suspicions'   ¹⁵ 'promise'   ¹⁶ 'forbidden'   ¹⁷ 'alms!'

Ah! fille sans pudeur,[18] fille du saint Orphée,[19]   155
Que n'as-tu conservé ta belle gravité!
Tu n'irais pas ainsi, d'une voix étouffée,
Chanter aux carrefours[20] impurs de la cité;
Tu n'aurais pas collé[21] sur le coin de ta bouche
Le coquet madrigal, piquant comme une mouche,[22]   160
Et, près de ton œil bleu, l'équivoque effronté.[23]

Tu tombas dès l'enfance et, dans la folle Grèce,
Un vieillard,[24] t'enivrant[25] de son baiser[26] jaloux,
Releva le premier ta robe de prêtresse,
Et parmi les garçons t'assit sur ses genoux.   165
De ce baiser mordant[27] ton front porte la trace;
Tu chantas en buvant dans les banquets d'Horace
Et Voltaire à la cour te traîna devant nous.

Vestale[28] aux feux éteints! les hommes les plus graves
Ne posent qu'à demi ta couronne[29] à leur front;   170
Ils se croient arrêtés,[30] marchant dans tes entraves,[31]
Et n'être que poète est pour eux un affront.
Ils jettent leurs pensers aux vents de la tribune,[32]
Et ces vents, aveuglés comme l'est la Fortune,
Les rouleront comme elle et les emporteront.   175

Ils sont fiers et hautains[33] dans leur fausse attitude,
Mais le sol tremble aux pieds de ces tribuns romains.
Leurs discours passagers[34] flattent avec étude[35]
La foule qui les presse et qui leur bat des mains;[36]
Toujours renouvelé sous ses étroits portiques,[37]   180
Ce parterre[38] ne jette aux acteurs politiques
Que des fleurs sans parfums, souvent sans lendemains.[39]

Ils ont pour horizon leur salle de spectacle;
La chambre où ces élus[40] donnent leurs faux combats
Jette en vain, dans son temple, un incertain oracle,   185
Le peuple entend de loin le bruit de leurs débats;
Mais il regarde encor le jeu des assemblées

---

[18] 'modesty'   [19] Orpheus, legendary poet of Thrace, who charmed wild beasts with his lyre   [20] 'crossroads'   [21] 'stuck'   [22] 'the pert gallantry, alluring as a beauty-spot'   [23] 'shameless pun'   [24] i.e. Anacreon, a Greek erotic poet of the 5th century B.C.   [25] 'intoxicating you'   [26] 'kiss'   [27] 'biting'   [28] 'vestal virgin'   [29] 'crown'   [30] 'hampered'   [31] 'bonds'   [32] [political orator's] platform'   [33] 'arrogant'   [34] 'transitory'   [35] 'deliberately'   [36] 'applauds them'   [37] 'porticos'   [38] 'theatre audience'   [39] i.e. short-lived   [40] ' "elect" and "elected" representatives'

De l'œil dont ses enfants et ses femmes troublées
Voient le terrible essai[41] des vapeurs aux cent bras.[42]

190　L'ombrageux paysan gronde à voir qu'on dételle,[43]
Et que pour le scrutin[44] on quitte le labour.[45]
Cependant le dédain de la chose immortelle[46]
Tient jusqu'au fond du cœur quelque avocat d'un jour.
Lui qui doute de l'âme, il croit à ses paroles.
195　Poésie, il se rit de tes graves symboles,
O toi des vrais penseurs impérissable amour!

Comment se garderaient les profondes pensées
Sans rassembler[47] leurs feux dans ton diamant pur
Qui conserve si bien leurs splendeurs condensées?
200　Ce fin miroir solide, étincelant[48] et dur,
Reste des nations mortes, durable pierre
Qu'on trouve sous ses pieds lorsque dans la poussière[49]
On cherche les cités sans en voir un seul mur.

Diamant sans rival, que tes feux illuminent
205　Les pas lents et tardifs[50] de l'humaine Raison!
Il faut, pour voir de loin les peuples qui cheminent,[51]
Que le Berger[52] t'enchâsse[53] au toit de sa Maison.
Le jour n'est pas levé. — Nous en sommes encore
Au premier rayon blanc qui précède l'aurore
210　Et dessine[54] la terre aux bords de l'horizon.

Les peuples tout enfants à peine se découvrent[55]
Par-dessus les buissons[56] nés pendant leur sommeil,
Et leur main, à travers les ronces[57] qu'ils entr'ouvrent,[58]
Met aux coups mutuels le premier appareil.[59]
215　La barbarie encor tient nos pieds dans sa gaîne.[60]
Le marbre des vieux temps jusqu'aux reins[61] nous enchaîne,
Et tout homme énergique au dieu Terme[62] est pareil.

Mais notre esprit[63] rapide en mouvements[64] abonde:
Ouvrons tout l'arsenal de ses puissants ressorts.[65]

---

[41] 'trial'　[42] i.e. machinery　[43] 'the suspicious peasant grumbles when he sees his men unharness'　[44] 'balloting'　[45] 'plowing'　[46] i.e. poetry　[47] 'gathering' [48] 'sparkling'　[49] 'dust'　[50] 'dragging'　[51] 'are on the march'　[52] i.e. the poet [53] 'enshrine you'　[54] 'outlines'　[55] 'are barely visible to one another'　[56] 'bushes' [57] 'briars'　[58] 'part'　[59] 'makes the first preparations for co-operative action' [60] 'sheath'　[61] 'loins'　[62] Terminus, a Roman god represented as a bust surmounting a boundary-stone　[63] 'intelligence'　[64] 'movements of a watch'　[65] 'springs'

L'Invisible est réel. Les âmes ont leur monde   220
Où sont accumulés d'impalpables trésors.
Le Seigneur contient tout dans ses deux bras immenses,
Son Verbe[66] est le séjour[67] de nos intelligences,
Comme ici-bas l'espace est celui de nos corps.

III

Eva, qui donc es-tu? Sais-tu bien ta nature?   225
Sais-tu quel est ici ton but et ton devoir?
Sais-tu que, pour punir l'homme, sa créature,
D'avoir porté la main sur l'arbre du savoir,
Dieu permit qu'avant tout, de l'amour de soi-même
En tout temps, à tout âge, il fît son bien suprême,   230
Tourmenté de s'aimer, tourmenté de se voir?

Mais si Dieu près de lui t'a voulu mettre, ô femme!
Compagne délicate! Eva! sais-tu pourquoi?
C'est pour qu'il se regarde au miroir d'une autre âme,
Qu'il entende ce chant qui ne vient que de toi: 235
— L'enthousiasme pur dans une voix suave.[68]
C'est afin que tu sois son juge et son esclave
Et règnes sur sa vie en vivant sous sa loi.

Ta parole joyeuse a des mots despotiques;
Tes yeux sont si puissants, ton aspect est si fort,   240
Que les rois d'Orient ont dit[69] dans leurs cantiques[70]
Ton regard redoutable à l'égal de la mort;
Chacun cherche à fléchir[71] tes jugements rapides...
— Mais ton cœur, qui dément[72] tes formes[73] intrépides,
Cède sans coup férir aux rudesses du sort.[74]   245

Ta pensée a des bonds comme ceux des gazelles,
Mais ne saurait marcher sans guide et sans appui.[75]
Le sol meurtrit[76] ses pieds, l'air fatigue ses ailes,
Son œil se ferme au jour dès que le jour a lui;[77]
Parfois sur les hauts lieux[78] d'un seul élan[79] posée,   250
Troublée au bruit des vents, ta mobile pensée
Ne peut seule y veiller sans crainte et sans ennui.[80]

---

[66] 'Word'   [67] 'abode'   [68] 'soft'   [69] 'described'   [70] e.g. Solomon in the
Song of Songs   [71] 'appease'   [72] 'belies'   [73] 'ways'   [74] 'yields to the severities
of fortune without striking a blow'   [75] 'support'   [76] 'bruises'   [77] 'has
begun to shine'   [78] 'summits'   [79] 'bound'   [80] 'weariness'

Mais aussi tu n'as rien de nos lâches[81] prudences,
Ton cœur vibre et résonne au cri de l'opprimé,
255   Comme dans une église aux austères silences
L'orgue[82] entend un soupir et soupire alarmé.
Tes paroles de feu meuvent les multitudes,
Tes pleurs lavent l'injure[83] et les ingratitudes,
Tu pousses par le bras l'homme... Il se lève armé.

260   C'est à toi qu'il convient d'ouïr[84] les grandes plaintes
Que l'humanité triste exhale sourdement.[85]
Quand le cœur est gonflé[86] d'indignations saintes,
L'air des cités l'étouffe à chaque battement.[87]
Mais de loin les soupirs de tourmentes[88] civiles,
265   S'unissant au-dessus du charbon[89] noir des villes,
Ne forment qu'un grand mot qu'on entend clairement.

Viens donc! le ciel pour moi n'est plus qu'une auréole[90]
Qui t'entoure d'azur, t'éclaire et te défend;
La montagne est ton temple et le bois sa coupole,
270   L'oiseau n'est sur la fleur balancé par le vent,
Et la fleur ne parfume et l'oiseau ne soupire
Que pour mieux enchanter l'air que ton sein respire;
La terre est le tapis[91] de tes beaux pieds d'enfant.

Eva, j'aimerai tout dans les choses créées,
275   Je les contemplerai dans ton regard rêveur
Qui partout répandra ses flammes colorées,
Son repos gracieux, sa magique saveur:
Sur mon cœur déchiré[92] viens poser ta main pure,
Ne me laisse jamais seul avec la Nature,
280   Car je la connais trop pour n'en pas avoir peur.

Elle me dit: «Je suis l'impassible théâtre
Que ne peut remuer[93] le pied de ses acteurs;
Mes marches[94] d'émeraude et mes parvis[95] d'albâtre,
Mes colonnes de marbre ont les dieux pour sculpteurs.
285   Je n'entends ni vos cris ni vos soupirs; à peine
Je sens passer sur moi la comédie humaine
Qui cherche en vain au ciel ses muets spectateurs.

---

[81] 'cowardly'	[82] 'organ'	[83] 'insult'	[84] 'hear'	[85] 'dully'
[86] 'swollen'	[87] 'beat'	[88] 'disturbances'	[89] 'coal [smoke]'	[90] 'halo'
[91] 'carpet'	[92] 'torn'	[93] 'shake'	[94] 'stairways'	[95] 'outer halls'

«Je roule avec dédain, sans voir et sans entendre,
A côté des fourmis[96] les populations;
Je ne distingue pas leur terrier[97] de leur cendre, 290
J'ignore en les portant les noms des nations.
On me dit une mère et je suis une tombe.
Mon hiver prend vos morts comme son hécatombe,[98]
Mon printemps ne sent pas vos adorations.

«Avant vous, j'étais belle et toujours parfumée, 295
J'abandonnais au vent mes cheveux tout entiers,
Je suivais dans les cieux ma route accoutumée
Sur l'axe[99] harmonieux des divins balanciers,[1]
Après vous, traversant l'espace où tout s'élance,[2]
J'irai seule et sereine, en un chaste silence 300
Je fendrai[3] l'air du front et de mes seins altiers.»[4]

C'est là ce que me dit sa voix triste et superbe,
Et dans mon cœur alors je la hais, et je vois
Notre sang dans son onde et nos morts sous son herbe
Nourrissant de leurs sucs[5] la racine[6] des bois. 305
Et je dis à mes yeux qui lui[7] trouvaient des charmes:
«Ailleurs[8] tous vos regards, ailleurs toutes vos larmes,
Aimez ce que jamais on ne verra deux fois.»

Oh! qui verra deux fois ta grâce et ta tendresse,
Ange doux et plaintif qui parle en soupirant? 310
Qui naîtra comme toi portant une caresse
Dans chaque éclair tombé de ton regard mourant,
Dans les balancements de ta tête penchée,
Dans ta taille dolente et mollement couchée[9]
Et dans ton pur sourire amoureux et souffrant? 315

Vivez, froide Nature, et revivez sans cesse
Sous nos pieds, sur nos fronts, puisque c'est votre loi;
Vivez, et dédaignez, si vous êtes déesse,
L'Homme, humble passager, qui dut[10] vous être un Roi;
Plus que tout votre règne et que ses splendeurs vaines 320
J'aime la majesté des souffrances humaines:
Vous ne recevrez pas un cri d'amour de moi.

---

[96] 'ants'   [97] 'burrow'   [98] 'wholesale sacrifice'   [99] 'pivot'   [1] 'balance-wheels'   [2] 'moves'   [3] 'shall cleave'   [4] 'lofty breasts'   [5] 'juices'   [6] 'root reclining'   [7] 'in her'   [8] 'elsewhere'   [9] 'in your plaintive figure languorously   [10] = *aurait dû*

Mais toi, ne veux-tu pas, voyageuse indolente,
Rêver sur mon épaule, en y posant ton front?
325   Viens du paisible seuil de la maison roulante
Voir ceux qui sont passés et ceux qui passeront.
Tous les tableaux humains qu'un Esprit pur m'apporte
S'animeront pour toi, quand devant notre porte
Les grands pays muets longuement s'étendront.[11]

330   Nous marcherons ainsi, ne laissant que notre ombre[12]
Sur cette terre ingrate où les morts ont passé;
Nous nous parlerons d'eux à l'heure où tout est sombre,
Où tu te plais à suivre un chemin effacé,
A rêver, appuyée aux branches incertaines,
335   Pleurant, comme Diane au bord de ses fontaines,[13]
Ton amour taciturne et toujours menacé.

LA COLERE DE SAMSON[1]

Le désert est muet, la tente est solitaire.
Quel pasteur[2] courageux la dressa[3] sur la terre
Du sable[4] et des lions?—La nuit n'a pas calmé
La fournaise du jour dont l'air est enflammé.
5   Un vent léger s'élève à l'horizon et ride[5]
Les flots de la poussière[6] ainsi qu'un lac limpide.
Le lin[7] blanc de la tente est bercé mollement;[8]
L'œuf d'autruche, allumé,[9] veille paisiblement,[10]
Des voyageurs voilés[11] intérieure étoile,
10   Et jette longuement deux ombres sur la toile.[12]

L'une est grande et superbe, et l'autre est à ses pieds:
C'est Dalila, l'esclave, et ses bras sont liés[13]
Aux genoux réunis du maître jeune et grave
Dont la force divine obéit à l'esclave.
15   Comme un doux léopard elle est souple, et répand[14]
Ses cheveux dénoués[15] aux pieds de son amant.

[11] 'will stretch out into the distance' [12] 'shadow' [13] allusion to the heroine, ever close to tears, of Montemayor's *Diana Enamorada*, a Spanish pastoral romance of the 16th century
[1] Vigny dated this poem "Shavington (Angleterre), 7 avril, 1839," but it was begun in France in December of the previous year, very shortly after his final quarrel with the actress Marie Dorval, and while still in a bitter mood towards her and all members of her sex. The chief sources are *Judges* XVI and Milton's *Samson Agonistes*. The poem was not published until after Vigny's death, appearing in the *Revue des Deux Mondes* (January 15, 1864). [2] 'shepherd' [3] 'pitched it' [4] 'sand' [5] 'ruffles' [6] 'waves of sand' [7] 'linen' [8] 'gently' [9] i.e. an ostrich egg filled with oil and used as a lamp [10] 'sheds a subdued and peaceful light' [11] 'veiled' [12] 'canvas'
[13] 'clasped' [14] 'spreads' [15] 'unloosed'

Ses grands yeux, entr'ouverts[16] comme s'ouvre l'amande,[17]
Sont brûlants du plaisir que son regard demande
Et jettent, par éclats,[18] leurs mobiles lueurs.[19]
Ses bras fins tout mouillés de tièdes sueurs,[20]
Ses pieds voluptueux qui sont croisés sous elle,
Ses flancs plus élancés[21] que ceux de la gazelle,
Pressés[22] de bracelets, d'anneaux, de boucles[23] d'or,
Sont bruns; et, comme il sied[24] aux filles de Hatsor,[25]
Ses deux seins,[26] tout chargés d'amulettes anciennes,
Sont chastement pressés d'étoffes syriennes.

Les genoux de Samson fortement sont unis
Comme les deux genoux du colosse Anubis.[27]
Elle s'endort sans force et riante et bercée[28]
Par la puissante main sous sa tête placée.
Lui, murmure ce chant funèbre[29] et douloureux
Prononcé dans la gorge avec des mots hébreux.
Elle ne comprend pas la parole étrangère,
Mais le chant verse un somme en[30] sa tête légère.

«Une lutte éternelle en tout temps, en tout lieu
Se livre[31] sur la terre, en présence de Dieu,
Entre la bonté d'Homme et la ruse de Femme.
Car la Femme est un être impur de corps et d'âme.

«L'Homme a toujours besoin de caresse et d'amour,
Sa mère l'en abreuve alors qu'il vient au jour,[32]
Et ce bras le premier l'engourdit, le balance[33]
Et lui donne un désir d'amour et d'indolence.
Troublé[34] dans l'action, troublé dans le dessein,
Il rêvera partout à la chaleur du sein,
Aux chansons de la nuit, aux baisers de l'aurore,[35]
A la lèvre de feu que sa lèvre dévore,
Aux cheveux dénoués qui roulent sur son front,[36]
Et les regrets du lit, en marchant, le suivront.
Il ira dans la ville, et là les vierges folles

---

[16] 'half-opened' [17] 'almond' [18] 'flashes' [19] 'sudden gleams' [20] 'moist with warm perspiration' [21] 'slender' [22] 'covered' [23] 'rings, ear-rings' [24] 'befits' [25] Hazor, in the valley of Souk, Delilah's place of origin [26] 'breasts' [27] the jackal-headed Egyptian god who conducted the souls of the dead to the underworld; often represented in a sitting position with knees tightly pressed together [28] 'rocked' [29] 'mournful' [30] 'brings sleep to' [31] 'is fought out' [32] 'steeps him in them as soon as he is born' [33] 'lulls him, rocks him' [34] 'confused' [35] 'kisses at dawn' [36] 'envelop his brow'

50　Le prendront dans leurs lacs[37] aux premières paroles.
　　Plus fort il sera né, mieux il sera vaincu,
　　Car plus le fleuve est grand et plus il est ému.[38]
　　Quand le combat que Dieu fit pour la créature
　　Et contre son semblable[39] et contre la Nature
55　Force l'Homme à chercher un sein où reposer,
　　Quand ses yeux sont en pleurs, il lui faut un baiser.
　　Mais il n'a pas encor fini toute sa tâche:[40]
　　Vient un autre combat plus secret, traître et lâche;[41]
　　Sous son bras, sur son cœur se livre celui-là;
60　Et, plus ou moins, la Femme est toujours DALILA.

　　«Elle rit et triomphe; en sa froideur savante,[42]
　　Au milieu de ses sœurs elle attend et se vante
　　De ne rien éprouver des atteintes du feu.[43]
　　A sa plus belle amie elle en a fait l'aveu:[44]
65　«Elle se fait aimer sans aimer elle-même.
　　«Un maître lui fait peur. C'est le plaisir qu'elle aime,
　　«L'Homme est rude[45] et le prend sans savoir le donner.
　　«Un sacrifice illustre et fait pour étonner
　　«Rehausse[46] mieux que l'or, aux yeux de ses pareilles,[47]
70　«La beauté qui produit tant d'étranges merveilles
　　«Et d'un sang précieux sait arroser ses pas.»[48]

　　— «Donc, ce que j'ai voulu, Seigneur, n'existe pas!
　　Celle à qui va l'amour et de qui vient la vie,
　　Celle-là, par orgueil,[49] se fait notre ennemie.
75　La Femme est à présent pire que dans ces temps
　　Où, voyant les humains, Dieu dit: «Je me repens!»[50]
　　Bientôt, se retirant dans un hideux royaume,
　　La Femme aura Gomorrhe et l'Homme aura Sodome,
　　Et, se jetant de loin un regard irrité,
80　Les deux sexes mourront chacun de son côté.

　　«Eternel! Dieu des forts! vous savez que mon âme
　　N'avait pour aliment[51] que l'amour d'une femme,
　　Puisant[52] dans l'amour seul plus de sainte vigueur
　　Que mes cheveux divins[53] n'en donnaient à mon cœur.

---

[37] 'snares'　　[38] 'disturbed'　　[39] i.e. his fellow-men　　[40] 'task'　　[41] 'treacherous and cowardly'　　[42] 'cunning'　　[43] 'and boasts of feeling nothing when touched by the fiery breath of passion'　　[44] 'avowal'　　[45] 'rough'　　[46] 'enhances'　　[47] i.e. other women　　[48] 'knows how to bathe her footsteps'　　[49] 'pride'　　[50] *Genesis* VI, 5–7　　[51] 'nourishment'　　[52] 'drawing'　　[53] i.e. the seat of his God-given strength

— Jugez-nous. — La voilà sur mes pieds endormie! 85
Trois fois elle a vendu mes secrets et ma vie,
Et trois fois a versé des pleurs fallacieux[54]
Qui n'ont pu me cacher la rage de ses yeux;
Honteuse[55] qu'elle était plus encor qu'étonnée
De se voir découverte ensemble[56] et pardonnée; 90
Car la bonté de l'Homme est forte, et sa douceur
Ecrase,[57] en l'absolvant, l'être faible et menteur.[58]

«Mais enfin je suis las.[59] — J'ai l'âme si pesante[60]
Que mon corps gigantesque et ma tête puissante
Qui soutiennent le poids des colonnes d'airain[61] 95
Ne la peuvent porter avec tout son chagrin.[62]
Toujours voir serpenter[63] la vipère dorée[64]
Qui se traîne en sa fange[65] et s'y croit ignorée!
Toujours ce compagnon dont le cœur n'est pas sûr,[66]
La Femme, enfant malade et douze fois impur! 100
Toujours mettre sa force à garder sa colère
Dans son cœur offensé, comme en un sanctuaire
D'où le feu s'échappant irait tout dévorer,
Interdire[67] à ses yeux de voir ou de pleurer,
C'est trop! — Dieu, s'il le veut, peut balayer ma cendre.[68] 105
J'ai donné mon secret, Dalila va le vendre.
Qu'ils seront beaux, les pieds de celui qui viendra
Pour m'annoncer la mort! — Ce qui sera, sera!»

Il dit et s'endormit près d'elle jusqu'à l'heure
Où les guerriers,[69] tremblant d'être dans sa demeure,[70] 110
Payant au poids de l'or chacun de ses cheveux,
Attachèrent ses mains et brûlèrent ses yeux,
Le traînèrent sanglant et chargé d'une chaîne
Que douze grands taureaux[71] ne tiraient qu'avec peine,
Le placèrent debout, silencieusement, 115
Devant Dagon, leur Dieu, qui gémit sourdement[72]
Et deux fois, en tournant, recula[73] sur sa base
Et fit pâlir deux fois ses prêtres en extase;
Allumèrent l'encens, dressèrent un festin[74]
Dont le bruit s'entendait du mont le plus lointain, 120
Et près de la génisse[75] aux pieds du Dieu tuée

[54] 'shed spurious tears'   [55] 'ashamed'   [56] 'at one and the same time'   [57] 'crushes'
[58] 'lying'   [59] 'weary'   [60] 'heavy'   [61] 'bronze'; an allusion to the gates of Gaza
[62] 'sorrow'   [63] 'wind'   [64] 'golden'   [65] 'mire'   [66] 'trustworthy'   [67] 'forbid'
[68] 'sweep away my ashes'   [69] 'warriors'   [70] 'dwelling'   [71] 'bulls'
[72] 'emitted hollow groans'   [73] 'shrank back'   [74] 'prepared a feast'   [75] 'heifer'

Placèrent Dalila, pâle prostituée,
Couronnée, adorée et reine du repas,[76]
Mais tremblante et disant: «Il ne me verra pas!»

125   Terre et Ciel! avez-vous tressailli d'allégresse[77]
Lorsque vous avez vu la menteuse maîtresse
Suivre d'un œil hagard les yeux tachés[78] de sang
Qui cherchaient le soleil d'un regard impuissant,
Et quand enfin Samson, secouant[79] les colonnes
130   Qui faisaient le soutien[80] des immenses Pylônes,[81]
Ecrasa d'un seul coup sous les débris mortels
Ses trois mille ennemis, leurs dieux et leurs autels?[82]

Terre et Ciel! punissez par de telles justices
La trahison ourdie[83] en des amours factices,[84]
135   Et la délation[85] du secret de nos cœurs
Arraché[86] dans nos bras par des baisers menteurs!

LA MORT DU LOUP[1]

I

Les nuages couraient[2] sur la lune enflammée
Comme sur l'incendie[3] on voit fuir la fumée,[4]
Et les bois étaient noirs jusques à l'horizon.
Nous marchions, sans parler, dans l'humide gazon,[5]
5   Dans la bruyère[6] épaisse et dans les hautes brandes,[7]
Lorsque, sous des sapins[8] pareils à ceux des Landes,[9]
Nous avons aperçu les grands ongles[10] marqués
Par les loups voyageurs que nous avions traqués.
Nous avons écouté, retenant notre haleine[11]
10   Et le pas suspendu.[12] — Ni le bois ni la plaine
Ne poussaient un soupir[13] dans les airs; seulement
La girouette en deuil[14] criait au firmament;
Car le vent, élevé bien au-dessus des terres,

---

[76] 'banquet'   [77] 'did you shudder with joy'   [78] 'stained'   [79] 'shaking'
[80] 'support'   [81] used by Vigny to mean a kind of triumphal arch   [82] 'altars'
[83] 'plotted'   [84] 'pretended'   [85] 'betrayal'   [86] 'extorted'
[1] A suggestion for the symbolic framework of this poem seems to have come to Vigny from two lines in Byron's *Childe Harold* (IV, 21): "And the wolf dies in silence, — not bestowed / In vain should such example be." Begun in 1838, the poem was completed in 1843, and appeared in the *Revue des Deux Mondes* for February 1 of that year.   [2] 'clouds scurried'   [3] 'fire'   [4] 'smoke'   [5] 'grass'   [6] 'heather'   [7] name given in western France to clumps of dried heather   [8] 'pines'   [9] a flat, coastal region in southwestern France, covered with pine forests   [10] 'claw-marks'   [11] 'breath'   [12] i.e. motionless   [13] 'uttered a sigh'   [14] 'doleful weather-vane'

N'effleurait[15] de ses pieds que les tours solitaires,
Et les chênes[16] d'en bas, contre les rocs penchés,[17]   15
Sur leurs coudes[18] semblaient endormis et couchés.
Rien ne bruissait[19] donc, lorsque, baissant la tête,
Le plus vieux des chasseurs qui s'étaient mis en quête[20]
A regardé le sable[21] en s'y couchant; bientôt,
Lui que jamais ici l'on ne vit en défaut,[22]   20
A déclaré tout bas que ces marques récentes
Annonçaient la démarche[23] et les griffes[24] puissantes
De deux grands loups-cerviers[25] et de deux louveteaux.[26]
Nous avons tous alors préparé nos couteaux
Et, cachant nos fusils[27] et leurs lueurs[28] trop blanches,   25
Nous allions pas à pas en écartant[29] les branches.
Trois s'arrêtent, et moi, cherchant ce qu'ils voyaient,
J'aperçois tout à coup deux yeux qui flamboyaient,[30]
Et je vois au delà quatre formes légères
Qui dansaient sous la lune au milieu des bruyères,   30
Comme font chaque jour, à grand bruit, sous nos yeux,
Quand le maître revient, les lévriers[31] joyeux.
Leur forme était semblable, et semblable la danse;
Mais les enfants du Loup se jouaient en silence,
Sachant bien qu'à deux pas, ne dormant qu'à demi,   35
Se couche dans ses murs l'homme, leur ennemi.
Le père était debout, et plus loin, contre un arbre,
Sa louve[32] reposait comme celle de marbre
Qu'adoraient les Romains, et dont les flancs velus[33]
Couvaient[34] les demi-dieux Rémus et Romulus.[35]   40
Le Loup vient et s'assied, les deux jambes dressées,[36]
Par leurs ongles crochus[37] dans le sable enfoncées.[38]
Il s'est jugé perdu, puisqu'il était surpris,
Sa retraite coupée et tous ses chemins pris;
Alors il a saisi, dans sa gueule[39] brûlante,   45
Du chien le plus hardi[40] la gorge pantelante[41]
Et n'a pas desserré ses mâchoires[42] de fer,
Malgré nos coups de feu[43] qui traversaient sa chair[44]
Et nos couteaux aigus qui, comme des tenailles,[45]
Se croisaient en plongeant dans ses larges entrailles,   50

[15] 'grazed'   [16] 'oak-trees'   [17] 'leaning'   [18] 'elbows'   [19] 'stirred'
[20] 'had started to scout about'   [21] 'sand'   [22] 'at a loss'   [23] 'gait'   [24] 'claws'
[25] 'lynx'; used here for wolves   [26] 'wolf-cubs'   [27] 'guns'   [28] 'reflection'   [29] 'thrust-ing aside'   [30] 'flamed'   [31] 'greyhounds'   [32] 'she-wolf'   [33] 'shaggy'
[34] 'nursed'   [35] twin sons of Mars and Ilia and legendary founders of Rome   [36] 'erect'
[37] 'hooked'   [38] 'thrust'   [39] 'jaws'   [40] 'boldest'   [41] 'panting'
[42] 'did not loosen his jaws'   [43] 'shots'   [44] 'flesh'   [45] 'pincers'

Jusqu'au dernier moment où le chien étranglé,[46]
Mort longtemps avant lui, sous ses pieds a roulé.
Le Loup le quitte alors et puis il nous regarde.
Les couteaux lui restaient au flanc jusqu'à la garde,[47]
55 Le clouaient[48] au gazon tout baigné dans son sang;
Nos fusils l'entouraient en sinistre croissant.[49]
Il nous regarde encore, ensuite il se recouche,
Tout en léchant[50] le sang répandu[51] sur sa bouche,
Et, sans daigner savoir comment il a péri,[52]
60 Refermant ses grands yeux, meurt sans jeter un cri.

II

J'ai reposé mon front sur mon fusil sans poudre,
Me prenant[53] à penser, et n'ai pu me résoudre
A poursuivre sa Louve et ses fils, qui, tous trois,
Avaient voulu l'attendre, et, comme je le crois,
65 Sans ses deux louveteaux, la belle et sombre veuve
Ne l'eût pas laissé seul subir la grande épreuve;[54]
Mais son devoir était de les sauver, afin
De pouvoir leur apprendre à bien souffrir la faim,
A ne jamais entrer dans le pacte des villes
70 Que l'homme a fait avec les animaux serviles[55]
Qui chassent devant lui, pour avoir le coucher,[56]
Les premiers possesseurs du bois et du rocher.

III

Hélas! ai-je pensé, malgré ce grand nom d'Hommes,
Que j'ai honte de nous, débiles[57] que nous sommes!
75 Comment on doit quitter la vie et tous ses maux,
C'est vous qui le savez, sublimes animaux!
A voir[58] ce que l'on fut sur terre et ce qu'on laisse,
Seul le silence est grand; tout le reste est faiblesse.
— Ah! je t'ai bien compris, sauvage voyageur,
80 Et ton dernier regard m'est allé jusqu'au cœur!
Il disait: «Si tu peux, fais que ton âme arrive,
A force[59] de rester studieuse et pensive,
Jusqu'à ce haut degré de stoïque fierté[60]
Où, naissant dans les bois, j'ai tout d'abord monté.[61]

---

[46] 'strangled'   [47] 'hilt'   [48] 'nailed him'   [49] 'crescent'   [50] 'licking'
[51] 'smeared'   [52] 'perished'   [53] 'starting'   [54] 'to submit to the supreme test'
[55] i.e. dogs   [56] 'a place to sleep'   [57] 'weak'   [58] 'seeing'   [59] 'by dint'
[60] 'pride'   [61] 'I attained spontaneously'; i.e. the wild animal acquires at birth that
stoicism which man can reach only by an effort of the will

Gémir,[62] pleurer, prier, est également lâche.[63]   85
Fais énergiquement ta longue et lourde tâche
Dans la voie[64] où le Sort[65] a voulu t'appeler.
Puis après, comme moi, souffre et meurs sans parler.»

LA BOUTEILLE A LA MER[1]

Conseil à un jeune homme inconnu[2]

I

Courage, ô faible enfant, de qui ma solitude
Reçoit ces chants plaintifs, sans nom, que vous jetez
Sous mes yeux ombragés du camail de l'étude.[3]
Oubliez les enfants par la mort arrêtés;
Oubliez Chatterton, Gilbert et Malfilâtre;[4]   5
De l'œuvre d'avenir saintement idolâtre,[5]
Enfin, oubliez l'homme en vous-même. — Ecoutez:

II

Quand un grave marin[6] voit que le vent l'emporte[7]
Et que les mâts brisés pendent tous sur le pont,[8]
Que dans son grand duel la mer est la plus forte   10
Et que par des calculs l'esprit en vain répond;
Que le courant l'écrase[9] et le roule en sa course,
Qu'il est sans gouvernail,[10] et partant[11] sans ressource,
Il se croise les bras dans un calme profond.

III

Il voit les masses d'eau, les toise[12] et les mesure,   15
Les méprise[13] en sachant qu'il en est écrasé,[14]

---

[62] 'to groan'   [63] 'cowardly'   [64] 'road'   [65] 'Fate'

[1] In 1842 Vigny noted in his *Journal d'un poète*: "Un livre est une bouteille jetée en pleine mer, sur laquelle il faut coller cette étiquette: *Attrape qui peut.*" A passage, on a message thrown into the sea by Columbus, in Bernardin de Saint-Pierre's *Etudes de la nature* (IV) seems to have suggested this symbol, which Vigny found so appropriate for the expression of his scientific optimism. Much of the geographical and maritime background was derived from the travel-diaries of the Bougainvilles, the well-known explorers, who were distant relatives of the poet. Begun in 1847, the poem was finished at Le Maine-Giraud in October, 1853, and appeared in the *Revue des Deux Mondes* (February 1, 1854).
[2] The poem was represented as the reply to an ode received from an anonymous admirer.
[3] 'shaded by my studious hood'; Vigny, like Balzac, wore a monkish habit in his working hours   [4] the English poet Thomas Chatterton (1752-70) and the two French poets, Nicolas Gilbert (1751-80) and Jacques Malfilâtre (1732-67), were used as examples of un-rewarded genius by the Romantic poets; Vigny treated the two first-named extensively in his earlier work, *Stello*   [5] i.e. filled with holy zeal for works meant for posterity
[6] 'sailor'   [7] 'is carrying him out of his course'   [8] 'litter the deck'   [9] 'over-whelms him'   [10] 'rudder'   [11] 'therefore'   [12] 'surveys them'   [13] 'scorns them'
[14] A marginal note on the manuscript shows that Vigny had in mind the *Pensée* of

Soumet son âme au poids de la matière impure
Et se sent mort ainsi que son vaisseau rasé.[15]
— A de certains moments, l'âme est sans résistance;
20 Mais le penseur s'isole et n'attend d'assistance
Que de la forte foi dont il est embrasé.[16]

IV

Dans les heures du soir, le jeune Capitaine
A fait ce qu'il a pu pour le salut des siens.[17]
Nul vaisseau n'apparaît sur la vague[18] lointaine,
25 La nuit tombe, et le brick[19] court aux rocs indiens.
— Il se résigne, il prie; il se recueille,[20] il pense
A Celui qui soutient les pôles et balance
L'équateur hérissé[21] des longs méridiens.

V

Son sacrifice est fait; mais il faut que la terre
30 Recueille du travail le pieux monument.[22]
C'est le journal[23] savant, le calcul solitaire,
Plus rare que la perle et que le diamant;
C'est la carte des flots[24] faite dans la tempête,
La carte de l'écueil[25] qui va briser sa tête:
35 Aux voyageurs futurs sublime testament.

VI

Il écrit: «Aujourd'hui, le courant nous entraîne,[26]
Désemparés,[27] perdus, sur la Terre-de-Feu.[28]
Le courant porte à l'est. Notre mort est certaine:
Il faut cingler[29] au nord pour bien passer ce lieu.
40 — Ci-joint[30] est mon journal, portant quelques études
Des constellations des hautes latitudes.[31]
Qu'il aborde,[32] si c'est la volonté de Dieu!»

VII

Puis immobile et froid, comme le cap des Brumes
Qui sert de sentinelle au détroit[33] Magellan,
45 Sombre comme ces rocs au front chargé d'écumes,[34]

Pascal: "...quand l'univers l'écraserait l'homme serait encore plus noble que ce qui le tue, parce qu'il sait qu'il meurt, et l'avantage que l'univers a sur lui. L'univers n'en sait rien." [15] 'dismasted' [16] 'fired' [17] 'the safety of his men' [18] 'wave' [19] 'brig' [20] 'meditates' [21] 'studded' [22] 'memorial' [23] 'ship's log' [24] 'chart of the waters' [25] 'reef' [26] 'is carrying us along' [27] 'disabled' [28] Tierra del Fuego, an island south of the Straits of Magellan [29] 'sail before the wind' [30] 'herewith' [31] i.e. the South Polar region [32] 'may it reach shore' [33] 'strait' [34] 'foam'

Ces pics[35] noirs dont chacun porte un deuil castillan,[36]
Il ouvre une bouteille et la choisit très forte,
Tandis que son vaisseau, que le courant emporte,
Tourne en un cercle étroit comme un vol de milan.[37]

VIII

Il tient dans une main cette vieille compagne,[38]   50
Ferme,[39] de l'autre main, son flanc noir et terni.[40]
Le cachet[41] porte encor le blason[42] de Champagne,
De la mousse[43] de Reims[44] son col[45] vert est jauni.
D'un regard, le marin en soi-même rappelle
Quel jour il assembla l'équipage[46] autour d'elle,   55
Pour porter un grand toste[47] au pavillon[48] béni.

IX

On avait mis en panne,[49] et c'était grande fête;
Chaque homme sur son mât tenait le verre en main;
Chacun à son signal se découvrit la tête,
Et répondit d'en haut par un hourra soudain.   60
Le soleil souriant dorait[50] les voiles[51] blanches;
L'air ému[52] répétait ces voix mâles et franches,
Ce noble appel de l'homme à son pays lointain.

X

Après le cri de tous, chacun rêve[53] en silence.
Dans la mousse d'Aï[54] luit l'éclair[55] d'un bonheur;   65
Tout au fond de son verre il aperçoit la France.
La France est pour chacun ce qu'y laissa son cœur:
L'un y voit son vieux père assis au coin de l'âtre,[56]
Comptant ses jours d'absence; à la table du pâtre,[57]
Il voit sa chaise vide à côté de sa sœur.   70

XI

Un autre y voit Paris, où sa fille penchée[58]
Marque avec les compas tous les souffles de l'air,[59]
Ternit de pleurs la glace où l'aiguille[60] est cachée,
Et cherche à ramener l'aimant[61] avec le fer.

---

[35] 'peaks'; San Diego and San Ildefonso, according to Vigny   [36] 'Castillian mourning'; an allusion to the many Spanish vessels wrecked in these waters   [37] 'flight of a kite' (a bird of prey)   [38] i.e. the bottle   [39] 'seals'   [40] 'stained'   [41] 'seal'   [42] 'arms'   [43] 'foam'   [44] Rheims, center of the champagne district   [45] 'neck'   [46] 'crew'   [47] 'toast'   [48] 'flag'   [49] 'had hove to'   [50] 'gilded'   [51] 'sails'   [52] 'set in motion'   [53] 'reflects'   [54] a kind of champagne   [55] 'gleams the flash'   [56] 'hearth'   [57] 'shepherd'   [58] 'leaning over'   [59] 'every puff of wind'   [60] 'needle'   [61] 'lodestone'

75 Un autre y voit Marseille. Une femme se lève,
Court au port et lui tend un mouchoir de la grève,[62]
Et ne sent pas ses pieds enfoncés[63] dans la mer.

XII

O superstition des amours ineffables,
Murmures de nos cœurs qui nous semblez des voix,
80 Calculs de la science, ô décevantes fables!
Pourquoi nous apparaître en un jour tant de fois?
Pourquoi vers l'horizon nous tendre ainsi des pièges?[64]
Espérances roulant comme roulent les neiges;
Globes toujours pétris et fondus[65] sous nos doigts!

XIII

85 Où sont-ils à présent? Où sont ces trois cents braves?
Renversés[66] par le vent dans les courants maudits,[67]
Aux harpons indiens ils portent pour épaves[68]
Leurs habits déchirés[69] sur leurs corps refroidis.
Les savants officiers, la hache à la ceinture,[70]
90 Ont péri les premiers en coupant la mâture;[71]
Ainsi de ces trois cents il n'en reste que dix!

XIV

Le Capitaine encor jette un regard au pôle
Dont il vient d'explorer les détroits inconnus:
L'eau monte à ses genoux et frappe son épaule;
95 Il peut lever au ciel l'un de ses deux bras nus.
Son navire est coulé,[72] sa vie est révolue:[73]
Il lance la Bouteille à la mer, et salue
Les jours de l'avenir qui pour lui sont venus.

XV

Il sourit en songeant que ce fragile verre
100 Portera sa pensée et son nom jusqu'au port,
Que d'une île inconnue il agrandit[74] la terre,
Qu'il marque un nouvel astre[75] et le confie au sort,
Que Dieu peut bien permettre à des eaux insensées[76]
De perdre des vaisseaux, mais non pas des pensées,
105 Et qu'avec un flacon[77] il a vaincu la mort.

---

[62] 'strand'   [63] 'submerged'   [64] 'set traps for us in this way'   [65] 'snow-balls
always being moulded and melting again'   [66] 'capsized'   [67] 'cursed'   [68] 'wreckage'
[69] 'tattered'   [70] 'with axes in their belts'   [71] 'masts and spars'   [72] 'sunk'
[73] 'ended'   [74] 'extends'   [75] 'star'   [76] 'mad'   [77] 'flask'

XVI

Tout est dit. A présent, que Dieu lui soit en aide!
Sur le brick englouti[78] l'onde a pris son niveau.[79]
Au large flot de l'est le flot de l'ouest succède,
Et la Bouteille y roule en son vaste berceau.[80]
Seule dans l'Océan, la frêle passagère   110
N'a pas pour se guider une brise légère;
— Mais elle vient de l'arche[81] et porte le rameau.[82]

XVII

Les courants l'emportaient, les glaçons[83] la retiennent
Et la couvrent des plis[84] d'un épais manteau blanc.
Les noirs chevaux de mer la heurtent,[85] puis reviennent   115
La flairer[86] avec crainte, et passent en soufflant.[87]
Elle attend que l'été, changeant ses destinées,
Vienne ouvrir le rempart des glaces obstinées,
Et vers la ligne ardente[88] elle monte en roulant.

XVIII

Un jour, tout était calme, et la mer Pacifique,   120
Par ses vagues d'azur, d'or et de diamant,
Renvoyait ses splendeurs au soleil du tropique.
Un navire passait majestueusement.
Il a vu la Bouteille aux gens de mer sacrée:
Il couvre de signaux sa flamme diaprée,[89]   125
Lance un canot[90] en mer et s'arrête un moment.

XIX

Mais on entend au loin le canon des corsaires;[91]
Le négrier[92] va fuir s'il peut prendre le vent.
Alerte! et coulez bas[93] ces sombres adversaires!
Noyez or et bourreaux du couchant au levant![94]   130
La frégate reprend ses canots et les jette
En son sein,[95] comme fait la sarigue inquiète,[96]
Et par voile et vapeur[97] vole et roule en avant.

---

[78] 'engulfed'   [79] 'level'; i.e. the waters have joined again   [80] 'cradle'   [81] 'ark'; an allusion to the story of the Flood   [82] 'branch'   [83] 'drift-ice'   [84] 'folds'   [85] 'sea-lions strike against it'   [86] 'to sniff it'   [87] 'snorting'   [88] i.e. the Equator   [89] 'many-colored pennant'   [90] 'puts out a boat'   [91] 'pirates'   [92] 'slave-trader'   [93] 'sound the alarm! and sink'   [94] i.e. drown both the gold and the human beast in every direction   [95] 'bosom'   [96] 'frightened opossum [with her young]'   [97] 'steam'

XX

Seule dans l'Océan, seule toujours! — Perdue
135 Comme un point invisible en un mouvant désert,
L'aventurière passe errant dans l'étendue[98]
Et voit tel[99] cap secret qui n'est pas découvert.
Tremblante voyageuse à flotter condamnée,
Elle sent sur son col que depuis une année
140 L'algue et les goémons[1] lui font un manteau vert.

XXI

Un soir enfin, les vents qui soufflent des Florides
L'entraînent vers la France et ses bords pluvieux.[2]
Un pêcheur accroupi[3] sous des rochers arides
Tire dans ses filets[4] le flacon précieux.
145 Il court, cherche un savant et lui montre sa prise,[5]
Et, sans l'oser ouvrir, demande qu'on lui dise
Quel est cet élixir noir et mystérieux.

XXII

Quel est cet élixir! Pêcheur, c'est la science,
C'est l'élixir divin que boivent les esprits,
150 Trésor de la pensée et de l'expérience,
Et si tes lourds filets, ô pêcheur, avaient pris
L'or qui toujours serpente[6] aux veines du Mexique,
Les diamants de l'Inde et les perles d'Afrique,
Ton labeur de ce jour aurait eu moins de prix.

XXIII

155 Regarde. — Quelle joie ardente et sérieuse!
Une gloire de plus luit[7] dans la nation.
Le canon tout-puissant et la cloche[8] pieuse
Font sur les toits tremblants bondir l'émotion;
Aux héros du savoir plus qu'à ceux des batailles
160 On va faire aujourd'hui de grandes funérailles.[9]
Lis ce mot sur les murs: «Commémoration!»

XXIV

Souvenir éternel! gloire à la découverte
Dans l'homme ou la nature, égaux en profondeur,

---

[98] 'space'   [99] 'a certain'   [1] 'algae and sea-weed'   [2] 'rainy shores'   [3] 'a fisher-man crouching'   [4] 'nets'   [5] 'catch'   [6] i.e. lies in a serpentine pattern in the rock   [7] 'shines'   [8] 'church-bell'   [9] 'obsequies'

Dans le Juste et le Bien, source à peine entr'ouverte,[10]
Dans l'art inépuisable,[11] abîme[12] de splendeur!   165
Qu'importe oubli, morsure,[13] injustice insensée,
Glaces et tourbillons[14] de notre traversée?
Sur la pierre des morts croît l'arbre de grandeur.

XXV

Cet arbre est le plus beau de la terre promise,
C'est votre phare[15] à tous, penseurs laborieux!   170
Voguez[16] sans jamais craindre ou les flots ou la brise
Pour tout trésor scellé du cachet précieux.
L'or pur doit surnager,[17] et sa gloire est certaine.
Dites en souriant, comme ce capitaine:
«Qu'il aborde, si c'est la volonté des Dieux!»   175

XXVI

Le vrai Dieu, le Dieu fort est le Dieu des idées!
Sur nos fronts où le germe est jeté par le sort,
Répandons le savoir en fécondes ondées;[18]
Puis, recueillant le fruit tel que de l'âme il sort,
Tout empreint[19] du parfum des saintes solitudes,   180
Jetons l'œuvre à la mer, la mer des multitudes:
— Dieu la prendra du doigt pour la conduire au port.

[10] 'tapped'   [11] 'inexhaustible'   [12] 'abyss'   [13] 'sting'   [14] 'whirlpools'
[15] 'beacon'   [16] 'sail on'   [17] 'remain afloat'   [18] 'fertile showers'   [19] 'permeated'

BALZAC

BALZAC

H ONORE DE BALZAC (1799–1850) was born at Tours. His father was
an official in the Ministry of War who, at the age of fifty, had married
the young daughter of a Parisian draper. The original form of the name was
Balssa, and the family sprang from peasant stock in the province of Albi. Balzac
entered the collège des Oratoriens at Vendôme and remained there until 1813,
when he was sent back to Tours suffering from a constant fever. The following
year the family moved to Paris, where Balzac was sent to the pension Lepitre
and later attended lectures at the Sorbonne, then in the brilliant period of
Villemain, Guizot and Cousin. At the same time he was articled successively to
a lawyer and a notary, but, by 1819, he had decided to devote himself to literature. With a pittance granted him by his father, he slaved away in a garret
for a number of years, first at an unsuccessful drama on Cromwell and then at a
succession of gothic novels which he signed with imposing pen-names. During
this period Balzac did hack work for the publisher Urbain Canel, and embarked
on a disastrous venture as a publisher and owner of a type-foundry. This was
only the first of the many business schemes which were to keep Balzac plunged
in debt all his life. For a time he was also active in politics and on two occasions sought election as an ultra-conservative candidate. By 1830 Balzac had
changed from a rather uncouth provincial into a man of the world, thanks
largely to the civilizing influence of a number of women, among whom were
his sister, Laure Surville, Mme de Berny, the duchesse d'Abrantès and the
duchesse de Castries. In 1829 Balzac, under his own name, published two books
which were to launch him on his career: a witty treatise on love, *La Physiologie
du mariage*, and *Les Chouans*, a historical novel. For the rest of his life his literary output was formidable. Working sixteen hours a day for weeks on end,
he was able to produce three or four novels a year, to say nothing of innumer-
able articles. By 1832 he began to realize that his writings might be merged
into a great monument of prose fiction, and a decade later he adopted the inclu-
sive title of *la Comédie humaine* for his gigantic study of contemporary life and
manners. Balzac's interest in politics, science and metaphysics was very great;
among the thinkers who influenced him most were Swedenborg, Lavater, Mes-
mer, Cuvier and Geoffroy Saint-Hilaire. For many years Balzac corresponded
with a Polish noblewoman named Mme Hanska, whom he occasionally met by
appointment in different parts of Europe. After spending part of the last two
years of his life on her estates at Wierzchownia in the Ukraine, he married her
in March, 1850. By this time Balzac's health was completely undermined, and
he died in Paris of heart disease four months later.

Balzac's most important novels are: *Les Chouans* (1829), *La Peau de chagrin*
(1830–31), *Gobseck* (1830), *Le Curé de Tours* (1832), *Le Médecin de campagne*
(1833), *Eugénie Grandet* (1833), *La Recherche de l'absolu* and *Le Père Goriot*

(1834), *Le Lys dans la vallée* (1836), *César Birotteau* (1837), *Illusions perdues* (1837–43), *La Cousine Bette* (1846), *Le Cousin Pons* (1847), *Splendeurs et Misères des courtisanes* (1838–47), *Les Paysans* (1844–55). A series of Rabelaisian pastiches, *Les Contes drolatiques* were published 1832–37 and the *Lettres à l'Etrangère* (to Mme Hanska) in 1899 and 1906.

LE CURE DE TOURS[1]

Au commencement de l'automne de l'année 1826, l'abbé Birotteau, principal personnage de cette histoire, fut surpris par une averse[2] en revenant de la maison où il était allé passer la soirée. Il traversait donc aussi promptement que son embonpoint[3] pouvait le lui permettre, la petite place déserte nommée *le Cloître*,[4] qui se trouve derrière le chevet[5] de Saint-Gatien,[6] à Tours.

L'abbé Birotteau, petit homme court, de constitution apoplectique, âgé d'environ soixante ans, avait déjà subi[7] plusieurs attaques de goutte. Or, entre toutes les petites misères de la vie humaine, celle pour laquelle le bon prêtre éprouvait[8] le plus d'aversion, était le subit arrosement[9] de ses souliers à larges agrafes[10] d'argent et l'immersion de leurs semelles.[11] En effet, malgré les chaussons[12] de flanelle dans lesquels il empaquetait[13] en tout temps ses pieds avec le soin que les ecclésiastiques prennent d'eux-mêmes, il y gagnait toujours un peu d'humidité;[14] puis, le lendemain, la goutte lui donnait infailliblement quelques preuves de sa constance. Néanmoins, comme le pavé[15] du Cloître est toujours sec, que l'abbé Birotteau avait gagné trois livres dix sous[16] au whist chez Mme de Listomère, il endura la pluie avec résignation depuis le milieu de la place de l'Archevêché,[17] où elle avait commencé à tomber en abondance. En ce moment, il caressait d'ailleurs sa chimère,[18] un désir déjà vieux de douze ans, un désir de prêtre! un désir qui, formé tous les soirs, paraissait alors près de s'accomplir; enfin, il s'enveloppait trop bien dans l'aumusse d'un canonicat[19] pour sentir les intempéries[20] de l'air: pendant la soirée, les personnes habituellement réunies chez Mme de Listomère lui avaient presque garanti sa nomination à la place de chanoine,[21] alors vacante au Chapitre métropolitain de Saint-Gatien, en lui prouvant que personne ne la méritait mieux que lui, dont les droits longtemps méconnus[22] étaient incontestables. S'il eût perdu au jeu,[23]

---

[1] Completed in April, 1832, this *nouvelle*, which Balzac first thought of calling *L'Abbé Troubert*, appeared the same year under the title *Les Célibataires* in vol. III of the second edition of the *Scènes de la vie privée*. In 1833 it was reprinted in vol. II of the first edition of the *Scènes de la vie de province*. It appeared under its present title in 1843, with a dedication to the sculptor David d'Angers. The two other novels of the *Célibataires* series are *Pierrette* (1840) and *La Rabouilleuse* (1841). [2] 'shower' [3] 'corpulence' [4] 'cloister' [5] 'apse' [6] the cathedral in Tours [7] 'suffered' [8] 'felt' [9] 'sudden wetting' [10] 'buckles' [11] 'soles' [12] 'heavy socks' [13] 'bundled up' [14] i.e. a little dampness always seeped through [15] 'pavement' [16] 1 *livre* = 1 *franc*; 1 *sou* = 5 *centimes* [17] 'the Archbishop's palace' [18] 'dream' [19] 'the amice of a canonry'; the amice was a short hooded cloak lined with fur, worn by French canons [20] 'inclemencies' [21] 'office of canon' [22] 'unrecognized' [23] i.e. at cards

s'il eût appris que l'abbé Poirel, son concurrent,[24] passait[25] chanoine, le bonhomme[26] eût alors trouvé la pluie bien froide. Peut-être eût-il médit de[27] l'existence. Mais il se trouvait dans une de ces rares circonstances de la vie où d'heureuses sensations font tout oublier. En hâtant le pas, il obéissait à un mouvement machinal, et la vérité, si essentielle dans une histoire des mœurs,[28] oblige à dire qu'il ne pensait ni à l'averse, ni à la goutte.

Jadis,[29] il existait dans le Cloître, du côté de la Grand'rue, plusieurs maisons réunies par une clôture,[30] appartenant à la cathédrale et où logeaient quelques dignitaires du Chapitre. Depuis l'aliénation des biens du clergé,[31] la ville a fait du passage qui sépare ces maisons une rue, nommée rue de la *Psalette*,[32] et par laquelle on va du Cloître à la Grand'rue. Ce nom indique suffisamment que là demeurait autrefois le grand chantre,[33] ses écoles et ceux qui vivaient sous sa dépendance. Le côté gauche de cette rue est rempli par une seule maison dont les murs sont traversés par les arcs-boutants[34] de Saint-Gatien qui sont implantés dans son petit jardin étroit, de manière à laisser en doute si la cathédrale fut bâtie avant ou après cet antique logis.[35] Mais en examinant les arabesques et la forme des fenêtres, le cintre[36] de la porte, et l'extérieur de cette maison brunie[37] par le temps, un archéologue voit qu'elle a toujours fait partie du monument magnifique avec lequel elle est mariée.[38] Un antiquaire, s'il y en avait à Tours, une des villes les moins littéraires de France, pourrait même reconnaître, à l'entrée du passage dans le Cloître, quelques vestiges de l'arcade qui formait jadis le portail[39] de ces habitations ecclésiastiques et qui devait s'harmonier au caractère général de l'édifice. Située au nord de Saint-Gatien, cette maison se trouve continuellement dans les ombres[40] projetées par cette grande cathédrale sur laquelle le temps a jeté son manteau noir, imprimé ses rides,[41] semé[42] son froid humide, ses mousses et ses hautes herbes. Aussi[43] cette habitation est-elle toujours enveloppée dans un profond silence interrompu seulement par le bruit des cloches, par le chant des offices[44] qui franchit[45] les murs de l'église, ou par les cris des choucas nichés dans le sommet des clochers.[46] Cet endroit est un désert de pierres, une solitude pleine de physionomie,[47] et qui ne peut être habitée que par des êtres arrivés à une nullité complète ou doués[48] d'une force d'âme prodigieuse. La maison dont il s'agit avait toujours été occupée par des abbés, et appartenait à une vieille fille nommée Mlle Ga-

[24] 'rival' [25] 'was being appointed' [26] 'old fellow' [27] 'he would have cursed' [28] 'manners' [29] 'formerly' [30] 'enclosure' [31] 'the confiscation of Church property' (in 1789) [32] 'choir-school' [33] 'precentor' [34] 'flying buttresses' [35] 'house' [36] 'arch' [37] 'darkened' [38] 'joined' [39] 'gateway' [40] 'shadows' [41] 'furrows' [42] 'sown' [43] 'now' [44] 'church services' [45] 'penetrates beyond' [46] 'jackdaws lodged in the tops of the steeples' [47] 'character' [48] 'endowed'

mard. Quoique ce bien eût été acquis de la nation, pendant la Terreur,[49] par le père de Mlle Gamard; comme depuis vingt ans cette vieille fille y logeait des prêtres, personne ne s'avisait[50] de trouver mauvais, sous la Restauration,[51] qu'une dévote[52] conservât un bien national:[53] peut-être les gens religieux lui supposaient-ils l'intention de le léguer[54] au Chapitre, et les gens du monde[55] n'en voyaient-ils pas la destination changée.

L'abbé Birotteau se dirigeait donc vers cette maison, où il demeurait depuis deux ans. Son appartement avait été, comme l'était alors le canonicat, l'objet de son envie et son *Hoc erat in votis*[56] pendant une douzaine d'années. Etre le pensionnaire[57] de Mlle Gamard et devenir chanoine, furent les deux grandes affaires de sa vie; et peut-être résument-elles exactement l'ambition d'un prêtre, qui, se considérant comme en voyage vers l'éternité, ne peut souhaiter en ce monde qu'un bon gîte,[58] une bonne table, des vêtements propres, des souliers à agrafes d'argent, choses suffisantes pour les besoins de la bête,[59] et un canonicat pour satisfaire l'amour-propre,[60] ce sentiment indicible[61] qui nous suivra, dit-on, jusqu'auprès de Dieu, puisqu'il y a des grades parmi les saints. Mais la convoitise[62] de l'appartement alors habité par l'abbé Birotteau, ce sentiment minime[63] aux yeux des gens du monde, avait été pour lui toute une passion, passion pleine d'obstacles, et, comme les plus criminelles passions, pleine d'espérances, de plaisirs et de remords.

La distribution[64] intérieure et la contenance[65] de sa maison n'avaient pas permis à Mlle Gamard d'avoir plus de deux pensionnaires logés. Or, environ douze ans avant le jour où Birotteau devint le pensionnaire de cette fille, elle s'était chargée d'entretenir en joie et en santé M. l'abbé Troubert et M. l'abbé Chapeloud. L'abbé Troubert vivait. L'abbé Chapeloud était mort, et Birotteau lui avait immédiatement succédé.

Feu[66] M. l'abbé Chapeloud, en son vivant chanoine de Saint-Gatien, avait été l'ami intime de l'abbé Birotteau. Toutes les fois que le vicaire était entré chez le chanoine, il en avait admiré constamment l'appartement, les meubles et la bibliothèque. De cette admiration naquit un jour l'envie de posséder ces belles choses. Il avait été impossible à l'abbé Birotteau d'étouffer[67] ce désir, qui souvent le fit horriblement souffrir quand il venait à penser que la mort de son meilleur ami pouvait seule satisfaire cette cupidité cachée, mais qui allait toujours croissant.[68] L'abbé Chapeloud et son ami Birotteau n'étaient pas riches. Tous deux

---

[49] i.e. the Reign of Terror (1793–94)   [50] 'presumed'   [51] i.e. the Restoration of the Bourbons (1815–30)   [52] 'devout woman'   [53] i.e. property belonging to the Church or to *émigrés*, confiscated by the State during the Revolution   [54] 'bequeath it' [55] 'laity'   [56] 'passionate desire' (literally: this was among the things I desired; Horace, *Satires*, II, 6, line 1)   [57] 'boarder'   [58] 'lodging'   [59] i.e. the body [60] 'vanity'   [61] 'indescribable'   [62] 'greed'   [63] 'trivial'   [64] 'arrangement' [65] 'size'   [66] 'the late'   [67] 'stifle'   [68] 'kept increasing'

fils de paysans, ils n'avaient rien autre chose que les faibles émoluments accordés aux prêtres; et leurs minces[69] économies furent employées à passer les temps malheureux de la Révolution. Quand Napoléon rétablit le culte catholique,[70] l'abbé Chapeloud fut nommé chanoine de
5 Saint-Gatien, et Birotteau devint vicaire[71] de la cathédrale. Chapeloud se mit alors en pension chez Mlle Gamard. Lorsque Birotteau vint visiter le chanoine dans sa nouvelle demeure,[72] il trouva l'appartement parfaitement bien distribué;[73] mais il n'y vit rien autre chose. Le début de cette concupiscence mobilière[74] fut semblable à celui d'une passion vraie, qui,
10 chez un jeune homme, commence quelquefois par une froide admiration pour la femme que plus tard il aimera toujours.

Cet appartement, desservi[75] par un escalier en pierre, se trouvait dans un corps de logis à l'exposition du midi.[76] L'abbé Troubert occupait le rez-de-chaussée,[77] et Mlle Gamard le premier étage du principal bâti-
15 ment situé sur la rue. Lorsque Chapeloud entra dans son logement, les pièces étaient nues et les plafonds noircis par la fumée.[78] Les chambranles des cheminées[79] en pierre assez mal sculptée[80] n'avaient jamais été peints. Pour tout mobilier,[81] le pauvre chanoine y mit d'abord un lit, une table, quelques chaises, et le peu de livres qu'il possédait. L'appartement res-
20 semblait à une belle femme en haillons.[82] Mais, deux ou trois ans après, une vieille dame ayant laissé deux mille francs à l'abbé Chapeloud, il employa cette somme à l'emplette d'une bibliothèque en chêne,[83] provenant de[84] la démolition d'un château dépecé[85] par la bande noire,[86] et remarquable par des sculptures dignes de l'admiration des artistes.
25 L'abbé fit cette acquisition, séduit moins par le bon marché[87] que par la parfaite concordance qui existait entre les dimensions de ce meuble et celles de la galerie.[88] Ses économies lui permirent alors de restaurer entièrement la galerie jusque-là pauvre et délaissée.[89] Le parquet fut soigneusement frotté, le plafond blanchi; et les boiseries furent peintes de
30 manière à figurer les teintes et les nœuds du chêne.[90] Une cheminée de marbre remplaça l'ancienne. Le chanoine eut assez de goût pour chercher et pour trouver de vieux fauteuils en bois de noyer[91] sculpté. Puis une longue table en ébène[92] et deux meubles de Boulle[93] achevèrent de donner à cette galerie une physionomie[94] pleine de caractère. Dans l'espace de

---

[69] 'meager'   [70] i.e. by the Concordat of 1801   [71] 'assistant priest'   [72] 'dwelling'   [73] 'arranged'   [74] 'the beginning of this lust for personal property'   [75] 'reached' [76] 'wing facing south'   [77] 'ground floor'   [78] 'the rooms were bare and the ceilings blackened by smoke'   [79] 'casings of the fire-places'   [80] 'carved'   [81] 'furniture' [82] 'rags'   [83] 'purchase of an oak bookcase'   [84] 'coming from'   [85] 'torn down' [86] the name given to speculators who bought up *biens nationaux* at the time of their confiscation   [87] 'attracted less by the cheapness'   [88] 'long narrow room'   [89] 'neglected'   [90] 'the floor was carefully polished, the ceiling whitewashed; and the woodwork was painted to represent the hues and knots of oak'   [91] 'walnut'   [92] 'ebony' [93] 'cabinets by Boulle'; André-Charles Boulle (1642–1732) was a Parisian cabinet-maker famous for the richness and delicacy of his work   [94] 'appearance'

deux ans, les libéralités de plusieurs personnes dévotes, et des legs[95] de ses pieuses pénitentes, quoique légers, remplirent de livres les rayons[96] de la bibliothèque, alors vide. Enfin un oncle de Chapeloud, ancien Oratorien,[97] lui légua en mourant sa collection in-folio des Pères de l'Eglise, et plusieurs autres grands ouvrages précieux pour un ecclé- 5 siastique. Birotteau, surpris de plus en plus par les transformations successives de cette galerie jadis nue, arriva par degrés à une involon- taire convoitise. Il souhaita posséder ce cabinet, si bien en rapport[98] avec la gravité des mœurs ecclésiastiques. Cette passion s'accrut de jour en jour. Occupé pendant des journées entières à travailler dans cet 10 asile,[99] le vicaire put en apprécier le silence et la paix, après en avoir primitivement[1] admiré l'heureuse distribution. Pendant les années sui- vantes, l'abbé Chapeloud fit de la cellule un oratoire[2] que ses dévotes amies se plurent à embellir. Plus tard encore, une dame offrit au chanoine pour sa chambre un meuble en tapisserie[3] qu'elle avait faite elle-même 15 pendant longtemps sous les yeux de cet homme aimable sans qu'il en soupçonnât la destination. Il en fut alors de la chambre à coucher comme de la galerie, elle éblouit[4] le vicaire. Enfin, trois ans avant sa mort, l'abbé Chapeloud avait complété le confortable[5] de son apparte- ment en en décorant le salon. Quoique simplement garni de velours 20 d'Utrecht[6] rouge, le meuble[7] avait séduit Birotteau. Depuis le jour où le camarade du chanoine vit les rideaux de lampas rouge,[8] les meubles d'acajou,[9] le tapis d'Aubusson[10] qui ornaient cette vaste pièce peinte à neuf, l'appartement de Chapeloud devint pour lui l'objet d'une mono- manie secrète. Y demeurer, se coucher dans le lit à grands rideaux de 25 soie où couchait le chanoine, et trouver toutes ses aises[11] autour de lui, comme les trouvait Chapeloud, fut pour Birotteau le bonheur complet: il ne voyait rien au delà. Tout ce que les choses du monde font naître d'envie et d'ambition dans le cœur des autres hommes se concentra chez l'abbé Birotteau dans le sentiment secret et profond avec lequel 30 il désirait un intérieur[12] semblable à celui que s'était créé l'abbé Chape- loud. Quand son ami tombait malade, il venait certes chez lui conduit par une sincère affection; mais, en apprenant l'indisposition du chanoine, ou en lui tenant compagnie, il s'élevait, malgré lui, dans le fond de son âme mille pensées dont la formule la plus simple était toujours: Si 35 Chapeloud mourait je pourrais avoir son logement. Cependant, comme Birotteau avait un cœur excellent, des idées étroites et une intelligence bornée,[13] il n'allait pas jusqu'à concevoir les moyens de se faire léguer la bibliothèque et les meubles de son ami.

[95] 'legacies'   [96] 'shelves'   [97] member of the Oratorian order of priests   [98] 'harmony' [99] 'retreat'   [1] 'first'   [2] 'oratory'   [3] 'piece of furniture upholstered in tapestry' [4] 'dazzled'   [5] 'comfort'   [6] 'mohair velvet'   [7] 'suite of furniture'   [8] 'curtains of red silk damask'   [9] 'mahogany'   [10] a town in central France, famous for its carpets [11] 'comforts'   [12] 'home'   [13] 'limited'

L'abbé Chapeloud, égoïste, aimable et indulgent, devina la passion
de son ami, ce qui n'était pas difficile, et la lui pardonna, ce qui peut
sembler moins facile chez un prêtre. Mais aussi le vicaire, dont l'amitié
resta toujours la même, ne cessa-t-il pas de se promener avec son ami
5 tous les jours dans la même allée du Mail[14] de Tours, sans lui faire tort[15]
un seul moment du temps consacré depuis vingt années à cette promenade. Birotteau, qui considérait ses vœux[16] involontaires comme des
fautes, eût été capable, par contrition, du plus grand dévouement pour
l'abbé Chapeloud. Celui-ci paya sa dette envers une fraternité si naïve-
10 ment sincère, en disant, quelques jours avant sa mort, au vicaire, qui
lisait la *Quotidienne:*[17] Pour cette fois, tu auras l'appartement. Je sens
que tout est fini pour moi. En effet, par son testament, l'abbé Chapeloud
légua sa bibliothèque et son mobilier à Birotteau. La possession de ces
choses, si vivement désirées, et la perspective[18] d'être pris en pension
15 par Mlle Gamard, adoucirent[19] beaucoup la douleur que causait à Birotteau la perte de son ami le chanoine: il ne l'aurait peut-être pas ressus-
cité, mais il le pleura. Pendant quelques jours il fut comme Gargantua,[20]
dont la femme étant morte en accouchant de[21] Pantagruel, ne savait s'il
devait se réjouir de la naissance de son fils, ou se chagriner d'avoir en-
20 terré[22] sa bonne Badebec, et qui se trompait[23] en se réjouissant de la
mort de sa femme, et déplorant la naissance de Pantagruel. L'abbé
Birotteau passa les premiers jours de son deuil[24] à vérifier[25] les ouvrages
de *sa* bibliothèque, à se servir de *ses* meubles, à les examiner en disant
d'un ton qui, malheureusement, n'a pu être noté: Pauvre Chapeloud!
25 Enfin sa joie et sa douleur l'occupaient tant qu'il ne ressentit[26] aucune
peine de voir donner à un autre la place de chanoine, dans laquelle feu
Chapeloud espérait avoir Birotteau pour successeur. Mlle Gamard ayant
pris avec plaisir le vicaire en pension, celui-ci participa dès lors à toutes
les félicités de la vie matérielle que lui vantait[27] le défunt chanoine. In-
30 calculables avantages! A entendre feu l'abbé Chapeloud, aucun de tous
les prêtres qui habitaient la ville de Tours ne pouvait être, sans en ex-
cepter l'archevêque, l'objet de soins[28] aussi délicats, aussi minutieux[29]
que ceux prodigués[30] par Mlle Gamard à ses deux pensionnaires. Les
premiers mots que disait le chanoine à son ami, en se promenant sur
35 le Mail, avaient presque toujours trait[31] au succulent dîner qu'il venait
de faire, et il était bien rare que, pendant les sept promenades de la
semaine, il ne lui arrivât pas de dire au moins quatorze fois: Cette excellente fille a certes pour vocation le service ecclésiastique.

— Pensez donc, disait l'abbé Chapeloud à Birotteau, que pendant

---

[14] 'mall'   [15] 'depriving him'   [16] 'desires'   [17] an ultra-royalist newspaper
of the time   [18] 'prospect'   [19] 'softened'   [20] cf. Rabelais, II, 3   [21] 'giving
birth to'   [22] 'be grief-stricken at having buried'   [23] 'became confused'   [24] 'mourning'
[25] 'examining'   [26] 'felt'   [27] 'praised'   [28] 'attentions'   [29] 'meticulous'
[30] 'lavished'   [31] 'reference'

douze années consécutives, linge blanc, aubes, surplis, rabats,[32] rien ne
m'a jamais manqué. Je trouve toujours chaque chose en place, en
nombre suffisant et sentant l'iris.[33] Mes meubles sont frottés[34] et toujours si bien essuyés,[35] que, depuis longtemps, je ne connais plus la poussière.[36] En avez-vous vu un seul grain[37] chez moi? Jamais! Puis le bois
de chauffage[38] est bien choisi, les moindres choses sont excellentes; bref,
il semble que Mlle Gamard ait sans cesse un œil dans ma chambre. Je
ne me souviens pas d'avoir sonné deux fois, en dix ans, pour demander
quoi que ce fût. Voilà vivre! N'avoir rien à chercher, pas même ses
pantoufles.[39] Trouver toujours bon feu, bonne table. Enfin, mon soufflet[40] m'impatientait, il avait le larynx embarrassé;[41] je ne m'en suis pas
plaint deux fois. Bast,[42] le lendemain mademoiselle m'a donné un très
joli soufflet, et cette paire de badines[43] avec lesquelles vous me voyez
tisonnant.[44]

Birotteau, pour toute réponse, disait: Sentant l'iris! Ce *sentant l'iris*
le frappait toujours. Les paroles du chanoine accusaient[45] un bonheur
fantastique pour le pauvre vicaire, à qui ses rabats et ses aubes faisaient
tourner la tête; car il n'avait aucun ordre, et oubliait assez fréquemment
de commander son dîner. Aussi, soit en quêtant,[46] soit en disant la messe,
quand il apercevait Mlle Gamard à Saint-Gatien, ne manquait-il jamais
de lui jeter un regard doux et bienveillant,[47] comme sainte Thérèse pouvait en jeter au ciel.

Quoique le bien-être que désire toute créature, et qu'il avait si souvent
rêvé, lui fût échu,[48] comme il est difficile à tout le monde, même à un prêtre,
de vivre sans un dada,[49] depuis dix-huit mois, l'abbé Birotteau avait
remplacé ses deux passions satisfaites par le souhait d'un canonicat. Le
titre de chanoine était devenu pour lui ce que doit être la pairie[50] pour
un ministre plébéien. Aussi la probabilité de sa nomination, les espérances qu'on venait de lui donner chez Mme de Listomère, lui tournaient-
elles si bien la tête qu'il ne se rappela y avoir oublié son parapluie qu'en
arrivant à son domicile. Peut-être même, sans la pluie qui tombait alors
à torrents, ne s'en serait-il pas souvenu, tant il était absorbé par le plaisir
avec lequel il rabâchait en lui-même[51] tout ce que lui avaient dit, au
sujet de sa promotion, les personnes de la société de Mme de Listomère,
vieille dame chez laquelle il passait la soirée du mercredi. Le vicaire
sonna vivement[52] comme pour dire à la servante de ne pas le faire attendre. Puis il se serra[53] dans le coin de la porte, afin de se laisser arroser
le moins possible; mais l'eau qui tombait du toit coula[54] précisément sur

[32] 'clean linen, albs, surplices, neckbands'   [33] 'smelling of iris'   [34] 'polished'
[35] 'dusted'   [36] 'dust'   [37] 'speck'   [38] 'firewood'   [39] 'slippers'   [40] 'bellows'
[41] 'clogged'   [42] 'enough!'   [43] 'tongs'   [44] 'stirring the fire'   [45] 'revealed'
[46] 'taking up a collection'   [47] 'kindly'   [48] 'had fallen to his lot'   [49] 'hobby'
[50] 'peerage'   [51] 'turned over in his mind'   [52] 'briskly'   [53] 'huddled'
[54] 'ran'

le bout de ses souliers, et le vent poussa par moments sur lui certaines bouffées[55] de pluie assez semblables à des douches.[56] Après avoir calculé le temps nécessaire pour sortir de la cuisine et venir tirer le cordon[57] placé sous la porte, il resonna encore de manière à produire un carillon[58] très significatif.

— Ils ne peuvent pas être sortis, se dit-il en n'entendant aucun mouvement dans l'intérieur. Et pour la troisième fois il recommença sa sonnerie, qui retentit si aigrement[59] dans la maison, et fut si bien répétée par tous les échos de la cathédrale, qu'à ce factieux tapage[60] il était impossible de ne pas se réveiller. Aussi, quelques instants après, n'entendit-il pas, sans un certain plaisir mêlé d'humeur,[61] les sabots[62] de la servante qui claquaient sur le petit pavé caillouteux.[63] Néanmoins le malaise du podagre[64] ne finit pas aussitôt qu'il le croyait. Au lieu de tirer le cordon, Marianne fut obligée d'ouvrir la serrure[65] de la porte avec la grosse clef et de défaire les verrous.[66]

— Comment me laissez-vous sonner trois fois par un temps pareil? dit-il à Marianne.

— Mais, monsieur, vous voyez bien que la porte était fermée. Tout le monde est couché depuis longtemps, les trois quarts de dix heures[67] sont sonnés. Mademoiselle aura cru[68] que vous n'étiez pas sorti.

— Mais vous m'avez bien vu partir, vous! D'ailleurs mademoiselle sait bien que je vais chez Mme de Listomère tous les mercredis.

— Ma foi, monsieur, j'ai fait ce que mademoiselle m'a commandé de faire, répondit Marianne en fermant la porte.

Ces paroles portèrent à l'abbé Birotteau un coup qui lui fut d'autant plus sensible[69] que sa rêverie l'avait rendu plus complètement heureux. Il se tut, suivit Marianne à la cuisine pour prendre son bougeoir[70] qu'il supposait y avoir été mis. Mais, au lieu d'entrer dans la cuisine, Marianne mena l'abbé chez lui, où le vicaire aperçut son bougeoir sur une table qui se trouvait à la porte du salon rouge, dans une espèce d'antichambre formée par le palier[71] de l'escalier auquel le défunt chanoine avait adapté une grande clôture vitrée.[72] Muet de surprise, il entra promptement dans sa chambre, n'y vit pas de feu dans la cheminée, et appela Marianne, qui n'avait pas encore eu le temps de descendre.

— Vous n'avez donc pas allumé de feu? dit-il.

— Pardon, monsieur l'abbé, répondit-elle. Il se sera éteint.[73]

Birotteau regarda de nouveau le foyer,[74] et s'assura que le feu était resté couvert depuis le matin.

[55] 'gusts'   [56] 'shower-baths'   [57] 'latch-string'   [58] 'peal'   [59] 'echoed so sharply'   [60] 'unruly noise'   [61] 'annoyance'   [62] 'wooden shoes'   [63] 'pebbly'   [64] 'discomfort of the sufferer from gout'   [65] 'lock'   [66] 'undo the bolts'   [67] i.e. a quarter to eleven   [68] 'must have thought'   [69] 'keener'   [70] 'candle-stick'   [71] 'landing'   [72] 'had fitted a large glassed-in partition'   [73] 'it must have gone out'   [74] 'hearth'

— J'ai besoin de me sécher les pieds, reprit-il, faites-moi du feu.

Marianne obéit avec la promptitude d'une personne qui avait envie de dormir. Tout en cherchant lui-même ses pantoufles qu'il ne trouvait pas au milieu de son tapis de lit,[75] comme elles y étaient jadis, l'abbé fit, sur la manière dont Marianne était habillée, certaines observations par lesquelles il lui fut démontré qu'elle ne sortait pas de son lit, comme elle le lui avait dit. Il se souvint alors que, depuis environ quinze jours, il était sevré[76] de tous ces petits soins qui, pendant dix-huit mois, lui avaient rendu la vie si douce à porter. Or, comme la nature des esprits étroits les porte à deviner les minuties,[77] il se livra soudain à de très grandes réflexions sur ces quatre événements, imperceptibles pour tout autre, mais qui, pour lui, constituaient quatre catastrophes. Il s'agissait évidemment de la perte entière de son bonheur, dans l'oubli des pantoufles, dans le mensonge[78] de Marianne relativement au feu, dans le transport insolite[79] de son bougeoir sur la table de l'antichambre, et dans la station[80] forcée qu'on lui avait ménagée,[81] par la pluie, sur le seuil[82] de la porte.

Quand la flamme eut brillé dans le foyer, quand la lampe de nuit fut allumée, et que Marianne l'eut quitté sans lui demander, comme elle le faisait jadis: Monsieur a-t-il encore besoin de quelque chose? l'abbé Birotteau se laissa doucement aller[83] dans la belle et ample bergère[84] de son défunt ami; mais le mouvement par lequel il y tomba eut quelque chose de triste. Le bonhomme était accablé[85] sous le pressentiment d'un affreux malheur. Ses yeux se tournèrent successivement sur le beau cartel, sur la commode, sur les sièges,[86] les rideaux, les tapis, le lit en tombeau, le bénitier,[87] le crucifix, sur une Vierge du Valentin, sur un Christ de Lebrun,[88] enfin sur tous les accessoires de cette chambre; et l'expression de sa physionomie révéla les douleurs du plus tendre adieu qu'un amant ait jamais fait à sa première maîtresse, ou un vieillard à ses derniers arbres plantés. Le vicaire venait de reconnaître, un peu tard à la vérité, les signes d'une persécution sourde[89] exercée sur lui depuis environ trois mois par Mlle Gamard, dont les mauvaises intentions eussent sans doute été beaucoup plus tôt devinées par un homme d'esprit.[90] Les vieilles filles n'ont-elles pas toutes un certain talent pour accentuer les actions et les mots que la haine leur suggère? Elles égratignent[91] à la manière des chats. Puis, non seulement elles blessent,[92] mais elles éprouvent du plaisir à blesser, et à faire voir à leur victime qu'elles

[75] 'bedside rug'   [76] 'deprived'   [77] 'inclines them to pay attention to trifles'
[78] 'lie'   [79] 'unusual'   [80] 'wait'   [81] 'arranged'   [82] 'threshold'
[83] 'sank down'   [84] 'easy chair'   [85] 'was weighed down'   [86] 'the fine hanging wall-clock, the chest of drawers, the chairs'   [87] 'the four-poster bed, the holy water font'   [88] Valentin de Boulogne (1591–1634) and Charles Lebrun (1619–90) were French painters of the classical period.   [89] 'secret'   [90] 'intelligence'   [91] 'scratch'
[92] 'wound'

l'ont blessée. Là où un homme du monde ne se serait pas laissé griffer[93] deux fois, le bon Birotteau avait besoin de plusieurs coups de patte[94] dans la figure avant de croire à une intention méchante.

Aussitôt, avec cette sagacité questionneuse que contractent les prêtres 5 habitués à diriger les consciences et à creuser des riens[95] au fond[96] du confessionnal, l'abbé Birotteau se mit à établir, comme s'il s'agissait d'une controverse religieuse, la proposition suivante: En admettant que Mlle Gamard n'ait plus songé à[97] la soirée de Mme de Listomère, que Marianne ait oublié de faire mon feu, que l'on m'ait cru rentré; attendu 10 que[98] j'ai descendu ce matin, et moi-même! *mon bougeoir!!!* il est impossible que Mlle Gamard, en le voyant dans son salon, ait pu me supposer couché. *Ergo,*[99] Mlle Gamard a voulu me laisser à la porte par la pluie; et, en faisant remonter[1] mon bougeoir chez moi, elle a eu l'intention de me faire connaître... — Quoi? dit-il tout haut, emporté par la 15 gravité des circonstances, en se levant pour quitter ses habits mouillés,[2] prendre sa robe de chambre et se coiffer de nuit.[3] Puis il alla de son lit à la cheminée, en gesticulant et lançant[4] sur des tons différents les phrases suivantes, qui toutes furent terminées d'une voix de fausset,[5] comme pour remplacer des points d'interjection:

20 — Que diantre[6] lui ai-je fait? Pourquoi m'en veut-elle?[7] Marianne n'a pas dû oublier[8] mon feu! C'est mademoiselle qui lui aura dit de ne pas l'allumer! Il faudrait être un enfant pour ne pas s'apercevoir, au ton et aux manières qu'elle prend avec moi, que j'ai eu le malheur de lui déplaire. Jamais il n'est arrivé rien de pareil à Chapeloud! Il me sera 25 impossible de vivre au milieu des tourments que... A mon âge...

Il se coucha, dans l'espoir d'éclaircir[9] le lendemain matin la cause de la haine qui détruisait à jamais ce bonheur dont il avait joui pendant deux ans, après l'avoir si longtemps désiré. Hélas! les secrets motifs du sentiment que Mlle Gamard lui portait devaient lui être éternellement 30 inconnus, non qu'ils fussent difficiles à deviner, mais parce que le pauvre homme manquait de cette bonne foi avec laquelle les grandes âmes et les fripons savent réagir sur eux-mêmes[10] et se juger. Un homme de génie ou un intrigant seuls, se disent: J'ai eu tort. L'intérêt[11] et le talent sont les seuls conseillers consciencieux et lucides. Or, l'abbé Birotteau, 35 dont la bonté allait jusqu'à la bêtise,[12] dont l'instruction n'était en quelque sorte que plaquée à force de travail,[13] qui n'avait aucune expérience du monde ni de ses mœurs, et qui vivait entre la messe et le confessionnal, grandement occupé de décider les cas de conscience les

---

[93] 'be clawed'   [94] i.e. scratches   [95] 'explore trifles'   [96] i.e. seclusion   [97] i.e. had forgotten   [98] 'inasmuch as'   [99] 'therefore'   [1] 'sending back'   [2] 'wet' [3] 'put on his night-cap'   [4] 'uttering'   [5] 'falsetto'   [6] 'what the dickens' [7] 'has she got a grudge against me'   [8] 'cannot have forgotten'   [9] 'clearing up' [10] i.e. great minds and rogues know how to see themselves objectively   [11] 'self-interest' [12] 'stupidity'   [13] 'whose education was in a sense a veneer laid on by dint of work'

plus légers, en sa qualité[14] de confesseur des pensionnats[15] de la ville et de quelques belles âmes[16] qui l'appréciaient, l'abbé Birotteau pouvait être considéré comme un grand enfant, à qui la majeure partie des pratiques sociales était complètement étrangère. Seulement, l'égoïsme naturel à toutes les créatures humaines, renforcé par l'égoïsme particu- lier au prêtre, et par celui de la vie étroite que l'on mène en province, s'était insensiblement[17] développé chez lui, sans qu'il s'en doutât.[18] Si quelqu'un eût pu trouver assez d'intérêt à fouiller[19] l'âme du vicaire, pour lui démontrer que, dans les infiniment petits détails de son existence et dans les devoirs minimes de sa vie privée, il manquait essentiellement de ce dévouement[20] dont il croyait faire profession, il se serait puni lui- même, et se serait mortifié de bonne foi. Mais ceux que nous offensons, même à notre insu,[21] nous tiennent peu compte[22] de notre innocence, ils veulent et savent se venger. Donc Birotteau, quelque faible qu'il fût, dut être soumis aux effets de cette grande Justice distributive, qui va toujours chargeant le monde d'exécuter ses arrêts,[23] nommés par cer- tains niais[24] *les malheurs de la vie.*

Il y eut cette différence entre feu l'abbé Chapeloud et le vicaire, que l'un était un égoïste adroit et spirituel,[25] et l'autre un franc et maladroit[26] égoïste. Lorsque l'abbé Chapeloud vint se mettre en pension chez Mlle Gamard, il sut parfaitement juger le caractère de son hôtesse. Le con- fessionnal lui avait appris à connaître tout ce que le malheur de se trouver en dehors de la société met d'amertume[27] au cœur d'une vieille fille; il calcula donc sagement sa conduite chez Mlle Gamard. L'hôtesse, n'ayant guère alors que trente-huit ans, gardait encore quelques prétentions, qui, chez ces discrètes personnes, se changent plus tard en une haute estime d'elles-mêmes. Le chanoine comprit que, pour bien vivre avec Mlle Gamard, il devait lui toujours accorder les mêmes attentions et les mêmes soins, être plus infaillible que ne l'est le pape. Pour obtenir ce résultat, il ne laissa s'établir entre elle et lui que les points de contact strictement ordonnancés[28] par la politesse, et ceux qui existent nécessaire- ment entre des personnes vivant sous le même toit. Ainsi, quoique l'abbé Troubert et lui fissent régulièrement trois repas par jour, il s'était abstenu de partager[29] le déjeuner commun, en habituant Mlle Gamard à lui envoyer dans son lit une tasse de café à la crème. Puis, il avait évité les ennuis du souper en prenant tous les soirs du thé dans les mai- sons où il allait passer ses soirées. Il voyait ainsi rarement son hôtesse à un autre moment de la journée que celui du dîner; mais il venait tou- jours quelques instants avant l'heure fixée. Durant cette espèce de visite

---

[14] 'capacity'   [15] 'boarding-schools'   [16] 'delicate souls'   [17] 'imperceptibly'
[18] 'without his suspecting it'   [19] 'probe'   [20] 'unselfishness'   [21] 'unconsciously'
[22] 'make little allowance'   [23] 'decrees'   [24] 'simple-minded people'   [25] 'clever'
[26] 'clumsy'   [27] 'bitterness'   [28] 'prescribed'   [29] 'share'

polie, il lui avait adressé, pendant les douze années qu'il passa sous son toit, les mêmes questions, en obtenant d'elle les mêmes réponses. La manière dont avait dormi Mlle Gamard durant la nuit, son déjeuner, les petits événements domestiques, l'air de son visage, l'hygiène de sa
5 personne,[30] le temps qu'il faisait, la durée des offices, les incidents de la messe, enfin la santé de tel ou tel prêtre faisaient tous les frais[31] de cette conversation périodique. Pendant le dîner, il procédait toujours par des flatteries indirectes, allant sans cesse de la qualité d'un poisson, du bon goût des assaisonnements[32] ou des qualités d'une sauce, aux
10 qualités de Mlle Gamard et à ses vertus de maîtresse de maison. Il était sûr de caresser toutes les vanités de la vieille fille en vantant l'art avec lequel étaient faits ou préparés ses confitures, ses cornichons, ses conserves, ses pâtés,[33] et autres inventions gastronomiques. Enfin, jamais le rusé[34] chanoine n'était sorti du salon jaune de son hôtesse sans
15 dire que, dans aucune maison de Tours, on ne prenait du café aussi bon que celui qu'il venait d'y déguster.[35] Grâce à cette parfaite entente[36] du caractère de Mlle Gamard, et à cette science d'existence professée pendant douze années par le chanoine, il n'y eut jamais entre eux matière à discuter le moindre point de discipline intérieure. L'abbé Chape-
20 loud avait tout d'abord reconnu les angles, les aspérités, le rêche[37] de cette vieille fille, et réglé l'action des tangentes inévitables entre leurs personnes, de manière à obtenir d'elle toutes les concessions nécessaires au bonheur et à la tranquillité de sa vie. Aussi, Mlle Gamard disait-elle que l'abbé Chapeloud était un homme très aimable, extrêmement facile
25 à vivre,[38] et de beaucoup d'esprit. Quant à l'abbé Troubert, la dévote n'en disait absolument rien. Complètement entré dans le mouvement de sa vie comme un satellite dans l'orbite de sa planète, Troubert était pour elle une sorte de créature intermédiaire entre les individus de l'espèce humaine et ceux de l'espèce canine; il se trouvait classé dans son
30 cœur immédiatement avant la place destinée aux amis et celle occupée par un gros carlin poussif[39] qu'elle aimait tendrement; elle le gouvernait entièrement, et la promiscuité de leurs intérêts devint si grande, que bien des personnes, parmi celles de la société de Mlle Gamard, pensaient que l'abbé Troubert avait des vues[40] sur la fortune de la vieille fille, se
35 l'attachait insensiblement par une continuelle patience, et la dirigeait d'autant mieux qu'il paraissait lui obéir, sans laisser apercevoir en lui le moindre désir de la mener. Lorsque l'abbé Chapeloud mourut, la vieille fille, qui voulait un pensionnaire de mœurs douces, pensa naturellement au vicaire. Le testament du chanoine n'était pas encore

---

[30] 'her appearance, her health'   [31] 'constituted the whole theme'   [32] 'seasoning'
[33] 'her jams, her pickles, her preserves, her meat-pasties and pastes'   [34] 'shrewd'   [35] 'tasted'
[36] 'comprehension'   [37] 'crabbed nature'   [38] 'easy to get on with'   [39] 'asthmatic pug-dog'   [40] 'designs'

connu, que déjà Mlle Gamard méditait de donner le logement du défunt
à son bon abbé Troubert, qu'elle trouvait fort mal au rez-de-chaussée.
Mais quand l'abbé Birotteau vint stipuler[41] avec la vieille fille les conventions chirographaires[42] de sa pension, elle le vit si fort épris[43] de cet
appartement pour lequel il avait nourri si longtemps des désirs dont la
violence pouvait alors être avouée, qu'elle n'osa lui parler d'un échange,
et fit céder l'affection aux exigences de l'intérêt. Pour consoler le bien-
aimé chanoine, mademoiselle remplaça les larges briques blanches de
Château-Regnauld[44] qui formaient le carrelage[45] de l'appartement par
un parquet en point de Hongrie,[46] et reconstruisit une cheminée qui
fumait.

L'abbé Birotteau avait vu pendant douze ans son ami Chapeloud,
sans jamais avoir eu la pensée de chercher d'où procédait l'extrême
circonspection de ses rapports[47] avec Mlle Gamard. En venant demeurer
chez cette sainte fille, il se trouvait dans la situation d'un amant sur le
point d'être heureux. Quand il n'aurait pas été déjà naturellement
aveugle d'intelligence, ses yeux étaient trop éblouis par le bonheur pour
qu'il lui fût possible de juger Mlle Gamard, et de réfléchir sur la mesure[48]
à mettre dans ses relations journalières avec elle. Mlle Gamard, vue de
loin et à travers le prisme des félicités matérielles que le vicaire rêvait
de goûter près d'elle,[49] lui semblait une créature parfaite, une chrétienne
accomplie,[50] une personne essentiellement charitable, la femme de
l'Evangile,[51] la vierge sage, décorée[52] de ces vertus humbles et modestes
qui répandent[53] sur la vie un céleste parfum. Aussi, avec tout l'enthousiasme d'un homme qui parvient à un but[54] longtemps souhaité, avec
la candeur d'un enfant et la niaise étourderie[55] d'un vieillard sans expérience mondaine, entra-t-il dans la vie de Mlle Gamard comme une
mouche se prend dans la toile d'une araignée.[56] Ainsi, le premier jour
où il vint dîner et coucher chez la vieille fille, il fut retenu dans son salon
par le désir de faire connaissance avec elle, aussi bien que par cet inexplicable embarras qui gêne[57] souvent les gens timides, et leur fait craindre
d'être impolis en interrompant une conversation pour sortir. Il y resta
donc pendant toute la soirée. Une autre vieille fille, amie de Birotteau,
nommée Mlle Salomon de Villenoix, vint le soir. Mlle Gamard eut alors
la joie d'organiser chez elle une partie de boston.[58] Le vicaire trouva, en
se couchant, qu'il avait passé une très agréable soirée. Ne connaissant
encore que fort légèrement Mlle Gamard et l'abbé Troubert, il n'aperçut

---

[41] 'to draw up'   [42] 'written covenant'   [43] 'taken'   [44] now spelled Châteaurenault,
a small town near Tours, still a center for the manufacture of fire-proof brick   [45] 'flooring'
[46] inlaid wood floor of herring-bone pattern with the design of alternate strips running in
opposite directions   [47] 'relations'   [48] 'circumspection'   [49] 'enjoying in her
home'   [50] 'thorough'   [51] 'Gospel'   [52] 'endowed'   [53] 'diffuse'   [54] 'goal'
[55] 'foolish thoughtlessness'   [56] 'spider's web'   [57] 'inconveniences'   [58] a form
of whist invented during the American Revolution

que la superficie[59] de leurs caractères. Peu de personnes montrent tout
d'abord leurs défauts à nu. Généralement, chacun tâche de se donner
une écorce attrayante.[60] L'abbé Birotteau conçut donc le charmant
projet de consacrer ses soirées à Mlle Gamard, au lieu d'aller les passer
5 au dehors. L'hôtesse avait, depuis quelques années, enfanté[61] un désir
qui se reproduisait plus fort de jour en jour. Ce désir, que forment les
vieillards et même les jolies femmes, était devenu chez elle une passion
semblable à celle de Birotteau pour l'appartement de son ami Chapeloud, et tenait[62] au cœur de la vieille fille par les sentiments d'orgueil et
10 d'égoïsme, d'envie et de vanité qui préexistent[63] chez les gens du monde.
Cette histoire est de tous les temps: il suffit d'étendre un peu le cercle
étroit au fond duquel vont agir ces personnages pour trouver la raison[64]
coefficiente des événements qui arrivent dans les sphères les plus élevées
de la société. Mlle Gamard passait alternativement ses soirées dans six
15 ou huit maisons différentes. Soit qu'elle regrettât d'être obligée d'aller
chercher le monde et se crût en droit, à son âge, d'en exiger[65] quelque
retour; soit que son amour-propre eût été froissé[66] de ne point avoir de
société à elle; soit enfin que sa vanité désirât les compliments et les avantages dont elle voyait jouir ses amies, toute son ambition était de rendre
20 son salon le point d'une réunion vers laquelle chaque soir un certain
nombre de personnes se dirigeassent *avec plaisir.* Quand Birotteau et
son amie Mlle Salomon eurent passé quelques soirées chez elle, en compagnie du fidèle et patient abbé Troubert; un soir, en sortant de Saint-
Gatien, Mlle Gamard dit aux bonnes amies, de qui elle se considérait
25 comme l'esclave jusqu'alors, que les personnes qui voulaient la voir pouvaient bien venir une fois par semaine chez elle, où elle réunissait un
nombre d'amis suffisant pour faire une partie de boston; elle ne devait
pas laisser seul l'abbé Birotteau, son nouveau pensionnaire; Mlle Salomon n'avait pas encore manqué une seule soirée de la semaine; elle ap-
30 partenait à ses amis, et que... et que... etc., etc.... Ses paroles furent
d'autant plus humblement altières et abondamment doucereuses,[67] que
Mlle Salomon de Villenoix tenait à la société la plus aristocratique de
Tours. Quoique Mlle Salomon vînt uniquement par amitié pour le vicaire, Mlle Gamard triomphait de l'avoir dans son salon, et se vit, grâce
35 à l'abbé Birotteau, sur le point de faire réussir son grand dessein de
former un cercle qui pût devenir aussi nombreux, aussi agréable que
l'étaient ceux de Mme de Listomère, de Mlle Merlin de la Blottière, et
autres dévotes en possession de recevoir la société pieuse de Tours.
Mais, hélas! l'abbé Birotteau fit avorter[68] l'espoir de Mlle Gamard. Or,
40 si tous ceux qui dans leur vie sont parvenus à jouir d'un bonheur sou-

---

[59] 'surface'   [60] 'attractive exterior'   [61] 'conceived'   [62] i.e. was rooted
[63] 'which are innate'   [64] 'ratio'   [65] 'require'   [66] 'offended'   [67] 'humbly
proud and fulsomely sugary'   [68] 'ruined'

haité longtemps ont compris la joie que put avoir le vicaire en se couchant dans le lit de Chapeloud, ils devront aussi prendre une légère idée
du chagrin[69] que Mlle Gamard ressentit au renversement[70] de son plan
favori. Après avoir pendant six mois accepté son bonheur assez patiemment, Birotteau déserta le logis, entraînant avec lui Mlle Salomon. 5
Malgré des efforts inouïs,[71] l'ambitieuse Gamard avait à peine recruté
cinq à six personnes, dont l'assiduité fut très problématique, et il fallait
au moins quatre gens fidèles pour constituer un boston. Elle fut donc
forcée de faire amende honorable[72] et de retourner chez ses anciennes
amies, car les vieilles filles se trouvent en trop mauvaise compagnie avec 10
elles-mêmes pour ne pas rechercher les agréments équivoques[73] de la
société. La cause de cette désertion est facile à concevoir. Quoique le
vicaire fût un de ceux auxquels le paradis doit un jour appartenir en
vertu de l'arrêt: *Bienheureux les pauvres d'esprit!* [74] il ne pouvait, comme
beaucoup de sots,[75] supporter l'ennui que lui causaient d'autres sots. 15
Les gens sans esprit ressemblent aux mauvaises herbes[76] qui se plaisent[77]
dans les bons terrains, et ils aiment d'autant plus être amusés qu'ils
s'ennuient eux-mêmes. L'incarnation de l'ennui dont ils sont victimes,
jointe au besoin qu'ils éprouvent de divorcer perpétuellement avec eux-
mêmes,[78] produit cette passion pour le mouvement, cette nécessité d'être 20
toujours là où ils ne sont pas qui les distingue, ainsi que les êtres dépour-
vus de sensibilité et ceux dont la destinée est manquée,[79] ou qui souffrent
par leur faute. Sans trop sonder le vide,[80] la nullité de Mlle Gamard,
ni sans s'expliquer la petitesse de ses idées, le pauvre abbé Birotteau
s'aperçut un peu tard, pour son malheur, des défauts qu'elle partageait 25
avec toutes les vieilles filles et de ceux qui lui étaient particuliers. Le
mal, chez autrui, tranche[81] si vigoureusement sur le bien, qu'il nous
frappe presque toujours la vue avant de nous blesser. Ce phénomène
moral justifierait, au besoin, la pente[82] qui nous porte plus ou moins vers
la médisance.[83] Il est, socialement parlant, si naturel de se moquer des 30
imperfections d'autrui, que nous devrions pardonner le bavardage rail-
leur[84] que nos ridicules[85] autorisent, et ne nous étonner que de la ca-
lomnie. Mais les yeux du bon vicaire n'étaient jamais à ce point d'op-
tique[86] qui permet aux gens du monde de voir et d'éviter promptement
les aspérités du voisin; il fut donc obligé, pour reconnaître les défauts de 35
son hôtesse, de subir l'avertissement[87] que donne la nature à toutes ses
créations, la douleur! Les vieilles filles n'ayant pas fait plier[88] leur ca-

[69] 'vexation'   [70] 'overthrow'   [71] 'unheard of'   [72] i.e. to make her peace
[73] 'the doubtful attractions'   [74] cf. *Matthew* V, 3   [75] 'stupid people'   [76] 'weeds'
[77] i.e. thrive   [78] 'to get away from themselves on every possible occasion'   [79] 'lacking
in sensitiveness and those whose life has been a failure'   [80] 'plumbing the void'
[81] 'contrasts'   [82] 'tendency'   [83] 'backbiting'   [84] 'mocking gossip'
[85] 'absurdities'   [86] 'focal point'   [87] 'receive the warning'   [88] 'not having
adapted'

ractère et leur vie à une autre vie ni à d'autres caractères, comme l'exige
la destinée de la femme, ont, pour la plupart, la manie de vouloir tout
faire plier autour d'elles. Chez Mlle Gamard, ce sentiment dégénérait
en despotisme; mais ce despotisme ne pouvait se prendre qu'à[89] de petites
5 choses. Ainsi, entre mille exemples, le panier de fiches et de jetons[90]
posé sur la table de boston pour l'abbé Birotteau devait rester à la place
où elle l'avait mis; et l'abbé la contrariait[91] vivement en le dérangeant,
ce qui arrivait presque tous les soirs. D'où procédait cette susceptibilité
stupidement portée sur des riens, et quel en était le but? Personne n'eût
10 pu le dire, Mlle Gamard ne le savait pas elle-même. Quoique très mouton[92] de sa nature, le nouveau pensionnaire n'aimait cependant pas plus
que les brebis[93] à sentir trop souvent la houlette,[94] surtout quand elle
est armée de pointes.[95] Sans s'expliquer la haute patience de l'abbé
Troubert, Birotteau voulut se soustraire[96] au bonheur que Mlle Gamard
15 prétendait lui assaisonner[97] à sa manière, car elle croyait qu'il en était
du bonheur comme de ses confitures; mais le malheureux s'y prit[98] assez
maladroitement, par suite de la naïveté de son caractère. Cette séparation n'eut donc pas lieu sans bien des tiraillements et des picoteries[99]
auxquels l'abbé Birotteau s'efforça de ne pas se montrer sensible.[1]

20   A l'expiration de la première année qui s'écoula[2] sous le toit de Mlle
Gamard, le vicaire avait repris ses anciennes habitudes en allant passer
deux soirées par semaine chez Mme de Listomère, trois chez Mlle Salomon, et les deux autres chez Mlle Merlin de la Blottière. Ces personnes
appartenaient à la partie aristocratique de la société tourangelle,[3] où
25 Mlle Gamard n'était point admise. Aussi, l'hôtesse fut-elle vivement
outragée par l'abandon de l'abbé Birotteau, qui lui faisait sentir son peu
de valeur: toute espèce de choix implique un mépris[4] pour l'objet refusé.

— Monsieur Birotteau ne nous a pas trouvés assez aimables, dit l'abbé
Troubert aux amis de Mlle Gamard lorsqu'elle fut obligée de renoncer à
30 ses soirées. C'est un homme d'esprit, un gourmet![5] Il lui faut du beau
monde,[6] du luxe, des conversations à saillies,[7] les médisances de la ville.

Ces paroles amenaient toujours Mlle Gamard à justifier l'excellence
de son caractère aux dépens de Birotteau.

— Il n'a pas déjà[8] tant d'esprit, disait-elle. Sans l'abbé Chapeloud il
35 n'aurait jamais été reçu chez Mme de Listomère. Oh! j'ai bien perdu en
perdant l'abbé Chapeloud. Quel homme aimable et facile à vivre! Enfin, pendant douze ans, je n'ai pas eu la moindre difficulté ni le moindre
désagrément[9] avec lui.

Mlle Gamard fit de l'abbé Birotteau un portrait si peu flatteur, que

---

[89] 'could only operate upon'   [90] 'basket of counters and chips'   [91] 'annoyed her'
[92] 'sheeplike'   [93] 'sheep'   [94] 'shepherd's crook'   [95] 'barbed'   [96] 'to escape'
[97] 'prepare'   [98] 'went about it'   [99] 'discord and pinpricks'   [1] 'conscious'
[2] 'passed'   [3] 'of Tours'   [4] 'contempt'   [5] 'epicure'   [6] 'high society'
[7] 'with flashes of wit'   [8] i.e. really   [9] 'unpleasantness'

l'innocent pensionnaire passa dans cette société bourgeoise, secrètement ennemie de la société aristocratique, pour un homme essentiellement difficultueux[10] et très difficile à vivre. Puis la vieille fille eut, pendant quelques semaines, le plaisir de s'entendre plaindre par ses amies, qui, sans penser un mot de ce qu'elles disaient, ne cessèrent de lui répéter: Comment vous, si douce et si bonne, avez-vous inspiré de la répugnance... Ou: Consolez-vous, ma chère mademoiselle Gamard, vous êtes si bien connue que... etc.

Mais, enchantées d'éviter une soirée par semaine dans le Cloître, l'endroit le plus désert, le plus sombre et le plus éloigné du centre qu'il y ait à Tours, toutes bénissaient le vicaire.

Entre personnes sans cesse en présence,[11] la haine et l'amour vont toujours croissant: on trouve à tout moment des raisons pour s'aimer ou se haïr mieux. Aussi l'abbé Birotteau devint-il insupportable à Mlle Gamard. Dix-huit mois après l'avoir pris en pension, au moment où le bonhomme croyait voir la paix du contentement dans le silence de la haine, et s'applaudissait d'avoir su *très bien corder*[12] avec la vieille fille, pour se servir de son expression, il fut pour elle et l'objet d'une persécution sourde et d'une vengeance froidement calculée. Les quatre circonstances capitales de la porte fermée, des pantoufles oubliées, du manque de feu, du bougeoir porté chez lui, pouvaient seules lui révéler cette inimitié[13] terrible dont les dernières conséquences ne devaient le frapper qu'au moment où elles seraient irréparables. Tout en s'endormant, le bon vicaire se creusait[14] donc, mais inutilement, la cervelle,[15] et certes il en sentait bien vite le fond, pour s'expliquer la conduite singulièrement impolie de Mlle Gamard. En effet, ayant agi jadis très logiquement en obéissant aux lois naturelles de son égosïme, il lui était impossible de deviner ses torts envers son hôtesse. Si les choses grandes sont simples à comprendre, faciles à exprimer, les petitesses de la vie veulent beaucoup de détails. Les événements qui constituent en quelque sorte l'avant-scène[16] de ce drame bourgeois, mais où les passions se retrouvent tout aussi violentes que si elles étaient excitées par de grands intérêts, exigeaient cette longue introduction, et il eût été difficile à un historien exact d'en resserrer[17] les minutieux développements.

Le lendemain matin, en s'éveillant, Birotteau pensa si fortement à son canonicat qu'il ne songeait plus aux quatre circonstances dans lesquelles il avait aperçu, la veille, les sinistres pronostics[18] d'un avenir plein de malheurs. Le vicaire n'était pas homme à se lever sans feu, il sonna pour avertir Marianne de son réveil et la faire venir chez lui: puis il resta, selon son habitude, plongé dans les rêvasseries[19] somnolescentes

[10] 'fussy'   [11] 'face to face'   [12] i.e. get along very well   [13] 'hostility'
[14] 'racked'   [15] 'brain'   [16] 'prologue'   [17] 'compress'   [18] 'prognostications'
[19] 'day-dreams'

pendant lesquelles la servante avait coutume, en lui embrasant[20] la cheminée, de l'arracher doucement à ce dernier sommeil par les bourdonnements de ses interpellations et de ses allures,[21] espèce de musique qui lui plaisait. Une demi-heure se passa sans que Marianne eût paru.

5 Le vicaire, à moitié chanoine, allait sonner de nouveau, quand il laissa le cordon de sa sonnette en entendant le bruit d'un pas d'homme dans l'escalier. En effet, l'abbé Troubert, après avoir discrètement frappé à la porte, entra sur l'invitation de Birotteau. Cette visite, que les deux abbés se faisaient assez régulièrement une fois par mois l'un à l'autre,

10 ne surprit point le vicaire. Le chanoine s'étonna, dès l'abord,[22] que Marianne n'eût pas encore allumé le feu de son quasi-collègue. Il ouvrit une fenêtre, appela Marianne d'une voix rude,[23] lui dit de venir chez Birotteau; puis, se retournant vers son frère: Si Mademoiselle apprenait que vous n'avez pas de feu, elle gronderait[24] Marianne.

15 Après cette phrase, il s'enquit[25] de la santé de Birotteau, et lui demanda d'une voix douce s'il avait quelques nouvelles récentes qui lui fissent espérer d'être nommé chanoine. Le vicaire lui expliqua ses démarches,[26] et lui dit naïvement quelles étaient les personnes auprès desquelles Mme de Listomère agissait, ignorant que Troubert n'avait

20 jamais su pardonner à cette dame de ne pas l'avoir admis chez elle, lui, l'abbé Troubert, déjà deux fois désigné pour être Vicaire-Général du diocèse.

Il était impossible de rencontrer deux figures qui offrissent autant de contrastes qu'en présentaient celles de ces deux abbés. Troubert, grand

25 et sec,[27] avait un teint[28] jaune et bilieux, tandis que le vicaire était ce qu'on appelle familièrement grassouillet.[29] Ronde et rougeaude,[30] la figure de Birotteau peignait une bonhomie[31] sans idées; tandis que celle de Troubert, longue et creusée[32] par des rides profondes, contractait en certains moments une expression pleine d'ironie ou de dédain: mais il

30 fallait cependant l'examiner avec attention pour y découvrir ces deux sentiments. Le chanoine restait habituellement dans un calme parfait, en tenant ses paupières[33] presque toujours abaissées sur deux yeux orangés[34] dont le regard devenait à son gré[35] clair et perçant. Des cheveux roux[36] complétaient cette sombre physionomie sans cesse obscurcie

35 par le voile que de graves méditations jettent sur les traits.[37] Plusieurs personnes avaient pu d'abord le croire absorbé par une haute et profonde ambition; mais celles qui prétendaient[38] le mieux connaître avaient fini par détruire cette opinion en le montrant hébété[39] par le despotisme de Mlle Gamard, ou fatigué par de trop longs jeûnes.[40] Il parlait rarement

[20] 'lighting' [21] 'buzz of her remarks and her movements' [22] 'from the outset'
[23] 'harsh' [24] 'would scold' [25] 'inquired' [26] 'steps' [27] 'lean' [28] 'complexion'
[29] 'chubby' [30] 'ruddy' [31] 'good nature' [32] 'furrowed' [33] 'eyelids'
[34] 'orange-colored' [35] 'at will' [36] 'red' [37] 'features' [38] 'claimed'
[39] 'stultified' [40] 'fasts'

et ne riait jamais. Quand il lui arrivait d'être agréablement ému,[41] il
lui échappait un sourire faible qui se perdait dans les plis[42] de son visage.
Birotteau était, au contraire, tout expansion, tout franchise, aimait les
bons morceaux,[43] et s'amusait d'une bagatelle avec la simplicité d'un
homme sans fiel[44] ni malice. L'abbé Troubert causait, à la première 5
vue, un sentiment de terreur involontaire, tandis que le vicaire arrachait
un sourire doux à ceux qui le voyaient. Quand, à travers les arcades et
les nefs[45] de Saint-Gatien, le haut chanoine marchait d'un pas solennel,
le front incliné, l'œil sévère, il excitait le respect: sa figure cambrée[46]
était en harmonie avec les voussures[47] jaunes de la cathédrale, les plis de 10
sa soutane[48] avaient quelque chose de monumental, digne de la statuaire.
Mais le bon vicaire y circulait[49] sans gravité, trottait, piétinait[50] en
paraissant rouler sur lui-même. Ces deux hommes avaient néanmoins
une ressemblance. De même que l'air ambitieux de Troubert, en donnant lieu de le redouter,[51] avait contribué peut-être à le faire condamner 15
au rôle insignifiant de simple chanoine, le caractère et la tournure[52] de
Birotteau semblaient le vouer[53] éternellement au vicariat de la cathédrale. Cependant l'abbé Troubert, arrivé à l'âge de cinquante ans,
avait tout à fait dissipé, par la mesure de sa conduite, par l'apparence
d'un manque total d'ambition et par sa vie sainte, les craintes que sa 20
capacité soupçonnée et son terrible extérieur avaient inspirées à ses
supérieurs. Sa santé s'étant même gravement altérée[54] depuis un an,
sa prochaine élévation au vicariat-général de l'archevêché paraissait
probable. Ses compétiteurs eux-mêmes souhaitaient sa nomination,
afin de pouvoir mieux préparer la leur pendant le peu de jours qui 25
lui seraient accordés par une maladie devenue chronique. Loin d'offrir
les mêmes espérances, le triple menton de Birotteau présentait aux
concurrents qui lui disputaient son canonicat les symptômes d'une
santé florissante, et sa goutte leur semblait être, suivant le proverbe,
une assurance de longévité. L'abbé Chapeloud, homme d'un grand 30
sens, et que son amabilité avait toujours fait rechercher par les gens de
bonne compagnie et par les différents chefs de la métropole,[55] s'était
toujours opposé, mais secrètement et avec beaucoup d'esprit, à l'élévation de l'abbé Troubert; il lui avait même très adroitement interdit[56]
l'accès de tous les salons où se réunissait la meilleure société de Tours, 35
quoique pendant sa vie Troubert l'eût traité sans cesse avec un grand
respect, en lui témoignant en toute occasion la plus haute déférence.
Cette constante soumission n'avait pu changer l'opinion du défunt
chanoine qui, pendant sa dernière promenade, disait encore à Birotteau:

---

[41] 'moved'   [42] 'lines'   [43] i.e. good things to eat   [44] 'gall'   [45] 'naves'
[46] 'bent'   [47] 'vaulting'   [48] 'cassock'   [49] 'moved about'   [50] 'scurried
about'   [51] 'cause to fear him'   [52] 'appearance'   [53] 'to condemn him'
[54] 'impaired'   [55] 'metropolitan see'   [56] 'blocked'

Défiez-vous[57] de ce grand sec de Troubert! C'est Sixte-Quint[58] réduit aux proportions de l'évêché. Tel était l'ami, le commensal[59] de Mlle Gamard, qui venait, le lendemain même du jour où elle avait pour ainsi dire déclaré la guerre au pauvre Birotteau, le visiter et lui donner des
5 marques d'amitié.

— Il faut excuser Marianne, dit le chanoine en la voyant entrer. Je pense qu'elle a commencé par venir chez moi. Mon appartement est très humide, et j'ai beaucoup toussé[60] pendant toute la nuit. — Vous êtes très sainement ici,[61] ajouta-t-il en regardant les corniches.[62]

10 — Oh! je suis ici en chanoine,[63] répondit Birotteau en souriant.

— Et moi en vicaire, répliqua l'humble prêtre.

— Oui, mais vous logerez bientôt à l'Archevêché, dit le bon prêtre qui voulait que tout le monde fût heureux.

— Oh! ou dans le cimetière. Mais que la volonté de Dieu soit faite!
15 Et Troubert leva les yeux au ciel par un mouvement de résignation. — Je venais, ajouta-t-il, vous prier de me prêter le *pouillé* des évêques.[64] Il n'y a que vous à Tours qui ayez cet ouvrage.

— Prenez-le dans ma bibliothèque, répondit Birotteau que la der-nière phrase du chanoine fit ressouvenir de[65] toutes les jouissances de sa vie.
20 Le grand chanoine passa dans la bibliothèque et y resta pendant le temps que le vicaire mit à s'habiller. Bientôt la cloche du déjeuner se fit entendre, et le goutteux[66] pensant que, sans la visite de Troubert, il n'aurait pas eu de feu pour se lever, se dit: C'est un bon homme!

Les deux prêtres descendirent ensemble, armés chacun d'un énorme
25 *in-folio*, qu'ils posèrent sur une des consoles[67] de la salle à manger.

— Qu'est-ce que c'est que ça? demanda d'une voix aigre Mlle Gamard en s'adressant à Birotteau. J'espère que vous n'allez pas encombrer ma salle à manger de vos bouquins.[68]

— C'est des livres dont j'ai besoin, répondit l'abbé Troubert, mon-
30 sieur le vicaire a la complaisance[69] de me les prêter.

— J'aurais dû deviner cela, dit-elle en laissant échapper un sourire de dédain. Monsieur Birotteau ne lit pas souvent dans ces gros livres-là.

— Comment vous portez-vous, mademoiselle? reprit le pensionnaire d'une voix flûtée.[70]
35 — Mais pas très bien, répondit-elle sèchement. Vous êtes cause que j'ai été réveillée hier pendant mon premier sommeil, et toute ma nuit s'en est ressentie.[71] En s'asseyant, Mlle Gamard ajouta: Messieurs, le lait va se refroidir.

---

[57] 'beware' [58] Sixtus V, a 16th century Pope, who was elected in the mistaken belief that ill-health would keep him inactive [59] 'table companion' [60] 'coughed' [61] i.e. you have a very healthy place here [62] 'cornices' [63] i.e. I am lodged as a canon should be [64] 'register of the diocese' [65] 'recall' [66] 'sufferer from gout' [67] 'side tables' [68] 'old books' [69] 'kindness' [70] 'high-pitched' [71] i.e. I felt the effects of it all night

Stupéfait d'être si aigrement[72] accueilli par son hôtesse quand il en attendait des excuses, mais effrayé, comme le sont les gens timides, par la perspective d'une discussion, surtout quand ils en sont l'objet, le pauvre vicaire s'assit en silence. Puis, en reconnaissant dans le visage de Mlle Gamard les symptômes d'une mauvaise humeur apparente, il resta constamment en guerre avec sa raison qui lui ordonnait de ne pas souffrir le manque d'égards[73] de son hôtesse, tandis que son caractère le portait à éviter une querelle. En proie à[74] cette angoisse intérieure, Birotteau commença par examiner sérieusement les grandes hachures[75] vertes peintes sur le gros taffetas ciré[76] que, par un usage immémorial, Mlle Gamard laissait pendant le déjeuner sur la table, sans avoir égard ni aux bords usés[77] ni aux nombreuses cicatrices[78] de cette couverture. Les deux pensionnaires se trouvaient établis, chacun dans un fauteuil de canne, en face l'un de l'autre, à chaque bout de cette table royalement carrée,[79] dont le centre était occupé par l'hôtesse, et qu'elle dominait du haut de sa chaise à patins,[80] garnie de coussins et adossée au poêle[81] de la salle à manger. Cette pièce et le salon commun étaient situés au rez-de-chaussée, sous la chambre et le salon de l'abbé Birotteau. Lorsque le vicaire eut reçu de Mlle Gamard sa tasse de café sucré, il fut glacé[82] du profond silence dans lequel il allait accomplir l'acte si habituellement gai de son déjeuner. Il n'osait regarder ni la figure aride de Troubert, ni le visage menaçant de la vieille fille, et se tourna par contenance[83] vers un gros carlin chargé d'embonpoint, qui, couché sur un coussin près du poêle, n'en bougeait jamais, trouvant toujours à sa gauche un petit plat rempli de friandises,[84] et à sa droite un bol plein d'eau claire.

— Eh! bien, mon mignon,[85] lui dit-il, tu attends ton café?

Ce personnage, l'un des plus importants au logis mais peu gênant en ce qu'il n'aboyait plus[86] et laissait la parole à sa maîtresse, leva sur Birotteau ses petits yeux perdus sous les plis formés dans son masque par la graisse,[87] puis il les referma sournoisement.[88] Pour comprendre la souffrance du pauvre vicaire, il est nécessaire de dire que, doué d'une loquacité vide et sonore comme le retentissement[89] d'un ballon, il prétendait, sans avoir jamais pu donner aux médecins une seule raison de son opinion, que les paroles favorisaient la digestion. Mademoiselle, qui partageait cette doctrine hygiénique, n'avait pas encore manqué, malgré leur mésintelligence,[90] à causer pendant les repas; mais, depuis plusieurs matinées, le vicaire avait usé vainement son intelligence à lui faire des questions insidieuses pour parvenir à lui délier[91] la langue.

---

[72] 'harshly' [73] 'lack of consideration' [74] 'a prey to' [75] 'stripes' [76] 'oilcloth'
[77] 'worn edges' [78] 'cracks' [79] i.e. a square table with one person to a side
[80] i.e. raised on runners [81] 'with its back turned to the stove' [82] 'frozen'
[83] 'to keep himself in countenance' [84] 'tidbits' [85] 'pet' [86] 'no longer barked' [87] 'fat' [88] 'slyly' [89] 'reverberation' [90] 'lack of harmony'
[91] 'loosen'

Si les bornes[92] étroites dans lesquelles se renferme cette histoire avaient permis de rapporter une seule de ces conversations qui excitaient presque toujours le sourire amer et sardonique de l'abbé Troubert, elle eût offert une peinture achevée[93] de la vie béotienne[94] des provinciaux. Quelques
5   gens d'esprit n'apprendraient peut-être pas sans plaisir les étranges développements que l'abbé Birotteau et Mlle Gamard donnaient à leurs opinions personnelles sur la politique, la religion et la littérature. Il y aurait certes quelque chose de comique à exposer: soit les raisons qu'ils avaient tous deux de douter sérieusement, en 1826, de la mort de Na-
10   poléon;[95] soit les conjectures qui les faisaient croire à l'existence de Louis XVII,[96] sauvé dans le creux d'une grosse bûche.[97] Qui n'eût pas ri de les entendre établissant, par des raisons bien évidemment à eux, que le roi de France disposait seul de tous les impôts,[98] que les Chambres[99] étaient assemblées pour détruire le clergé, qu'il était mort plus de treize
15   cent mille personnes sur l'échafaud[1] pendant la révolution? Puis ils parlaient de la Presse sans connaître le nombre des journaux, sans avoir la moindre idée de ce qu'était cet instrument moderne. Enfin, M. Birot- teau écoutait avec attention Mlle Gamard, quand elle disait qu'un homme nourri d'un œuf chaque matin devait infailliblement mourir
20   à la fin de l'année, et que cela s'était vu; qu'un petit pain mollet,[2] mangé sans boire pendant quelques jours, guérissait de la sciatique;[3] que tous les ouvriers qui avaient travaillé à la démolition de l'abbaye Saint- Martin[4] étaient morts dans l'espace de six mois; que certain préfet[5] avait fait tout son possible, sous Bonaparte, pour ruiner[6] les tours de
25   Saint-Gatien, et mille autres contes absurdes.

Mais en ce moment Birotteau se sentit la langue morte,[7] il se résigna donc à manger sans entamer[8] la conversation. Bientôt il trouva ce silence dangereux pour son estomac et dit hardiment: — Voilà du café excellent! Cet acte de courage fut complètement inutile. Après avoir
30   regardé le ciel par le petit espace qui séparait, au-dessus du jardin, les deux arcs-boutants noirs de Saint-Gatien, le vicaire eut encore le courage de dire: — Il fera plus beau aujourd'hui qu'hier...

A ce propos, Mlle Gamard se contenta de jeter la plus gracieuse de ses œillades[9] à l'abbé Troubert, et reporta[10] ses yeux empreints[11] d'une
35   sévérité terrible sur Birotteau, qui heureusement avait baissé les siens.

Nulle créature du genre féminin n'était plus capable que Mlle Sophie Gamard de formuler la nature élégiaque[12] de la vieille fille; mais, pour

---

[92] 'limits'   [93] 'perfect'   [94] 'dull'; the Bœotians were considered the dullest of the Greek peoples   [95] died in 1821   [96] the son of Louis XVI, died at the age of ten in 1795   [97] 'hollow of a large log'   [98] 'taxes'   [99] i.e. the Chamber of Deputies and the Chamber of Peers   [1] 'scaffold'   [2] 'soft roll'   [3] 'sciatica'   [4] at Tours; destroyed in 1802   [5] 'prefect [of a French *département*]'   [6] 'destroy'   [7] i.e. felt tongue-tied   [8] 'beginning'   [9] 'glances'   [10] 'turned'   [11] 'filled'   [12] 'express the melancholy nature'

bien peindre un être dont le caractère prête un intérêt immense aux petits événements de ce drame, et à la vie antérieure[13] des personnages qui en sont les acteurs, peut-être faut-il résumer ici les idées dont l'expression se trouve chez la vieille fille: la vie habituelle fait l'âme, et l'âme fait la physionomie. Si tout, dans la société comme dans le monde, doit avoir une fin, il y a certes ici-bas quelques existences dont le but et l'utilité sont inexplicables. La morale et l'économie politique repoussent[14] également l'individu qui consomme sans produire, qui tient une place sur terre sans répandre autour de lui ni bien ni mal; car le mal est sans doute un bien dont les résultats ne se manifestent pas immédiatement. Il est rare que les vieilles filles ne se rangent pas d'elles-mêmes dans la classe de ces êtres improductifs. Or, si la conscience[15] de son travail donne à l'être agissant[16] un sentiment de satisfaction qui l'aide à supporter la vie, la certitude d'être à charge[17] ou même inutile doit produire un effet contraire, et inspirer pour lui-même à l'être inerte le mépris qu'il excite chez les autres. Cette dure réprobation sociale est une des causes qui, à l'insu[18] des vieilles filles, contribuent à mettre dans leurs âmes le chagrin qu'expriment leurs figures. Un préjugé[19] dans lequel il y a du vrai peut-être jette constamment partout, et en France encore plus qu'ailleurs, une grande défaveur sur la femme avec laquelle personne n'a voulu ni partager les biens ni supporter les maux de la vie. Or, il arrive pour les filles un âge où le monde, à tort ou à raison,[20] les condamne sur[21] le dédain dont elles sont victimes. Laides, la bonté de leur caractère devait racheter[22] les imperfections de la nature; jolies, leur malheur a dû être fondé sur des causes graves. On ne sait lesquelles, des unes ou des autres, sont les plus dignes de rebut.[23] Si leur célibat a été raisonné,[24] s'il est un vœu d'indépendance, ni les hommes ni les mères ne leur pardonnent d'avoir menti[25] au dévouement de la femme, en s'étant refusées aux passions qui rendent leur sexe si touchant: renoncer à ses douleurs, c'est en abdiquer la poésie, et ne plus mériter les douces consolations auxquelles une mère a toujours d'incontestables droits. Puis les sentiments généreux, les qualités exquises de la femme ne se développent que par leur constant exercice; en restant fille, une créature du sexe féminin n'est plus qu'un non-sens: égoïste et froide, elle fait horreur. Cet arrêt implacable est malheureusement trop juste pour que les vieilles filles en ignorent les motifs. Ces idées germent dans leur cœur aussi naturellement que les effets de leur triste vie se reproduisent dans leurs traits. Donc elles se flétrissent,[26] parce que l'expansion[27] constante ou le bonheur qui épanouit[28] la figure des femmes et jette tant

---

13 'early'   14 'reject'   15 'consciousness'   16 'active'   17 'a burden'
18 'all unknown to'   19 'prejudice'   20 'rightly or wrongly'   21 'on [the basis of]'
22 'redeem'   23 'scorn'   24 'deliberate'   25 i.e. having evaded   26 'wither'
27 i.e. good nature   28 'brightens'

de mollesse dans leurs mouvements n'a jamais existé chez elles. Puis elles deviennent âpres et chagrines,[29] parce qu'un être qui a manqué sa vocation est malheureux; il souffre, et la souffrance engendre la méchanceté.[30] En effet, avant de s'en prendre à[31] elle-même de son isolement, une fille en accuse longtemps le monde. De l'accusation à un désir de vengeance, il n'y a qu'un pas. Enfin, la mauvaise grâce répandue sur leurs personnes est encore un résultat nécessaire de leur vie. N'ayant jamais senti le besoin de plaire, l'élégance, le bon goût leur restent étrangers. Elles ne voient qu'elles en elles-mêmes. Ce sentiment les porte insensiblement à choisir les choses qui leur sont commodes, au détriment de celles qui peuvent être agréables à autrui. Sans se bien rendre compte de leur dissemblance avec les autres femmes, elles finissent par l'apercevoir et par en souffrir. La jalousie est un sentiment indélébile dans les cœurs féminins. Les vieilles filles sont donc jalouses à vide,[32] et ne connaissent que les malheurs de la seule passion que les hommes pardonnent au beau sexe, parce qu'elle les flatte. Ainsi, torturées dans tous leurs vœux, obligées de se refuser aux développements de leur nature, les vieilles filles éprouvent toujours une gêne[33] intérieure à laquelle elles ne s'habituent jamais. N'est-il pas dur à tout âge, surtout pour une femme, de lire sur les visages un sentiment de répulsion, quand il est dans sa destinée de n'éveiller autour d'elle, dans les cœurs, que des sensations gracieuses? Aussi le regard d'une vieille fille est-il toujours oblique, moins par modestie que par peur et honte. Ces êtres ne pardonnent pas à la société leur position fausse, parce qu'ils ne se la pardonnent pas eux-mêmes. Or, il est impossible à une personne perpétuellement en guerre avec elle, ou en contradiction avec la vie, de laisser les autres en paix, et de ne pas envier leur bonheur. Ce monde d'idées tristes était tout entier dans les yeux gris et ternes[34] de Mlle Gamard; et le large cercle noir par lequel ils étaient bordés, accusait les longs combats de sa vie solitaire. Toutes les rides de son visage étaient droites. La charpente[35] de son front, de sa tête et de ses joues avait les caractères de la rigidité, de la sécheresse.[36] Elle laissait pousser, sans aucun souci, les poils[37] jadis bruns de quelques signes parsemés sur[38] un menton. Ses lèvres minces[39] couvraient à peine des dents trop longues qui ne manquaient pas de blancheur. Brune, ses cheveux jadis noirs avaient été blanchis par d'affreuses migraines.[40] Cet accident la contraignait[41] à porter un tour;[42] mais ne sachant pas le mettre de manière à en dissimuler la naissance,[43] il existait souvent de légers interstices entre le bord de son bonnet et le cordon noir qui soutenait cette demi-perruque assez mal

---

[29] 'harsh and bad-tempered'   [30] 'maliciousness'   [31] 'blaming'   [32] i.e. without any specific object   [33] 'uneasiness'   [34] 'dull'   [35] 'framework'   [36] 'dryness'   [37] 'hairs'   [38] 'moles scattered over'   [39] 'thin'   [40] 'headaches'   [41] 'compelled her'   [42] 'switch'   [43] 'conceal the beginning of it'

bouclée.[44] Sa robe, de taffetas en été, de mérinos[45] en hiver, mais toujours de couleur carmélite,[46] serrait un peu trop sa taille disgracieuse[47] et ses bras maigres. Sans cesse rabattue,[48] sa collerette laissait voir un cou dont la peau rougeâtre était aussi artistement rayée[49] que peut l'être une feuille de chêne vue dans la lumière. Son origine expliquait assez bien les malheurs de sa conformation.[50] Elle était fille d'un marchand de bois, espèce de paysan parvenu.[51] A dix-huit ans, elle avait pu être fraîche et grasse,[52] mais il ne lui restait aucune trace ni de la blancheur de teint ni des jolies couleurs qu'elle se vantait d'avoir eues. Les tons[53] de sa chair avaient contracté la teinte blafarde[54] assez commune chez les dévotes. Son nez aquilin était celui de tous les traits de sa figure qui contribuait le plus à exprimer le despotisme de ses idées, de même que la forme plate de son front trahissait l'étroitesse de son esprit. Ses mouvements avaient une soudaineté bizarre qui excluait toute grâce; et rien qu'à la voir tirant son mouchoir de son sac pour se moucher[55] à grand bruit, vous eussiez deviné son caractère et ses mœurs. D'une taille assez élevée,[56] elle se tenait très droit, et justifiait l'observation d'un naturaliste qui a physiquement expliqué la démarche de toutes les vieilles filles en prétendant que leurs jointures se soudent.[57] Elle marchait sans que le mouvement se distribuât également dans sa personne, de manière à produire ces ondulations si gracieuses, si attrayantes chez les femmes; elle allait, pour ainsi dire, d'une seule pièce, en paraissant surgir,[58] à chaque pas, comme la statue du Commandeur.[59] Dans ses moments de bonne humeur, elle donnait à entendre, comme le font toutes les vieilles filles, qu'elle aurait bien pu se marier, mais elle s'était heureusement aperçue à temps de la mauvaise foi de son amant, et faisait ainsi, sans le savoir, le procès à[60] son cœur en faveur de son esprit de calcul.

Cette figure typique du genre *vieille fille* était très bien encadrée[61] par les grotesques inventions d'un papier verni[62] représentant des paysages[63] turcs qui ornaient les murs de la salle à manger. Mlle Gamard se tenait habituellement dans cette pièce décorée de deux consoles et d'un baromètre. A la place adoptée par chaque abbé se trouvait un petit coussin en tapisserie dont les couleurs étaient passées.[64] Le salon commun où elle recevait était digne d'elle. Il sera bientôt connu en faisant observer qu'il se nommait *le salon jaune:* les draperies en étaient

[44] 'rather badly curled semi-wig'   [45] 'merino wool'   [46] i.e. light brown (the color of the habit worn by Carmelite nuns)   [47] 'fitted her ungainly figure a little too closely' [48] 'turned down'   [49] 'lined'   [50] 'physical appearance'   [51] i.e. who had got on in the world; *Le Paysan parvenu* is the title of a novel by Marivaux (1735)   [52] 'plump' [53] 'tints'   [54] 'had assumed the sallow tone'   [55] 'blow her nose'   [56] i.e. rather tall in stature   [57] 'their joints become knit together'   [58] 'to loom up'   [59] cf. Molière's *Don Juan*, in which comedy the statue of the commander, one of Don Juan's victims, comes to supper at his house   [60] i.e. condemned   [61] 'set off'   [62] 'varnished' [63] 'landscapes'   [64] 'faded'

jaunes, le meuble et la tenture[65] jaunes; sur la cheminée garnie d'une glace à cadre doré, des flambeaux et une pendule[66] en cristal jetaient un éclat[67] dur à l'œil. Quant au logement particulier[68] de Mlle Gamard, il n'avait été permis à personne d'y pénétrer. On pouvait seulement con-
5 jecturer qu'il était rempli de ces chiffons,[69] de ces meubles usés, de ces espèces de haillons dont s'entourent toutes les vieilles filles, et auxquels elles tiennent tant.

Telle était la personne destinée à exercer la plus grande influence sur les derniers jours de l'abbé Birotteau.
10 Faute d'exercer, selon les vœux de la nature, l'activité donnée à la femme, et par la nécessité où elle était de la dépenser, cette vieille fille l'avait transportée dans les intrigues mesquines,[70] les caquetages[71] de province et les combinaisons égoïstes dont finissent par s'occuper exclu-sivement toutes les vieilles filles. Birotteau, pour son malheur, avait déve-
15 loppé chez Sophie Gamard les seuls sentiments qu'il fût possible à cette pauvre créature d'éprouver, ceux de la haine qui, latents jusqu'alors, par suite du calme et de la monotonie d'une vie provinciale dont pour elle l'horizon s'était encore rétréci,[72] devaient acquérir d'autant plus d'in-tensité qu'ils allaient s'exercer[73] sur de petites choses et au milieu d'une
20 sphère étroite. Birotteau était de ces gens qui sont prédestinés à tout souffrir, parce que, ne sachant rien voir, ils ne peuvent rien éviter: tout leur arrive.

— Oui, il fera beau, répondit après un moment le chanoine qui parut sortir de sa rêverie et vouloir pratiquer les lois de la politesse.
25 Birotteau, effrayé du temps qui s'écoula entre la demande et la réponse, car il avait, pour la première fois de sa vie, pris son café sans parler, quitta la salle à manger où son cœur était serré[74] comme dans un étau.[75] Sentant sa tasse de café pesante sur son estomac, il alla se promener tristement dans les petites allées étroites et bordées de buis[76]
30 qui dessinaient[77] une étoile dans le jardin. Mais en se retournant, après le premier tour qu'il y fit, il vit sur le seuil de la porte du salon Mlle Gamard et l'abbé Troubert plantés silencieusement: lui, les bras croisés et immobile comme la statue d'un tombeau; elle, appuyée sur la porte-persienne.[78] Tous deux semblaient, en le regardant, compter le nombre
35 de ses pas. Rien n'est déjà plus gênant pour une créature naturellement timide que d'être l'objet d'un examen curieux; mais s'il est fait par les yeux de la haine, l'espèce de souffrance qu'il cause se change en un martyre intolérable. Bientôt l'abbé Birotteau s'imagina qu'il empêchait Mlle Gamard et le chanoine de se promener. Cette idée, inspirée tout à la

---

[65] 'wall paper'   [66] 'a mirror with a gilded frame, candlesticks and a clock'
[67] 'brilliance'   [68] 'private apartment'   [69] 'scraps of clothing'   [70] 'petty'
[71] 'gossip'   [72] 'had shrunk still further'   [73] 'were to be vented'   [74] 'squeezed'
[75] 'vise'   [76] 'boxwood'   [77] 'formed'   [78] 'slatted door'

fois par la crainte et par la bonté, prit un tel accroissement[79] qu'elle lui fit abandonner la place. Il s'en alla, ne pensant déjà plus à son canonicat, tant il était absorbé par la désespérante tyrannie de la vieille fille. Il trouva par hasard, et heureusement pour lui, beaucoup d'occupation à Saint-Gatien, où il y eut plusieurs enterrements,[80] un mariage et deux baptêmes. Il put alors oublier ses chagrins. Quand son estomac lui annonça l'heure du dîner, il ne tira pas sa montre sans effroi, en voyant quatre heures et quelques minutes. Il connaissait la ponctualité de Mlle Gamard; il se hâta donc de se rendre au logis.

Il aperçut dans la cuisine le premier service desservi.[81] Puis, quand il arriva dans la salle à manger, la vieille fille lui dit d'un son[82] de voix où se peignaient également l'aigreur d'un reproche et la joie de trouver son pensionnaire en faute: Il est quatre heures et demie, monsieur Birotteau. Vous savez que nous ne devons pas nous attendre.

Le vicaire regarda le cartel de la salle à manger, et la manière dont était posée l'enveloppe de gaze[83] destinée à le garantir[84] de la poussière, lui prouva que son hôtesse l'avait remonté[85] pendant la matinée, en se donnant le plaisir de la faire avancer sur[86] l'horloge de Saint-Gatien. Il n'y avait pas d'observation possible. L'expression verbale du soupçon conçu par le vicaire eût causé la plus terrible et la mieux justifiée des explosions éloquentes que Mlle Gamard sût, comme toutes les femmes de sa classe, faire jaillir[87] en pareil cas. Les mille et une contrariétés[88] qu'une servante peut faire subir à son maître, ou une femme à son mari dans les habitudes privées de la vie, furent devinées par Mlle Gamard, qui en accabla son pensionnaire. La manière dont elle se plaisait à ourdir[89] ses conspirations contre le bonheur domestique du pauvre prêtre portèrent l'empreinte du génie le plus profondément malicieux. Elle s'arrangea pour ne jamais paraître avoir tort.

Huit jours après le moment où ce récit commence, l'habitation de cette maison, et les relations que l'abbé Birotteau avait avec Mlle Gamard, lui révélèrent une trame[90] ourdie depuis six mois. Tant que la vieille fille avait sourdement exercé sa vengeance, et que le vicaire avait pu s'entretenir volontairement dans l'erreur, en refusant de croire à des intentions malveillantes, le mal moral avait fait peu de progrès chez lui. Mais depuis l'affaire du bougeoir remonté, de la pendule avancée, Birotteau ne pouvait plus douter qu'il ne vécût sous l'empire[91] d'une haine dont l'œil était toujours ouvert sur lui. Il arriva dès lors rapidement au désespoir, en apercevant, à toute heure, les doigts crochus et effilés[92] de Mlle Gamard prêts à s'enfoncer[93] dans son cœur. Heureuse

---

[79] 'assumed such proportions'   [80] 'funerals'   [81] 'first course removed'   [82] 'tone'
[83] 'gauze covering'   [84] 'protect it'   [85] 'had wound it up'   [86] 'setting it ahead of'   [87] 'release'   [88] 'annoyances'   [89] 'hatch'   [90] 'plot'   [91] 'power'
[92] 'hooked and sharp'   [93] 'sink themselves'

de vivre par un sentiment aussi fertile en émotions que l'est celui de la vengeance, la vieille fille se plaisait à planer, à peser[94] sur le vicaire, comme un oiseau de proie plane et pèse sur un mulot[95] avant de le dévorer. Elle avait conçu depuis longtemps un plan que le prêtre aba-
5 sourdi[96] ne pouvait deviner, et qu'elle ne tarda pas[97] à dérouler, en montrant le génie que savent déployer[98] dans les petites choses, les personnes solitaires dont l'âme, inhabile[99] à sentir les grandeurs de la piété vraie, s'est jetée dans les minuties de la dévotion. Dernière, mais affreuse aggravation de peine! La nature de ses chagrins interdisait[1] à Birotteau,
10 homme d'expansion, aimant à être plaint et consolé, la petite douceur de les raconter à ses amis. Le peu de tact qu'il devait à sa timidité lui faisait redouter de paraître ridicule en s'occupant de pareilles niaiseries. Et cependant ces niaiseries composaient toute son existence, sa chère existence pleine d'occupations dans le vide et de vide dans les
15 occupations; vie terne et grise où les sentiments trop forts étaient des malheurs, où l'absence de toute émotion était une félicité. Le paradis du pauvre prêtre se changea donc subitement en enfer.[2] Enfin, ses souffrances devinrent intolérables. La terreur que lui causait la perspective d'une explication avec Mlle Gamard s'accrut de jour en jour;
20 et le malheur secret qui flétrissait les heures de sa vieillesse, altéra sa santé. Un matin, en mettant ses bas bleus chinés,[3] il reconnut une perte de huit lignes[4] dans la circonférence de son mollet.[5] Stupéfait de ce diagnostic si cruellement irrécusable,[6] il résolut de faire une tentative auprès de l'abbé Troubert, pour le prier d'intervenir officieusement[7]
25 entre Mlle Gamard et lui.

En se trouvant en présence de l'imposant chanoine, qui, pour le recevoir dans une chambre nue, quitta promptement un cabinet plein de papiers où il travaillait sans cesse, et où ne pénétrait personne, le vicaire eut presque honte de parler des taquineries[8] de Mlle Gamard à
30 un homme qui lui paraissait si sérieusement occupé. Mais après avoir subi toutes les angoisses de ces délibérations intérieures que les gens humbles, indécis ou faibles éprouvent même pour des choses sans importance, il se décida, non sans avoir le cœur grossi[9] par des pulsations extraordinaires, à expliquer sa position à l'abbé Troubert. Le chanoine
35 écouta d'un air grave et froid, essayant, mais en vain, de réprimer[10] certains sourires qui, peut-être, eussent révélé les émotions d'un contentement intime[11] à des yeux intelligents. Une flamme parut s'échapper de ses paupières lorsque Birotteau lui peignit, avec l'éloquence que donnent les sentiments vrais, la constante amertume dont il était abreuvé;[12]

---

[94] 'to hover, to bear down'   [95] 'field-mouse'   [96] 'bewildered'   [97] 'did not tarry'
[98] 'display'   [99] 'unable'   [1] 'withheld'   [2] 'a hell'   [3] 'shadowed blue stockings'   [4] i.e. two-thirds of an inch   [5] 'calf'   [6] 'unmistakable'   [7] 'unofficially'
[8] 'petty irritations'   [9] 'swollen'   [10] 'suppress'   [11] 'secret'   [12] 'overwhelmed'

mais Troubert mit la main au-dessus de ses yeux par un geste assez familier aux penseurs, et garda l'attitude de dignité qui lui était habituelle. Quand le vicaire eut cessé de parler, il aurait été bien embarrassé s'il avait voulu chercher sur la figure de Troubert, alors marbrée par des taches[13] plus jaunes encore que ne l'était ordinairement son teint bilieux, quelques traces des sentiments qu'il avait dû exciter chez ce prêtre mystérieux. Après être resté pendant un moment silencieux, le chanoine fit une de ces réponses dont toutes les paroles devaient être longtemps étudiées pour que leur portée[14] fût entièrement mesurée, mais qui, plus tard, prouvaient aux gens réfléchis l'étonnante profondeur de son âme et la puissance de son esprit. Enfin, il accabla Birotteau en lui disant: que «ces choses l'étonnaient d'autant plus, qu'il ne s'en serait jamais aperçu sans la confession de son frère; il attribuait ce défaut d'intelligence à ses occupations sérieuses, à ses travaux, et à la tyrannie de certaines pensées élevées qui ne lui permettaient pas de regarder aux détails de la vie.» Il lui fit observer, mais sans avoir l'air de vouloir censurer la conduite d'un homme dont l'âge et les connaissances méritaient son respect, que «jadis les solitaires[15] songeaient rarement à leur nourriture, à leur abri,[16] au fond des thébaïdes[17] où ils se livraient à de saintes contemplations,» et que, «de nos jours, le prêtre pouvait par la pensée se faire partout une thébaïde.» Puis revenant à Birotteau, il ajouta: que «ces discussions étaient toutes nouvelles pour lui. Pendant douze années, rien de semblable n'avait eu lieu entre Mlle Gamard et le vénérable abbé Chapeloud. Quant à lui, sans doute, il pouvait bien, ajouta-t-il, devenir l'arbitre entre le vicaire et leur hôtesse, parce que son amitié pour elle ne dépassait pas les bornes imposées par les lois de l'Eglise à ses fidèles serviteurs; mais alors la justice exigeait qu'il entendît aussi Mlle Gamard.» — Que, d'ailleurs, il ne trouvait rien de changé en elle; qu'il l'avait toujours vue ainsi; qu'il s'était volontiers soumis à quelques-uns de ses caprices, sachant que cette respectable demoiselle était la bonté, la douceur même; qu'il fallait attribuer les légers changements de son humeur aux souffrances causées par une pulmonie[18] dont elle ne parlait pas, et à laquelle elle se résignait en vraie chrétienne... Il finit en disant au vicaire, que: «pour peu qu'il[19] restât encore quelques années auprès de mademoiselle, il saurait mieux l'apprécier, et reconnaître les trésors de cet excellent caractère.»

L'abbé Birotteau sortit confondu. Dans la nécessité fatale où il se trouvait de ne prendre conseil que de lui-même, il jugea Mlle Gamard d'après lui.[20] Le bonhomme crut, en s'absentant pendant quelques jours, éteindre, faute d'aliment,[21] la haine que lui portait cette fille. Donc il

---

[13] 'mottled by splotches'   [14] 'implication'   [15] 'hermits'   [16] 'shelter'
[17] i.e. solitudes   [18] 'consumption'   [19] 'if only he'   [20] i.e. according to his own character   [21] 'to extinguish, for lack of nourishment'

résolut d'aller, comme jadis, passer plusieurs jours à une campagne où Mme de Listomère se rendait à la fin de l'automne, époque à laquelle le ciel est ordinairement pur et doux en Touraine. Pauvre homme! il accomplissait précisément les vœux secrets de sa terrible ennemie, dont
5 les projets ne pouvaient être déjoués[22] que par une patience de moine;[23] mais, ne devinant rien, ne sachant point ses propres affaires, il devait succomber comme un agneau,[24] sous le premier coup du boucher.[25]

   Située sur la levée[26] qui se trouve entre la ville de Tours et les hauteurs de Saint-Georges, exposée au midi, entourée de rochers, la propriété de
10 Mme de Listomère offrait les agréments[27] de la campagne et tous les plaisirs de la ville. En effet, il ne fallait pas plus de dix minutes pour venir du pont de Tours à la porte de cette maison, nommée *l'Alouette;*[28] avantage précieux dans un pays où personne ne veut se déranger pour quoi que ce soit, même pour aller chercher un plaisir. L'abbé Birotteau
15 était à l'Alouette depuis environ dix jours, lorsqu'un matin, au moment du déjeuner, le concierge[29] vint lui dire que M. Caron désirait lui parler. M. Caron était un avocat chargé des affaires de Mlle Gamard. Birotteau ne s'en souvenant pas et ne se connaissant aucun point litigieux à démê-ler[30] avec qui que ce fût au monde, quitta la table en proie à une sorte
20 d'anxiété pour chercher l'avocat: il le trouva modestement assis sur la balustrade d'une terrasse.

   — L'intention où vous êtes de ne plus loger chez Mlle Gamard étant devenue évidente... dit l'homme d'affaires.

   — Eh! monsieur, s'écria l'abbé Birotteau en interrompant, je n'ai
25 jamais pensé à la quitter.

   — Cependant, monsieur, reprit l'avocat, il faut bien que vous vous soyez expliqué à cet égard avec mademoiselle, puisqu'elle m'envoie à la fin de savoir si vous restez longtemps à la campagne. Le cas d'une longue absence, n'ayant pas été prévu dans vos conventions,[31] peut donner
30 matière à contestation. Or, Mlle Gamard entendant que votre pension...

   — Monsieur, dit Birotteau surpris et interrompant encore l'avocat, je ne croyais pas qu'il fût nécessaire d'employer des voies presque judi-ciaires[32] pour...

   — Mlle Gamard, qui veut prévenir[33] toute difficulté, dit M. Caron,
35 m'a envoyé pour m'entendre[34] avec vous.

   — Eh bien! si vous voulez avoir la complaisance de revenir demain, reprit encore l'abbé Birotteau, j'aurai consulté de mon côté.

   — Soit, dit Caron en saluant.

   Et le ronge-papiers[35] se retira. Le pauvre vicaire, épouvanté de la

---

[22] 'frustrated'   [23] 'a monk'   [24] 'lamb'   [25] 'butcher'   [26] 'embankment'
[27] 'attractions'   [28] 'The Lark'   [29] 'lodgekeeper'   [30] 'not being conscious of any legal dispute to settle'   [31] 'agreement'   [32] 'quasi-legal methods'   [33] 'to avoid'
[34] 'come to an understanding'   [35] 'pettifogger'

persistance avec laquelle Mlle Gamard le poursuivait, rentra dans la salle à manger de Mme de Listomère, en offrant une figure bouleversée.[36] A son aspect, chacun de lui demander:[37] Que vous arrive-t-il donc, M. Birotteau?...

L'abbé, désolé, s'assit sans répondre, tant il était frappé par les vagues images de son malheur. Mais, après le déjeuner, quand plusieurs de ses amis furent réunis dans le salon devant un bon feu, Birotteau leur raconta naïvement les détails de son aventure. Ses auditeurs, qui commençaient à s'ennuyer de leur séjour à la campagne, s'intéressèrent vivement à cette intrigue si bien en harmonie avec la vie de province. Chacun prit parti pour l'abbé contre la vieille fille.

— Comment! lui dit Mme de Listomère, ne voyez-vous pas clairement que l'abbé Troubert veut votre logement?

Ici, l'historien serait en droit de crayonner[38] le portrait de cette dame; mais il a pensé que ceux mêmes auxquels le système de *cognomologie*[39] de Sterne[40] est inconnu, ne pourraient pas prononcer ces trois mots: MADAME DE LISTOMÈRE! sans se la peindre noble, digne, tempérant les rigueurs de la piété par la vieille élégance des mœurs monarchiques et classiques, par des manières polies; bonne, mais un peu raide;[41] légèrement nasillarde;[42] se permettant la lecture de *la Nouvelle Héloïse*,[43] la comédie,[44] et se coiffant encore en cheveux.[45]

— Il ne faut pas que l'abbé Birotteau cède à cette vieille tracassière![46] s'écria M. de Listomère, lieutenant de vaisseau[47] venu en congé[48] chez sa tante. Si le vicaire a du cœur[49] et veut suivre mes avis, il aura bientôt conquis sa tranquillité.

Enfin, chacun se mit à analyser les actions de Mlle Gamard avec la perspicacité particulière aux gens de province, auxquels on ne peut refuser[50] le talent de savoir mettre à nu les motifs les plus secrets des actions humaines.

— Vous n'y êtes pas,[51] dit un vieux propriétaire[52] qui connaissait le pays. Il y a là-dessous quelque chose de grave que je ne saisis pas encore. L'abbé Troubert est trop profond pour être deviné[53] si promptement. Notre cher Birotteau n'est qu'au commencement de ses peines. D'abord, sera-t-il heureux et tranquille, même en cédant son logement à Troubert? J'en doute. — Si Caron est venu vous dire, ajouta-t-il en se tournant vers le prêtre ébahi,[54] que vous aviez l'intention de quitter Mlle

---

[36] 'distracted face'   [37] 'everyone started to ask him'   [38] 'might be excused if he sketched'   [39] the study of the significance of names   [40] Lawrence Sterne, 18th century English novelist and author of *Tristram Shandy*, in chapter XIX of which he develops the theory alluded to by Balzac   [41] 'stiff'   [42] i.e. speaking with a slight nasal intonation   [43] a novel by Jean-Jacques Rousseau, published in 1761   [44] 'the theatre'   [45] i.e. still appearing without a bonnet   [46] 'trouble-maker'   [47] 'naval lieutenant'   [48] 'on leave'   [49] 'courage'   [50] 'deny'   [51] 'you are on the wrong track'   [52] 'landowner'   [53] 'plumbed'   [54] 'astounded'

Gamard, sans doute Mlle Gamard a l'intention de vous mettre hors de chez elle... Eh! bien, vous en sortirez bon gré mal gré.[55] Ces sortes de gens ne hasardent jamais rien, et ne jouent qu'à coup sûr.[56]

Ce vieux gentilhomme, nommé M. de Bourbonne, résumait toutes les idées de la province aussi complètement que Voltaire a résumé l'esprit de son époque. Ce vieillard sec et maigre professait en matière d'habillement toute l'indifférence d'un propriétaire dont la valeur territoriale est cotée[57] dans le département. Sa physionomie, tannée par le soleil de la Touraine, était moins spirituelle que fine.[58] Habitué à peser ses paroles, à combiner[59] ses actions, il cachait sa profonde circonspection sous une simplicité trompeuse. Aussi l'observation la plus légère suffisait-elle pour apercevoir que, semblable à un paysan de Normandie, il avait toujours l'avantage dans toutes les affaires. Il était très supérieur en œnologie,[60] la science favorite des Tourangeaux. Il avait su arrondir[61] les prairies d'un de ses domaines aux dépens des lais[62] de la Loire en évitant tout procès[63] avec l'Etat. Ce bon tour[64] le faisait passer pour un homme de talent. Si, charmé par la conversation de M. de Bourbonne, vous eussiez demandé sa biographie à quelque Tourangeau: — Oh! *c'est un vieux malin!*[65] eût été la réponse proverbiale de tous ses jaloux, et il en avait beaucoup. En Touraine, la jalousie forme, comme dans la plupart des provinces, *le fond de la langue.*[66]

L'observation de M. de Bourbonne occasionna momentanément un silence pendant lequel les personnes qui composaient ce petit comité parurent réfléchir. Sur ces entrefaites,[67] Mlle Salomon de Villenoix fut annoncée. Amenée par le désir d'être utile à Birotteau, elle arrivait de Tours, et les nouvelles qu'elle en apportait changèrent complètement la face des affaires. Au moment de son arrivée, chacun, sauf le propriétaire, conseillait à Birotteau de guerroyer[68] contre Troubert et Gamard, sous les auspices de la société aristocratique qui devait le protéger.

— Le Vicaire-Général auquel le travail du personnel est remis,[69] dit Mlle Salomon, vient de tomber malade, et l'archevêque a commis[70] à sa place M. l'abbé Troubert. Maintenant, la nomination au canonicat dépend donc entièrement de lui. Or, hier, chez Mlle de la Blottière, l'abbé Poirel a parlé des désagréments que l'abbé Birotteau causait à Mlle Gamard, de manière à vouloir[71] justifier la disgrâce dont sera frappé notre bon abbé: «L'abbé Birotteau est un homme auquel l'abbé Chapeloud était bien nécessaire, disait-il; et depuis la mort de ce ver-

---

[55] 'willy-nilly'   [56] 'only gamble on certainties'   [57] 'highly rated'   [58] 'shrewd' [59] 'plan out'   [60] i.e. an expert on wines and wine-making   [61] 'round out'   [62] 'at the expense of the alluvial lands'   [63] 'lawsuit'   [64] 'dodge'   [65] i.e. sly old fox [66] 'the basis of the language'; the quotation is from Beaumarchais, *Le Mariage de Figaro*, III, 5   [67] 'meanwhile'   [68] 'make war'   [69] i.e. the direction of the clergy is entrusted   [70] 'has assigned'   [71] 'as if he wanted'

tueux chanoine, il a été prouvé que...» Les suppositions, les calomnies se sont succédé. Vous comprenez?

— Troubert sera Vicaire-Général, dit solennellement M. de Bourbonne.

— Voyons! s'écria Mme de Listomère en regardant Birotteau. Que préférez-vous: être chanoine, ou rester chez Mlle Gamard?

— Etre chanoine, fut un cri général.

— Eh! bien, reprit Mme de Listomère, il faut donner gain de cause[72] à l'abbé Troubert et à Mlle Gamard. Ne vous font-ils pas savoir indirectement, par la visite de Caron, que si vous consentez à les quitter vous serez chanoine? Donnant, donnant![73]

Chacun se récria sur la finesse[74] et la sagacité de Mme de Listomère, excepté le baron de Listomère, son neveu, qui dit, d'un ton comique, à M. de Bourbonne:

— J'aurais voulu le combat entre *la Gamard* et *le Birotteau*.

Mais, pour le malheur du vicaire, les forces n'étaient pas égales entre les gens du monde et la vieille fille soutenue par l'abbé Troubert. Le moment arriva bientôt où la lutte devait se dessiner plus franchement, s'agrandir, et prendre des proportions énormes. Sur l'avis de Mme de Listomère et de la plupart de ses adhérents qui commençaient à se passionner pour cette intrigue jetée dans le vide de leur vie provinciale, un valet fut expédié[75] à M. Caron. L'homme d'affaires[76] revint avec une célérité remarquable, et qui n'effraya que M. de Bourbonne.

— Ajournons[77] toute décision jusqu'à un plus ample informé,[78] fut l'avis de ce Fabius en robe de chambre[79] auquel de profondes réflexions révélaient les hautes combinaisons de l'échiquier[80] tourangeau.

Il voulut éclairer Birotteau sur les dangers de sa position. La sagesse du *vieux malin* ne servait pas les passions du moment, il n'obtint qu'une légère attention. La conférence entre l'avocat et Birotteau dura peu. Le vicaire rentra tout effaré,[81] disant: — Il me demande un écrit qui constate mon *retrait*.[82]

— Quel est ce mot effroyable? dit le lieutenant de vaisseau.

— Qu'est-ce que cela veut dire? s'écria Mme de Listomère.

— Cela signifie simplement que l'abbé doit déclarer vouloir quitter la maison de Mlle Gamard, répondit M. de Bourbonne prenant une prise de tabac.[83]

— N'est-ce que cela? Signez! dit Mme de Listomère en regardant Birotteau. Si vous êtes décidé sérieusement à sortir de chez elle, il n'y a aucun inconvénient à constater[84] votre volonté.

[72] 'yield' [73] i.e. one good turn deserves another [74] 'exclaimed at the subtlety' [75] 'dispatched' [76] 'solicitor' [77] 'let us postpone' [78] 'inquiry' [79] 'Fabius in a dressing-gown'; an allusion to Maximus Quintus Verrucosus Fabius, surnamed *Cunctator*, the Delayer, a Roman general of the 3rd century B.C. [80] 'manœuvres of the chess-board' [81] 'upset' [82] 'certifying my withdrawal' [83] 'pinch of snuff' [84] 'no harm in stating'

La *volonté de Birotteau!*

—Cela est juste, dit M. de Bourbonne en fermant sa tabatière[85] par un geste sec dont la signification est impossible à rendre, car c'était tout un langage. Mais il est toujours dangereux d'écrire, ajouta-t-il
5 en posant sa tabatière sur la cheminée d'un air à épouvanter[86] le vicaire.

Birotteau se trouvait tellement hébété par le renversement de toutes ses idées, par la rapidité des événements qui le surprenaient sans défense, par la facilité avec laquelle ses amis traitaient les affaires les plus chères de sa vie solitaire, qu'il restait immobile, comme perdu dans la lune, ne
10 pensant à rien, mais écoutant et cherchant à comprendre le sens des rapides paroles que tout le monde prodiguait.[87] Il prit l'écrit de M. Caron, et le lut, comme si le *libellé*[88] de l'avocat allait être l'objet de son atten- tion; mais ce fut un mouvement machinal. Et il signa cette pièce,[89] par laquelle il reconnaissait renoncer volontairement à demeurer chez
15 Mlle Gamard, comme à y être nourri suivant les conventions faites entre eux. Quand le vicaire eut achevé d'apposer[90] sa signature, le sieur Caron reprit l'acte[91] et lui demanda dans quel endroit sa cliente devait faire remettre les choses à lui appartenant. Birotteau indiqua la maison de Mme de Listomère. Par un signe cette dame consentit à recevoir l'abbé
20 pour quelques jours, ne doutant pas qu'il ne fût bientôt nommé chanoine. Le vieux propriétaire voulut voir cette espèce d'acte de renonciation, et M. Caron le lui apporta.

—Eh! bien, demanda-t-il au vicaire après l'avoir lu, il existe donc entre vous et Mlle Gamard des conventions écrites? où sont-elles? quelles
25 en sont les stipulations?

—L'acte est chez moi, répondit Birotteau.

—En connaissez-vous la teneur? demanda le propriétaire à l'avocat.

—Non, monsieur, dit M. Caron en tendant la main pour reprendre le papier fatal.

30 —Ah! se dit en lui-même le vieux propriétaire, toi, monsieur l'avocat, tu sais sans doute tout ce que cet acte contient; mais tu n'es pas payé pour nous le dire.

Et M. de Bourbonne rendit la renonciation à l'avocat.

—Où vais-je mettre tous mes meubles? s'écria Birotteau, et mes livres,
35 ma belle bibliothèque, mes beaux tableaux, mon salon rouge, enfin tout mon mobilier?

Et le désespoir du pauvre homme, qui se trouvait déplanté,[92] pour ainsi dire, avait quelque chose de si naïf; il peignait si bien la pureté[93] de ses mœurs, son ignorance des choses du monde, que Mme de Listomère et
40 Mlle Salomon lui dirent pour le consoler, en prenant le ton employé

---

85 'snuff-box'   86 'in such a way as to terrify'   87 'was lavishing upon him'
88 'statement'   89 'document'   90 'affixing'   91 'document'   92 'uprooted'
93 'innocence'

par les mères quand elles promettent un jouet[94] à leurs enfants: N'allez-vous pas vous inquiéter de ces niaiseries-là? Mais nous vous trouverons toujours bien une maison moins froide, moins noire que celle de Mlle Gamard. S'il ne se rencontre pas de logement qui vous plaise, eh! bien, l'une de nous vous prendra chez elle en pension. Allons, faisons un tric-trac.[95] Demain vous irez voir M. l'abbé Troubert pour lui demander son appui,[96] et vous verrez comme vous serez bien reçu par lui!

Les gens faibles se rassurent aussi facilement qu'ils se sont effrayés. Donc le pauvre Birotteau, ébloui par la perspective de demeurer chez Mme de Listomère, oublia la ruine, consommée sans retour,[97] du bonheur si longtemps désiré, dont il avait si délicieusement joui. Mais le soir, avant de s'endormir, et avec la douleur d'un homme pour qui le tracas d'un déménagement[98] et de nouvelles habitudes étaient la fin du monde, il se tortura l'esprit à chercher où il pourrait retrouver pour sa bibliothèque un emplacement[99] aussi commode que l'était sa galerie. En voyant ses livres errants, ses meubles disloqués[1] et son ménage[2] en désordre, il se demandait mille fois pourquoi la première année passée chez Mlle Gamard avait été si douce, et la seconde si cruelle. Et toujours son aventure était un puits[3] sans fond où tombait sa raison. Le canonicat ne lui semblait plus une compensation suffisante à tant de malheurs, et il comparait sa vie à un bas dont une seule maille échappée faisait déchirer toute la trame.[4] Mlle Salomon lui restait. Mais, en perdant ses vieilles illusions, le pauvre prêtre n'osait plus croire à une jeune amitié.

Dans la *citta dolente*[5] des vieilles filles, il s'en rencontre beaucoup, surtout en France, dont la vie est un sacrifice noblement offert tous les jours à de nobles sentiments. Les unes demeurent fièrement fidèles à un cœur que la mort leur a trop promptement ravi: martyres de l'amour, elles trouvent le secret d'être femmes par l'âme. Les autres obéissent à un orgueil de famille, qui, chaque jour, déchoit[6] à notre honte, et se dévouent à la fortune d'un frère, ou à des neveux orphelins: celles-là se font mères en restant vierges. Ces vieilles filles atteignent au plus haut héroïsme de leur sexe, en consacrant tous les sentiments féminins au culte[7] du malheur. Elles idéalisent la figure de la femme, en renonçant aux récompenses de sa destinée et n'en acceptant que les peines. Elles vivent alors entourées de la splendeur de leur dévouement, et les hommes inclinent respectueusement la tête devant leurs traits flétris. Mlle de Sombreuil[8] n'a été ni femme ni fille; elle fut et sera toujours une vivante

---

[94] 'toy'   [95] 'let us have a game of backgammon'   [96] 'support'   [97] 'irrev-ocable'   [98] 'move'   [99] 'place'   [1] 'disarranged'   [2] 'household' [3] 'well'   [4] 'in which one dropped stitch destroyed the whole fabric'   [5] 'sorrowful abode'; cf. Dante, *Inferno*, III, 1   [6] 'is respected less and less'   [7] 'service' [8] Marie-Maurine Virot de Sombreuil (1774–1823), who voluntarily followed her father to prison during the French Revolution and saved him from death during the September Massacres

poésie. Mlle Salomon appartenait à ces créatures héroïques. Son dévouement était religieusement sublime, en ce qu'il devait être sans gloire,
après avoir été une souffrance de tous les jours. Belle, jeune, elle fut
aimée, elle aima; son prétendu[9] perdit la raison. Pendant cinq années,
5 elle s'était, avec le courage de l'amour, consacrée au bonheur mécanique[10]
de ce malheureux, de qui elle avait si bien épousé la folie qu'elle ne le
croyait point fou. C'était, du reste, une personne simple de manières,
franche en son langage, et dont le visage pâle ne manquait pas de physionomie,[11] malgré la régularité de ses traits. Elle ne parlait jamais des
10 événements de sa vie. Seulement, parfois, les tressaillements[12] soudains
qui lui échappaient en entendant le récit d'une aventure affreuse, ou
triste, révélaient en elle les belles qualités que développent les grandes
douleurs. Elle était venue habiter Tours après avoir perdu le compagnon de sa vie. Elle ne pouvait y être appréciée à sa juste valeur, et
15 passait pour une *bonne personne*. Elle faisait beaucoup de bien, et s'attachait, par goût, aux êtres faibles. A ce titre,[13] le pauvre vicaire lui
avait inspiré naturellement un profond intérêt.

Mlle de Villenoix, qui allait à la ville dès le matin, y emmena Birotteau, le mit sur le quai de la cathédrale,[14] et le laissa s'acheminant vers
20 le Cloître où il avait grand désir d'arriver pour sauver au moins le canonicat du naufrage,[15] et veiller à l'enlèvement[16] de son mobilier. Il ne
sonna pas sans éprouver de violentes palpitations de cœur à la porte de
cette maison où il avait l'habitude de venir depuis quatorze ans, qu'il
avait habitée, et d'où il devait s'exiler à jamais, après avoir rêvé d'y
25 mourir en paix, à l'imitation de son ami Chapeloud. Marianne parut surprise de voir le vicaire. Il lui dit qu'il venait parler à l'abbé Troubert, et
se dirigea vers le rez-de-chaussée où demeurait le chanoine; mais Marianne lui cria:

— L'abbé Troubert n'est plus là, monsieur le vicaire, il est dans votre
30 ancien logement.

Ces mots causèrent un affreux saisissement[17] au vicaire qui comprit
enfin le caractère de Troubert, et la profondeur d'une vengeance si
lentement calculée, en le trouvant établi dans la bibliothèque de Chapeloud, assis dans le beau fauteuil gothique de Chapeloud, couchant sans
35 doute dans le lit de Chapeloud, jouissant des meubles de Chapeloud,
logé au cœur de Chapeloud, annulant le testament de Chapeloud,
et déshéritant enfin l'ami de ce Chapeloud, qui, pendant si longtemps, l'avait parqué[18] chez Mlle Gamard, en lui interdisant tout
avancement et lui fermant les salons de Tours. Par quel coup
40 de baguette magique[19] cette métamorphose avait-elle eu lieu? Tout

---

9 'suitor'   10 i.e. everyday needs   11 'character'   12 'starts'   13 'in this
capacity'   14 'raised stone pavement in front of the cathedral'   15 'wreck'
16 'to see to the removal'   17 'shock'   18 'had confined him'   19 'touch of a magic wand'

cela n'appartenait-il plus donc à Birotteau? Certes, en voyant l'air sardonique avec lequel Troubert contemplait cette bibliothèque, le pauvre Birotteau jugea que le futur Vicaire-Général était sûr de posséder toujours la dépouille[20] de ceux qu'il avait si cruellement haïs, Chapeloud comme un ennemi, et Birotteau, parce qu'en lui se retrouvait encore 5 Chapeloud. Mille idées se levèrent, à cet aspect, dans le cœur du bonhomme, et le plongèrent dans une sorte de songe.[21] Il resta immobile et comme fasciné par l'œil de Troubert, qui le regardait fixement.

— Je ne pense pas, monsieur, dit enfin Birotteau, que vous vouliez me priver des choses qui m'appartiennent. Si Mlle Gamard a pu être 10 impatiente de vous mieux loger, elle doit se montrer cependant assez juste pour me laisser le temps de reconnaître[22] mes livres et d'enlever mes meubles.

— Monsieur, dit froidement l'abbé Troubert en ne laissant paraître sur son visage aucune marque d'émotion, Mlle Gamard m'a instruit hier 15 de votre départ, dont la cause m'est encore inconnue. Si elle m'a installé ici, ce fut par nécessité. Monsieur l'abbé Poirel a pris mon appartement. J'ignore si les choses qui sont dans ce logement appartiennent ou non à mademoiselle; mais, si elles sont à vous, vous connaissez sa bonne foi: la sainteté de sa vie est une garantie de sa probité. Quant à moi, vous 20 n'ignorez pas la simplicité de mes mœurs. J'ai couché pendant quinze années dans une chambre nue sans faire attention à l'humidité qui m'a tué à la longue.[23] Cependant, si vous vouliez habiter de nouveau cet appartement, je vous le céderais volontiers.

En entendant ces mots terribles, Birotteau oublia l'affaire du canoni- 25 cat, il descendit avec la promptitude d'un jeune homme pour chercher Mlle Gamard, et la rencontra au bas de l'escalier sur le large palier dallé[24] qui unissait les deux corps de logis.

— Mademoiselle, dit-il en la saluant et sans faire attention ni au sourire aigrement moqueur qu'elle avait sur les lèvres ni à la flamme ex- 30 traordinaire qui donnait à ses yeux la clarté de ceux des tigres, je ne m'explique pas comment vous n'avez pas attendu que j'aie enlevé mes meubles, pour...

— Quoi! lui dit-elle en l'interrompant. Est-ce que tous vos effets n'auraient pas été remis chez Mme de Listomère? 35

— Mais, mon mobilier?

— Vous n'avez donc pas lu votre acte? dit la vieille fille d'un ton qu'il faudrait pouvoir écrire musicalement pour faire comprendre combien la haine sut mettre de nuances[25] dans l'accentuation de chaque mot.

Et Mlle Gamard parut grandir, et ses yeux brillèrent encore, et son 40 visage s'épanouit,[26] et toute sa personne frissonna[27] de plaisir. L'abbé

[20] 'spoils' [21] 'dream' [22] 'identify' [23] 'in the long run' [24] 'tiled landing'
[25] 'shades of meaning' [26] 'lit up' [27] 'shivered'

Troubert ouvrit une fenêtre pour lire plus distinctement dans un volume in-folio. Birotteau resta comme foudroyé.[28] Mlle Gamard lui cornait[29] aux oreilles, d'une voix aussi claire que le son d'une trompette, les phrases suivantes: «N'est-il pas convenu,[30] au cas où vous sortiriez de chez moi, que votre mobilier m'appartiendrait, pour m'indemniser de la différence qui existait entre la quotité[31] de votre pension et celle du respectable abbé Chapeloud? Or, monsieur l'abbé Poirel ayant été nommé chanoine...»

En entendant ces derniers mots, Birotteau s'inclina faiblement, comme pour prendre congé de la vieille fille; puis il sortit précipitamment. Il avait peur, en restant plus longtemps, de tomber en défaillance,[32] et de donner ainsi un trop grand triomphe à de si implacables ennemis. Marchant comme un homme ivre, il gagna la maison de Mme de Listomère où il trouva dans une salle basse son linge, ses vêtements et ses papiers contenus dans une malle. A l'aspect des débris de son mobilier, le malheureux prêtre s'assit, et se cacha le visage dans ses mains pour dérober[33] aux gens la vue de ses pleurs. L'abbé Poirel était chanoine! Lui, Birotteau, se voyait sans asile, sans fortune et sans mobilier! Heureusement, Mlle Salomon vint[34] à passer en voiture. Le concierge de la maison, qui comprit le désespoir du pauvre homme, fit un signe au cocher. Puis, après quelques mots échangés entre la vieille fille et le concierge, le vicaire se laissa conduire demi-mort près de sa fidèle amie, à laquelle il ne put dire que des mots sans suite.[35] Mlle Salomon, effrayée du dérangement momentané[36] d'une tête déjà si faible, l'emmena sur-le-champ à l'Alouette, en attribuant ce commencement d'aliénation mentale à l'effet qu'avait dû produire sur lui la nomination de l'abbé Poirel. Elle ignorait les conventions du prêtre avec Mlle Gamard, par l'excellente raison qu'il en ignorait lui-même l'étendue.[37] Et comme il est dans la nature que le comique se trouve mêlé parfois aux choses les plus pathétiques, les étranges réponses de Birotteau firent presque sourire Mlle Salomon.

— Chapeloud avait raison, disait-il. C'est un monstre!

— Qui? demandait-elle.

— Chapeloud. Il m'a tout pris.

— Poirel donc?

— Non, Troubert.

Enfin, ils arrivèrent à l'Alouette, où les amis du prêtre lui prodiguèrent des soins si empressés,[38] que, vers le soir, ils le calmèrent, et purent obtenir de lui le récit de ce qui s'était passé pendant la matinée.

Le flegmatique propriétaire demanda naturellement à voir l'acte qui, depuis la veille, lui paraissait contenir le mot de l'énigme.[39] Birot-

---

[28] 'struck by lightning'   [29] 'bellowed'   [30] 'agreed'   [31] 'amount'   [32] 'in a faint'
[33] 'hide'   [34] 'happened'   [35] 'disjointed'   [36] 'temporary'   [37] 'extent'
[38] 'solicitous'   [39] i.e. the key to the situation

teau tira le fatal papier timbré[40] de sa poche, le tendit à M. de Bourbonne, qui le lut rapidement, et arriva bientôt à une clause ainsi conçue:
«*Comme il se trouve une différence de huit cents francs par an entre la pension que payait feu monsieur Chapeloud et celle pour laquelle ladite Sophie
Gamard consent à prendre chez elle, aux conditions ci-dessus[41] stipulées,* 5
*ledit François Birotteau; attendu que le soussigné[42] François Birotteau
reconnaît surabondamment[43] être hors d'état de donner pendant plusieurs
années le prix payé par les pensionnaires de la demoiselle Gamard, et
notamment par l'abbé Troubert; enfin, eu égard à[44] diverses avances faites
par ladite Sophie Gamard soussignée, ledit Birotteau s'engage à lui laisser* 10
*à titre d'indemnité le mobilier dont il se trouvera possesseur à son décès,[45]
ou lorsque, par quelque cause que ce puisse être, il viendrait à quitter volontairement, et à quelque époque que ce soit, les lieux à lui présentement loués,
et à ne plus profiter des avantages stipulés dans les engagements pris par
mademoiselle Gamard envers lui, ci-dessus...*»* 15

— Tudieu,[46] quelle grosse![47] s'écria le propriétaire, et de quelles griffes
est armée ladite Sophie Gamard!

Le pauvre Birotteau, n'imaginant dans sa cervelle d'enfant aucune
cause qui pût le séparer un jour de Mlle Gamard, comptait mourir
chez elle. Il n'avait aucun souvenir de cette clause, dont les termes ne 20
furent pas même discutés jadis, tant elle lui avait semblé juste, lorsque,
dans son désir d'appartenir à la vieille fille, il aurait signé tous les par-
chemins qu'on lui aurait présentés. Cette innocence était si respectable,
et la conduite de Mlle Gamard si atroce; le sort de ce pauvre sexagénaire
avait quelque chose de si déplorable, et sa faiblesse le rendait si touchant, 25
que, dans un premier moment d'indignation, Mme de Listomère s'écria:
Je suis cause de la signature de l'acte qui vous a ruiné, je dois vous rendre le bonheur dont je vous ai privé.

— Mais, dit le vieux gentilhomme, l'acte constitue un dol,[48] et il y
a matière à procès...[49] 30

— Eh! bien, Birotteau plaidera.[50] S'il perd à Tours, il gagnera à
Orléans. S'il perd à Orléans, il gagnera à Paris, s'écria le baron de
Listomère.

— S'il veut plaider, reprit froidement M. de Bourbonne, je lui conseille de se démettre[51] d'abord de son vicariat. 35

— Nous consulterons des avocats, reprit Mme de Listomère, et nous
plaiderons s'il faut plaider. Mais cette affaire est trop honteuse pour
Mlle Gamard, et peut devenir trop nuisible[52] à l'abbé Troubert, pour
que nous n'obtenions pas quelque transaction.[53]

---

[40] 'stamped' [41] 'above' [42] 'undersigned' [43] 'completely' [44] 'in consideration of' [45] 'death' [46] an oath, from *vertu de Dieu* [47] i.e. what a document!
[48] 'fraud' [49] 'ground for an action' [50] 'will bring suit' [51] 'resign' [52] 'harmful'
[53] 'compromise'

Après mûre[54] délibération, chacun promit son assistance à l'abbé Birotteau dans la lutte qui allait s'engager entre lui et tous les adhérents de ses antagonistes. Un sûr pressentiment, un instinct provincial indéfinissable forçait chacun à unir les deux noms de Gamard et Troubert.
5 Mais aucun de ceux qui se trouvaient alors chez Mme de Listomère, excepté le vieux malin, n'avait une idée bien exacte de l'importance d'un semblable combat. M. de Bourbonne attira dans un coin le pauvre abbé.

— Des quatorze personnes qui sont ici, lui dit-il à voix basse, il n'y
10 en aura pas une pour vous dans quinze jours. Si vous avez besoin d'appeler quelqu'un à votre secours, vous ne trouverez peut-être alors que moi d'assez hardi[55] pour oser prendre votre défense, parce que je connais la province, les hommes, les choses, et, mieux encore, les intérêts! Mais tous vos amis, quoique pleins de bonnes intentions, vous mettent
15 dans un mauvais chemin d'où vous ne pourrez vous tirer. Ecoutez mon conseil. Si vous voulez vivre en paix, quittez le vicariat de Saint-Gatien, quittez Tours. Ne dites pas où vous irez, mais allez chercher quelque cure[56] éloignée où Troubert ne puisse pas vous rencontrer.

— Abandonner Tours? s'écria le vicaire avec un effroi[57] indescriptible.
20 C'était pour lui une sorte de mort. N'était-ce pas briser toutes les racines[58] par lesquelles il s'était planté dans le monde. Les célibataires[59] remplacent les sentiments par des habitudes. Lorsqu'à ce système moral, qui les fait moins vivre que traverser la vie, se joint un caractère faible, les choses extérieures prennent sur eux un empire étonnant. Aussi
25 Birotteau était-il devenu semblable à quelque végétal:[60] le transplanter, c'était en risquer l'innocente fructification. De même que, pour vivre, un arbre doit retrouver à toute heure les mêmes sucs,[61] et toujours avoir ses chevelus[62] dans le même terrain, Birotteau devait toujours trotter dans Saint-Gatien; toujours piétiner dans l'endroit du Mail où il se
30 promenait habituellement, sans cesse parcourir[63] les rues par lesquelles il passait, et continuer d'aller dans les trois salons, où il jouait, pendant chaque soirée, au whist ou au trictrac.

— Ah! je n'y pensais pas, répondit M. de Bourbonne en regardant le prêtre avec une espèce de pitié.
35 Tout le monde sut bientôt, dans la ville de Tours, que Mme la baronne de Listomère, veuve d'un lieutenant-général, recueillait[64] l'abbé Birotteau, vicaire de Saint-Gatien. Ce fait, que beaucoup de gens révoquaient en doute,[65] trancha nettement[66] toutes les questions, et dessina[67] les partis, surtout lorsque Mlle Salomon osa, la première, parler de dol et de
40 procès. Avec la vanité subtile qui distingue les vieilles filles, et le fana-

---

[54] 'due'   [55] 'bold'   [56] 'parish'   [57] 'terror'   [58] 'roots'   [59] 'unmarried persons'   [60] 'plant'   [61] 'juices'   [62] 'feeders'   [63] 'walk'   [64] 'was giving shelter to'   [65] 'questioned'   [66] 'definitely settled'   [67] 'lined up'

tisme de personnalité[68] qui les caractérise, Mlle Gamard se trouva fortement blessée du parti[69] que prenait Mme de Listomère.　La baronne
était une femme de haut rang, élégante dans ses mœurs, et dont le bon
goût, les manières polies, la piété ne pouvaient être contestés.　Elle
donnait, en recueillant Birotteau, le démenti[70] le plus formel à toutes les　5
assertions de Mlle Gamard, en censurait indirectement la conduite, et
semblait sanctionner les plaintes du vicaire contre son ancienne hôtesse.

Il est nécessaire, pour l'intelligence[71] de cette histoire, d'expliquer ici
tout ce que le discernement et l'esprit d'analyse avec lequel les vieilles
femmes se rendent compte des actions d'autrui prêtaient de force à Mlle　10
Gamard, et quelles étaient les ressources de son parti.　Accompagnée
du silencieux abbé Troubert, elle allait passer ses soirées dans quatre
ou cinq maisons où se réunissaient une douzaine de personnes toutes liées
entre elles par les mêmes goûts et par l'analogie de leur situation.
C'était un ou deux vieillards qui épousaient[72] les passions et les caque-　15
tages de leurs servantes; cinq ou six vieilles filles qui passaient toute
leur journée à tamiser[73] les paroles, à scruter[74] les démarches de leurs
voisins et des gens placés au-dessus et au-dessous d'elles dans la société;
puis, enfin, plusieurs femmes âgées, exclusivement occupées à distiller
les médisances, à tenir un registre exact de toutes les fortunes, ou à　20
contrôler les actions des autres: elles pronostiquaient les mariages, et
blâmaient la conduite de leurs amies aussi aigrement que celle de leurs
ennemies.　Ces personnes, logées toutes dans la ville de manière à y
figurer les vaisseaux capillaires[75] d'une plante, aspiraient,[76] avec la soif
d'une feuille pour la rosée,[77] les nouvelles, les secrets de chaque ménage,　25
les pompaient[78] et les transmettaient machinalement à l'abbé Troubert,
comme les feuilles communiquent à la tige[79] la fraîcheur[80] qu'elles ont
absorbée.　Donc, pendant chaque soirée de la semaine, excitées par
ce besoin d'émotion qui se retrouve chez tous les individus, ces bonnes
dévotes dressaient un bilan[81] exact de la situation de la ville, avec une　30
sagacité digne du conseil des Dix,[82] et faisaient la police armées de cette
espèce d'espionnage à coup sûr[83] que créent les passions.　Puis, quand
elles avaient deviné la raison secrète d'un événement, leur amour-
propre les portait à s'approprier la sagesse de leur sanhédrin,[84] pour
donner le ton du bavardage[85] dans leurs zones respectives.　Cette congré-　35
gation oisive[86] et agissante, invisible et voyant tout, muette et parlant
sans cesse, possédait alors une influence que sa nullité rendait en apparence peu nuisible, mais qui cependant devenait terrible quand elle

---

[68] i.e. fanatical belief in their own importance　　　[69] 'course of action'　　　[70] 'denial'
[71] 'understanding'　　　[72] i.e. shared　　　[73] 'sifting'　　　[74] 'scrutinizing'　　　[75] 'represent there the capillary vessels'　　　[76] 'drank in'　　　[77] 'dew'　　　[78] 'sucked them up'
[79] 'stem'　　　[80] 'moisture'　　　[81] 'drew up a balance sheet'　　　[82] the powerful Council of Ten in the Republic of Venice　　　[83] 'unerring'　　　[84] the Supreme Court in the
ancient Jewish kingdom　　　[85] 'gossip'　　　[86] 'idle'

était animée par un intérêt majeur. Or, il y avait bien longtemps qu'il ne s'était présenté dans la sphère de leurs existences un événement aussi grave et aussi généralement important pour chacune d'elles que l'était la lutte de Birotteau, soutenu par Mme de Listomère, contre
5 l'abbé Troubert et Mlle Gamard. En effet, les trois salons de mesdames de Listomère, Merlin de La Blottière et de Villenoix étant considérés comme ennemis par ceux où allait Mlle Gamard; il y avait au fond de cette querelle l'esprit de corps et toutes ses vanités. C'était le combat du peuple et du sénat romain dans une taupinière,[87] ou une tempête
10 dans un verre d'eau, comme l'a dit Montesquieu[88] en parlant de la république de Saint-Marin[89] dont les charges publiques[90] ne duraient qu'un jour, tant la tyrannie y était facile à saisir. Mais cette tempête développait néanmoins dans les âmes autant de passions qu'il en aurait fallu pour diriger les plus grands intérêts sociaux. N'est-ce pas une er-
15 reur de croire que le temps ne soit rapide que pour les cœurs en proie aux vastes projets qui troublent la vie et la font bouillonner.[91] Les heures de l'abbé Troubert coulaient aussi animées, s'enfuyaient chargées de pensées tout aussi soucieuses,[92] étaient ridées par des désespoirs et des espérances aussi profondes que pouvaient l'être les heures cruelles de
20 l'ambitieux, du joueur[93] et de l'amant. Dieu seul est dans le secret de l'énergie que nous coûtent les triomphes occultement remportés[94] sur les hommes, sur les choses et sur nous-mêmes. Si nous ne savons pas toujours où nous allons, nous connaissons bien les fatigues du voyage. Seulement, s'il est permis à l'historien de quitter le drame qu'il raconte
25 pour prendre pendant un moment le rôle des critiques, s'il vous convie[95] à jeter un coup d'œil sur les existences de ces vieilles filles et des deux abbés, afin d'y chercher la cause du malheur qui les viciait[96] dans leur essence; il vous sera peut-être démontré[97] qu'il est nécessaire à l'homme d'éprouver certaines passions pour développer en lui des qualités qui
30 donnent à sa vie de la noblesse, en étendent le cercle, et assoupissent[98] l'égoïsme naturel à toutes les créatures.

Mme de Listomère revint en ville sans savoir que, depuis cinq ou six jours, plusieurs de ses amis étaient obligés de réfuter une opinion, accréditée sur elle,[99] dont elle aurait ri si elle l'eût connue, et qui supposait
35 à son affection pour son neveu des causes presque criminelles. Elle mena l'abbé Birotteau chez son avocat, à qui le procès ne parut pas chose facile. Les amis du vicaire, animés par le sentiment que donne la justice d'une

---

[87] 'molehill'   [88] Charles-Louis de Secondat, baron de La Brède et de Montesquieu (1689–1755), French jurist, philosopher and man of letters, author of *l'Esprit des lois;* there is a passage in Book II, chap. 3 of this work which Balzac may have had in mind   [89] the tiny Republic of San Marino, situated in eastern Italy   [90] 'public offices'   [91] 'boil'   [92] 'care-laden'   [93] 'gambler'   [94] 'secretly won'   [95] 'invites you'   [96] 'corrupted them'   [97] 'proved'   [98] 'allay'   [99] 'spread about concerning her'

bonne cause, ou paresseux pour[1] un procès qui ne leur était pas personnel, avaient remis le commencement de l'instance[2] au jour où ils reviendraient à Tours. Les amis de Mlle Gamard purent donc prendre les devants,[3] et surent raconter l'affaire peu favorablement pour l'abbé Birotteau. Donc l'homme de loi, dont la clientèle se composait exclusivement des gens 5 pieux de la ville, étonna beaucoup Mme de Listomère en lui conseillant de ne pas s'embarquer dans un semblable procès, et il termina la conférence en disant: que, d'ailleurs, il ne s'en chargerait pas, parce que, aux termes de l'acte, Mlle Gamard avait raison en Droit; qu'en Équité, c'est-à-dire en dehors de la justice, l'abbé Birotteau paraîtrait, aux yeux 10 du tribunal et à ceux des honnêtes gens, manquer au caractère de paix, de conciliation et à la mansuétude[4] qu'on lui avait supposés jusqu'alors; que Mlle Gamard, connue pour une personne douce et facile à vivre, avait obligé Birotteau en lui prêtant l'argent nécessaire pour payer les droits successifs[5] auxquels avait donné lieu le testament de Chapeloud, 15 sans lui en demander de reçu; que Birotteau n'était pas d'âge et de caractère à signer un acte sans savoir ce qu'il contenait, ni sans en connaître l'importance; et que s'il avait quitté Mlle Gamard après deux ans d'habitation, quand son ami Chapeloud était resté chez elle pendant douze ans, et Troubert pendant quinze, ce ne pouvait être qu'en vue 20 d'un projet à lui connu; que le procès serait donc jugé comme un acte d'ingratitude, etc. Après avoir laissé Birotteau marcher en avant vers l'escalier, l'avoué prit Mme de Listomère à part, en la reconduisant, et l'engagea,[6] au nom de son repos,[7] à ne pas se mêler de cette affaire.

Cependant, le soir, le pauvre vicaire, qui se tourmentait autant qu'un 25 condamné à mort dans le cabanon de Bicêtre[8] quand il y attend le résultat de son pourvoi en cassation,[9] ne put s'empêcher d'apprendre à ses amis le résultat de sa visite, au moment où, avant l'heure de faire les parties,[10] le cercle se formait devant la cheminée de Mme de Listomère.

— Excepté l'avoué des Libéraux, je ne connais, à Tours, aucun homme 30 de chicane[11] qui voulût se charger de ce procès sans avoir l'intention de vous le faire perdre, s'écria M. de Bourbonne, et je ne vous conseille pas de vous y embarquer.

— Hé! bien, c'est une infamie, dit le lieutenant de vaisseau. Moi, je conduirai l'abbé chez cet avoué. 35

— Allez-y lorsqu'il fera nuit, dit M. de Bourbonne en l'interrompant.

— Et pourquoi?

— Je viens d'apprendre que l'abbé Troubert est nommé Vicaire-Général, à la place de celui qui est mort avant-hier.

---

[1] 'indifferent to'   [2] 'action'   [3] 'take the first step'   [4] 'forbearance'
[5] 'inheritance taxes'   [6] 'escorting her to the door, and urged her'   [7] 'peace of mind'
[8] 'death-cell at Bicêtre'; suburb of Paris and seat of a prison until 1836   [9] 'appeal'
[10] i.e. breaking up into groups of card-players   [11] 'pettifogger'

— Je me moque bien de l'abbé Troubert!

Malheureusement, le baron de Listomère, homme de trente-six ans, ne vit pas le signe que lui fit M. de Bourbonne, pour lui recommander de peser ses paroles, en lui montrant un conseiller de préfecture,[12] ami
5 de Troubert. Le lieutenant de vaisseau ajouta donc:— Si monsieur l'abbé Troubert est un fripon...[13]

— Oh! dit M. de Bourbonne en l'interrompant, pourquoi mettre l'abbé Troubert dans une affaire à laquelle il est complètement étranger?...

10 — Mais, reprit le baron, ne jouit-il pas des meubles de l'abbé Birotteau? Je me souviens d'être allé chez Chapeloud, et d'y avoir vu deux tableaux de prix.[14] Supposez qu'ils valent dix mille francs?... Croyez-vous que M. Birotteau ait eu l'intention de donner, pour deux ans d'habitation chez cette Gamard, dix mille francs, quand déjà la biblio-
15 thèque et les meubles valent à peu près cette somme?

L'abbé Birotteau ouvrit de grands yeux en apprenant qu'il avait possédé un capital si énorme.

Et le baron, poursuivant avec chaleur, ajouta:

— Par Dieu! M. Salmon, l'ancien expert du Musée de Paris,[15] est
20 venu voir ici sa belle-mère. Je vais y aller ce soir même, avec l'abbé Birotteau, pour le prier d'estimer[16] les tableaux. De là je le mènerai chez l'avoué.[17]

Deux jours après cette conversation, le procès avait pris de la consistance.[18] L'avoué des Libéraux, devenu celui de Birotteau, jetait
25 beaucoup de défaveur sur la cause du vicaire. Les gens opposés au gouvernement, et ceux qui étaient connus pour ne pas aimer les prêtres ou la religion, deux choses que beaucoup de gens confondent, s'emparèrent[19] de cette affaire, et toute la ville en parla. L'ancien expert du Musée avait estimé onze mille francs la Vierge du Valentin et le Christ de Lebrun,
30 morceaux d'une beauté capitale. Quant à la bibliothèque et aux meubles gothiques, le goût dominant qui croissait de jour en jour à Paris pour ces sortes de choses leur donnait momentanément une valeur de douze mille francs. Enfin, l'expert, vérification faite, évalua le mobilier entier à dix mille écus.[20] Or, il était évident que, Birotteau n'ayant pas en-
35 tendu donner à Mlle Gamard cette somme énorme pour le peu d'argent qu'il pouvait lui devoir en vertu de la soulte[21] stipulée, il y avait, judiciairement parlant, lieu[22] à réformer leurs conventions; autrement la vieille fille eût été coupable d'un dol volontaire. L'avoué des Libéraux entama donc l'affaire en lançant un exploit introductif d'instance[23] à

---

[12] member of the departmental council [13] 'rogue' [14] 'valuable' [15] now the *Musée du Louvre* [16] 'evaluate' [17] 'solicitor' [18] 'shape' [19] 'got hold' [20] 'crowns'; 1 *écu* = 3 *francs* [21] 'indemnity' [22] 'cause' [23] 'preliminary writ'

Mlle Gamard. Quoique très acerbe,[24] cette pièce, fortifiée par des cita-tions d'arrêts souverains[25] et corroborée par quelques articles du Code,[26] n'en était pas moins un chef-d'œuvre de logique judiciaire, et condamnait si évidemment la vieille fille que trente ou quarante copies en furent mé-chamment[27] distribuées dans la ville par l'Opposition.

Quelques jours après le commencement des hostilités entre la vieille fille et Birotteau, le baron de Listomère, qui espérait être compris,[28] en qualité de capitaine de corvette,[29] dans la première promotion, annoncée depuis quelque temps au Ministère de la Marine, reçut une lettre par laquelle l'un de ses amis lui annonçait qu'il était question dans les bu-reaux[30] de le mettre hors du cadre d'activité.[31] Etrangement surpris de cette nouvelle, il partit immédiatement pour Paris, et vint à la première soirée du ministre, qui en parut fort étonné lui-même, et se prit à rire en apprenant les craintes dont lui fit part[32] le baron de Listomère. Le lendemain, nonobstant[33] la parole du ministre, le baron consulta les bureaux. Par une indiscrétion que certains chefs commettent assez or-dinairement pour leurs amis, un secrétaire lui montra un travail[34] tout préparé, mais que la maladie d'un directeur avait empêché jusqu'alors d'être soumis au ministre, et qui confirmait la fatale nouvelle. Aussitôt, le baron de Listomère alla chez un de ses oncles, lequel, en sa qualité de député, pouvait voir immédiatement le ministre à la Chambre,[35] et il le pria de sonder les dispositions de Son Excellence, car il s'agissait pour lui de la perte de son avenir. Aussi attendit-il avec la plus vive anxiété, dans la voiture de son oncle, la fin de la séance.[36] Le député sortit bien avant la clôture,[37] et dit à son neveu pendant le chemin qu'il fit en se rendant à son hôtel:[38] — Comment, diable! vas-tu te mêler de faire la guerre aux prêtres? Le ministre a commencé par m'apprendre que tu t'étais mis à la tête des Libéraux à Tours! Tu as des opinions détes-tables, tu ne suis pas la ligne du gouvernement, etc... Ses phrases étaient aussi entortillées[39] que s'il parlait encore à la Chambre. Alors je lui ai dit: — Ah! çà,[40] entendons-nous! Son Excellence a fini par m'avouer que tu étais mal avec la Grande-Aumônerie.[41] Bref, en demandant quel-ques renseignements à mes collègues, j'ai su que tu parlais fort légèrement d'un certain abbé Troubert, simple Vicaire-Général, mais le personnage le plus important de la province où il représente la Congrégation.[42] J'ai répondu de toi corps pour corps[43] au ministre. Monsieur mon neveu,

---

[24] 'sharp'   [25] i.e. decrees of the highest courts of the land   [26] i.e. the *Code civil*
[27] 'maliciously'   [28] 'included'   [29] 'sloop captain'; the equivalent of the modern lieutenant-commander   [30] 'offices [of the Ministry]'   [31] i.e. on the retired list   [32] 'informed him'   [33] 'notwithstanding'   [34] 'report'
[35] i.e. the Chamber of Deputies   [36] 'session'   [37] 'end of the session'   [38] 'town house'   [39] 'involved'   [40] 'come now!'   [41] i.e. in the bad graces of the ecclesi-astical officials   [42] the *Congrégation de la Sainte-Vierge*, a religious association formed in 1801 and particularly influential as an anti-liberal force in the political field during the Restoration   [43] i.e. personally

si tu veux faire ton chemin,[44] ne te crée aucune inimitié sacerdotale.[45] Va vite à Tours, fais-y ta paix avec ce diable de Vicaire-Général. Apprends que les vicaires-généraux sont des hommes avec lesquels il faut toujours vivre en paix. Morbleu![46] lorsque nous travaillons tous à 5 rétablir la religion, il est stupide à un lieutenant de vaisseau, qui veut être capitaine, de déconsidérer[47] les prêtres. Si tu ne te raccommodes pas[48] avec l'abbé Troubert, ne compte plus sur moi: je te renierai.[49] Le ministre des Affaires Ecclésiastiques m'a parlé tout à l'heure de cet homme comme d'un futur évêque. Si Troubert prenait notre famille en 10 haine, il pourrait m'empêcher d'être compris dans la prochaine fournée de pairs.[50] Comprends-tu?

Ces paroles expliquèrent au lieutenant de vaisseau les secrètes occupations de Troubert, de qui Birotteau disait niaisement: Je ne sais pas à quoi lui sert de passer les nuits.[51]

15 La position du chanoine au milieu du sénat femelle qui faisait si subtilement la police de la province et sa capacité personnelle l'avaient fait choisir par la Congrégation, entre tous les ecclésiastiques de la ville, pour être le proconsul inconnu de la Touraine. Archevêque, général, préfet, grands et petits étaient sous son occulte domination. Le baron de Lis-20 tomère eut bientôt pris son parti.[52]

— Je ne veux pas, dit-il à son oncle, recevoir une seconde bordée[53] ecclésiastique dans mes *œuvres-vives*.[54]

Trois jours après cette conférence diplomatique entre l'oncle et le neveu, le marin,[55] subitement revenu par la malle-poste[56] à Tours, révé-25 lait à sa tante, le soir même de son arrivée, les dangers que couraient les plus chères espérances de la famille de Listomère, s'ils s'obstinaient l'un et l'autre à soutenir *cet imbécile de Birotteau*. Le baron avait retenu M. de Bourbonne au moment où le vieux gentilhomme prenait sa canne et son chapeau pour s'en aller après la partie de whist. Les lumières[57] du 30 vieux malin étaient indispensables pour éclairer les écueils[58] dans lesquels se trouvaient engagés[59] les Listomère, et le vieux malin n'avait prématurément cherché sa canne et son chapeau que pour se faire dire à l'oreille: Restez, nous avons à causer.

Le prompt retour du baron, son air de contentement, en désaccord 35 avec la gravité peinte en certains moments sur sa figure, avaient accusé[60] vaguement à M. de Bourbonne quelques échecs[61] reçus par le lieutenant dans sa croisière[62] contre Gamard et Troubert. Il ne marqua point de

---

[44] i.e. your way in the world   [45] 'ecclesiastical enmity'   [46] an oath, from *mort de Dieu*   [47] 'bring into disrepute'   [48] 'do not make it up' [49] 'I shall wash my hands of you'   [50] 'batch of peers'   [51] 'what good it does him to sit up all night'   [52] 'made up his mind'   [53] 'broadside'   [54] i.e. below my water-line   [55] 'sailor'   [56] 'stage-coach'   [57] 'intelligence'   [58] 'reveal the reefs'   [59] 'stuck'   [60] 'had indicated'   [61] 'setbacks' [62] 'cruise'

surprise en entendant le baron proclamer le secret pouvoir du Vicaire-
Général congréganiste.[63]

— Je le savais, dit-il.

— Hé! bien, s'écria la baronne, pourquoi ne pas nous avoir avertis?

— Madame, répondit-il vivement, oubliez que j'ai deviné l'invisible 5
influence de ce prêtre et j'oublierai que vous la connaissez également. Si
nous ne nous gardions pas le secret, nous passerions pour ses complices;
nous serions redoutés et haïs. Imitez-moi: feignez d'être une dupe; mais
sachez bien où vous mettez les pieds. Je vous en avais assez dit, vous ne
me compreniez point, et je ne voulais pas me compromettre. 10

— Comment devons-nous maintenant nous y prendre?[64] dit le baron.

Abandonner Birotteau n'était pas une question,[65] et ce fut une première condition sous-entendue[66] par les trois conseillers.

— Battre en retraite[67] avec les honneurs de la guerre a toujours été
le chef-d'œuvre des plus habiles généraux, répondit M. de Bourbonne. 15
Pliez[68] devant Troubert: si sa haine est moins forte que sa vanité, vous
vous en ferez un allié; mais si vous pliez trop, il vous marchera sur le
ventre;[69] car

Abîme[70] tout plutôt, c'est l'esprit de l'Eglise,

a dit Boileau.[71] Faites croire que vous quittez le service, vous lui échap- 20
pez, monsieur le baron. Renvoyez le vicaire, madame, vous donnerez
gain de cause à la Gamard. Demandez chez l'archevêque à l'abbé Troubert s'il sait le whist, il vous dira *oui*. Priez-le de venir faire une partie
dans ce salon, où il veut être reçu; certes il y viendra. Vous êtes femme,
sachez mettre ce prêtre dans vos intérêts.[72] Quand le baron sera capi- 25
taine de vaisseau, son oncle pair de France, Troubert évêque, vous pourrez faire Birotteau chanoine tout à votre aise. Jusque-là pliez; mais
pliez avec grâce et en menaçant. Votre famille peut prêter à Troubert
autant d'appui qu'il vous en donnera; vous vous entendrez à merveille.
D'ailleurs marchez la sonde[73] en main, marin! 30

— Ce pauvre Birotteau! dit la baronne.

— Oh! entamez-le[74] promptement, répliqua le propriétaire en s'en
allant. Si quelque libéral adroit s'emparait de cette tête vide, il vous
causerait des chagrins. Après tout, les tribunaux prononceraient en sa
faveur, et Troubert doit avoir peur du jugement. Il peut encore vous 35
pardonner d'avoir entamé le combat; mais, après une défaite, il serait
implacable. J'ai dit.

---

[63] i.e. a member of the *Congrégation de la Sainte-Vierge*   [64] 'act'   [65] i.e. went
without saying   [66] 'tacitly agreed upon'   [67] 'to beat a retreat'   [68] 'yield'
[69] i.e. will trample all over you   [70] 'ruin'   [71] Nicolas Boileau-Despréaux (1636–
1711), French satirist and critic, author of the mock-heroic poem *Le Lutrin*, in which this
verse occurs (I, 186); the first part of the sentence reads: "Pour soutenir tes droits, que le
ciel autorise,"   [72] i.e. on your side   [73] 'sounding-line'   [74] 'get in touch with him'

Il fit claquer[75] sa tabatière, alla mettre ses doubles souliers,[76] et partit.

Le lendemain matin, après le déjeuner, la baronne resta seule avec le vicaire, et lui dit, non sans un visible embarras: Mon cher monsieur Birotteau, vous allez trouver mes demandes bien injustes et bien incon-séquentes;[77] mais il faut, pour vous et pour nous, d'abord éteindre votre procès contre Mlle Gamard en vous désistant de vos prétentions,[78] puis quitter ma maison. En entendant ces mots le pauvre prêtre pâlit. — Je suis, reprit-elle, la cause innocente de vos malheurs, et sais que sans mon neveu vous n'eussiez pas intenté[79] le procès qui maintenant fait votre chagrin et le nôtre. Mais écoutez!

Elle lui déroula[80] succinctement l'immense étendue de cette affaire et lui expliqua la gravité de ses suites.[81] Ses méditations lui avaient fait deviner pendant la nuit les antécédents[82] probables de la vie de Trou-bert: elle put alors, sans se tromper, démontrer à Birotteau la trame dans laquelle l'avait enveloppé cette vengeance si habilement ourdie, lui ré-véler la haute capacité, le pouvoir de son ennemi en lui en dévoilant la haine, en lui en apprenant les causes, en le lui montrant couché durant douze années devant Chapeloud, et dévorant Chapeloud, et persécutant encore Chapeloud dans son ami. L'innocent Birotteau joignit ses mains comme pour prier et pleura de chagrin à l'aspect d'horreurs humaines que son âme pure n'avait jamais soupçonnées. Aussi effrayé que s'il se fût trouvé sur le bord d'un abîme,[83] il écoutait, les yeux fixes et humides, mais sans exprimer aucune idée, le discours de sa bienfaitrice, qui lui dit en terminant: Je sais tout ce qu'il y a de mal à vous abandonner; mais, mon cher abbé, les devoirs de famille passent avant ceux de l'amitié. Cédez, comme je le fais, à cet orage,[84] je vous en prouverai toute ma reconnaissance.[85] Je ne vous parle pas de vos intérêts, je m'en charge. Vous serez hors de toute inquiétude pour votre existence. Par l'entre-mise[86] de Bourbonne, qui saura sauver les apparences, je ferai en sorte que rien ne vous manque. Mon ami, donnez-moi le droit de vous trahir.[87] Je resterai votre amie, tout en me conformant aux maximes du monde. Décidez.

Le pauvre abbé stupéfait s'écria: — Chapeloud avait donc raison en disant que, si Troubert pouvait venir le tirer par les pieds dans la tombe, il le ferait! Il couche dans le lit de Chapeloud.

— Il ne s'agit pas de[88] se lamenter, dit Mme de Listomère, nous avons peu de temps à nous. Voyons!

Birotteau avait trop de bonté pour ne pas obéir, dans les grandes crises, au dévouement irréfléchi[89] du premier moment. Mais d'ailleurs sa vie

---

[75] 'snapped [the lid of]' [76] 'overshoes' [77] 'inconsistent' [78] 'by waiving your claims' [79] 'instituted' [80] 'unfolded' [81] 'consequences' [82] 'pre-vious events' [83] 'abyss' [84] 'storm' [85] 'gratitude' [86] 'intervention' [87] 'betray you' [88] i.e. there is no point in [89] 'spontaneous'

n'était déjà plus qu'une agonie.[90] Il dit, en jetant à sa protectrice un regard désespérant qui la navra:[91] Je me confie à vous. Je ne suis plus qu'un
bourrier de la rue!

Ce mot tourangeau n'a pas d'autre équivalent possible que le mot brin
de paille.[92] Mais il y a de jolis petits brins de paille jaunes, polis, rayon-
nants,[93] qui font le bonheur des enfants; tandis que le bourrier est le brin
de paille décoloré, boueux, roulé dans les ruisseaux,[94] chassé par la tempête, tordu[95] par les pieds du passant.

— Mais, madame, je ne voudrais pas laisser à l'abbé Troubert le portrait de Chapeloud; il a été fait pour moi, il m'appartient; obtenez qu'il
me soit rendu, j'abandonnerai tout le reste.

— Hé! bien, dit Mme de Listomère, j'irai chez Mlle Gamard. Ces
mots furent dits d'un ton qui révéla l'effort extraordinaire que faisait la
baronne de Listomère en s'abaissant à flatter l'orgueil de la vieille fille. —
Et, ajouta-t-elle, je tâcherai de tout arranger. A peine osé-je l'espérer.
Allez voir M. de Bourbonne, qu'il minute votre désistement en bonne
forme,[96] apportez-m'en l'acte bien en règle;[97] puis, avec le secours de
monseigneur l'archevêque, peut-être pourrons-nous en finir.[98]

Birotteau sortit épouvanté. Troubert avait pris à ses yeux les dimensions d'une pyramide d'Egypte. Les mains de cet homme étaient à
Paris et ses coudes[99] dans le cloître Saint-Gatien.

— Lui, se dit-il, empêcher M. le marquis de Listomère de devenir
pair de France?... *Et peut-être avec le secours de monseigneur l'archevêque,*
pourra-t-on en finir!

En présence de si grands intérêts, Birotteau se trouvait comme un
ciron:[1] il se faisait justice.[2]

La nouvelle du déménagement de Birotteau fut d'autant plus étonnante que la cause en était impénétrable. Mme de Listomère disait que,
son neveu voulant se marier et quitter le service, elle avait besoin, pour
agrandir son appartement, de celui du vicaire. Personne ne connaissait
encore le désistement de Birotteau. Ainsi les instructions de M. de
Bourbonne étaient sagement exécutées. Ces deux nouvelles, en par-
venant aux oreilles du Grand-Vicaire, devaient flatter son amour-propre
en lui apprenant que, si elle ne capitulait pas, la famille de Listomère
restait au moins neutre, et reconnaissait tacitement le pouvoir occulte
de la Congrégation: le reconnaître, n'était-ce pas s'y soumettre? Mais
le procès demeurait tout entier *sub judice*.[3] N'était-ce pas à la fois plier
et menacer?

Les Listomère avaient donc pris dans cette lutte une attitude exacte-

---

[90] 'death-struggle'   [91] 'wrung her heart'   [92] 'bit of straw'   [93] 'shiny'
[94] 'muddy, rolled in the gutters'   [95] 'twisted'   [96] 'let him draft your withdrawal properly'   [97] 'the document in proper form'   [98] 'settle the matter'
[99] 'elbows'   [1] 'mite'   [2] i.e. he became fully conscious of his own insignificance
[3] i.e. undecided by the courts

ment semblable à celle du Grand-Vicaire: ils se tenaient en dehors et pouvaient tout diriger. Mais un événement grave survint et rendit encore plus difficile la réussite[4] des desseins médités par M. de Bourbonne et par les Listomère pour apaiser le parti Gamard et Troubert. La veille, Mlle Gamard avait pris du froid en sortant de la cathédrale, s'était mise au lit et passait pour être dangereusement malade. Toute la ville retentissait de plaintes excitées par une fausse commisération. «La sensibilité[5] de Mlle Gamard n'avait pu résister au scandale de ce procès. Malgré son bon droit, elle allait mourir de chagrin. Birotteau tuait sa bienfaitrice...» Telle était la substance des phrases jetées en avant par les tuyaux capillaires du grand conciliabule[6] femelle, et complaisamment répétées par la ville de Tours.

Mme de Listomère eut la honte d'être venue chez la vieille fille sans recueillir le fruit de sa visite. Elle demanda fort poliment à parler à monsieur le Vicaire-Général. Flatté peut-être de recevoir dans la bibliothèque de Chapeloud, et au coin de cette cheminée ornée des deux fameux tableaux contestés, une femme par laquelle il avait été méconnu,[7] Troubert fit attendre la baronne un moment; puis il consentit à lui donner audience. Jamais courtisan ni diplomate ne mirent dans la discussion de leurs intérêts particuliers, ou dans la conduite d'une négociation nationale, plus d'habileté, de dissimulation, de profondeur que n'en déployèrent[8] la baronne et l'abbé dans le moment où ils se trouvèrent tous les deux en scène.

Semblable au parrain[9] qui, dans le moyen âge, armait le champion et en fortifiait la valeur par d'utiles conseils, au moment où il entrait en lice,[10] le vieux malin avait dit à la baronne: N'oubliez pas votre rôle, vous êtes conciliatrice et non partie intéressée. Troubert est également un médiateur. Pesez vos mots! étudiez les inflexions de la voix du Vicaire-Général. S'il se caresse le menton, vous l'aurez séduit.[11]

Quelques dessinateurs[12] se sont amusés à représenter en caricature le contraste fréquent qui existe entre *ce que l'on dit* et *ce que l'on pense*. Ici, pour bien saisir l'intérêt du duel de paroles qui eut lieu entre le prêtre et la grande dame, il est nécessaire de dévoiler les pensées qu'ils cachèrent mutuellement sous des phrases en apparence insignifiantes. Mme de Listomère commença par témoigner[13] le chagrin que lui causait le procès de Birotteau, puis elle parla du désir qu'elle avait de voir terminer cette affaire à la satisfaction des deux parties.

— Le mal est fait, madame, dit l'abbé d'une voix grave, la vertueuse Mlle Gamard se meurt.[14] (*Je ne m'intéresse pas plus à cette sotte de fille*

---

[4] 'success' [5] 'sensitiveness' [6] 'synod' [7] 'slighted' [8] 'showed'
[9] 'sponsor' [10] 'the lists' [11] 'will have won him over' [12] 'illustrators'
[13] 'expressing' [14] 'is dying'

qu'au Prêtre-Jean,[15] pensait-il; *mais je voudrais bien vous mettre sa mort sur le dos, et vous en inquiéter la conscience, si vous êtes assez niais pour en prendre du souci.*)[16]

— En apprenant sa maladie, monsieur, lui répondit la baronne, j'ai exigé de monsieur le vicaire un désistement que j'apportais à cette sainte fille. (*Je te devine, rusé coquin!* pensait-elle; *mais nous voilà mis à l'abri de*[17] *tes calomnies. Quant à toi, si tu prends le désistement, tu t'enferreras,*[18] *tu avoueras ainsi ta complicité.*)

Il se fit un moment de silence.

— Les affaires temporelles de Mlle Gamard ne me concernent pas, dit enfin le prêtre en abaissant ses larges paupières sur ses yeux d'aigle pour voiler ses émotions. (*Oh! oh! vous ne me compromettrez pas! Mais Dieu soit loué! les damnés avocats ne plaideront pas une affaire qui pouvait me salir.*[19] *Que veulent donc les Listomère, pour se faire ainsi mes serviteurs?*)

— Monsieur, répondit la baronne, les affaires de M. Birotteau me sont aussi étrangères que vous le sont les intérêts de Mlle Gamard; mais malheureusement la religion peut souffrir de leurs débats,[20] et je ne vois en vous qu'un médiateur, là où moi-même j'agis en conciliatrice... (*Nous ne nous abuserons ni l'un ni l'autre,*[21] *M. Troubert,* pensait-elle. *Sentez-vous le tour épigrammatique de cette réponse?*)

— La religion souffrir, madame! dit le Grand-Vicaire. La religion est trop haut située pour que les hommes puissent y porter atteinte.[22] (*La religion, c'est moi,* pensait-il.) — Dieu nous jugera sans erreur, madame, ajouta-t-il, je ne reconnais que son tribunal.

—Hé! bien, monsieur, répondit-elle, tâchons d'accorder les jugements des hommes avec les jugements de Dieu. (*Oui, la religion c'est toi.*)

L'abbé Troubert changea de ton: Monsieur votre neveu n'est-il pas allé à Paris? (*Vous avez eu là de mes nouvelles,* pensait-il. *Je puis vous écraser,*[23] *vous qui m'avez méprisé. Vous venez capituler.*)

—Oui, monsieur, je vous remercie de l'intérêt que vous prenez à lui. Il retourne ce soir à Paris, il est mandé[24] par le ministre qui est parfait pour nous,[25] et voudrait ne pas lui voir quitter le service. (*Jésuite, tu ne nous écraseras pas,* pensait-elle, *et ta plaisanterie est comprise.*) Un moment de silence. — Je ne trouve pas sa conduite convenable dans cette affaire, reprit-elle, mais il faut pardonner à un marin de ne pas se connaître en Droit.[26] — (*Faisons alliance,* pensait-elle. *Nous ne gagnerons rien à guerroyer.*)

Un léger sourire de l'abbé se perdit dans les plis de son visage: — Il nous aura rendu le service de nous apprendre la valeur de ces deux pein-

---

[15] Prester John, a semi-legendary priest-king who was supposed to have ruled in Asia or Africa in the 12th century   [16] i.e. to worry about it   [17] 'secure against'   [18] 'you will impale yourself'   [19] 'besmirch me'   [20] 'disputes'   [21] 'we shall not deceive one another'   [22] 'harm it'   [23] 'crush you'   [24] 'summoned'   [25] i.e. extremely well disposed towards us   [26] 'for not being an expert in the law'

tures, dit-il en regardant les tableaux, elles seront un bel ornement pour la chapelle de la Vierge. (*Vous m'avez lancé une épigramme*, pensait-il, *en voici deux, nous sommes quittes, madame.*)

— Si vous les donniez à Saint-Gatien, je vous demanderais de me
5 laisser offrir à l'église des cadres[27] dignes du lieu et de l'œuvre. (*Je voudrais bien te faire avouer que tu convoitais*[28] *les meubles de Birotteau*, pensait-elle.)

— Elles ne m'appartiennent pas, dit le prêtre en se tenant toujours sur ses gardes.

10 — Mais voici, dit Mme de Listomère, un acte qui éteint toute discussion, et les rend à Mlle Gamard. Elle posa le désistement sur la table. (*Voyez, monsieur*, pensait-elle, *combien j'ai de confiance en vous.*) — Il est digne de vous, monsieur, ajouta-t-elle, digne de votre beau caractère, de réconcilier deux chrétiens; quoique je prenne maintenant peu d'intérêt
15 à M. Birotteau...

— Mais il est votre pensionnaire, dit-il en l'interrompant.

— Non, monsieur, il n'est plus chez moi. (*La pairie de mon beau-frère et le grade*[29] *de mon neveu me font faire bien des lâchetés*,[30] pensait-elle.)

L'abbé demeura impassible,[31] mais son attitude calme était l'indice
20 des émotions les plus violentes. M. de Bourbonne avait seul deviné le secret de cette paix apparente. Le prêtre triomphait!

— Pourquoi vous êtes-vous donc chargée de son désistement? demanda-t-il excité par un sentiment analogue à celui qui pousse une femme à se faire répéter des compliments.

25 — Je n'ai pu me défendre d'un mouvement[32] de compassion. Birotteau, dont le caractère faible doit vous être connu, m'a suppliée[33] de voir Mlle Gamard, afin d'obtenir pour prix de sa renonciation à...

L'abbé fronça ses sourcils.[34]

— ...A des *droits* reconnus par des avocats distingués, le portrait...
30 Le prêtre regarda Mme de Listomère.

— ...Le portrait de Chapeloud, dit-elle en continuant. Je vous laisse le juge de sa prétention...[35] (*Tu serais condamné, si tu voulais plaider*, pensait-elle.)

L'accent que prit la baronne pour prononcer les mots *avocats distingués*
35 fit voir au prêtre qu'elle connaissait le fort et le faible de l'ennemi. Mme de Listomère montra tant de talent à ce connaisseur émérite[36] dans le cours de cette conversation qui se maintint longtemps sur ce ton, que l'abbé descendit chez Mlle Gamard pour aller chercher sa réponse à la transaction proposée.
40 Troubert revint bientôt.

---

[27] 'frames'   [28] 'coveted'   [29] 'rank'   [30] 'cowardly acts'   [31] 'impassive'   [32] 'could not resist an impulse'   [33] 'besought me'   [34] 'frowned'
[35] 'claim'   [36] 'expert judge'

— Madame, voici les paroles de la pauvre mourante: «*Monsieur l'abbé Chapeloud m'a témoigné trop d'amitié*, m'a-t-elle dit, *pour que je me sépare de son portrait.*» Quant à moi, reprit-il, s'il m'appartenait, je ne le céderais à personne. J'ai porté des sentiments trop constants au cher défunt pour ne pas me croire le droit de disputer son image à tout le monde.

— Monsieur, ne *nous brouillons* pas[37] pour une mauvaise peinture. (*Je m'en moque autant que vous vous en moquez vous-même*, pensait-elle.) — Gardez-la, nous en ferons faire une copie. Je m'applaudis d'avoir assoupi[38] ce triste et déplorable procès, et j'y aurai personnellement gagné le plaisir de vous connaître. J'ai entendu parler de votre talent au whist. Vous pardonnerez à une femme d'être curieuse, dit-elle en souriant. Si vous vouliez venir jouer quelquefois chez moi, vous ne pouvez pas douter de l'accueil[39] que vous y recevrez.

Troubert se caressa le menton. (*Il est pris!*[40] *Bourbonne avait raison*, pensait-elle, *il a sa dose de vanité.*)

En effet, le Grand-Vicaire éprouvait en ce moment la sensation délicieuse contre laquelle Mirabeau[41] ne savait pas se défendre, quand, aux jours de sa puissance, il voyait ouvrir devant sa voiture la porte cochère[42] d'un hôtel autrefois fermé pour lui.

— Madame, répondit-il, j'ai de trop grandes occupations pour aller dans le monde; mais pour vous, que ne ferait-on pas? (*La vieille fille va crever,*[43] *j'entamerai*[44] *les Listomère, et les servirai s'il me servent!* pensait-il. *Il vaut mieux les avoir pour amis que pour ennemis.*)

Madame de Listomère retourna chez elle, espérant que l'archevêque consommerait une œuvre de paix si heureusement commencée. Mais Birotteau ne devait pas même profiter de son désistement. Mme de Listomère apprit le lendemain la mort de Mlle Gamard. Le testament de la vieille fille ouvert, personne ne fut surpris en apprenant qu'elle avait fait l'abbé Troubert son légataire universel.[45] Sa fortune fut estimée à cent mille écus. Le Vicaire-Général envoya deux billets d'invitation pour le service et le convoi[46] de son amie chez Mme de Listomère: l'un pour elle, l'autre pour son neveu.

— Il faut y aller, dit-elle.

— Ça ne veut pas dire autre chose,[47] s'écria M. de Bourbonne. C'est une épreuve[48] par laquelle monseigneur Troubert veut vous juger. Baron, allez jusqu'au cimetière, ajouta-t-il en se tournant vers le lieutenant de vaisseau qui, pour son malheur, n'avait pas quitté Tours.

Le service eut lieu, et fut d'une grande magnificence ecclésiastique. Une seule personne y pleura. Ce fut Birotteau, qui, seul dans une

---

[37] 'let us not quarrel'   [38] 'hushed up'   [39] 'welcome'   [40] 'caught'
[41] Honoré-Gabriel-Victor Riqueti, comte de Mirabeau (1749–91), orator of the French Revolution   [42] 'carriage-entrance'   [43] 'die'   [44] i.e. I shall enter into friendly relations with   [45] 'sole heir'   [46] 'funeral procession'   [47] 'that can only mean one thing'   [48] 'test'

chapelle écartée,⁴⁹ et sans être vu, se crut coupable de cette mort, et pria sincèrement pour l'âme de la défunte, en déplorant avec amertume de n'avoir pas obtenu d'elle le pardon de ses torts. L'abbé Troubert accompagna le corps de son amie jusqu'à la fosse⁵⁰ où elle devait être
5 enterrée. Arrivé sur le bord, il prononça un discours où, grâce à son talent, le tableau de la vie étroite menée par la testatrice prit des proportions monumentales. Les assistants⁵¹ remarquèrent ces paroles dans la péroraison:⁵²

«Cette vie pleine de jours acquis⁵³ à Dieu et à sa religion, cette vie
10 que décorent tant de belles actions faites dans le silence, tant de vertus modestes et ignorées, fut brisée par une douleur que nous appellerions imméritée, si, au bord de l'éternité, nous pouvions oublier que toutes nos afflictions nous sont envoyées par Dieu. Les nombreux amis de cette sainte fille, connaissant la noblesse et la candeur de son âme, pré-
15 voyaient qu'elle pouvait tout supporter, hormis des soupçons qui flétrissaient⁵⁴ sa vie entière. Aussi, peut-être la Providence l'a-t-elle amenée au sein⁵⁵ de Dieu, pour l'enlever à nos misères. Heureux ceux qui peuvent reposer, ici-bas, en paix avec eux-mêmes, comme Sophie repose maintenant au séjour des bienheureux⁵⁶ dans sa robe d'innocence!»

20 — Quand il eut achevé ce pompeux discours, reprit M. de Bourbonne qui raconta les circonstances de l'enterrement à Mme de Listomère au moment où, les parties finies et les portes fermées, ils furent seuls avec le baron, figurez-vous, si cela est possible, ce Louis XI⁵⁷ en soutane, donnant ainsi le dernier coup de goupillon⁵⁸ chargé d'eau bénite. M. de
25 Bourbonne prit la pincette,⁵⁹ et imita si bien le geste de l'abbé Troubert, que le baron et sa tante ne purent s'empêcher de sourire. — Là seulement, reprit le vieux propriétaire, il s'est démenti.⁶⁰ Jusqu'alors, sa contenance avait été parfaite; mais il lui a sans doute été impossible, en calfeutrant⁶¹ pour toujours cette vieille fille qu'il méprisait souveraine-
30 ment et haïssait peut-être autant qu'il a détesté Chapeloud, de ne pas laisser percer sa joie dans un geste.
Le lendemain matin, Mlle Salomon vint déjeuner chez Mme de Listomère, et, en arrivant, lui dit tout émue: Notre pauvre abbé Birotteau a reçu tout à l'heure un coup affreux, qui annonce les calculs les plus
35 étudiés de la haine. Il est nommé curé de Saint-Symphorien.
Saint-Symphorien est un faubourg⁶² de Tours, situé au delà du pont. Ce pont, un des plus beaux monuments de l'architecture française, a

⁴⁹ 'secluded'   ⁵⁰ 'grave'   ⁵¹ 'those present'   ⁵² 'peroration'   ⁵³ 'devoted'   ⁵⁴ 'stigmatized'   ⁵⁵ 'bosom'   ⁵⁶ 'abode of the blessed'   ⁵⁷ king of France (1461–83), noted for his cunning   ⁵⁸ 'holy water sprinkler'   ⁵⁹ 'tongs'   ⁶⁰ 'betrayed himself'   ⁶¹ 'sealing up'   ⁶² 'suburb'

dix-neuf cents pieds de long, et les deux places qui le terminent à chaque
bout sont absolument pareilles.

— Comprenez-vous? reprit-elle après une pause et tout étonnée de
la froideur que marquait Mme de Listomère en apprenant cette nouvelle.
L'abbé Birotteau sera là comme à cent lieues[63] de Tours, de ses amis, de
tout. N'est-ce pas un exil d'autant plus affreux qu'il est arraché à une
ville que ses yeux verront tous les jours et où il ne pourra plus guère
venir? Lui qui, depuis ses malheurs, peut à peine marcher, serait obligé
de faire une lieue pour nous voir. En ce moment, le malheureux est au
lit, il a la fièvre. Le presbytère[63a] de Saint-Symphorien est froid, humide,
et la paroisse[64] n'est pas assez riche pour le réparer. Le pauvre vieillard
va donc se trouver enterré dans un véritable sépulcre. Quelle atroce
combinaison![65]

Maintenant il nous suffira peut-être, pour achever cette histoire, de
rapporter simplement quelques événements, et d'esquisser[66] un dernier
tableau.

Cinq mois après, le Vicaire-Général fut nommé Evêque. Mme de Listomère était morte, et laissait quinze cents francs de rente[67] par testament à l'abbé Birotteau. Le jour où le testament de la baronne fut connu,
Mgr Hyacinthe,[68] Evêque de Troyes,[69] était sur le point de quitter la
ville de Tours pour aller résider dans son diocèse; mais il retarda son départ. Furieux d'avoir été joué[70] par une femme à laquelle il avait donné
la main tandis qu'elle tendait secrètement la sienne à un homme qu'il
regardait comme son ennemi, Troubert menaça de nouveau l'avenir du
baron et la pairie du marquis de Listomère. Il dit en pleine assemblée,[71]
dans le salon de l'archevêque, un de ces mots ecclésiastiques gros[72] de
vengeance et pleins de mielleuse mansuétude.[73] L'ambitieux marin vint
voir ce prêtre implacable qui lui dicta sans doute de dures conditions;
car la conduite du baron attesta le plus entier dévouement aux volontés
du terrible congréganiste. Le nouvel Evêque rendit, par un acte authen-
tique, la maison de Mlle Gamard au Chapitre de la cathédrale, il donna
la bibliothèque et les livres de Chapeloud au petit séminaire,[74] il dédia
les deux tableaux contestés à la chapelle de la Vierge; mais il garda le
portrait de Chapeloud. Personne ne s'expliqua cet abandon presque total
de la succession de Mlle Gamard. M. de Bourbonne supposa que
l'Evêque en conservait secrètement la partie liquide, afin d'être à même[75]
de tenir avec honneur son rang à Paris, s'il était porté au banc des
Evêques dans la Chambre Haute.[76] Enfin, la veille du départ de Mgr
Troubert, le *vieux malin* finit par deviner le dernier calcul que cachât

---

[63] 'leagues'   [63a] 'rectory'   [64] 'parish'   [65] 'plot'   [66] 'sketch'   [67] 'annual income'   [68] i.e. Hyacinthe Troubert   [69] a town in Champagne   [70] 'tricked'
[71] 'official reception'   [72] 'pregnant'   [73] 'honeyed meekness'   [74] 'church
school for boys'   [75] 'in a position'   [76] i.e. the House of Peers

cette action, coup de grâce[77] donné par la plus persistante de toutes les vengeances à la plus faible de toutes les victimes. Le legs de Mme de Listomère à Birotteau fut attaqué par le baron de Listomère sous prétexte de captation![78] Quelques jours après l'exploit introductif d'instance,[79] le baron fut nommé capitaine de vaisseau. Par une mesure disciplinaire, le curé de Saint-Symphorien était interdit.[80] Les supérieurs ecclésiastiques jugeaient le procès par avance. L'assassin de feu Sophie Gamard était donc un fripon! Si Mgr Troubert avait conservé la succession de la vieille fille, il eût été difficile de faire censurer Birotteau.

Au moment où Mgr Hyacinthe, Evêque de Troyes, venait en chaise de poste, le long du quai Saint-Symphorien, pour se rendre à Paris, le pauvre abbé Birotteau avait été mis dans un fauteuil au soleil, au-dessus d'une terrasse. Ce pauvre prêtre frappé par son archevêque était pâle et maigre. Le chagrin empreint dans tous les traits, décomposait entièrement ce visage qui jadis était si doucement gai. La maladie jetait sur ces yeux, naïvement animés autrefois par les plaisirs de la bonne chère[81] et dénués[82] d'idées pesantes, un voile qui simulait une pensée. Ce n'était plus que le squelette du Birotteau qui roulait, un an auparavant, si vide mais si content, à travers le Cloître. L'Evêque lança sur sa victime un regard de mépris et de pitié; puis, il consentit à l'oublier, et passa.

Nul doute que Troubert n'eût été en d'autres temps Hildebrandt[83] ou Alexandre VI.[84] Aujourd'hui l'Eglise n'est plus une puissance politique et n'absorbe plus les forces des gens solitaires. Le célibat offre donc ce vice capital que, faisant converger les qualités de l'homme sur une seule passion, l'égoïsme, il rend les célibataires ou nuisibles ou inutiles. Nous vivons à une époque où le défaut des gouvernements est d'avoir moins fait la Société pour l'Homme, que l'Homme pour la Société. Il existe un combat perpétuel entre l'individu contre le système qui veut l'exploiter et qu'il tâche d'exploiter à son profit; tandis que jadis l'homme réellement plus libre se montrait plus généreux pour la chose publique.[85] Le cercle au milieu duquel s'agitent les hommes s'est insensiblement élargi: l'âme qui peut en embrasser la synthèse ne sera jamais qu'une magnifique exception; car, habituellement, en morale comme en physique, le mouvement perd en intensité ce qu'il gagne en étendue. La Société ne doit pas se baser sur des exceptions. D'abord, l'homme fut purement et simplement père, et son cœur battit chaudement, concentré dans le rayon[86] de sa famille. Plus tard, il vécut pour un clan ou pour une petite

---

[77] 'death blow'   [78] 'exercise of undue influence'   [79] 'introductory writ before the court of first instance'   [80] 'put under an interdict'   [81] 'good living'   [82] 'devoid' [83] Pope Gregory VII (1020–85), who magnified the temporal power of the Papacy   [84] Pope Alexander VI (1431–1503), a Borgia, who also did much to consolidate the Papal States [85] 'common weal'   [86] i.e. circle

république; de là, les grands dévouements[87] historiques de la Grèce ou de Rome. Puis, il fut l'homme d'une caste ou d'une religion pour les grandeurs de laquelle il se montra souvent sublime; mais là, le champ de ses intérêts s'augmenta de toutes les régions intellectuelles. Aujour- d'hui, sa vie est attachée à celle d'une immense patrie; bientôt, sa famille 5 sera, dit-on, le monde entier. Ce cosmopolitisme moral, espoir de la Rome chrétienne, ne serait-il pas une sublime erreur? Il est si naturel de croire à la réalisation d'une noble chimère, à la fraternité des hommes. Mais, hélas! la machine humaine n'a pas de si divines proportions. Les âmes assez vastes pour épouser une sentimentalité[88] réservée aux grands 10 hommes ne seront jamais celles ni des simples citoyens, ni des pères de famille. Certains physiologistes pensent que lorsque le cerveau s'agrandit ainsi, le cœur doit se resserrer.[89] Erreur! L'égoïsme apparent des hommes qui portent une science, une nation, ou des lois dans leur sein, n'est-il pas la plus noble des passions, et en quelque sorte, la maternité des 15 masses: pour enfanter des peuples neufs ou pour produire des idées nou- velles, ne doivent-ils pas unir dans leurs puissantes têtes les mamelles[90] de la femme à la force de Dieu? L'histoire des Innocent III,[91] des Pierre- le-Grand,[92] et de tous les meneurs[93] de siècle ou de nation prouverait au besoin,[94] dans un ordre très élevé, cette immense pensée que Troubert 20 représentait au fond du cloître Saint-Gatien.

---

[87] 'acts of self-sacrifice'   [88] i.e. devotion to an ideal   [89] 'shrink'
[90] 'breasts'   [91] (1198–1216), under whose pontificate the temporal power of the Papacy reached its greatest height   ·   [92] czar of Russia (1672–1725)   [93] 'leaders'
[94] 'if need be'

HUGO

HUGO

V ICTOR–MARIE HUGO (1802–85) was born at Besançon. His father, who came from Lorraine, was one of Napoleon's generals, and his mother the daughter of a ship-owner of Nantes. Hugo's childhood reflected the turmoil of the Napoleonic wars. With his parents he lived in Naples, Corsica and Madrid, where he attended school for some months. There were also calmer periods spent in Paris, in an apartment in the former convent of the Feuillantines. After the Restoration Hugo was sent to the pension Cordier and attended the collège Louis-le-Grand as a day-scholar. At fifteen a poem of his won honorable mention from the Academy; two years later he founded the *Conservateur litté-raire* with his brothers Abel and Eugène. By the time he was twenty-three Hugo had been made a *chevalier* of the Legion of Honor, had received a royal pension and was a poet with a national reputation. His tremendous literary activity and influence increased for the next two decades; he became the leader of the most important of the Romantic *cénacles*, and earned recognition as the outstanding dramatist of his generation by the production of *Hernani* (1830). The year 1831, which saw the publication of *Notre-Dame de Paris*, *Marion Delorme* and *Les Feuilles d'automne* was perhaps the most remarkable single year of this period. Not long after this, however, his domestic happiness was shattered. He had married, in 1822, a friend of his childhood, Adèle Foucher, who bore him four children. He now discovered a liaison between his wife and his friend Sainte-Beuve, the eminent critic. Hugo sought consolation in a life-long attachment to the actress Juliette Drouet. He was elected to the Academy in 1841, after being rejected three times. The failure of his play *Les Burgraves* in 1843 and the tragic death of his daughter Léopoldine a few months later turned him, to some extent, from literature to politics. He was made a peer in 1845 and, when the Upper House was abolished by the Revolution of 1848, he became active in the Chamber of Deputies. As Hugo's views had gradually evolved from the romantic royalism of his youth to a moderate republicanism, he found it impossible to submit to the autocracy of Napoleon III. After the *coup d'état* of 1851 he went into exile in the Channel Islands, first in Jersey and later in Guernsey, where he took up residence in Hauteville House. To relieve the tedium of his new life Hugo returned to literature with redoubled vigor, and interested himself also in new pursuits such as spiritualism and political intrigue directed against the Empire. He also staunchly championed a host of humanitarian causes. Hugo made a triumphant entry into Paris in September, 1870, the day after the proclamation of the Third Republic. The remaining years of the poet's life were divided between writing and politics. He came more and more to be regarded as a living symbol of the whole literature of his century, and before his death was loaded with every honor that the nation could pay him. He was accorded a grandiose state funeral and his remains were buried in the Panthéon.

Hugo's principal volumes of verse are: *Odes et Ballades* (1822–28), *Les Orientales* (1829), *Les Feuilles d'automne* (1831), *Les Chants du crépuscule* (1835), *Les Voix intérieures* (1837), *Les Rayons et les Ombres* (1840), *Les Châtiments* (1853), *Les Contemplations* (1856), *La Légende des siècles* (1859–77–83), *Les Chansons des rues et des bois* (1865), *L'Art d'être grand-père* (1877). His chief plays are: *Cromwell* (1827), *Hernani* (1830), *Marion de Lorme* (1831), *Ruy Blas* (1838), *Les Burgraves* (1843). The most important novels are: *Notre-Dame de Paris* (1831), *Les Misérables* (1862), *Les Travailleurs de la mer* (1866), *Quatre-vingt-treize* (1874).

RUY BLAS[1]

PERSONNAGES

RUY BLAS
DON SALLUSTE DE BAZAN
DON CÉSAR DE BAZAN
DON GURITAN
LE COMTE DE CAMPOREAL
LE MARQUIS DE SANTA-CRUZ
LE MARQUIS DEL BASTO
LE COMTE D'ALBE
LE MARQUIS DE PRIEGO
DON MANUEL ARIAS
MONTAZGO
DON ANTONIO UBILLA
COVADENGA
GUDIEL
UN LAQUAIS
UN ALCADE[2]
UN HUISSIER[3]
UN ALGUAZIL[4]
UN PAGE

DOÑA MARIA DE NEUBOURG, reine d'Espagne
LA DUCHESSE D'ALBUQUERQUE
CASILDA
UNE DUÈGNE[5]

Dames, Seigneurs, Conseillers privés, Pages, Duègnes, Alguazils,
Gardes, Huissiers de chambre et de cour.[6]

Madrid, 169..

[1] Hugo made his first contribution to the Romantic drama in 1827, when he published *Cromwell* and its important preface. *Hernani* (1830) was the first of his plays to be performed; *Ruy Blas* (1838), the seventh. In this poetic drama the decadent Spain of 1698 was contrasted with the expanding, vigorous Spain of Charles V which is depicted in *Hernani*, and the play, as Hugo's preface shows, was intended to have a definite political significance. The central theme, that of a lackey aspiring to the love of a queen, had been treated in several contemporary works. For the historical background Hugo relied chiefly on the *Mémoires de la Cour d'Espagne* by Mme d'Aulnoy (1690) and the *Etat présent de l'Espagne* by de Vayrac (1718). *Ruy Blas* was written in five weeks (July–August, 1838) and was staged at the opening performance of the new Théâtre de la Renaissance. Frédérick Lemaître was in the title-role, but the play was not particularly well received, some of the audience objecting to the "grotesque" of the fourth act. The play was added to the repertoire of the Comédie-Française in 1879. It was first published in December, 1838.
[2] 'magistrate'   [3] 'usher'   [4] 'police official'   [5] 'duenna'   [6] 'ushers of the private apartments of the palace and chamberlains of the court'

171

ACTE PREMIER

DON SALLUSTE

Le salon de Danaé dans le palais du roi, à Madrid. Ameublement magni-
fique dans le goût demi-flamand[1] du temps de Philippe IV.[2] A gauche,
une grande fenêtre à châssis dorés et à petits carreaux.[3] Des deux côtés,
sur un pan coupé,[4] une porte basse donnant[5] dans quelque appartement
intérieur. Au fond, une grande cloison vitrée[6] à châssis dorés s'ouvrant
par une large porte également vitrée sur une longue galerie. Cette galerie,
qui traverse tout le théâtre, est masquée par d'immenses rideaux qui tom-
bent du haut en bas de la cloison vitrée. Une table, un fauteuil, et ce
qu'il faut pour écrire.

Don Salluste *entre par la petite porte de gauche, suivi de* Ruy Blas *et*
de Gudiel, *qui porte une cassette[7] et divers paquets qu'on dirait disposés[8]*
pour un voyage. Don Salluste *est vêtu de velours[9] noir, costume de*
cour du temps de Charles II.[10] La toison d'or[11] au cou. Par-dessus
l'habillement noir, un riche manteau de velours clair, brodé[12] d'or et
doublé[13] de satin noir. Epée à grande coquille.[14] Chapeau à plumes
blanches. Gudiel *est en noir, épée au côté.* Ruy Blas *est en livrée. Haut-*
de-chausses et justaucorps[15] bruns. Surtout galonné,[16] rouge et or. Tête
nue. Sans épée.

SCENE PREMIERE

Don Salluste de Bazan, Gudiel; *par instants* Ruy Blas

Don Salluste. Ruy Blas, fermez la porte, — ouvrez cette fenêtre.
(Ruy Blas *obéit, puis, sur un signe de* Don Salluste, *il sort par la porte*
du fond, Don Salluste *va à la fenêtre.*)
Ils dorment encor tous ici. — Le jour va naître.
                      (*Il se tourne brusquement vers* Gudiel.)
Ah! c'est un coup de foudre!...[1] — oui, mon règne est passé,
Gudiel! — renvoyé,[2] disgracié, chassé! —
5   Ah! tout perdre en un jour! — L'aventure est secrète
Encor. N'en parle pas. — Oui, pour une amourette,[3]
— Chose, à mon âge, sotte et folle, j'en convien! —[4]

---

[1] i.e. the Spanish adaptation of the Flemish style   [2] king of Spain (1621–65)
[3] 'with gilded frames and small panes'   [4] 'oblique wall'   [5] 'leading'   [6] 'at
the back, a large glassed-in partition'   [7] 'casket'   [8] 'prepared'   [9] 'velvet'
[10] king of Spain (1665–1700)   [11] 'the Golden Fleece'; the badge of an exclusive order of
chivalry founded by Philip the Good of Burgundy in 1429   [12] 'embroidered'   [13] 'lined'
[14] 'shell-guard'   [15] 'trunkhose and doublet'   [16] 'surtout (i.e. outer coat) trimmed
with braid'
    [1] 'thunder-bolt'   [2] 'dismissed'   [3] 'trifling love-affair'   [4] = *conviens*; 'I agree'

Avec une suivante, une fille de rien![5]
Séduite, beau malheur! parce que la donzelle[6]
Est à la reine, et vient de Neubourg[7] avec elle,   10
Que[8] cette créature a pleuré contre moi,
Et traîné son enfant dans les chambres du roi;
Ordre de l'épouser. Je refuse. On m'exile.
On m'exile! Et vingt ans d'un labeur difficile,
Vingt ans d'ambition, de travaux nuit et jour;   15
Le président haï des alcades de cour,[9]
Dont nul ne prononçait le nom sans épouvante;[10]
Le chef de la maison de Bazan, qui s'en vante;[11]
Mon crédit,[12] mon pouvoir; tout ce que je rêvais,
Tout ce que je faisais et tout ce que j'avais,   20
Charge, emplois,[13] honneurs, tout en un instant s'écroule[14]
Au milieu des éclats de rire de la foule!

    GUDIEL. Nul ne le sait encor, monseigneur.
    DON SALLUSTE.   Mais demain!

Demain on le saura! — Nous serons en chemin.
Je ne veux pas tomber, non, je veux disparaître!   25

              (*Il déboutonne violemment son pourpoint.*[15])

— Tu m'agrafes[16] toujours comme on agrafe un prêtre,
Tu serres[17] mon pourpoint, et j'étouffe,[18] mon cher!   (*Il s'assied.*)
Oh! mais je vais construire, et sans en avoir l'air,[19]
Une sape[20] profonde, obscure et souterraine...
— Chassé! —   (*Il se lève.*)

    GUDIEL.   D'où vient le coup, monseigneur?
    DON SALLUSTE.   De la reine.   30

Oh! je me vengerai, Gudiel! — Tu m'entends!
Toi dont je suis l'élève, et qui depuis vingt ans
M'as aidé, m'as servi dans les choses passées,
Tu sais bien jusqu'où vont dans l'ombre mes pensées;
Comme un bon architecte, au coup d'œil exercé,[21]   35
Connaît la profondeur du puits qu'il a creusé.[22]
Je pars. Je vais aller à Finlas, en Castille,
Dans mes états, — et, là, songer! — Pour une fille!
— Toi, règle le départ, car nous sommes pressés.
Moi, je vais dire un mot au drôle[23] que tu sais;   40
A tout hasard.[24] Peut-il me servir? Je l'ignore.

---

    [5] 'a maid-in-waiting, a nobody'   [6] 'wench'   [7] town and duchy in Bavaria
[8] = *parce que*   [9] powerful criminal judges exercising summary jurisdiction   [10] 'terror'
[11] 'boasts of it'   [12] 'influence'   [13] 'position, offices'   [14] 'crumbles'   [15] 'doublet'
[16] 'hook me up'   [17] 'tighten'   [18] 'I am choking'   [19] 'without seeming to'
[20] 'sap'; for undermining   [21] 'trained to estimate at a glance'   [22] 'the well which
he has dug'   [23] 'dangerous fellow'; i.e. **Don César**   [24] 'on the off chance'

Ici jusqu'à ce soir je suis le maître encore.
Je me vengerai, va!²⁵ Comment? je ne sais pas;
Mais je veux que ce soit effrayant! — De ce pas²⁶
45 Va faire nos apprêts,²⁷ et hâte-toi. — Silence!
Tu pars avec moi. Va.

(Gudiel salue et sort. — Don Salluste appelant.)

— Ruy Blas!

Ruy Blas, se présentant à la porte du fond

Votre excellence?

Don Salluste. Comme je ne dois plus coucher dans le palais,
Il faut laisser les clefs et clore les volets.²⁸
Ruy Blas, s'inclinant. Monseigneur, il suffit.²⁹
Don Salluste.

Ecoutez, je vous prie.

50 La reine va passer, là, dans la galerie,
En allant de la messe à sa chambre d'honneur,³⁰
Dans deux heures. Ruy Blas, soyez là.

Ruy Blas.

Monseigneur,

J'y serai.
Don Salluste, à la fenêtre. Voyez-vous cet homme dans la place³¹
Qui montre aux gens de garde un papier, et qui passe?
55 Faites-lui, sans parler, signe qu'il peut monter,
Par l'escalier étroit.

(Ruy Blas obéit. Don Salluste continue en lui montrant la petite porte
à droite.)

— Avant de nous quitter,

Dans cette chambre où sont les hommes de police,
Voyez donc si les trois alguazils de service³²
Sont éveillés.

Ruy Blas. (Il va à la porte, l'entr'ouvre³³ et revient.)

Seigneur, ils dorment.

Don Salluste.

Parlez bas.

60 J'aurai besoin de vous, ne vous éloignez pas.
Faites le guet³⁴ afin que les fâcheux³⁵ nous laissent.

(Entre don César de Bazan. Chapeau défoncé.³⁶ Grande cape dégue-
nillée³⁷ qui ne laisse voir de sa toilette que des bas mal tirés³⁸ et des
souliers crevés.³⁹ Epée de spadassin.⁴⁰

Au moment où il entre, lui et Ruy Blas se regardent, et font en même
temps, chacun de son côté, un geste de surprise.)

Don Salluste, les observant, à part

Ils se sont regardés! Est-ce qu'ils se connaissent?　　　(Ruy Blas sort.)

²⁵ 'indeed'　　²⁶ 'at once'　　²⁷ 'preparations'　　²⁸ 'close the shutters'　　²⁹ '[your command] suffices'　　³⁰ 'reception room'　　³¹ 'square'; i.e. the Plaza de Oriente　³² 'on duty'　　³³ 'half opens it'　　³⁴ 'keep watch'　　³⁵ 'intruders'　　³⁶ 'battered'　　³⁷ 'tattered'　　³⁸ i.e. all askew　　³⁹ 'split'　　⁴⁰ 'bully'

SCENE II

Don Salluste, don César

Don Salluste. Ah! vous voilà, bandit![1]
Don César.   Oui, cousin, me voilà.
Don Salluste. C'est grand plaisir de voir un gueux[2] comme cela.
Don César, *saluant*. Je suis charmé...
Don Salluste.   Monsieur, on sait de vos histoires.[3] 65
Don César, *gracieusement*. Qui sont de votre goût?
Don Salluste.   Oui, des plus méritoires.
Don Charles de Mira l'autre nuit fut volé.
On lui prit son épée à fourreau ciselé[4]
Et son buffle.[5] C'était la surveille de Pâques.[6]
Seulement, comme il est chevalier de Saint-Jacques,[7]   70
La bande lui laissa son manteau.
     Don César.   Doux Jésus!
Pourquoi?
     Don Salluste. Parce que l'ordre était brodé dessus.
Eh bien, que dites-vous de l'algarade?[8]
     Don César.   Ah! diable!
Je dis que nous vivons dans un siècle effroyable!
Qu'allons-nous devenir, bon Dieu! si les voleurs   75
Vont courtiser saint Jacque et le mettre des leurs?[9]
     Don Salluste. Vous en étiez![10]
     Don César.   Eh bien, — oui! s'il faut que je parle,
J'étais là. Je n'ai pas touché votre don Charle,
J'ai donné seulement des conseils.
     Don Salluste.   Mieux encor.
La lune étant couchée, hier, Plaza-Mayor,[11]   80
Toutes sortes de gens, sans coiffe et sans semelle,[12]
Qui hors d'un bouge[13] affreux se ruaient[14] pêle-mêle,
Ont attaqué le guet. — Vous en étiez!
     Don César.   Cousin,
J'ai toujours dédaigné de battre un argousin.[15]
J'étais là. Rien de plus. Pendant les estocades,[16]   85
Je marchais en faisant des vers sous les arcades.
On s'est fort assommé.[17]

---

[1] 'scamp'   [2] 'beggar'   [3] 'we have heard stories about you'   [4] 'engraved sheath'   [5] 'buff-jerkin'   [6] 'two days before Easter'   [7] knight of the Spanish military order of St. James of Compostella   [8] 'escapade'   [9] 'court the favor of St. James and make him one of themselves'   [10] 'you were with them'   [11] the main square in Madrid   [12] 'bareheaded and bare-foot'   [13] 'den'   [14] 'poured out'   [15] 'policeman'   [16] 'attack'   [17] 'there was a good deal of fighting'

Don Salluste.   Ce n'est pas tout.
Don César.   Voyons.
Don Salluste. En France, on vous accuse, entre autres actions,
Avec vos compagnons à toute loi rebelles,
90 D'avoir ouvert sans clef la caisse des gabelles.[18]
Don César. Je ne dis pas.[19] — La France est pays ennemi.
Don Salluste. En Flandre, rencontrant dom Paul Barthélemy,
Lequel portait à Mons le produit d'un vignoble[20]
Qu'il venait de toucher[21] pour le chapitre noble,[22]
95 Vous avez mis la main sur l'argent du clergé.
Don César. En Flandre? — il se peut bien. J'ai beaucoup voyagé.
— Est-ce tout?
Don Salluste. Don César, la sueur[23] de la honte,
Lorsque je pense à vous, à la face me monte.
Don César. Bon. Laissez-la monter.
Don Salluste.   Notre famille...
Don César.   Non;
100 Car vous seul à Madrid connaissez mon vrai nom.
Ainsi ne parlons pas famille!
Don Salluste.   Une marquise
Me disait l'autre jour en sortant de l'église:
— Quel est donc ce brigand qui, là-bas, nez au vent,[24]
Se carre,[25] l'œil au guet et la hanche en avant,[26]
105 Plus délabré[27] que Job et plus fier que Bragance,[28]
Drapant sa gueuserie[29] avec son arrogance,
Et qui, froissant[30] du poing sous sa manche en haillons[31]
L'épée à lourd pommeau[32] qui lui bat les talons,[33]
Promène, d'une mine altière[34] et magistrale,
110 Sa cape en dents de scie[35] et ses bas en spirale?[36]
Don César, *jetant un coup d'œil sur sa toilette*
Vous avez répondu: C'est ce cher Zafari!
Don Salluste. Non; j'ai rougi, monsieur.
Don César.   Eh bien! la dame a ri.
Voilà. J'aime beaucoup faire rire les femmes.
Don Salluste. Vous n'allez fréquentant que spadassins infâmes!
115 Don César. Des clercs! des écoliers doux comme des moutons!
Don Salluste. Partout on vous rencontre avec des Jeannetons![37]

[18] 'the strong-box [containing the money collected] from the salt-tax'   [19] 'I don't deny it'   [20] 'vineyard'   [21] 'collected'   [22] a cathedral chapter enjoying privileges of nobility   [23] 'sweat'   [24] i.e. with his head in the air   [25] 'swaggers along'   [26] 'with roving eye and hips thrust out'   [27] 'ragged'   [28] the royal house of Portugal   [29] 'beggarliness'   [30] 'brushing'   [31] 'tatters'   [32] 'hilt'   [33] 'heels'   [34] 'haughty'   [35] 'with a saw-like edge'   [36] 'twisted stockings'   [37] 'hussies'

Don César.   O Lucindes d'amour! ô douces Isabelles![38]
Eh bien, sur votre compte on en entend de belles![39]
Quoi! l'on vous traite ainsi,[40] beautés à l'œil mutin,[41]
A qui je dis le soir mes sonnets du matin!   120
    Don Salluste.   Enfin, Matalobos, ce voleur de Galice[42]
Qui désole[43] Madrid malgré notre police,
Il est de vos amis!
    Don César.   Raisonnons, s'il vous plaît.
Sans lui j'irais tout nu, ce qui serait fort laid.
Me voyant sans habit, dans la rue, en décembre,   125
La chose le toucha. — Ce fat[44] parfumé d'ambre,[45]
Le comte d'Albe, à qui l'autre mois fut volé
Son beau pourpoint de soie...
    Don Salluste.   Eh bien!
    Don César.   C'est moi qui l'ai.
Matalobos me l'a donné.
    Don Salluste.   L'habit du comte!
Vous n'êtes pas honteux?...
    Don César.   Je n'aurai jamais honte   130
De mettre un bon pourpoint, brodé, passementé,[46]
Qui me tient chaud l'hiver et me fait beau l'été.
— Voyez, il est tout neuf.—
    (*Il entr'ouvre son manteau, qui laisse voir un superbe pourpoint de satin
rose brodé d'or.*)
                     Les poches en sont pleines
De billets doux au comte adressés par centaines.
Souvent, pauvre, amoureux, n'ayant rien sous la dent[47]   135
J'avise[48] une cuisine au soupirail ardent[49]
D'où la vapeur des mets aux narines[50] me monte.
Je m'assieds là. J'y lis les billets doux du comte,
Et, trompant l'estomac et le cœur tour à tour,
J'ai l'odeur du festin et l'ombre de l'amour!   140
    Don Salluste. Don César...
    Don César.   Mon cousin, tenez, trêve[51] aux reproches.
Je suis un grand seigneur, c'est vrai, l'un de vos proches;[52]
Je m'appelle César, comte de Garofa.
Mais le sort de folie en naissant me coiffa.[53]
J'étais riche, j'avais des palais, des domaines,   145

---

[38] names frequently given to the heroines in the Spanish literature of the day   [39] 'fine things'   [40] i.e. call you such names   [41] 'provocative'   [42] Galicia, a province in the northwest of Spain   [43] 'harrasses'   [44] 'fop'   [45] 'ambergris' [46] 'trimmed with gold and silver lace'   [47] i.e. to eat   [48] 'spy'   [49] 'glowing vent-hole'   [50] 'nostrils'   [51] 'truce'   [52] 'close relatives'   [53] 'fate put a fool's cap on me when I was born'

Je pouvais largement renter les Célimènes,[54]
Bah! mes vingt ans n'étaient pas encor révolus[55]
Que j'avais mangé tout! il ne me restait plus
De mes prospérités, ou réelles ou fausses,
150 Qu'un tas de créanciers hurlant après mes chausses.[56]
Ma foi, j'ai pris la fuite et j'ai changé de nom.
A présent, je ne suis qu'un joyeux compagnon,
Zafari, que hors vous nul ne peut reconnaître.
Vous ne me donnez pas du tout d'argent, mon maître;
155 Je m'en passe.[57] Le soir, le front sur un pavé,
Devant l'ancien palais des comtes de Tevé,
— C'est là, depuis neuf ans, que la nuit je m'arrête. —
Je vais dormir avec le ciel bleu sur ma tête.
Je suis heureux ainsi. Pardieu, c'est un beau sort![58]
160 Tout le monde me croit dans l'Inde, au diable, — mort.
La fontaine voisine a de l'eau, j'y vais boire,
Et puis je me promène avec un air de gloire.
Mon palais, d'où jadis mon argent s'envola,
Appartient à cette heure au nonce[59] Espinola.
165 C'est bien. Quand par hasard jusque-là je m'enfonce,[60]
Je donne des avis aux ouvriers du nonce
Occupés à sculpter sur la porte un Bacchus. —
Maintenant, pouvez-vous me prêter dix écus?[61]

    DON SALLUSTE. Ecoutez-moi...

    DON CÉSAR, *croisant les bras.*   Voyons à présent votre style.

170   DON SALLUSTE. Je vous ai fait venir, c'est pour vous être utile.
César, sans enfants, riche, et de plus votre aîné,[62]
Je vous vois à regret vers l'abîme[63] entraîné;
Je veux vous en tirer. Bravache[64] que vous êtes,
Vous êtes malheureux. Je veux payer vos dettes,
175 Vous rendre vos palais, vous remettre à la cour,
Et refaire de vous un beau seigneur d'amour.
Que Zafari s'éteigne[65] et que César renaisse.
Je veux qu'à votre gré vous puisiez[66] dans ma caisse,
Sans crainte, à pleines mains, sans soin de l'avenir.
180 Quand on a des parents, il faut les soutenir,
César, et pour les siens se montrer pitoyable...

    (*Pendant que* DON SALLUSTE *parle, le visage de* DON CÉSAR *prend une
expression de plus en plus étonnée, joyeuse et confiante; enfin il éclate.*)

---

[54] i.e. hire mistresses on a munificent scale   [55] 'completed'   [56] i.e. yapping at my heels   [57] 'I do without'   [58] 'lot'   [59] 'papal nuncio'   [60] 'penetrate' [61] 'crowns'   [62] 'elder'   [63] 'abyss'   [64] 'blusterer'   [65] 'vanish'   [66] 'I wish you to help yourself at your pleasure'

Don César. Vous avez toujours eu de l'esprit comme un diable,
Et c'est fort éloquent ce que vous dites là.
— Continuez.
Don Salluste. César, je ne mets à cela
Qu'une condition. — Dans l'instant je m'explique.   185
Prenez d'abord ma bourse.
Don César, *soupesant*[67] *la bourse, qui est pleine d'or*
                    Ah çà! c'est magnifique!
Don Salluste. Et je vous vais donner cinq cents ducats[68]...
Don César, *ébloui.*[69]   Marquis!
Don Salluste, *continuant.* Dès aujourd'hui.
Don César.   Pardieu, je vous suis tout acquis.[70]
Quant aux conditions, ordonnez. Foi de brave,[71]
Mon épée est à vous, je deviens votre esclave,   190
Et, si cela vous plaît, j'irai croiser le fer[72]
Avec don Spavento,[73] capitan[74] de l'enfer.
Don Salluste. Non, je n'accepte pas, don César, et pour cause,
Votre épée.
Don César. Alors quoi? je n'ai guère autre chose.
Don Salluste, *se rapprochant de lui en baissant la voix*
Vous connaissez, — et c'est en ce cas un bonheur, —   195
Tous les gueux de Madrid.
Don César.   Vous me faites honneur.
Don Salluste. Vous en traînez toujours après vous une meute.[75]
Vous pourriez, au besoin, soulever une émeute,[76]
Je le sais. Tout cela peut-être servira.
Don César, *éclatant de rire*
D'honneur! vous avez l'air de faire un opéra.   200
Quelle part donnez-vous dans l'œuvre à mon génie?
Sera-ce le poème[77] ou bien la symphonie?[78]
Commandez. Je suis fort pour le charivari.[79]
Don Salluste, *gravement*
Je parle à don César, et non à Zafari. (*Baissant la voix de plus en plus.*)
Ecoute. J'ai besoin, pour un résultat sombre,[80]   205
De quelqu'un qui travaille à mon côté dans l'ombre
Et qui m'aide à bâtir un grand événement.
Je ne suis pas méchant, mais il est tel moment
Où le plus délicat, quittant toute vergogne,[81]
Doit retrousser[82] sa manche et faire la besogne.[83]   210

---

[67] 'weighing'   [68] a gold coin   [69] 'dazzled'   [70] 'I am wholly yours'   [71] 'on my honor as a soldier'   [72] 'cross swords'   [73] the Italian word for "terror"   [74] 'bully'   [75] 'pack'   [76] 'riot'   [77] 'libretto'   [78] 'music'   [79] 'I am good at tin-kettle music'   [80] 'mysterious'   [81] 'shame'   [82] 'roll up'   [83] 'job'

Tu seras riche, mais il faut m'aider sans bruit
A dresser,[84] comme font les oiseleurs[85] la nuit,
Un bon filet[86] caché sous un miroir qui brille,
Un piège d'alouette[87] ou bien de jeune fille.
215 Il faut, par quelque plan terrible et merveilleux,
— Tu n'es pas, que je pense,[88] un homme scrupuleux, —
Me venger!

DON CÉSAR. Vous venger?

DON SALLUSTE.   Oui.

DON CÉSAR.   De qui?

DON SALLUSTE.   D'une femme.

DON CÉSAR. (*Il se redresse*[89] *et regarde fièrement* DON SALLUSTE.)
Ne m'en dites pas plus. Halte-là! — Sur mon âme,
Mon cousin, en ceci voilà mon sentiment.
220 Celui qui, bassement et tortueusement,[90]
Se venge, ayant le droit de porter une lame,[91]
Noble, par une intrigue, homme, sur une femme,
Et qui, né gentilhomme, agit en alguazil,
Celui-là, — fût-il grand[92] de Castille, fût-il
225 Suivi de cent clairons[93] sonnant des tintamarres,[94]
Fût-il tout harnaché[95] d'ordres et de chamarres,[96]
Et marquis, et vicomte, et fils des anciens preux,[97] —
N'est pour moi qu'un maraud[98] sinistre et ténébreux[99]
Que je voudrais, pour prix de sa lâcheté[1] vile,
230 Voir pendre à quatre clous[2] au gibet de la ville!

DON SALLUSTE. César!...

DON CÉSAR.   N'ajoutez pas un mot, c'est outrageant.
                    (*Il jette la bourse aux pieds de* DON SALLUSTE.)
Gardez votre secret, et gardez votre argent.
Oh! je comprends qu'on vole, et qu'on tue, et qu'on pille,[3]
Que par une nuit noire on force une bastille,[4]
235 D'assaut, la hache[5] au poing, avec cent flibustiers;[6]
Qu'on égorge estafiers, geôliers et guichetiers,[7]
Tous taillant[8] et hurlant, en bandits que nous sommes,
Œil pour œil, dent pour dent, c'est bien! hommes contre hommes!
Mais doucement détruire une femme! et creuser
240 Sous ses pieds une trappe! et contre elle abuser,
Qui sait? de son humeur peut-être hasardeuse![9]

---

[84] 'spread' [85] 'fowlers' [86] 'net' [87] 'a snare for a lark' [88] 'as far as
I know' [89] 'draws himself up' [90] 'in a deceitful manner' [91] i.e. sword
[92] 'grandee' [93] 'bugles' [94] 'flourishes' [95] 'covered from head to foot'
[96] 'lace trimmings' [97] 'knights' [98] 'villain' [99] 'evil' [1] 'cowardice'
[2] 'nails' [3] 'pillage' [4] 'stronghold' [5] 'axe' [6] 'highwaymen' [7] 'slaughter
armed footmen, jailers and turnkeys' [8] 'slashing' [9] 'to take advantage of her

Prendre ce pauvre oiseau dans quelque glu[10] hideuse!
Oh! plutôt qu'arriver jusqu'à ce déshonneur,
Plutôt qu'être, à ce prix, un riche et haut seigneur,
— Et je le dis ici pour Dieu qui voit mon âme, —   245
J'aimerais mieux, plutôt qu'être à ce point infâme,
Vil, odieux, pervers, misérable et flétri,[11]
Qu'un chien rongeât mon crâne[12] au pied du pilori!

DON SALLUSTE. Cousin...

DON CÉSAR.   De vos bienfaits je n'aurai nulle envie,
Tant que je trouverai, vivant ma libre vie,   250
Aux fontaines de l'eau, dans les champs le grand air,
A la ville un voleur qui m'habille l'hiver,
Dans mon âme l'oubli des prospérités mortes,
Et devant vos palais, monsieur, de larges portes
Où je puis, à midi, sans souci du réveil,[13]   255
Dormir, la tête à l'ombre et les pieds au soleil!
— Adieu donc. — De nous deux Dieu sait quel est le juste.
Avec les gens de cour, vos pareils, don Salluste,
Je vous laisse, et je reste avec mes chenapans.[14]
Je vis avec les loups, non avec les serpents.   260

DON SALLUSTE. Un instant...

DON CÉSAR.   Tenez, maître, abrégeons[15] la visite.
Si c'est pour m'envoyer en prison, faites vite.

DON SALLUSTE. Allons, je vous croyais, César, plus endurci.[16]
L'épreuve vous est bonne[17] et vous a réussi.
Je suis content de vous. Votre main, je vous prie.   265

DON CÉSAR. Comment!

DON SALLUSTE.   Je n'ai parlé que par plaisanterie.
Tout ce que j'ai dit là, c'est pour vous éprouver.
Rien de plus.

DON CÉSAR. Çà,[18] debout[19] vous me faites rêver.
La femme, le complot, cette vengeance...

DON SALLUSTE.   Leurre![20]
Imagination! chimère!

DON CÉSAR.   A la bonne heure!   270
Et l'offre de payer mes dettes! vision?
Et les cinq cents ducats! imagination?

DON SALLUSTE. Je vais vous les chercher.
(*Il se dirige vers la porte du fond, et fait signe à* RUY BLAS *de rentrer.*)

---

disposition, which is, who knows? a venturesome one'   [10] 'birdlime'   [11] 'despised'
[12] 'should gnaw my skull'   [13] 'without fear of being awakened'   [14] 'ruffians'
[15] 'let us cut short'   [16] 'hardened'   [17] i.e. you have passed the test   [18] 'come
now!'   [19] 'on my feet'   [20] 'a lure'

Don César, *à part sur le devant,*[21] *et regardant* Don Salluste *de tra-*
vers.[22]   Hum! visage de traître!
Quand la bouche dit oui, le regard dit peut-être.
    Don Salluste, *à* Ruy Blas.
275 Ruy Blas, restez ici. (*A* Don César.) Je reviens.
        (*Il sort par la petite porte de gauche. Sitôt qu'il est sorti,* Don César *et*
        Ruy Blas *vont vivement l'un à l'autre.*)

                        SCENE III

                  Don César, Ruy Blas

    Don César.   Sur ma foi,
Je ne me trompais pas. C'est toi, Ruy Blas!
    Ruy Blas.   C'est toi,
Zafari! Que fais-tu dans ce palais?
    Don César.   J'y passe.
Mais je m'en vais. Je suis oiseau, j'aime l'espace.
Mais toi? cette livrée? est-ce un déguisement?
    Ruy Blas, *avec amertume*
280 Non, je suis déguisé quand je suis autrement.
    Don César. Que dis-tu?
    Ruy Blas.   Donne-moi ta main que je la serre,[1]
Comme en cet heureux temps de joie et de misère
Où je vivais sans gîte,[2] où le jour j'avais faim,
Où j'avais froid la nuit, où j'étais libre enfin!
285 — Quand tu me connaissais, j'étais un homme encore.
Tous deux nés dans le peuple, — hélas! c'était l'aurore![3] —
Nous nous ressemblions au point qu'on nous prenait
Pour frères; nous chantions dès l'heure où l'aube[4] naît.
Et le soir devant Dieu, notre père et notre hôte,
290 Sous le ciel étoilé nous dormions côte à côte.
Oui, nous partagions tout. Puis enfin arriva
L'heure triste où chacun de son côté s'en va.
Je te retrouve, après quatre ans, toujours le même,
Joyeux comme un enfant, libre comme un bohème,[5]
295 Toujours ce Zafari, riche en sa pauvreté,
Qui n'a rien eu jamais, et n'a rien souhaité!
Mais moi, quel changement! Frère, que te dirai-je?
Orphelin, par pitié nourri dans un collège
De science et d'orgueil, de moi, triste faveur!
300 Au lieu d'un ouvrier on a fait un rêveur.[6]

─────────────

[21] 'down stage'   [22] 'askance'
[1] 'may clasp it'   [2] 'shelter'   [3] 'dawn'   [4] 'daybreak'   [5] 'gipsy'   [6] 'dreamer'

Tu sais, tu m'as connu. Je jetais mes pensées
Et mes vœux[7] vers le ciel en strophes insensées,[8]
J'opposais cent raisons à ton rire moqueur.
J'avais je ne sais quelle ambition au cœur.
A quoi bon travailler? Vers un but invisible   305
Je marchais, je croyais tout réel, tout possible,
J'espérais tout du sort! — Et puis je suis de ceux
Qui passent tout un jour, pensifs et paresseux,
Devant quelque palais regorgeant[9] de richesses,
A regarder entrer et sortir des duchesses. —   310
Si bien qu'un jour, mourant de faim sur le pavé,
J'ai ramassé du pain, frère, où j'en ai trouvé:
Dans la fainéantise[10] et dans l'ignominie.
Oh! quand j'avais vingt ans, crédule à mon génie,
Je me perdais, marchant pieds nus dans les chemins,   315
En méditations sur le sort des humains;
J'avais bâti des plans sur tout, — une montagne
De projets; — je plaignais le malheur de l'Espagne;
Je croyais, pauvre esprit, qu'au monde je manquais...[11]
Ami, le résultat, tu le vois: — un laquais!   320
     Don César. Oui, je le sais, la faim est une porte basse:
Et, par nécessité lorsqu'il faut qu'il y passe,
Le plus grand est celui qui se courbe le plus.
Mais le sort a toujours son flux et son reflux.[12]
Espère.
     Ruy Blas, *secouant la tête.* Le marquis de Finlas est mon maître.   325
     Don César. Je le connais. — Tu vis dans ce palais peut-être?
     Ruy Blas. Non, avant ce matin et jusqu'à ce moment,
Je n'en avais jamais passé le seuil.[13]
     Don César.   Vraiment?
Ton maître cependant pour sa charge[14] y demeure.
     Ruy Blas. Oui, car la cour le fait demander à toute heure.   330
Mais il a quelque part[15] un logis[16] inconnu,
Où jamais en plein jour peut-être il n'est venu.
A cent pas du palais. Une maison discrète.
Frère, j'habite là. Par la porte secrète
Dont il a seul la clef, quelquefois, à la nuit,   335
Le marquis vient, suivi d'hommes qu'il introduit.
Ces hommes sont masqués et parlent à voix basse.
Ils s'enferment, et nul ne sait ce qui se passe.

---

[7] 'prayers' [8] 'extravagant' [9] 'bursting' [10] 'idleness' [11] 'that the world needed me' [12] 'ebb and flow' [13] 'threshold' [14] 'because of his official position' [15] 'somewhere' [16] 'dwelling'

Là, de deux noirs muets je suis le compagnon.
340 Je suis pour eux le maître. Ils ignorent mon nom.

    Don César. Oui, c'est là qu'il reçoit, comme chef des alcades,
Ses espions, c'est là qu'il tend ses embuscades.[17]
C'est un homme profond qui tient tout dans sa main.

    Ruy Blas. Hier, il m'a dit: — Il faut être au palais demain.
345 Avant l'aurore. Entrez par la grille dorée. —
En arrivant il m'a fait mettre la livrée,
Car l'habit odieux sous lequel tu me vois,
Je le porte aujourd'hui pour la première fois.

    Don César, *lui serrant la main.* Espère!

    Ruy Blas.   Espérer! Mais tu ne sais rien encore.
350 Vivre sous cet habit qui souille[18] et déshonore,
Avoir perdu la joie et l'orgueil, ce n'est rien.
Etre esclave, être vil, qu'importe! — Ecoute bien.
Frère! je ne sens pas cette livrée infâme,
Car j'ai dans ma poitrine une hydre[19] aux dents de flamme
355 Qui me serre le cœur dans ses replis[20] ardents.
Le dehors te fait peur? si tu voyais dedans!

    Don César. Que veux-tu dire?

    Ruy Blas.   Invente, imagine, suppose.
Fouille[21] dans ton esprit. Cherches-y quelque chose
D'étrange, d'insensé, d'horrible et d'inouï.[22]
360 Une fatalité dont on soit ébloui!
Oui, compose un poison affreux, creuse un abîme
Plus sourd que la folie et plus noir que le crime,
Tu n'approcheras pas encor de mon secret.
— Tu ne devines pas? Hé! qui devinerait? —
365 Zafari! dans le gouffre où mon destin m'entraîne
Plonge les yeux! — je suis amoureux de la reine!

    Don César. Ciel!

    Ruy Blas.   Sous un dais[23] orné du globe impérial,
Il est, dans Aranjuez[24] ou dans l'Escurial,[25]
— Dans ce palais, parfois, — mon frère, il est un homme
370 Qu'à peine on voit d'en bas, qu'avec terreur on nomme;
Pour qui, comme pour Dieu, nous sommes égaux tous;
Qu'on regarde en tremblant et qu'on sert à genoux;
Devant qui se couvrir est un honneur insigne;[26]
Qui peut faire tomber nos deux têtes d'un signe;

---

[17] 'prepares his ambushes'   [18] 'sullies'   [19] 'hydra'   [20] 'coils'   [21] 'search'
[22] 'unheard of'   [23] 'canopy'   [24] summer residence of the court, on the Tagus southeast of Madrid   [25] convent-palace in the Guadarrama mountains, northwest of Madrid   [26] 'signal'; only grandees could keep their hats on in the royal presence

Dont chaque fantaisie est un événement;[27]   375
Qui vit, seul et superbe, enfermé gravement
Dans une majesté redoutable et profonde;
Et dont on sent le poids dans la moitié du monde.
Eh bien! — moi, le laquais, — tu m'entends, eh bien! oui,
Cet homme-là! le roi! je suis jaloux de lui!   380

    Don César. Jaloux du roi!

    Ruy Blas.   Hé! oui, jaloux du roi! sans doute.

Puisque j'aime sa femme!

    Don César.   Oh! malheureux!

    Ruy Blas.   Ecoute.

Je l'attends tous les jours au passage. Je suis
Comme un fou! Ho! sa vie est un tissu d'ennuis,
A cette pauvre femme! — Oui, chaque nuit j'y songe. —   385
Vivre dans cette cour de haine et de mensonge,
Mariée à ce roi qui passe tout son temps
A chasser![28] Imbécile! — un sot! vieux à trente ans!
Moins qu'un homme! à régner comme à vivre inhabile.[29]
— Famille qui s'en va![30] — Le père[31] était débile[32]   390
Au point qu'il ne pouvait tenir un parchemin.[33]
— Oh! si belle et si jeune, avoir donné sa main
A ce roi Charles Deux! Elle! Quelle misère!
— Elle va tous les soirs chez les sœurs du Rosaire,[34]
Tu sais, en remontant la rue Ortaleza.   395
Comment cette démence[35] en mon cœur s'amassa,
Je l'ignore. Mais juge! elle aime une fleur bleue
D'Allemagne... — Je fais chaque jour une lieue,[36]
Jusqu'à Caramanchel,[37] pour avoir de ces fleurs.
J'en ai cherché partout sans en trouver ailleurs.   400
J'en compose un bouquet, je prends les plus jolies...
— Oh! mais je te dis là des choses, des folies! —
Puis à minuit, au parc royal, comme un voleur,
Je me glisse[38] et je vais déposer cette fleur
Sur son banc favori. Même, hier, j'osais mettre   405
Dans le bouquet, — vraiment, plains-moi, frère! — une lettre!
La nuit, pour parvenir jusqu'à ce banc, il faut
Franchir[39] les murs du parc, et je rencontre en haut
Ces broussailles de fer[40] qu'on met sur les murailles.
Un jour j'y laisserai ma chair[41] et mes entrailles.   410

---

[27] i.e. whose every whim is realized   [28] 'hunting'   [29] 'incapable'   [30] 'the family is dying out'   [31] i.e. Philip IV   [32] 'feeble'   [33] 'parchment'   [34] 'Rosary'   [35] 'madness'   [36] 'league'   [37] Carabanchel, a suburb of Madrid   [38] 'slip in'   [39] 'scale'   [40] 'clusters of iron spikes'   [41] 'flesh'

Trouve-t-elle mes fleurs, ma lettre? je ne sai.[42]
Frère, tu le vois bien, je suis un insensé.[43]

    Don César. Diable! ton algarade a son danger. Prends garde!
Le comte d'Oñate, qui l'aime aussi, la garde
415 Et comme un majordome[44] et comme un amoureux.
Quelque reître,[45] une nuit, gardien peu langoureux,[46]
Pourrait bien, frère, avant que ton bouquet se fane,[47]
Te le clouer au cœur d'un coup de pertuisane.[48] —
Mais quelle idée! aimer la reine! ah çà, pourquoi?
420 Comment diable as-tu fait?

    Ruy Blas, *avec emportement*.[49] Est-ce que je sais, moi!
— Oh! mon âme au démon! je la vendrais, pour être
Un des jeunes seigneurs que, de cette fenêtre,
Je vois en ce moment, comme un vivant affront,
Entrer, la plume au feutre[50] et l'orgueil sur le front!
425 Oui, je me damnerais pour dépouiller ma chaîne,[51]
Et pour pouvoir comme eux m'approcher de la reine
Avec un vêtement qui ne soit pas honteux!
Mais, ô rage! être ainsi, près d'elle! devant eux!
En livrée! un laquais! être un laquais pour elle!
430 Ayez pitié de moi, mon Dieu!   *(Se rapprochant de* Don César.)
                          Je me rappelle.
Ne demandais-tu pas pourquoi je l'aime ainsi,
Et depuis quand?... — Un jour... — Mais à quoi bon ceci?
C'est vrai, je t'ai toujours connu cette manie!
Par mille questions vous mettre à l'agonie!
435 Demander où? comment? quand? pourquoi? Mon sang bout![52]
Je l'aime follement! Je l'aime, voilà tout!

    Don César. Là, ne te fâche pas.
    Ruy Blas, *tombant épuisé et pâle sur le fauteuil*
                    Non. Je souffre. — Pardonne.
Ou plutôt, va, fuis-moi. Va-t'en, frère. Abandonne
Ce misérable fou qui porte avec effroi
440 Sous l'habit d'un valet les passions d'un roi!

    Don César, *lui posant la main sur l'épaule*
Te fuir! — Moi qui n'ai pas souffert, n'aimant personne,
Moi, pauvre grelot[53] vide où manque ce qui sonne,
Gueux, qui vais mendiant l'amour je ne sais où,
A qui de temps en temps le destin jette un sou,
445 Moi, cœur éteint, dont l'âme, hélas! s'est retirée,

[42] = *sais*   [43] 'madman'   [44] 'chief steward'; the official in charge of the royal household   [45] 'trooper'   [46] 'sentimental'   [47] 'fades'   [48] 'halberd'   [49] 'passion'   [50] 'with a feather in his felt hat'   [51] 'if I could strip off my [lackey's] chain'   [52] 'boils'   [53] 'bell'

Du spectacle d'hier affiche déchirée,[54]
Vois-tu, pour cet amour dont tes regards sont pleins,
Mon frère, je t'envie autant que je te plains!
— Ruy Blas! —

(*Moment de silence. Ils se tiennent les mains serrées en se regardant tous
les deux avec une expression de tristesse et d'amitié confiante.*

Entre DON SALLUSTE. *Il s'avance à pas lents, fixant un regard d'attention
profonde sur* DON CÉSAR *et* RUY BLAS, *qui ne le voient pas. Il tient
d'une main un chapeau et une épée qu'il apporte en entrant sur un
fauteuil, et de l'autre une bourse qu'il dépose sur la table.*)

DON SALLUSTE, *à* DON CÉSAR. Voici l'argent.

(*A la voix de* DON SALLUSTE, RUY BLAS *se lève comme réveillé en sursaut,*[55] *et se tient debout, les yeux baissés, dans l'attitude du respect.*)

DON CÉSAR, *à part, regardant* DON SALLUSTE *de travers*
                                        Hum! le diable m'emporte!   450
Cette sombre figure écoutait à la porte.
Bah! qu'importe, après tout!   (*Haut à* DON SALLUSTE.)
                    Don Salluste, merci.

(*Il ouvre la bourse, la répand sur la table et remue avec joie les ducats,
qu'il range en piles sur le tapis de velours. Pendant qu'il les compte,*
DON SALLUSTE *va au fond, en regardant derrière lui s'il n'éveille pas
l'attention de* DON CÉSAR. *Il ouvre la petite porte de droite. A un signe
qu'il fait, trois alguazils armés d'épées et vêtus de noir en sortent.*
DON SALLUSTE *leur montre mystérieusement* DON CÉSAR. RUY BLAS
*se tient immobile et debout près de la table comme une statue, sans rien
voir ni rien entendre.*)

DON SALLUSTE, *bas, aux alguazils*
Vous allez suivre, alors qu'il sortira d'ici,
L'homme qui compte là de l'argent. — En silence
Vous vous emparerez de lui.[56] — Sans violence. —
Vous l'irez embarquer, par le plus court chemin,   455
A Denia.[57] —   (*Il leur remet un parchemin scellé.*)
                    Voici l'ordre écrit de ma main. —
Enfin, sans écouter sa plainte chimérique,[58]
Vous le vendrez en mer aux corsaires d'Afrique.
Mille piastres[59] pour vous. Faites vite à présent!
                    (*Les trois alguazils s'inclinent et sortent.*)

DON CÉSAR, *achevant de ranger ses ducats*
Rien n'est plus gracieux et plus divertissant   460
Que des écus à soi qu'on met en équilibre.[60]
                    (*Il fait deux parts égales et se tourne vers* RUY BLAS.)

---

[54] 'the torn poster of yesterday's performance'   [55] 'with a start'   [56] 'will seize him'   [57] port
on the southeast coast of Spain   [58] 'fanciful objections'   [59] Spanish dollars   [60] 'in a pile'

Frère, voici ta part. —

Ruy Blas.   Comment!

Don César, *lui montrant une des deux piles d'or*

                              Prends! viens! sois libre!

Don Salluste, *qui les observe au fond, à part.*   Diable!

Ruy Blas, *secouant la tête en signe de refus.*   Non. C'est
   le cœur qu'il faudrait délivrer.

Non, mon sort est ici. Je dois y demeurer.

465   Don César.   Bien. Suis ta fantaisie. Es-tu fou? suis-je sage?[61]

Dieu le sait.   (*Il ramasse l'argent et le jette dans le sac, qu'il empoche.*)

Don Salluste, *au fond, à part, et les observant toujours.*

                    A peu près même air, même visage.

Don César, *à* Ruy Blas. Adieu.

Ruy Blas.   Ta main!

(*Ils se serrent la main.* Don César *sort sans voir* don Salluste, *qui se
                    tient à l'écart.*)[62]

SCENE IV

Ruy Blas, don Salluste

Don Salluste.   Ruy Blas!

Ruy Blas, *se retournant vivement.*   Monseigneur?

Don Salluste.   Ce matin,

Quand vous êtes venu, je ne suis pas certain
S'il faisait jour déjà?

Ruy Blas.   Pas encore, excellence.

470 J'ai remis au portier votre passe en silence,
Et puis, je suis monté.

Don Salluste.   Vous étiez en manteau?

Ruy Blas. Oui, monseigneur.

Don Salluste.   Personne, en ce cas, au château,

Ne vous a vu porter cette livrée encore?

Ruy Blas. Ni personne à Madrid.

Don Salluste, *désignant du doigt la porte par où est sorti* don César

                              C'est fort bien. Allez clore[1]

475 Cette porte. Quittez cet habit.

     (Ruy Blas *dépouille*[2] *son surtout de livrée et le jette sur un fauteuil.*)

                              Vous avez

Une belle écriture, il me semble. — Ecrivez.

     (*Il fait signe à* Ruy Blas *de s'asseoir à la table où sont les plumes et les
                    écritoires.*[3] Ruy Blas *obéit.*)

---

[61] 'sane'   [62] 'to one side'
[1] 'close'   [2] 'takes off'   [3] 'writing materials'

Vous m'allez aujourd'hui servir de secrétaire.
D'abord un billet doux, — je ne veux rien vous taire,[4] —
Pour ma reine d'amour, pour doña Praxedis,
Ce démon que je crois venu du paradis.   480
— Là, je dicte. «Un danger terrible est sur ma tête.
«Ma reine seule peut conjurer[5] la tempête,
«En venant me trouver ce soir dans ma maison.
«Sinon, je suis perdu. Ma vie et ma raison
«Et mon cœur, je mets tout à ses pieds que je baise.»   485
                    (*Il rit et s'interrompt.*)
Un danger! la tournure,[6] au fait, n'est pas mauvaise
Pour l'attirer chez moi. C'est que,[7] j'y suis expert,
Les femmes aiment fort à sauver qui les perd.
— Ajoutez: — «Par la porte au bas de l'avenue,
«Vous entrerez la nuit sans être reconnue.   490
«Quelqu'un de dévoué vous ouvrira.» — D'honneur,[8]
C'est parfait. — Ah! signez.

    RUY BLAS.   Votre nom, monseigneur?

    DON SALLUSTE. Non pas. Signez César. C'est mon nom d'aventure.[9]

    RUY BLAS, *après avoir obéi.* La dame ne pourra connaître l'écriture?

    DON SALLUSTE. Bah! le cachet[10] suffit. J'écris souvent ainsi.   495

Ruy Blas, je pars ce soir, et je vous laisse ici.
J'ai sur vous les projets d'un ami très sincère.
Votre état[11] va changer, mais il est nécessaire
De m'obéir en tout. Comme en vous j'ai trouvé
Un serviteur discret, fidèle et réservé...   500

    RUY BLAS, *s'inclinant.* Monseigneur!

    DON SALLUSTE, *continuant.* Je vous veux faire un destin plus large.

    RUY BLAS, *montrant le billet qu'il vient d'écrire.*
Où faut-il adresser la lettre?

    DON SALLUSTE.   Je m'en charge.
                    (*S'approchant de* RUY BLAS *d'un air significatif.*)
Je veux votre bonheur.
            (*Un silence. Il fait signe à* RUY BLAS *de se rasseoir à la table.*)
                    Ecrivez: — «Moi, Ruy Blas,
«Laquais de monseigneur le marquis de Finlas,
«En toute occasion, ou secrète ou publique,   505
«M'engage à le servir comme un bon domestique.»   (RUY BLAS *obéit.*)
— Signez de votre nom. La date. Bien. Donnez.
(*Il ploie et serre*[12] *dans son portefeuille la lettre et le papier que* RUY BLAS
                    vient d'écrire.)

---

[4] 'to conceal anything from you'   [5] 'avert'   [6] 'phrasing'   [7] 'the fact is'
[8] 'on my honor'   [9] 'alias'   [10] 'seal'   [11] 'position'   [12] 'folds and puts away'

On vient de m'apporter une épée. Ah! tenez,
Elle est sur ce fauteuil.
> (*Il désigne le fauteuil sur lequel il a posé l'épée et le chapeau. Il y va
> et prend l'épée.*)
>> L'écharpe[13] est d'une soie
510 Peinte et brodée au goût le plus nouveau qu'on voie.
>> (*Il lui fait admirer la souplesse du tissu.*[14])

Touchez. — Que dites-vous, Ruy Blas, de cette fleur?
La poignée[15] est de Gil, le fameux ciseleur,
Celui qui le mieux creuse, au gré des belles filles,
Dans un pommeau d'épée une boîte à pastilles.[16]
> (*Il passe au cou de* Ruy Blas *l'écharpe, à laquelle est attachée l'épée.*)
515 Mettez-la donc. — Je veux en voir sur vous l'effet.
— Mais vous avez ainsi l'air d'un seigneur parfait!   (*Ecoutant.*)
On vient... oui. C'est bientôt l'heure où la reine passe. —
— Le marquis del Basto! —
> (*La porte du fond sur la galerie s'ouvre.* Don Salluste *détache son man-
> teau et le jette vivement sur les épaules de* Ruy Blas, *au moment où*
> le marquis del Basto *paraît; puis il va droit au marquis, en entraî-
> nant avec lui* Ruy Blas *stupéfait.*)

SCENE V

Don Salluste, Ruy Blas, don Pamfilo d'Avalos, *marquis del Basto.*
— *Puis* le marquis de Santa-Cruz. — *Puis* le comte d'Albe. —
Puis toute la cour

Don Salluste, *au* marquis del Basto.   Souffrez qu'à votre grâce
Je présente, marquis, mon cousin don César,
520 Comte de Garofa, près de Velalcazar.

Ruy Blas, *à part.* Ciel!
Don Salluste, *bas, à* Ruy Blas. Taisez-vous!
Le Marquis del Basto, *à* Ruy Blas.   Monsieur... charmé...
> (*Il lui prend la main que* Ruy Blas *lui livre avec embarras.*)

Don Salluste, *bas, à* Ruy Blas.   Laissez-vous faire.[1]
Saluez!   (Ruy Blas *salue* le marquis.)
Le Marquis del Basto, *à* Ruy Blas.
J'aimais fort madame votre mère.
> (*Bas, à* don Salluste, *en lui montrant* Ruy Blas.)

Bien changé! Je l'aurais à peine reconnu.
Don Salluste, *bas, au* marquis. Dix ans d'absence!
Le Marquis del Basto, *de même.*   Au fait![2]

---

[13] 'sash'   [14] 'fabric'   [15] 'hilt'   [16] 'container for lozenges'
[1] i.e. don't offer any resistance   [2] 'to be sure'

Don Salluste, *frappant sur l'épaule de* Ruy Blas. Le voilà revenu!
Vous souvient-il,[3] marquis? oh! quel enfant prodigue!   525
Comme il vous répandait les pistoles[4] sans digue![5]
Tous les soirs danse et fête au vivier d'Apollo,[6]
Et cent musiciens faisant rage[7] sur l'eau!
A tous moments, galas, masques, concerts, fredaines,[8]
Eblouissant Madrid de visions[9] soudaines!   530
— En trois ans, ruiné! — c'était un vrai lion.
— Il arrive de l'Inde[10] avec le galion.[11]
    Ruy Blas, *avec embarras.* Seigneur...
    Don Salluste, *gaiement.*   Appelez-moi cousin, car nous le sommes.
Les Bazan sont, je crois, d'assez francs[12] gentilshommes.
Nous avons pour ancêtre Iniguez d'Iviza.   535
Son petit-fils, Pedro de Bazan, épousa
Marianne de Gor. Il eut de Marianne
Jean, qui fut général de la mer océane[13]
Sous le roi don Philippe, et Jean eut deux garçons
Qui sur notre arbre antique ont greffé deux blasons.[14]   540
Moi, je suis le marquis de Finlas; vous, le comte
De Garofa. Tous deux se valent si l'on compte.[15]
Par les femmes, César, notre rang est égal.
Vous êtes Aragon, moi je suis Portugal.
Votre branche n'est pas moins haute que la nôtre.   545
Je suis le fruit de l'une, et vous la fleur de l'autre.
    Ruy Blas, *à part.* Où donc m'entraîne-t-il?
    (*Pendant que* Don Salluste *a parlé,* le marquis de Santa-Cruz,
      don Alvar de Bazan y Benavides, *vieillard à moustache blanche*
      et à grande perruque,[16] *s'est approché d'eux.*)
    Le Marquis de Santa-Cruz, *à* don Salluste.
                    Vous l'expliquez fort bien.
S'il est votre cousin, il est aussi le mien.
    Don Salluste. C'est vrai, car nous avons une même origine,
Monsieur de Santa-Cruz.   (*Il lui présente* Ruy Blas.)
                   Don César.
    Le Marquis de Santa-Cruz.   J'imagine   550
Que ce n'est pas celui qu'on croyait mort.
    Don Salluste.   Si fait.[17]
    Le Marquis de Santa-Cruz. Il est donc revenu?
    Don Salluste.   Des Indes

---

[3] 'do you remember'   [4] 1 *pistole* = 7 *francs*   [5] i.e. without limit   [6] Apollo's fishpond; a fashionable place of amusement   [7] i.e. playing away for dear life   [8] 'sprees'
[9] 'magnificent spectacles'   [10] Spanish America   [11] 'the annual treasure-ship'
[12] 'genuine'   [13] 'captain-general of the Atlantic fleet'   [14] 'quartered two coats of arms'   [15] 'reckons up'   [16] 'wig'   [17] 'yes indeed'

Le Marquis de Santa-Cruz, *examinant* Ruy Blas.   En effet!

Don Salluste. Vous le reconnaissez?

Le Marquis de Santa-Cruz.   Pardieu! je l'ai vu naître!

Don Salluste, *bas à* Ruy Blas.

Le bonhomme[18] est aveugle et se défend[19] de l'être.

555 Il vous a reconnu pour prouver ses bons yeux.

Le Marquis de Santa-Cruz, *tendant la main à* Ruy Blas

Touchez là,[20] mon cousin.

Ruy Blas, *s'inclinant.*   Seigneur...

Le Marquis de Santa-Cruz, *bas à* don Salluste *et lui montrant*
     Ruy Blas.   On n'est pas mieux![21]

(*A* Ruy Blas.) Charmé de vous revoir!

Don Salluste, *bas au* marquis *en le prenant à part*
                                     Je vais payer ses dettes.

Vous le pouvez servir dans le poste où vous êtes.

Si quelque emploi de cour vaquait[22] en ce moment,

560 Chez le roi, — chez la reine... —

Le Marquis de Santa-Cruz, *bas.* Un jeune homme charmant!

J'y vais songer. — Et puis, il est de la famille.

Don Salluste, *bas.* Vous avez tout crédit au conseil de Castille.

Je vous le recommande.

(*Il quitte* le marquis de Santa-Cruz, *et va à d'autres seigneurs, aux-
     quels il présente* Ruy Blas. *Parmi eux* le comte d'Albe, *très su-
     perbement paré.*[23] Don Salluste *lui présente* Ruy Blas.)
                         Un mien cousin, César,

Comte de Garofa, près de Velalcazar.

(*Les seigneurs échangent gravement des révérences*[24] *avec* Ruy Blas *inter-
     dit.*[25])

Don Salluste *au* comte de Ribagorza

565 Vous n'étiez pas hier au ballet d'Atalante?

Lindamire a dansé d'une façon galante.[26]

                    (*Il s'extasie*[27] *sur le pourpoint du* comte d'Albe.)

C'est très beau, comte d'Albe!

Le Comte d'Albe.   Ah! j'en avais encor

Un plus beau. Satin rose avec des rubans d'or.

Matalobos me l'a volé.

Un Huissier de Cour, *au fond.* La reine approche.

570 Prenez vos rangs, messieurs.

(*Les grands rideaux de la galerie vitrée s'ouvrent. Les seigneurs s'éche-
     lonnent*[28] *près de la porte. Des gardes font la haie.*[29] Ruy Blas, *hale-*

---

[18] 'old fellow'   [19] 'denies'   [20] i.e. shake hands   [21] i.e. he could not be more
handsome   [22] 'should fall vacant'   [23] 'magnificently decked out'   [24] 'bows'
[25] 'nonplussed'   [26] 'daring'   [27] 'exclaims'   [28] 'line up'   [29] 'form a line'

tant, hors de lui,[30] *vient sur le devant comme pour s'y réfugier.* Don
Salluste *l'y suit.*)

Don Salluste, *bas, à* Ruy Blas.   Est-ce que, sans reproche,
Quand votre sort grandit, votre esprit s'amoindrit?[31]
Réveillez-vous, Ruy Blas. Je vais quitter Madrid.
Ma petite maison, près du pont, où vous êtes,
— Je n'en veux rien garder, hormis les clefs secrètes, —
Ruy Blas, je vous la donne, et les muets[32] aussi.   575
Vous recevrez bientôt d'autres ordres. Ainsi
Faites ma volonté, je fais votre fortune.
Montez, ne craignez rien, car l'heure est opportune.
La cour est un pays où l'on va sans voir clair.
Marchez les yeux bandés; j'y vois pour vous, mon cher!   580

> (*De nouveaux gardes paraissent au fond.*)

L'Huissier, *à haute voix.*   La reine!

Ruy Blas, *à part.*   La reine! oh!

(La reine, *vêtue magnifiquement, paraît, entourée de dames et de pages,
sous un dais de velours écarlate*[33] *porté par quatre gentilshommes de
chambre, tête nue.* Ruy Blas, *effaré,*[34] *la regarde comme absorbé par
cette resplendissante vision. Tous les grands d'Espagne se couvrent,*
le marquis del Basto, le comte d'Albe, le marquis de Santa-
Cruz, don Salluste. Don Salluste *va rapidement au fauteuil,
et y prend le chapeau, qu'il apporte à* Ruy Blas.)

Don Salluste, *à* Ruy Blas, *en lui mettant le chapeau sur la tête.*

> Quel vertige vous gagne?[35]

Couvrez-vous, don César. Vous êtes grand d'Espagne.

Ruy Blas, *éperdu,*[36] *bas à* don Salluste.

Et que m'ordonnez-vous, seigneur, présentement?

Don Salluste, *lui montrant* la reine, *qui traverse lentement la galerie.*

De plaire à cette femme et d'être son amant.

ACTE II

LA REINE D'ESPAGNE

Un salon contigu à[1] *la chambre à coucher de* la reine. *A gauche, une petite
porte donnant dans cette chambre. A droite, sur un pan coupé, une autre
porte donnant dans les appartements extérieurs. Au fond, de grandes
fenêtres ouvertes. C'est l'après-midi d'une belle journée d'été. Grande
table. Fauteuils. Une figure de sainte, richement enchâssée,*[2] *est adossée*[3]

---

[30] 'panting, beside himself'   [31] 'grows less'   [32] 'mute [slaves]'   [33] 'scarlet'
[34] 'dismayed'   [35] 'what fit of giddiness has come over you?'   [36] 'distraught'
[1] 'adjoining'   [2] 'enshrined'   [3] 'stands against'

au mur; au bas on lit: Santa Maria Esclava.⁴ *Au côté opposé est une madone devant laquelle brûle une lampe d'or. Près de la madone, un portrait en pied⁵ du roi Charles II.*

Au lever du rideau, LA REINE DOÑA MARIA DE NEUBOURG *est dans un coin, assise à côté d'une de ses femmes, jeune et jolie fille.* LA REINE *est vêtue de blanc, robe de drap d'argent. Elle brode, et s'interrompt par moments pour causer. Dans le coin opposé est assise, sur une chaise à dossier,* DOÑA JUANA DE LA CUEVA, DUCHESSE D'ALBUQUERQUE, *camerera mayor,⁶ une tapisserie à la main; vieille femme en noir. Près de* LA DUCHESSE, *à une table, plusieurs duègnes travaillant à des ouvrages de femmes. Au fond, se tient* DON GURITAN, COMTE D'OÑATE, *majordome, grand, sec,⁷ moustaches grises, cinquante-cinq ans environ; mine⁸ de vieux militaire, quoique vêtu avec une élégance exagérée et qu'il ait des rubans jusque sur les souliers.*

SCENE PREMIERE

LA REINE, LA DUCHESSE D'ALBUQUERQUE, DON GURITAN,
CASILDA, DUÈGNES

585 LA REINE. Il est parti pourtant! je devrais être à l'aise.
Eh bien, non! ce marquis de Finlas, il me pèse!¹
Cet homme-là me hait.

CASILDA.   Selon votre souhait
N'est-il pas exilé?

LA REINE.   Cet homme-là me hait.

CASILDA. Votre majesté...

LA REINE.   Vrai! Casilda, c'est étrange,
590 Ce marquis est pour moi comme le mauvais ange.
L'autre jour, il devait partir le lendemain,
Et, comme à l'ordinaire, il vint au baise-main.²
Tous les grands s'avançaient vers le trône à la file;³
Je leur livrais ma main, j'étais triste et tranquille,
595 Regardant vaguement, dans le salon obscur,
Une bataille au fond peinte sur un grand mur,
Quand tout à coup, mon œil se baissant vers la table,
Je vis venir à moi cet homme redoutable!
Sitôt que je le vis, je ne vis plus que lui.
600 Il venait à pas lents, jouant avec l'étui⁴
D'un poignard dont parfois j'entrevoyais la lame,⁵
Grave, et m'éblouissant de son regard de flamme.

---

⁴ a Roman slave who was persecuted for her Christianity in the 3rd century A.D.   ⁵ 'full length'   ⁶ 'mistress of the robes'   ⁷ 'lean'   ⁸ 'appearance'
¹ 'weighs on my mind'   ² court ceremony of kissing the sovereign's hand   ³ 'one after the other'   ⁴ 'sheath'   ⁵ 'caught a glimpse of the blade'

Soudain il se courba, souple et comme rampant...[6] —
Je sentis sur ma main sa bouche de serpent!

    CASILDA. Il rendait ses devoirs; — rendons-nous pas les nôtres?   605

    LA REINE. Sa lèvre n'était pas comme celle des autres.

C'est la dernière fois que je l'ai vu. Depuis,
J'y pense très souvent. J'ai bien d'autres ennuis,
C'est égal, je me dis: — L'enfer[7] est dans cette âme.
Devant cet homme-là je ne suis qu'une femme. —   610
Dans mes rêves, la nuit, je rencontre en chemin
Cet effrayant démon qui me baise la main;
Je vois luire[8] son œil d'où rayonne[9] la haine;
Et, comme un noir poison qui va de veine en veine,
Souvent, jusqu'à mon cœur qui semble se glacer,   615
Je sens en longs frissons[10] courir son froid baiser!
Que dis-tu de cela?

    CASILDA.   Purs fantômes, madame!

    LA REINE. Au fait, j'ai des soucis bien plus réels dans l'âme. (*A part.*)
Oh! ce qui me tourmente, il faut le leur cacher.   (*A* CASILDA.)
Dis-moi, ces mendiants[11] qui n'osaient approcher...   620

    CASILDA, *allant à la fenêtre*

Je sais, madame. Ils sont encor là, dans la place.

    LA REINE. Tiens, jette-leur ma bourse.

                (CASILDA *prend la bourse et va la jeter par la fenêtre.*)

    CASILDA.   Oh! madame, par grâce,
Vous qui faites l'aumône[12] avec tant de bonté,

    (*Montrant à* LA REINE DON GURITAN, *qui, debout et silencieux au fond
    de la chambre, fixe sur* LA REINE *un œil plein d'adoration muette.*)

Ne jetterez-vous rien au comte d'Oñate?
Rien qu'un mot! — Un vieux brave! amoureux sous l'armure!   625
D'autant plus tendre au cœur que l'écorce[13] est plus dure!

    LA REINE. Il est bien ennuyeux!

    CASILDA.   J'en conviens. — Parlez-lui!

    LA REINE, *se tournant vers* DON GURITAN. Bonjour, comte.

    (DON GURITAN *s'approche avec trois révérences, et vient baiser en soupi-
    rant la main de* LA REINE, *qui le laisse faire d'un air indifférent et
    distrait.*[14] *Puis il retourne à sa place, à côté du siège de la camerera
    mayor.*)

    DON GURITAN, *en se retirant, bas à* CASILDA.
                La reine est charmante aujourd'hui!

    CASILDA, *le regardant s'éloigner*

Oh! le pauvre héron![15] près de l'eau qui le tente

---

[6] 'crawling'   [7] 'hell'   [8] 'gleam'   [9] 'blazes'   [10] 'shudders'   [11] 'beggars'   [12] 'give alms'   [13] 'shell'   [14] 'absent-minded'   [15] an allusion to La Fontaine, *Fables*, VII, 4

630 Il se tient. Il attrape, après un jour d'attente,[16]
Un bonjour, un bonsoir, souvent un mot bien sec,
Et s'en va tout joyeux, cette pâture[17] au bec.

    La Reine, *avec un sourire triste*
Tais-toi!

    Casilda.   Pour être heureux, il suffit qu'il vous voie.
Voir la reine, pour lui cela veut dire: — joie!

                      (*S'extasiant sur une boîte posée sur un guéridon.*[18])

635 Oh! la divine boîte!

    La Reine.   Ah! j'en ai la clef là.

    Casilda. Ce bois de calambour[19] est exquis!

    La Reine, *lui présentant la clef.*   Ouvre-la.
Vois: — je l'ai fait emplir de reliques, ma chère;
Puis je vais l'envoyer à Neubourg, à mon père.
Il sera très content!

        (*Elle rêve un instant, puis s'arrache*[20] *vivement à sa rêverie. A part.*)
                  Je ne veux pas penser!

640 Ce que j'ai dans l'esprit, je voudrais le chasser.   (*A* Casilda.)
Va chercher dans ma chambre un livre... — Je suis folle!
Pas un livre allemand! tout en langue espagnole!
Le roi chasse. Toujours absent. Ah! quel ennui!
En six mois, j'ai passé douze jours près de lui.

645   Casilda. Epousez donc un roi pour vivre de la sorte![21]

    (La Reine *retombe dans sa rêverie, puis en sort de nouveau violemment
                  et comme avec effort.*)

    La Reine. Je veux sortir!

    (*A ce mot, prononcé impérieusement par* La reine, la duchesse d'Al-
    buquerque, *qui est jusqu'à ce moment restée immobile sur son siège,
    lève la tête, puis se dresse debout et fait une profonde révérence à* la
    reine.)

    La Duchesse d'Albuquerque, *d'une voix brève et dure*
                 Il faut, pour que la reine sorte,
Que chaque porte soit ouverte, — c'est réglé! —
Par un des grands d'Espagne ayant droit à la clé.[22]
Or nul d'eux ne peut être au palais à cette heure.

650   La Reine. Mais on m'enferme donc! mais on veut que je meure,
Duchesse, enfin!

    La Duchesse, *avec une nouvelle révérence.* Je suis camerera mayor,
Et je remplis ma charge.   (*Elle se rassied.*)

    La Reine, *prenant sa tête à deux mains, avec désespoir, à part*

---

[16] 'waiting'   [17] 'nourishment'   [18] 'small table'   [19] 'aloes wood'   [20] 'tears
herself'   [21] i.e. it is hardly worth while marrying a king to live like this   [22] 'key';
i.e. holding the rank of chamberlain

Allons rêver encor!

Non! (*Haut.*)

— Vite! un lansquenet!²³ à moi, toutes mes femmes!
Une table, et jouons!

La Duchesse, *aux duègnes.* Ne bougez pas, mesdames.
(*Se levant et faisant une révérence à* La reine.)
Sa majesté ne peut, suivant l'ancienne loi, 655
Jouer qu'avec des rois ou des parents du roi.

La Reine, *avec emportement.*²⁴ Eh bien! faites venir ces parents.

Casilda, *à part, regardant* La duchesse. Oh! la duègne!

La Duchesse, *avec un signe de croix*

Dieu n'en a pas donné, madame, au roi qui règne.
La reine mère²⁵ est morte. Il est seul à présent.

La Reine. Qu'on me serve à goûter!²⁶

Casilda. Oui, c'est très amusant. 660

La Reine. Casilda, je t'invite.

Casilda, *à part, regardant la camerera.* Oh! respectable aïeule!²⁷

La Duchesse, *avec une révérence*

Quand le roi n'est pas là, la reine mange seule. (*Elle se rassied.*)

La Reine, *poussée à bout* ²⁸

Ne pouvoir, — ô mon Dieu! qu'est-ce que je ferai? —
Ni sortir, ni jouer, ni manger à mon gré!²⁹
Vraiment, je meurs depuis un an que je suis reine. 665

Casilda, *à part, la regardant avec compassion*

Pauvre femme! passer tous ses jours dans la gêne,³⁰
Au fond de cette cour insipide! et n'avoir
D'autre distraction que le plaisir de voir,
Au bord de ce marais³¹ à l'eau dormante et plate,³²
(*Regardant* Don Guritan, *toujours immobile et debout au fond de la chambre.*)
Un vieux comte amoureux rêvant sur une patte! 670

La Reine, *à* Casilda. Que faire? voyons! cherche une idée.

Casilda. Ah! tenez!

En l'absence du roi, c'est vous qui gouvernez.
Faites, pour vous distraire, appeler les ministres!

La Reine, *haussant les épaules*

Ce plaisir! — avoir là huit visages sinistres
Me parlant de la France et de son roi caduc,³³ 675
De Rome, et du portrait de monsieur l'archiduc,³⁴

---

²³ a card game of German origin   ²⁴ 'angrily'   ²⁵ Maria Anna of Austria (1634–96), second wife and widow of Philip IV   ²⁶ 'some light refreshment'   ²⁷ 'grandmother'   ²⁸ 'exasperated'   ²⁹ 'as I please'   ³⁰ 'torment'   ³¹ 'marsh'   ³² 'stagnant'   ³³ 'decrepit'; an allusion to Louis XIV   ³⁴ Archduke Joseph Charles of Austria, son of the Emperor Leopold I, and pretender to the succession of the

Qu'on promène à Burgos, parmi des cavalcades,
Sous un dais de drap d'or porté par quatre alcades!
— Cherche autre chose.

    CASILDA.   Eh bien, pour vous désennuyer,[35]
680 Si je faisais monter quelque jeune écuyer?[36]

    LA REINE. Casilda!

    CASILDA.   Je voudrais regarder un jeune homme,
Madame! cette cour vénérable m'assomme.[37]
Je crois que la vieillesse arrive par les yeux,
Et qu'on vieillit plus vite à voir toujours des vieux!

685   LA REINE. Ris, folle! — Il vient un jour où le cœur se reploie.[38]
Comme on perd le sommeil, enfant, on perd la joie.   (Pensive.)
Mon bonheur, c'est ce coin du parc où j'ai le droit
D'aller seule.

    CASILDA.   Oh! le beau bonheur! l'aimable endroit!
Des pièges sont creusés derrière tous les marbres.[39]
690 On ne voit rien. Les murs sont plus hauts que les arbres.

    LA REINE. Oh! je voudrais sortir parfois!

    CASILDA, bas.   Sortir! Eh bien,
Madame, écoutez-moi. Parlons bas. Il n'est rien
De tel qu'une prison bien austère et bien sombre
Pour vous faire chercher et trouver dans son ombre
695 Ce bijou rayonnant[40] nommé la clef des champs.[41]
— Je l'ai! — Quand vous voudrez, en dépit des méchants,
Je vous ferai sortir, la nuit, et par la ville
Nous irons.

    LA REINE. Ciel! jamais! tais-toi!

    CASILDA.   C'est très facile!

    LA REINE. Paix!

    (Elle s'éloigne un peu de CASILDA et retombe dans sa rêverie.)
            Que ne suis-je encor, moi qui crains tous ces grands,
700 Dans ma bonne Allemagne, avec mes bons parents!
Comme, ma sœur et moi, nous courions dans les herbes!
Et puis des paysans passaient, traînant des gerbes;[42]
Nous leur parlions. C'était charmant. Hélas! un soir,
Un homme vint, qui dit, — il était tout en noir,
705 Je tenais par la main ma sœur, douce compagne, —
«Madame, vous allez être reine d'Espagne.»
Mon père était joyeux, et ma mère pleurait.

Spanish crown; a political demonstration in his favor took place in Burgos in 1698
[35] 'distract you'   [36] 'squire'   [37] 'bores me to death'   [38] 'turns in on itself'   [39] i.e. statues   [40] 'shining'   [41] i.e. freedom to roam
[42] 'sheaves'

Ils pleurent tous les deux à présent. — En secret
Je vais faire envoyer cette boîte à mon père,
Il sera bien content. — Vois, tout me désespère.   710
Mes oiseaux d'Allemagne, ils sont tous morts.

(CASILDA *fait le signe de tordre*[43] *le cou à des oiseaux, en regardant de travers la camerera.*)

                                                    Et puis
On m'empêche d'avoir des fleurs de mon pays.
Jamais à mon oreille un mot d'amour ne vibre.
Aujourd'hui je suis reine. Autrefois j'étais libre.
Comme tu dis, ce parc est bien triste le soir,   715
Et les murs sont si hauts, qu'ils empêchent de voir.
— Oh! l'ennui!   (*On entend au dehors un chant éloigné.*)
            Qu'est ce bruit?

CASILDA.   Ce sont les lavandières[44]
Qui passent en chantant, là-bas, dans les bruyères.[45]

(*Le chant se rapproche. On distingue les paroles.* LA REINE *écoute avidement.*[46])

VOIX DU DEHORS.   A quoi bon entendre
                        Les oiseaux des bois?   720
                        L'oiseau le plus tendre
                        Chante dans ta voix.

                        Que Dieu montre ou voile
                        Les astres[47] des cieux!
                        La plus pure étoile   725
                        Brille dans tes yeux.

                        Qu'avril renouvelle
                        Le jardin en fleur!
                        La fleur la plus belle
                        Fleurit dans ton cœur.   730

                        Cet oiseau de flamme,
                        Cet astre du jour,
                        Cette fleur de l'âme,
                        S'appelle l'amour!
                                (*Les voix décroissent et s'éloignent.*)

LA REINE, *rêveuse*
L'amour! — Oui, celles-là sont heureuses. — Leur voix,   735
Leur chant me fait du mal et du bien à la fois.

---

[43] 'wringing'   [44] 'washerwomen'   [45] 'heather'   [46] 'eagerly'   [47] 'stars'

La Duchesse, *aux duègnes*
Ces femmes, dont le chant importune la reine,
Qu'on les chasse!
   La Reine, *vivement.* Comment! on les entend à peine.
Pauvres femmes! je veux qu'elles passent en paix,
740 Madame.   (*A* Casilda, *en lui montrant une croisée*[48] *au fond.*)
    Par ici le bois est moins épais,
Cette fenêtre-là donne sur la campagne;
Viens, tâchons de les voir. (*Elle se dirige vers la fenêtre avec* Casilda.)
   La Duchesse, *se levant, avec une révérence.* Une reine d'Espagne
Ne doit pas regarder à la fenêtre.
   La Reine, *s'arrêtant et revenant sur ses pas.*[49] Allons!
Le beau soleil couchant qui remplit les vallons,
745 La poudre d'or du soir qui monte sur la route,
Les lointaines chansons que toute oreille écoute,
N'existent plus pour moi! j'ai dit au monde adieu.
Je ne puis même voir la nature de Dieu!
Je ne puis même voir la liberté des autres!
   La Duchesse, *faisant signe aux assistants de sortir*
750 Sortez, c'est aujourd'hui le jour des saints apôtres.[50]
   (Casilda *fait quelques pas vers la porte.* La reine *l'arrête.*)
   La Reine. Tu me quittes?
   Casilda, *montrant* la duchesse. Madame, on veut que nous sortions.
   La Duchesse, *saluant la reine jusqu'à terre*
Il faut laisser la reine à ses dévotions.
      (*Tous sortent avec de profondes révérences.*)

SCENE II

La reine, *seule*

A ses dévotions? dis donc à sa pensée!
Où la fuir maintenant? Seule! Ils m'ont tous laissée.
755 Pauvre esprit sans flambeau[1] dans un chemin obscur! (*Rêvant.*)
Oh! cette main sanglante[2] empreinte sur le mur!
Il s'est donc blessé? Dieu! Mais aussi c'est sa faute.
Pourquoi vouloir franchir la muraille si haute?
Pour m'apporter les fleurs qu'on me refuse ici,
760 Pour cela, pour si peu, s'aventurer ainsi!
C'est aux pointes de fer qu'il s'est blessé sans doute.
Un morceau de dentelle[3] y pendait. Une goutte
De ce sang répandu pour moi vaut tous mes pleurs.
      (*S'enfonçant*[4] *dans sa rêverie.*)

---

[48] 'window' [49] 'coming back' [50] i.e. the feast of St. Peter and St. Paul, June 29th
[1] 'torch' [2] 'blood-stained' [3] 'lace' [4] 'plunging deeper'

Chaque fois qu'à ce banc je vais chercher les fleurs,
Je promets à mon Dieu, dont l'appui me délaisse,[5]   765
De n'y plus retourner. J'y retourne sans cesse.
— Mais lui! voilà trois jours qu'il n'est pas revenu.
— Blessé! — Qui que tu sois, ô jeune homme inconnu
Toi qui, me voyant seule et loin de ce qui m'aime,
Sans me rien demander, sans rien espérer même,   770
Viens à moi, sans compter les périls où tu cours;
Toi qui verses ton sang, toi qui risques tes jours
Pour donner une fleur à la reine d'Espagne;
Qui que tu sois, ami dont l'ombre[6] m'accompagne,
Puisque mon cœur subit[7] une inflexible loi,   775
Sois aimé par ta mère et sois béni[8] par moi!
                    (*Vivement et portant la main à son cœur.*)
— Oh! sa lettre me brûle!   (*Retombant dans sa rêverie.*)
                    Et l'autre! l'implacable
Don Salluste! le sort me protège et m'accable.[9]
En même temps qu'un ange, un spectre affreux me suit!
Et, sans les voir, je sens s'agiter dans ma nuit,   780
Pour m'amener peut-être à quelque instant suprême,
Un homme qui me hait près d'un homme qui m'aime.
L'un me sauvera-t-il de l'autre? Je ne sais.
Hélas! mon destin flotte à deux vents opposés.
Que c'est faible, une reine, et que c'est peu de chose!   785
Prions.   (*Elle s'agenouille*[10] *devant la madone.*)
        — Secourez-moi, madame! car je n'ose
Elever mon regard jusqu'à vous!   (*Elle s'interrompt.*)
                    — O mon Dieu!
La dentelle, la fleur, la lettre, c'est du feu!
        (*Elle met la main dans sa poitrine et en arrache une lettre froissée,*[11] *un*
          bouquet desséché[12] *de petites fleurs bleues et un morceau de dentelle taché*
          de sang qu'elle jette sur la table; puis elle retombe à genoux.)
Vierge, astre de la mer! Vierge, espoir du martyre!
Aidez-moi! —   (*S'interrompant.*)
            Cette lettre!   (*Se tournant à demi vers la table.*)
                    Elle est là qui m'attire.   790
                    (*S'agenouillant de nouveau.*)
Je ne veux plus la lire! — O reine de douceur!
Vous qu'à tout affligé Jésus donne pour sœur!
Venez, je vous appelle! —

[5] 'forsakes me'   [6] 'shadow'   [7] 'is subjected to'   [8] 'blessed'
[9] 'overwhelms me'   [10] 'kneels'   [11] 'crumpled'
[12] 'withered'

(Elle se lève, fait quelques pas vers la table, puis s'arrête, puis enfin se précipite sur la lettre, comme cédant à une attraction irrésistible.)

Oui, je vais la relire

Une dernière fois! Après, je la déchire![13]   *(Avec un sourire triste.)*

795 Hélas! depuis un mois je dis toujours cela.

(Elle déplie[14] la lettre résolûment et lit.)

«Madame, sous vos pieds, dans l'ombre, un homme est là
«Qui vous aime, perdu dans la nuit qui le voile;
«Qui souffre, ver de terre[15] amoureux d'une étoile;
«Qui pour vous donnera son âme, s'il le faut;
800 «Et qui se meurt en bas quand vous brillez en haut.»

(Elle pose la lettre sur la table.)

Quand l'âme a soif, il faut qu'elle se désaltère,[16]
Fût-ce[17] dans du poison!

(Elle remet la lettre et la dentelle dans sa poitrine.)
Je n'ai rien sur la terre.

Mais enfin il faut bien que j'aime quelqu'un, moi!
Oh! s'il avait voulu, j'aurais aimé le roi.
805 Mais il me laisse ainsi, — seule, — d'amour privée[18]

(La grande porte s'ouvre à deux battants. Entre un huissier de chambre en grand costume.)

L'Huissier, *à haute voix.* Une lettre du roi!

La Reine, *comme réveillée en sursaut, avec un cri de joie*

Du roi! je suis sauvée!

SCENE III

La reine, la duchesse d'Albuquerque, Casilda, don Guritan,
femmes de la reine, pages, Ruy Blas

Tous entrent gravement. La duchesse *en tête, puis les femmes.* Ruy Blas *reste au fond de la chambre. Il est magnifiquement vêtu. Son manteau tombe sur son bras gauche et le cache. Deux pages, portant sur un coussin de drap*[1] *d'or la lettre du roi, viennent s'agenouiller devant* la reine, *à quelques pas de distance.*

Ruy Blas, *au fond, à part*
Où suis-je? — Qu'elle est belle! — Oh! pour qui suis-je ici?

La Reine, *à part.* C'est un secours du ciel!   *(Haut.)*

Donnez vite!

(Se retournant vers le portrait du roi.)

Merci,

---

[13] 'tear it up'   [14] 'unfolds'   [15] 'earth-worm'   [16] 'quench its thirst'
[17] 'even though it were'   [18] 'deprived'
[1] 'cloth'

Monseigneur! (*A* LA DUCHESSE)
    D'où me vient cette lettre?
 LA DUCHESSE.   Madame,
D'Aranjuez, où le roi chasse.
 LA REINE.   Du fond de l'âme   810
Je lui rends grâce. Il a compris qu'en mon ennui
J'avais besoin d'un mot d'amour qui vînt de lui!
— Mais donnez donc.
 LA DUCHESSE, *avec une révérence, montrant la lettre*
      L'usage, il faut que je le dise,
Veut que ce soit d'abord moi qui l'ouvre et la lise.
 LA REINE. Encore![2] — Eh bien, lisez!
    (LA DUCHESSE *prend la lettre et la déploie lentement.*)
 CASILDA, *à part.*   Voyons le billet doux. 815
 LA DUCHESSE, *lisant.* «Madame, il fait grand vent et j'ai tué six loups.
«Signé: CARLOS.»
 LA REINE, *à part.* Hélas!
 DON GURITAN, *à* LA DUCHESSE. C'est tout?
 LA DUCHESSE.   Oui, seigneur comte.
 CASILDA, *à part.* Il a tué six loups! comme cela vous monte[3]
L'imagination! Votre cœur est jaloux,
Tendre, ennuyé, malade? — Il a tué six loups! 820
 LA DUCHESSE, *à* LA REINE, *en lui présentant la lettre*
Si sa majesté veut?...
 LA REINE, *la repoussant.* Non.
 CASILDA, *à* LA DUCHESSE. C'est bien tout?
 LA DUCHESSE.   Sans doute.
Que faut-il donc de plus? Notre roi chasse; en route
Il écrit ce qu'il tue avec le temps qu'il fait.
C'est fort bien.   (*Examinant de nouveau la lettre.*)
    Il écrit, non, il dicte.
 LA REINE, *lui arrachant la lettre et l'examinant à son tour.* En effet,
Ce n'est pas de sa main. Rien que sa signature! 825
 (*Elle l'examine avec plus d'attention et paraît frappée de stupeur. A part.*)
Est-ce une illusion? c'est la même écriture
Que celle de la lettre!
 (*Elle désigne[4] de la main la lettre qu'elle vient de cacher sur son cœur.*)
    Oh! qu'est-ce que cela? (*A* LA DUCHESSE.)
Où donc est le porteur du message?
 LA DUCHESSE, *montrant* RUY BLAS. Il est là.
 LA REINE, *se tournant à demi vers* RUY BLAS. Ce jeune homme?
 LA DUCHESSE.   C'est lui qui l'apporte en personne.

---

[2] i.e. another ceremony! [3] 'stimulates' [4] 'indicates'

830 — Un nouvel écuyer que sa majesté donne
A la reine. Un seigneur que, de la part du[5] roi,
Monsieur de Santa-Cruz me recommande, à moi.

LA REINE. Son nom?

LA DUCHESSE.   C'est le seigneur César de Bazan, comte
De Garofa. S'il faut croire ce qu'on raconte,
835 C'est le plus accompli gentilhomme qui soit.

LA REINE. Bien. Je veux lui parler.   (*A* RUY BLAS.)
                        Monsieur...

RUY BLAS, *à part, tressaillant.*[6]   Elle me voit!
Elle me parle! Dieu! je tremble.

LA DUCHESSE, *à* RUY BLAS.   Approchez, comte.

DON GURITAN, *regardant* RUY BLAS *de travers, à part*
Ce jeune homme! écuyer! ce n'est pas là mon compte.[7]

        (RUY BLAS, *pâle et troublé, approche à pas lents.*)

LA REINE, *à* RUY BLAS. Vous venez d'Aranjuez?

RUY BLAS, *s'inclinant.*   Oui, madame.

LA REINE.   Le roi
840 Se porte bien?   (RUY BLAS *s'incline, elle montre la lettre royale.*)
        Il a dicté ceci pour moi?

RUY BLAS. Il était à cheval. Il a dicté la lettre...

        (*Il hésite un moment.*)

A l'un des assistants.[8]

LA REINE, *à part, regardant* RUY BLAS. Son regard me pénètre.
Je n'ose demander à qui.   (*Haut.*)

        C'est bien, allez.

— Ah!—

(RUY BLAS, *qui avait fait quelques pas pour sortir, revient vers* LA REINE.)

        Beaucoup de seigneurs étaient là rassemblés?   (*A part.*)
845 Pourquoi donc suis-je émue[9] en voyant ce jeune homme?

        (RUY BLAS *s'incline, elle reprend.*)

Lesquels?

RUY BLAS. Je ne sais point les noms dont on les nomme.
Je n'ai passé là-bas que des instants fort courts.
Voilà trois jours que j'ai quitté Madrid.

LA REINE, *à part.*   Trois jours!

        (*Elle fixe un regard plein de trouble sur* RUY BLAS.)

RUY BLAS, *à part.* C'est la femme d'un autre! ô jalousie affreuse!
850 — Et de qui! — Dans mon cœur un abîme se creuse.

DON GURITAN, *s'approchant de* RUY BLAS
Vous êtes écuyer de la reine. Un seul mot.

_____

[5] 'from the'   [6] 'trembling'   [7] 'that does not suit me'   [8] 'bystanders'
[9] 'moved'

Vous connaissez quel est votre service?[10] Il faut
Vous tenir cette nuit dans la chambre prochaine,
Afin d'ouvrir au roi, s'il venait chez la reine.

RUY BLAS, *tressaillant. A part.* Ouvrir au roi! moi!   (*Haut.*)
                                              Mais... il est absent.

DON GURITAN.   Le roi 855
Peut-il pas arriver à l'improviste?[11]

RUY BLAS, *à part.*   Quoi!

DON GURITAN, *à part, observant* RUY BLAS
Qu'a-t-il?

LA REINE, *qui a tout entendu et dont le regard est resté fixé sur* RUY BLAS
          Comme il pâlit!
              (RUY BLAS *chancelant s'appuie*[12] *sur le bras d'un fauteuil.*)

CASILDA, *à* LA REINE.   Madame, ce jeune homme
Se trouve mal![13]

RUY BLAS, *se soutenant à peine.* Moi, non! mais c'est singulier comme
Le grand air[14]... le soleil... la longueur du chemin...   (*A part.*)
— Ouvrir au roi!

(*Il tombe épuisé*[15] *sur un fauteuil. Son manteau se dérange et laisse voir
      sa main gauche enveloppée de linges ensanglantés.*[16])

CASILDA.   Grand Dieu, madame! à cette main   860
Il est blessé!

LA REINE.   Blessé!

CASILDA.   Mais il perd connaissance!
Mais, vite, faisons-lui respirer quelque essence!

LA REINE, *fouillant dans sa gorgerette*[17]
Un flacon[18] que j'ai là contient une liqueur...
(*En ce moment son regard tombe sur la manchette*[19] *que* RUY BLAS *porte
              au bras droit. A part.*)
C'est la même dentelle!
(*Au même instant elle a tiré le flacon de sa poitrine, et, dans son trouble,*[20]
  elle a pris en même temps le morceau de dentelle qui y était caché. RUY
  BLAS, *qui ne la quitte pas des yeux, voit cette dentelle sortir du sein*[21]
  de LA REINE.)

RUY BLAS, *éperdu.*   Oh!
(*Le regard de* LA REINE *et le regard de* RUY BLAS *se rencontrent. Un
              silence.*)

LA REINE, *à part.*   C'est lui!

RUY BLAS, *à part.*   Sur son cœur!

LA REINE, *à part.* C'est lui!

---

[10] 'duty'   [11] 'unexpectedly'   [12] 'staggering leans'   [13] 'is going to faint'
[14] 'the open air'   [15] 'exhausted'   [16] 'blood-stained bandages'   [17] 'searching
in her bodice'   [18] 'phial'   [19] 'cuff'   [20] 'agitation'   [21] 'bosom'

Ruy Blas, *à part*

865　　　　　　Faites, mon Dieu, qu'en ce moment je meure!

(*Dans le désordre de toutes les femmes s'empressant*[22] *autour de* Ruy Blas, *ce qui se passe entre* la reine *et lui n'est remarqué de personne.*)

Casilda, *faisant respirer le flacon à* Ruy Blas

Comment vous êtes-vous blessé? c'est tout à l'heure?

Non? cela s'est rouvert en route? Aussi pourquoi

Vous charger d'apporter le message du roi?

　　La Reine, *à* Casilda.　Vous finirez bientôt vos questions, j'espère.

870　La Duchesse, *à* Casilda.　Qu'est-ce que cela fait à la reine ma chère?

　　La Reine.　Puisqu'il avait écrit la lettre, il pouvait bien

L'apporter, n'est-ce pas?

　　Casilda.　　　　　Mais il n'a dit en rien

Qu'il eût écrit la lettre.

　　La Reine, *à part.*　Oh!　　　　　　　(*A* Casilda.)

　　　　　　　　　Tais-toi!

　　Casilda, *à* Ruy Blas.　　　　　Votre grâce

Se trouve-t-elle mieux?

　　Ruy Blas.　　　Je renais![23]

　　La Reine, *à ses femmes.*　　　L'heure passe,

875 Rentrons. — Qu'en son logis le comte soit conduit.　(*Aux pages, au fond.*)

Vous savez que le roi ne vient pas cette nuit.

Il passe la saison tout entière à la chasse.

　　　　　　(*Elle rentre avec sa suite, dans ses appartements.*)

　　Casilda, *la regardant sortir.*　La reine a dans l'esprit quelque chose.

(*Elle sort par la même porte que* la reine *en emportant la petite cassette aux reliques.*)

Ruy Blas, *resté seul*

(*Il semble écouter encore quelque temps avec une joie profonde les dernières paroles de* la reine. *Il paraît comme en proie à un rêve. Le morceau de dentelle, que* la reine *a laissé tomber dans son trouble, est resté à terre sur le tapis. Il le ramasse, le regarde avec amour, et le couvre de baisers. Puis il lève les yeux au ciel.*)

　　　　　　　　　　　O Dieu! grâce![24]

Ne me rendez pas fou!　　　　(*Regardant le morceau de dentelle.*)

　　　　　C'était bien sur son cœur!

(*Il le cache dans sa poitrine. — Entre* don Guritan. *Il revient par la porte de la chambre où il a suivi* la reine. *Il marche à pas lents vers* Ruy Blas. *Arrivé près de lui sans dire un mot, il tire à demi son épée, et la mesure du regard avec celle de* Ruy Blas. *Elles sont inégales. Il remet son épée dans le fourreau.* Ruy Blas *le regarde avec étonnement.*)

[22] 'busying themselves'　　　[23] 'I am coming back to life'　　　[24] 'mercy'

SCENE IV

RUY BLAS, DON GURITAN

DON GURITAN, *repoussant son épée dans le fourreau*
J'en apporterai deux de pareille longueur. 880
   RUY BLAS. Monsieur, que signifie?...
   DON GURITAN, *avec gravité.*   En mil six cent cinquante,
J'étais très amoureux. J'habitais Alicante.[1]
Un jeune homme, bien fait, beau comme les amours,[2]
Regardait de fort près ma maîtresse,[3] et toujours
Passait sous son balcon, devant la cathédrale, 885
Plus fier qu'un capitan sur la barque amirale.[4]
Il avait nom Vasquez, seigneur, quoique bâtard.
Je le tuai. —
   (RUY BLAS *veut l'interrompre,* DON GURITAN *l'arrête du geste, et continue.*)
      Vers l'an soixante-six, plus tard,
Gil, comte d'Iscola, cavalier magnifique,
Envoya chez ma belle, appelée Angélique, 890
Avec un billet doux, qu'elle me présenta,
Un esclave nommé Grifel de Viserta.[5]
Je fis tuer l'esclave et je tuai le maître.
   RUY BLAS. Monsieur!
   DON GURITAN, *poursuivant*
      Plus tard, vers l'an quatrevingt, je crus être
Trompé par ma beauté, fille aux tendres façons,[6] 895
Pour Tirso Gamonal, un de ces beaux garçons
Dont le visage altier et charmant s'accommode
D'un panache éclatant.[7] C'est l'époque où la mode
Etait qu'on fît ferrer ses mules[8] en or fin.
Je tuai don Tirso Gamonal.
   RUY BLAS.   Mais enfin 900
Que veut dire cela, monsieur?
   DON GURITAN.   Cela veut dire,
Comte, qu'il sort de l'eau du puits quand on en tire;
Que le soleil se lève à quatre heures demain;
Qu'il est un lieu désert et loin de tout chemin,
Commode aux gens de cœur,[9] derrière la chapelle; 905
Qu'on vous nomme, je crois, César, et qu'on m'appelle
Don Gaspar Guritan Tassis y Guevarra,
Comte d'Oñate.

---

[1] a sea-port in southeastern Spain   [2] 'cupids'   [3] i.e. became very interested in my beloved   [4] 'an admiral on a flag-ship'   [5] i.e. Biserta, in Tunisia   [6] 'warm-hearted ways'   [7] 'is set off by a brilliant plume'   [8] 'had one's mules shod'   [9] 'courage'

Ruy Blas, *froidement.* Bien, monsieur. On y sera.

(*Depuis quelques instants,* Casilda, *curieuse, est entrée à pas de loup*[10]
par la petite porte du fond, et a écouté les dernières paroles des deux
interlocuteurs sans être vue d'eux.)

Casilda, *à part.* Un duel! avertissons la reine.

(*Elle rentre et disparaît par la petite porte.*)

Don Guritan, *toujours imperturbable.* En vos études,
910 S'il vous plaît de connaître un peu mes habitudes,
Pour votre instruction, monsieur, je vous dirai
Que je n'ai jamais eu qu'un goût fort modéré
Pour ces godelureaux,[11] grands friseurs[12] de moustache,
Beaux damerets[13] sur qui l'œil des femmes s'attache,
915 Qui sont tantôt plaintifs et tantôt radieux,
Et qui dans les maisons, faisant force clins d'yeux,[14]
Prenant sur les fauteuils d'adorables tournures,[15]
Viennent s'évanouir[16] pour des égratignures.[17]

Ruy Blas. Mais — je ne comprends pas.

Don Guritan. Vous comprenez fort bien.
920 Nous sommes tous les deux épris du même bien.[18]
L'un de nous est de trop dans ce palais. En somme,
Vous êtes écuyer, moi je suis majordome.
Droits pareils. Au surplus, je suis mal partagé,[19]
La partie entre nous n'est pas égale: j'ai
925 Le droit du plus ancien, vous le droit du plus jeune.
Donc vous me faites peur. A la table où je jeûne[20]
Voir un jeune affamé[21] s'asseoir avec des dents
Effrayantes, un air vainqueur, des yeux ardents,
Cela me trouble fort. Quant à lutter ensemble
930 Sur le terrain d'amour, beau champ qui toujours tremble,[22]
De fadaises,[23] mon cher, je sais mal faire assaut;[24]
J'ai la goutte;[25] et d'ailleurs ne suis point assez sot
Pour disputer le cœur d'aucune Pénélope[26]
Contre un jeune gaillard[27] si prompt à la syncope.[28]
935 C'est pourquoi, vous trouvant fort beau, fort caressant,
Fort gracieux, fort tendre et fort intéressant,
Il faut que je vous tue.

Ruy Blas. Eh bien, essayez.

Don Guritan. Comte

---

[10] 'on tip-toe' [11] 'coxcombs' [12] 'curlers' [13] 'young gallants' [14] 'many
a wink' [15] 'postures' [16] 'swoon' [17] 'scratches' [18] 'in love with the
same person' [19] 'at a disadvantage' [20] 'go hungry' [21] 'famished young
man' [22] i.e. is uncertain [23] 'nonsense' [24] 'attack' [25] 'gout' [26] who
was wooed by many lovers during the absence of her husband Ulysses [27] 'gallant'
[28] 'ready to swoon'

De Garofa, demain, à l'heure où le jour monte,
A l'endroit indiqué, sans témoin[29] ni valet,
Nous nous égorgerons[30] galamment, s'il vous plaît,   940
Avec épée et dague,[31] en dignes gentilshommes,
Comme il sied[32] quand on est des maisons dont nous sommes.
     (*Il tend la main à* Ruy Blas, *qui la lui prend.*)
 Ruy Blas. Pas un mot de ceci, n'est-ce pas?
      (Le comte *fait un signe d'adhésion.*[33])
     A demain. (Ruy Blas *sort.*)
 Don Guritan, *resté seul*
Non, je n'ai pas du tout senti trembler sa main.
Etre sûr de mourir et faire de la sorte,   945
C'est d'un[34] brave jeune homme!
  (*Bruit d'une clef à la petite porte de la chambre de* la reine. Don
    Guritan *se retourne.*)
     On ouvre cette porte?
  (La reine *paraît et marche vivement vers* don Guritan, *surpris et
charmé de la voir. Elle tient entre ses mains la petite cassette.*)

     SCENE V

    Don Guritan, la reine

 La Reine, *avec un sourire.* C'est vous que je cherchais!
 Don Guritan, *ravi.*[1]   Qui me vaut ce bonheur?[2]
 La Reine, *posant la cassette sur le guéridon*
Oh Dieu! rien, ou du moins peu de chose, seigneur. (*Elle rit.*)
Tout à l'heure on disait parmi d'autres paroles, —
Casilda, — vous savez que les femmes sont folles,   950
Casilda soutenait que vous feriez pour moi
Tout ce que je voudrais.
 Don Guritan.   Elle a raison!
 La Reine, *riant.*   Ma foi,
J'ai soutenu que non.[3]
 Don Guritan. Vous avez tort, madame!
 La Reine. Elle a dit que pour moi vous donneriez votre âme,
Votre sang...
 Don Guritan. Casilda parlait fort bien ainsi.   955
 La Reine. Et moi, j'ai dit que non.
 Don Guritan.   Et moi, je dis que si!

---

[29] 'second' [30] 'shall slaughter one another [31] 'dagger' [32] 'as is fitting'
[33] 'assent' [34] 'is to act like a'
[1] 'delighted' [2] 'to what do I owe this happiness' [3] 'I maintained the contrary'

Pour votre majesté, je suis prêt à tout faire.

LA REINE. Tout?

DON GURITAN.   Tout!

LA REINE.   Eh bien, voyons, jurez que pour me plaire
Vous ferez à l'instant ce que je vous dirai.

960   DON GURITAN. Par le saint roi Gaspar,[4] mon patron[5] vénéré,
Je le jure! ordonnez. J'obéis, ou je meure![6]

    LA REINE, *prenant la cassette*
Bien.   Vous allez partir de Madrid tout à l'heure
Pour porter cette boîte en bois de calambour
A mon père monsieur l'électeur de Neubourg.

965   DON GURITAN, *à part.* Je suis pris!   (*Haut.*)
                        A Neubourg!

LA REINE.   A Neubourg.

DON GURITAN.   Six cents lieues!

LA REINE. Cinq cent cinquante.

        (*Elle montre la housse[7] de soie qui enveloppe la cassette.*)
                    Ayez grand soin des franges[8] bleues.

Cela peut se faner en route.

DON GURITAN.   Et quand partir?

LA REINE. Sur-le-champ.[9]

DON GURITAN.   Ah! demain!

LA REINE.   Je n'y puis consentir.

DON GURITAN, *à part.* Je suis pris!   (*Haut.*)
                    Mais...

LA REINE.   Partez!

DON GURITAN.   Quoi?...

LA REINE.   J'ai votre parole.

970   DON GURITAN. Une affaire...

LA REINE.   Impossible.

DON GURITAN.   Un objet si frivole...

LA REINE. Vite!

DON GURITAN.   Un seul jour!

LA REINE.   Néant.[10]

DON GURITAN.   Car...

LA REINE.   Faites à mon gré.

DON GURITAN. Je...

LA REINE.   Non.

DON GURITAN.   Mais.

LA REINE.   Partez!

DON GURITAN.   Si...

[4] one of the Magi or three wise kings of the East   [5] 'patron saint'   [6] = *ou que
je meure*   [7] 'cover'   [8] 'fringes'   [9] 'at once'   [10] 'no indeed'

LA REINE.   Je vous embrasserai.

(Elle lui saute au cou[11] et l'embrasse.)

DON GURITAN, *fâché et charmé. Haut*

Je ne résiste plus. J'obéirai, madame.   *(A part.)*

Dieu s'est fait homme; soit. Le diable s'est fait femme!

LA REINE, *montrant la fenêtre*

Une voiture en bas est là qui vous attend.   975

DON GURITAN. Elle avait tout prévu!

(Il écrit sur un papier quelques mots à la hâte et agite une sonnette.[12]
Un page paraît.)

Page, porte à l'instant

Au seigneur don César de Bazan cette lettre.   *(A part.)*

Ce duel! à mon retour il faut bien le remettre.[13]

Je reviendrai!   *(Haut.)*

Je vais contenter de ce pas

Votre majesté.

LA REINE.   Bien.

(Il prend la cassette, baise la main de LA REINE, *salue profondément et*
sort. Un moment après, on entend le roulement d'une voiture qui
s'éloigne.)

LA REINE, *tombant sur un fauteuil.* Il ne le tuera pas.   980

ACTE III

RUY BLAS

La salle dite[1] salle de gouvernement, dans le palais du roi à Madrid.
Au fond, une grande porte élevée au-dessus de quelques marches.[2] Dans
l'angle à gauche, un pan coupé fermé par une tapisserie de haute lisse.[3]
Dans l'angle opposé, une fenêtre. A droite, une table carrée, revêtue d'un
tapis de velours vert, autour de laquelle sont rangés des tabourets[4]
pour huit ou dix personnes correspondant à autant de pupitres[5] placés
sur la table. Le côté de la table qui fait face au spectateur est occupé par
un grand fauteuil recouvert de drap d'or et surmonté d'un dais en drap
d'or, aux armes d'Espagne, timbrées[6] de la couronne royale. A côté de
ce fauteuil, une chaise.
Au moment où le rideau se lève, la junte[7] du Despacho universal *(conseil*
privé du roi) est au moment de prendre séance.[8]

---

[11] 'she throws her arms around his neck'   [12] 'bell'   [13] 'postpone it'
[1] 'called'   [2] 'steps'   [3] 'with a high warp'; i.e. the threads having been stretched
vertically in weaving   [4] 'stools'   [5] 'writing-desks'   [6] 'crested'   [7] 'junta';
a government commission, here the cabinet   [8] 'about to open its session'

SCENE PREMIERE

Don Manuel Arias, *président de Castille;* don Pedro Velez de Gue-varra, comte de Camporeal, *conseiller de cape et d'épée*[1] *de la conta-duria-mayor;*[2] don Fernando de Cordova y Aguilar, marquis de Priego, *même qualité;*[3] Antonio Ubilla, *écrivain-mayor des rentes;*[4] Montazgo, *conseiller de robe de la chambre des Indes;* Covadenga, *secrétaire suprême des îles.*[5] *Plusieurs autres conseillers. Les conseillers de robe*[6] *vêtus de noir. Les autres en habit de cour.* Camporeal *a la croix de Calatrava*[7] *au manteau.* Priego *la toison d'or au cou.*

Don Manuel Arias, *président de Castille, et* le comte de Camporeal *causent à voix basse, et entre eux, sur le devant. Les autres conseillers font des groupes çà et là dans la salle.*

Don Manuel Arias. Cette fortune-là[8] cache quelque mystère.

Le Comte de Camporeal. Il a la toison d'or. Le voilà secrétaire Universel,[9] ministre,[10] et puis duc d'Olmedo!

Don Manuel Arias. En six mois!

Le Comte de Camporeal.   On le sert derrière le rideau.[11]

985   Don Manuel Arias, *mystérieusement.* La reine!

Le Comte de Camporeal. Au fait, le roi, malade et fou dans l'âme,
Vit avec le tombeau de sa première femme.[12]
Il abdique, enfermé dans son Escurial,
Et la reine fait tout!

Don Manuel Arias. Mon cher Camporeal,
Elle règne sur nous, et don César sur elle.

990   Le Comte de Camporeal. Il vit d'une façon qui n'est pas naturelle.
D'abord, quant à la reine, il ne la voit jamais.
Ils paraissent se fuir. Vous me direz non, mais
Comme depuis six mois je les guette, et pour cause,
J'en suis sûr. Puis il a le caprice morose
995 D'habiter, assez près de l'hôtel de Tormez,
Un logis aveuglé[13] par des volets fermés,
Avec deux laquais noirs, gardeurs de portes closes,
Qui, s'ils n'étaient muets, diraient beaucoup de choses.

Don Manuel Arias. Des muets?

Le Comte de Camporeal.   Des muets. — Tous ses autres valets
1000 Restent au logement qu'il a dans le palais.

---

[1] i.e. a member of the Council of Castille   [2] 'chief auditor's office'   [3] 'rank'
[4] 'chief clerk of the treasury'   [5] i.e. the Balearic and Canary Islands   [6] i.e. those holding magisterial rank   [7] a military order founded in 1158 for the defence of Calatrava against the Moors   [8] 'this success'   [9] i.e. secretary of state and member of the privy council, called *Despacho Universal*   [10] i.e. prime minister   [11] 'he is being helped from behind the scenes'   [12] Marie-Louise d'Orléans (1662–89)   [13] i.e. darkened

Don Manuel Arias. C'est singulier.

Don Antonio Ubilla, *qui s'est approché d'eux depuis quelques instants*. Il est de grande race, en somme.[14]

Le Comte de Camporeal. L'étrange, c'est qu'il veut faire son honnête homme![15] (*A* Don Manuel Arias.)

— Il est cousin, — aussi Santa-Cruz l'a poussé, —

De ce marquis Salluste écroulé[16] l'an passé. —

Jadis, ce don César, aujourd'hui notre maître,   1005

Etait le plus grand fou que la lune eût vu naître.

C'était un drôle, — on sait des gens qui l'ont connu, —

Qui prit un beau matin son fonds pour revenu,[17]

Qui changeait tous les jours de femmes, de carrosses,[18]

Et dont la fantaisie avait des dents féroces   1010

Capables de manger en un an le Pérou.[19]

Un jour il s'en alla, sans qu'on ait su par où.

Don Manuel Arias. L'âge a du fou joyeux fait un sage fort rude.[20]

Le Comte de Camporeal.

Toute fille de joie en séchant[21] devient prude.

Ubilla. Je le crois homme probe.[22]

Le Comte de Camporeal, *riant.* Oh! candide[23] Ubilla!   1015

Qui se laisse éblouir à ces probités-là! (*D'un ton significatif.*)

La maison de la reine, ordinaire et civile,[24] (*Appuyant sur*[25] *les chiffres.*)

Coûte par an six cent soixante-quatre mille

Soixante-six ducats! — c'est un pactole[26] obscur

Où, certe, on doit jeter le filet à coup sûr.[27]   1020

Eau trouble, pêche claire.

Le Marquis de Priego, *survenant.* Ah çà, ne vous déplaise,[28]

Je vous trouve imprudents et parlant fort à l'aise.

Feu mon[29] grand-père, auprès du comte-duc[30] nourri,[31]

Disait: — Mordez[32] le roi, baisez le favori. —

Messieurs, occupons-nous des affaires publiques.   1025

(*Tous s'asseyent autour de la table; les uns prennent des plumes, les autres feuillettent*[33] *des papiers. Du reste, oisiveté*[34] *générale. Moment de silence.*)

Montazgo, *bas à* Ubilla

Je vous ai demandé sur la caisse aux reliques[35]

---

[14] 'as a matter of fact'   [15] 'to play the upright man'   [16] 'disgraced'   [17] 'his capital for income'   [18] 'carriages'   [19] Peru, at that time the proverbial source of unlimited wealth   [20] 'harsh'   [21] 'every light wench as she withers'   [22] 'honest'   [23] 'ingenuous'   [24] 'the public and private expenses of the queen's household'   [25] 'emphasizing'   [26] 'golden stream'; the river Pactolus in Lydia was the source of Croesus' wealth   [27] i.e. with the certainty of making a catch   [28] 'if you don't mind'   [29] 'my late'   [30] Gasparo de Guzman, count of Olivarez and duke of San-Lucar (1587–1645), for the last twenty-two years of his life chief minister to Philip IV   [31] 'brought up'   [32] 'bite'   [33] 'turn over'   [34] 'idleness'   [35] 'from the fund for relics'

De quoi[36] payer l'emploi d'alcade à mon neveu.

UBILLA, *bas.* Vous, vous m'aviez promis de nommer avant peu[37]
Mon cousin Melchior d'Elva bailli[38] de l'Ebre.[39]

MONTAZGO, *se récriant*[40]

1030 Nous venons de doter[41] votre fille.   On célèbre
Encor sa noce.[42] — On est sans relâche assailli...[43]

UBILLA, *bas.* Vous aurez votre alcade.

MONTAZGO, *bas.*   Et vous votre bailli.

                          (*Ils se serrent la main.*)

COVADENGA, *se levant.* Messieurs les conseillers de Castille, il importe,
Afin qu'aucun de nous de sa sphère ne sorte,

1035 De bien régler nos droits et de faire nos parts.[44]
Le revenu d'Espagne en cent mains est épars.[45]
C'est un malheur public.   Il y faut mettre un terme.[46]
Les uns n'ont pas assez, les autres trop.   La ferme[47]
Du tabac est à vous, Ubilla.   L'indigo

1040 Et le musc sont à vous, marquis de Priego.
Camporeal perçoit l'impôt des huit mille hommes,[48]
L'almojarifazgo,[49] le sel, mille autres sommes,
Le quint du cent de l'or,[50] de l'ambre et du jayet.[51]   (*A* MONTAZGO.)
Vous qui me regardez de cet œil inquiet,

1045 Vous avez à vous seul, grâce à votre manège,[52]
L'impôt sur l'arsenic et le droit sur la neige;[53]
Vous avez les ports secs,[54] les cartes, le laiton,[55]
L'amende[56] des bourgeois qu'on punit du bâton,
La dîme de la mer,[57] le plomb,[58] le bois de rose!... —

1050 Moi, je n'ai rien, messieurs.   Rendez-moi quelque chose!

LE COMTE DE CAMPOREAL, *éclatant de rire*

Oh! le vieux diable! il prend les profits les plus clairs.
Excepté l'Inde, il a les îles des deux mers.[59]
Quelle envergure![60] il tient Mayorque[61] d'une griffe,[62]
Et de l'autre il s'accroche au pic de Ténériffe![63]

1055 COVADENGA, *s'échauffant.* Moi, je n'ai rien!

LE MARQUIS DE PRIEGO, *riant.*   Il a les nègres![64]

[36] 'the means'   [37] 'shortly'   [38] 'bailiff'   [39] the Ebro, the largest river in Spain   [40] 'protesting'   [41] 'dowered'   [42] 'wedding'   [43] 'we are harried without respite'   [44] 'portion out our shares'   [45] 'scattered'   [46] 'end'   [47] 'monopoly'   [48] i.e. levies the tax formerly used to hire the 8,000 soldiers of Charles IV of Lorraine   [49] 5% ad valorem duty on exports to Spanish America   [50] a royalty of 5% on all gold mined   [51] 'jet'   [52] 'manœuvring'   [53] 'snow'; brought from the mountains and used for refrigeration   [54] 'inland ports'; i.e. the duties levied at provincial frontier towns   [55] 'playing cards, brass'   [56] 'fine'   [57] i.e. the tithe on imports levied at the coast   [58] 'lead'   [59] i.e. the Mediterranean and the Atlantic   [60] 'what a reach'   [61] Majorca, the largest of the Balearic Islands   [62] 'claw'   [63] 'clings to the peak of Teneriff,' the largest of the Canary Islands   [64] i.e. the levying of the tax on negro slaves in the colonies

(*Tous se lèvent et parlent à la fois, se querellant.*)

MONTAZGO.   Je devrais

Me plaindre bien plutôt. Il me faut les forêts!

COVADENGA, *au* MARQUIS DE PRIEGO

Donnez-moi l'arsenic, je vous cède les nègres!

(*Depuis quelques instants,* RUY BLAS *est entré par la porte du fond et
assiste*[65] *à la scène sans être vu des interlocuteurs. Il est vêtu de velours
noir, avec un manteau de velours écarlate; il a la plume blanche au chapeau et la toison d'or au cou. Il les écoute d'abord en silence, puis,
tout à coup, il s'avance à pas lents et paraît au milieu d'eux au plus
fort*[66] *de la querelle.*)

SCENE II

LES MÊMES, RUY BLAS

RUY BLAS, *survenant.*[1] Bon appétit, messieurs! —

(*Tous se retournent. Silence de surprise et d'inquiétude.* RUY BLAS *se
couvre, croise les bras, et poursuit en les regardant en face.*)

                               O ministres intègres![2]

Conseillers vertueux! voilà votre façon

De servir, serviteurs qui pillez la maison!   1060

Donc vous n'avez pas honte et vous choisissez l'heure,

L'heure sombre où l'Espagne agonisante[3] pleure!

Donc vous n'avez ici pas d'autres intérêts

Que remplir votre poche et vous enfuir après!

Soyez flétris,[4] devant votre pays qui tombe,   1065

Fossoyeurs[5] qui venez le voler dans sa tombe!

— Mais voyez, regardez, ayez quelque pudeur.[6]

L'Espagne et sa vertu, l'Espagne et sa grandeur,

Tout s'en va. — Nous avons, depuis Philippe Quatre,[7]

Perdu le Portugal,[8] le Brésil,[9] sans combattre;   1070

En Alsace Brisach, Steinfort[10] en Luxembourg;

Et toute la Comté[11] jusqu'au dernier faubourg;[12]

Le Roussillon,[13] Ormuz,[14] Goa,[15] cinq mille lieues

De côte,[16] et Fernambouc,[17] et les Montagnes Bleues![18]

[65] 'is present'   [66] 'at the height'
[1] 'appearing unexpectedly'   [2] 'upright'   [3] 'dying'   [4] 'stand dishonored'   [5] 'grave-
diggers'   [6] 'shame'   [7] i.e. since the beginning of his reign (1621)   [8] in 1640   [9] Brazil, at
that time a colony of Portugal   [10] Neuf-Brisach, a town on the Rhine in Alsace, built by
Vauban in 1690, and Steinfort, a village near the city of Luxemburg, ceded to France in 1684.
[11] Franche-Comté, a province on the eastern borders of France, conquered by that country in
1668 and again in 1674 and finally ceded in 1678   [12] 'village'   [13] a province in the eastern
Pyrenees ceded to France in 1659   [14] a Portuguese colony on an island at the mouth of the
Persian Gulf, lost to a local sultan in 1622   [15] a Portuguese colony on the west coast of
India, lost with Portugal in 1640   [16] 'coast'   [17] Pernambuco, a seaport and province
of Brazil; captured by the Dutch in 1630   [18] Jamaica, lost to England in 1655

1075Mais voyez. — Du ponant[19] jusques à l'orient,

L'Europe, qui vous hait, vous regarde en riant.

Comme si votre roi n'était plus qu'un fantôme,

La Hollande et l'Anglais partagent ce royaume;[20]

Rome vous trompe; il faut ne risquer qu'à demi

1080Une armée en Piémont,[21] quoique pays ami;

La Savoie et son duc sont pleins de précipices.

La France pour vous prendre attend des jours propices.[22]

L'Autriche aussi vous guette. Et l'infant bavarois[23]

Se meurt, vous le savez. — Quant à vos vice-rois,

1085Médina,[24] fou d'amour, emplit Naples d'esclandres,[25]

Vaudémont[26] vend Milan, Legañez[27] perd les Flandres.

Quel remède à cela? — L'état est indigent,

L'état est épuisé de troupes et d'argent;

Nous avons sur la mer, où Dieu met ses colères,

1090Perdu trois cents vaisseaux, sans compter les galères.

Et vous osez!... — Messieurs, en vingt ans, songez-y,

Le peuple, — j'en ai fait le compte, et c'est ainsi! —

Portant sa charge énorme et sous laquelle il ploie,[28]

Pour vous, pour vos plaisirs, pour vos filles de joie,

1095Le peuple misérable, et qu'on pressure[29] encor,

A sué[30] quatre cent trente millions d'or!

Et ce n'est pas assez! et vous voulez, mes maîtres!... —

Ah! j'ai honte pour vous! — Au dedans, routiers, reîtres,

Vont battant[31] le pays et brûlant la moisson.[32]

1100L'escopette est braquée au coin de tout buisson.[33]

Comme si c'était peu de la guerre des princes,

Guerre entre les couvents, guerre entre les provinces,

Tous voulant dévorer leur voisin éperdu,

Morsures d'affamés[34] sur un vaisseau perdu!

1105Notre église en ruine est pleine de couleuvres;[35]

L'herbe y croît. Quant aux grands, des aïeux, mais pas d'œuvres.[36]

Tout se fait par intrigue et rien par loyauté.

L'Espagne est un égout[37] où vient l'impureté

---

[19] 'west' [20] allusion to an intended partition of the Spanish dominions foreshadowed in 1698 [21] Piedmont, at that time ruled by the Duke of Savoy [22] 'propitious' [23] Joseph Ferdinand, Prince Elector of Bavaria, was named by Charles II of Spain *infante* and heir to the throne in 1698; he died the following year at the age of eight [24] the Duke of Medina-Cœli was the puppet of his mistress, an Italian actress [25] 'scandals' [26] Charles of Lorraine, Duke of Vaudémont and Governor of Milan, was working in the interests of France [27] Diego de Guzman, Marquess of Leganés, was working in the interests of Austria [28] 'bends' [29] 'squeezes' [30] 'sweated' [31] 'soldiers of fortune, German mercenaries, go scouring' [32] 'crops' [33] 'the musket is levelled at the edge of every thicket' [34] 'the bites of starving men' [35] 'serpents' [36] i.e. they boast ancestors, but no deeds of their own [37] 'sewer'

De toute nation. Tout seigneur à ses gages[38]
A cent coupe-jarrets[39] qui parlent cent langages. 1110
Génois, sardes, flamands.[40] Babel est dans Madrid.
L'alguazil, dur au pauvre, au riche s'attendrit.[41]
La nuit on assassine, et chacun crie: A l'aide!
— Hier on m'a volé, moi, près du pont de Tolède![42] —
La moitié de Madrid pille l'autre moitié. 1115
Tous les juges vendus. Pas un soldat payé.
Anciens vainqueurs du monde, Espagnols que nous sommes,
Quelle armée avons-nous? A peine six mille hommes,
Qui vont pieds nus. Des gueux, des juifs, des montagnards,[43]
S'habillant d'une loque[44] et s'armant de poignards. 1120
Aussi d'un régiment toute bande se double.[45]
Sitôt que la nuit tombe, il est une heure trouble[46]
Où le soldat douteux se transforme en larron.[47]
Matalobos a plus de troupes qu'un baron.
Un voleur fait chez lui[48] la guerre au roi d'Espagne. 1125
Hélas! les paysans qui sont dans la campagne
Insultent en passant la voiture du roi.
Et lui, votre seigneur, plein de deuil[49] et d'effroi,
Seul, dans l'Escurial, avec les morts qu'il foule[50]
Courbe son front pensif sur qui l'empire croule![51] 1130
— Voilà! — L'Europe, hélas! écrase du talon
Ce pays qui fut pourpre[52] et n'est plus que haillon.
L'état s'est ruiné dans ce siècle funeste,[53]
Et vous vous disputez à qui prendra le reste!
Ce grand peuple espagnol aux membres énervés, 1135
Qui s'est couché dans l'ombre et sur qui vous vivez,
Expire dans cet antre[54] où son sort se termine,
Triste comme un lion mangé par la vermine!
— Charles-Quint,[55] dans ces temps d'opprobre[56] et de terreur,
Que fais-tu dans ta tombe, ô puissant empereur? 1140
Oh! lève-toi! viens voir! — Les bons font place aux pires.
Ce royaume effrayant, fait d'un amas d'empires,
Penche[57]... Il nous faut ton bras! au secours, Charles-Quint!
Car l'Espagne se meurt, car l'Espagne s'éteint![58]
Ton globe,[59] qui brillait dans ta droite[60] profonde, 1145

---

[38] 'wages'   [39] 'cutthroats'   [40] Genoese, Sardinian, Flemish   [41] 'softens'
[42] a bridge over the Manzanares river in Madrid   [43] 'mountaineers'   [44] 'shreds of
clothing'   [45] i.e. every regiment is at the same time a band of robbers   [46] 'uncertain'
[47] 'thief'   [48] i.e. in the king's own country   [49] 'mourning'   [50] 'on whom he
treads'; the royal tombs are in a crypt   [51] 'is collapsing'   [52] '[imperial] purple'
[53] 'disastrous'   [54] 'den'   [55] the Emperor Charles V, king of Spain (1520-58)
[56] 'shame'   [57] 'is tottering'   [58] 'is going out like a light'   [59] 'orb'; emblem
of sovereignty   [60] 'right hand'

Soleil éblouissant qui faisait croire au monde
Que le jour désormais[61] se levait à Madrid,
Maintenant, astre mort, dans l'ombre s'amoindrit,[62]
Lune aux trois quarts rongée,[63] et qui décroît encore,
1150Et que d'un autre peuple effacera l'aurore![64]
Hélas! ton héritage est en proie aux vendeurs.
Tes rayons,[65] ils en font des piastres! Tes splendeurs,
On les souille! — O géant! se peut-il que tu dormes? —
On vend ton sceptre au poids![66] un tas de nains difformes[67]
1155Se taillent[68] des pourpoints dans ton manteau de roi;
Et l'aigle impérial, qui, jadis, sous ta loi,
Couvrait le monde entier de tonnerre et de flamme,
Cuit, pauvre oiseau plumé,[69] dans leur marmite[70] infâme!

> (*Les conseillers se taisent consternés. Seuls*, LE MARQUIS DE PRIEGO *et*
> LE COMTE DE CAMPOREAL *redressent la tête et regardent* RUY BLAS
> *avec colère. Puis* CAMPOREAL, *après avoir parlé à* PRIEGO, *va à la*
> *table, écrit quelques mots sur un papier, les signe et les fait signer au*
> MARQUIS.)

> LE COMTE DE CAMPOREAL, *désignant* LE MARQUIS DE PRIEGO *et re-*
> *mettant le papier à* RUY BLAS

Monsieur le duc, — au nom de tous les deux, — voici
1160Notre démission[71] de notre emploi.

> RUY BLAS, *prenant le papier, froidement.* Merci.

Vous vous retirerez, avec votre famille,   (*A* PRIEGO.)
Vous, en Andalousie,[72] —   (*A* CAMPOREAL.)
                         Et vous, comte, en Castille.
Chacun dans vos états. Soyez partis demain.

> (*Les deux seigneurs s'inclinent et sortent fièrement, le chapeau sur la tête.*
>   RUY BLAS *se tourne vers les autres conseillers.*)

Quiconque ne veut pas marcher dans mon chemin
1165Peut suivre ces messieurs.

> (*Silence dans les assistants.* RUY BLAS *s'assied à la table sur une chaise*
> *à dossier placée à droite du fauteuil royal, et s'occupe à décacheter[73]*
> *une correspondance. Pendant qu'il parcourt[74] les lettres l'une après*
> *l'autre,* COVADENGA, ARIAS *et* UBILLA, *échangent quelques paroles à*
> *voix basse.*)

> UBILLA, *à* COVADENGA, *montrant* RUY BLAS
>   Fils,[75] nous avons un maître.

Cet homme sera grand.

---

[61] 'henceforth'   [62] 'wanes'   [63] 'eaten away'   [64] 'and which the rising sun of
another people will eclipse'   [65] 'rays of light'   [66] 'by weight'   [67] 'shapeless
dwarfs'   [68] 'cut out'   [69] 'plucked'   [70] 'cook-pot'   [71] 'resignation'
[72] Andalusia; a province in the south of Spain   [73] 'unsealing'   [74] 'scans'
[75] 'young man'

Don Manuel Arias. Oui, s'il a le temps d'être.

Covadenga. Et s'il ne se perd pas[76] à tout voir de trop près.

Ubilla. Il sera Richelieu![77]

Don Manuel Arias.   S'il n'est Olivarez!

Ruy Blas, *après avoir parcouru vivement une lettre, qu'il vient d'ouvrir*
Un complot![78] qu'est ceci? messieurs, que vous disais-je?   (*Lisant.*)
— ...«Duc d'Olmedo, veillez.[79] Il se prépare un piège   1170
«Pour enlever quelqu'un de très grand de Madrid.» (*Examinant la lettre.*)
— On ne nomme pas qui. Je veillerai. — L'écrit
Est anonyme. —

> (*Entre un* huissier de cour *qui s'approche de* Ruy Blas *avec une
> profonde révérence.*)
>   Allons! qu'est-ce?

L'Huissier.   A votre excellence
J'annonce monseigneur l'ambassadeur de France.

Ruy Blas. Ah! d'Harcourt![80] Je ne puis à présent.

L'Huissier, *s'inclinant.*   Monseigneur, 1175
Le nonce impérial[81] dans la chambre d'honneur
Attend votre excellence.

Ruy Blas.   A cette heure? impossible.

> (L'huissier *s'incline et sort. Depuis quelques instants un page est entré,
> vêtu d'une livrée couleur de feu à galons d'argent, et s'est approché de*
> Ruy Blas.)

Ruy Blas, *l'apercevant.* Mon page! Je ne suis pour personne visible.

Le Page, *bas.* Le comte Guritan, qui revient de Neubourg...

Ruy Blas, *avec un geste de surprise*
Ah! — Page, enseigne-lui[82] ma maison du faubourg.   1180
Qu'il m'y vienne trouver demain, si bon lui semble.[83]
Va.   (Le page *sort. Aux conseillers.*)
        Nous aurons tantôt à travailler ensemble.
Dans deux heures, messieurs. — Revenez.

>   (*Tous sortent en saluant profondément* Ruy Blas.)
> (Ruy Blas, *resté seul, fait quelques pas en proie à une rêverie profonde.
> Tout à coup, à l'angle du salon, la tapisserie s'écarte et* la reine
> *apparaît. Elle est vêtue de blanc avec la couronne en tête; elle paraît
> rayonnante de joie et fixe sur* Ruy Blas *un regard d'admiration et de
> respect. Elle soutient d'un bras la tapisserie, derrière laquelle on en-
> trevoit*[84] *une sorte de cabinet obscur où l'on distingue une petite porte.*

---

[76] 'if he does not ruin himself'   [77] Armand-Jean du Pessis, Cardinal Richelieu
(1585–1642), chief minister of Louis XIII of France   [78] 'plot'   [79] 'beware'
[80] Henri, duc d'Harcourt (1654–1718)   [81] 'the ambassador of the German Emperor,'
Count Bonaventure de Harrach   [82] 'show him the way to'   [83] 'if he wishes'
[84] 'glimpses'

Ruy Blas, *en se retournant, aperçoit* La reine, *et reste comme pétri-fié devant cette apparition*.)

SCENE III

Ruy Blas, la reine

La Reine.　　　　　　　　　　　　Oh! merci!

Ruy Blas. Ciel!

La Reine.　　　　Vous avez bien fait de leur parler ainsi.

1185 Je n'y puis résister, duc, il faut que je serre

Cette loyale main si ferme et si sincère!

　　　(*Elle marche vivement à lui et lui prend la main, qu'elle presse avant*

　　　　　　　qu'il ait pu s'en défendre.[1])

Ruy Blas. *A part.* La fuir depuis six mois et la voir tout à coup!

　　　　　　　　　　　　　　　　　　　　(*Haut.*)

Vous étiez là, madame?...

La Reine.　　　　　　　Oui, duc, j'entendais tout.

J'étais là. J'écoutais avec toute mon âme!

Ruy Blas, *montrant la cachette*[2]

1190 Je ne soupçonnais pas... — Ce cabinet, madame...

La Reine. Personne ne le sait. C'est un réduit[3] obscur

Que don Philippe Trois[4] fit creuser dans ce mur,

D'où le maître invisible entend tout comme une ombre.

Là j'ai vu bien souvent Charles Deux, morne et sombre,

1195 Assister aux conseils où l'on pillait son bien,

Où l'on vendait l'état.

Ruy Blas.　　　　Et que disait-il?

La Reine.　　　　　　　　　　Rien.

Ruy Blas. Rien? — et que faisait-il?

La Reine.　　　　　　　　　Il allait à la chasse.

Mais vous! j'entends encor votre accent qui menace.

Comme vous les traitiez d'une haute façon,

1200 Et comme vous aviez superbement raison!

Je soulevais le bord de la tapisserie,

Je vous voyais. Votre œil, irrité, sans furie,

Les foudroyait d'éclairs,[5] et vous leur disiez tout.

Vous me sembliez seul être resté debout!

1205 Mais où donc avez-vous appris toutes ces choses?

D'où vient que vous savez les effets et les causes?

Vous n'ignorez donc rien? D'où vient que votre voix

Parlait comme devrait parler celle des rois?

---

[1] 'before he can prevent it'　　[2] 'hiding-place'　　[3] 'recess'　　[4] king of Spain
(1598–1621)　　[5] 'smote them with bolts of lightning'

Pourquoi donc étiez-vous, comme eût été Dieu même,
Si terrible et si grand?
     Ruy Blas.   Parce que je vous aime!   1210
Parce que je sens bien, moi qu'ils haïssent tous,
Que ce qu'ils font crouler s'écroulera sur vous![6]
Parce que rien n'effraie une ardeur si profonde,
Et que pour vous sauver je sauverais le monde!
Je suis un malheureux qui vous aime d'amour.[7]   1215
Hélas! je pense à vous comme l'aveugle au jour.[8]
Madame, écoutez-moi. J'ai des rêves sans nombre.
Je vous aime de loin, d'en bas, du fond de l'ombre;
Je n'oserais toucher le bout de votre doigt,
Et vous m'éblouissez comme un ange qu'on voit!   1220
— Vraiment, j'ai bien souffert. Si vous saviez, madame!
Je vous parle à présent. Six mois, cachant ma flamme,[9]
J'ai fui. Je vous fuyais et je souffrais beaucoup.
Je ne m'occupe pas de ces hommes du tout,
Je vous aime. — O mon Dieu, j'ose le dire en face   1225
A votre majesté. Que faut-il que je fasse?
Si vous me disiez: meurs! je mourrais. J'ai l'effroi
Dans le cœur. Pardonnez!
     La Reine.   Oh! parle! ravis-moi![10]
Jamais on ne m'a dit ces choses-là. J'écoute!
Ton âme en me parlant me bouleverse toute.[11]   1230
J'ai besoin de tes yeux, j'ai besoin de ta voix.
Oh! c'est moi qui souffrais! Si tu savais! cent fois,
Cent fois, depuis six mois que ton regard m'évite...
— Mais non, je ne dois pas dire cela si vite.
Je suis bien malheureuse. Oh! je me tais. J'ai peur!   1235
     Ruy Blas, *qui l'écoute avec ravissement*
Oh! madame, achevez! vous m'emplissez le cœur!
     La Reine. Eh bien, écoute donc!   *(Levant les yeux au ciel.)*
               Oui, je vais tout lui dire.
Est-ce un crime? Tant pis! Quand le cœur se déchire,
Il faut bien laisser voir tout ce qu'on y cachait. —
Tu fuis la reine? Eh bien, la reine te cherchait.   1240
Tous les jours je viens là, — là, dans cette retraite, —
T'écoutant, recueillant[12] ce que tu dis, muette,
Contemplant ton esprit qui veut, juge et résout,
Et prise[13] par ta voix qui m'intéresse à tout.

---

[6] 'that what they are undermining will collapse upon you'   [7] i.e. with all my heart
[8] 'of the light of day'   [9] 'love'   [10] 'fill me with rapture'   [11] 'stirs my whole
being'   [12] i.e. drinking in   [13] 'captivated'

1245Va, tu me sembles bien le vrai roi, le vrai maître.

C'est moi, depuis six mois, tu t'en doutes[14] peut-être,

Qui t'ai fait, par degrés, monter jusqu'au sommet.

Où Dieu t'aurait dû mettre une femme te met.

Oui, tout ce qui me touche a tes soins.[15] Je t'admire.

1250Autrefois une fleur, à présent un empire!

D'abord je t'ai vu bon, et puis je te vois grand.

Mon Dieu! c'est à cela qu'une femme se prend![16]

Mon Dieu! si je fais mal, pourquoi, dans cette tombe,

M'enfermer, comme on met en cage une colombe,[17]

1255Sans espoir, sans amour, sans un rayon doré?

— Un jour que nous aurons le temps, je te dirai

Tout ce que j'ai souffert. — Toujours seule, oubliée! —

Et puis, à chaque instant, je suis humiliée.

Tiens, juge, hier encor... — Ma chambre me déplaît.

1260— Tu dois savoir cela, toi qui sais tout, il est

Des chambres où l'on est plus triste que dans d'autres, —

J'en ai voulu changer. Vois quels fers[18] sont les nôtres,

On ne l'a pas voulu. Je suis esclave ainsi! —

Duc, il faut — dans ce but le ciel t'envoie ici —

1265Sauver l'état qui tremble,[19] et retirer du gouffre[20]

Le peuple qui travaille, et m'aimer, moi qui souffre.

Je te dis tout cela sans suite,[21] à ma façon,

Mais tu dois cependant voir que j'ai bien raison.

    RUY BLAS, *tombant à genoux.* Madame...

    LA REINE, *gravement.*   Don César, je vous donne mon âme.

1270Reine pour tous, pour vous je ne suis qu'une femme.

Par l'amour, par le cœur, duc, je vous appartien.[22]

J'ai foi dans votre honneur pour respecter le mien.

Quand vous m'appellerez, je viendrai. Je suis prête.

— O César! un esprit sublime est dans ta tête.

1275Sois fier, car le génie est ta couronne, à toi!

                   (*Elle baise* RUY BLAS *au front.*)

Adieu.   (*Elle soulève la tapisserie et disparaît.*)

SCENE IV

RUY BLAS, *seul*

(*Il est comme absorbé dans une contemplation angélique.*)

Devant mes yeux c'est le ciel que je voi![1]

---

14 'suspect it'   15 i.e. you have made all the things which affect me your concern
16 i.e. that is the way a woman is won   17 'dove'   18 'chains'   19 'trembles
[on the brink]   20 'abyss'   21 'confusedly'   22 = *appartiens*
    1 = *vois*

De ma vie, ô mon Dieu! cette heure est la première.
Devant moi tout un monde, un monde de lumière,
Comme ces paradis qu'en songe[2] nous voyons,
S'entr'ouvre en m'inondant[3] de vie et de rayons!   1280
Partout en moi, hors moi, joie, extase et mystère,
Et l'ivresse, et l'orgueil, et ce qui sur la terre
Se rapproche le plus de la divinité,
L'amour dans la puissance et dans la majesté!
La reine m'aime! ô Dieu! c'est bien vrai, c'est moi-même!   1285
Je suis plus que le roi puisque la reine m'aime!
Oh! cela m'éblouit. Heureux, aimé, vainqueur!
Duc d'Olmedo, — l'Espagne à mes pieds, — j'ai son cœur!
Cet ange, qu'à genoux je contemple et je nomme,
D'un mot me transfigure et me fait plus qu'un homme.   1290
Donc je marche vivant dans mon rêve étoilé![4]
Oh! oui, j'en suis bien sûr, elle m'a bien parlé.
C'est bien elle. Elle avait un petit diadème
En dentelle d'argent. Et je regardais même,
Pendant qu'elle parlait, — je crois la voir encor, —   1295
Un aigle ciselé sur son bracelet d'or.
Elle se fie à moi,[5] m'a-t-elle dit. — Pauvre ange!
Oh! s'il est vrai que Dieu, par un prodige[6] étrange,
En nous donnant l'amour, voulut mêler en nous
Ce qui fait l'homme grand à ce qui le fait doux,   1300
Moi, qui ne crains plus rien maintenant qu'elle m'aime,
Moi, qui suis tout-puissant, grâce à son choix suprême,
Moi, dont le cœur gonflé[7] ferait envie aux rois,
Devant Dieu qui m'entend, sans peur, à haute voix,
Je le dis, vous pouvez vous confier, madame,   1305
A mon bras comme reine, à mon cœur comme femme!
Le dévouement se cache au fond de mon amour
Pur et loyal! Allez, ne craignez rien! —

    (*Depuis quelques instants, un homme est entré par la porte du fond, enveloppé d'un grand manteau, coiffé d'un chapeau galonné d'argent. Il s'est avancé lentement vers* RUY BLAS *sans être vu, et, au moment où* RUY BLAS, *ivre d'extase et de bonheur, lève les yeux au ciel, cet homme lui pose brusquement la main sur l'épaule.* RUY BLAS *se retourne comme réveillé en sursaut. L'homme laisse tomber son manteau, et* RUY BLAS *reconnaît* DON SALLUSTE. DON SALLUSTE *est vêtu d'une livrée couleur de feu à galons d'argent, pareille à celle du page de* RUY BLAS.)

---

  [2] 'a dream'   [3] 'flooding me'   [4] 'star-spangled'   [5] 'trusts me'   [6] 'marvel'
[7] 'swelling'

SCENE V

Ruy Blas, don Salluste

Don Salluste, *posant la main sur l'épaule de* Ruy Blas. Bonjour.
Ruy Blas, *effaré. A part.* Grand Dieu! je suis perdu! le marquis!
Don Salluste, *souriant.*   Je parie[1]
1310Que vous ne pensiez pas à moi.
    Ruy Blas.   Sa seigneurie,[2]
En effet, me surprend.   (*A part.*)
           Oh! mon malheur renaît.
J'étais tourné vers l'ange et le démon venait.
    (*Il court à la tapisserie qui cache le cabinet secret et en ferme la petite porte
    au verrou.[3] Puis il revient tout tremblant vers* Don Salluste.)
    Don Salluste. Eh bien! comment cela va-t-il?
    Ruy Blas, *l'œil fixé sur* Don Salluste *impassible, et comme pouvant à
    peine rassembler ses idées.*   Cette livrée?...
    Don Salluste, *souriant toujours*
Il fallait du palais me procurer l'entrée.
1315Avec cet habit-là l'on arrive partout.
J'ai pris votre livrée et la trouve à mon goût.
             (*Il se couvre.* Ruy Blas *reste tête nue.*)
    Ruy Blas. Mais j'ai peur pour vous...
    Don Salluste.   Peur! Quel est ce mot risible?
    Ruy Blas. Vous êtes exilé!
    Don Salluste.   Croyez-vous? C'est possible.
    Ruy Blas. Si l'on vous reconnaît, au palais, en plein jour?
1320   Don Salluste. Ah bah! des gens heureux, qui sont des gens de cour,
Iraient perdre leur temps, ce temps qui sitôt passe,
A se ressouvenir d'un visage en disgrâce!
D'ailleurs, regarde-t-on le profil d'un valet?
        (*Il s'assied dans un fauteuil et* Ruy Blas *reste debout.*)
A propos, que dit-on à Madrid, s'il vous plaît?
1325Est-il vrai que, brûlant d'un zèle hyperbolique,[4]
Ici, pour les beaux yeux de la caisse publique,[5]
Vous exilez ce cher Priego, l'un des grands?
Vous avez oublié que vous êtes parents.
Sa mère est Sandoval, la vôtre aussi. Que diable!
1330Sandoval porte d'or à la bande de sable.[6]
Regardez vos blasons, don César. C'est fort clair.
Cela ne se fait pas entre parents, mon cher.

---

[1] 'wager'   [2] 'lordship'   [3] 'bolt'   [4] 'exaggerated'   [5] i.e. in the interests
of the treasury   [6] 'Sandoval bears or with a bend sable'; i.e. a golden shield with a
black band running diagonally across it

Les loups pour nuire aux loups font-ils les bons apôtres?[7]
Ouvrez les yeux pour vous, fermez-les pour les autres.
Chacun pour soi.

    Ruy Blas, *se rassurant un peu.* Pourtant, monsieur, permettez-moi. 1335
Monsieur de Priego, comme noble du roi,[8]
A grand tort d'aggraver les charges[9] de l'Espagne.
Or, il va falloir mettre une armée en campagne;
Nous n'avons pas d'argent, et pourtant il le faut.
L'héritier bavarois penche[10] à mourir bientôt.   1340
Hier, le comte d'Harrach, que vous devez connaître,
Me le disait au nom de l'empereur[11] son maître,
Si monsieur l'archiduc veut soutenir son droit,
La guerre éclatera...[12]
    Don Salluste.   L'air me semble un peu froid.
Faites-moi le plaisir de fermer la croisée.   1345
    (Ruy Blas, *pâle de honte et de désespoir, hésite un moment; puis il fait*
    un effort et se dirige lentement vers la fenêtre, la ferme, et revient vers
    Don Salluste, *qui, assis dans le fauteuil, le suit des yeux d'un air*
    indifférent.)
    Ruy Blas, *reprenant, et essayant de convaincre* Don Salluste
Daignez voir à quel point la guerre est malaisée.[13]
Que faire sans argent? Excellence, écoutez.
Le salut de l'Espagne est dans nos probités.[14]
Pour moi, j'ai, comme si notre armée était prête,
Fait dire à l'empereur que je lui tiendrais tête...[15]   1350
    Don Salluste, *interrompant* Ruy Blas *et lui montrant son mouchoir*
    qu'il a laissé tomber en entrant
Pardon! ramassez-moi[16] mon mouchoir.
    (Ruy Blas, *comme à la torture, hésite encore, puis se baisse, ramasse le*
    mouchoir, et le présente à Don Salluste. Don Salluste, *mettant le*
    mouchoir dans sa poche.)
                             — Vous disiez?...
    Ruy Blas, *avec effort*
Le salut de l'Espagne! — oui, l'Espagne à nos pieds,
Et l'intérêt public demandent qu'on s'oublie.
Ah! toute nation bénit qui la délie.[17]
Sauvons ce peuple! Osons être grands, et frappons!   1355
Otons l'ombre à l'intrigue et le masque aux fripons![18]

---

[7] 'when one wolf seeks to harm another does he pretend to be a saint?'   [8] 'a grandee
of Spain'   [9] 'expenses'   [10] 'is likely'   [11] Leopold I (1658–
1705)   [12] 'will break out'   [13] 'awkward'   [14] 'depends on our
honesty'   [15] 'would resist him'   [16] 'pick up'   [17] 'the man who liberates it'
[18] 'scoundrels'

DON SALLUSTE, *nonchalamment*
Et d'abord ce n'est pas de bonne compagnie.[19] —
Cela sent son pédant et son petit génie[20]
Que de faire sur tout un bruit démesuré.[21]
1360 Un méchant[22] million, plus ou moins dévoré,
Voilà-t-il pas de quoi[23] pousser des cris sinistres!
Mon cher, les grands seigneurs ne sont pas de vos cuistres.[24]
Ils vivent largement. Je parle sans phébus.[25]
Le bel air que celui d'un redresseur d'abus
1365 Toujours bouffi[26] d'orgueil et rouge de colère!
Mais bah! vous voulez être un gaillard populaire,
Adoré des bourgeois et des marchands d'esteufs.[27]
C'est fort drôle. Ayez donc des caprices plus neufs.
Les intérêts publics? Songez d'abord aux vôtres.
1370 Le salut de l'Espagne est un mot creux[28] que d'autres
Feront sonner, mon cher, tout aussi bien que vous.
La popularité? c'est la gloire en gros sous.[29]
Rôder, dogue aboyant, tout autour des gabelles?[30]
Charmant métier! je sais des postures plus belles.
1375 Vertu? foi? probité? c'est du clinquant déteint.[31]
C'était usé[32] déjà du temps de Charles-Quint.
Vous n'êtes pas un sot; faut-il qu'on vous guérisse
Du pathos? Vous tétiez encor votre nourrice,[33]
Que nous autres déjà nous avions sans pitié,
1380 Gaîment, à coups d'épingle ou bien à coups de pié,[34]
Crevant votre ballon au milieu des risées,[35]
Fait sortir tout le vent de ces billevesées![36]
    RUY BLAS. Mais pourtant, monseigneur...
    DON SALLUSTE, *avec un sourire glacé.*   Vous êtes étonnant.
Occupons-nous d'objets sérieux, maintenant. (*D'un ton bref et impérieux.*)
1385 — Vous m'attendrez demain toute la matinée
Chez vous, dans la maison que je vous ai donnée.
La chose que je fais touche à l'événement.[37]
Gardez pour nous servir les muets seulement.
Ayez dans le jardin, caché sous le feuillage,
1390 Un carrosse attelé,[38] tout prêt pour un voyage.
J'aurai soin des relais.[39] Faites tout à mon gré.

[19] i.e. good manners   [20] 'it smacks of pedantry and petty-mindedness'   [21] 'an immoderate fuss'   [22] 'mere'   [23] 'is that enough cause'   [24] 'pedants'   [25] 'I am not talking bombast'   [26] 'puffed up'   [27] 'tennis-balls'   [28] 'hollow'   [29] 'in penny pieces'   [30] 'to prowl, like a barking mastiff, around the excise offices' [31] 'tarnished tinsel'   [32] 'worn threadbare'   [33] 'were still at your nurse's breast'   [34] 'with pin pricks or with kicks' (*pié = pied*)   [35] 'guffaws'   [36] 'inflated bladders'   [37] i.e. is coming to a crisis   [38] 'with the horses harnessed'   [39] 'changes of horses'

— Il vous faut de l'argent, je vous en enverrai.

Ruy Blas. Monsieur, j'obéirai. Je consens à tout faire.
Mais jurez-moi d'abord qu'en toute cette affaire
La reine n'est pour rien.[40]

Don Salluste, *qui jouait avec un couteau d'ivoire sur la table, se retourne à demi.* De quoi vous mêlez-vous?[41] 1395

Ruy Blas, *chancelant et le regardant avec épouvante*
Oh! vous êtes un homme effrayant. Mes genoux
Tremblent... Vous m'entraînez vers un gouffre invisible.
Oh! je sens que je suis dans une main terrible!
Vous avez des projets monstrueux. J'entrevoi
Quelque chose d'horrible... — Ayez pitié de moi! 1400
Il faut que je vous dise, — hélas! jugez vous-même!
Vous ne le saviez pas! cette femme, je l'aime!

Don Salluste, *froidement.* Mais si. Je le savais.

Ruy Blas. Vous le saviez!

Don Salluste. Pardieu!
Qu'est-ce que cela fait?

Ruy Blas, *s'appuyant au mur pour ne pas tomber, et comme se parlant
à lui-même.* Donc il s'est fait un jeu,[42]
Le lâche,[43] d'essayer sur moi cette torture! 1405
Mais c'est que ce serait une affreuse aventure! (*Il lève les yeux au ciel.*)
Seigneur Dieu tout-puissant! mon Dieu qui m'éprouvez,
Epargnez-moi,[44] Seigneur!

Don Salluste. Ah çà, mais — vous rêvez!
Vraiment, vous vous prenez au sérieux,[45] mon maître.
C'est bouffon.[46] Vers un but que seul je dois connaître, 1410
But plus heureux pour vous que vous ne le pensez,
J'avance. Tenez-vous tranquille. Obéissez.
Je vous l'ai déjà dit et je vous le répète,
Je veux votre bonheur. Marchez, la chose est faite.
Puis, grand'chose après tout que des chagrins d'amour![47] 1415
Nous passons tous par là. C'est l'affaire d'un jour.
Savez-vous qu'il s'agit du destin d'un empire?
Qu'est le vôtre à côté? Je veux bien tout vous dire,
Mais ayez le bon sens de comprendre aussi, vous.
Soyez de votre état.[48] Je suis très bon, très doux, 1420
Mais, que diable! un laquais, d'argile[49] humble ou choisie
N'est qu'un vase où je veux verser[50] ma fantaisie.
De vous autres, mon cher, on fait tout ce qu'on veut.

---

[40] 'is not implicated' [41] 'what business is that of yours?' [42] 'amused himself'
[43] 'coward' [44] 'spare me' [45] 'seriously' [46] 'grotesque' [47] i.e. the sorrows
of love are sorrows indeed! [48] 'keep to your station' [49] 'clay' [50] 'pour'

Votre maître, selon le dessein qui l'émeut,[51]
1425 A son gré vous déguise, à son gré vous démasque.
Je vous ai fait seigneur, c'est un rôle fantasque,
— Pour l'instant. — Vous avez l'habillement complet.[52]
Mais, ne l'oubliez pas, vous êtes mon valet.
Vous courtisez la reine ici par aventure,[53]
1430 Comme vous monteriez derrière ma voiture.
Soyez donc raisonnable.

RUY BLAS, *qui l'a écouté avec égarement*[54] *et comme ne pouvant en croire
ses oreilles.*   O mon Dieu! Dieu clément!
Dieu juste! de quel crime est-ce le châtiment?
Qu'est-ce donc que j'ai fait? Vous êtes notre père,
Et vous ne voulez pas qu'un homme désespère!
1435 Voilà donc où j'en suis! — Et, volontairement,
Et sans tort de ma part, — pour voir, — uniquement
Pour voir agoniser une pauvre victime,
Monseigneur, vous m'avez plongé dans cet abîme!
Tordre un malheureux cœur plein d'amour et de foi,
1440 Afin d'en exprimer[55] la vengeance pour soi!   (*Se parlant à lui-même.*)
Car c'est une vengeance! oui, la chose est certaine!
Et je devine bien que c'est contre la reine!
Qu'est-ce que je vais faire? Aller lui dire tout?
Ciel! devenir pour elle un objet de dégoût
1445 Et d'horreur! un Crispin![56] un fourbe[57] à double face!
Un effronté[58] coquin qu'on bâtonne[59] et qu'on chasse!
Jamais! — Je deviens fou, ma raison se confond! (*Une pause. Il rêve.*)
O mon Dieu! voilà donc les choses qui se font!
Bâtir une machine effroyable dans l'ombre,
1450 L'armer hideusement de rouages[60] sans nombre,
Puis, sous la meule,[61] afin de voir comment elle est,
Jeter une livrée, une chose, un valet,
Puis la faire mouvoir, et soudain sous la roue
Voir sortir des lambeaux teints[62] de sang et de boue,
1455 Une tête brisée, un cœur tiède[63] et fumant,
Et ne pas frissonner alors qu'en ce moment
On reconnaît, malgré le mot dont on le nomme,
Que ce laquais était l'enveloppe d'un homme!
                              (*Se tournant vers* DON SALLUSTE.)
Mais il est temps encore! oh! monseigneur, vraiment,

---

[51] 'which moves him'   [52] i.e. your dress fits your part perfectly   [53] 'by accident'
[54] 'bewilderment'   [55] 'squeeze out'   [56] the stock valet of comedy   [57] 'rogue'
[58] 'insolent'   [59] 'beats'   [60] 'wheels'   [61] 'millstone'   [62] 'shreds stained'
[63] 'warm'

L'horrible roue encor n'est pas en mouvement!   *(Il se jette à ses pieds.)* 1460
Ayez pitié de moi! grâce! ayez pitié d'elle!
Vous savez que je suis un serviteur fidèle.
Vous l'avez dit souvent. Voyez! je me soumets!
Grâce!
    Don Salluste. Cet homme-là ne comprendra jamais.
C'est impatientant![64]
    Ruy Blas, *se traînant à ses pieds.* Grâce!
    Don Salluste.   Abrégeons, mon maître. 1465
                      (Il se tourne vers la fenêtre.)
Gageons[65] que vous avez mal fermé la fenêtre.
Il vient un froid par là!   *(Il va à la croisée et la ferme.)*
    Ruy Blas, *se relevant.* Ho! c'est trop! A présent
Je suis duc d'Olmedo, ministre tout-puissant!
Je relève le front sous le pied qui m'écrase.
    Don Salluste. Comment dit-il cela? Répétez donc la phrase.   1470
Ruy Blas duc d'Olmedo? Vos yeux ont un bandeau.
Ce n'est que sur Bazan qu'on a mis Olmedo.
    Ruy Blas. Je vous fais arrêter.
    Don Salluste.   Je dirai qui vous êtes.
    Ruy Blas, *exaspéré.* Mais...
    Don Salluste.   Vous m'accuserez? J'ai risqué nos deux têtes.
C'est prévu.[66] Vous prenez trop tôt l'air triomphant.   1475
    Ruy Blas. Je nierai tout!
    Don Salluste.   Allons! vous êtes un enfant.
    Ruy Blas. Vous n'avez pas de preuve!
    Don Salluste.   Et vous pas de mémoire.
Je fais ce que je dis, et vous pouvez m'en croire.
Vous n'êtes que le gant, et moi, je suis la main.
           (Bas et se rapprochant de Ruy Blas.)*
Si tu n'obéis pas, si tu n'es pas demain   1480
Chez toi, pour préparer ce qu'il faut que je fasse,
Si tu dis un seul mot de tout ce qui se passe,
Si tes yeux, si ton geste en laissent rien percer,[67]
Celle pour qui tu crains, d'abord, pour commencer,
Par ta folle aventure, en cent lieux répandue,[68]   1485
Sera publiquement diffamée[69] et perdue.
Puis elle recevra, ceci n'a rien d'obscur,
Sous cachet, un papier, que je garde en lieu sûr,
Ecrit, te souvient-il avec quelle écriture?
Signé, tu dois savoir de quelle signature?   1490

---

[64] 'it taxes one's patience'   [65] 'let us wager'   [66] 'that has been taken into account'
[67] 'reveal anything at all'   [68] 'rumored'   [69] 'disgraced'

Voici ce que ses yeux y liront: «Moi, Ruy Blas,
«Laquais de monseigneur le marquis de Finlas,
«En toute occasion, ou secrète ou publique,
«M'engage à le servir comme un bon domestique.»
  Ruy Blas, *brisé et d'une voix éteinte*[70]
1495Il suffit. — Je ferai, monsieur, ce qu'il vous plaît.
  (*La porte du fond s'ouvre. On voit rentrer les conseillers du conseil privé.*
  Don Salluste *s'enveloppe vivement de son manteau.*)
 Don Salluste, *bas.* On vient.
       (*Il salue profondément* Ruy Blas. *Haut.*)
Monsieur le duc, je suis votre valet. (*Il sort.*)

ACTE IV

DON CESAR

Une petite chambre somptueuse et sombre. Lambris[1] *et meubles de vieille
forme et de vieille dorure.*[2] *Murs couverts d'anciennes tentures de velours
cramoisi,*[3] *écrasé et miroitant*[4] *par places et derrière le dos des fauteuils,
avec de larges galons d'or qui le divisent en bandes verticales. Au fond, une
porte à deux battants.*[5] *A gauche, sur un pan coupé, une grande cheminée
sculptée du temps de Philippe II, avec écusson de fer battu*[6] *dans l'intérieur. Du côté opposé, sur un pan coupé, une petite porte basse donnant
dans un cabinet obscur. Une seule fenêtre à gauche, placée très haut et
garnie de barreaux et d'un auvent inférieur*[7] *comme les croisées des prisons.
Sur le mur, quelques vieux portraits enfumés*[8] *et à demi effacés. Coffre
de garde-robe*[9] *avec miroir de Venise. Grands fauteuils du temps de
Philippe III. Une armoire*[10] *très ornée adossée au mur. Une table carrée
avec ce qu'il faut pour écrire. Un petit guéridon de forme ronde à pieds
dorés dans un coin. C'est le matin.*
Au lever du rideau, Ruy Blas, *vêtu de noir, sans manteau et sans la toison,
vivement agité, se promène à grands pas dans la chambre. Au fond, se
tient son page, immobile et comme attendant ses ordres.*

SCENE PREMIERE

Ruy Blas, le page

 Ruy Blas, *à part, et se parlant à lui-même*
Que faire? — Elle d'abord! elle avant tout! — rien qu'elle!

---

[70] 'toneless'
 [1] 'paneling'   [2] 'gilding'   [3] 'crimson'   [4] 'the pile worn off and shiny'
 [5] 'double doors' [6] 'escutcheon of wrought iron' [7] 'with a screen over the lower
part' [8] 'blackened with smoke' [9] 'chest of drawers' [10] 'cupboard'

Dût-on voir sur un mur rejaillir[1] ma cervelle,
Dût le gibet me prendre ou l'enfer me saisir!
Il faut que je la sauve! — Oui! mais y réussir? 1500
Comment faire? Donner mon sang, mon cœur, mon âme,
Ce n'est rien, c'est aisé. Mais rompre cette trame![2]
Deviner...[3] — deviner! car il faut deviner! —
Ce que cet homme a pu construire et combiner!
Il sort soudain de l'ombre et puis il s'y replonge, 1505
Et là, seul dans sa nuit, que fait-il? — Quand j'y songe,
Dans le premier moment je l'ai prié pour moi!
Je suis un lâche, et puis c'est stupide! — Eh bien, quoi!
C'est un homme méchant. — Mais que je m'imagine
— La chose a sans nul doute une ancienne origine, — 1510
Que lorsqu'il tient sa proie et la mâche à moitié,[4]
Ce démon va lâcher la reine, par pitié
Pour son valet! Peut-on fléchir les bêtes fauves?[5]
— Mais, misérable![6] il faut pourtant que tu la sauves!
C'est toi qui l'as perdue! à tout prix il le faut! 1515
— C'est fini. Me voilà retombé! De si haut!
Si bas! J'ai donc rêvé! — Ho! je veux qu'elle échappe!
Mais lui! par quelle porte, ô Dieu, par quelle trappe,[7]
Par où va-t-il venir, l'homme de trahison?
Dans ma vie et dans moi, comme en cette maison, 1520
Il est maître. Il en peut arracher les dorures.
Il a toutes les clefs de toutes les serrures.
Il peut entrer, sortir, dans l'ombre s'approcher,
Et marcher sur mon cœur comme sur ce plancher.
— Oui, c'est que je rêvais! le sort[8] trouble nos têtes 1525
Dans la rapidité des choses sitôt faites.
Je suis fou. Je n'ai plus une idée en son lieu.
Ma raison, dont j'étais si vain, mon Dieu! mon Dieu!
Prise en un tourbillon d'épouvante[9] et de rage,
N'est plus qu'un pauvre jonc[10] tordu par un orage! — 1530
Que faire? Pensons bien. D'abord empêchons-la
De sortir du palais. — Oh! oui, le piège est là
Sans doute. Autour de moi, tout est nuit, tout est gouffre.
Je sens le piège, mais je ne vois pas. — Je souffre!
C'est dit.[11] Empêchons-la de sortir du palais. 1535
Faisons-la prévenir[12] sûrement, sans délais. —
Par qui? — je n'ai personne!

---

[1] 'spatter'	[2] 'plot'	[3] 'guess'	[4] 'half devours it'	[5] 'move wild beasts
to pity'	[6] 'wretch'	[7] 'trap-door'	[8] i.e. good fortune	[9] 'whirl of terror'
[10] 'reed'	[11] 'settled'	[12] 'let us have her warned'		

(*Il rêve avec accablement.*[13] *Puis, tout à coup, comme frappé d'une idée subite et d'une lueur*[14] *d'espoir, il relève la tête.*)

Oui, don Guritan l'aime!

C'est un homme loyal! oui!

(*Faisant signe au page de s'approcher. Bas.*)

— Page, à l'instant même,

Va chez don Guritan, et fais-lui de ma part

1540 Mes excuses; et puis dis-lui que sans retard

Il aille chez la reine et qu'il la prie en grâce,[15]

En mon nom comme au sien, quoi qu'on dise ou qu'on fasse,

De ne point s'absenter du palais de trois jours.

Quoi qu'il puisse arriver. De ne point sortir. Cours! (*Rappelant le page.*)

1545 Ah!　　　　　(*Il tire de son garde-notes*[16] *une feuille et un crayon.*)

Qu'il donne ce mot à la reine, — et qu'il veille!

(*Il écrit rapidement sur son genou.*)

— «Croyez don Guritan, faites ce qu'il conseille!»

(*Il ploie le papier et le remet au page.*)

Quant à ce duel, dis-lui que j'ai tort, que je suis

A ses pieds, qu'il me plaigne et que j'ai des ennuis,[17]

Qu'il porte chez la reine à l'instant mes suppliques,[18]

1550 Et que je lui ferai des excuses publiques.

Qu'elle est en grand péril. Qu'elle ne sorte point.

Quoi qu'il arrive. Au moins trois jours! — De point en point[19]

Fais tout. Va, sois discret, ne laisse rien paraître.

Le Page. Je vous suis dévoué. Vous êtes un bon maître.

1555　Ruy Blas. Cours, mon bon petit page. As-tu bien tout compris?

Le Page. Oui, monseigneur; soyez tranquille.　　　　(*Il sort.*)

Ruy Blas, *resté seul, tombant sur un fauteuil.*　　Mes esprits

Se calment. Cependant, comme dans la folie,

Je sens confusément des choses que j'oublie.

Oui, le moyen est sûr. — Don Guritan... — Mais moi?

1560 Faut-il attendre ici don Salluste? Pourquoi?

Non. Ne l'attendons pas. Cela le paralyse

Tout un grand jour. Allons prier dans quelque église.

Sortons. J'ai besoin d'aide, et Dieu m'inspirera!

(*Il prend son chapeau sur une crédence,*[20] *et secoue une sonnette posée sur la table. Deux nègres, vêtus de velours vert clair et de brocart*[21] *d'or, jaquettes plissées*[22] *à grandes basques,*[23] *paraissent à la porte du fond.*)

Je sors. Dans un instant un homme ici viendra.

---

[13] 'dejectedly'　　[14] 'gleam'　　[15] 'as a favor'　　[16] 'notebook'　　[17] 'worries'
[18] 'entreaties'　　[19] 'point by point'　　[20] 'sideboard'　　[21] 'brocade'　　[22] 'pleated'
[23] 'skirts'

— Par une entrée à lui. — Dans la maison, peut-être,   1565
Vous le verrez agir comme s'il était maître.
Laissez-le faire.   Et si d'autres viennent...

(Après avoir hésité un moment.)
Ma foi,

Vous laisserez entrer!
(Il congédie[24] *du geste les noirs, qui s'inclinent en signe d'obéissance et
qui sortent.)*
Allons!   *(Il sort.)*
(Au moment où la porte se referme sur Ruy Blas, *on entend un grand bruit
dans la cheminée, par laquelle on voit tomber tout à coup un homme,
enveloppé d'un manteau déguenillé, qui se précipite dans la chambre.
C'est* don César.)

SCENE II

Don César

(Effaré, essoufflé, décoiffé, étourdi,[1] *avec une expression joyeuse et inquiète
en même temps.)*
Tant pis! c'est moi!
(Il se relève en se frottant[2] *la jambe sur laquelle il est tombé, et s'avance
dans la chambre avec force révérences et chapeau bas.)*
Pardon! ne faites pas attention, je passe.
Vous parliez entre vous. Continuez, de grâce.   1570
J'entre un peu brusquement, messieurs, j'en suis fâché!
(Il s'arrête au milieu de la chambre et s'aperçoit qu'il est seul.)
— Personne! — sur le toit tout à l'heure perché,
J'ai cru pourtant ouïr[3] un bruit de voix. — Personne!
(S'asseyant dans un fauteuil.)
Fort bien. Recueillons-nous.[4] La solitude est bonne.
— Ouf! que d'événements! — J'en suis émerveillé   1575
Comme l'eau qu'il secoue aveugle un chien mouillé.[5]
Primo, ces alguazils qui m'ont pris dans leurs serres;[6]
Puis cet embarquement absurde; ces corsaires;
Et cette grosse ville[7] où l'on m'a tant battu;
Et les tentations[8] faites sur ma vertu   1580
Par cette femme jaune; et mon départ du bagne;[9]
Mes voyages; enfin, mon retour en Espagne!
Puis, quel roman![10] le jour où j'arrive, c'est fort,[11]
Ces mêmes alguazils rencontrés tout d'abord!

[24] 'dismisses'
[1] 'bewildered, breathless, hatless, stunned'   [2] 'rubbing'   [3] 'heard'   [4] 'let
us meditate'   [5] 'wet'   [6] 'claws'   [7] i.e. Algiers   [8] 'attempts'   [9] 'prison'
[10] 'romance'   [11] i.e. this is a coincidence

1585Leur poursuite enragée[12] et ma fuite éperdue;[13]
Je saute un mur; j'avise une maison perdue
Dans les arbres, j'y cours; personne ne me voit;
Je grimpe allégrement du hangar sur le toit;[14]
Enfin, je m'introduis dans le sein des familles
1590Par une cheminée où je mets en guenilles
Mon manteau le plus neuf qui sur mes chausses[15] pend!...
— Pardieu! monsieur Salluste est un grand sacripant![16]

(*Se regardant dans une petite glace de Venise posée sur le grand coffre à tiroirs sculptés.*)

— Mon pourpoint m'a suivi dans mes malheurs. Il lutte.[17]

(*Il ôte son manteau et mire[18] dans la glace son pourpoint de satin rose usé, déchiré et rapiécé;[19] puis il porte vivement la main à sa jambe avec un coup d'œil vers la cheminée.*)

Mais ma jambe a souffert diablement dans ma chute!

(*Il ouvre les tiroirs[20] du coffre. Dans l'un d'entre eux il trouve un manteau de velours vert clair, brodé d'or, le manteau donné par* DON SALLUSTE *à* RUY BLAS. *Il examine le manteau et le compare au sien.*)

1595— Ce manteau me paraît plus décent que le mien.

(*Il jette le manteau vert sur ses épaules et met le sien à la place dans le coffre, après l'avoir soigneusement plié; il y ajoute son chapeau, qu'il enfonce sous le manteau d'un coup de poing; puis il referme le tiroir. Il se promène fièrement, drapé dans le beau manteau brodé d'or.*)

C'est égal, me voilà revenu. Tout va bien.
Ah! mon très cher cousin, vous voulez que j'émigre
Dans cette Afrique où l'homme est la souris[21] du tigre!
Mais je vais me venger de vous, cousin damné,
1600Epouvantablement, quand j'aurai déjeuné.
J'irai, sous mon vrai nom, chez vous, traînant ma queue
D'affreux vauriens sentant le gibet d'une lieue,[22]
Et je vous livrerai[23] vivant aux appétits
De tous mes créanciers — suivis de leurs petits.[24]

(*Il aperçoit dans un coin une magnifique paire de bottines à canons de dentelles.[25] Il jette lestement[26] ses vieux souliers, et chausse sans façon[27] les bottines neuves.*)

1605Voyons d'abord où m'ont jeté ses perfidies.

(*Après avoir examiné la chambre de tous côtés.*)

Maison mystérieuse et propre aux tragédies.

---

[12] 'frenzied' [13] 'headlong' [14] 'I climb lightly from the outhouse to the roof' [15] 'breeches' [16] 'scoundrel' [17] 'it is struggling [for its existence]' [18] 'studies' [19] 'patched' [20] 'drawers' [21] 'mouse' [22] 'train of wretched jailbirds who reek of the gallows a league away' [23] 'I shall deliver you up' [24] 'their young' [25] 'boots with lace trimming around the top' [26] 'nimbly' [27] 'puts on without ceremony'

Portes closes, volets barrés, un vrai cachot.[28]
Dans ce charmant logis on entre par en haut,
Juste comme le vin entre dans les bouteilles.   (*Avec un soupir.*)
— C'est bien bon, du bon vin ! —
> (*Il aperçoit la petite porte à droite, l'ouvre, s'introduit vivement dans le cabinet avec lequel elle communique, puis rentre avec des gestes d'étonnement.*)

                 Merveille des merveilles !   1610
Cabinet sans issue où tout est clos aussi !
> (*Il va à la porte du fond, l'entr'ouvre, et regarde au dehors; puis il la laisse retomber et revient sur le devant.*)

Personne ! — Où diable suis-je ? — Au fait j'ai réussi
A fuir les alguazils. Que m'importe le reste ?
Vais-je pas m'effarer et prendre un air funeste
Pour n'avoir jamais vu de maison faite ainsi ?   1615
> (*Il se rassied sur le fauteuil, bâille,[29] puis se relève presque aussitôt.*)

Ah çà, mais — je m'ennuie horriblement ici !
> (*Avisant une petite armoire dans le mur, à gauche, qui fait[30] le coin en pan coupé.*)

Voyons, ceci m'a l'air d'une bibliothèque.[31]
> (*Il y va et l'ouvre. C'est un garde-manger[32] bien garni.*)

Justement. — Un pâté,[33] du vin, une pastèque.[34]
C'est un en-cas[35] complet. Six flacons bien rangés !
Diable ! sur ce logis j'avais des préjugés.   1620
> (*Examinant les flacons l'un après l'autre.*)

C'est d'un bon choix. — Allons ! l'armoire est honorable.
> (*Il va chercher dans un coin la petite table ronde, l'apporte sur le devant et la charge joyeusement de tout ce que contient le garde-manger, bouteilles, plats, etc.; il ajoute un verre, une assiette, une fourchette, etc. — Puis il prend une des bouteilles.*)

Lisons d'abord ceci.   (*Il emplit le verre, et boit d'un trait.*)[36]
            C'est une œuvre admirable
De ce fameux poète appelé le soleil !
Xérès-des-Chevaliers[37] n'a rien de plus vermeil.[38]
> (*Il s'assied, se verse un second verre et boit.*)

Quel livre vaut cela ? Trouvez-moi quelque chose   1625
De plus spiritueux !   (*Il boit.*)
         Ah Dieu, cela repose !
Mangeons.   (*Il entame[39] le pâté.*)

---

[28] 'dungeon'   [29] 'yawns'   [30] i.e. occupies   [31] 'bookcase'   [32] 'larder'
[33] 'pasty'   [34] 'watermelon'   [35] 'cold lunch'   [36] 'at a draught'   [37] It is not
Jerez de los Caballeros, but Jerez de la Frontera, northeast of Cadiz, which is noted for its
sherry.   [38] 'ruby red'   [39] 'cuts into'

Chiens d'alguazils! je les ai déroutés.[40]

Ils ont perdu ma trace. (*Il mange.*)

Oh! le roi des pâtés!

Quant au maître du lieu, s'il survient... —

(*Il va au buffet et en rapporte un verre et un couvert*[41] *qu'il pose sur la table.*)

je l'invite!

1630— Pourvu qu'il n'aille pas me chasser! Mangeons vite.

(*Il met les morceaux doubles.*)[42]

Mon dîner fait, j'irai visiter[43] la maison.

Mais qui peut l'habiter? peut-être un bon garçon.[44]

Ceci peut ne cacher qu'une intrigue de femme.

Bah! quel mal fais-je ici? qu'est-ce que je réclame?[45]

1635Rien, — l'hospitalité de ce digne mortel,

A la manière antique,

(*Il s'agenouille à demi et entoure la table de ses bras.*)

en embrassant l'autel.[46] (*Il boit.*)

D'abord, ceci n'est point le vin d'un méchant homme.

Et puis, c'est convenu, si l'on vient, je me nomme.

Ah! vous endiablerez,[47] mon vieux cousin maudit![48]

1640Quoi, ce bohémien? ce galeux?[49] ce bandit?

Ce Zafari? ce gueux? ce va-nu-pieds?... — Tout juste![50]

Don César de Bazan, cousin de don Salluste!

Oh! la bonne surprise! et dans Madrid quel bruit!

Quand est-il revenu? ce matin? cette nuit?

1645Quel tumulte partout en voyant cette bombe,

Ce grand nom oublié qui tout à coup retombe!

Don César de Bazan! oui, messieurs, s'il vous plaît.

Personne n'y pensait, personne n'en parlait,

Il n'était donc pas mort? il vit, messieurs, mesdames!

1650Les hommes diront: Diable! — Oui-da![51] diront les femmes.

Doux bruit, qui vous reçoit rentrant dans vos foyers,[52]

Mêlé de l'aboiement[53] de trois cents créanciers!

Quel beau rôle à jouer! — Hélas! l'argent me manque. (*Bruit à la porte.*)

On vient! Sans doute on va comme un vil saltimbanque[54]

1655M'expulser. — C'est égal, ne fais rien à demi,

César!

(*Il s'enveloppe de son manteau jusqu'aux yeux. La porte du fond s'ouvre.*

Entre un laquais en livrée portant sur son dos une grosse sacoche.[55])

---

[40] 'put them off the scent'   [41] i.e. knife, fork and plate   [42] i.e. he stuffs himself at top speed   [43] 'examine'   [44] 'good fellow'   [45] 'seek'   [46] 'altar' [47] 'you will be as furious as the devil'   [48] 'cursed'   [49] 'mangy cur'   [50] 'exactly' [51] 'well now!'   [52] 'homes'   [53] 'baying'   [54] 'mountebank'   [55] 'money-bag'

SCENE III

Don César, un laquais

Don César, *toisant le laquais de la tête aux pieds* [1]
    Qui venez-vous chercher céans,[2] l'ami?   (*A part.*)
Il faut beaucoup d'aplomb,[3] le péril est extrême.
  Le Laquais. Don César de Bazan?
Don César, *dégageant son visage du manteau.*
            Don César! C'est moi-même!   (*A part.*)
Voilà du merveilleux!
  Le Laquais.   Vous êtes le seigneur
Don César de Bazan?
  Don César.   Pardieu! j'ai cet honneur.   1660
César! le vrai César! le seul César! le comte
De Garo...
  Le Laquais, *posant sur le fauteuil la sacoche*
        Daignez voir si c'est là votre compte.[4]
  Don César, *comme ébloui. A part*
De l'argent! c'est trop fort!   (*Haut.*)
      Mon cher...
  Le Laquais.   Daignez compter.
C'est la somme que j'ai ordre de vous porter.
  Don César, *gravement.* Ah! fort bien! je comprends.   (*A part.*)
        Je veux bien que le diable... — 1665
Çà, ne dérangeons pas cette histoire admirable.
Ceci vient fort à point.[5]   (*Haut.*)
      Vous faut-il des reçus?
  Le Laquais. Non, monseigneur.
  Don César, *lui montrant la table.* Mettez cet argent là-dessus.
        (*Le laquais obéit.*)
De quelle part?[6]
  Le Laquais.   Monsieur le sait bien.
  Don César.   Sans nul doute.
Mais...
  Le Laquais. Cet argent, — voilà ce qu'il faut que j'ajoute,—   1670
Vient de qui vous savez pour ce que vous savez.
  Don César, *satisfait de l'explication.* Ah!
  Le Laquais.   Nous devons, tous deux, être fort réservés.
Chut![7]
  Don César. Chut!!! Cet argent vient... La phrase est magnifique!
Redites-la-moi donc.

---

[1] 'looking the lackey up and down'   [2] 'in here'   [3] 'self-assurance'   [4] i.e.
the right amount   [5] 'just at the right time'   [6] 'from whom?'   [7] 'hush!'

Le Laquais.   Cet argent...

Don César.   Tout s'explique!

1675Me vient de qui je sais...

     Le Laquais.   Pour ce que vous savez.

Nous devons...

     Don César.   Tous les deux!!!

     Le Laquais.   Etre fort réservés.

     Don César.   C'est parfaitement clair.

     Le Laquais.   Moi, j'obéis; du reste

Je ne comprends pas.

     Don César.   Bah!

     Le Laquais.   Mais vous comprenez!

     Don César.   Peste!

     Le Laquais.   Il suffit.

     Don César.   Je comprends et je prends, mon très cher.

1680De l'argent qu'on reçoit, d'abord, c'est toujours clair.

     Le Laquais.   Chut!

     Don César.   Chut!!! ne faisons pas d'indiscrétion.   Diantre![8]

     Le Laquais.   Comptez, seigneur!

     Don César.   Pour qui me prends-tu?

               (*Admirant la rondeur du sac posé sur la table.*)

                              Le beau ventre![9]

     Le Laquais, *insistant.*   Mais...

     Don César.   Je me fie à toi.

     Le Laquais.   L'or est en souverains.

Bons quadruples pesant sept gros trente-six grains,

1685Ou bons doublons au marc. L'argent, en croix-maries.[10]

          (*Don César ouvre la sacoche et en tire plusieurs sacs pleins d'or et
          d'argent, qu'il ouvre et vide sur la table avec admiration; puis il se met
          à puiser à pleines poignées[11] dans les sacs d'or, et remplit ses poches de
          quadruples et de doublons.*)

     Don César, *s'interrompant avec majesté. A part*

Voici que mon roman, couronnant ses féeries,[12]

Meurt amoureusement sur un gros million.

                    (*Il se remet à remplir ses poches.*)

O délices! je mords à même un galion![13]

          (*Une poche pleine, il passe à l'autre. Il se cherche des poches partout et
                    semble avoir oublié le laquais.*)

     Le Laquais, *qui le regarde avec impassibilité*

---

[8] 'the deuce!'   [9] i.e. how round and fat!   [10] 'good double doubloons weighing
seven-eighths of an ounce and thirty-six grains, or in good doubloons of standard weight.
The silver in Marias'; a Spanish coin with a cross on one side   [11] 'help himself in large
handfuls'   [12] 'enchantments'   [13] 'I have got my teeth into a galleon'

Et maintenant, j'attends vos ordres.

Don César, *se retournant.* Pour quoi faire?

Le Laquais. Afin d'exécuter, vite et sans qu'on diffère,[14] 1690
Ce que je ne sais pas et ce que vous savez.
De très grands intérêts...

Don César, *l'interrompant d'un air d'intelligence*[15]
Oui, publics et privés!!!

Le Laquais. Veulent que tout cela se fasse à l'instant même.
Je dis ce qu'on m'a dit de dire.

Don César, *lui frappant sur l'épaule.* Et je t'en aime,
Fidèle serviteur!

Le Laquais.   Pour ne rien retarder, 1695
Mon maître à vous me donne afin de vous aider.

Don César. C'est agir congrûment.[16] Faisons ce qu'il désire.
(*A part.*)

Je veux être pendu si je sais que lui dire.   (*Haut.*)
Approche, galion, et d'abord —   (*Il remplit de vin l'autre verre.*)
bois-moi ça!

Le Laquais. Quoi, seigneur?...

Don César.   Bois-moi ça!
(*Le laquais boit.* Don César *lui remplit son verre.*)
Du vin d'Oropesa![17] 1700

(*Il fait asseoir le laquais, le fait boire, et lui verse de nouveau vin.*)
Causons.   (*A part.*)

Il a déjà la prunelle[18] allumée.
(*Haut et s'étendant sur sa chaise.*)

L'homme, mon cher ami, n'est que de la fumée,
Noire, et qui sort du feu des passions. Voilà.   (*Il lui verse à boire.*)
C'est bête comme tout, ce que je te dis là.
Et d'abord la fumée, au ciel bleu ramenée, 1705
Se comporte autrement dans une cheminée.
Elle monte gaiement, et nous dégringolons.[19]   (*Il se frotte la jambe.*)
L'homme n'est qu'un plomb vil.[20]   (*Il remplit les deux verres.*)
Buvons. Tous tes doublons
Ne valent pas le chant d'un ivrogne qui passe.
(*Se rapprochant d'un air mystérieux.*)

Vois-tu, soyons prudents. Trop chargé, l'essieu[20a] casse, 1710
Le mur sans fondement s'écroule subito.[21]
Mon cher, raccroche-moi[22] le col de mon manteau.

Le Laquais, *fièrement.* Seigneur, je ne suis pas valet de chambre.

---

[14] 'delaying'   [15] 'comprehension'   [16] 'properly'   [17] near Valencia, in eastern
Spain   [18] 'pupil'   [19] 'tumble down'   [20] 'base'   [20a] 'axle'   [21] 'all of a
sudden'   [22] 'fasten'

(*Avant que* Don César *ait pu l'en empêcher, il secoue la sonnette posée sur la table.*)

Don César, *à part, effrayé.*   Il sonne!
Le maître va peut-être arriver en personne.
1715Je suis pris!

(*Entre un des noirs.* Don César, *en proie à la plus vive anxiété, se retourne du côté opposé, comme ne sachant que devenir.*)

Le Laquais, *au nègre.* Remettez l'agrafe[23] à monseigneur.

(*Le nègre s'approche gravement de* Don César, *qui le regarde faire d'un air stupéfait, puis il rattache l'agrafe du manteau, salue, et sort, laissant* Don César *pétrifié.*)

Don César, *se levant de table. A part*
Je suis chez Belzébuth,[24] ma parole d'honneur!

(*Il vient sur le devant et se promène à grands pas.*)

Ma foi, laissons-nous faire, et prenons ce qui s'offre.
Donc je vais remuer[25] les écus à plein coffre.[26]
J'ai de l'argent! que vais-je en faire?

(*Se retournant vers le laquais attablé,[27] qui continue à boire et qui commence à chanceler sur sa chaise.*)

                                        Attends, pardon! (*Rêvant à part.*)
1720Voyons, — si je payais mes créanciers? — fi donc!
— Du moins, pour les calmer, âmes à s'aigrir[28] promptes,
Si je les arrosais[29] avec quelques à-comptes?[30]
— A quoi bon arroser ces vilaines[31] fleurs-là?
Où diable mon esprit va-t-il chercher cela?
1725Rien n'est tel que l'argent pour vous corrompre un homme,
Et fût-il descendant d'Annibal qui prit Rome,[32]
L'emplir jusqu'au goulot[33] de sentiments bourgeois!
Que dirait-on? me voir payer ce que je dois!
Ah!

Le Laquais, *vidant son verre.* Que m'ordonnez-vous?
Don César.   Laisse-moi, je médite.
1730Bois en m'attendant.

(*Le laquais se remet à boire. Lui continue de rêver, et tout à coup se frappe le front comme ayant trouvé une idée.*)

                Oui!   (*Au laquais.*)
                Lève-toi tout de suite.
Voici ce qu'il faut faire. Emplis tes poches d'or.

(*Le laquais se lève en trébuchant,[34] et emplit d'or les poches de son justaucorps.* Don César *l'y aide, tout en continuant.*)

[23] 'do up the hook'   [24] Beelzebub   [25] 'handle'   [26] 'by the boxful'   [27] 'seated at the table'   [28] 'grow bitter'   [29] 'watered them'   [30] 'payments on account'   [31] 'ugly'   [32] The Carthaginian general Hannibal never captured Rome, although he came close to the city.   [33] 'neck'   [34] 'staggering'

Dans la ruelle,[35] au bout de la Place Mayor,
Entre au numéro neuf. Une maison étroite.
Beau logis, si ce n'est que[36] la fenêtre à droite
A sur le cristallin[37] une taie[38] en papier.   1735

    Le Laquais. Maison borgne?[39]

    Don César.   Non, louche.[40] On peut s'estropier[41]
En montant l'escalier. Prends-y garde.

    Le Laquais.   Une échelle?[42]

    Don César. A peu près. C'est plus raide.[43] — En haut loge une belle
Facile à reconnaître, un bonnet de six sous
Avec de gros cheveux ébouriffés[44] dessous,   1740
Un peu courte, un peu rousse[45]... — une femme charmante!
Sois très respectueux, mon cher, c'est mon amante.
Lucinda, qui jadis, blonde à l'œil indigo,
Chez le pape, le soir, dansait le fandango.[46]
Compte-lui cent ducats en mon nom. — Dans un bouge   1745
A côté, tu verras un gros diable au nez rouge,
Coiffé jusqu'aux sourcils[47] d'un vieux feutre fané
Où pend tragiquement un plumeau consterné,[48]
La rapière à l'échine[49] et la loque à l'épaule.
Donne de notre part six piastres à ce drôle. —   1750
Plus loin, tu trouveras un trou noir comme un four,[50]
Un cabaret[51] qui chante au coin d'un carrefour.[52]
Sur le seuil boit et fume un vivant qui le hante.
C'est un homme fort doux et de vie élégante,
Un seigneur dont jamais un juron[53] ne tomba,   1755
Et mon ami de cœur,[54] nommé Goulatromba.[55]
— Trente écus! — Et dis-lui, pour toutes pâtenôtres,[56]
Qu'il les boive bien vite et qu'il en aura d'autres.
Donne à tous ces faquins[57] ton argent le plus rond,[58]
Et ne t'ébahis pas[59] des yeux qu'ils ouvriront.   1760

    Le Laquais. Après?

    Don César.   Garde le reste. Et pour dernier chapitre...

    Le Laquais. Qu'ordonne monseigneur?

    Don César.   Va te soûler, belître![60]
Casse beaucoup de pots et fais beaucoup de bruit,
Et ne rentre chez toi que demain — dans la nuit.

---

[35] 'lane'   [36] 'except that'   [37] 'lens'; i.e. window-pane   [38] 'film'; i.e. patch
[39] 'one-eyed'; i.e. a speakeasy   [40] 'squint-eyed'; *maison louche* also means 'house of
ill-repute'   [41] 'cripple oneself'   [42] 'ladder'   [43] 'steeper'   [44] 'disheveled'
[45] 'red haired'   [46] a Spanish dance of Moorish origin   [47] 'eyebrows'   [48] 'startled
feather-duster'   [49] 'at his back'   [50] 'oven'   [51] 'tavern'   [52] 'crossroads'
[53] 'oath'   [54] 'intimate'   [55] i.e. trumpet-throat   [56] i.e. instructions
[57] 'rascals'   [58] i.e. not clipped at the edges   [59] 'do not be amazed'   [60] 'get
drunk, knave'

1765 Le Laquais. Suffit, mon prince.
                    (*Il se dirige vers la porte en faisant des zigzags.*)
    Don César, *le regardant marcher. A part.* Il est effroyablement ivre!
                    (*Le rappelant. L'autre se rapproche.*)
    Ah!... — Quand tu sortiras, les oisifs[61] vont te suivre.
    Fais par ta contenance[62] honneur à la boisson.[63]
    Sache te comporter d'une noble façon.
    S'il tombe par hasard des écus de tes chausses,
1770Laisse tomber, — et si des essayeurs de sauces,[64]
    Des clercs, des écoliers, des gueux qu'on voit passer,
    Les ramassent, — mon cher, laisse-les ramasser.
    Ne sois pas un mortel de trop farouche[65] approche.
    Si même ils en prenaient quelques-uns dans ta poche,
1775Sois indulgent. Ce sont des hommes comme nous.
    Et puis il faut, vois-tu, c'est une loi pour tous,
    Dans ce monde, rempli de sombres aventures,
    Donner parfois un peu de joie aux créatures.   (*Avec mélancolie.*)
    Tous ces gens-là seront peut-être un jour pendus!
1780Ayons donc les égards[66] pour eux qui leur sont dus!
    — Va-t'en.
            (*Le laquais sort. Resté seul,* Don César *se rassied, s'accoude*[67] *sur la
            table, et paraît plongé dans de profondes réflexions.*)
                    C'est le devoir du chrétien et du sage,
    Quand il a de l'argent, d'en faire un bon usage.
    J'ai de quoi vivre au moins huit jours! Je les vivrai.
    Et, s'il me reste un peu d'argent, je l'emploierai
1785A des fondations pieuses. Mais je n'ose
    M'y fier,[68] car on va me reprendre la chose.
    C'est méprise[69] sans doute, et ce mal-adressé[70]
    Aura mal entendu, j'aurai mal prononcé...
            (*La porte du fond se rouvre. Entre une duègne, vieille, cheveux gris;
            basquine et mantille*[71] *noires, éventail.*[72])

SCENE IV

Don César, une duègne

    La Duègne, *sur le seuil de la porte.* Don César de Bazan?
        (Don César, *absorbé dans ses méditations, relève brusquement la tête.*)
    Don César.   Pour le coup![1]   (*A part.*)
                                        Oh! femelle!

---

[61] 'idlers'   [62] 'demeanor'   [63] 'drink'   [64] i.e. cook-boys   [65] 'difficult'
[66] 'consideration'   [67] 'leans on his elbow'   [68] 'count on it'   [69] 'mistake'
[70] 'misdirected person'   [71] an elaborate Spanish skirt and headdress   [72] 'fan'
    [1] 'well I never!'

(Pendant que la duègne accomplit une profonde révérence au fond, il vient stupéfait sur le devant.)

Mais il faut que le diable ou Salluste s'en mêle!   1790
Gageons que je vais voir arriver mon cousin.
Une duègne!   *(Haut.)*
                C'est moi, don César. — Quel dessein?...   *(A part.)*
D'ordinaire une vieille en annonce une jeune.[2]

    LA DUÈGNE. *(Révérence avec un signe de croix.)*
Seigneur, je vous salue, aujourd'hui jour de jeûne,
En[3] Jésus Dieu le fils, sur qui rien ne prévaut.[4]   1795

    DON CÉSAR, *à part.* A galant dénouement[5] commencement dévot.
                                                            (Haut.)

Ainsi soit-il![6] Bonjour.
    LA DUÈGNE.   Dieu vous maintienne en joie!
                                    (Mystérieusement.)

Avez-vous à quelqu'un, qui jusqu'à vous m'envoie,
Donné pour cette nuit un rendez-vous secret?
    DON CÉSAR. Mais j'en suis fort capable.
    LA DUÈGNE. *(Elle tire de son garde-infante[7] un billet plié et le lui présente, mais sans le lui laisser prendre.)*   Ainsi, mon beau discret, 1800
C'est bien vous qui venez, et pour cette nuit même,
D'adresser ce message à quelqu'un qui vous aime
Et que vous savez bien?
    DON CÉSAR.   Ce doit être moi.
    LA DUÈGNE.   Bon.
La dame, mariée à quelque vieux barbon,[8]
A des ménagements[9] sans doute est obligée,   1805
Et de me renseigner céans on m'a chargée.
Je ne la connais pas, mais vous la connaissez.
La soubrette[10] m'a dit les choses. C'est assez,
Sans les noms.
    DON CÉSAR.   Hors le mien.
    LA DUÈGNE.   C'est tout simple. Une dame
Reçoit un rendez-vous de l'ami de son âme,[11]   1810
Mais on craint de tomber dans quelque piège, mais
Trop de précautions ne gâtent rien jamais.
Bref, ici l'on m'envoie avoir de votre bouche
La confirmation...
    DON CÉSAR.   Oh! la vieille farouche![12]

---

[2] i.e. generally when an old woman turns up there is a young one not far behind   [3] 'in the name of'   [4] 'prevails'   [5] 'amorous ending'   [6] 'amen'   [7] 'farthingale'; a full skirt worn over a circular wicker-work structure fitted above the hips   [8] 'greybeard'
[9] 'precautions'   [10] 'maid'   [11] 'her sweetheart'   [12] 'the suspicious old creature'

1815Vrai Dieu! quelle broussaille[13] autour d'un billet doux!
Oui, c'est moi, moi, te dis-je!
La Duègne. (*Elle pose sur la table le billet plié, que* Don César *examine avec curiosité.*) En ce cas, si c'est vous,
Vous écrirez: *Venez,* au dos de cette lettre.
Mais pas de votre main, pour ne rien compromettre.
Don César. Peste! au fait, de ma main![14] (*A part.*)
Message bien rempli!
(*Il tend la main pour prendre la lettre; mais elle est recachetée, et la duègne ne la lui laisse pas toucher.*)
1820 La Duègne. N'ouvrez pas. Vous devez reconnaître le pli.[15]
Don César. Pardieu! (*A part.*)
Moi qui brûlais de voir!... jouons mon rôle!
(*Il agite la sonnette. Entre un des noirs.*)
Tu sais écrire?
(*Le noir fait un signe de tête affirmatif. Etonnement de* Don César. *A part.*)
Un signe! (*Haut.*)
Es-tu muet, mon drôle?
(*Le noir fait un nouveau signe d'affirmation. Nouvelle stupéfaction de* Don César. *A part.*)
Fort bien! continuez! des muets à présent!
(*Au muet, en lui montrant la lettre, que la vieille tient appliquée sur[16] la table.*)
— Ecris-moi là: *Venez.*
(*Le muet écrit.* Don César *fait signe à la duègne de reprendre la lettre, et au muet de sortir. Le muet sort. A part.*)
Il est obéissant!
La Duègne, *remet d'un air mystérieux le billet dans son garde-infante, et se rapprochant de* Don César
1825Vous la verrez ce soir. Est-elle bien jolie?
Don César. Charmante!
La Duègne. La suivante est d'abord accomplie.[17]
Elle m'a pris à part au milieu du sermon.
Mais belle! un profil d'ange avec l'œil d'un démon.
Puis aux choses d'amour elle paraît savante.
1830 Don César, *à part.* Je me contenterais fort bien de la suivante.
La Duègne. Nous jugeons — car toujours le beau fait peur au laid —
La sultane à l'esclave et le maître au valet.
La vôtre[18] est, à coup sûr, fort belle.
Don César. Je m'en flatte!
La Duègne, *faisant une révérence pour se retirer.* Je vous baise la main.

---

[13] 'thicket'; i.e. cluster of precautions   [14] 'in my hand, indeed!'   [15] 'the way it is folded'   [16] 'against'   [17] i.e. extremely polite   [18] i.e. your sultana

Don César, *lui donnant une poignée de doublons.* Je te graisse la patte.[19]
Tiens, vieille!

La Duègne, *empochant.*[20] La jeunesse est gaie aujourd'hui!

Don César, *la congédiant.* Va. 1835

La Duègne, *révérences.* Si vous aviez besoin... J'ai nom dame Oliva.
Couvent San-Isidro. —

    (*Elle sort. Puis la porte se rouvre, et l'on voit sa tête reparaître.*)
              Toujours à droite assise
Au troisième pilier en entrant dans l'église.

    (Don César *se retourne avec impatience. La porte retombe; puis elle se*
        rouvre encore, et la vieille reparaît.)
Vous la verrez ce soir! monsieur, pensez à moi
Dans vos prières.

Don César, *la chassant avec colère.* Ah!

            (*La duègne disparaît. La porte se referme.*)

Don César, *seul.* Je me résous, ma foi, 1840
A ne plus m'étonner. J'habite dans la lune.
Me voici maintenant une bonne fortune;[21]
Et je vais contenter mon cœur après ma faim. (*Rêvant.*)
Tout cela me paraît bien beau. — Gare[22] la fin!

    (*La porte du fond se rouvre. Paraît* Don Guritan *avec deux longues*
      épées nues sous le bras.)

SCENE V

Don César, don Guritan

Don Guritan, *du fond.* Don César de Bazan?

Don César. (*Il se retourne et aperçoit* Don Guritan *et les deux épées.*)
                    Enfin! à la bonne heure![1]1845
L'aventure était bonne, elle devient meilleure.
Bon dîner, de l'argent, un rendez-vous, un duel!
Je redeviens César à l'état naturel!

    (*Il aborde*[2] *gaiement, avec force salutations empressées,*[3] Don Guritan,
      qui fixe sur lui un œil inquiétant et s'avance d'un pas raide sur le
      devant.)
C'est ici, cher seigneur. Veuillez prendre la peine

        (*Il lui présente un fauteuil.* Don Guritan *reste debout.*)
D'entrer, de vous asseoir. — Comme chez vous, — sans gêne.[4] 1850
Enchanté de vous voir. Çà, causons un moment.
Que fait-on à Madrid? Ah! quel séjour charmant!
Moi, je ne sais plus rien; je pense qu'on admire

---

[19] 'grease your paw'   [20] 'pocketing [it]'   [21] 'now here I have a love affair'   [22] 'beware'
[1] 'that's good!'   [2] 'addresses'   [3] 'polite'   [4] 'ceremony'

Toujours Matalobos et toujours Lindamire.
1855Pour moi, je craindrais plus, comme péril urgent,
La voleuse de cœurs que le voleur d'argent.
Oh! les femmes, monsieur! Cette engeance endiablée[5]
Me tient, et j'ai la tête à leur endroit fêlée.[6]
Parlez, remettez-moi l'esprit en bon chemin.
1860Je ne suis plus vivant, je n'ai plus rien d'humain,
Je suis un être absurde, un mort qui se réveille,
Un bœuf, un hidalgo[7] de la Castille-Vieille.
On m'a volé ma plume et j'ai perdu mes gants.
J'arrive des pays les plus extravagants.

1865   Don Guritan. Vous arrivez, mon cher monsieur? Eh bien, j'arrive
Encor bien plus que vous!
    Don César, *épanoui.*[8]   De quelle illustre rive?[9]
    Don Guritan. De là-bas, dans le nord.
    Don César.   Et moi, de tout là-bas,
Dans le midi.
    Don Guritan. Je suis furieux!
    Don César.   N'est-ce pas?
Moi, je suis enragé!
1870   Don Guritan.   J'ai fait douze cents lieues!
    Don César. Moi, deux mille! J'ai vu des femmes jaunes, bleues,
Noires, vertes. J'ai vu des lieux du ciel bénis,
Alger,[10] la ville heureuse, et l'aimable Tunis,
Où l'on voit, tant ces Turcs ont des façons accortes,[11]
Force gens empalés accrochés[12] sur les portes.
    Don Guritan. On m'a joué,[13] monsieur!
1875   Don César.   Et moi, l'on m'a vendu!
    Don Guritan. L'on m'a presque exilé!
    Don César.   L'on m'a presque pendu!
    Don Guritan. On m'envoie à Neubourg, d'une manière adroite,
Porter ces quatre mots écrits dans une boîte:
«Gardez le plus longtemps possible ce vieux fou.»
1880   Don César, *éclatant de rire.* Parfait! qui donc cela?
    Don Guritan.   Mais je tordrai le cou
A César de Bazan!
    Don César, *gravement.* Ah!
    Don Guritan.   Pour comble[14] d'audace,
Tout à l'heure il m'envoie un laquais à sa place.
Pour l'excuser! dit-il. Un dresseur de buffet![15]

---

[5] 'devilish crew'   [6] 'I am cracked about them'   [7] i.e. country gentleman
[8] 'beaming'   [9] 'shore'   [10] Algiers   [11] 'charming'   [12] 'impaled people hung
up'   [13] 'I have been tricked'   [14] 'climax'   [15] i.e. a flunkey

Je n'ai point voulu voir le valet. Je l'ai fait
Chez moi mettre en prison, et je viens chez le maître.   1885
Ce César de Bazan! cet impudent! ce traître!
Voyons, que je le tue! Où donc est-il?
  Don César, *toujours avec gravité.* C'est moi.
  Don Guritan. Vous! — Raillez-vous,[16] monsieur?
  Don César.   Je suis don César.
  Don Guritan.   Quoi!
Encor!
  Don César. Sans doute, encor!
  Don Guritan.   Mon cher, quittez ce rôle.
Vous m'ennuyez beaucoup, si vous vous croyez drôle. 1890
  Don César. Vous, vous m'amusez fort! Et vous m'avez tout l'air
D'un jaloux. Je vous plains énormément, mon cher.
Car le mal qui nous vient des vices qui sont nôtres
Est pire que le mal que nous font ceux des autres.
J'aimerais mieux encore, et je le dis à vous,   1895
Etre pauvre qu'avare et cocu[17] que jaloux.
Vous êtes l'un et l'autre, au reste. Sur mon âme,
J'attends encor ce soir madame votre femme.
  Don Guritan. Ma femme!
  Don César.   Oui, votre femme!
  Don Guritan.   Allons! je ne suis pas
Marié.
  Don César. Vous venez faire cet embarras![18]   1900
Point marié! Monsieur prend depuis un quart d'heure
L'air d'un mari qui hurle ou d'un tigre qui pleure,
Si bien que je lui donne, avec simplicité,
Un tas[19] de bons conseils en cette qualité![20]
Mais, si vous n'êtes pas marié, par Hercule!   1905
De quel droit êtes-vous à ce point ridicule?
  Don Guritan. Savez-vous bien, monsieur, que vous m'exaspérez?
  Don César. Bah!
  Don Guritan. Que c'est trop fort!
  Don César.   Vrai?
  Don Guritan.   Que vous me le paierez!
  Don César. (*Il examine d'un air goguenard*[21] *les souliers de* Don Guri-
   tan, *qui disparaissent sous des flots de rubans, selon la nouvelle mode.*)
Jadis on se mettait des rubans sur la tête.
Aujourd'hui, je le vois, c'est une mode honnête,[22]   1910
On en met sur sa botte, on se coiffe les pieds.[23]

---

[16] 'are you joking?' [17] 'cuckold' [18] 'fuss' [19] 'host' [20] 'capacity'
[21] 'mocking' [22] 'fashionable' [23] i.e. people wear headdresses on their feet

C'est charmant!

DON GURITAN.   Nous allons nous battre!

DON CÉSAR, *impassible*.   Vous croyez?

DON GURITAN.   Vous n'êtes pas César, la chose me regarde;

Mais je vais commencer par vous.

DON CÉSAR.   Bon.   Prenez garde

1915 De finir par moi.

DON GURITAN.   (*Il lui présente une des deux épées.*)   Fat!   Sur-le-champ!

DON CÉSAR, *prenant l'épée*.   De ce pas.

Quand je tiens un bon duel, je ne le lâche pas!

DON GURITAN.   Où?

DON CÉSAR.   Derrière le mur.   Cette rue est déserte.

DON GURITAN, *essayant la pointe de l'épée sur le parquet.*

Pour César, je le tue ensuite!

DON CÉSAR.   Vraiment?

DON GURITAN.   Certe!

DON CÉSAR, *faisant aussi ployer*[24] *son épée.*

Bah! l'un de nous deux mort, je vous défie après

1920 De tuer don César.

DON GURITAN.   Sortons!

(*Ils sortent. On entend le bruit de leurs pas qui s'éloignent. Une petite porte masquée s'ouvre à droite dans le mur, et donne passage à* DON SALLUSTE.)

SCENE VI

DON SALLUSTE, *vêtu d'un habit vert sombre, presque noir*

(*Il paraît soucieux et préoccupé. Il regarde et écoute avec inquiétude.*)
Aucuns apprêts!

(*Apercevant la table chargée de mets.*)

Que veut dire ceci?

(*Ecoutant le bruit des pas de* CÉSAR *et de* GURITAN.)

Quel est donc ce tapage?[1]   (*Il se promène rêveur.*)

Gudiel ce matin a vu sortir le page,

Et l'a suivi. — Le page allait chez Guritan. —

Je ne vois pas Ruy Blas. — Et ce page... — Satan!

1925 C'est quelque contre-mine![2] oui, quleque avis fidèle

Dont il aura chargé don Guritan pour elle!

— On ne peut rien savoir des muets! — C'est cela!

Je n'avais pas prévu ce don Guritan-là!

(*Rentre* DON CÉSAR. *Il tient à la main l'épée nue, qu'il jette en entrant sur un fauteuil.*)

[24] 'bend'
[1] 'noise'   [2] cf. l.29

SCENE VII

Don Salluste, don César

Don César, *du seuil de la porte*
Ah! j'en étais bien sûr! vous voilà donc, vieux diable!
    Don Salluste, *se retournant, pétrifié.* Don César!
    Don César, *croisant les bras avec un grand éclat de rire*
                    Vous tramez[1] quelque histoire effroyable! 1930
Mais je dérange tout, pas vrai, dans ce moment?
Je viens au beau milieu m'épater[2] lourdement!
    Don Salluste, *à part.* Tout est perdu!
    Don César, *riant.*   Depuis toute la matinée,
Je patauge[3] à travers vos toiles d'araignée.[4]
Aucun de vos projets ne doit être debout.[5]   1935
Je m'y vautre au hasard.[6] Je vous démolis tout.
C'est très réjouissant.[7]
    Don Salluste, *à part.* Démon! qu'a-t-il pu faire?
    Don César, *riant de plus en plus fort*
Votre homme au sac d'argent, — qui venait pour l'affaire!
— Pour ce que vous savez! — qui vous savez! —   (*Il rit.*)
                    Parfait!

    Don Salluste. Eh bien?
    Don César.   Je l'ai soûlé.[8]
    Don Salluste.   Mais l'argent qu'il avait? 1940
    Don César, *majestueusement*
J'en ai fait des cadeaux à diverses personnes.
Dame! on a des amis.
    Don Salluste.   A tort tu me soupçonnes...
Je...
    Don César, *faisant sonner ses grègues*[9]
    J'ai d'abord rempli mes poches, vous pensez.   (*Il se remet à rire.*)
Vous savez bien? la dame!...
    Don Salluste.   Oh!
    Don César, *qui remarque son anxiété.* Que vous connaissez, —
(Don Salluste *écoute avec un redoublement d'angoisse.* Don César
                    poursuit en riant.)
Qui m'envoie une duègne, affreuse compagnonne,   1945
Dont la barbe fleurit et dont le nez trognonne...[10]
    Don Salluste. Pourquoi?

---

[1] 'are weaving'   [2] 'falling on all four feet'   [3] 'flounder'   [4] 'spiders' webs'
[5] 'right side up'   [6] 'I sprawl about in them blindly'   [7] 'amusing'   [8] 'I made
him drunk'   [9] i.e. slapping his thighs   [10] i.e. with the sprouting whiskers and stumpy
nose; the line contains a pun on Fleury and Trognon, well-known authors of school history
books used in the early 19th century

Don César.   Pour demander, par prudence et sans bruit,
Si c'est bien don César qui l'attend cette nuit...

Don Salluste, *à part*. Ciel! (*Haut*.) Qu'as-tu répondu?

Don César.   J'ai dit que oui, mon maître!
1950Que je l'attendais!

Don Salluste, *à part*. Tout n'est pas perdu peut-être!

Don César. Enfin votre tueur, votre grand capitan,
Qui m'a dit sur le pré[11] s'appeler — Guritan,

                           (*Mouvement de* Don Salluste.)

Qui ce matin n'a pas voulu voir, l'homme sage,
Un laquais de César lui portant un message,
1955Et qui venait céans m'en demander raison...[12]

Don Salluste. Eh bien, qu'en as-tu fait?

Don César.   J'ai tué cet oison.[13]

Don Salluste. Vrai?

Don César.   Vrai. Là, sous le mur, à cette heure il expire.

Don Salluste. Es-tu sûr qu'il soit mort?

Don César.   J'en ai peur.

Don Salluste, *à part*.   Je respire!
Allons! bonté du ciel! il n'a rien dérangé!
1960Au contraire. Pourtant donnons-lui son congé.[14]
Débarrassons-nous-en! Quel rude auxiliaire!
Pour[15] l'argent, ce n'est rien.   (*Haut*.)
                    L'histoire est singulière.
Et vous n'avez pas vu d'autres personnes?

Don César.   Non.
Mais j'en verrai. Je veux continuer. Mon nom,
1965Je compte en faire éclat[16] tout à travers la ville.
Je vais faire un scandale affreux. Soyez tranquille.

Don Salluste, *à part*. Diable!

                (*Vivement et se rapprochant de* Don César.)
             Garde l'argent, mais quitte la maison.

Don César. Oui! Vous me feriez suivre! on sait votre façon.
Puis je retournerais, aimable destinée,
1970Contempler ton azur, ô Méditerranée!
Point.[17]

Don Salluste. Crois-moi.

Don César.   Non. D'ailleurs, dans ce palais-prison,
Je sens quelqu'un en proie à votre trahison.
Toute intrigue de cour est une échelle double.
D'un côté, bras liés, morne et le regard trouble,[18]

---

[11] 'duelling-ground'   [12] 'to ask me for satisfaction'   [13] 'old goose'   [14] 'notice to quit'   [15] 'as for'   [16] 'to create a sensation with it'   [17] 'by no means'   [18] 'dejected'

Monte le patient;[19] de l'autre, le bourreau.[20] 1975
— Or vous êtes bourreau — nécessairement.

DON SALLUSTE. Oh!

DON CÉSAR. Moi! je tire l'échelle, et patatras![21]

DON SALLUSTE. Je jure...

DON CÉSAR. Je veux, pour tout gâter,[22] rester dans l'aventure.
Je vous sais assez fort, cousin, assez subtil,
Pour pendre deux ou trois pantins[23] au même fil.[24] 1980
Tiens, j'en suis un! Je reste!

DON SALLUSTE. Ecoute...

DON CÉSAR. Rhétorique!
Ah! vous me faites vendre aux pirates d'Afrique!
Ah! vous me fabriquez ici des faux César!
Ah! vous compromettez mon nom!

DON SALLUSTE. Hasard!

DON CÉSAR. Hasard?
Mets[25] que font les fripons pour les sots qui le mangent. 1985
Point de hasard! Tant pis si vos plans se dérangent!
Mais je prétends sauver ceux qu'ici vous perdez.
Je vais crier mon nom sur les toits.
                    (*Il monte sur l'appui*[26] *de la fenêtre et regarde au dehors.*)
                                        Attendez!
Juste! des alguazils passent sous la fenêtre.
          (*Il passe son bras à travers les barreaux, et l'agite en criant.*)
Holà!

DON SALLUSTE, *effaré, sur le devant du théâtre. A part*
          Tout est perdu s'il se fait reconnaître! 1990

(*Entrent les alguazils précédés d'un alcade.* DON SALLUSTE *parait en
    proie à une vive perplexité.* DON CÉSAR *va vers l'alcade d'un air de
    triomphe.*)

SCENE VIII

LES MÊMES, UN ALCADE, DES ALGUAZILS

DON CÉSAR, *à l'alcade.* Vous allez consigner dans vos procès-verbaux...[1]

DON SALLUSTE, *montrant* DON CÉSAR *à l'alcade*
Que voici le fameux voleur Matalobos!

DON CÉSAR, *stupéfait.* Comment!

DON SALLUSTE, *à part.* Je gagne tout en gagnant vingt-quatre heures.
                                        (*A l'alcade.*)

---

[19] 'victim'   [20] 'hangman'   [21] 'crash!'   [22] 'spoil'   [23] 'marionettes'
[24] 'wire'   [25] 'dish'   [26] 'sill'
[1] 'you will put down in your official report'

Cet homme ose en plein jour entrer dans les demeures.

1995 Saisissez ce voleur.　　　(*Les alguazils saisissent* DON CÉSAR *au collet.*)

DON CÉSAR, *furieux, à* DON SALLUSTE.　Je suis votre valet,[2]
Vous mentez hardiment!

L'ALCADE.　　　　　　Qui donc nous appelait?

DON SALLUSTE.　C'est moi.

DON CÉSAR.　　　　　　Pardieu! c'est fort!

L'ALCADE.　　　　　　　　　Paix! je crois qu'il raisonne.[3]

DON CÉSAR.　Mais je suis don César de Bazan en personne!

DON SALLUSTE.　Don César? — Regardez son manteau, s'il vous plaît.
2000 Vous trouverez SALLUSTE écrit sous le collet.
C'est un manteau qu'il vient de me voler.

　　　　　(*Les alguazils arrachent le manteau, l'alcade l'examine.*)

L'ALCADE.　　　　　　　C'est juste.

DON SALLUSTE.　Et le pourpoint qu'il porte...

DON CÉSAR, *à part.*　　　　　　Oh! le damné Salluste!

DON SALLUSTE, *continuant*
Il est au comte d'Albe, auquel il fut volé... —

　　　(*Montrant un écusson brodé sur le parement[4] de la manche gauche.*)
Dont voici le blason!

DON CÉSAR, *à part.*　Il est ensorcelé![5]

2005　L'ALCADE, *examinant le blason.*　Oui, les deux châteaux d'or...

DON SALLUSTE.　　　　　Et puis, les deux chaudières.[6]
Enriquez et Gusman.

(*En se débattant,[7]* DON CÉSAR *fait tomber quelques doublons de ses poches.*
　DON SALLUSTE *montre à l'alcade la façon dont elles sont remplies.*)
　　　　　Sont-ce là les manières
Dont les honnêtes gens portent l'argent qu'ils ont?

L'ALCADE, *hochant[8] la tête.*　Hum!

DON CÉSAR, *à part.*　　　Je suis pris!

　　　　　(*Les alguazils le fouillent[9] et lui prennent son argent.*)

UN ALGUAZIL, *fouillant.*　　　　Voilà des papiers.

DON CÉSAR, *à part.*　　　　　　Ils y sont!
Oh! pauvres billets doux sauvés dans mes traverses![10]

L'ALCADE, *examinant les papiers*
2010 Des lettres... qu'est cela? — d'écritures diverses?...

DON SALLUSTE, *lui faisant remarquer les suscriptions*
Toutes au comte d'Albe!

L'ALCADE.　　　Oui.

DON CÉSAR.　　　Mais...

---

[2] i.e. I beg your pardon　　[3] 'I think that he is right'　　[4] 'cuff'　　[5] 'he has magic powers'　　[6] 'cauldrons'　　[7] 'struggling'　　[8] 'shaking'　　[9] 'search him'
[10] 'misfortunes'

Les Alguazils, *lui liant les mains.*   Pris! quel bonheur!

Un Alguazil, *entrant, à l'alcade*

Un homme est là qu'on vient d'assassiner, seigneur.

L'Alcade. Quel est l'assassin?

Don Salluste, *montrant* don César. Lui!

Don César, *à part.*   Ce duel! quelle équipée![11]

Don Salluste. En entrant, il tenait à la main une épée.

La voilà.

L'Alcade, *examinant l'épée.* Du sang. — Bien. (*A* don César.)

        Allons, marche avec eux![2015]

Don Salluste, *à* don César, *que les alguazils emmènent*

Bonsoir, Matalobos.

Don César, *faisant un pas vers lui et le regardant fixement*

     Vous êtes un fier gueux![12]

ACTE V

LE TIGRE ET LE LION

*Même chambre. C'est la nuit. Une lampe est posée sur la table. Au lever
du rideau,* Ruy Blas *est seul. Une sorte de longue robe noire cache ses
vêtements.*

SCENE PREMIERE

Ruy Blas, *seul*

C'est fini. Rêve éteint! Visions disparues!
Jusqu'au soir au hasard j'ai marché dans les rues.
J'espère en ce moment. Je suis calme. La nuit,
On pense mieux, la tête est moins pleine de bruit.   2020
Rien de trop effrayant sur ces murailles noires;
Les meubles sont rangés; les clefs sont aux armoires;
Les muets sont là-haut qui dorment; la maison
Est vraiment bien tranquille. Oh! oui, pas de raison
D'alarme. Tout va bien. Mon page est très fidèle.   2025
Don Guritan est sûr alors qu'il s'agit d'elle.
O mon Dieu! n'est-ce pas que je puis vous bénir,
Que vous avez laissé l'avis[1] lui parvenir,
Que vous m'avez aidé, vous, Dieu bon, vous, Dieu juste,
A protéger cet ange à déjouer[2] Salluste,   2030
Qu'elle n'a rien à craindre, hélas, rien à souffrir,
Et qu'elle est bien sauvée: — et que je puis mourir!

[11] i.e. adventure [12] 'precious rogue'
[1] 'warning' [2] 'frustrate'

(Il tire de sa poitrine une petite fiole qu'il pose sur la table.)

Oui, meurs maintenant, lâche! et tombe dans l'abîme!

Meurs comme on doit mourir quand on expie[3] un crime!

2035 Meurs dans cette maison, vil, misérable et seul!

(Il écarte[4] sa robe noire, sous laquelle on entrevoit la livrée qu'il portait au premier acte.)

Meurs avec ta livrée enfin sous ton linceul![5]

— Dieu! si ce démon vient voir sa victime morte,

(Il pousse un meuble de façon à barricader la porte secrète.)

Qu'il n'entre pas du moins par cette horrible porte!

(Il revient vers la table.)

— Oh! le page a trouvé Guritan, c'est certain,

2040 Il n'était pas encor huit heures du matin.

(Il fixe son regard sur la fiole.)

— Pour moi, j'ai prononcé mon arrêt,[6] et j'apprête

Mon supplice,[7] et je vais moi-même sur ma tête

Faire choir du tombeau le couvercle pesant.[8]

J'ai du moins le plaisir de penser qu'à présent

2045 Personne n'y peut rien. Ma chute est sans remède.

(Tombant sur le fauteuil.)

Elle m'aimait pourtant! Que Dieu me soit en aide!

Je n'ai pas de courage! *(Il pleure.)*

　　　　　　　　　　Oh! l'on aurait bien dû

Nous laisser en paix! *(Il cache sa tête dans ses mains et pleure à sanglots.)*

　　　　　Dieu!

(Relevant la tête et comme égaré, regardant la fiole.)

　　　　　　　　　L'homme, qui m'a vendu

Ceci, me demandait quel jour du mois nous sommes.

2050 Je ne sais pas. J'ai mal dans la tête. Les hommes

Sont méchants. Vous mourez, personne ne s'émeut.

Je souffre. — Elle m'aimait! — Et dire qu'on ne peut

Jamais rien ressaisir d'une chose passée! —

Je ne la verrai plus! — Sa main que j'ai pressée,

2055 Sa bouche qui toucha mon front... — Ange adoré!

Pauvre ange! — Il faut mourir, mourir désespéré!

Sa robe où tous les plis contenaient de la grâce,

Son pied qui fait trembler mon âme quand il passe,

Son œil où s'enivraient[9] mes yeux irrésolus,

2060 Son sourire, sa voix... — Je ne la verrai plus!

Je ne l'entendrai plus! Enfin c'est donc possible?

Jamais!

---

³ 'expiates'　⁴ 'opens'　⁵ 'shroud'　⁶ 'sentence'　⁷ 'execution'　⁸ 'let fall the heavy lid of the tomb'　⁹ 'became enraptured'

(Il avance avec angoisse sa main vers la fiole; au moment où il la saisit convulsivement, la porte du fond s'ouvre. LA REINE *paraît, vêtue de blanc, avec une mante[10] de couleur sombre, dont le capuchon,[11] rejeté sur ses épaules, laisse voir sa tête pâle. Elle tient une lanterne sourde[12] à la main, elle la pose à terre, et marche rapidement vers* RUY BLAS.*)*

SCENE II

RUY BLAS, LA REINE

LA REINE, *entrant.* Don César!

RUY BLAS, *se retournant avec un mouvement d'épouvante, et fermant précipitamment la robe qui cache sa livrée.*

                      Dieu! c'est elle! — Au piège horrible
Elle est prise!   *(Haut.)*
          Madame!...

LA REINE.   Eh bien! quel cri d'effroi!
César...

RUY BLAS. Qui vous a dit de venir ici?

LA REINE.   Toi.

RUY BLAS. Moi? — Comment?

LA REINE.   J'ai reçu de vous...

RUY BLAS, *haletant.*[1]   Parlez donc vite! 2065

LA REINE. Une lettre.

RUY BLAS.   De moi!

LA REINE.   De votre main écrite.

RUY BLAS. Mais c'est à se briser le front[2] contre le mur!
Mais je n'ai pas écrit, pardieu, j'en suis bien sûr!

LA REINE, *tirant de sa poitrine un billet qu'elle lui présente*
Lisez donc.

    *(*RUY BLAS *prend la lettre avec emportement, se penche vers la lampe et lit.)*

RUY BLAS, *lisant.*   «Un danger terrible est sur ma tête.
Ma reine seule peut conjurer la tempête...   2070
    (Il regarde la lettre avec stupeur, comme ne pouvant aller plus loin.)

LA REINE, *continuant, et lui montrant du doigt la ligne qu'elle lit.*
«En venant me trouver ce soir dans ma maison.
«Sinon, je suis perdu.»

RUY BLAS, *d'une voix éteinte.* Ho! quelle trahison!
Ce billet!

LA REINE, *continuant de lire.* «Par la porte au bas de l'avenue,
«Vous entrerez la nuit sans être reconnue.

---

[10] 'mantle'   [11] 'hood'   [12] 'dark'
[1] 'panting'   [2] 'it is enough to make one beat one's head'

2075«Quelqu'un de dévoué vous ouvrira.»

    RUY BLAS, *à part.*   J'avais

Oublié ce billet.   (*A* LA REINE, *d'une voix terrible.*)

               Allez-vous-en!

    LA REINE.   Je vais

M'en aller, don César. O mon Dieu! que vous êtes

Méchant! Qu'ai-je donc fait?

    RUY BLAS.   O ciel! ce que vous faites?

Vous vous perdez!

    LA REINE.   Comment?

    RUY BLAS.   Je ne puis l'expliquer.

2080Fuyez vite!

    LA REINE.   J'ai même, et pour ne rien manquer,

Eu le soin d'envoyer ce matin une duègne...

    RUY BLAS. Dieu! — mais, à chaque instant, comme d'un cœur qui saigne

Je sens que votre vie à flots coule et s'en va.

Partez!

    LA REINE, *comme frappée d'une idée subite*

       Le dévouement que mon amour rêva

2085M'inspire. Vous touchez à[3] quelque instant funeste.

Vous voulez m'écarter de vos dangers! — Je reste.

    RUY BLAS. Ah! Voilà, par exemple, une idée! — O mon Dieu!

Rester à pareille heure et dans un pareil lieu!

    LA REINE. La lettre est bien de vous. Ainsi...

    RUY BLAS, *levant les bras au ciel de désespoir.*   Bonté divine!

2090   LA REINE. Vous voulez m'éloigner.

    RUY BLAS, *lui prenant les mains.*   Comprenez!

    LA REINE.   Je devine.

Dans le premier moment vous m'écrivez, et puis...

    RUY BLAS. Je ne t'ai pas écrit. Je suis un démon. Fuis!

Mais c'est toi, pauvre enfant, qui te prends dans un piège!

Mais c'est vrai! mais l'enfer de tous côtés t'assiège!

2095Pour te persuader je ne trouve donc rien?

Ecoute, comprends donc, je t'aime, tu sais bien.

Pour sauver ton esprit de ce qu'il imagine,

Je voudrais arracher mon cœur de ma poitrine!

Oh! je t'aime. Va-t'en!

    LA REINE.   Don César...

    RUY BLAS.   Oh! va-t'en!

2100— Mais, j'y songe, on a dû t'ouvrir?

    LA REINE.   Mais oui.

---

[3] 'you are on the brink of'

RUY BLAS. Satan!
Qui?

LA REINE. Quelqu'un de masqué, caché par la muraille.

RUY BLAS. Masqué! Qu'a dit cet homme? est-il de haute taille?
Cet homme, quel est-il? Mais parle donc! j'attends!

(*Un homme en noir et masqué paraît à la porte du fond.*)

L'HOMME MASQUÉ. C'est moi!

(*Il ôte son masque. C'est* DON SALLUSTE. *LA reine et* RUY BLAS *le reconnaissent avec terreur.*)

SCENE III

LES MÊMES, DON SALLUSTE

RUY BLAS. Grand Dieu! fuyez, madame!

DON SALLUSTE. Il n'est plus temps.
Madame de Neubourg n'est plus reine d'Espagne. 2105

LA REINE, *avec horreur.* Don Salluste!

DON SALLUSTE, *montrant* RUY BLAS. A jamais vous êtes la compagne
De cet homme.

LA REINE. Grand Dieu! c'est un piège, en effet!
Et don César...

RUY BLAS, *désespéré.* Madame, hélas! qu'avez-vous fait?

DON SALLUSTE, *s'avançant à pas lents vers* LA REINE
Je vous tiens. —Mais je vais parler, sans lui déplaire,
A votre majesté, car je suis sans colère. 2110
Je vous trouve — écoutez, ne faisons pas de bruit —
Seule avec don César, dans sa chambre, à minuit.
Ce fait, — pour une reine, — étant public, — en somme,
Suffit pour annuler le mariage à Rome.
Le saint-père en serait informé promptement. 2115
Mais on supplée au fait par le consentement.[1]
Tout peut rester secret.

(*Il tire de sa poche un parchemin qu'il déroule et qu'il présente à* LA REINE.)

Signez-moi cette lettre
Au seigneur notre roi. Je la ferai remettre
Par le grand écuyer[2] au notaire mayor.[3]
Ensuite, une voiture, où j'ai mis beaucoup d'or, (*Désignant le dehors.*) 2120
Est là. — Partez tous deux sur-le-champ. Je vous aide.
Sans être inquiétés, vous pourrez par Tolède
Et par Alcantara[4] gagner le Portugal.

---

[1] i.e. one may achieve the same end by assent   [2] 'master of the horse'   [3] 'master of the rolls'   [4] cities on the Tagus southwest of Madrid

Allez où vous voudrez, cela nous est égal.

2125Nous fermerons les yeux. — Obéissez. Je jure

Que seul en ce moment je connais l'aventure;

Mais, si vous refusez, Madrid sait tout demain.

Ne nous emportons pas.[5] Vous êtes dans ma main.

(Montrant la table, sur laquelle il y a une écritoire.)

Voilà tout ce qu'il faut pour écrire, madame.

La Reine, *atterrée,[6] tombant sur un fauteuil*

2130Je suis en son pouvoir!

Don Salluste.   De vous je ne réclame

Que ce consentement pour le porter au roi.

(Bas, à Ruy Blas, *qui écoute tout immobile et comme frappé de la foudre.)*

Laisse-moi faire, ami, je travaille pour toi.   (*A* la reine.)

Signez.

La Reine, *tremblante, à part.* Que faire?

Don Salluste, *se penchant à son oreille et lui présentant une plume*

Allons! qu'est-ce qu'une couronne?

Vous gagnez le bonheur, si vous perdez le trône.

2135Tous mes gens sont restés dehors. On ne sait rien

De ceci. Tout se passe entre nous trois.

(Essayant de lui mettre la plume entre les doigts sans qu'elle la repousse ni la prenne.)

Eh bien?

*(*La reine, *indécise et égarée,[7] le regarde avec angoisse.)*

Si vous ne signez point, vous vous frappez vous-même.

Le scandale et le cloître![8]

La Reine, *accablée.*   O Dieu!

Don Salluste, *montrant* Ruy Blas. César vous aime.

Il est digne de vous. Il est, sur mon honneur,

2140De fort grande maison. Presque un prince. Un seigneur

Ayant donjon sur roche[9] et fief dans la campagne.

Il est duc d'Olmedo, Bazan, et grand d'Espagne...

(Il pousse sur le parchemin la main de la reine *éperdue et tremblante, et qui semble prête à signer.)*

Ruy Blas, *comme se réveillant tout à coup*

Je m'appelle Ruy Blas, et je suis un laquais!

(Arrachant des mains de la reine *la plume, et le parchemin qu'il déchire.)*

Ne signez pas, madame! — Enfin! — Je suffoquais!

2145 La Reine. Que dit-il? Don César!

---

[5] 'let us keep our tempers'   [6] 'crushed'   [7] 'distraught'   [8] 'cloister'
[9] i.e. feudal keep

Ruy Blas, *laissant tomber sa robe et se montrant vêtu de la livrée. Sans*
    épée.   Je dis que je me nomme
Ruy Blas, et que je suis le valet de cet homme!
                                 (Se retournant vers don Salluste.)
Je dis que c'est assez de trahison ainsi,
Et que je ne veux pas de mon bonheur! — Merci!
— Ah! vous avez eu beau me parler à l'oreille! —
Je dis qu'il est bien temps qu'enfin je me réveille,   2150
Quoique tout garrotté[10] dans vos complots hideux,
Et que je n'irai pas plus loin, et qu'à nous deux,
Monseigneur, nous faisons un assemblage infâme.
J'ai l'habit d'un laquais, et vous en avez l'âme!
    Don Salluste, *à* la reine, *froidement*
Cet homme est en effet mon valet.   *(A* Ruy Blas *avec autorité.)*
                        Plus un mot.   2155
    La Reine, *laissant enfin échapper un cri de désespoir et se tordant les*
      mains. Juste ciel!
    Don Salluste, *poursuivant.* Seulement il a parlé trop tôt.
           (Il croise les bras et se redresse, avec une voix tonnante.[11])
Eh bien, oui! maintenant disons tout. Il n'importe!
Ma vengeance est assez complète de la sorte.   *(A* la reine.)
Qu'en pensez-vous? — Madrid va rire, sur ma foi!
Ah! vous m'avez cassé! je vous détrône, moi.   2160
Ah! vous m'avez banni! je vous chasse, et m'en vante!
Ah! vous m'avez pour femme offert votre suivante!   *(Il éclate de rire.)*
Moi, je vous ai donné mon laquais pour amant.
Vous pourrez l'épouser aussi! certainement.
Le roi s'en va. — Son[12] cœur sera votre richesse,   *(Il rit.)* 2165
Et vous l'aurez fait duc afin d'être duchesse!   *(Grinçant[13] des dents.)*
Ah! vous m'avez brisé, flétri, mis sous vos pieds,
Et vous dormiez en paix, folle que vous étiez!
    (Pendant qu'il a parlé, Ruy Blas *est allé à la porte du fond et en a poussé*
    le verrou, puis il s'est approché de lui sans qu'il s'en soit aperçu, par
    derrière, à pas lents. Au moment où don Salluste *achève, fixant des*
    yeux pleins de haine et de triomphe sur la reine *anéantie,[14]* Ruy Blas
    saisit l'épée du marquis *par la poignée et la tire vivement.)*
    Ruy Blas, *terrible, l'épée de* don Salluste *à la main*
Je crois que vous venez d'insulter votre reine!
      *(*Don Salluste *se précipite vers la porte.* Ruy Blas *la lui barre.)*
— Oh! n'allez point par là, ce n'en est pas la peine,   2170
J'ai poussé le verrou depuis longtemps déjà. —

---

[10] 'strangled'   [11] 'of thunder'   [12] i.e. Ruy Blas'   [13] 'gnashing'
[14] 'stricken'

Marquis, jusqu'à ce jour Satan te protégea,
Mais, s'il veut t'arracher de mes mains, qu'il se montre.
— A mon tour! — On écrase un serpent qu'on rencontre.
2175— Personne n'entrera, ni tes gens, ni l'enfer!
Je te tiens écumant[15] sous mon talon de fer!
— Cet homme vous parlait insolemment, madame?
Je vais vous expliquer. Cet homme n'a point d'âme,
C'est un monstre. En riant hier il m'étouffait.
2180Il m'a broyé le cœur à plaisir.[16] Il m'a fait
Fermer une fenêtre, et j'étais au martyre!
Je priais! je pleurais! je ne peux pas vous dire.   (*Au* MARQUIS.)
Vous contiez vos griefs[17] dans ces derniers moments.
Je ne répondrai pas à vos raisonnements,
2185Et d'ailleurs — je n'ai pas compris. — Ah! misérable!
Vous osez — votre reine, une femme adorable!
Vous osez l'outrager[18] quand je suis là! — Tenez,
Pour un homme d'esprit, vraiment, vous m'étonnez!
Et vous vous figurez que je vous verrai faire
2190Sans rien dire! — Ecoutez, quelle que soit sa sphère,
Monseigneur, lorsqu'un traître, un fourbe tortueux,[19]
Commet de certains faits rares et monstrueux,
Noble ou manant,[20] tout homme a droit, sur son passage,
De venir lui cracher sa sentence au visage,
2195Et de prendre une épée, une hache, un couteau!... —
Pardieu! j'étais laquais! quand[21] je serais bourreau?
        LA REINE. Vous n'allez pas frapper cet homme?
        RUY BLAS.   Je me blâme
D'accomplir devant vous ma fonction, madame.
Mais il faut étouffer cette affaire en ce lieu.
                        (*Il pousse* DON SALLUSTE *vers le cabinet.*)
2200— C'est dit, monsieur! allez là-dedans prier Dieu!
        DON SALLUSTE. C'est un assassinat!
        RUY BLAS.   Crois-tu?
        DON SALLUSTE, *désarmé, et jetant un regard plein de rage autour de lui.*
                                                Sur ces murailles
Rien! pas d'armes!   (*A* RUY BLAS.)
                Une épée au moins!
        RUY BLAS.   Marquis! tu railles!
Maître! est-ce que je suis un gentilhomme, moi?
Un duel! fi donc! je suis un de tes gens à toi,
2205Valetaille[22] de rouge et de galons vêtue,

15 'foaming'   16 'he has crushed my heart as he pleased'   17 'grievances'
18 'insult her'   19 'crooked'   20 'churl'   21 'what if'   22 'menial'

Un maraud qu'on châtie et qu'on fouette, — et qui tue!
Oui, je vais te tuer, monseigneur, vois-tu bien?
Comme un infâme! comme un lâche! comme un chien!

LA REINE. Grâce pour lui!

RUY BLAS, *à* LA REINE, *saisissant* LE MARQUIS

       Madame, ici chacun se venge.

Le démon ne peut plus être sauvé par l'ange!   2210

LA REINE, *à genoux.* Grâce!

DON SALLUSTE, *appelant.* Au meurtre! au secours!

RUY BLAS, *levant l'épée.*   As-tu bientôt fini?

DON SALLUSTE, *se jetant sur lui en criant.* Je meurs assassiné! Démon!

RUY BLAS, *le poussant dans le cabinet.*   Tu meurs puni!

  (*Ils disparaissent dans le cabinet dont la porte se referme sur eux.*)

LA REINE, *restée seule, tombant demi-morte sur le fauteuil*

Ciel!   (*Un moment de silence. Rentre* RUY BLAS, *pâle, sans épée.*)

SCENE IV

LA REINE, RUY BLAS

RUY BLAS *fait quelques pas en chancelant vers* LA REINE *immobile et glacée, puis il tombe à deux genoux, l'œil fixé à terre, comme s'il n'osait lever les yeux jusqu'à elle.*

RUY BLAS, *d'une voix grave et basse*

  Maintenant, madame, il faut que je vous dise.
— Je n'approcherai pas. — Je parle avec franchise.
Je ne suis point coupable autant que vous croyez.   2215
Je sens, ma trahison, comme vous la voyez,
Doit vous paraître horrible. Oh! ce n'est pas facile
A raconter. Pourtant je n'ai pas l'âme vile,
Je suis honnête au fond. — Cet amour m'a perdu. —
Je ne me défends pas; je sais bien, j'aurais dû   2220
Trouver quelque moyen. La faute est consommée!
— C'est égal, voyez-vous, je vous ai bien aimée.

LA REINE. Monsieur...

RUY BLAS, *toujours à genoux.* N'ayez pas peur. Je n'approcherai point.
A votre majesté je vais de point en point
Tout dire. Oh! croyez-moi, je n'ai pas l'âme vile! —   2225
Aujourd'hui tout le jour j'ai couru par la ville
Comme un fou. Bien souvent même on m'a regardé.
Auprès de l'hôpital que vous avez fondé,
J'ai senti vaguement, à travers mon délire,
Une femme du peuple essuyer sans rien dire   2230
Les gouttes de sueur qui tombaient de mon front.

Ayez pitié de moi, mon Dieu! mon cœur se rompt!

LA REINE. Que voulez-vous?

RUY BLAS, *joignant les mains.* Que vous me pardonniez, madame!

LA REINE. Jamais.

RUY BLAS. Jamais!

> (*Il se lève et marche lentement vers la table.*)
>
> Bien sûr?

LA REINE. Non, jamais!

RUY BLAS. (*Il prend la fiole posée sur la table, la porte à ses lèvres et la vide d'un trait.*) Triste flamme,
2235 Eteins-toi!

LA REINE, *se levant et courant à lui.* Que fait-il?

RUY BLAS, *posant la fiole.* Rien. Mes maux sont finis.
Rien. Vous me maudissez, et moi je vous bénis.
Voilà tout.

LA REINE, *éperdue.* Don César!

RUY BLAS. Quand je pense, pauvre ange,
Que vous m'avez aimé!

LA REINE. Quel est ce philtre étrange?
Qu'avez-vous fait? Dis-moi, réponds-moi, parle-moi,
2240 César! je te pardonne et t'aime, et je te croi!

RUY BLAS. Je m'appelle Ruy Blas.

LA REINE, *l'entourant de ses bras.* Ruy Blas, je vous pardonne!
Mais qu'avez-vous fait là? Parle, je te l'ordonne!
Ce n'est pas du poison, cette affreuse liqueur?
Dis?

RUY BLAS. Si! c'est du poison. Mais j'ai la joie au cœur.

> (*Tenant* LA REINE *embrassée et levant les yeux au ciel.*)
2245 Permettez, ô mon Dieu, justice souveraine,
Que ce pauvre laquais bénisse cette reine,
Car elle a consolé mon cœur crucifié,
Vivant, par son amour, mourant, par sa pitié!

LA REINE. Du poison! Dieu! c'est moi qui l'ai tué! — Je t'aime!
2250 Si j'avais pardonné?...

RUY BLAS, *défaillant.*[1] J'aurais agi de même.

> (*Sa voix s'éteint.* LA REINE *le soutient dans ses bras.*)
Je ne pouvais plus vivre. Adieu! (*Montrant la porte.*)
> Fuyez d'ici!
— Tout restera secret. — Je meurs. (*Il tombe.*)

LA REINE, *se jetant sur son corps.* Ruy Blas!

RUY BLAS, *qui allait mourir, se réveille à son nom prononcé par* LA REINE. Merci!

---

[1] 'growing weak'

LES ORIENTALES[1]

LES DJINNS[2]

> E come i gru van cantando lor lai,
> Facendo in aer di sè lunga riga,
> Così vid'io venir, traendo guai,
> Ombre portate dalla detta briga.
> *Dante*[3]

> Et comme les grues[4] qui font dans l'air de longues files vont chantant leur plainte, ainsi je vis venir traînant des gémissements[5] les ombres[6] emportées par cette tempête.

Murs, ville
Et port,
Asile[7]
De mort,
Mer grise   5
Où brise
La brise,
Tout dort.

Dans la plaine
Naît un bruit.   10
C'est l'haleine[8]
De la nuit.
Elle brame[9]
Comme une âme
Qu'une flamme   15
Toujours suit.

La voix plus haute
Semble un grelot.[10]
D'un nain[11] qui saute
C'est le galop.   20
Il fuit, s'élance,[12]

[1] This volume of forty-one poems, which Hugo first thought of calling *Les Algériennes*, was first published in 1829. Hugo had never seen the Orient, but, as he says in his preface, the rich colors in many of the poems were suggested to him by the sunsets which he saw in the southern suburbs of Paris during the summer of 1828.   [2] spirits of the night in the Arab mythology. This feat of metrical virtuosity, reminiscent of some of Hugo's earlier *ballades*, was dated August 28, 1828.   [3] *Inferno*, V, 46–49   [4] 'cranes'   [5] 'lamentations'   [6] 'shades'   [7] 'refuge'   [8] 'breath'   [9] 'bells'; the noise made by a stag   [10] 'small bell'   [11] 'dwarf'   [12] 'leaps forward'

Puis en cadence
Sur un pied danse
Au bout d'un flot.[13]

25　　　La rumeur[14] approche,
L'écho la redit.
C'est comme la cloche
D'un couvent maudit,[15]
Comme un bruit de foule
30　　　Qui tonne[16] et qui roule,
Et tantôt s'écroule[17]
Et tantôt grandit.

Dieu! la voix sépulcrale
Des Djinns!... Quel bruit ils font!
35　　　Fuyons sous la spirale
De l'escalier[18] profond!
Déjà s'éteint[19] ma lampe,
Et l'ombre de la rampe,[20]
Qui le long du mur rampe,[21]
40　　　Monte jusqu'au plafond.[22]

C'est l'essaim[23] des Djinns qui passe,
Et tourbillonne en sifflant.[24]
Les ifs,[25] que leur vol fracasse,[26]
Craquent comme un pin brûlant,
45　　　Leur troupeau lourd et rapide,
Volant dans l'espace vide,
Semble un nuage[27] livide
Qui porte un éclair[28] au flanc.

Ils sont tout près! — Tenons fermée
50　　　Cette salle où nous les narguons.[29]
Quel bruit dehors! Hideuse armée
De vampires et de dragons!
La poutre[30] du toit descellée[31]
Ploie[32] ainsi qu'une herbe mouillée,[33]
55　　　Et la vieille porte rouillée[34]
Tremble à déraciner ses gonds.[35]

[13] 'billow'　　[14] 'din'　　[15] 'accursed convent'　　[16] 'thunders'　　[17] 'dies away'
[18] 'staircase'　　[19] 'goes out'　　[20] 'banisters'　　[21] 'crawls up'　　[22] 'ceiling'
[23] 'swarm'　　[24] 'whirls along with a whistling [sound]'　　[25] 'yew-trees'　　[26] 'shatters'
[27] 'cloud'　　[28] 'thunder-bolt'　　[29] 'defy them'　　[30] 'beam'　　[31] 'loosened'
[32] 'bends'　　[33] 'wet'　　[34] 'rusty'　　[35] 'as if to tear loose from its hinges'

Cris de l'enfer!³⁶ voix qui hurle et qui pleure!
L'horrible essaim, poussé par l'aquilon,³⁷
Sans doute, ô ciel! s'abat³⁸ sur ma demeure.
Le mur fléchit³⁹ sous le noir bataillon.   60
La maison crie et chancelle penchée,⁴⁰
Et l'on dirait que, du sol arrachée,⁴¹
Ainsi qu'il chasse une feuille séchée,
Le vent la roule avec leur tourbillon!⁴²

Prophète!⁴³ si ta main me sauve   65
De ces impurs démons des soirs,
J'irai prosterner mon front chauve⁴⁴
Devant tes sacrés encensoirs!⁴⁵
Fais que sur ces portes fidèles,
Meure leur souffle d'étincelles,⁴⁶   70
Et qu'en vain l'ongle⁴⁷ de leurs ailes
Grince⁴⁸ et crie à ces vitraux⁴⁹ noirs!

Ils sont passés! — Leur cohorte
S'envole et fuit, et leurs pieds
Cessent de battre ma porte
De leurs coups multipliés.   75
L'air est plein d'un bruit de chaînes,
Et dans les forêts prochaines
Frissonnent⁵⁰ tous les grands chênes,⁵¹
Sous leur vol de feu pliés!⁵²   80

De leurs ailes lointaines
Le battement décroît,⁵³
Si confus dans les plaines,
Si faible, que l'on croit
Ouïr la sauterelle⁵⁴   85
Crier d'une voix grêle,⁵⁵
Ou pétiller la grêle⁵⁶
Sur le plomb⁵⁷ d'un vieux toit.

D'étranges syllabes
Nous viennent encor: 90

---

³⁶ 'hell'   ³⁷ 'north wind'   ³⁸ 'is swooping down'   ³⁹ 'gives way'
⁴⁰ 'staggers at an angle'   ⁴¹ 'uprooted from the ground'   ⁴² 'whirlwind'
⁴³ i.e. Mahomet   ⁴⁴ 'to bow my bald head'   ⁴⁵ 'censers'   ⁴⁶ 'blast of sparks'
⁴⁷ 'claw'   ⁴⁸ 'grates'   ⁴⁹ 'windows'   ⁵⁰ 'shiver'   ⁵¹ 'oaks'   ⁵² 'bent'
⁵³ 'dies away'   ⁵⁴ 'to hear the locust'   ⁵⁵ 'thin'   ⁵⁶ 'the hail patter'
⁵⁷ 'lead'

Ainsi, des Arabes
Quand sonne le cor,[58]
Un chant sur la grève[59]
Par instants s'élève,
95   Et l'enfant qui rêve
Fait des rêves d'or.

Les Djinns funèbres,[60]
Fils du trépas,[61]
Dans les ténèbres[62]
100   Pressent leurs pas;[63]
Leur essaim gronde:[64]
Ainsi, profonde,
Murmure une onde[65]
Qu'on ne voit pas.

105   Ce bruit vague
Qui s'endort,
C'est la vague[66]
Sur le bord;[67]
C'est la plainte
110   Presque éteinte[68]
D'une sainte
Pour un mort.

On doute
La nuit...
115   J'écoute:—
Tout fuit,
Tout passe;
L'espace
Efface
120   Le bruit.

[58] 'horn'   [59] 'shore'   [60] 'dismal'   [61] 'death'   [62] 'darkness'
[63] 'hasten their steps'   [64] 'roars'   [65] 'wave'   [66] 'wave'   [67] 'shore'
[68] 'inaudible'

LES FEUILLES D'AUTOMNE[1]

LORSQUE L'ENFANT PARAIT[2]

Le toit s'égaye et rit.
André Chénier[3]

Lorsque l'enfant paraît, le cercle de famille
Applaudit à grands cris. Son doux regard qui brille[4]
    Fait briller tous les yeux,
Et les plus tristes fronts,[5] les plus souillés[6] peut-être,
Se dérident[7] soudain à voir l'enfant paraître,   5
    Innocent et joyeux.

Soit que juin ait verdi mon seuil,[8] ou que novembre
Fasse autour d'un grand feu vacillant[9] dans la chambre
    Les chaises se toucher,
Quand l'enfant vient, la joie arrive et nous éclaire.[10]   10
On rit, on se récrie,[11] on l'appelle, et sa mère
    Tremble à le voir marcher.

Quelquefois nous parlons, en remuant la flamme,[12]
De patrie et de Dieu, des poètes, de l'âme
    Qui s'élève en priant;   15
L'enfant paraît, adieu le ciel et la patrie
Et les poètes saints! la grave causerie[13]
    S'arrête en souriant.

La nuit, quand l'homme dort, quand l'esprit rêve, à l'heure
Où l'on entend gémir,[14] comme une voix qui pleure,   20
    L'onde entre les roseaux,[15]
Si l'aube[16] tout à coup là-bas luit comme un phare,[17]
Sa clarté[18] dans les champs éveille une fanfare
    De cloches et d'oiseaux.

Enfant, vous êtes l'aube et mon âme est la plaine   25
Qui des plus douces fleurs embaume son haleine[19]

---

[1] This collection comprises forty lyrics inspired in part by the political events of the day but mostly by the poet's own family life. They were written between 1828 and 1831, and published in December of the latter year.   [2] Hugo began writing poems on his three young children in May, 1830. This one is dated the 18th of that month.   [3] *Le Mendiant*, l. 74   [4] 'shines'   [5] 'brows'   [6] 'sullied'   [7] 'brighten'   [8] 'has made my doorstep green'   [9] 'flickering'   [10] 'lights us up'   [11] 'cries out [with delight]'   [12] i.e. poking the fire   [13] 'conversation'   [14] 'moan'   [15] 'the water among the reeds'   [16] 'dawn'   [17] 'shines like a beacon'   [18] 'light'   [19] 'perfumes its breath'

Quand vous la respirez;
Mon âme est la forêt dont les sombres ramures[20]
S'emplissent pour vous seul de suaves[21] murmures
30   Et de rayons dorés.[22]

Car vos beaux yeux sont pleins de douceurs infinies,
Car vos petites mains, joyeuses et bénies,[23]
   N'ont point mal fait encor;
Jamais vos jeunes pas n'ont touché notre fange,[24]
35 Tête sacrée! enfant aux cheveux blonds! bel ange
   A l'auréole[25] d'or!

Vous êtes parmi nous la colombe de l'arche.[26]
Vos pieds tendres et purs n'ont point l'âge où l'on marche,
   Vos ailes[27] sont d'azur.
40 Sans le comprendre encor vous regardez le monde.
Double virginité! corps où rien n'est immonde,[28]
   Ame où rien n'est impur!

Il est si beau, l'enfant, avec son doux sourire,
Sa douce bonne foi,[29] sa voix qui veut tout dire,
45   Ses pleurs vite apaisés,
Laissant errer sa vue étonnée et ravie,[30]
Offrant de toutes parts sa jeune âme à la vie
   Et sa bouche aux baisers![31]

Seigneur, préservez-moi, préservez ceux que j'aime,
50 Frères, parents, amis, et mes ennemis même
   Dans le mal triomphants,
De jamais voir, Seigneur, l'été sans fleurs vermeilles,[32]
La cage sans oiseaux, la ruche sans abeilles,[33]
   La maison sans enfants!

LES VOIX INTERIEURES[1]

LA VACHE[2]

Devant la blanche ferme[3] où parfois vers midi
Un vieillard vient s'asseoir sur le seuil attiédi,[4]

---

[20] 'branches' [21] 'gentle' [22] 'golden rays' [23] 'blessed' [24] 'mire'
[25] 'halo' [26] 'the dove from the Ark' [27] 'wings' [28] 'unclean' [29] 'candor'
[30] 'delighted' [31] 'kisses' [32] 'bright red' [33] 'the hive without bees'
[1] This volume of thirty-two poems, mostly contemplative in character, was composed between 1835 and 1837; it appeared in June of the latter year with a dedication to the poet's father. [2] A bucolic poem in the manner of Virgil, whose *Georgics* Hugo admired. The poem was dated May 25, 1837. [3] 'farmhouse' [4] 'warm door-step'

Où cent poules gaîment mêlent leurs crêtes[5] rouges,
Où, gardiens du sommeil, les dogues dans leurs bouges[6]
Ecoutent les chansons du gardien du réveil, 5
Du beau coq vernissé[7] qui reluit[8] au soleil,
Une vache était là, tout à l'heure arrêtée.
Superbe, énorme, rousse[9] et de blanc tachetée,[10]
Douce comme une biche[11] avec ses jeunes faons,[12]
Elle avait sous le ventre[13] un beau groupe d'enfants, 10
D'enfants aux dents de marbre, aux cheveux en broussailles,[14]
Frais, et plus charbonnés que de vieilles murailles,[15]
Qui, bruyants,[16] tous ensemble, à grands cris appelant
D'autres qui, tout petits, se hâtaient en tremblant,
Dérobant[17] sans pitié quelque laitière[18] absente, 15
Sous leur bouche joyeuse et peut-être blessante[19]
Et sous leurs doigts pressant le lait par mille trous,
Tiraient le pis[20] fécond de la mère au poil roux.[21]
Elle, bonne et puissante et de son trésor pleine,
Sous leurs mains par moments faisant frémir[22] à peine 20
Son beau flanc plus ombré[23] qu'un flanc de léopard,
Distraite,[24] regardait vaguement quelque part.

Ainsi, nature! abri[25] de toute créature!
O mère universelle! indulgente nature!
Ainsi, tous à la fois, mystiques et charnels,[26] 25
Cherchant l'ombre et le lait sous tes flancs éternels,
Nous sommes là, savants, poètes, pêle-mêle,
Pendus de toutes parts à ta forte mamelle![27]
Et tandis qu'affamés,[28] avec des cris vainqueurs,[29]
A tes sources sans fin désaltérant[30] nos cœurs, 30
Pour en faire plus tard notre sang et notre âme,
Nous aspirons à flots[31] ta lumière et ta flamme,
Les feuillages, les monts, les prés[32] verts, le ciel bleu,
Toi, sans te déranger, tu rêves à ton Dieu!

---

[5] 'crests' [6] 'mastiffs in their kennels' [7] 'glossy' [8] 'shines' [9] 'russet'
[10] 'spotted' [11] 'doe' [12] 'fawns' [13] 'belly' [14] i.e. tousled
[15] 'blooming with health, and with faces grimier than some old wall' [16] 'clamorous'
[17] 'robbing' [18] 'milkmaid' [19] 'wounding' [20] 'udder' [21] 'reddish hair'
[22] 'shiver' [23] 'dappled' [24] 'absently' [25] 'refuge' [26] 'carnal' [27] 'udder'
[28] 'famished' [29] 'triumphant' [30] 'quenching the thirst of' [31] 'breathe in
deeply' [32] 'meadows'

LES RAYONS ET LES OMBRES[1]

TRISTESSE D'OLYMPIO[2]

Les champs n'étaient point noirs, les cieux n'étaient pas mornes.[3]
Non, le jour rayonnait[4] dans un azur sans bornes[5]
    Sur la terre étendu,[6]
L'air était plein d'encens et les prés[7] de verdures
5   Quand il revit ces lieux où par tant de blessures[8]
    Son cœur s'est répandu![9]

L'automne souriait; les coteaux[10] vers la plaine
Penchaient[11] leurs bois charmants qui jaunissaient à peine;[12]
    Le ciel était doré;[13]
10   Et les oiseaux, tournés vers celui que tout nomme,
Disant peut-être à Dieu quelque chose de l'homme,
    Chantaient leur chant sacré!

Il voulut tout revoir, l'étang près de la source,[14]
La masure[15] où l'aumône[16] avait vidé leur bourse,
15   Le vieux frêne plié,[17]
Les retraites[18] d'amour au fond des bois perdues,
L'arbre où dans les baisers[19] leurs âmes confondues[20]
    Avaient tout oublié!

Il chercha le jardin, la maison isolée,
20   La grille[21] d'où l'œil plonge en une oblique allée,
    Les vergers en talus.[22]
Pâle, il marchait. — Au bruit de son pas grave et sombre,
Il voyait à chaque arbre, hélas! se dresser l'ombre[23]
    Des jours qui ne sont plus!

[1] These forty-four poems of sunlight and shadow, composed at a time when Hugo was seeking relief from his restlessness and domestic unhappiness in travel, were published in May, 1840. They close the group of four volumes begun in 1831 with *Les Feuilles d'automne*. [2] On the rare occasions when Hugo left Paris during his early years it was to visit the nearby valley of the Bièvre. He went there with his betrothed in 1822, and after his marriage frequently visited Les Roches, the estate of his friend Bertin, situated in the same valley. He went there again in 1834, but the visit was complicated by the presence nearby of his mistress Juliette Drouet. Hugo returned alone in October, 1837, and set down in verse the confused, bitter-sweet memories which the landscape recalled to him. He had already used the name Olympio in a previous poem to designate his other self. [3] 'gloomy' [4] 'the sunlight shone' [5] 'limitless' [6] 'spreading' [7] 'meadows' [8] 'wounds' [9] 'poured out' [10] 'hill-sides' [11] 'inclined' [12] 'had scarcely begun to turn yellow' [13] 'golden' [14] 'the pond near the spring' [15] 'tumbledown cottage' [16] 'alms' [17] 'crooked ash-tree' [18] 'bowers' [19] 'kisses' [20] 'intermingled' [21] 'iron railing' [22] 'orchards on the hill-side' [23] 'the shade rise up'

Il entendait frémir[24] dans la forêt qu'il aime   25
Ce doux vent qui, faisant tout vibrer en nous-même,
    Y réveille l'amour,
Et, remuant le chêne[25] ou balançant[26] la rose,
Semble l'âme de tout qui va sur chaque chose
    Se poser tour à tour![27]   30

Les feuilles qui gisaient[28] dans le bois solitaire,
S'efforçant[29] sous ses pas de s'élever de terre,
    Couraient dans le jardin;
Ainsi, parfois, quand l'âme est triste, nos pensées
S'envolent un moment sur leurs ailes[30] blessées,   35
    Puis retombent soudain.

Il contempla longtemps les formes magnifiques
Que la nature prend dans les champs pacifiques;
    Il rêva jusqu'au soir;
Tout le jour il erra[31] le long de la ravine,   40
Admirant tour à tour le ciel, face divine,
    Le lac, divin miroir!

Hélas! se rappelant ses douces aventures,
Regardant, sans entrer, par-dessus les clôtures,[32]
    Ainsi qu'un paria,[33]   45
Il erra tout le jour. Vers l'heure où la nuit tombe,
Il se sentit le cœur triste comme une tombe,
    Alors il s'écria:

«O douleur! j'ai voulu, moi dont l'âme est troublée,
Savoir si l'urne encor conservait la liqueur,   50
Et voir ce qu'avait fait cette heureuse vallée
De tout ce que j'avais laissé là de mon cœur!

«Que peu de temps suffit pour changer toutes choses!
Nature au front[34] serein, comme vous oubliez!
Et comme vous brisez dans vos métamorphoses   55
Les fils[35] mystérieux où nos cœurs sont liés![36]

«Nos chambres de feuillage en halliers[37] sont changées!
L'arbre où fut notre chiffre[38] est mort ou renversé;[39]

---

[24] 'rustle'   [25] 'oak'   [26] 'swaying'   [27] 'by turn'   [28] 'lay'   [29] 'striv-
ing'   [30] 'wings'   [31] 'wandered'   [32] 'fences'   [33] 'outcast'   [34] 'brow'
[35] 'threads'   [36] 'bound'   [37] 'thickets'   [38] 'initials'   [39] 'fallen'

Nos roses dans l'enclos[40] ont été ravagées
60   Par les petits enfants qui sautent le fossé.[41]

«Un mur clôt la fontaine[42] où, par l'heure échauffée,[43]
Fôlatre,[44] elle buvait en descendant des bois;
Elle prenait de l'eau dans sa main, douce fée,[45]
Et laissait retomber des perles de ses doigts!

65   «On a pavé la route âpre et mal aplanie,[46]
Où, dans le sable[47] pur se dessinant[48] si bien,
Et de sa petitesse étalant[49] l'ironie,
Son pied charmant semblait rire à côté du mien!

«La borne[50] du chemin, qui vit des jours sans nombre,
70   Où jadis[51] pour m'attendre elle aimait à s'asseoir,
S'est usée en heurtant,[52] lorsque la route est sombre,
Les grands chars gémissants[53] qui reviennent le soir.

«La forêt ici manque et là s'est agrandie.[54]
De tout ce qui fut nous presque rien n'est vivant;
75   Et, comme un tas de cendre éteinte et refroidie,[55]
L'amas[56] des souvenirs se disperse à tout vent!

«N'existons-nous donc plus? Avons-nous eu notre heure?
Rien ne la rendra-t-il à nos cris superflus?
L'air joue avec la branche au moment où je pleure;
80   Ma maison me regarde et ne me connaît plus.

«D'autres vont maintenant passer où nous passâmes.
Nous y sommes venus, d'autres vont y venir;
Et le songe[57] qu'avaient ébauché[58] nos deux âmes,
Ils le continueront sans pouvoir le finir!

85   «Car personne ici-bas ne termine et n'achève;
Les pires des humains sont comme les meilleurs;
Nous nous réveillons tous au même endroit du rêve.
Tout commence en ce monde et tout finit ailleurs.[59]

«Oui, d'autres à leur tour viendront, couples sans tache,[60]
90   Puiser[61] dans cet asile[62] heureux, calme, enchanté,

---

[40] 'garden'   [41] 'ditch'   [42] 'encloses the spring'   [43] 'heated'   [44] 'frolicsome'
[45] 'fairy'   [46] 'rough and uneven'   [47] 'sand'   [48] 'leaving its imprint'   [49] 'display-ing'   [50] 'mile-stone'   [51] 'formerly'   [52] 'has worn itself down through grazing'
[53] 'creaking carts'   [54] 'has spread further'   [55] 'a heap of cold, dead ashes'   [56] 'store'
[57] 'dream'   [58] 'had outlined'   [59] 'elsewhere'   [60] 'blameless'   [61] i.e. to drink in   [62] 'refuge'

Tout ce que la nature à l'amour qui se cache
Mêle de rêverie et de solennité!

«D'autres auront nos champs, nos sentiers,[63] nos retraites;
Ton bois, ma bien-aimée, est à des inconnus.
D'autres femmes viendront, baigneuses[64] indiscrètes,   95
Troubler le flot[65] sacré qu'ont touché tes pieds nus!

«Quoi donc! c'est vainement qu'ici nous nous aimâmes!
Rien ne nous restera de ces coteaux fleuris[66]
Où nous fondions[67] notre être en y mêlant nos flammes![68]
L'impassible[69] nature a déjà tout repris.   100

«Oh! dites-moi, ravins, frais ruisseaux, treilles mûres,[70]
Rameaux[71] chargés de nids,[72] grottes, forêts, buissons,[73]
Est-ce que vous ferez pour d'autres vos murmures?
Est-ce que vous direz à d'autres vos chansons?

«Nous vous comprenions tant! doux, attentifs, austères,   105
Tous nos échos s'ouvraient si bien à votre voix!
Et nous prêtions si bien, sans troubler vos mystères,
L'oreille aux mots profonds que vous dites parfois!

«Répondez, vallon pur, répondez, solitude,
O nature abritée[74] en ce désert si beau,   110
Lorsque nous dormirons tous deux dans l'attitude
Que donne aux morts pensifs la forme du tombeau,[75]

«Est-ce que vous serez à ce point insensible[76]
De nous savoir couchés, morts avec nos amours,
Et de continuer votre fête paisible,   115
Et de toujours sourire et de chanter toujours?

«Est-ce que, nous sentant errer dans vos retraites,
Fantômes reconnus par vos monts et vos bois,
Vous ne nous direz pas de ces choses secrètes
Qu'on dit en revoyant des amis d'autrefois?   120

«Est-ce que vous pourrez, sans tristesse et sans plainte,
Voir nos ombres flotter où marchèrent nos pas,

---

63 'paths'   64 'bathers'   65 'waters'   66 'covered with flowers'   67 'fused'
68 i.e. passion   69 'impassive'   70 'cool brooks, arbors covered with ripe grapes'
71 'branches'   72 'nests'   73 'shrubs'   74 'sheltered'   75 'tomb'
76 'unfeeling'

Et la voir m'entraîner,[77] dans une morne étreinte,[78]
Vers quelque source en pleurs qui sanglote tout bas?[79]

125 «Et s'il est quelque part,[80] dans l'ombre où rien ne veille,[81]
Deux amants sous vos fleurs abritant leurs transports,
Ne leur irez-vous pas murmurer à l'oreille:
— Vous qui vivez, donnez une pensée aux morts!

«Dieu nous prête un moment les prés et les fontaines,
130 Les grands bois frissonnants,[82] les rocs profonds et sourds,[83]
Et les cieux azurés et les lacs et les plaines,
Pour y mettre nos cœurs, nos rêves, nos amours;

«Puis il nous les retire. Il souffle[84] notre flamme;
Il plonge dans la nuit l'antre où nous rayonnons;[85]
135 Et dit à la vallée, où s'imprima notre âme,
D'effacer notre trace et d'oublier nos noms.

«Eh bien! oubliez-nous, maison, jardin, ombrages![86]
Herbe, use notre seuil![87] ronce,[88] cache nos pas!
Chantez, oiseaux! ruisseaux, coulez![89] croissez, feuillages!
140 Ceux que vous oubliez ne vous oublieront pas.

«Car vous êtes pour nous l'ombre de l'amour même!
Vous êtes l'oasis qu'on rencontre en chemin!
Vous êtes, ô vallon, la retraite suprême
Où nous avons pleuré nous tenant par la main!

145 «Toutes les passions s'éloignent avec l'âge,
L'une emportant son masque et l'autre son couteau,[90]
Comme un essaim chantant d'histrions en voyage[91]
Dont le groupe décroît[92] derrière le coteau.

«Mais toi, rien ne t'efface, amour! toi qui nous charmes,[93]
150 Toi qui, torche ou flambeau,[94] luis dans notre brouillard![95]
Tu nous tiens par la joie, et surtout par les larmes.[96]
Jeune homme on te maudit,[97] on t'adore vieillard.

---

[77] 'and see her draw me on'   [78] 'embrace'   [79] 'sobbing softly'   [80] 'some-where'   [81] 'keeps watch'   [82] 'rustling'   [83] 'insensible'   [84] 'extinguishes'   [85] 'the cave where we are radiant with joy'   [86] 'shady groves'   [87] 'grass, overgrow our threshold!'   [88] 'briar'   [89] 'flow'   [90] i.e. the symbols of comedy and tragedy   [91] 'like a singing swarm of itinerant players'   [92] i.e. fades into the distance   [93] 'cast a spell upon us'   [94] i.e. the contrasting symbols of wild passion and of marriage   [95] 'shine in our fog'   [96] 'tears'   [97] 'curses you'

«Dans ces jours où la tête au poids des ans s'incline,[98]
Où l'homme, sans projets, sans but,[99] sans visions,
Sent qu'il n'est déjà plus qu'une tombe en ruine   155
Où gisent[1] ses vertus et ses illusions;

«Quand notre âme en rêvant descend dans nos entrailles,[2]
Comptant dans notre cœur, qu'enfin la glace[3] atteint,
Comme on compte les morts sur un champ de batailles,
Chaque douleur tombée et chaque songe éteint,[4]   160

«Comme quelqu'un qui cherche en tenant une lampe,
Loin des objets réels, loin du monde rieur,[5]
Elle arrive à pas lents par une obscure rampe[6]
Jusqu'au fond désolé du gouffre[7] intérieur;

«Et là, dans cette nuit qu'aucun rayon n'étoile,[8]   165
L'âme, en un repli[9] sombre où tout semble finir,
Sent quelque chose encor palpiter sous un voile[10]... —
C'est toi qui dors dans l'ombre, ô sacré souvenir!»

OCEANO NOX[1]

Oh! combien de marins,[2] combien de capitaines
Qui sont partis joyeux pour des courses lointaines,[3]
Dans ce morne[4] horizon se sont évanouis![5]
Combien ont disparu, dure et triste fortune!
Dans une mer sans fond,[6] par une nuit sans lune,   5
Sous l'aveugle océan à jamais enfouis![7]

Combien de patrons[8] morts avec leurs équipages![9]
L'ouragan[10] de leur vie a pris toutes les pages,
Et d'un souffle[11] il a tout dispersé sur les flots![12]
Nul ne saura leur fin dans l'abîme[13] plongée.   10
Chaque vague[14] en passant d'un butin[15] s'est chargée;
L'une a saisi l'esquif,[16] l'autre les matelots![17]

Nul ne sait votre sort,[18] pauvres têtes perdues!
Vous roulez à travers les sombres étendues,[19]

---

[98] 'bends under the weight of years'   [99] 'goal'   [1] 'lie'   [2] i.e. innermost being
[3] i.e. death   [4] 'vanished'   [5] 'merry'   [6] 'incline'   [7] 'abyss'   [8] 'no ray
illumines'   [9] 'recess'   [10] 'veil'

[1] The title is taken from Virgil's *Aeneid*, II, 250 and may be translated "Night over
the Ocean." Hugo saw the sea for the first time in the summer of 1834; and in July, 1836,
he hurried from Yvetot to Saint-Valéry-en-Caux to witness a storm which was raging
on the coast of Normandy. He composed the poem immediately after this experience.
[2] 'sailors'   [3] 'distant voyages'   [4] 'gloomy'   [5] 'have vanished'   [6] 'bottomless'
[7] 'buried'   [8] 'skippers'   [9] 'crews'   [10] 'hurricane'   [11] 'breath'   [12] 'waves'
[13] 'abyss'   [14] 'wave'   [15] 'booty'   [16] 'lifeboat'   [17] 'sailors'   [18] 'fate'   [19] 'wastes'

15   Heurtant de vos fronts morts des écueils inconnus.[20]
     Oh! que de vieux parents, qui n'avaient plus qu'un rêve,
     Sont morts en attendant tous les jours sur la grève[21]
          Ceux qui ne sont pas revenus!

     On s'entretient de vous parfois dans les veillées.[22]
20   Maint joyeux cercle,[23] assis sur des ancres rouillées,[24]
     Mêle encor quelque temps vos noms d'ombre[25] couverts
     Aux rires, aux refrains, aux récits d'aventures,
     Aux baisers qu'on dérobe à vos belles futures,[26]
     Tandis que vous dormez dans les goémons[27] verts!

25   On demande: — Où sont-ils? sont-ils rois dans quelque île?
     Nous ont-ils délaissés[28] pour un bord[29] plus fertile? —
     Puis votre souvenir même est enseveli.[30]
     Le corps se perd dans l'eau, le nom dans la mémoire.
     Le temps, qui sur toute ombre en verse[31] une plus noire,
30   Sur le sombre océan jette le sombre oubli.

     Bientôt des yeux de tous votre ombre est disparue.
     L'un n'a-t-il pas sa barque et l'autre sa charrue?[32]
     Seules, durant ces nuits où l'orage[33] est vainqueur,
     Vos veuves aux fronts blancs, lasses[34] de vous attendre,
35   Parlent encor de vous en remuant la cendre[35]
          De leur foyer et de leur cœur!

     Et quand la tombe enfin a fermé leur paupière,[36]
     Rien ne sait plus vos noms, pas même une humble pierre
     Dans l'étroit cimetière où l'écho nous répond,
40   Pas même un saule[37] vert qui s'effeuille[38] à l'automne,
     Pas même la chanson naïve et monotone
     Que chante un mendiant[39] à l'angle d'un vieux pont!

     Où sont-ils, les marins sombrés[40] dans les nuits noires?
     O flots, que vous savez de lugubres histoires!
45   Flots profonds, redoutés[41] des mères à genoux!
     Vous vous les racontez en montant les marées,[42]

---

[20] 'striking your dead brows against unknown reefs'   [21] 'shore'   [22] 'evening gatherings'   [23] 'many a merry group'   [24] 'rusty anchors'   [25] 'shadow' [26] 'with the kisses one steals from your fair betrothed'   [27] 'sea-weed'   [28] 'forsaken' [29] 'shore'   [30] 'buried'   [31] 'pours'   [32] 'plow'   [33] 'storm'   [34] 'weary' [35] 'stirring the ashes'   [36] 'eyelids'   [37] 'willow'   [38] 'sheds its leaves' [39] 'beggar'   [40] 'foundered'   [41] 'dreaded'   [42] 'coming in on the rising tide'

Et c'est ce qui vous fait ces voix désespérées
Que vous avez le soir quand vous venez vers nous!

LES CHATIMENTS[1]

L'EXPIATION[2]

I

Il neigeait. On était vaincu par sa conquête.
Pour la première fois l'aigle[3] baissait la tête.
Sombres jours! l'empereur revenait lentement,
Laissant derrière lui brûler Moscou fumant.[4]
Il neigeait. L'âpre[5] hiver fondait en[6] avalanche.   5
Après la plaine blanche une autre plaine blanche.
On ne connaissait plus les chefs ni le drapeau.[7]
Hier la grande armée, et maintenant troupeau.[8]
On ne distinguait plus les ailes[9] ni le centre.
Il neigeait. Les blessés s'abritaient dans le ventre[10]   10
Des chevaux morts; au seuil[11] des bivouacs désolés[12]
On voyait des clairons[13] à leur poste gelés,[14]
Restés debout, en selle[15] et muets, blancs de givre,[16]
Collant[17] leur bouche en pierre aux trompettes de cuivre.[18]
Boulets, mitraille, obus,[19] mêlés aux flocons[20] blancs,   15
Pleuvaient;[21] les grenadiers, surpris d'être tremblants,
Marchaient pensifs, la glace à leur moustache grise.
Il neigeait, il neigeait toujours! La froide bise
Sifflait;[22] sur le verglas,[23] dans des lieux inconnus,
On n'avait pas de pain et l'on allait pieds nus.   20
Ce n'étaient plus des cœurs vivants, des gens de guerre,
C'était un rêve errant dans la brume,[24] un mystère,

---

[1] Nearly all the poems in this collection were composed in Jersey in 1852–53. Hugo had already written two prose denunciations of Napoleon III and his usurpation, and he turned now to lyrical satire, in the manner of d'Aubigné and Chénier, to give full expression to his detestation. Titles first proposed were *Les Vengeresses* and *Le Chant du Vengeur*, but Hugo came to prefer the present one, because, as he wrote, "ce titre est menaçant et simple; c'est-à-dire beau." Thanks to the efforts of Hugo's friend Hetzel and with money collected from other political refugees, the work was finally published in Brussels in November, 1853. Copies were then smuggled into France. A few poems were added by Hugo in 1870, after his return from exile.   [2] Part V was written in 1847, but the remainder of the poem was composed November 25–30, 1852. It is the concluding poem in the section entitled *L'Autorité est sacrée*.   [3] 'the [Napoleonic] eagle'   [4] 'smoking'; the Russians set fire to Moscow after the French had entered it   [5] 'harsh'   [6] 'swooped down like'   [7] 'flag'   [8] 'herd'   [9] 'wings'
[10] 'the wounded took shelter in the bellies'   [11] 'threshold'   [12] 'deserted'
[13] 'buglers'   [14] 'frozen'   [15] 'saddle'   [16] 'hoar-frost'   [17] 'pressing'
[18] 'brass'   [19] 'cannon-balls, grape-shot, shells'   [20] 'flakes'   [21] 'rained down'
[22] 'the icy blast whistled'   [23] 'ice-covered ground'   [24] 'mist'

Une procession d'ombres[25] sur le ciel noir.
La solitude, vaste, épouvantable[26] à voir,
25 Partout apparaissait, muette vengeresse.[27]
Le ciel faisait sans bruit avec la neige épaisse
Pour cette immense armée un immense linceul;[28]
Et, chacun se sentant mourir, on était seul.
— Sortira-t-on jamais de ce funeste[29] empire?
30 Deux ennemis! le czar, le nord. Le nord est pire.
On jetait les canons pour brûler les affûts.[30]
Qui se couchait, mourait. Groupe morne[31] et confus,
Ils fuyaient; le désert dévorait le cortège.[32]
On pouvait, à des plis[33] qui soulevaient la neige,
35 Voir que des régiments s'étaient endormis là.
O chutes d'Annibal![34] lendemains[35] d'Attila![36]
Fuyards,[37] blessés, mourants, caissons, brancards, civières,[38]
On s'écrasait[39] aux ponts pour passer les rivières,
On s'endormait dix mille, on se réveillait cent.
40 Ney,[40] que suivait naguère[41] une armée, à présent
S'évadait,[42] disputant sa montre[43] à trois cosaques.
Toutes les nuits, qui-vive! alerte! assauts! attaques!
Ces fantômes prenaient leur fusil, et sur eux
Ils voyaient se ruer,[44] effrayants, ténébreux,[45]
45 Avec des cris pareils aux voix des vautours chauves,[46]
D'horribles escadrons,[47] tourbillons d'hommes fauves,[48]
Toute une armée ainsi dans la nuit se perdait.
L'empereur était là, debout, qui regardait.
Il était comme un arbre en proie à la cognée.[49]
50 Sur ce géant, grandeur jusqu'alors épargnée,
Le malheur, bûcheron[50] sinistre, était monté;
Et lui, chêne[51] vivant, par la hache insulté,
Tressaillant[52] sous le spectre aux lugubres revanches,[53]
Il regardait tomber autour de lui ses branches.
55 Chefs, soldats, tous mouraient. Chacun avait son tour.
Tandis qu'environnant sa tente avec amour,
Voyant son ombre aller et venir sur la toile,[54]

[25] 'shadows' [26] 'terrifying' [27] 'avenger' [28] 'shroud' [29] 'fatal'
[30] 'gun-carriages' [31] 'gloomy' [32] 'procession' [33] 'ridges' [34] 'disasters of Hannibal'; the Carthaginian general of the 3rd century B.C. [35] 'aftermaths' [36] king of the Huns in the 5th century A.D., ultimately defeated by the Romans [37] 'fugitives' [38] 'ammunition-wagons, stretchers, litters' [39] 'they trampled one another' [40] Michel Ney (1769–1815), the most dashing of Napoleon's marshals [41] 'formerly' [42] 'was trying to escape' [43] 'watch' [44] 'charge down upon them' [45] 'shrouded in darkness' [46] 'bald-headed vultures' [47] 'squadrons' [48] 'whirlwinds of wild men' [49] 'axe' [50] 'woodsman' [51] 'oak' [52] 'shuddering' [53] 'vengeances' [54] 'canvas'

Ceux qui restaient, croyant toujours à son étoile,
Accusaient le destin de lèse-majesté,[55]
Lui se sentit soudain dans l'âme épouvanté. 60
Stupéfait du désastre et ne sachant que croire,
L'empereur se tourna vers Dieu; l'homme de gloire
Trembla; Napoléon comprit qu'il expiait
Quelque chose peut-être, et, livide, inquiet,
Devant ses légions sur la neige semées:[56] 65
«Est-ce le châtiment, dit-il, Dieu des armées?»
Alors il s'entendit appeler par son nom
Et quelqu'un qui parlait dans l'ombre lui dit: Non.

II

Waterloo! Waterloo! Waterloo! morne plaine!
Comme une onde qui bout[57] dans une urne trop pleine, 70
Dans ton cirque[58] de bois, de coteaux,[59] de vallons,
La pâle mort mêlait les sombres bataillons.
D'un côté c'est l'Europe et de l'autre la France.
Choc sanglant![60] des héros Dieu trompait l'espérance;
Tu désertais, victoire, et le sort était las.[61] 75
O Waterloo! je pleure et je m'arrête, hélas!
Car ces derniers soldats de la dernière guerre
Furent grands; ils avaient vaincu toute la terre,
Chassé vingt rois, passé les Alpes et le Rhin,
Et leur âme chantait dans les clairons d'airain![62] 80

Le soir tombait; la lutte[63] était ardente et noire.
Il[64] avait l'offensive et presque la victoire;
Il tenait Wellington acculé sur[65] un bois.
Sa lunette[66] à la main il observait parfois
Le centre du combat, point obscur où tressaille 85
La mêlée, effroyable et vivante broussaille,[67]
Et parfois l'horizon, sombre comme la mer.
Soudain, joyeux, il dit: Grouchy! — C'était Blücher![68]
L'espoir changea de camp, le combat changea d'âme,[69]
La mêlée en hurlant[70] grandit comme une flamme. 90
La batterie anglaise écrasa nos carrés.[71]

[55] 'high-treason' [56] 'strewn' [57] 'like water boiling' [58] 'amphitheater'
[59] 'hills' [60] 'bloody' [61] 'fate was weary' [62] 'bugles of brass' [63] 'struggle'
[64] i.e. Napoleon [65] 'backed up against' [66] 'spy glass' [67] 'thicket'
[68] the French general, Emmanuel de Grouchy (1766–1847), had been ordered to prevent the Prussian army from joining Wellington; Blücher gave him the slip and
turned the tide of battle [69] i.e. character [70] 'roaring' [71] 'crushed our
squares'

La plaine où frissonnaient[72] nos drapeaux déchirés
Ne fut plus, dans les cris des mourants qu'on égorge,[73]
Qu'un gouffre flamboyant,[74] rouge comme une forge;
95 Gouffre où les régiments, comme des pans[75] de murs,
Tombaient, où se couchaient comme des épis[76] mûrs
Les hauts tambours-majors[77] aux panaches[78] énormes,
Où l'on entrevoyait[79] des blessures difformes![80]
Carnage affreux! moment fatal! L'homme inquiet
100 Sentit que la bataille entre ses mains pliait.[81]
Derrière un mamelon[82] la garde[83] était massée,
La garde, espoir suprême et suprême pensée!
«Allons! faites donner la garde!»[84] cria-t-il,
Et lanciers, grenadiers aux guêtres de coutil,[85]
105 Dragons[86] que Rome eût pris pour des légionnaires,
Cuirassiers, canonniers[87] qui traînaient des tonnerres,[88]
Portant le noir colback[89] ou le casque poli,[90]
Tous, ceux de Friedland[91] et ceux de Rivoli,[92]
Comprenant qu'ils allaient mourir dans cette fête,
110 Saluèrent leur dieu, debout dans la tempête.
Leur bouche, d'un seul cri, dit: vive l'empereur!
Puis, à pas lents, musique en tête, sans fureur,
Tranquille, souriant à la mitraille anglaise,
La garde impériale entra dans la fournaise.
115 Hélas! Napoléon, sur sa garde penché,[93]
Regardait; et, sitôt qu'ils avaient débouché[94]
Sous les sombres canons crachant[95] des jets de soufre,[96]
Voyait, l'un après l'autre, en cet horrible gouffre,
Fondre[97] ces régiments de granit et d'acier,[98]
120 Comme fond une cire[99] au souffle[1] d'un brasier.
Ils allaient, l'arme au bras, front haut,[2] graves, stoïques.
Pas un ne recula.[3] Dormez, morts héroïques!
Le reste de l'armée hésitait sur leurs corps
Et regardait mourir la garde. — C'est alors
125 Qu'élevant tout à coup sa voix désespérée,
La Déroute,[4] géante à la face effarée,[5]

---

[72] 'fluttered'　　　[73] 'who were being slaughtered'　　　[74] 'a flaming abyss'　　　[75] 'fragments'　　　[76] 'ears of grain'　　　[77] 'drum-majors'　　　[78] 'plumes'　　　[79] 'caught a glimpse'　　　[80] 'shapeless'　　　[81] 'was giving way'　　　[82] 'knoll'　　　[83] i.e. the regiments of the Imperial Guard　　　[84] 'order the Guard to charge'　　　[85] 'white duck leggings'　　　[86] 'dragoons'　　　[87] 'gunners'　　　[88] i.e. their guns　　　[89] 'bearskin cap'　　　[90] 'polished metal helmet'　　　[91] battle won by Napoleon in Prussia (1807)　　　[92] battle won in Italy against the Austrians (1797)　　　[93] i.e. watching the Guard attentively　　　[94] 'had come out into the open'　　　[95] 'spitting'　　　[96] 'sulphur'　　　[97] 'melt'　　　[98] 'steel'　　　[99] 'taper'　　　[1] 'breath'　　　[2] 'guns held ready, heads held high'　　　[3] 'gave ground'　　　[4] 'Panic'　　　[5] 'horror-struck'

Qui, pâle, épouvantant les plus fiers bataillons,
Changeant subitement les drapeaux en haillons,[6]
A de certains moments, spectre fait de fumées,[7]
Se lève grandissante au milieu des armées,   130
La Déroute apparut au soldat qui s'émeut,[8]
Et, se tordant les bras,[9] cria: Sauve qui peut![10]
Sauve qui peut! affront! horreur! toutes les bouches
Criaient; à travers champs, fous, éperdus, farouches,[11]
Comme si quelque souffle avait passé sur eux,   135
Parmi les lourds caissons et les fourgons poudreux,[12]
Roulant dans les fossés,[13] se cachant dans les seigles,[14]
Jetant shakos, manteaux, fusils,[15] jetant les aigles,
Sous les sabres prussiens, ces vétérans, ô deuil![16]
Tremblaient, hurlaient,[17] pleuraient, couraient. — En un clin d'œil,[18]   140
Comme s'envole au vent une paille[19] enflammée,
S'évanouit[20] ce bruit qui fut la grande armée,
Et cette plaine, hélas, où l'on rêve aujourd'hui,
Vit fuir ceux devant qui l'univers avait fui!
Quarante ans sont passés, et ce coin de la terre,   145
Waterloo, ce plateau funèbre et solitaire,
Ce champ sinistre où Dieu mêla tant de néants,[21]
Tremble encor d'avoir vu la fuite des géants!

Napoléon les vit s'écouler[22] comme un fleuve;
Hommes, chevaux, tambours, drapeaux; — et dans l'épreuve[23]   150
Sentant confusément revenir son remords,
Levant les mains au ciel, il dit: «Mes soldats morts,
Moi vaincu! mon empire est brisé comme verre.
Est-ce le châtiment cette fois, Dieu sévère?»
Alors parmi les cris, les rumeurs, le canon,   155
Il entendit la voix qui lui répondait: Non!

III

Il croula.[24] Dieu changea la chaîne de l'Europe.

Il est, au fond des mers que la brume enveloppe,
Un roc hideux,[25] débris des antiques volcans.
Le Destin prit des clous, un marteau, des carcans,[26]   160

[6] 'tatters'   [7] 'smoke'   [8] 'is seized with alarm'   [9] i.e. wringing her hands
[10] 'Every man for himself!'   [11] 'distracted, wild'   [12] 'dust-covered supply-wagons'
[13] 'ditches'   [14] 'fields of rye'   [15] 'headgear, cloaks, guns'   [16] 'woe'
[17] 'shrieked'   [18] 'twinkling of an eye'   [19] 'straw'   [20] 'subsided'   [21] 'an-
nihilation'   [22] 'stream past'   [23] 'ordeal'   [24] 'fell'   [25] i.e. the Island of
St. Helena   [26] 'nails, a hammer, iron collars'

Saisit, pâle et vivant, ce voleur du tonnerre,[27]
Et, joyeux, s'en alla sur le pic centenaire[28]
Le clouer,[29] excitant par son rire moqueur
Le vautour[30] Angleterre à lui ronger[31] le cœur.

165 Evanouissement[32] d'une splendeur immense!
Du soleil qui se lève à la nuit qui commence,
Toujours l'isolement, l'abandon, la prison;
Un soldat rouge[33] au seuil, la mer à l'horizon.
Des rochers nus, des bois affreux, l'ennui, l'espace,
170 Des voiles[34] s'enfuyant comme l'espoir qui passe,
Toujours le bruit des flots,[35] toujours le bruit des vents!
Adieu, tente de pourpre aux panaches mouvants,
Adieu, le cheval blanc[36] que César éperonne![37]
Plus de tambours battant aux champs,[38] plus de couronne,
175 Plus de rois prosternés dans l'ombre avec terreur,
Plus de manteau traînant sur eux, plus d'empereur!
Napoléon était retombé Bonaparte.
Comme un Romain blessé par la flèche du Parthe,[39]
Saignant,[40] morne, il songeait à Moscou qui brûla.
180 Un caporal anglais lui disait: halte-là!
Son fils[41] aux mains des rois, sa femme[42] au bras d'un autre!
Plus vil que le pourceau qui dans l'égout se vautre,[43]
Son sénat, qui l'avait adoré, l'insultait.
Au bord des mers, à l'heure où la bise se tait,
185 Sur les escarpements croulant en noirs décombres,[44]
Il marchait, seul, rêveur, captif des vagues[45] sombres.
Sur les monts, sur les flots, sur les cieux, triste et fier,
L'œil encore ébloui[46] des batailles d'hier,
Il laissait sa pensée errer à l'aventure.[47]
190 Grandeur, gloire, ô néant! calme de la nature!
Les aigles qui passaient ne le connaissaient pas.
Les rois, ses guichetiers,[48] avaient pris un compas
Et l'avaient enfermé dans un cercle inflexible.
Il expirait. La mort de plus en plus visible
195 Se levait dans sa nuit et croissait à ses yeux

[27] a comparison of Napoleon with Prometheus who, according to the Greek legend, stole fire from Heaven and was punished by being chained to a rock, where a vulture devoured his liver　[28] 'ancient peak'　[29] 'to nail him'　[30] 'vulture'　[31] 'to gnaw'　[32] 'collapse'　[33] 'a red-coat'　[34] 'sails'　[35] 'waves'　[36] Napoleon usually rode a white horse.　[37] 'spurs on'　[38] i.e. the general salute　[39] 'Parthian shaft'　[40] 'bleeding'　[41] the king of Rome, who was kept in Austria after 1814　[42] the Empress Marie-Louise, who not long after Napoleon's fall contracted a liaison with Count Neipperg　[43] 'the swine who wallows in the gutter'　[44] 'steep cliffs crumbling into black ruins'　[45] 'waves'　[46] 'dazzled'　[47] 'wander at will'　[48] 'jailers'

Comme le froid matin d'un jour mystérieux.
Son âme palpitait, déjà presque échappée.
Un jour enfin il mit sur son lit son épée,
Et se coucha près d'elle, et dit: c'est aujourd'hui!
On jeta le manteau de Marengo[49] sur lui.   200
Ses batailles du Nil, du Danube, du Tibre,[50]
Se penchaient sur son front; il dit: «Me voici libre!
Je suis vainqueur! je vois mes aigles accourir!»[51]
Et, comme il retournait sa tête pour mourir,
Il aperçut, un pied dans la maison déserte,   205
Hudson Lowe[52] guettant par la porte entr'ouverte.[53]
Alors, géant broyé sous le talon[54] des rois,
Il cria: «La mesure est comble[55] cette fois!
Seigneur! c'est maintenant fini! Dieu que j'implore,
Vous m'avez châtié!» La voix dit: Pas encore!   210

IV

O noirs événements,[56] vous fuyez dans la nuit!
L'empereur mort tomba sur l'empire détruit.
Napoléon alla s'endormir sous le saule.[57]
Et les peuples alors, de l'un à l'autre pôle,
Oubliant le tyran, s'éprirent[58] du héros.   215
Les poètes, marquant au front[59] les rois bourreaux,[60]
Consolèrent, pensifs, cette gloire abattue.[61]
A la colonne veuve[62] on rendit sa statue.
Quand on levait les yeux, on le voyait debout
Au-dessus de Paris, serein, dominant tout,   220
Seul, le jour dans l'azur et la nuit dans les astres.[63]
Panthéons, on grava son nom sur vos pilastres!
On ne regarda plus qu'un seul côté du temps;
On ne se souvint plus que des jours éclatants;[64]
Cet homme étrange avait comme enivré[65] l'histoire;   225
La justice à l'œil froid disparut sous sa gloire,
On ne vit plus qu'Essling, Ulm, Arcole, Austerlitz;[66]
Comme dans les tombeaux des Romains abolis,
On se mit à fouiller[67] dans ces grandes années;

[49] victory of Napoleon in Italy (1800)   [50] i.e. the battles won in Egypt, Austria and Italy   [51] 'flocking [about me]'   [52] British governor of St. Helena   [53] 'half open'   [54] 'crushed beneath the heel'   [55] 'full'   [56] 'happenings'   [57] 'willow'   [58] 'became enamoured'   [59] 'branding'   [60] i.e. blood-thirsty   [61] 'vanquished'   [62] 'widowed'; Napoleon's statue, removed from the column in the Place Vendôme in 1814, was replaced in 1833   [63] 'stars'   [64] 'illustrious'   [65] 'intoxicated'   [66] victories of varying degrees of decisiveness over the Austrians and their allies in 1809, 1805, 1796 and 1805   [67] 'excavate'

230Et vous applaudissiez, nations inclinées,
   Chaque fois qu'on tirait de ce sol souverain
   Ou le consul de marbre ou l'empereur d'airain!

V

   Le nom grandit quand l'homme tombe;
   Jamais rien de tel n'avait lui.[68]
235 Calme, il écoutait dans sa tombe
   La terre qui parlait de lui.

   La terre disait: « — La victoire
   A suivi cet homme en tous lieux.
   Jamais tu n'as vu, sombre histoire,
240 Un passant plus prodigieux!

   «Gloire au maître qui dort sous l'herbe!
   Gloire à ce grand audacieux!
   Nous l'avons vu gravir,[69] superbe,
   Les premiers échelons[70] des cieux!

245 «Il envoyait, âme acharnée,[71]
   Prenant Moscou, prenant Madrid,
   Lutter contre la destinée
   Tous les rêves de son esprit.

   «A chaque instant, rentrant en lice,[72]
250 Cet homme aux gigantesques pas
   Proposait quelque grand caprice
   A Dieu, qui n'y consentait pas.

   «Il n'était presque plus un homme.
   Il disait grave et rayonnant,[73]
255 En regardant fixement Rome:
   C'est moi qui règne maintenant!

   «Il voulait, héros et symbole,
   Pontife et roi, phare[74] et volcan,
   Faire du Louvre un Capitole
260 Et de Saint-Cloud un Vatican.[75]

---

[68] 'had shone'   [69] 'mount'   [70] 'rungs'   [71] 'persistent'   [72] 'lists'
[73] 'radiant'   [74] 'beacon'   [75] The Louvre and Saint-Cloud, imperial palaces, were
to be the centers of a new Roman Empire and of the Christian world.

«César, il eût dit à Pompée:
Sois fier d'être mon lieutenant!
On voyait luire son épée
Au fond d'un nuage tonnant.[76]

«Il voulait, dans les frénésies   265
De ses vastes ambitions,
Faire devant ses fantaisies
Agenouiller [77] les nations,

«Ainsi qu'en une urne profonde,
Mêler races, langues, esprits,   270
Répandre[78] Paris sur le monde,
Enfermer le monde en Paris!

«Comme Cyrus[79] dans Babylone,
Il voulait, sous sa large main,
Ne faire du monde qu'un trône   275
Et qu'un peuple du genre[80] humain,

«Et bâtir, malgré les huées,[81]
Un tel empire sous son nom,
Que Jéhovah dans les nuées[82]
Fût jaloux de Napoléon!»   280

VI

Enfin, mort triomphant, il vit sa délivrance
Et l'océan rendit son cerceuil[83] à la France.

L'homme, depuis douze ans, sous le dôme doré[84]
Reposait, par l'exil et par la mort sacré.
En paix! — Quand on passait près du monument sombre,   285
On se le figurait, couronne au front, dans l'ombre,
Dans son manteau semé d'abeilles d'or,[85] muet,
Couché sous cette voûte[86] où rien ne remuait,
Lui, l'homme qui trouvait la terre trop étroite,
Le sceptre en sa main gauche, et l'épée en sa droite,
A ses pieds son grand aigle ouvrant l'œil à demi,   290
Et l'on disait: C'est là qu'est César endormi!

[76] 'thundering'.   [77] 'kneel'   [78] 'spread'   [79] Cyrus the Great, founder of the
Persian Empire in the 6th century B.C.   [80] 'race'   [81] 'jeers'   [82] i.e. heavens
[83] 'coffin'; Napoleon's ashes were brought to France in 1840   [84] i.e. of the chapel
of the Invalides in Paris   [85] 'sown with golden bees'; the heraldic emblem of the
Napoleonic Empire   [86] 'dome'

Laissant dans la clarté marcher l'immense ville,
Il dormait; il dormait confiant et tranquille.

VII

₂₉₅ Une nuit, — c'est toujours la nuit dans le tombeau, —
Il s'éveilla. Luisant comme un hideux flambeau,[87]
D'étranges visions emplissaient sa paupière;[88]
Des rires éclataient sous son plafond[89] de pierre;
Livide, il se dressa;[90] la vision grandit;
₃₀₀ O terreur! une voix qu'il reconnut lui dit:

— Réveille-toi. Moscou, Waterloo, Sainte-Hélène,
L'exil, les rois geôliers,[91] l'Angleterre hautaine[92]
Sur ton lit accoudée[93] à ton dernier moment,
Sire, cela n'est rien. Voici le châtiment!

₃₀₅ La voix alors devint âpre, amère,[94] stridente,
Comme le noir sarcasme et l'ironie ardente;
C'était le rire amer mordant[95] un demi-dieu.

— Sire! on t'a retiré de ton Panthéon bleu!
Sire! on t'a descendu de ta haute colonne!
₃₁₀ Regarde. Des brigands, dont l'essaim tourbillonne,[96]
D'affreux bohémiens,[97] des vainqueurs de charnier[98]
Te tiennent dans leurs mains et t'ont fait prisonnier.
A ton orteil[99] d'airain leur patte[1] infâme touche.
Ils t'ont pris. Tu mourus, comme un astre se couche,
₃₁₅ Napoléon le Grand, empereur; tu renais
Bonaparte, écuyer[2] du cirque Beauharnais.[3]
Te voilà dans leurs rangs, on t'a, l'on te harnache.[4]
Ils t'appellent tout haut grand homme, entre eux, ganache.[5]
Ils traînent, sur Paris qui les voit s'étaler,[6]
₃₂₀ Des sabres qu'au besoin ils sauraient avaler.[7]
Aux passants attroupés[8] devant leur habitacle,[9]
Ils disent, entends-les: — Empire à grand spectacle!
Le pape est engagé dans la troupe; c'est bien,
Nous avons mieux; le czar en est; mais ce n'est rien,

---

[87] 'torch' [88] i.e. sight [89] 'ceiling' [90] 'sat upright' [91] 'jailer kings' [92] 'arrogant' [93] 'leaning' [94] 'bitter' [95] 'biting' [96] i.e. who swarm on every side [97] 'gypsies' [98] 'charnel-house' [99] 'toe' [1] 'paw' [2] 'circus-rider' [3] an allusion to the two Beauharnais: Josephine, wife of Napoleon I, and Hortense, wife of Louis Bonaparte and mother of Napoleon III [4] 'rig you out' [5] 'numskull' [6] i.e. swagger about [7] 'to swallow' [8] 'clustered' [9] 'tent'

Le czar n'est qu'un sergent, le pape n'est qu'un bonze;[10]   325
Nous avons avec nous le bonhomme de bronze!
Nous sommes les neveux du grand Napoléon! —
Et Fould, Magnan, Rouher, Parieu caméléon,[11]
Font rage.[12] Ils vont montrant un sénat d'automates.
Ils ont pris de la paille au fond des casemates[13]   330
Pour empailler[14] ton aigle, ô vainqueur d'Iéna![15]
Il est là, mort, gisant,[16] lui qui si haut plana,[17]
Et du champ de bataille il tombe au champ de foire.[18]
Sire, de ton vieux trône ils recousent la moire.[19]
Ayant dévalisé[20] la France au coin d'un bois,   335
Ils ont à leurs haillons du sang, comme tu vois,
Et dans son bénitier[21] Sibour[22] lave leur linge.[23]
Toi, lion, tu les suis; leur maître, c'est le singe.[24]
Ton nom leur sert de lit, Napoléon premier.
On voit sur Austerlitz un peu de leur fumier.[25]   340
Ta gloire est un gros[26] vin dont leur honte se grise.[27]
Cartouche[28] essaie et met[29] ta redingote[30] grise;
On quête des liards dans le petit chapeau;[31]
Pour tapis[32] sur la table ils ont mis ton drapeau;
A cette table immonde[33] où le grec devient riche,   345
Avec le paysan on boit, on joue, on triche.[34]
Tu te mêles, compère,[35] à ce tripot hardi,[36]
Et ta main qui tenait l'étendard[37] de Lodi,[38]
Cette main qui portait la foudre,[39] ô Bonaparte,
Aide à piper les dés et fait sauter[40] la carte.   350
Ils te forcent à boire avec eux, et Carlier[41]
Pousse amicalement d'un coude[42] familier

[10] means both 'an oriental priest' and 'an old dodderer'   [11] Achille Fould (1800–67), a Jewish financial expert; Bernard-Pierre Magnan (1791–1865), who helped prepare the *coup d'état* and was subsequently made a marshal of France; Eugène Rouher (1814–84), historian and statesman, subsequently prime minister under the Second Empire; Marie-Louis-Pierre-Félix Esquiron de Parieu (1815–93), reactionary minister of education.   Hugo calls Parieu a chameleon because he was a former republican.   [12] 'are a great success'   [13] 'from the bottom of the dungeons' [14] 'stuff'   [15] Jena, where Napoleon won a decisive victory over the Prussians in 1806   [16] 'recumbent'   [17] 'soared'   [18] 'fair ground'   [19] 'are resewing the watered silk [upholstery]'   [20] 'having robbed'   [21] 'holy water font'   [22] Marie-Dominique-Auguste Sibour (1792–1857), Archbishop of Paris [23] 'linen'   [24] 'monkey'   [25] 'stable-litter'   [26] 'coarse'   [27] 'becomes intoxicated'   [28] Louis-Dominique Cartouche (1693–1721), notorious Parisian burglar   [29] 'tries on and wears'   [30] 'frock-coat'   [31] 'they pass [Napoleon's] little hat round for farthings'   [32] 'cover'   [33] 'filthy'   [34] 'gambles, cheats'   [35] 'crony'   [36] 'impudent gambling-den'   [37] 'standard'   [38] victory in Italy over the Austrians (1796); Napoleon led the attack across the bridge in person [39] 'lightning'   [40] 'load the dice and juggles'   [41] Pierre Carlier (1799–1858), chief of the Paris police in 1851   [42] 'elbow'

Votre majesté, sire, et Piétri[43] dans son antre[44]
Vous tutoie,[45] et Maupas[46] vous tape sur le ventre.
355 Faussaires, meurtriers, escrocs, forbans,[47] voleurs,
Ils savent qu'ils auront, comme toi, des malheurs;
Leur soif en attendant vide la coupe pleine
A ta santé; Poissy[48] trinque[49] avec Sainte-Hélène.
Regarde! bals, sabbats,[50] fêtes matin et soir.
360 La foule au bruit qu'ils font se culbute[51] pour voir;
Debout sur le tréteau qu'assiège une cohue[52]
Qui rit, bâille, applaudit, tempête, siffle, hue,[53]
Entouré des pasquins[54] agitant leur grelot,[55]
— Commencer par Homère et finir par Callot![56]
365 Epopée![57] épopée! oh! quel dernier chapitre! —
Entre Troplong[58] paillasse[59] et Chaix-d'Est-Ange[60] pitre,[61]
Devant cette baraque,[62] abject et vil bazar[63]
Où Mandrin[64] mal lavé se déguise en César,
Riant, l'affreux bandit, dans sa moustache épaisse,
370 Toi, spectre impérial, tu bats la grosse caisse![65] —

L'horrible vision s'éteignit. L'empereur,
Désespéré, poussa[66] dans l'ombre un cri d'horreur,
Baissant les yeux, dressant ses mains épouvantées;
Les Victoires de marbre[67] à la porte sculptées,
375 Fantômes blancs debout hors du sépulcre obscur,
Se faisaient du doigt signe et, s'appuyant au mur,
Ecoutaient le titan pleurer dans les ténèbres.
Et lui, cria: «Démon aux visions funèbres,
Toi qui me suis partout, que jamais je ne vois,
380 Qui donc es-tu? — Je suis ton crime», dit la voix.
La tombe alors s'emplit d'une lumière étrange
Semblable à la clarté de Dieu quand il se venge;
Pareils aux mots que vit resplendir Balthazar,[68]

[43] Pierre-Marie Piétri (1810–64), a Corsican republican who joined Napoleon III
[44] 'den'   [45] i.e. addresses you in the second person singular   [46] Charlemagne-Emile
de Maupas (1818–88), a minister of Napoleon III   [47] 'forgers, murderers, sharpers,
pirates'   [48] penitentiary near Paris   [49] 'clinks glasses'   [50] 'orgies'
[51] 'tumble over themselves'   [52] 'the stage which a mob besieges'   [53] 'yawns,
applauds, storms, whistles, jeers'   [54] i.e. clowns   [55] 'bells'   [56] Jacques Callot
(1592–1635), a French engraver who specialized in the grotesque   [57] 'epic'
[58] Raymond-Théodore Troplong (1795–1869), Bonapartist president of the Senate
[59] 'mountebank'   [60] Gustave-Louis-Adolphe-Victor-Charles Chaix-d'Est-Ange (1800–76),
attorney-general under Napoleon III   [61] 'buffoon'   [62] 'fair booth'   [63] 'cheap
joint'   [64] Louis Mandrin (1724–55), notorious French highwayman   [65] 'big drum'
[66] 'uttered'   [67] i.e. the twelve statues by Pradier, surrounding the tomb of Napoleon I
[68] the fatal writing on the wall which appeared at Belshazzar's feast (*Daniel* V,
25–30)

Deux mots dans l'ombre écrits flamboyaient[69] sur César;
Bonaparte, tremblant comme un enfant sans mère,   385
Leva sa face pâle et lut: — DIX-HUIT BRUMAIRE![70]

LE CHASSEUR NOIR[1]

— Qu'es-tu, passant? Le bois est sombre,
Les corbeaux[2] volent en grand nombre,
    Il va pleuvoir.
— Je suis celui qui va dans l'ombre,[3]
    Le chasseur noir!   5

Les feuilles des bois, du vent remuées,[4]
    Sifflent[5]... on dirait
Qu'un sabbat[6] nocturne emplit de huées[7]
    Toute la forêt;
Dans une clairière au sein des nuées,[8]   10
    La lune apparaît.

Chasse le daim![9] chasse la biche,[10]
Cours dans les bois, cours dans la friche,[11]
    Voici le soir.
Chasse le czar, chasse l'Autriche,   15
    O chasseur noir!

Les feuilles des bois —

Souffle en ton cor, boucle ta guêtre,[12]
Chasse les cerfs[13] qui viennent paître[14]
    Près du manoir.
Chasse le roi, chasse le prêtre,   20
    O chasseur noir!

Les feuilles des bois —

Il tonne,[15] il pleut, c'est le déluge.
Le renard[16] fuit, pas de refuge   25
    Et pas d'espoir!

[69] 'blazed up'   [70] i.e. November 9, 1799, when Napoleon overthrew the Directory and had himself proclaimed First Consul.
[1] Composed in November, 1852, this poem was dated September, 1853. It appeared in the subdivision entitled *Les Sauveurs se sauveront.*   [2] 'ravens'   [3] 'the shadows' [4] 'stirred'   [5] 'whistle'   [6] 'witches' sabbath'   [7] 'jeers'   [8] 'in a clearing in the midst of the clouds'   [9] 'buck'   [10] 'doe'   [11] 'waste land'   [12] 'blow on your horn, fasten your leggings'   [13] 'stags'   [14] 'to graze'   [15] 'thunders'   [16] 'fox'

Chasse l'espion,[17] chasse le juge,
O chasseur noir!

Les feuilles des bois —

30

Tous les démons de Saint-Antoine[18]
Bondissent[19] dans la folle avoine[20]
Sans t'émouvoir;[21]
Chasse l'abbé, chasse le moine,[22]
O chasseur noir!

35

Les feuilles des bois —

Chasse les ours![23] ta meute jappe.[24]
Que pas un sanglier[25] n'échappe.
Fais ton devoir!
Chasse César, chasse le pape,
40　　O chasseur noir!

Les feuilles des bois —

Le loup de ton sentier s'écarte.[26]
Que ta meute à sa suite parte!
Cours! fais-le choir![27]
45　Chasse le brigand Bonaparte,
O chasseur noir!

Les feuilles des bois, du vent remuées,
Tombent... on dirait
Que le sabbat sombre aux rauques[28] huées
50　　A fui la forêt;
Le clair chant du coq perce les nuées;
Ciel! l'aube[29] apparaît!

Tout reprend sa force première.
Tu redeviens la France altière[30]
55　　Si belle à voir,
L'ange blanc vêtu de lumière,
O chasseur noir!

---

[17] 'spy'　[18] i.e. who appeared to St. Anthony in his visions in the desert　[19] 'are
leaping'　[20] 'wild oats'　[21] 'troubling you'　[22] 'monk'　[23] 'bears'　[24] 'your
pack yelps'　[25] 'wild boar'　[26] 'the wolf turns aside from your path'　[27] 'bring
him down'　[28] 'raucous'　[29] 'dawn'　[30] 'proud'

Les feuilles des bois, du vent remuées,
    Tombent... on dirait
Que le sabbat sombre aux rauques huées   60
    A fui la forêt;
Le clair chant du coq perce les nuées,
    Ciel! l'aube apparaît!

LES CONTEMPLATIONS[1]

A VILLEQUIER[2]

Maintenant que Paris, ses pavés et ses marbres,[3]
Et sa brume[4] et ses toits sont bien loin de mes yeux;
Maintenant que je suis sous les branches des arbres,
Et que je puis songer à la beauté des cieux;

Maintenant que du deuil[5] qui m'a fait l'âme obscure   5
    Je sors, pâle et vainqueur,
Et que je sens la paix de la grande nature
    Qui m'entre dans le cœur;

Maintenant que je puis, assis au bord des ondes,[6]
Emu par ce superbe et tranquille horizon,   10
Examiner en moi les vérités profondes
Et regarder les fleurs qui sont dans le gazon;[7]

Maintenant, ô mon Dieu! que j'ai ce calme sombre
    De pouvoir désormais[8]
Voir de mes yeux la pierre où je sais que dans l'ombre[9]   15
    Elle dort pour jamais;

[1] In 1854 Hugo began to plan a volume of lyrical verse to offset the satire of *Les Châtiments*. His expulsion from Jersey delayed publication, but the new collection, comprising poems on grief, resignation, the ocean and apocalyptic vision, finally appeared in Paris in April, 1856. The one hundred and fifty-eight lyrics, with many of the dates of composition altered to suit the symmetry of Hugo's arrangement, were divided into two volumes: *Autrefois* and *Aujourd'hui*, i.e. before and after the death of his daughter Léopoldine.
[2] On September 4, 1843, Léopoldine was drowned with her young husband Charles Vacquerie in a boating accident on the Seine near Villequier. Hugo was profoundly grieved and it was not until a year later, day for day, that he felt able to treat his bereavement in poetic form. To the poem written then he added, in 1846, lines 41–60, 73–80 and 105–112. The poem was dated September, 1847, and published in the volume *Aujourd'hui*, in a group called *Pauca meae*. Hugo has combined the two traditional stanzas of the French elegy: the one used by Malherbe in his *Consolation à du Périer sur la mort de sa fille*, and that of Lamartine's *L'Isolement*.   [3] 'its streets and its statues'   [4] 'mist'
[5] 'bereavement'   [6] 'waves'   [7] 'grass'   [8] 'henceforth'   [9] 'shadow'

Maintenant qu'attendri[10] par ces divins spectacles,
Plaines, forêts, rochers, vallons, fleuve argenté,
Voyant ma petitesse et voyant vos miracles,
20　Je reprends ma raison devant l'immensité;

Je viens à vous, Seigneur, père auquel il faut croire;
　　Je vous porte, apaisé,
Les morceaux de ce cœur tout plein de votre gloire
　　Que vous avez brisé;

25　Je viens à vous, Seigneur! confessant que vous êtes
Bon, clément, indulgent et doux, ô Dieu vivant!
Je conviens[11] que vous seul savez ce que vous faites,
Et que l'homme n'est rien qu'un jonc[12] qui tremble au vent;

Je dis que le tombeau[13] qui sur les morts se ferme
30　　　Ouvre le firmament;
Et que ce qu'ici-bas nous prenons pour le terme[14]
　　　Est le commencement;

Je conviens à genoux que vous seul, père auguste,
Possédez l'infini, le réel, l'absolu;
35　Je conviens qu'il est bon, je conviens qu'il est juste
Que mon cœur ait saigné,[15] puisque Dieu l'a voulu!

Je ne résiste plus à tout ce qui m'arrive
　　Par votre volonté.
L'âme de deuils en deuils, l'homme de rive en rive,[16]
40　　Roule à l'éternité.

Nous ne voyons jamais qu'un seul côté des choses;
L'autre plonge en la nuit d'un mystère effrayant.[17]
L'homme subit le joug[18] sans connaître les causes.
Tout ce qu'il voit est court, inutile et fuyant.

45　Vous faites revenir toujours la solitude
　　Autour de tous ses pas.
Vous n'avez pas voulu qu'il eût la certitude
　　Ni la joie ici-bas!

---

[10] 'moved'　[11] 'acknowledge'　[12] 'reed'　[13] 'tomb'　[14] 'end'　[15] 'should have bled'　[16] 'shore'　[17] 'terrifying'　[18] 'bends to the yoke'

Dès qu'il possède un bien,[19] le sort[20] le lui retire.
Rien ne lui fut donné, dans ses rapides jours,   50
Pour qu'il s'en puisse faire une demeure,[21] et dire:
C'est ici ma maison, mon champ et mes amours!

Il doit voir peu de temps tout ce que ses yeux voient;
    Il vieillit sans soutiens.[22]
Puisque ces choses sont, c'est qu'il faut qu'elles soient;   55
    J'en conviens, j'en conviens!

Le monde est sombre, ô Dieu! l'immuable harmonie
Se compose des pleurs aussi bien que des chants.
L'homme n'est qu'un atome en cette ombre infinie,
Nuit où montent les bons, où tombent les méchants.   60

Je sais que vous avez bien autre chose à faire
    Que de nous plaindre tous,
Et qu'un enfant qui meurt, désespoir de sa mère,
    Ne vous fait rien, à vous.

Je sais que le fruit tombe au vent qui le secoue,[23]   65
Que l'oiseau perd sa plume et la fleur son parfum;
Que la création est une grande roue[24]
Qui ne peut se mouvoir sans écraser[25] quelqu'un;

Les mois, les jours, les flots[26] des mers, les yeux qui pleurent,
    Passent sous le ciel bleu;   70
Il faut que l'herbe pousse[27] et que les enfants meurent,
    Je le sais, ô mon Dieu!

Dans vos cieux, au delà de la sphère des nues,[28]
Au fond de cet azur immobile et dormant,
Peut-être faites-vous des choses inconnues   75
Où la douleur de l'homme entre comme élément.

Peut-être est-il utile à vos desseins sans nombre
    Que des êtres charmants
S'en aillent, emportés par le tourbillon[29] sombre
    Des noirs événements.   80

---

[19] 'treasure'   [20] 'fate'   [21] 'abode'   [22] 'support'   [23] 'shakes it'
[24] 'wheel'   [25] 'crushing'   [26] 'waves'   [27] 'grass must grow'   [28] 'clouds'
[29] 'whirlwind'

Nos destins ténébreux[30] vont sous des lois immenses
Que rien ne déconcerte et que rien n'attendrit.
Vous ne pouvez avoir de subites[31] clémences
Qui dérangent le monde, ô Dieu, tranquille esprit!

85 Je vous supplie, ô Dieu! de regarder mon âme,
Et de considérer
Qu'humble comme un enfant et doux comme une femme,
Je viens vous adorer!

Considérez encor que j'avais, dès l'aurore,[32]
90 Travaillé, combattu, pensé, marché, lutté,[33]
Expliquant la nature à l'homme qui l'ignore,
Eclairant toute chose avec votre clarté;[34]

Que j'avais, affrontant[35] la haine et la colère,
Fait ma tâche ici-bas,
95 Que je ne pouvais pas m'attendre à ce salaire,[36]
Que je ne pouvais pas

Prévoir que, vous aussi, sur ma tête qui ploie[37]
Vous appesantiriez[38] votre bras triomphant,
Et que, vous qui voyiez comme j'ai peu de joie,
100 Vous me reprendriez si vite mon enfant!

Qu'une âme ainsi frappée à se plaindre est sujette,
Que j'ai pu blasphémer,
Et vous jeter mes cris comme un enfant qui jette
Une pierre à la mer!

105 Considérez qu'on doute, ô mon Dieu! quand on souffre,
Que l'œil qui pleure trop finit par s'aveugler,[39]
Qu'un être que son deuil plonge au plus noir du gouffre,[40]
Quand il ne vous voit plus, ne peut vous contempler,

Et qu'il ne se peut pas que l'homme, lorsqu'il sombre[41]
110 Dans les afflictions,
Ait présente à l'esprit la sérénité sombre
Des constellations!

---

[30] 'mysterious'   [31] 'unexpected'   [32] 'the dawn [of my days]'   [33] 'struggled'
[34] 'light'   [35] 'facing'   [36] 'expect this reward'   [37] 'bowed'
[38] 'you would let fall the weight of'   [39] 'by becoming blind'   [40] 'abyss'
[41] 'founders'

Aujourd'hui, moi qui fus faible comme une mère,
Je me courbe[42] à vos pieds devant vos cieux ouverts.
Je me sens éclairé dans ma douleur amère   115
Par un meilleur regard jeté sur l'univers.

Seigneur, je reconnais que l'homme est en délire
      S'il ose murmurer;
Je cesse d'accuser, je cesse de maudire,[43]
      Mais laissez-moi pleurer!   120

Hélas! laissez les pleurs couler de ma paupière,[44]
Puisque vous avez fait les hommes pour cela!
Laissez-moi me pencher sur[45] cette froide pierre
Et dire à mon enfant: Sens-tu que je suis là?

Laissez-moi lui parler, incliné sur ses restes,[46]   125
      Le soir, quand tout se tait,
Comme si, dans sa nuit rouvrant ses yeux célestes,
      Cet ange m'écoutait!

Hélas! vers le passé tournant un œil d'envie,
Sans que rien ici-bas puisse m'en consoler,   130
Je regarde toujours ce moment de ma vie
Où je l'ai vue ouvrir son aile[47] et s'envoler.

Je verrai cet instant jusqu'à ce que je meure,
      L'instant, pleurs superflus!
Où je criai: L'enfant que j'avais tout à l'heure,   135
      Quoi donc! je ne l'ai plus!

Ne vous irritez pas que je sois de la sorte,
O mon Dieu! cette plaie a si longtemps saigné![48]
L'angoisse dans mon âme est toujours la plus forte,
Et mon cœur est soumis, mais n'est pas résigné.   140

Ne vous irritez pas! fronts que le deuil réclame,[49]
      Mortels sujets aux pleurs,
Il nous est malaisé[50] de retirer notre âme
      De ces grandes douleurs.

---

[42] 'bow'   [43] 'curse'   [44] 'eyelid'   [45] 'bend over'   [46] 'remains'
[47] 'wings'   [48] 'this wound has bled so long'   [49] 'brows that grief claims'
[50] 'difficult'

145   Voyez-vous, nos enfants nous sont bien nécessaires,
Seigneur; quand on a vu dans sa vie, un matin
Au milieu des ennuis,[51] des peines, des misères,
Et de l'ombre que fait sur nous notre destin,

Apparaître un enfant, tête chère et sacrée,
150   Petit être joyeux,
Si beau, qu'on a cru voir s'ouvrir à son entrée
             Une porte des cieux;

Quand on a vu, seize ans, de cet autre soi-même
Croître la grâce aimable et la douce raison,
155   Lorsqu'on a reconnu que cet enfant qu'on aime
Fait le jour dans notre âme et dans notre maison;

Que c'est la seule joie ici-bas qui persiste
             De tout ce qu'on rêva,
Considérez que c'est une chose bien triste
160   De le voir qui s'en va!

PAROLES SUR LA DUNE[1]

Maintenant que mon temps décroît comme un flambeau,[2]
           Que mes tâches sont terminées;
Maintenant que voici que je touche au tombeau[3]
           Par les deuils[4] et par les années,

5   Et qu'au fond de ce ciel que mon essor rêva,[5]
           Je vois fuir, vers l'ombre[6] entraînées,
Comme le tourbillon[7] du passé qui s'en va,
           Tant de belles heures sonnées;

Maintenant que je dis: — Un jour, nous triomphons;
10   Le lendemain, tout est mensonge![8] —
Je suis triste et je marche au bord des flots[9] profonds,
           Courbé[10] comme celui qui songe.

Je regarde, au-dessus du mont et du vallon,
           Et des mers sans fin remuées,[11]

---

[51] 'sorrows'

[1] Dated August, 1854, and published in the volume *Aujourd'hui*, in the subsection entitled *En Marche*.   [2] 'is dying down like a torch'   [3] 'tomb'   [4] 'bereavements'   [5] i.e. which I dreamed of in my exaltation   [6] 'the shadows'   [7] 'whirlwind'   [8] 'a lie'   [9] 'waves'   [10] 'stooped'   [11] 'in motion'

S'envoler sous le bec du vautour aquilon,[12]
 Toute la toison des nuées;[13]

J'entends le vent dans l'air, la mer sur le récif,[14]
 L'homme liant la gerbe mûre;[15]
J'écoute, et je confronte en mon esprit pensif
 Ce qui parle à ce qui murmure;

Et je reste parfois couché sans me lever
 Sur l'herbe rare[16] de la dune,
Jusqu'à l'heure où l'on voit apparaître et rêver
 Les yeux sinistres de la lune.

Elle monte, elle jette un long rayon[17] dormant
 A l'espace, au mystère, au gouffre;[18]
Et nous nous regardons tous les deux fixement,
 Elle qui brille[19] et moi qui souffre.

Où donc s'en sont allés mes jours évanouis?[20]
 Est-il quelqu'un qui me connaisse?
Ai-je encor quelque chose en mes yeux éblouis,[21]
 De la clarté[22] de ma jeunesse?

Tout s'est-il envolé? Je suis seul, je suis las;[23]
 J'appelle sans qu'on me réponde;
O vents! ô flots! ne suis-je aussi qu'un souffle,[24] hélas!
 Hélas! ne suis-je aussi qu'une onde?[25]

Ne verrai-je plus rien de tout ce que j'aimais?
 Au dedans de moi le soir tombe.
O terre, dont la brume[26] efface les sommets,
 Suis-je le spectre, et toi la tombe?

Ai je donc vidé tout, vie, amour, joie, espoir?
 J'attends, je demande, j'implore;
Je penche[27] tour à tour mes urnes pour avoir
 De chacune une goutte[28] encore.

Comme le souvenir est voisin du remord!
 Comme à pleurer tout nous ramène!

---

[12] 'the vulture north wind' [13] 'fleece of the clouds' [14] 'reef' [15] 'binding the ripe sheaf' [16] 'sparse grass' [17] 'beam' [18] 'abyss' [19] 'shines' [20] 'vanished' [21] 'dazzled' [22] 'light' [23] 'weary' [24] 'breath' [25] 'wave' [26] 'mist' [27] 'incline' [28] 'drop'

Et que je te sens froide en te touchant, ô mort,
Noir verrou[29] de la porte humaine!

Et je pense, écoutant gémir le vent amer,[30]
50   Et l'onde aux plis infranchissables;[31]
L'été rit, et l'on voit sur le bord de la mer
Fleurir le chardon[32] bleu des sables.[33]

LA LEGENDE DES SIECLES[1]

BOOZ ENDORMI[2]

Booz s'était couché de fatigue accablé;[3]
Il avait tout le jour travaillé dans son aire,[4]
Puis avait fait son lit à sa place ordinaire;
Booz dormait auprès des boisseaux[5] pleins de blé.

5   Ce vieillard possédait des champs de blés et d'orge;[6]
Il était, quoique riche, à la justice enclin;
Il n'avait pas de fange[7] en l'eau de son moulin,[8]
Il n'avait pas d'enfer[9] dans le feu de sa forge.

Sa barbe était d'argent comme un ruisseau[10] d'avril.
10   Sa gerbe[11] n'était point avare ni haineuse;[12]
Quand il voyait passer quelque pauvre glaneuse,[13]
«Laissez tomber exprès des épis»,[14] disait-il.

Cet homme marchait pur loin des sentiers obliques,[15]
Vêtu de probité candide et de lin[16] blanc;
15   Et, toujours du côté des pauvres ruisselant,[17]
Ses sacs de grains semblaient des fontaines publiques.

Booz était bon maître et fidèle parent;
Il était généreux, quoiqu'il fût économe;

---

[29] 'bolt'   [30] 'the bitter wind moan'   [31] 'whose undulations may not be crossed'
[32] 'thistle'   [33] 'sands'
   [1] Title given to a huge collection of poems, which comprise an epic on the human race.
These *Petites Epopées*, as they were first called, carry the story of humanity from the
dawn of history to visions of the future, and were intended by Hugo to constitute a declara-
tion of faith in progress. The *Légende* appeared in three sections (1859, 1877 and 1883).
Two companion volumes, *La Fin de Satan*, and *Dieu*, were published posthumously.
[2] Published in the 1859 edition of *La Légende des siècles*, in the Biblical section entitled
D'Eve à Jésus. The story of Boaz is told in the *Book of Ruth*.   [3] 'overcome'   [4] 'threshing-floor'   [5] 'bushel-measures'   [6] 'wheat and barley'   [7] 'dirt'   [8] 'mill'
[9] 'hell'   [10] 'brook'   [11] 'sheaf'   [12] 'miserly nor malignant'   [13] 'gleaner'
[14] 'ears of grain'   [15] 'crooked paths'   [16] 'linen'   [17] 'pouring out'

Les femmes regardaient Booz plus qu'un jeune homme,
Car le jeune homme est beau, mais le vieillard est grand.   20

Le vieillard, qui revient vers la source première,
Entre aux jours éternels et sort des jours changeants;
Et l'on voit de la flamme aux yeux des jeunes gens,
Mais dans l'œil du vieillard on voit de la lumière.

*

Donc, Booz dans la nuit dormait parmi les siens;   25
Près des meules,[18] qu'on eût prises pour des décombres,[19]
Les moissonneurs[20] couchés faisaient des groupes sombres;
Et ceci se passait dans des temps très anciens.

Les tribus[21] d'Israël avaient pour chef un juge;
La terre, où l'homme errait[22] sous la tente, inquiet   30
Des empreintes de pieds de géants qu'il voyait,
Etait encor mouillée et molle du déluge.[23]

*

Comme dormait Jacob,[24] comme dormait Judith,[25]
Booz, les yeux fermés, gisait sous la feuillée;[26]
Or, la porte du ciel s'étant entre-bâillée[27]   35
Au-dessus de sa tête, un songe[28] en descendit.

Et ce songe était tel, que Booz vit un chêne[29]
Qui, sorti de son ventre,[30] allait jusqu'au ciel bleu;
Une race y montait comme une longue chaîne;
Un roi[31] chantait en bas, en haut mourait un Dieu.[32]   40

Et Booz murmurait avec la voix de l'âme:
«Comment se pourrait-il que de moi ceci vînt?
Le chiffre[33] de mes ans a passé quatre-vingt,
Et je n'ai pas de fils, et je n'ai plus de femme.

«Voilà longtemps que celle avec qui j'ai dormi,   45
O Seigneur! a quitté ma couche pour la vôtre;
Et nous sommes encor tout mêlés l'un à l'autre,
Elle à demi vivante et moi mort à demi.

[18] 'stacks'   [19] 'ruins'   [20] 'harvesters'   [21] 'tribes'   [22] 'wandered' [23] 'damp and soft from the Flood'   [24] the son of Isaac and Rebecca, who dreamed of a ladder stretching from Earth to Heaven   [25] the Jewish heroine who slept peacefully before slaying Holofernes   [26] 'reclined beneath the leafy boughs'   [27] 'standing ajar'   [28] 'dream'   [29] 'oak'   [30] i.e. loins   [31] i.e. King David the Psalmist   [32] i.e. Jesus Christ   [33] 'number'

«Une race naîtrait de moi! Comment le croire?
50　　Comment se pourrait-il que j'eusse des enfants?
Quand on est jeune, on a des matins triomphants,
Le jour sort de la nuit comme d'une victoire;

«Mais, vieux, on tremble ainsi qu'à l'hiver le bouleau·[34]
Je suis veuf,[35] je suis seul, et sur moi le soir tombe,
55　　Et je courbe, ô mon Dieu! mon âme vers la tombe,
Comme un bœuf ayant soif penche son front[36] vers l'eau.»

Ainsi parlait Booz dans le rêve et l'extase,
Tournant vers Dieu ses yeux par le sommeil noyés;[37]
Le cèdre[38] ne sent pas une rose à sa base,
60　　Et lui ne sentait pas une femme à ses pieds.

*

Pendant qu'il sommeillait, Ruth, une Moabite,[39]
S'était couchée aux pieds de Booz, le sein[40] nu,
Espérant on ne sait quel rayon[41] inconnu,
Quand viendrait du réveil la lumière subite.[42]

65　　Booz ne savait point qu'une femme était là,
Et Ruth ne savait point ce que Dieu voulait d'elle.
Un frais parfum sortait des touffes d'asphodèle;
Les souffles[43] de la nuit flottaient sur Galgala.[44]

L'ombre[45] était nuptiale, auguste et solennelle;
70　　Les anges y volaient sans doute obscurément,
Car on voyait passer dans la nuit, par moment,
Quelque chose de bleu qui paraissait une aile.[46]

La respiration de Booz, qui dormait,
Se mêlait au bruit sourd des ruisseaux sur la mousse.
75　　On était dans le mois où la nature est douce,
Les collines[47] ayant des lys[48] sur leur sommet.

Ruth songeait et Booz dormait; l'herbe[49] était noire;
Les grelots des troupeaux[50] palpitaient vaguement;

---

[34] 'birch'　　[35] 'widower'　　[36] 'bends his head'　　[37] 'submerged in sleep'　　[38] 'cedar'
[39] inhabitant of Moab, a region east of the Jordan　　[40] 'bosom'　　[41] 'ray'
[42] 'sudden'　　[43] 'breath'　　[44] There are a number of Gilgals in Palestine; the one meant here is probably the valley in Judaea inhabited by the tribe of Benjamin.
[45] 'darkness'　　[46] 'wing'　　[47] 'hills'　　[48] 'lilies'　　[49] 'grass'　　[50] 'the bells of the flocks'

Une immense bonté tombait du firmament;
C'était l'heure tranquille où les lions vont boire.   80

Tout reposait dans Ur[51] et dans Jérimadeth;[52]
Les astres émaillaient[53] le ciel profond et sombre;
Le croissant[54] fin et clair parmi ces fleurs de l'ombre
Brillait à l'occident, et Ruth se demandait,

Immobile, ouvrant l'œil à moitié sous ses voiles,   85
Quel dieu, quel moissonneur de l'éternel été
Avait, en s'en allant, négligemment jeté
Cette faucille[55] d'or dans le champ des étoiles.

LES CHANSONS DES RUES ET DES BOIS[1]

SAISON DES SEMAILLES. LE SOIR[2]

C'est le moment crépusculaire.[3]
J'admire, assis sous un portail,[4]
Ce reste de jour dont s'éclaire
La dernière heure du travail.

Dans les terres, de nuit baignées,   5
Je contemple, ému, les haillons[5]
D'un vieillard qui jette à poignées[6]
La moisson[7] future aux sillons.[8]

Sa haute silhouette noire
Domine les profonds labours.[9]   10
On sent à quel point il doit croire
A la fuite utile des jours.

Il marche dans la plaine immense,
Va, vient, lance la graine[10] au loin,
Rouvre sa main, et recommence,   15
Et je médite, obscur témoin,[11]

---

[51] the birthplace of Abraham   [52] Hugo was possibly referring to the dwelling-place of the tribe of Jerahmeel.   [53] 'bedecked'   [54] 'crescent'   [55] 'sickle'

[1] A volume of miscellaneous lyric verse, showing distinct Parnassian influence in form, published in October, 1865.   [2] This poem on seed-time was completed by Hugo during a trip in the Rhineland in the autumn of 1865, but is thought to have been begun many years before.   [3] 'of twilight'   [4] 'doorway'   [5] 'rags'   [6] 'in handfuls'   [7] 'harvest'   [8] 'furrows'   [9] 'ploughed lands'   [10] 'casts the seed'
[11] 'witness'

Pendant que, déployant ses voiles,
L'ombre,[12] où se mêle une rumeur,[13]
Semble élargir[14] jusqu'aux étoiles
Le geste auguste du semeur.[15]

20

[12] 'unfolding its veils, darkness' [13] 'a faint stirring' [14] 'to extend'
[15] 'sower'

MERIMEE

MERIMEE

PROSPER MERIMEE (1803–70) was born in Paris. His father was an artist and secretary to the Ecole des Beaux-Arts; on his mother's side Mérimée was descended from Mme Leprince de Beaumont, the eighteenth century writer of fairy stories. After receiving his education at the lycée Henri IV, Mérimée studied law for a time, but soon gave up this pretence to enjoy the income provided by his mother. He gravitated naturally towards the anti-poetic wing of the Romantic movement, and frequented the *cénacle* of the painter Delécluze along with Ampère, Paul-Louis Courier, Vitet and particularly Stendhal, who exercised considerable influence over him. His first literary enterprises consisted of two successful hoaxes: *Le Théâtre de Clara Gazul* (1825), a collection of pseudo-Spanish plays, and *La Guzla* (1827), a volume of spurious Illyrian ballads. They were followed by a historical drama and a historical novel. In 1829 the short stories, on which his fame rests, began to appear in the *Revue de Paris*. Two years later he was made political secretary to a cabinet minister, the comte d'Argout, and, in 1834, Inspector-General of historical monuments. In the latter capacity he traveled to every corner of France and performed very valuable services. He also traveled abroad a great deal, particularly to England and Spain. He knew the languages of these countries almost perfectly, and was also conversant with a dozen other tongues. Mérimée was elected to the Academy in 1844. Under the July Monarchy he exercised his talents as a wit and a lady's man in the salon of Mme de Boigne and at the Hôtel Castellane, but his real social triumph came after 1853, when the daughter of an old friend, the comtesse de Montijo, became the Empress Eugénie. Mérimée was loaded with honors, appointed to the Senate, and later made secretary of that body. He spent his remaining years supervising amusements for the court, helping Napoleon III with his *Life of Julius Caesar* and occasionally traveling to England on secret diplomatic missions. During this same period Mérimée wrote some historical works, now almost forgotten, and published translations from the Russian authors, Pushkin, Gogol and Turgenev. He did not long survive the Second Empire, but died of a stroke at Cannes three weeks after the disaster at Sédan.

Mérimée's principal works are: *Le Théâtre de Clara Gazul* (1825), *La Guzla* (1827), *La Jacquerie* (1828), *Chronique du règne de Charles IX* (1829), *Colomba* (1840), *Carmen* (1845), and the short stories which appeared intermittently from 1829 on. Many volumes of correspondence were published posthumously and include letters to Jenny Dacquin (*Lettres à une inconnue*), to Mme Przedziečka (*Lettres à une autre inconnue*), to Panizzi, the director of the British Museum, and to Sutton Sharpe.

MATEO FALCONE[1]

En sortant de Porto-Vecchio[2] et se dirigeant au nord-ouest, vers l'intérieur de l'île, on voit le terrain s'élever assez rapidement, et, après trois heures de marche par des sentiers tortueux, obstrués par de gros quartiers[3] de rocs, et quelquefois coupés par des ravins, on se trouve sur
5 le bord d'un *mâquis* très étendu; le mâquis est la patrie des bergers corses[4] et de quiconque s'est brouillé[5] avec la justice. Il faut savoir que le laboureur[6] corse, pour s'épargner[7] la peine de fumer[8] son champ, met le feu à une certaine étendue[9] de bois: tant pis si la flamme se répand[10] plus loin que besoin n'est; arrive que pourra,[11] on est sûr d'avoir une bonne ré-
10 colte[12] en semant[13] sur cette terre fertilisée par les cendres des arbres qu'elle portait. Les épis enlevés,[14] car on laisse la paille,[15] qui donnerait de la peine à recueillir,[16] les racines[17] qui sont restées en terre sans se consumer poussent,[18] au printemps suivant, des cépées[19] très épaisses qui, en peu d'années, parviennent à une hauteur de sept ou huit pieds.
15 C'est cette manière de taillis fourré[20] que l'on nomme mâquis. Différentes espèces d'arbres et d'arbrisseaux[21] le composent, mêlés et confondus comme il plaît à Dieu. Ce n'est que la hache[22] à la main que l'homme s'y ouvrirait un passage, et l'on voit des mâquis si épais et si touffus,[23] que les mouflons[24] eux-mêmes ne peuvent y pénétrer.

20 Si vous avez tué un homme, allez dans le mâquis de Porto-Vecchio, et vous y vivrez en sûreté, avec un bon fusil,[25] de la poudre et des balles; n'oubliez pas un manteau brun garni d'un capuchon,[a][26] qui sert de couverture et de matelas.[27] Les bergers vous donnent du lait, du fromage et des châtaignes,[28] et vous n'aurez rien à craindre de la justice ou des
25 parents du mort, si ce n'est[29] quand il vous faudra descendre à la ville pour y renouveler vos munitions.

Mateo Falcone, quand j'étais en Corse en 18.., avait sa maison à

[a] *Pilone*

[1] First published in the *Revue de Paris* (May, 1829) with the sub-title *Mœurs de la Corse*. The story was reprinted in 1833, with slight modifications, in a volume of tales entitled *Mosaïque*. Further changes were made in the editions of 1846 and 1850, following Mérimée's visit to Corsica in 1839. The text reprinted here follows the edition of 1850. *Mateo Falcone* is the first of the *contes cruels*, and was followed later by tales such as *L'Enlèvement de la redoute* (1829), *Tamango* (1829), *Le Vase étrusque* (1830), *La Vénus d'Ille* (1837), *Lokis* (1869). [2] town on the eastern coast of Corsica [3] 'winding paths, obstructed by large blocks' [4] 'Corsican' [5] 'has quarreled' [6] 'farmer' [7] 'spare himself' [8] 'manure' [9] 'area' [10] 'spreads' [11] 'come what may' [12] 'crop' [13] 'sowing' [14] 'ears of grain removed' [15] 'straw' [16] 'gather' [17] 'roots' [18] 'send up' [19] 'clusters of shoots' [20] 'dense thicket' [21] 'shrubs' [22] 'axe' [23] 'bushy' [24] 'wild sheep' [25] 'rifle' [26] 'hood' [27] 'mattress' [28] 'chestnuts' [29] 'except'

une demi-lieue[30] de ce mâquis. C'était un homme assez riche pour le pays; vivant noblement, c'est-à-dire sans rien faire, du produit de ses troupeaux,[31] que des bergers, espèces de nomades, menaient paître[32] çà et là sur les montagnes. Lorsque je le vis, deux années après l'événement que je vais raconter, il me parut âgé de cinquante ans tout au plus. 5 Figurez-vous un homme petit mais robuste, avec des cheveux crépus, noirs comme le jais,[33] un nez aquilin, les lèvres minces,[34] les yeux grands et vifs, et un teint[35] couleur de revers de botte.[36] Son habileté au tir du fusil[37] passait pour extraordinaire, même dans son pays, où il y a tant de bons tireurs. Par exemple, Mateo n'aurait jamais tiré sur un mouflon 10 avec des chevrotines;[38] mais, à cent vingt pas, il l'abattait[39] d'une balle dans la tête ou dans l'épaule, à son choix. La nuit, il se servait de ses armes aussi facilement que le jour, et l'on m'a cité de lui ce trait d'adresse[40] qui paraîtra peut-être incroyable à qui n'a pas voyagé en Corse. A quatre-vingts pas, on plaçait une chandelle allumée derrière un trans- 15 parent de papier,[41] large comme une assiette. Il mettait en joue,[42] puis on éteignait la chandelle, et, au bout d'une minute, dans l'obscurité la plus complète, il tirait et perçait le transparent trois fois sur quatre.

Avec un mérite aussi transcendant, Mateo Falcone s'était attiré une grande réputation. On le disait[43] aussi bon ami que dangereux ennemi: 20 d'ailleurs serviable[44] et faisant l'aumône,[45] il vivait en paix avec tout le monde dans le district de Porto-Vecchio. Mais on contait de lui qu'à Corte,[46] où il avait pris femme, il s'était débarrassé fort vigoureusement d'un rival qui passait pour aussi redoutable en guerre qu'en amour: du moins on attribuait à Mateo certain coup de fusil qui surprit ce rival 25 comme il était à se raser[47] devant un petit miroir pendu à sa fenêtre. L'affaire assoupie,[48] Mateo se maria. Sa femme Giuseppa lui avait donné d'abord trois filles (dont il enrageait),[49] et enfin un fils, qu'il nomma Fortunato: c'était l'espoir de sa famille, l'héritier du nom. Les filles étaient bien mariées: leur père pouvait compter au besoin sur les poignards[50] et 30 les escopettes[51] de ses gendres. Le fils n'avait que dix ans, mais il annon-çait déjà d'heureuses dispositions.

Un certain jour d'automne, Mateo sortit de bonne heure avec sa femme pour aller visiter un de ses troupeaux dans une clairière[52] du mâquis. Le petit Fortunato voulait l'accompagner, mais la clairière était trop loin; 35 d'ailleurs, il fallait bien que quelqu'un restât pour garder la maison; le père refusa donc: on verra s'il n'eut pas lieu[53] de s'en repentir.

---

[30] 'half a league away'   [31] 'flocks'   [32] 'to graze'   [33] 'curly, jet-black hair'
[34] 'thin'   [35] 'complexion'   [36] 'boot-top'   [37] i.e. as a marksman
[38] 'buckshot'   [39] 'would bring it down'   [40] 'feat of skill'   [41] 'sheet of
paper'   [42] 'would take aim'   [43] 'he was said to be'   [44] 'obliging'
[45] 'giving alms'   [46] town in the center of the island   [47] 'in the act of shaving'
[48] 'hushed up'   [49] 'which made him furious'   [50] 'daggers'   [51] 'carbines'
[52] 'clearing'   [53] 'reason'

Il était absent depuis quelques heures, et le petit Fortunato était tranquillement étendu au soleil, regardant les montagnes bleues, et pensant que, le dimanche prochain, il irait dîner à la ville, chez son oncle le *caporal*,[a] quand il fut soudainement interrompu dans ses méditations
5　par l'explosion d'une arme à feu. Il se leva et se tourna du côté de la plaine d'où partait ce bruit. D'autres coups de fusil se succédèrent, tirés à intervalles inégaux, et toujours de plus en plus rapprochés; enfin, dans le sentier qui menait de la plaine à la maison de Mateo parut un homme, coiffé[61] d'un bonnet pointu comme en portent les montagnards, barbu,[62]
10　couvert de haillons,[63] et se traînant[64] avec peine en s'appuyant sur son fusil. Il venait de recevoir un coup de feu dans la cuisse.[65]

Cet homme était un *bandit*,[b] qui, étant parti de nuit pour aller chercher de la poudre à la ville, était tombé en route dans une embuscade[67] de voltigeurs[68] corses.[c] Après une vigoureuse défense, il était parvenu à
15　faire sa retraite, vivement poursuivi et tiraillant[71] de rocher en rocher. Mais il avait peu d'avance sur les soldats et sa blessure le mettait hors d'état[72] de gagner le mâquis avant d'être rejoint.[73]

Il s'approcha de Fortunato et lui dit:

— Tu es le fils de Mateo Falcone?

20　— Oui.

— Moi, je suis Gianetto Sanpiero. Je suis poursuivi par les collets[74] jaunes.[d] Cache-moi, car je ne puis aller plus loin.

— Et que dira mon père si je te cache sans sa permission?

— Il dira que tu as bien fait.

25　— Qui sait?

— Cache-moi vite; ils viennent.

— Attends que mon père soit revenu.

— Que j'attende? malédiction![75] Ils seront ici dans cinq minutes. Allons, cache-moi, ou je te tue.

[a] Les caporaux furent autrefois les chefs que se donnèrent les communes[54] corses quand ils s'insurgèrent[55] contre les seigneurs féodaux.[56] Aujourd'hui, on donne encore quelquefois ce nom à un homme qui, par ses propriétés, ses alliances[57] et sa clientèle,[58] exerce une influence et une sorte de magistrature effective sur une *pieve* ou un canton.[59] Les Corses se divisent, par une ancienne habitude, en cinq castes: les *gentilshommes* (dont les uns sont *magnifiques*, les autres *signori*), les *caporali*, les *citoyens*, les *plébéiens* et les *étrangers*.[60]

[b] Ce mot est ici synonyme de proscrit.[66]

[c] C'est un corps levé depuis peu d'années par le gouvernement, et qui sert concurremment[69] avec la gendarmerie[70] au maintien de la police.

[d] L'uniforme des voltigeurs était alors un habit brun avec un collet jaune.

[54] 'municipalities'　　[55] 'rose'　　[56] 'feudal'　　[57] i.e. alliances by marriage　　[58] 'dependents'　　[59] 'rural district'　　[60] 'foreigners'　　[61] 'wearing on his head'　　[62] 'bearded'　　[63] 'rags'　　[64] 'dragging himself along'　　[65] 'thigh'　　[66] 'outlaw'　　[67] 'ambush'　　[68] 'light infantry'　　[69] 'conjointly'　　[70] 'constabulary'　　[71] 'skirmishing'　　[72] 'his wound made it impossible for him'　　[73] 'overtaken'　　[74] 'collars'　　[75] 'damnation'

Fortunato lui répondit avec le plus grand sang-froid:

— Ton fusil est déchargé,[76] et il n'y a plus de cartouches[77] dans ta carchera.[a]

—J'ai mon stylet.[80]

— Mais courras-tu aussi vite que moi?

Il fit un saut, et se mit hors d'atteinte.[81]

— Tu n'es pas le fils de Mateo Falcone! Me laisseras-tu donc arrêter devant ta maison?

L'enfant parut touché.

— Que me donneras-tu si je te cache? dit-il en se rapprochant.

Le bandit fouilla[82] dans une poche de cuir qui pendait à sa ceinture, et il en tira une pièce de cinq francs, qu'il avait réservée sans doute pour acheter de la poudre. Fortunato sourit à la vue de la pièce d'argent; il s'en saisit, et dit à Gianetto:

— Ne crains rien.

Aussitôt il fit un grand trou dans un tas de foin[83] placé auprès de la maison. Gianetto s'y blottit,[84] et l'enfant le recouvrit de manière à lui laisser un peu d'air pour respirer, sans qu'il fût possible cependant de soupçonner que ce foin cachât un homme. Il s'avisa,[85] de plus, d'une finesse[86] de sauvage assez ingénieuse. Il alla prendre une chatte et ses petits, et les établit sur le tas de foin pour faire croire qu'il n'avait pas été remué[87] depuis peu. Ensuite, remarquant des traces de sang sur le sentier près de la maison, il les couvrit de poussière[88] avec soin, et, cela fait, il se recoucha au soleil avec la plus grande tranquillité.

Quelques minutes après, six hommes en uniforme brun à collet jaune, et commandés par un adjudant,[89] étaient devant la porte de Mateo. Cet adjudant était quelque peu parent de Falcone. (On sait qu'en Corse on suit les degrés de parenté beaucoup plus loin qu'ailleurs.) Il se nommait Tiodoro Gamba: c'était un homme actif, fort redouté des bandits dont il avait déjà traqué[90] plusieurs.

— Bonjour, petit cousin, dit-il à Fortunato en l'abordant;[91] comme te voilà grandi![92] As-tu vu passer un homme tout à l'heure?

— Oh! je ne suis pas encore si grand que vous, mon cousin, répondit l'enfant d'un air niais.[93]

— Cela viendra. Mais n'as-tu pas vu passer un homme, dis-moi?

— Si j'ai vu passer un homme?

— Oui, un homme avec un bonnet pointu en velours[94] noir, et une veste brodée[95] de rouge et de jaune?

[a] Ceinture de cuir[78] qui sert de giberne et de portefeuille.[79]

[76] 'unloaded'   [77] 'cartridges'   [78] 'leather belt'   [79] 'cartridge-pouch and pocketbook'   [80] 'stiletto'   [81] 'reach'   [82] 'searched'   [83] 'haycock'   [84] 'crouched down in it'   [85] 'bethought himself'   [86] 'ruse'   [87] 'disturbed'   [88] 'dust'   [89] 'sergeant-major'   [90] 'hunted down'   [91] 'coming up to him'   [92] 'how you've grown!'   [93] 'simple'   [94] 'velvet'   [95] 'a jacket embroidered'

— Un homme avec un bonnet pointu, et une veste brodée de rouge et de jaune?

— Oui, réponds vite, et ne répète pas mes questions.

— Ce matin, M. le curé est passé devant notre porte, sur son cheval
5 Piero. Il m'a demandé comment papa se portait, et je lui ai répondu...

— Ah! petit drôle, tu fais le malin![96] Dis-moi vite par où est passé
Gianetto, car c'est lui que nous cherchons; et, j'en suis certain, il a pris
par ce sentier.

— Qui sait?
10 — Qui sait? C'est moi qui sais que tu l'as vu.

— Est-ce qu'on voit les passants quand on dort?

— Tu ne dormais pas, vaurien;[97] les coups de fusil t'ont réveillé.

— Vous croyez donc, mon cousin, que vos fusils font tant de bruit?
L'escopette de mon père en fait bien davantage.
15 — Que le diable te confonde, maudit garnement![98] Je suis bien sûr que
tu as vu le Gianetto. Peut-être même l'as-tu caché. Allons, camarades,
entrez dans cette maison, et voyez si notre homme n'y est pas. Il n'allait
plus que d'une patte, et il a trop de bon sens, le coquin,[99] pour avoir
cherché à gagner le mâquis en clopinant.[1] D'ailleurs, les traces de sang
20 s'arrêtent ici.

— Et que dira papa? demanda Fortunato en ricanant;[2] que dira-t-il
s'il sait qu'on est entré dans sa maison pendant qu'il était sorti?

— Vaurien! dit l'adjudant Gamba en le prenant par l'oreille, sais-tu
qu'il ne tient qu'à moi[3] de te faire changer de note? Peut-être qu'en te
25 donnant une vingtaine de coups de plat de sabre tu parleras enfin.

Et Fortunato ricanait toujours.

— Mon père est Mateo Falcone! dit-il avec emphase.

— Sais-tu bien, petit drôle, que je puis t'emmener à Corte ou à Bastia?[4]
Je te ferai coucher dans un cachot,[5] sur la paille, les fers[6] aux pieds, et je
30 te ferai guillotiner si tu ne dis où est Gianetto Sanpiero.

L'enfant éclata de rire à cette ridicule menace. Il répéta:

— Mon père est Mateo Falcone!

— Adjudant, dit tout bas un des voltigeurs, ne nous brouillons pas
avec Mateo.
35 Gamba paraissait évidemment embarrassé. Il causait à voix basse
avec ses soldats, qui avaient déjà visité[7] toute la maison. Ce n'était pas
une opération fort longue, car la cabane d'un Corse ne consiste qu'en
une seule pièce carrée. L'ameublement[8] se compose d'une table, de bancs,
de coffres[9] et d'ustensiles de chasse ou de ménage.[10] Cependant le petit

---

[96] 'you're trying to be clever!'   [97] 'good-for-nothing'   [98] 'cursed scamp'
[99] 'rascal'   [1] 'limping'   [2] 'sneering'   [3] 'it is in my power'   [4] a town on
the northeastern coast of Corsica   [5] 'dungeon'   [6] 'fetters'   [7] 'searched'
[8] 'furnishings'   [9] 'chests'   [10] 'household'

Fortunato caressait sa chatte, et semblait jouir malignement de la confusion des voltigeurs et de son cousin.

Un soldat s'approcha du tas de foin. Il vit la chatte, et donna un coup de baïonnette dans le foin avec négligence, et en haussant[11] les épaules, comme s'il sentait que sa précaution était ridicule. Rien ne remua; et le visage de l'enfant ne trahit pas la plus légère émotion. 5

L'adjudant et sa troupe se donnaient au diable;[12] déjà ils regardaient sérieusement du côté de la plaine, comme disposés à s'en retourner par où ils étaient venus, quand leur chef, convaincu que les menaces ne produiraient aucune impression sur le fils de Falcone, voulut faire un dernier 10 effort et tenter le pouvoir des caresses et des présents.

— Petit cousin, dit-il, tu me parais un gaillard[13] bien éveillé! Tu iras loin. Mais tu joues un vilain[14] jeu avec moi; et, si je ne craignais de faire de la peine à mon cousin Mateo, le diable m'emporte! je t'emmènerais avec moi. 15

— Bah!

— Mais, quand mon cousin sera revenu, je lui conterai l'affaire, et, pour ta peine d'avoir menti, il te donnera le fouet[15] jusqu'au sang.

— Savoir?[16]

— Tu verras... Mais, tiens... sois brave garçon, et je te donnerai 20 quelque chose.

— Moi, mon cousin, je vous donnerai un avis:[17] c'est que, si vous tardez davantage, le Gianetto sera dans le mâquis, et alors il faudra plus d'un luron[18] comme vous pour aller l'y chercher.

L'adjudant tira de sa poche une montre d'argent qui valait bien dix 25 écus;[19] et, remarquant que les yeux du petit Fortunato étincelaient[20] en la regardant, il lui dit en tenant la montre suspendue au bout de sa chaîne d'acier:[21]

— Fripon![22] tu voudrais bien avoir une montre comme celle-ci suspendue à ton col, et tu te promènerais dans les rues de Porto-Vecchio, fier 30 comme un paon;[23] et les gens te demanderaient: «Quelle heure est-il?» et tu leur dirais: «Regardez à ma montre.»

— Quand je serai grand, mon oncle le caporal me donnera une montre.

— Oui; mais le fils de ton oncle en a déjà une... pas aussi belle que celle-ci, à la vérité... Cependant il est plus jeune que toi. 35

L'enfant soupira.[24]

— Eh bien, la veux-tu cette montre, petit cousin?

Fortunato, lorgnant la montre du coin de l'œil,[25] ressemblait à un chat à qui l'on présente un poulet tout entier. Comme il sent qu'on se

---

[11] 'shrugging' [12] i.e. were at their wits' end [13] 'fellow' [14] 'mean'
[15] 'whip' [16] 'really' [17] 'piece of advice' [18] 'strapping fellow' [19] 'crowns';
1 *écu* = 3 *francs* [20] 'sparkled' [21] 'steel' [22] 'rascal' [23] 'peacock'
[24] 'sighed' [25] 'casting sidelong glances at the watch'

moque de lui, il n'ose y porter la griffe,[26] et de temps en temps il détourne les yeux, pour ne pas s'exposer à succomber à la tentation; mais il se lèche les babines[27] à tout moment, et il a l'air de dire à son maître: «Que votre plaisanterie est cruelle!»

5 Cependant l'adjudant Gamba semblait de bonne foi en présentant sa montre. Fortunato n'avança pas[28] la main; mais il lui dit avec un sourire amer:

— Pourquoi vous moquez-vous de moi?[a]

— Par Dieu! je ne me moque pas. Dis-moi seulement où est Gianetto, 10 et cette montre est à toi.

Fortunato laissa échapper un sourire d'incrédulité; et fixant ses yeux noirs sur ceux de l'adjudant, il s'efforçait d'y lire la foi qu'il devait avoir en ses paroles.

— Que je perde mon épaulette,[30] s'écria l'adjudant, si je ne te donne 15 pas la montre à cette condition! Les camarades sont témoins;[31] et je ne puis m'en dédire.[32]

En parlant ainsi, il approchait toujours la montre, tant, qu'elle touchait presque la joue pâle de l'enfant. Celui-ci montrait bien sur sa figure le combat que se livraient en son âme la convoitise[33] et le respect dû à 20 l'hospitalité. Sa poitrine[34] nue se soulevait avec force; et il semblait près d'étouffer.[35] Cependant la montre oscillait, tournait, et quelquefois lui heurtait[36] le bout du nez. Enfin, peu à peu, sa main droite s'éleva vers la montre: le bout de ses doigts la toucha; et elle pesait tout entière[37] dans sa main sans que l'adjudant lâchât[38] pourtant le bout de la chaîne... Le 25 cadran était azuré... la boîte nouvellement fourbie[39]..., au soleil, elle paraissait toute de feu... La tentation était trop forte.

Fortunato éleva aussi sa main gauche, et indiqua du pouce, par-dessus son épaule, le tas de foin auquel il était adossé.[40] L'adjudant le comprit aussitôt. Il abandonna l'extrémité de la chaîne; Fortunato se sentit seul 30 possesseur de la montre. Il se leva avec l'agilité d'un daim,[41] et s'éloigna de dix pas du tas de foin, que les voltigeurs se mirent aussitôt à culbuter.[42]

On ne tarda pas à voir le foin s'agiter; et un homme sanglant, le poignard à la main, en sortit; mais, comme il essayait de se lever en pied, sa blessure refroidie[43] ne lui permit plus de se tenir debout. Il tomba. L'ad- 35 judant se jeta sur lui et lui arracha son stylet. Aussitôt on le garrotta[44] fortement, malgré sa résistance.

[a] *Perchè me c...?*[29]

---

[26] 'claw' [27] 'licks his chops' [28] 'did not put out' [29] a vulgar Corsican expression [30] i.e. my rank [31] 'witnesses' [32] 'back out' [33] 'greed' [34] 'chest' [35] 'choke' [36] 'hit' [37] 'lay with its full weight' [38] 'let go' [39] 'the dial was sky-blue . . . the case newly polished' [40] 'to which his back was turned' [41] 'deer' [42] 'overturn' [43] 'grown stiff with cold' [44] 'bound him'

Gianetto, couché par terre et lié[45] comme un fagot,[46] tourna la tête vers Fortunato, qui s'était rapproché.

— Fils de...! lui dit-il avec plus de mépris[47] que de colère.

L'enfant lui jeta la pièce d'argent qu'il en avait reçue, sentant qu'il avait cessé de la mériter; mais le proscrit n'eut pas l'air de faire attention à ce mouvement. Il dit avec beaucoup de sang-froid à l'adjudant:

— Mon cher Gamba, je ne puis marcher; vous allez être obligé de me porter à la ville.

— Tu courais tout à l'heure plus vite qu'un chevreuil,[48] repartit le cruel vainqueur; mais sois tranquille: je suis si content de te tenir, que je te porterais une lieue sur mon dos sans être fatigué. Au reste, mon camarade, nous allons te faire une litière avec des branches et ta capote;[49] et à la ferme de Crespoli nous trouverons des chevaux.

— Bien, dit le prisonnier; vous mettrez aussi un peu de paille sur votre litière, pour que je sois plus commodément.

Pendant que les voltigeurs s'occupaient, les uns à faire une espèce de brancard[50] avec des branches de châtaignier,[51] les autres à panser[52] la blessure de Gianetto, Mateo Falcone et sa femme parurent tout d'un coup au détour d'un sentier qui conduisait au mâquis. La femme s'avançait courbée péniblement sous le poids d'un énorme sac de châtaignes, tandis que son mari se prélassait,[53] ne portant qu'un fusil à la main et un autre en bandoulière;[54] car il est indigne d'un homme de porter d'autre fardeau[55] que ses armes.

A la vue des soldats, la première pensée de Mateo fut qu'ils venaient pour l'arrêter. Mais pourquoi cette idée? Mateo avait-il donc quelques démêlés[56] avec la justice? Non. Il jouissait d'une bonne réputation. C'était, comme on dit, *un particulier bien famé;*[57] mais il était Corse et montagnard, et il y a peu de Corses montagnards qui, en scrutant[58] bien leur mémoire, n'y trouvent quelque peccadille,[59] telle que coups de fusil, coups de stylet et autres bagatelles. Mateo, plus qu'un autre, avait la conscience nette; car depuis plus de dix ans il n'avait dirigé son fusil contre un homme; mais toutefois il était prudent; et il se mit en posture de faire une belle défense, s'il en était besoin.

— Femme, dit-il à Giuseppa, mets bas ton sac, et tiens-toi prête.

Elle obéit sur-le-champ. Il lui donna le fusil qu'il avait en bandoulière et qui aurait pu le gêner. Il arma[60] celui qu'il avait à la main, et il s'avança lentement vers sa maison, longeant[61] les arbres qui bordaient le chemin, et prêt, à la moindre démonstration hostile, à se jeter derrière le plus gros tronc, d'où il aurait pu faire feu à couvert.[62] Sa femme marchait

---

[45] 'trussed up' [46] 'bundle of firewood' [47] 'contempt' [48] 'deer' [49] 'cloak' [50] 'stretcher' [51] 'chestnut tree' [52] 'in dressing' [53] 'sauntered along' [54] 'slung across his back' [55] 'burden' [56] 'quarrel' [57] 're-spectable citizen' [58] 'searching' [59] 'trifling misdemeanor' [60] 'cocked' [61] 'skirting' [62] 'from a protected position'

sur ses talons,[63] tenant son fusil de rechange[64] et sa giberne. L'emploi d'une bonne ménagère,[65] en cas de combat, est de charger les armes de son mari.

D'un autre côté, l'adjudant était fort en peine en voyant Mateo
5 s'avancer ainsi, à pas comptés,[66] le fusil en avant, et le doigt sur la détente.[67]

— Si par hasard, pensa-t-il, Mateo se trouvait parent de Gianetto, ou s'il était son ami, et qu'il voulût le défendre, les bourres[68] de ses deux fusils arriveraient à deux d'entre nous, aussi sûr qu'une lettre à la poste,
10 et s'il me visait,[69] nonobstant la parenté![70]...

Dans cette perplexité, il prit un parti[71] fort courageux, ce fut de s'avancer seul vers Mateo, pour lui conter l'affaire, en l'abordant comme une vieille connaissance; mais le court intervalle qui le séparait de Mateo lui parut terriblement long.

15 — Holà! eh! mon vieux camarade, criait-il, comment cela va-t-il, mon brave? C'est moi, je suis Gamba, ton cousin.

Mateo, sans répondre un mot, s'était arrêté, et, à mesure que l'autre parlait, il relevait doucement le canon[72] de son fusil, de sorte qu'il était dirigé vers le ciel au moment où l'adjudant le joignit.

20 — Bonjour, frère,[a] dit l'adjudant en lui tendant la main. Il y a bien longtemps que je ne t'ai vu.

— Bonjour, frère.

— J'étais venu pour te dire bonjour en passant, et à ma cousine Pepa. Nous avons fait une longue traite[74] aujourd'hui; mais il ne faut pas
25 plaindre notre fatigue, car nous avons fait une fameuse prise.[75] Nous venons d'empoigner[76] Gianetto Sanpiero.

— Dieu soit loué! s'écria Giuseppa. Il nous a volé une chèvre laitière[77] la semaine passée.

Ces mots réjouirent Gamba.

30 — Pauvre diable! dit Mateo, il avait faim.

— Le drôle s'est défendu comme un lion, poursuivit l'adjudant un peu mortifié; il m'a tué un de mes voltigeurs, et, non content de cela, il a cassé le bras au caporal Chardon; mais il n'y a pas grand mal, ce n'était qu'un Français... Ensuite, il s'était si bien caché, que le diable ne
35 l'aurait pu découvrir. Sans mon petit cousin Fortunato, je ne l'aurais jamais pu trouver.

— Fortunato! s'écria Mateo.

— Fortunato! répéta Giuseppa.

[a] *Buon giorno, fratello,* salut[73] ordinaire des Corses.

---

[63] 'heels'   [64] 'spare'   [65] 'housewife'   [66] 'with measured tread'   [67] 'trigger'
[68] 'wads'   [69] 'aimed at me'   [70] 'notwithstanding the relationship'   [71] 'decision'
[72] 'muzzle'   [73] 'greeting'   [74] 'march'   [75] 'capture'   [76] 'caught'
[77] 'milking goat'

— Oui, le Gianetto s'était caché sous ce tas de foin là-bas; mais mon petit cousin m'a montré la malice.[78] Aussi je le dirai à son oncle le caporal, afin qu'il lui envoie un beau cadeau pour sa peine. Et son nom et le tien seront dans le rapport que j'enverrai à M. l'avocat général.[79]

— Malédiction! dit tout bas Mateo.

Ils avaient rejoint le détachement. Gianetto était déjà couché sur la litière et prêt à partir. Quand il vit Mateo en la compagnie de Gamba, il sourit d'un sourire étrange; puis, se tournant vers la porte de la maison, il cracha sur le seuil,[80] en disant:

— Maison d'un traître!

Il n'y avait qu'un homme décidé à mourir qui eût osé prononcer le mot de traître en l'appliquant à Falcone. Un bon coup de stylet, qui n'aurait pas eu besoin d'être répété, aurait immédiatement payé l'insulte. Cependant Mateo ne fit pas d'autre geste que celui de porter sa main à son front comme un homme accablé.[81]

Fortunato était entré dans la maison en voyant arriver son père. Il reparut bientôt avec une jatte[82] de lait, qu'il présenta les yeux baissés à Gianetto.

— Loin de moi! lui cria le proscrit d'une voix foudroyante.[83]

Puis, se tournant vers un des voltigeurs:

— Camarade, donne-moi à boire, dit-il.

Le soldat remit sa gourde[84] entre ses mains, et le bandit but l'eau que lui donnait un homme avec lequel il venait d'échanger des coups de fusil. Ensuite il demanda qu'on lui attachât les mains de manière qu'il les eût croisées sur sa poitrine, au lieu de les avoir liées derrière le dos.

— J'aime, disait-il, à être couché à mon aise.

On s'empressa[85] de le satisfaire; puis l'adjudant donna le signal du départ, dit adieu à Mateo, qui ne lui répondit pas, et descendit au pas accéléré vers la plaine.

Il se passa près de dix minutes avant que Mateo ouvrît la bouche. L'enfant regardait d'un œil inquiet tantôt sa mère et tantôt son père, qui, s'appuyant sur son fusil, le considérait avec une expression de colère concentrée.

— Tu commences bien! dit enfin Mateo d'une voix calme, mais effrayante pour qui connaissait l'homme.

— Mon père! s'écria l'enfant en s'avançant les larmes aux yeux comme pour se jeter à ses genoux.

Mais Mateo lui cria:

— Arrière de moi![86]

Et l'enfant s'arrêta et sanglota, immobile, à quelques pas de son père.

---

[78] 'trick' [79] 'the public prosecutor' [80] 'spat on the threshold' [81] 'overcome' [82] 'bowl' [83] 'thundering' [84] 'canteen' [85] 'they hastened' [86] 'get out of my sight'

Giuseppa s'approcha. Elle venait d'apercevoir la chaîne de la montre, dont un bout sortait de la chemise de Fortunato.

— Qui t'a donné cette montre? demanda-t-elle d'un ton sévère.

— Mon cousin l'adjudant.

5 Falcone saisit la montre, et, la jetant avec force contre une pierre, il la mit en mille pièces.

— Femme, dit-il, cet enfant est-il de moi?

Les joues brunes de Giuseppa devinrent d'un rouge de brique.

— Que dis-tu, Mateo? et sais-tu bien à qui tu parles?

10 — Eh bien, cet enfant est le premier de sa race qui ait fait une trahison.

Les sanglots et les hoquets[87] de Fortunato redoublèrent, et Falcone tenait ses yeux de lynx toujours attachés sur lui. Enfin il frappa la terre de la crosse[88] de son fusil, puis le rejeta sur son épaule et reprit le chemin du mâquis en criant à Fortunato de le suivre. L'enfant obéit.

15 Giuseppa courut après Mateo et lui saisit le bras:

— C'est ton fils, lui dit-elle d'une voix tremblante, en attachant ses yeux noirs sur ceux de son mari, comme pour lire ce qui se passait dans son âme.

— Laisse-moi, répondit Mateo: je suis son père.

20 Giuseppa embrassa son fils et entra en pleurant dans sa cabane. Elle se jeta à genoux devant une image de la Vierge[89] et pria avec ferveur. Cependant Falcone marcha quelque deux cents pas dans le sentier et ne s'arrêta que dans un petit ravin où il descendit. Il sonda la terre avec la crosse de son fusil et la trouva molle et facile à creuser.[90] L'endroit lui 25 parut convenable pour son dessein.

— Fortunato, va auprès de cette grosse pierre.

L'enfant fit ce qu'il lui commandait, puis il s'agenouilla.[91]

— Dis tes prières.

— Mon père, mon père, ne me tuez pas.

30 — Dis tes prières! répéta Mateo d'une voix terrible.

L'enfant, tout en balbutiant[92] et en sanglotant, récita le *Pater* et le *Credo*.[93] Le père, d'une voix forte, répondait *Amen!* à la fin de chaque prière.

— Sont-ce là toutes les prières que tu sais?

35 — Mon père, je sais encore l'*Ave Maria* et la litanie que ma tante m'a apprise.

— Elle est bien longue, n'importe.

L'enfant acheva la litanie d'une voix éteinte.[94]

— As-tu fini?

40 — Oh! mon père, grâce![95] pardonnez-moi! Je ne le ferai plus! Je prierai tant mon cousin le caporal qu'on fera grâce au Gianetto!

---

[87] 'gasps'   [88] 'butt'   [89] 'Virgin'   [90] 'dig'   [91] 'knelt down'   [92] 'stammering'   [93] 'the Lord's Prayer and the Creed'   [94] 'faint'   [95] 'mercy!'

Il parlait encore; Mateo avait armé son fusil et le couchait en joue[96] en lui disant:

— Que Dieu te pardonne!

L'enfant fit un effort désespéré pour se relever et embrasser les genoux de son père; mais il n'en eut pas le temps. Mateo fit feu, et Fortunato tomba raide mort.[97]

Sans jeter un coup d'œil sur le cadavre, Mateo reprit le chemin de sa maison pour aller chercher une bêche[98] afin d'enterrer son fils. Il avait fait à peine quelques pas qu'il rencontra Giuseppa, qui accourait alarmée du coup de feu.

— Qu'as-tu fait? s'écria-t-elle.

— Justice.

— Où est-il?

— Dans le ravin. Je vais l'enterrer. Il est mort en chrétien; je lui ferai chanter une messe. Qu'on dise à mon gendre Tiodoro Bianchi de venir demeurer avec nous.

[96] 'was aiming at him'   [97] 'stone dead'   [98] 'spade'

MUSSET

MUSSET

LOUIS–CHARLES–ALFRED DE MUSSET (1810–57) was born in Paris. His father, who signed his writings Musset-Pathay, was a high official in the Ministries of War and the Interior and an authority on Rousseau, whose works he had edited. Musset was educated at the collège Henri IV, where he distinguished himself as a brilliant pupil. He made sporadic attempts to study law and medicine and even took a post in a government office; but he had no interest in any career other than that of literature. In 1828 he published an adaptation of De Quincey's *Opium Eater* and, in the same year, was introduced by his school-friend Paul Foucher, the brother-in-law of Hugo, to the poets of the principal Romantic *cénacles*. His precocious talent and youthful good looks quickly made Musset a favorite in literary circles, though some of the leading Romantics looked askance at his independence of spirit and at his tendency to satirize certain affectations of the new school. It was between 1828 and 1833 that Musset laid the foundations of his reputation. In the latter year he met the novelist George Sand. They fell in love with one another and set off for Italy, but parted in Venice in the spring of 1834, and Musset returned alone to Paris to nurse his wounded heart. Later he was to confide the presentation of his side of the now notorious quarrel to his brother Paul. The stimulus of a disappointed love proved most effective, for during the next three years Musset wrote not only the famous *Nuits* but many of his best poems and plays. He did not remain inconsolable for long, and George Sand was succeeded in his affections by women of fashion like Aimée d'Alton and the Princess Belgiojoso, or famous actresses like Rachel and Louise Allan. At thirty-five Musset's career as a poet was practically over; his contemporaries came to regard him as little more than a dandy and a wit. Recognition of his powers as a dramatist came late; it was not until 1847, when *Un Caprice* was performed at the Comédie-Française, that there was any enthusiasm in France for his delicate *comédies-proverbes*. Musset was elected to the Academy in 1852, and was appointed librarian to the Ministry of Education two years later. He died of heart disease at the early age of forty-seven.

In the field of poetry Musset published *Contes d'Espagne et d'Italie* (1830), *Un Spectacle dans un fauteuil* (1833). His later poems mostly appeared singly in the reviews of the period; in 1852 the whole body of his verse was published in two volumes: *Premières Poésies* and *Poésies nouvelles*. Musset's principal plays, some in verse, others in prose, are: *Les Caprices de Marianne* (1833), *On ne badine pas avec l'amour*, *A quoi rêvent les jeunes filles*, *Fantasio*, *Lorenzaccio* (all 1834), *Le Chandelier* (1835), *Il ne faut jurer de rien* (1836), *Il faut qu'une porte soit ouverte ou fermée* (1845). The autobiographical *Confession d'un enfant du siècle* appeared in 1836. Of his *Contes et Nouvelles*, *Le Fils du Titien* (1838) is perhaps the best known.

PREMIERES POESIES[1]

VENISE[2]

Dans Venise la rouge,
Pas un bateau qui bouge,[3]
Pas un pêcheur[4] dans l'eau,
    Pas un falot.[5]

5
Seul, assis à la grève,[6]
Le grand lion[7] soulève,
Sur l'horizon serein,
    Son pied d'airain.[8]

Autour de lui, par groupes,
10
Navires et chaloupes,[9]
Pareils à des hérons
    Couchés en ronds,[10]

Dorment sur l'eau qui fume,[11]
Et croisent dans la brume,[12]
15
En légers tourbillons,[13]
    Leurs pavillons.[14]

La lune qui s'efface
Couvre son front qui passe
D'un nuage étoilé[15]
20
    Demi voilé.

Ainsi, la dame abbesse
De Sainte-Croix rabaisse[16]
Sa cape aux vastes plis[17]
    Sur son surplis,[18]

25
Et les palais antiques,
Et les graves portiques,[19]

[1] This volume, which first appeared in 1840 under the title of *Poésies complètes*, includes Musset's earliest poems and is made up of two collections, first published separately: the *Contes d'Espagne et d'Italie* (1830) and *Un Spectacle dans un fauteuil* (1833).   [2] Written in 1828, several years before Musset's first visit to Italy, this poem was read at Hugo's *cénacle* and was first published in the *Contes d'Espagne et d'Italie*.   [3] 'stirs'   [4] 'fisherman'   [5] 'lantern'   [6] 'shore'   [7] i.e. the lion of St. Mark   [8] 'bronze'   [9] 'boats and skiffs'   [10] 'in a circle'   [11] 'steams'   [12] 'mist'   [13] 'eddies'   [14] 'flags'   [15] 'star-studded cloud'   [16] 'pulls down'   [17] 'folds'   [18] 'surplice'   [19] 'porticos'

Et les blancs escaliers[20]
    Des chevaliers,[21]

Et les ponts et les rues,
Et les mornes[22] statues,
Et le golfe mouvant   30
    Qui tremble au vent,

Tout se tait, fors[23] les gardes
Aux longues hallebardes,
Qui veillent aux créneaux[24]   35
    Des arsenaux.

— Ah! maintenant plus d'une
Attend, au clair de lune,
Quelque jeune muguet,[25]
    L'oreille au guet.[26]   40

Pour le bal qu'on prépare,
Plus d'une qui se pare,[27]
Met devant son miroir
    Le masque noir.

Sur sa couche embaumée,[28]   45
La Vanina pâmée[29]
Presse encor son amant,
    En s'endormant;

Et Narcissa, la folle,
Au fond de sa gondole,
S'oublie en un festin[30]   50
    Jusqu'au matin.

Et qui, dans l'Italie,
N'a son grain de folie?
Qui ne garde aux amours   55
    Ses plus beaux jours?

Laissons la vieille horloge,[31]
Au palais du vieux doge,[32]

[20] 'staircases'   [21] 'knights'   [22] 'gloomy'   [23] 'except'   [24] 'keep watch on the battlements'   [25] 'gallant'   [26] i.e. listening   [27] 'adorns herself'   [28] 'perfumed'   [29] 'swooning'   [30] 'feast'   [31] 'clock'   [32] The doge was the principal magistrate of Venice.

Lui compter de ses nuits
Les longs ennuis.[33]

Comptons plutôt, ma belle,
Sur ta bouche rebelle
Tant de baisers[34] donnés...
Ou pardonnés.

Comptons plutôt tes charmes,
Comptons les douces larmes
Qu'à nos yeux a coûté
La volupté.[35]

POESIES NOUVELLES[1]

LA NUIT DE MAI[2]

LA MUSE

Poète, prends ton luth[3] et me donne un baiser;[4]
La fleur de l'églantier sent ses bourgeons éclore.[5]
Le printemps naît ce soir; les vents vont s'embraser;[6]
Et la bergeronnette,[7] en attendant l'aurore,[8]
Aux premiers buissons[9] verts commence à se poser.
Poète, prends ton luth, et me donne un baiser.

LE POÈTE

Comme il fait noir dans la vallée!
J'ai cru qu'une forme voilée[10]
Flottait là-bas sur la forêt.
Elle sortait de la prairie;[11]
Son pied rasait l'herbe fleurie;[12]
C'est une étrange rêverie;
Elle s'efface et disparaît.

---

[33] 'weariness'   [34] 'kisses'   [35] 'ecstasy'

[1] Musset first gave this title to one section of the *Poésies complètes* (1840). In 1851 he published a volume of *Poésies nouvelles*, containing the verse which he had contributed to various journals between 1831 and 1848. The following year he collected under this title all his poems written since 1833.   [2] This poem is the earliest of the four *Nuits* (*mai, décembre, août* and *octobre*). It was written shortly after the liaison with George Sand was finally terminated and published in the *Revue des Deux Mondes* (June 15, 1835).

[3] 'lute'   [4] 'kiss'   [5] 'the wild-rose bloom feels its buds bursting'   [6] 'take fire'   [7] 'wagtail'   [8] 'dawn'   [9] 'bushes'   [10] 'veiled'   [11] 'meadow'   [12] 'grazed the flower-studded grass'

La Muse

Poète, prends ton luth; la nuit, sur la pelouse,[13]
Balance le zéphyr[14] dans son voile odorant.[15]
La rose, vierge encor, se referme jalouse
Sur le frelon nacré qu'elle enivre en mourant.[16]
Ecoute! tout se tait; songe à ta bien-aimée.
Ce soir, sous les tilleuls,[17] à la sombre ramée[18]
Le rayon du couchant[19] laisse un adieu plus doux.
Ce soir, tout va fleurir: l'immortelle nature
Se remplit de parfums, d'amour et de murmure,
Comme le lit joyeux de deux jeunes époux.

Le Poète

Pourquoi mon cœur bat-il si vite?
Qu'ai-je donc en moi qui s'agite,
Dont je me sens épouvanté?[20]
Ne frappe-t-on pas à ma porte?
Pourquoi ma lampe à demi morte
M'éblouit-elle de clarté?[21]
Dieu puissant! tout mon corps frissonne.[22]
Qui vient? qui m'appelle? — Personne.
Je suis seul; c'est l'heure qui sonne;
O solitude! ô pauvreté!

La Muse

Poète, prends ton luth; le vin de la jeunesse
Fermente cette nuit dans les veines de Dieu.
Mon sein[23] est inquiet; la volupté[24] l'oppresse,
Et les vents altérés[25] m'ont mis la lèvre en feu.
O paresseux[26] enfant! regarde, je suis belle.
Notre premier baiser, ne t'en souviens-tu pas,
Quand je te vis si pâle au toucher de mon aile,[27]
Et que, les yeux en pleurs, tu tombas dans mes bras?
Ah! je t'ai consolé d'une amère[28] souffrance!
Hélas! bien jeune encor, tu te mourais d'amour.
Console-moi ce soir, je me meurs d'espérance;
J'ai besoin de prier pour vivre jusqu'au jour.

[13] 'lawn'   [14] 'breeze'   [15] 'perfumed'   [16] 'on the pearly drone which it intoxicates as he dies'   [17] 'linden trees'   [18] 'foliage'   [19] 'the setting [sun]'   [20] 'terrified'   [21] 'dazzle me with its light'   [22] 'trembles'   [23] 'bosom'   [24] 'ecstasy'   [25] 'thirsty'   [26] 'indolent'   [27] 'wing'   [28] 'bitter'

Le Poète

Est-ce toi dont la voix m'appelle,
O ma pauvre Muse! est-ce toi?
O ma fleur, ô mon immortelle!
Seul être pudique[29] et fidèle
50   Où vive encor l'amour de moi!
Oui, te voilà, c'est toi, ma blonde,
C'est toi, ma maîtresse et ma sœur!
Et je sens, dans la nuit profonde,
De ta robe d'or qui m'inonde[30]
55   Les rayons glisser[31] dans mon cœur.

La Muse

Poète, prends ton luth; c'est moi, ton immortelle,
Qui t'ai vu cette nuit triste et silencieux,
Et qui, comme un oiseau que sa couvée[32] appelle,
Pour pleurer avec toi descends du haut des cieux.
60   Viens, tu souffres, ami. Quelque ennui[33] solitaire
Te ronge;[34] quelque chose a gémi[35] dans ton cœur;
Quelque amour t'est venu, comme on en voit sur terre,
Une ombre[36] de plaisir, un semblant[37] de bonheur.
Viens, chantons devant Dieu; chantons dans tes pensées,
65   Dans tes plaisirs perdus, dans tes peines passées;
Partons, dans un baiser, pour un monde inconnu.
Eveillons au hasard les échos de ta vie,
Parlons-nous de bonheur, de gloire et de folie,
Et que ce soit un rêve, et le premier venu.
70   Inventons quelque part[38] des lieux où l'on oublie;
Partons, nous sommes seuls, l'univers est à nous.
Voici la verte Ecosse[39] et la brune Italie,
Et la Grèce, ma mère, où le miel[40] est si doux,
Argos,[41] et Ptéléon,[42] ville des hécatombes,[43]
75   Et Messa,[44] la divine, agréable aux colombes,[45]
Et le front chevelu[46] du Pélion[47] changeant,
Et le bleu Titarèse,[48] et le golfe d'argent
Qui montre dans ses eaux, où le cygne se mire,[49]

---

[29] 'chaste'   [30] 'spreads over me'   [31] 'steal'   [32] 'brood'   [33] 'grief'
[34] 'gnaws you'   [35] 'has groaned'   [36] 'shadow'   [37] 'semblance'   [38] 'let us discover somewhere'   [39] 'Scotland'   [40] 'honey'   [41] city in the Peloponnesus; the Greek place-names and some of the epithets in lines 74–79 are taken from Homer, *Iliad*, II   [42] city in Achaia   [43] 'wholesale sacrifices'   [44] city in Laconia [45] 'doves'   [46] 'shaggy brow'   [47] a mountain in Thessaly   [48] 'the Titaressus'; a river in Thessaly   [49] 'the swan mirrors itself'

La blanche Oloossone[50] à la blanche Camyre.[51]

Dis-moi, quel songe[52] d'or nos chants vont-ils bercer?[53]   80

D'où vont venir les pleurs que nous allons verser?[54]

Ce matin, quand le jour a frappé ta paupière,[55]

Quel séraphin pensif, courbé sur ton chevet,[56]

Secouait des lilas[57] dans sa robe légère,

Et te contait tout bas les amours qu'il rêvait?   85

Chanterons-nous l'espoir, la tristesse ou la joie?

Tremperons-nous de sang les bataillons d'acier?[58]

Suspendrons-nous l'amant sur l'échelle de soie?[59]

Jetterons-nous au vent l'écume du coursier?[60]

Dirons-nous quelle main, dans les lampes sans nombre   90

De la maison céleste, allume nuit et jour

L'huile sainte de vie et d'éternel amour?

Crierons-nous à Tarquin:[61] «Il est temps, voici l'ombre!»

Descendrons-nous cueillir la perle au fond des mers?

Mènerons-nous la chèvre[62] aux ébéniers[63] amers?   95

Montrerons-nous le ciel à la Mélancolie?

Suivrons-nous le chasseur sur les monts escarpés?[64]

La biche[65] le regarde: elle pleure et supplie;

Sa bruyère[66] l'attend: ses faons[67] sont nouveau-nés;

Il se baisse, il l'égorge,[68] il jette à la curée[69]   100

Sur les chiens en sueur[70] son cœur encor vivant.

Peindrons-nous une vierge à la joue empourprée,[71]

S'en allant à la messe, un page la suivant,

Et d'un regard distrait, à côté de sa mère,

Sur sa lèvre entr'ouverte[72] oubliant sa prière?   105

Elle écoute en tremblant, dans l'écho du pilier,

Résonner l'éperon d'un hardi cavalier.[73]

Dirons-nous aux héros des vieux temps de la France

De monter tout armés aux créneaux[74] de leurs tours,

Et de ressusciter la naïve romance[75]   110

Que leur gloire oubliée apprit aux troubadours?

Vêtirons-nous de blanc une molle[76] élégie?

L'homme de Waterloo[77] nous dira-t-il sa vie,

Et ce qu'il a fauché[78] du troupeau[79] des humains

---

[50] city in Thessaly   [51] city on the island of Rhodes   [52] 'dream'   [53] 'cradle'
[54] 'shed'   [55] 'eyelid'   [56] 'the head of your bed'   [57] 'lilac blossoms'   [58] 'shall
we bathe in blood the steel battalions'   [59] 'silken ladder'   [60] 'the foam of the charger'
[61] Sextus Tarquinius, who was guilty of the rape of Lucretia   [62] 'goat'   [63] 'laburnum
bushes'   [64] 'precipitous'   [65] 'doe'   [66] 'heath'   [67] 'fawns'   [68] 'cuts its
throat'   [69] 'at the kill'   [70] 'sweating'   [71] 'crimson'   [72] 'parted'   [73] 'the
clanking spur of a valiant knight'   [74] 'battlements'   [75] 'simple ballad'   [76] 'gentle'
[77] i.e. Napoleon   [78] 'mowed down'   [79] 'flock'

115 Avant que l'envoyé de la nuit éternelle
Vînt sur son tertre[80] vert l'abattre[81] d'un coup d'aile,
Et sur son cœur de fer lui croiser les deux mains?
Clouerons-nous au poteau[82] d'une satire altière[83]
Le nom sept fois vendu d'un pâle pamphlétaire,
120 Qui, poussé par la faim, du fond de son oubli
S'en vient, tout grelottant[84] d'envie et d'impuissance,
Sur le front du génie insulter l'espérance
Et mordre le laurier que son souffle a sali?[85]
Prends ton luth! prends ton luth! je ne peux plus me taire.
125 Mon aile me soulève au souffle du printemps.
Le vent va m'emporter; je vais quitter la terre.
Une larme de toi! Dieu m'écoute; il est temps.

LE POÈTE

S'il ne te faut, ma sœur chérie,
Qu'un baiser d'une lèvre amie
130 Et qu'une larme de mes yeux,
Je te les donnerai sans peine;
De nos amours qu'il te souvienne,
Si tu remontes dans les cieux.
Je ne chante ni l'espérance,
135 Ni la gloire, ni le bonheur,
Hélas! pas même la souffrance.
La bouche garde le silence
Pour écouter parler le cœur.

LA MUSE

Crois-tu donc que je sois comme le vent d'automne,
140 Qui se nourrit de pleurs jusque sur un tombeau,[86]
Et pour qui la douleur n'est qu'une goutte[87] d'eau?
O poète! un baiser, c'est moi qui te le donne.
L'herbe[88] que je voulais arracher[89] de ce lieu,
C'est ton oisiveté;[90] ta douleur est à Dieu.
145 Quel que soit le souci[91] que ta jeunesse endure,
Laisse-la s'élargir, cette sainte blessure[92]
Que les noirs séraphins t'ont faite au fond du cœur;
Rien ne nous rend si grands qu'une grande douleur.
Mais, pour en être atteint,[93] ne crois pas, ô poète,

---

[80] 'hillock'; i.e. St. Helena   [81] 'to destroy him'   [82] 'shall we nail to the pillory'
[83] 'haughty'   [84] 'shivering'   [85] 'his breath has sullied'   [86] 'tomb'   [87] 'drop'
[88] 'weed'   [89] 'to uproot'   [90] 'idleness'   [91] 'anguish'   [92] 'wound'
[93] 'because you are touched by it'

Que ta voix ici-bas doive rester muette.   150
Les plus désespérés sont les chants les plus beaux,
Et j'en sais d'immortels qui sont de purs sanglots.[94]
Lorsque le pélican, lassé[95] d'un long voyage,
Dans les brouillards[96] du soir retourne à ses roseaux,[97]
Ses petits affamés[98] courent sur le rivage,[99]   155
En le voyant au loin s'abattre[1] sur les eaux.
Déjà, croyant saisir et partager[2] leur proie,
Ils courent à leur père avec des cris de joie,
En secouant leurs becs sur leurs goitres[3] hideux.
Lui, gagnant à pas lents une roche élevée,   160
De son aile pendante abritant[4] sa couvée,
Pêcheur[5] mélancolique, il regarde les cieux.
Le sang coule à longs flots[6] de sa poitrine ouverte;
En vain il a des mers fouillé[7] la profondeur:
L'Océan était vide, et la plage[8] déserte;   165
Pour toute nourriture il apporte son cœur.
Sombre et silencieux, étendu[9] sur la pierre,
Partageant à ses fils ses entrailles de père,
Dans son amour sublime il berce sa douleur,
Et, regardant couler sa sanglante mamelle,[10]   170
Sur son festin de mort il s'affaisse et chancelle,[11]
Ivre de volupté, de tendresse et d'horreur.
Mais parfois, au milieu du divin sacrifice,
Fatigué de mourir dans un trop long supplice,[12]
Il craint que ses enfants ne le laissent vivant;   175
Alors il se soulève, ouvre son aile au vent,
Et, se frappant le cœur avec un cri sauvage,
Il pousse dans la nuit un si funèbre adieu,
Que les oiseaux des mers désertent le rivage,
Et que le voyageur attardé sur la plage,   180
Sentant passer la mort, se recommande à Dieu.
Poète, c'est ainsi que font les grands poètes.
Ils laissent s'égayer[13] ceux qui vivent un temps;[14]
Mais les festins humains qu'ils servent à leurs fêtes
Ressemblent la plupart à ceux des pélicans.   185
Quand ils parlent ainsi d'espérances trompées,
De tristesse et d'oubli, d'amour et de malheur,
Ce n'est pas un concert à dilater le cœur.[15]

[94] 'sobs'   [95] 'wearied'   [96] 'fogs'   [97] 'reeds'   [98] 'famished'   [99] 'shore'
[1] 'swoop down'   [2] 'divide'   [3] i.e. pouches   [4] 'sheltering'   [5] 'fisherman'
[6] 'streams'   [7] 'searched'   [8] 'beach'   [9] 'stretched'   [10] 'breast'   [11] 'sinks
down and staggers'   [12] 'torment'   [13] 'be merry'   [14] 'for a moment'   [15] i.e.
to make the heart swell with joy

Leurs déclamations sont comme des épées:[16]
190 Elles tracent dans l'air un cercle éblouissant,
Mais il y pend toujours quelque goutte de sang.

LE POÈTE

O Muse! spectre insatiable,
Ne m'en demande pas si long.[17]
L'homme n'écrit rien sur le sable[18]
195 A l'heure où passe l'aquilon.[19]
J'ai vu le temps où ma jeunesse
Sur mes lèvres était sans cesse
Prête à chanter comme un oiseau;
Mais j'ai souffert un dur martyre,
200 Et le moins que j'en pourrais dire,
Si je l'essayais sur ma lyre,
La briserait comme un roseau.

CHANSON DE FORTUNIO[1]

Si vous croyez que je vais dire
Qui j'ose aimer,
Je ne saurais pour un empire,
Vous la nommer.

5 Nous allons chanter à la ronde,[2]
Si vous voulez,
Que je l'adore et qu'elle est blonde
Comme les blés.[3]

Je fais ce que sa fantaisie[4]
10 Veut m'ordonner,
Et je puis, s'il lui faut ma vie,
La lui donner.

Du mal qu'une amour ignorée
Nous fait souffrir,
15 J'en porte l'âme déchirée[5]
Jusqu'à mourir.

---

[16] 'swords'   [17] i.e. so much   [18] 'sand'   [19] 'tempest'
[1] From Act II, Scene 3, of the three-act prose comedy *Le Chandelier*, published in 1835, first performed in 1840.   [2] 'in turn'   [3] 'wheat'   [4] 'fancy'
[5] 'torn'

Mais j'aime trop pour que je die[6]
  Qui j'ose aimer,
Et je veux mourir pour ma mie[7]
  Sans la nommer.   20

TRISTESSE[1]

J'ai perdu ma force et ma vie,
Et mes amis et ma gaîté;
J'ai perdu jusqu'à la fierté[2]
Qui faisait croire à mon génie.

Quand j'ai connu la Vérité,   5
J'ai cru que c'était une amie;
Quand je l'ai comprise et sentie,
J'en étais déjà dégoûté.

Et pourtant elle est éternelle,
Et ceux qui se sont passés d'elle[3]   10
Ici-bas ont tout ignoré.

Dieu parle, il faut qu'on lui réponde.
Le seul bien qui me reste au monde
Est d'avoir quelquefois pleuré.

SOUVENIR[1]

J'espérais bien pleurer, mais je croyais souffrir
En osant te revoir, place à jamais sacrée,
O la plus chère tombe et la plus ignorée
  Où dorme un souvenir!

Que redoutiez-vous[2] donc de cette solitude,   5
Et pourquoi, mes amis, me preniez-vous la main,
Alors qu'une si douce et si vieille habitude
  Me montrait ce chemin?

---

[6] =*dise*   [7] 'love'

[1] Musset frequently visited his wealthy friend Alfred Tattet on his estate at Bury, near the Forest of Montmorency, and it is there that this sonnet was written in June, 1840. It was first published in the *Revue des Deux Mondes* (December 1, 1841).   [2] 'pride'
[3] 'have done without her'

[1] In the autumn of 1833 Musset and George Sand spent some time in the Forest of Fontainebleau. Seven years later, when the poet drove through the forest with his brother, the memory of his early love was revived. Early in February, 1841, he met George Sand by chance at the theatre; the poem was written the same night. It was published in the *Revue des Deux Mondes* (February 15, 1841).   [2] 'what did you dread'

Les voilà, ces coteaux, ces bruyères chéries,[3]
Et ces pas argentins[4] sur le sable[5] muet,
Ces sentiers[6] amoureux, remplis de causeries,
        Où son bras m'enlaçait.

Les voilà, ces sapins[7] à la sombre verdure,
Cette gorge[8] profonde aux nonchalants détours,[9]
Ces sauvages amis, dont l'antique murmure
        A bercé[10] mes beaux jours.

Les voilà, ces buissons[11] où toute ma jeunesse,
Comme un essaim[12] d'oiseaux, chante au bruit de mes pas.
Lieux charmants, beau désert où passa ma maîtresse,
        Ne m'attendiez-vous pas?

Ah! laissez-les couler, elles me sont bien chères,
Ces larmes que soulève[13] un cœur encor blessé![14]
Ne les essuyez pas,[15] laissez sur mes paupières[16]
        Ce voile du passé!

Je ne viens point jeter un regret inutile
Dans l'écho de ces bois témoins[17] de mon bonheur.
Fière est cette forêt dans sa beauté tranquille,
        Et fier aussi mon cœur.

Que celui-là se livre[18] à des plaintes amères,[19]
Qui s'agenouille[20] et prie au tombeau[21] d'un ami.
Tout respire[22] en ces lieux, les fleurs des cimetières
        Ne poussent point[23] ici.

Voyez! la lune monte à travers ces ombrages.[24]
Ton regard tremble encor, belle reine des nuits;
Mais du sombre horizon déjà tu te dégages,[25]
        Et tu t'épanouis.[26]

Ainsi de cette terre, humide encor de pluie,
Sortent, sous tes rayons,[27] tous les parfums du jour;

---

[3] 'these hill-sides, these beloved heaths'   [4] 'silvery tracks'   [5] 'sand'   [6] 'paths'
[7] 'fir-trees'   [8] the Gorge de Franchard in the Forest of Fontainebleau   [9] 'mean-
dering bends'   [10] 'cradled'   [11] 'bushes'   [12] 'swarm'   [13] 'excites'
[14] 'wounded'   [15] 'do not dry them'   [16] 'eyelids'   [17] 'witnesses'   [18] 'give
himself up'   [19] 'bitter'   [20] 'kneels'   [21] 'tomb'   [22] 'is [alive and] breathing'
[23] 'do not grow'   [24] 'shady trees'   [25] 'free yourself'   [26] 'grow bright'
[27] 'beams'

Aussi calme, aussi pur, de mon âme attendrie[28]
  Sort mon ancien amour.   40

Que sont-ils devenus, les chagrins[29] de ma vie?
Tout ce qui m'a fait vieux est bien loin maintenant;
Et, rien qu'en regardant cette vallée amie,
  Je redeviens enfant.

O puissance du temps! ô légères années!   45
Vous emportez nos pleurs, nos cris et nos regrets;
Mais la pitié vous prend, et sur nos fleurs fanées[30]
  Vous ne marchez jamais.

Tout mon cœur te bénit,[31] bonté consolatrice![32]
Je n'aurais jamais cru que l'on pût tant souffrir   50
D'une telle blessure, et que sa cicatrice[33]
  Fût si douce à sentir.

Loin de moi les vains mots, les frivoles pensées,
Des vulgaires douleurs linceul[34] accoutumé,
Que viennent étaler[35] sur leurs amours passées   55
  Ceux qui n'ont point aimé!

Dante,[36] pourquoi dis-tu qu'il n'est pire misère
Qu'un souvenir heureux dans les jours de douleur?
Quel chagrin t'a dicté cette parole amère,
  Cette offense au malheur?   60

En est-il donc moins vrai que la lumière existe,
Et faut-il l'oublier du moment qu'il fait nuit?
Est-ce bien toi, grande âme immortellement triste,
  Est-ce toi qui l'as dit?

Non, par ce pur flambeau[37] dont la splendeur m'éclaire,   65
Ce blasphème vanté[38] ne vient pas de ton cœur.
Un souvenir heureux est peut-être sur terre
  Plus vrai que le bonheur.

Eh quoi! l'infortuné qui trouve une étincelle[39]
Dans la cendre[40] brûlante où dorment ses ennuis,[41]   70

---

[28] 'saddened'   [29] 'sorrows'   [30] 'faded'   [31] 'blesses you'   [32] 'consoling'
[33] 'scar'   [34] 'shroud'   [35] 'to spread out'   [36] cf. *Inferno*, V, 121–23   [37] 'torch';
i.e. the moon   [38] 'much praised'   [39] 'spark'   [40] 'ashes'   [41] 'sorrows'

Qui saisit cette flamme et qui fixe sur elle
    Ses regards éblouis;[42]

Dans ce passé perdu quand son âme se noie,[43]
Sur ce miroir brisé lorsqu'il rêve en pleurant,
75   Tu lui dis qu'il se trompe, et que sa faible joie
    N'est qu'un affreux tourment!

Et c'est à ta Françoise,[44] à ton ange de gloire,
Que tu pouvais donner ces mots à prononcer,
Elle qui s'interrompt, pour conter son histoire,
80   D'un éternel baiser![45]

Qu'est-ce donc, juste Dieu, que la pensée humaine,
Et qui pourra jamais aimer la vérité,
S'il n'est joie ou douleur si juste et si certaine
    Dont quelqu'un n'ait douté?

85   Comment vivez-vous donc, étranges créatures?
Vous riez, vous chantez, vous marchez à grands pas;
Le ciel et sa beauté, le monde et ses souillures[46]
    Ne vous dérangent pas;

Mais, lorsque par hasard le destin vous ramène
90   Vers quelque monument d'un amour oublié,
Ce caillou[47] vous arrête, et cela vous fait peine
    Qu'il vous heurte[48] le pié.[49]

Et vous criez alors que la vie est un songe;[50]
Vous vous tordez[51] les bras comme en vous réveillant,
95   Et vous trouvez fâcheux[52] qu'un si joyeux mensonge[53]
    Ne dure qu'un instant.

Malheureux! cet instant où votre âme engourdie
A secoué les fers qu'elle traîne[54] ici-bas,
Ce fugitif instant fut toute votre vie;
100   Ne le regrettez pas!

Regrettez la torpeur qui vous cloue[55] à la terre,
Vos agitations dans la fange[56] et le sang,

---

[42] 'dazzled'   [43] 'is drowned'   [44] the adultress, Francesca da Rimini, in Dante's *Inferno*, V, 73-142   [45] 'kiss'   [46] 'impurities'   [47] 'stone'   [48] 'hits' [49] = *pied*   [50] 'dream'   [51] 'stretch'   [52] 'deplorable'   [53] 'lie'   [54] 'your sluggish soul has shaken off the chains which it drags'   [55] 'nails you'   [56] 'mire'

Vos nuits sans espérance et vos jours sans lumière:
    C'est là qu'est le néant![57]

Mais que vous revient-il[58] de vos froides doctrines?   105
Que demandent au ciel ces regrets inconstants
Que vous allez semant[59] sur vos propres ruines,
    A chaque pas du Temps?

Oui, sans doute, tout meurt; ce monde est un grand rêve;
Et le peu de bonheur qui nous vient en chemin,   110
Nous n'avons pas plus tôt ce roseau[60] dans la main,
    Que le vent nous l'enlève.

Oui,[61] les premiers baisers, oui, les premiers serments[62]
Que deux êtres mortels échangèrent sur terre,
Ce fut au pied d'un arbre effeuillé[63] par les vents,   115
    Sur un roc en poussière.[64]

Ils prirent à témoin de leur joie éphémère
Un ciel toujours voilé qui change à tout moment,
Et des astres[65] sans nom que leur propre lumière
    Dévore incessamment.   120

Tout mourait autour d'eux, l'oiseau dans le feuillage,
La fleur entre leurs mains, l'insecte sous leurs piés,
La source desséchée où vacillait[66] l'image
    De leurs traits[67] oubliés;

Et sur tous ces débris joignant leurs mains d'argile,[68]   125
Etourdis des éclairs[69] d'un instant de plaisir,
Ils croyaient échapper à cet Etre immobile
    Qui regarde mourir!

— Insensés![70] dit le sage. — Heureux! dit le poète.
Et quels tristes amours as-tu donc dans le cœur,   130
Si le bruit du torrent te trouble et t'inquiète,
    Si le vent te fait peur?

J'ai vu sous le soleil tomber bien d'autres choses
Que les feuilles des bois et l'écume[71] des eaux,

---

[57] 'emptiness'   [58] 'what benefit do you derive'   [59] 'sowing'   [60] 'reed'
[61] The following lines paraphrase a passage in Diderot's *Jacques le Fataliste* and another in Part III of the *Supplément au Voyage de Bougainville* by the same author.   [62] 'vows'
[63] 'stripped of its leaves'   [64] '[crumbling] into dust'   [65] 'stars'   [66] 'the dried up spring where shimmered'   [67] 'features'   [68] 'clay'   [69] 'stunned by the lightning flashes'   [70] 'madmen'   [71] 'foam'

135 Bien d'autres s'en aller que le parfum des roses
Et le chant des oiseaux.

Mes yeux ont contemplé des objets plus funèbres[72]
Que Juliette morte au fond de son tombeau,
Plus affreux que le toast à l'ange des ténèbres[73]
140 Porté par Roméo.[74]

J'ai vu ma seule amie, à jamais la plus chère,
Devenue elle-même un sépulcre blanchi,[75]
Une tombe vivante où flottait la poussière
De notre mort chéri,

145 De notre pauvre amour, que, dans la nuit profonde,
Nous avions sur nos cœurs si doucement bercé!
C'était plus qu'une vie, hélas! c'était un monde
Qui s'était effacé!

Oui, jeune et belle encor, plus belle, osait-on dire,
150 Je l'ai vue, et ses yeux brillaient comme autrefois.
Ses lèvres s'entr'ouvraient,[76] et c'était un sourire,
Et c'était une voix;

Mais non plus cette voix, non plus ce doux langage,
Ces regards adorés dans les miens confondus;[77]
155 Mon cœur, encor plein d'elle, errait sur[78] son visage,
Et ne la trouvait plus.

Et pourtant j'aurais pu marcher alors vers elle,
Entourer de mes bras ce sein[79] vide et glacé,
Et j'aurais pu crier: «Qu'as-tu fait, infidèle,
160 Qu'as-tu fait du passé?»

Mais non: il me semblait qu'une femme inconnue
Avait pris par hasard cette voix et ces yeux;
Et je laissai passer cette froide statue
En regardant les cieux.

165 Eh bien! ce fut sans doute une horrible misère
Que ce riant adieu d'un être inanimé.[80]

---

[72] 'funereal'   [73] 'darkness'   [74] Shakespeare, *Romeo and Juliet*, V, 3   [75] epithet applied to the Pharisees in *Matthew*, XXIII, 27   [76] 'parted'   [77] 'fused'   [78] 'strayed over'   [79] 'breast'   [80] i.e. soulless

Eh bien! qu'importe encore? O nature! ô ma mère!
    En ai-je moins aimé?

La foudre[81] maintenant peut tomber sur ma tête;
Jamais ce souvenir ne peut m'être arraché![82]   170
Comme le matelot[83] brisé par la tempête,
    Je m'y tiens attaché.

Je ne veux rien savoir, ni si les champs fleurissent,
Ni ce qu'il adviendra du simulacre humain,[84]
Ni si ces vastes cieux éclaireront demain   175
    Ce qu'ils ensevelissent.[85]

Je me dis seulement: «A cette heure, en ce lieu,
Un jour, je fus aimé, j'aimais, elle était belle.
J'enfouis[86] ce trésor dans mon âme immortelle,
    Et je l'emporte à Dieu!»   180

[81] 'thunderbolt'   [82] 'be torn away'   [83] 'sailor'   [84] 'what will happen to the human sham'; i.e. mankind   [85] 'bury'   [86] 'hide'

GAUTIER

GAUTIER

PIERRE-JULES-THEOPHILE GAUTIER (1811–72) was born at Tarbes, in the Pyrenees, where his father was stationed as a civil servant. The family moved to Paris in 1814, and Gautier was educated at the collège Louis-le-Grand and the collège Charlemagne. He became an art student in the *atelier* of the painter Rioult, but his school-friend Gérard de Nerval introduced him to the Romantic writers of the day and, after a few years, Gautier decided to abandon painting for literature. His new allegiance was marked by his sensational appearance among the supporters of Hugo at the first performance of *Hernani* (February, 1830). A few months later his first volume of verse was published, but it had the misfortune to appear during the tumult of the July Revolution. The period 1830–36 was an extremely prolific one for Gautier; he associated himself with the young poets of the *Petit Cénacle*, published other volumes of verse and his novel *Mademoiselle de Maupin*, whose truculent preface became a manifesto of the doctrine of "Art for Art's Sake." In 1836 he joined the staff of *La Presse* as the critic of art and later of drama, and though subsequently he quarreled with the editor Emile de Girardin and transferred his services to *Le Moniteur Universel*, he remained enslaved to journalism for the rest of his life. He married the celebrated singer Ernesta Grisi, who bore him two daughters; the younger of these, Judith, became a novelist and poet of some distinction. Gautier was an ardent traveler, but his journey through Spain in 1840 left a more lasting impress on his work than any of his subsequent excursions to Turkey, to Russia, to Italy or to Greece. He was a favorite guest at the salon of the princesse Mathilde Bonaparte and was also very popular with the younger writers, who could always count on friendly criticism from "le bon Théo," as he was familiarly called. In 1858 he retired to live in the Paris suburb of Neuilly, where he died after a long illness.

Gautier's principal volumes of poetry are: *Poésies* (1830), *Albertus* (1833), *La Comédie de la mort* (1838), *España* (1845), *Emaux et Camées* (1852). His most important novels are: *Mademoiselle de Maupin* (1835–36), *Le Roman de la momie* (1858), *Le Capitaine Fracasse* (1863). In criticism, there appeared *Les Grotesques* (1833), *Histoire du romantisme* (1874).

POESIES DIVERSES[1]

CHINOISERIE[2]

Ce n'est pas vous, non, madame, que j'aime,
Ni vous non plus, Juliette,[3] ni vous,
Ophélia, ni Béatrix, ni même
Laure la blonde, avec ses grands yeux doux.

5
Celle que j'aime, à présent, est en Chine;
Elle demeure avec ses vieux parents,
Dans une tour de porcelaine fine,
Au fleuve Jaune, où sont les cormorans;[4]

Elle a des yeux retroussés vers les tempes,[5]
10
Un pied petit à tenir dans la main,
Le teint[6] plus clair que le cuivre[7] des lampes,
Les ongles[8] longs et rougis de carmin;

Par son treillis[9] elle passe sa tête,
Que l'hirondelle,[10] en volant, vient toucher,
15
Et, chaque soir, aussi bien qu'un poète,
Chante le saule[11] et la fleur du pêcher.[12]

ESPAÑA[1]

L'ESCURIAL[2]

Posé comme un défi[3] tout près d'une montagne,
L'on aperçoit de loin dans la morne[4] campagne
Le sombre Escurial, à trois cent pieds du sol,[5]
Soulevant sur le coin de son épaule énorme,

[1] The general title for a group of poems which appeared in the same volume with *La Comédie de la mort*, in 1838   [2] 'Chinese fantasy'   [3] The reference is to Shakespeare's Juliet and Ophelia, Dante's Beatrice and Petrarch's Laura.   [4] 'cormorants'   [5] 'slanting up towards the temples'   [6] 'complexion'   [7] 'brass'   [8] 'finger-nails'   [9] 'grating'   [10] 'swallow'   [11] 'willow'   [12] 'peach-tree'

[1] This collection of forty-three poems was inspired by Gautier's journey to Spain in the summer of 1840.   It appeared as a separate section in the *Poésies complètes*, published in July, 1845.   [2] the convent-palace of San Lorenzo, which Philip II of Spain built in the Guadarrama mountains, northwest of Madrid. This poem was first published in *La Presse* (September 3, 1840).   [3] 'challenge'   [4] 'gloomy'   [5] 'ground'

Eléphant monstrueux, la coupole difforme,[6]
Débauche de granit du Tibère espagnol.[7]

Jamais vieux Pharaon,[8] aux flancs d'un mont d'Egypte,
Ne fit pour sa momie une plus noire crypte;
Jamais sphinx au désert n'a gardé plus d'ennui;
La cigogne[9] s'endort au bout des cheminées;
Partout l'herbe verdit[10] les cours abandonnées;
Moines,[11] prêtres, soldats, courtisans,[12] tout a fui!

Et tout semblerait mort, si du bord des corniches,[13]
Des mains des rois sculptés,[14] des frontons[15] et des niches,
Avec leurs cris charmants et leur folle gaîté,
Il ne s'envolait pas des essaims d'hirondelles,[16]
Qui, pour le réveiller, agacent à coups d'ailes
Le géant assoupi[17] qui rêve éternité!...

A ZURBARAN[1]

Moines[2] de Zurbaran, blancs chartreux[3] qui, dans l'ombre,[4]
Glissez[5] silencieux sur les dalles[6] des morts,
Murmurant des *Pater* et des *Ave*[7] sans nombre,

Quel crime expiez-vous par de si grands remords?
Fantômes tonsurés, bourreaux à face blême,[8]
Pour le traiter ainsi, qu'a donc fait votre corps?

Votre corps, modelé par le doigt de Dieu même,
Que Jésus-Christ, son fils, a daigné revêtir,[9]
Vous n'avez pas le droit de lui dire: «Anathème!»

---

[6] 'misshapen cupola'   [7] i.e. Philip II of Spain   [8] 'Pharaoh'   [9] 'stork'   [10] 'the grass grows green in'   [11] 'monks'   [12] 'courtiers'   [13] 'cornices'   [14] i.e. the six huge statues of the Kings of Judah which ornament the façade of the church [15] 'pediments'   [16] 'swarms of swallows did not fly out'   [17] 'tease with strokes of their wings the sleeping giant'

   [1] Gautier visited an important exhibition of Spanish art, held in Paris in 1838, and was much impressed by the canvasses of the 17th century Spanish painter Francisco Zurbarán. Later, during his Spanish travels, he saw other pictures by the same artist in Seville. The poem refers particularly to certain studies of the martyrdoms of early Christians and to portraits of monks. It was first published in the *Revue de Paris* (January 21, 1844), and is written in the *terza rima* of Dante's *Divine Comedy*, a verse form sometimes used by Gautier for poems in a reflective mood.   [2] 'monks'   [3] 'Carthusians'   [4] 'the shadows'   [5] 'glide'   [6] 'flagstones'   [7] 'the Lord's Prayer and the Hail Mary' [8] 'pallid-faced torturers'   [9] 'to assume'

10 Je conçois les tourments et la foi du **martyr**,
Les jets de plomb fondu,[10] les bains de poix[11] liquide,
La gueule[12] des lions prête à vous engloutir,[13]

Sur un rouet[14] de fer les boyaux qu'on dévide,[15]
Toutes les cruautés des empereurs romains;
15 Mais je ne comprends pas ce morne[16] suicide!

Pourquoi donc, chaque nuit, pour vous seuls **inhumains**,
Déchirer[17] votre épaule à coups de discipline,[18]
Jusqu'à ce que le sang ruisselle sur vos reins?[19]

Pourquoi ceindre[20] toujours la couronne d'épine,[21]
20 Que Jésus sur son front[22] ne mit que pour mourir,
Et frapper à plein poing[23] votre maigre poitrine?

Croyez-vous donc que Dieu s'amuse à voir souffrir,
Et que ce meurtre lent, cette froide agonie,
Fassent pour vous le ciel plus facile à s'ouvrir?

25 Cette tête de mort entre vos doigts jaunie,[24]
Pour ne plus en sortir, qu'elle rentre au charnier![25]
Que votre fosse[26] soit par un autre finie!

L'esprit est immortel, on ne peut le nier;
Mais dire, comme vous, que la chair[27] est infâme,
30 Statuaire divin,[28] c'est te calomnier!

Pourtant quelle énergie et quelle force d'âme
Ils avaient, ces chartreux, sous leur pâle linceul,[29]
Pour vivre, sans amis, sans famille et sans femme,

Tout jeunes, et déjà plus glacés qu'un aïeul,[30]
35 N'ayant pour horizon qu'un long cloître[31] en arcades,
Avec une pensée, en face de Dieu seul!

Tes moines, Lesueur,[32] près de[33] ceux-là sont fades:[34]
Zurbaran de Séville a mieux rendu que toi
Leurs yeux plombés[35] d'extase et leurs têtes malades,

---

[10] 'molten lead'   [11] 'pitch'   [12] 'jaws'   [13] 'swallow you up'   [14] 'wheel'
[15] 'bowels being wound out'   [16] 'dismal'   [17] 'lacerate'   [18] 'scourge'
[19] 'streams down on your loins'   [20] 'crown yourselves with'   [21] 'thorn'
[22] 'brow'   [23] i.e. with all your might   [24] 'yellowed'   [25] 'charnel-house'
[26] 'grave'   [27] 'flesh'   [28] i.e. the Creator   [29] 'shroud'   [30] 'old man'
[31] 'cloister'   [32] Eustache Lesueur (1617–55), French painter of religious subjects
[33] 'beside'   [34] 'insipid'   [35] 'livid'

Le vertige[36] divin, l'enivrement[37] de foi   40
Qui les fait rayonner d'une clarté fiévreuse,[38]
Et leur aspect étrange, à vous donner l'effroi.[39]

Comme son dur pinceau les laboure et les creuse![40]
Aux pleurs du repentir[41] comme il ouvre des lits
Dans les rides[42] sans fond de leur face terreuse![43]   45

Comme du froc[44] sinistre il allonge les plis;[45]
Comme il sait lui donner les pâleurs du suaire,[46]
Si bien que l'on dirait des morts ensevelis![47]

Qu'il vous peigne en extase au fond du sanctuaire,
Du cadavre divin baisant les pieds sanglants,   50
Fouettant[48] votre dos bleu comme un fléau bat l'aire,[49]

Vous promenant rêveurs le long des cloîtres blancs,
Par file assis à table au frugal réfectoire,
Toujours il fait de vous des portraits ressemblants.

Deux teintes[50] seulement, clair livide, ombre noire;   55
Deux poses, l'une droite et l'autre à deux genoux,
A l'artiste ont suffi pour peindre votre histoire.

Forme, rayon,[51] couleur, rien n'existe pour vous;
A tout objet réel vous êtes insensibles,
Car le ciel vous enivre et la croix vous rend fous,   60

Et vous vivez muets, inclinés sur vos Bibles,
Croyant toujours entendre aux plafonds entr'ouverts[52]
Eclater[53] brusquement les trompettes terribles!

O moines! maintenant, en tapis[54] frais et verts,
Sur les fosses par vous à vous-mêmes creusées,   65
L'herbe[55] s'étend. — Eh bien! que dites-vous aux vers?[56]

Quels rêves faites-vous? quelles sont vos pensées?
Ne regrettez-vous pas d'avoir usé[57] vos jours
Entre ces murs étroits, sous ces voûtes[58] glacées?

Ce que vous avez fait, le feriez-vous toujours?   70

[36] 'dizziness'   [37] 'intoxication'   [38] 'shine with a fevered light'   [39] 'a feeling of terror'   [40] 'how his relentless brush scores and hollows out [their features]'   [41] 'repentance'   [42] 'wrinkles'   [43] 'earth-colored'   [44] 'monk's habit'   [45] 'lengthens the folds'   [46] 'winding-sheet'   [47] 'buried'   [48] 'scourging'   [49] 'as a flail beats the threshing-floor'   [50] 'shades'   [51] 'light'   [52] 'ceilings rent open'   [53] 'sound forth'   [54] 'carpets'   [55] 'grass'   [56] 'worms'   [57] 'spent'   [58] 'arches'

EMAUX ET CAMEES[1]

SYMPHONIE EN BLANC MAJEUR[2]

De leur col[3] blanc courbant les lignes,
On voit dans les contes du Nord,
Sur le vieux Rhin,[4] des femmes-cygnes
Nager[5] en chantant près du bord,

5   Ou, suspendant à quelque branche
Le plumage qui les revêt,[6]
Faire luire[7] leur peau plus blanche
Que la neige de leur duvet.[8]

De ces femmes il en est une,[9]
10   Qui chez nous descend quelquefois,
Blanche comme le clair de lune
Sur les glaciers dans les cieux froids,

Conviant la vue enivrée[10]
De sa boréale[11] fraîcheur
15   A des régals de chair nacrée,[12]
A des débauches de blancheur!

Son sein,[13] neige moulée[14] en globe,
Contre les camélias blancs
Et le blanc satin de sa robe
20   Soutient[15] des combats insolents.

Dans ces grandes batailles blanches,
Satins et fleurs ont le dessous,[16]
Et, sans demander leurs revanches,[17]
Jaunissent[18] comme des jaloux.

---

[1] 'Enamels and Cameos.' This collection of eighteen poems was first published in 1852. In subsequent editions they were increased in number to forty-seven. Most of the poems of this volume are written in short, octosyllabic lines of great verbal density and precision, and well illustrate the later, Parnassian phase of Gautier's development.   [2] First published in the *Revue des Deux Mondes* (January 15, 1849) in a group of poems entitled *Variations nouvelles sur de vieux thèmes*, this poem is an example both in title and in content of the Romantic practice of artistic transposition.   [3] 'necks'   [4] 'the Rhine'   [5] 'swan-maidens swim'   [6] 'clothes them'   [7] 'gleam'   [8] 'swan's down'   [9] Marie de Nesselrode, Madame Kalergis, wife of the Greek minister to France; called "The Swan" by the German poet Heine   [10] 'inviting the ecstatic vision'   [11] 'arctic'   [12] 'feasts of pearly flesh'   [13] 'breast'   [14] 'moulded'   [15] 'sustains'   [16] i.e. are vanquished   [17] 'return match'   [18] 'turn yellow'

Sur les blancheurs de son épaule,
Paros au grain éblouissant,[19]
Comme dans une nuit du pôle,
Un givre[20] invisible descend.

De quel mica de neige vierge,
De quelle moelle de roseau,[21]
De quelle hostie[22] et de quel cierge[23]
A-t-on fait le blanc de sa peau?

A-t-on pris la goutte lactée[24]
Tachant[25] l'azur du ciel d'hiver,
Le lis[26] à la pulpe argentée,[27]
La blanche écume[28] de la mer;

Le marbre blanc, chair froide et pâle,
Où vivent les divinités;
L'argent mat,[29] la laiteuse opale[30]
Qu'irisent[31] de vagues clartés;

L'ivoire, où ses mains ont des ailes[32]
Et, comme des papillons[33] blancs,
Sur la pointe des notes frêles
Suspendent leurs baisers[34] tremblants;

L'hermine vierge de souillure,[35]
Qui, pour abriter leurs frissons,[36]
Ouate[37] de sa blanche fourrure[38]
Les épaules et les blasons;[39]

Le vif-argent[40] aux fleurs fantasques
Dont les vitraux sont ramagés;[41]
Les blanches dentelles[42] des vasques,[43]
Pleurs de l'ondine[44] en l'air figés;[45]

L'aubépine[46] de mai qui plie[47]
Sous les blancs frimas[48] de ses fleurs;

[19] 'Parian [marble] of dazzling texture'   [20] 'hoar-frost'   [21] 'pith of reeds'
[22] 'holy wafer'   [23] 'wax taper'   [24] i.e. a drop from the Milky Way   [25] 'staining'   [26] 'lily'   [27] 'silvery'   [28] 'foam'   [29] 'dull'   [30] 'milky opal'
[31] 'make iridescent'   [32] 'wings'   [33] 'butterflies'   [34] 'kisses'   [35] 'unsullied'   [36] i.e. to protect them against the cold   [37] 'pads'   [38] 'fur'   [39] 'coats-of-arms'   [40] 'quicksilver'   [41] 'with which the stained-glass windows are flowered'
[42] 'lace'   [43] 'basins'   [44] 'tears of the undine' (the nymph of fountains)   [45] 'congealed'
[46] 'hawthorn'   [47] 'bends'   [48] 'hoar-frost'

25

30

35

40

45

50

55 L'albâtre[49] où la mélancolie
Aime à retrouver ses pâleurs;

Le duvet blanc de la colombe,[50]
Neigeant sur les toits du manoir,
Et la stalactite qui tombe,
60 Larme blanche de l'antre[51] noir?

Des Groenlands et des Norvèges
Vient-elle avec Séraphita?[52]
Est-ce la Madone des neiges,
Un sphinx blanc que l'hiver sculpta,

65 Sphinx enterré[53] par l'avalanche,
Gardien des glaciers étoilés,[54]
Et qui, sous sa poitrine blanche,
Cache de blancs secrets gelés?[55]

Sous la glace où calme il repose,
70 Oh! qui pourra fondre[56] ce cœur!
Oh! qui pourra mettre un ton[57] rose
Dans cette implacable blancheur!

L'ART[1]

Oui, l'œuvre sort plus belle
D'une forme au travail
Rebelle,
Vers, marbre, onyx, émail.[2]

5 Point de contraintes fausses!
Mais que pour marcher droit
Tu chausses,[3]
Muse, un cothurne[4] étroit!

Fi du rhythme commode,
10 Comme un soulier trop grand,
Du mode
Que tout pied quitte et prend!

[49] 'alabaster' [50] 'dove' [51] 'cavern' [52] a mystic Norwegian character in Balzac's novel of the same name [53] 'buried' [54] 'starry' [55] 'frozen' [56] 'melt' [57] 'tint'
[1] This poem, which was to become in some respects the Credo of the Parnassians, first appeared in L'Artiste for September 13, 1857, under the title A Théodore de Banville, Réponse à son odelette. It was introduced into the 1858 edition of Emaux et Camées, where it was placed significantly at the end of the volume. [2] 'enamel' [3] 'put on' [4] 'buskin'

Statuaire, repousse
L'argile que pétrit
    Le pouce[5]   15
Quand flotte ailleurs l'esprit;

Lutte[6] avec le carrare,[7]
Avec le paros[8] dur
    Et rare,
Gardiens du contour pur;   20

Emprunte à Syracuse[9]
Son bronze où fermement
    S'accuse[10]
Le trait[11] fier et charmant;

D'une main délicate   25
Poursuis dans un filon[12]
    D'agate
Le profil d'Apollon.

Peintre, fuis l'aquarelle,[13]
Et fixe la couleur   30
    Trop frêle
Au four de l'émailleur;[14]

Fais les sirènes[15] bleues,
Tordant[16] de cent façons
    Leurs queues,[17]   35
Les monstres des blasons;[18]

Dans son nimbe trilobe[19]
La Vierge[20] et son Jésus,
    Le globe
Avec la croix dessus.   40

Tout passe. — L'art robuste
Seul a l'éternité:
    Le buste
Survit à la cité,

[5] 'sculptor, put aside the clay which the thumb shapes'   [6] 'struggle'   [7] 'marble from Carrara' (in Italy)   [8] 'marble from the island of Paros' (in the Ægean Sea)   [9] a city in Sicily famous in antiquity for its bronzes   [10] 'stands out in relief'   [11] 'feature'   [12] 'vein'   [13] 'water color'   [14] 'in the enameler's oven'   [15] 'sirens'   [16] 'twisting'   [17] 'tails'   [18] 'heraldic monsters'   [19] 'trefoiled halo'   [20] 'Virgin'

45   Et la médaille austère
      Que trouve un laboureur[21]
            Sous terre
      Révèle un empereur.

      Les dieux eux-mêmes meurent.
50   Mais les vers souverains
            Demeurent
      Plus forts que les airains.[22]

      Sculpte, lime, cisèle;[23]
      Que ton rêve flottant
55   Se scelle[24]
      Dans le bloc résistant!

[21] 'plowman'   [22] 'bronzes'   [23] 'sculpt, file, chisel'   [24] 'become fixed'

LECONTE DE LISLE

LECONTE DE LISLE

CHARLES–MARIE–RENE LECONTE DE LISLE (1818–94) was born on the Island of Réunion, in the Indian Ocean. His father, a physician from Brittany, had left France in 1816 and had married the daughter of an aristocratic planter, distantly related to the poet Parny. Leconte de Lisle as a child was sent to Nantes, where he lived until his tenth year. Again in 1837 he left his native island for France, this time to study law at the University of Rennes. Dissatisfied with the progress made in his studies, his family summoned him back to Réunion in 1843 to help in the administration of the estate. But he had no more interest in business than in law. Two years later he managed to return to Europe, and in Paris found congenial employment on the editorial staffs of a number of utopian socialist journals, published by disciples of Charles Fourier. Among his colleagues was the poet and classical scholar, Louis Ménard, who interested Leconte de Lisle in the culture of ancient Greece and inspired him to write his first important poems. Leconte de Lisle welcomed the Revolution of 1848 and was instrumental in securing passage of a decree which freed all negro slaves in the French colonies. However, the reaction of June, 1848, and the subsequent collapse of the Second Republic left him completely disillusioned with politics. This turning point in his life is marked by the publication of the *Poèmes antiques* (1852). For the next twenty years Leconte de Lisle found it desperately hard to make a living. Recognition, too, was slow in coming, though the publication of the *Poèmes barbares* (1862) raised him to the position of leader in the group of young poets who were soon to be labelled Parnassians. His Saturday receptions became a meeting-place for the leading writers of the day. In spite of his age Leconte de Lisle fought through the siege of Paris as a private in the National Guard. The Government of the Third Republic gave him the sinecure of an assistant-librarianship to the Senate, and, in 1886, after two attempts, he was elected to the Academy, where he succeeded to the chair of Hugo. In his last years he was regarded as the dean of French poetry, and his young admirers bestowed on him the title of "prince des poètes." Leconte de Lisle died at Louveciennes, near Paris.

Leconte de Lisle's principal volumes of verse are: *Poèmes antiques* (1852), *Poèmes barbares* (1862), *Poèmes tragiques* (1884), *Derniers Poèmes* (1895). He also published a number of translations from the Greek and Latin poets and dramatists.

POEMES ANTIQUES [1]

HYPATIE [2]

Au déclin des grandeurs qui dominent la terre,
Quand les cultes divins, sous les siècles ployés, [3]
Reprenant de l'oubli le sentier [4] solitaire,
Regardent s'écrouler leurs autels foudroyés; [5]

5   Quand du chêne [6] d'Hellas [7] la feuille vagabonde
Des parvis [8] désertés efface le chemin,
Et qu'au delà des mers, où l'ombre [9] épaisse abonde,
Vers un jeune soleil flotte l'esprit humain;

Toujours des Dieux vaincus embrassant la fortune,
10   Un grand cœur les défend du sort injurieux: [10]
L'aube [11] des jours nouveaux le blesse et l'importune, [12]
Il suit à l'horizon l'astre [13] de ses aïeux.

Pour un destin meilleur qu'un autre siècle naisse
Et d'un monde épuisé s'éloigne [14] sans remords:
15   Fidèle au songe [15] heureux où fleurit sa jeunesse,
Il entend tressaillir [16] la poussière [17] des morts.

Les sages, les héros se lèvent pleins de vie!
Les poètes en chœur [18] murmurent leurs beaux noms;
Et l'Olympe [19] idéal, qu'un chant sacré convie, [20]
20   Sur l'ivoire s'assied dans les blancs Parthénons. [21]

O vierge, qui, d'un pan [22] de ta robe pieuse,
Couvris la tombe auguste où s'endormaient tes Dieux,

---

[1] After his return from Réunion in 1845, Leconte de Lisle made the acquaintance of two enthusiastic Hellenists, Thalès Bernard and Louis Ménard. His own poems on Greek subjects began to appear in obscure Fourierist journals a little later, and thirty-one of them were published as the *Poèmes antiques* in November, 1852. Though Greek mythology is the chief inspiration of the volume, there is also an important section on ancient India.   [2] Hypatia (370–415 A.D.), the daughter of the mathematician Theon, was renowned in Alexandria both for her beauty and for her intellectual attainments. A pagan philosopher, she was tortured and put to death by a Christian mob. First published in *La Phalange* (July, 1847), *Hypatie* was reprinted in its present form at the head of the series of Greek poems in the *Poèmes antiques*.   [3] 'crushed'   [4] 'path'   [5] 'their stricken altars crumble'   [6] 'oak'   [7] i.e. Greece   [8] 'temple halls'   [9] 'shadows'   [10] 'insulting fate'   [11] 'dawn'   [12] 'wounds and troubles it'   [13] 'star'   [14] 'leave behind a worn out generation'   [15] 'dream'   [16] 'shudder'   [17] 'dust'   [18] 'chorus'   [19] Mount Olympus, the seat of the Gods   [20] 'invites'   [21] The Parthenon, near Athens, was the Temple of Zeus.   [22] 'fold'

De leur culte éclipsé prêtresse harmonieuse,
Chaste et dernier rayon[23] détaché de leurs cieux!

Je t'aime et te salue, ô vierge magnanime!   25
Quand l'orage ébranla le monde paternel,[24]
Tu suivis dans l'exil cet Œdipe[25] sublime,
Et tu l'enveloppas d'un amour éternel.

Debout, dans ta pâleur, sous les sacrés portiques
Que des peuples ingrats abandonnait l'essaim,[26]   30
Pythonisse[27] enchaînée aux trépieds[28] prophétiques,
Les Immortels trahis[29] palpitaient dans ton sein.[30]

Tu les voyais passer dans la nue[31] enflammée!
De science et d'amour ils t'abreuvaient[32] encor;
Et la terre écoutait, de ton rêve charmée,   35
Chanter l'abeille[33] attique entre tes lèvres d'or.

Comme un jeune lotos croissant[34] sous l'œil des sages,
Fleur de leur éloquence et de leur équité,
Tu faisais, sur la nuit moins sombre des vieux âges,
Resplendir[35] ton génie à travers ta beauté!   40

Le grave enseignement des vertus éternelles
S'épanchait[36] de ta lèvre au fond des cœurs charmés;[37]
Et les Galiléens[38] qui te rêvaient des ailes[39]
Oubliaient leur Dieu mort pour tes Dieux bien aimés.

Mais le siècle[40] emportait ces âmes insoumises[41]   45
Qu'un lien[42] trop fragile enchaînait à tes pas;
Et tu les voyais fuir vers les terres promises;
Mais toi, qui savais tout, tu ne les suivis pas!

Que t'importait, ô vierge, un semblable délire?[43]
Ne possédais-tu pas cet idéal cherché?   50
Va! dans ces cœurs troublés tes regards savaient lire,
Et les Dieux bienveillants ne t'avaient rien caché.

[23] 'ray'   [24] 'when the storm (i.e. Christianity) shook the [pagan] world of your fathers'   [25] the blind king Œdipus, who was followed into exile by his daughter Antigone   [26] 'swarm'   [27] 'prophetess'   [28] 'tripods'   [29] 'betrayed'   [30] 'bosom'   [31] i.e. skies   [32] 'nourished you'   [33] 'bee'   [34] 'growing'   [35] 'shine forth'   [36] 'flowed'   [37] 'rapt'   [38] i.e. Christians   [39] 'imagined that you had wings'   [40] i.e. the temper of the age   [41] 'insubordinate'   [42] 'bond'   [43] 'madness'

O sage enfant, si pure entre tes sœurs mortelles!
O noble front,[44] sans tache[45] entre les fronts sacrés!
Quelle âme avait chanté sur des lèvres plus belles,
Et brûlé plus limpide en des yeux inspirés?

Sans effleurer[46] jamais ta robe immaculée,
Les souillures[47] du siècle ont respecté tes mains:
Tu marchais, l'œil tourné vers la Vie étoilée,[48]
Ignorante des maux et des crimes humains.

Le vil Galiléen[49] t'a frappée et maudite,[50]
Mais tu tombas plus grande! Et maintenant, hélas!
Le souffle[51] de Platon et le corps d'Aphrodite
Sont partis à jamais pour les beaux cieux d'Hellas!

Dors, ô blanche victime, en notre âme profonde,
Dans ton linceul[52] de vierge et ceinte[53] de lotos;
Dors! l'impure laideur est la reine du monde,
Et nous avons perdu le chemin de Paros.[54]

Les Dieux sont en poussière et la terre est muette:
Rien ne parlera plus dans ton ciel déserté.
Dors! mais, vivante en lui, chante au cœur du poète
L'hymne mélodieux de la sainte Beauté!

Elle seule survit, immuable, éternelle.
La mort peut disperser les univers tremblants,
Mais la Beauté flamboie,[55] et tout renaît en elle,
Et les mondes encor roulent sous ses pieds blancs!

VENUS DE MILO[1]

Marbre[2] sacré, vêtu de force et de génie,
Déesse irrésistible au port[3] victorieux,
Pure comme un éclair[4] et comme une harmonie,
O Vénus, ô beauté, blanche mère des Dieux!

---

[44] 'brow'   [45] 'stain'   [46] 'touching'   [47] 'impurities'   [48] 'star-studded'
[49] i.e. Christ   [50] 'cursed'   [51] 'inspiration'   [52] 'shroud'   [53] 'girt'
[54] an island in the Ægean, whose white marble was used by the Greek sculptors
[55] 'blazes'
[1] The statue which is the subject of this poem was discovered in 1820, and acquired by the Louvre the following year. Leconte de Lisle saw in it the embodiment of the highest intellectual and æsthetic attainments of ancient Greece. A first version of the poem was published in *La Phalange* (March, 1846).   [2] 'statue'   [3] 'carriage'
[4] 'flash of lightning'

Tu n'es pas Aphrodite,[5] au bercement de l'onde,[6]   5
Sur ta conque[7] d'azur posant un pied neigeux,[8]
Tandis qu'autour de toi, vision rose et blonde,
Volent les Rires d'or avec l'essaim[9] des Jeux.

Tu n'es pas Kythérée,[10] en ta pose assouplie,[11]
Parfumant de baisers[12] l'Adônis bienheureux,   10
Et n'ayant pour témoins sur le rameau qui plie[13]
Que colombes d'albâtre[14] et ramiers[15] amoureux.

Tu n'es pas la Muse aux lèvres éloquentes,
La pudique[16] Vénus, ni la molle[17] Astarté[18]
Qui, le front[19] couronné de roses et d'acanthes,[20]   15
Sur un lit de lotos se meurt de volupté.[21]

Non! les Rires, les Jeux, les Grâces enlacées,[22]
Rougissantes[23] d'amour, ne t'accompagnent pas.
Ton cortège[24] est formé d'étoiles cadencées,[25]
Et les globes en chœur[26] s'enchaînent sur tes pas.   20

Du bonheur impassible[27] ô symbole adorable,
Calme comme la mer en sa sérénité,
Nul sanglot[28] n'a brisé ton sein[29] inaltérable,
Jamais les pleurs humains n'ont terni[30] ta beauté.

Salut![31] A ton aspect le cœur se précipite.[32]   25
Un flot marmoréen[33] inonde tes pieds blancs;
Tu marches, fière et nue, et le monde palpite,
Et le monde est à toi, Déesse aux larges flancs!

Iles, séjour[34] des Dieux! Hellas,[35] mère sacrée!
Oh! que ne suis-je né dans le saint Archipel,[36]   30
Aux siècles glorieux où la Terre inspirée
Voyait le Ciel descendre à son premier appel!

[5] i.e. the goddess of love   [6] 'rocking of the waves'   [7] 'shell'   [8] 'snow-white'
[9] 'swarm'   [10] i.e. the Cytherean Venus, who fell in love with the handsome young
mortal Adonis   [11] 'lithe'   [12] 'kisses'   [13] 'witnesses on the drooping branch'
[14] 'alabaster doves'   [15] 'wood-pigeons'   [16] 'chaste'   [17] 'languid'
[18] i.e. the Oriental Venus   [19] 'brow'   [20] 'acanthus leaves'   [21] i.e. swoons in sensual
ecstasy   [22] 'intertwined'   [23] 'blushing'   [24] 'retinue'   [25] i.e. stars
moving in rhythmic procession   [26] 'chorus'   [27] 'unperturbed'   [28] 'sob'
[29] 'breast'   [30] 'stained'   [31] 'Hail!'   [32] 'beats quicker'   [33] 'marble wave'
[34] 'abode'   [35] i.e. Greece   [36] i.e. the Greek Archipelago

Si mon berceau,[37] flottant sur la Thétis antique,[38]
Ne fut point caressé de son tiède cristal;[39]
35   Si je n'ai point prié sous le fronton[40] attique,
Beauté victorieuse, à ton autel[41] natal;

Allume dans mon sein la sublime étincelle,[42]
N'enferme point ma gloire au tombeau soucieux;[43]
Et fais que ma pensée en rythmes d'or ruisselle,[44]
40   Comme un divin métal au moule[45] harmonieux!

MIDI[1]

Midi, roi des étés, épandu[2] sur la plaine,
Tombe en nappes[3] d'argent des hauteurs du ciel bleu.
Tout se tait. L'air flamboie[4] et brûle sans haleine;[5]
La terre est assoupie[6] en sa robe de feu.

5   L'étendue[7] est immense, et les champs n'ont point d'ombre,[8]
Et la source est tarie[9] où buvaient les troupeaux;[10]
La lointaine forêt, dont la lisière[11] est sombre,
Dort là-bas, immobile, en un pesant[12] repos.

Seuls, les grands blés mûris,[13] tels qu'une mer dorée,[14]
10   Se déroulent[15] au loin, dédaigneux du sommeil;[16]
Pacifiques enfants de la terre sacrée,
Ils épuisent[17] sans peur la coupe du soleil.

Parfois, comme un soupir[18] de leur âme brûlante,
Du sein[19] des épis[20] lourds qui murmurent entre eux,
15   Une ondulation majestueuse et lente
S'éveille, et va mourir à l'horizon poudreux.[21]

Non loin, quelques bœufs blancs, couchés parmi les herbes,
Bavent[22] avec lenteur sur leurs fanons[23] épais,
Et suivent de leurs yeux languissants[24] et superbes
20   Le songe[25] intérieur qu'ils n'achèvent jamais.

---

[37] 'cradle'   [38] i.e. the Mediterranean; Thetis was a sea goddess   [39] i.e. its warm, clear waters   [40] 'temple-portico'   [41] 'altar'   [42] 'spark'
[43] 'care-laden tomb'   [44] 'brim over'   [45] 'mould'
[1] Published in the first edition of the *Poèmes antiques*, in a sub-section entitled *Poésies diverses*. The scene described is typical of the valley of the Loire, where the poet spent many of his childhood years.   [2] 'spread out'   [3] 'sheets'   [4] 'blazes'   [5] 'breathlessly'   [6] 'drowsy'   [7] 'expanse'   [8] 'shade'   [9] 'the spring is dried up'
[10] 'flocks'   [11] 'edge'   [12] 'sluggish'   [13] 'ripe grain'   [14] 'golden'   [15] 'unfold'   [16] 'disdaining sleep'   [17] 'drain'   [18] 'sigh'   [19] 'bosom'   [20] 'ears of grain'   [21] 'dusty'   [22] 'slobber'   [23] 'dewlaps'   [24] 'languid'   [25] 'dream'

Homme, si, le cœur plein de joie ou d'amertume,[26]
Tu passais vers midi dans les champs radieux,
Fuis! la nature est vide et le soleil consume:
Rien n'est vivant ici, rien n'est triste ou joyeux.

Mais si, désabusé[27] des larmes et du rire,   25
Altéré de[28] l'oubli de ce monde agité,
Tu veux, ne sachant plus pardonner ou maudire,[29]
Goûter une suprême et morne volupté,[30]

Viens! Le soleil te parle en paroles sublimes;
Dans sa flamme implacable absorbe-toi sans fin;   30
Et retourne à pas lents vers les cités infimes,[31]
Le cœur trempé[32] sept fois dans le néant[33] divin.

POEMES BARBARES[1]

LE CŒUR DE HIALMAR[2]

Une nuit claire, un vent glacé. La neige est rouge.
Mille braves sont là qui dorment sans tombeaux,[3]
L'épée au poing,[4] les yeux hagards. Pas un ne bouge.[5]
Au-dessus tourne et crie un vol[6] de noirs corbeaux.[7]

La lune froide verse[8] au loin sa pâle flamme.   5
Hialmar se soulève entre les morts sanglants,
Appuyé des deux mains au tronçon de sa lame.[9]
La pourpre[10] du combat ruisselle[11] de ses flancs.

— Holà! Quelqu'un a-t-il encore un peu d'haleine,[12]
Parmi tant de joyeux et robustes garçons   10
Qui, ce matin, riaient et chantaient à voix pleine
Comme des merles[13] dans l'épaisseur des buissons?[14]

[26] 'bitterness'   [27] 'disillusioned'   [28] 'athirst for'   [29] 'curse'   [30] 'gloomy ecstasy'   [31] 'mean'   [32] 'tempered'   [33] 'nothingness'

[1] The word "barbare" is used by Leconte de Lisle in both the Hellenic sense of non-Greek and the modern sense of barbarous. The volume is both the counterpart and the completion of the *Poèmes antiques*. When first published in March, 1862, the collection included only thirty-six poems; the number was increased to seventy-seven in the edition of 1872. [2] Published in the *Revue nouvelle* (January, 1864), in *Le Parnasse contemporain* (1866) and included in the 1872 edition of the *Poèmes barbares*. The chief source for this poem, which is the best known of the studies of Northern barbarism, is the *Chant de mort de Hialmar* from Xavier Marmier's *Chants populaires du Nord* (1842).   [3] 'graves' [4] 'sword in hand'   [5] 'stirs'   [6] 'flock'   [7] 'ravens'   [8] 'sheds'   [9] 'stump of his blade'   [10] i.e. red blood   [11] 'streams'   [12] 'breath'   [13] 'blackbirds' [14] 'bushes'

Tous sont muets. Mon casque[15] est rompu, mon armure
Est trouée,[16] et la hache a fait sauter ses clous.[17]
15   Mes yeux saignent. J'entends un immense murmure
Pareil aux hurlements[18] de la mer ou des loups.

Viens par ici, Corbeau, mon brave mangeur d'hommes!
Ouvre-moi la poitrine avec ton bec de fer.
Tu nous retrouveras demain tels que nous sommes.
20   Porte mon cœur tout chaud à la fille d'Ylmer.

Dans Upsal,[19] ou les Jarls[20] boivent la bonne bière,
Et chantent, en heurtant les cruches[21] d'or, en chœur,[22]
A tire d'aile vole, ô rôdeur de bruyère![23]
Cherche ma fiancée et porte-lui mon cœur.

25   Au sommet de la tour que hantent les corneilles[24]
Tu la verras debout, blanche, aux longs cheveux noirs.
Deux anneaux d'argent fin lui pendent aux oreilles,
Et ses yeux sont plus clairs que l'astre[25] des beaux soirs.

Va, sombre messager, dis-lui bien que je l'aime,
30   Et que voici mon cœur. Elle reconnaîtra
Qu'il est rouge et solide et non tremblant et blême;[26]
Et la fille d'Ylmer, Corbeau, te sourira!

Moi, je meurs. Mon esprit coule par vingt blessures.[27]
J'ai fait mon temps. Buvez, ô loups, mon sang vermeil.[28]
35   Jeune, brave, riant, libre et sans flétrissures,[29]
Je vais m'asseoir parmi les Dieux, dans le soleil!

LES ELFES[1]

Couronnés de thym et de marjolaine,[2]
Les Elfes joyeux dansent sur la plaine.

Du sentier[3] des bois aux daims[4] familier,
Sur un noir cheval, sort un chevalier.
5   Son éperon[5] d'or brille en la nuit brune;

---

[15] 'helmet'   [16] 'pierced'   [17] 'the battle-axe has sprung its [my armor's] rivets'
[18] 'howling'   [19] Upsala, the ancient Swedish capital   [20] 'earls'   [21] 'clinking the mugs'
[22] 'chorus'   [23] 'fly swiftly, oh prowler of the heaths!'   [24] 'crows'   [25] 'star'
[26] 'pallid'   [27] 'wounds'   [28] 'crimson'   [29] 'blemishes'
    [1] First published in the volume *Poèmes et poésies* (1855); later included in the 1872
edition of the *Poèmes barbares*. The chief source of the poem is the legend of Oluf as nar-
rated by Heine in his *De l'Allemagne* (1835).   [2] 'thyme and sweet marjoram'   [3] 'path'
[4] 'deer'   [5] 'spur'

Et, quand il traverse un rayon de lune,
On voit resplendir,[6] d'un reflet changeant,
Sur sa chevelure[7] un casque[8] d'argent.

Couronnés de thym et de marjolaine,
Les Elfes joyeux dansent sur la plaine.   10

Ils l'entourent tous d'un essaim[9] léger
Qui dans l'air muet semble voltiger.[10]
— Hardi[11] chevalier, par la nuit sereine,
Où vas-tu si tard? dit la jeune Reine.
De mauvais esprits hantent les forêts;   15
Viens danser plutôt sur les gazons frais.[12] —

Couronnés de thym et de marjolaine,
Les Elfes joyeux dansent sur la plaine.

— Non! ma fiancée aux yeux clairs et doux
M'attend, et demain nous serons époux.   20
Laissez-moi passer, Elfes des prairies,[13]
Qui foulez en rond les mousses fleuries;[14]
Ne m'attardez pas loin de mon amour,
Car voici déjà les lueurs du jour.[15] —

Couronnés de thym et de marjolaine,   25
Les Elfes joyeux dansent sur la plaine.

— Reste, chevalier. Je te donnerai
L'opale magique et l'anneau doré,[16]
Et, ce qui vaut mieux que gloire et fortune,
Ma robe filée[17] au clair de la lune.   30
— Non! dit-il. — Va donc! — Et de son doigt blanc
Elle touche au cœur le guerrier tremblant.

Couronnés de thym et de marjolaine,
Les Elfes joyeux dansent sur la plaine.

Et sous l'éperon le noir cheval part.   35
Il court, il bondit et va sans retard;
Mais le chevalier frissonne et se penche;[18]

[6] 'shine'   [7] i.e. head   [8] 'helmet'   [9] 'swarm'   [10] 'to hover'
[11] 'dauntless'   [12] 'cool swards'   [13] 'meadows'   [14] 'tread in a circle
the flower-decked mosses'   [15] 'the first glimmerings of daylight'   [16] 'golden ring'
[17] 'woven'   [18] 'shudders and leans forward'

Il voit sur la route une forme blanche
Qui marche sans bruit et lui tend les bras:
40 — Elfe, esprit, démon, ne m'arrête pas! —

Couronnés de thym et de marjolaine,
Les Elfes joyeux dansent sur la plaine.

— Ne m'arrête pas, fantôme odieux!
Je vais épouser ma belle aux doux yeux.
45 — O mon cher époux, la tombe éternelle
Sera notre lit de noce,[19] dit-elle.
Je suis morte! — Et lui, la voyant ainsi,
D'angoisse et d'amour tombe mort aussi.

Couronnés de thym et de marjolaine,
50 Les Elfes joyeux dansent sur la plaine.

LES ELEPHANTS[1]

Le sable[2] rouge est comme une mer sans limite,
Et qui flambe,[3] muette, affaissée[4] en son lit.
Une ondulation immobile remplit
L'horizon aux vapeurs de cuivre[5] où l'homme habite.

5 Nulle vie et nul bruit. Tous les lions repus[6]
Dorment au fond de l'antre[7] éloigné de cent lieues,[8]
Et la girafe boit dans les fontaines[9] bleues,
Là-bas, sous les dattiers des panthères connus.[10]

Pas un oiseau ne passe en fouettant de son aile[11]
10 L'air épais, où circule un immense soleil.
Parfois quelque boa, chauffé dans son sommeil,
Fait onduler son dos dont l'écaille étincelle.[12]

Tel l'espace enflammé brûle sous les cieux clairs.
Mais, tandis que tout dort aux mornes[13] solitudes,
15 Les éléphants rugueux,[14] voyageurs lents et rudes,[15]
Vont au pays natal à travers les déserts.

---

[19] 'bridal bed'
[1] First published in *Poèmes et poésies* (1855), and included in the 1872 edition of the *Poèmes barbares*. This is one of the most famous of the many animal poems published in this volume. An interest in wild animals was to be found also in the sculpture of the period, notably in the work of Barye and Frémiet. [2] 'sand' [3] 'blazes' [4] 'sunk' [5] 'copper' [6] 'gorged with food' [7] 'cave' [8] 'leagues' [9] 'springs' [10] 'date-palms well-known to the panthers' [11] 'beating with its wings' [12] 'scales sparkle' [13] 'dreary' [14] i.e. with wrinkled hides [15] 'rough'

D'un point de l'horizon, comme des masses brunes,
Ils viennent, soulevant la poussière,[16] et l'on voit,
Pour ne pas dévier du chemin le plus droit,
Sous leur pied large et sûr crouler[17] au loin les dunes.　　　20

Celui qui tient la tête est un vieux chef. Son corps
Est gercé comme un tronc que le temps ronge et mine;[18]
Sa tête est comme un roc, et l'arc de son échine[19]
Se voûte puissamment[20] à ses moindres efforts.

Sans ralentir[21] jamais et sans hâter sa marche,　　　25
Il guide au but[22] certain ses compagnons poudreux;[23]
Et, creusant[24] par derrière un sillon sablonneux,[25]
Les pèlerins[26] massifs suivent leur patriarche.

L'oreille en éventail,[27] la trompe[28] entre les dents,
Ils cheminent,[29] l'œil clos. Leur ventre bat et fume,[30]　　　30
Et leur sueur[31] dans l'air embrasé[32] monte en brume;[33]
Et bourdonnent autour[34] mille insectes ardents.

Mais qu'importent la soif et la mouche[35] vorace,
Et le soleil cuisant[36] leur dos noir et plissé?[37]
Ils rêvent en marchant du pays délaissé,[38]　　　35
Des forêts de figuiers[39] où s'abrita[40] leur race.

Ils reverront le fleuve échappé[41] des grands monts,
Où nage en mugissant[42] l'hippopotame énorme,
Où, blanchis par la lune et projetant leur forme,
Ils descendaient pour boire en écrasant les joncs.[43]　　　40

Aussi, pleins de courage et de lenteur, ils passent
Comme une ligne noire, au sable illimité;
Et le désert reprend son immobilité
Quand les lourds voyageurs à l'horizon s'effacent.

---

[16] 'dust'　　　[17] 'crumble'　　　[18] 'is cracked like a tree-trunk which the weather is eating into and undermining'　　　[19] 'spine'　　　[20] 'arches powerfully'　　　[21] 'slackening'　　　[22] 'goal'　　　[23] 'dusty'　　　[24] 'tracing'　　　[25] 'sandy furrow'　　　[26] 'pilgrims'　　　[27] 'spread fan-wise'　　　[28] 'trunk'　　　[29] 'go their way'　　　[30] 'sways from side to side and steams'　　　[31] 'sweat'　　　[32] 'burning'　　　[33] 'mist'　　　[34] 'there buzz about them'　　　[35] 'fly'　　　[36] 'scorching'　　　[37] 'creased'　　　[38] 'left behind'　　　[39] 'fig-trees'　　　[40] 'took shelter'　　　[41] i.e. flowing　　　[42] 'swims bellowing'　　　[43] 'crushing the reeds'

LES MONTREURS[1]

Tel qu'un morne animal, meurtri, plein de poussière[2]
La chaîne au cou, hurlant[3] au chaud soleil d'été,
Promène qui voudra son cœur ensanglanté[4]
Sur ton pavé[5] cynique, ô plèbe carnassière![6]

Pour mettre un feu stérile en ton œil hébété,[7]
Pour mendier[8] ton rire ou ta pitié grossière,[9]
Déchire qui voudra la robe de lumière
De la pudeur[10] divine et de la volupté.[11]

Dans mon orgueil[12] muet, dans ma tombe sans gloire,
Dussé-je m'engloutir[13] pour l'éternité noire,
Je ne te vendrai pas mon ivresse[14] ou mon mal,

Je ne livrerai pas ma vie à tes huées,[15]
Je ne danserai pas sur ton tréteau[16] banal
Avec tes histrions[17] et tes prostituées.

POEMES TRAGIQUES[1]

SACRA FAMES[2]

L'immense mer sommeille.[3] Elle hausse[4] et balance
Ses houles[5] où le ciel met d'éclatants îlots.[6]
Une nuit d'or emplit d'un magique silence
La merveilleuse horreur de l'espace et des flots.[7]

Les deux gouffres[8] ne font qu'un abîme sans borne[9]
De tristesse, de paix et d'éblouissement,[10]
Sanctuaire et tombeau,[11] désert splendide et morne[12]
Où des millions d'yeux regardent fixement.

---

[1] This poem was first published in the *Revue contemporaine* (June, 1862), and was intended as a reply to the critics who had objected to the impersonality of the first edition of the *Poèmes barbares*, published a few months earlier. It was also an attack on one of the most striking aspects of contemporary barbarism. The poem was eventually included, in a modified form, in the 1872 edition of the *Poèmes barbares*.   [2] 'like a sullen animal, bruised and covered with dust'   [3] 'howling'   [4] 'let him who will parade his bleeding heart'   [5] 'pavement'   [6] 'carnivorous mob'   [7] 'stupefied'   [8] 'beg'   [9] 'vulgar'   [10] 'modesty'   [11] 'amorous ecstasy'   [12] 'pride'   [13] 'were I to be swallowed up'   [14] 'rapture'   [15] 'jeers'   [16] 'stage'   [17] 'mountebanks'

[1] A volume of thirty-seven poems first published in 1884.   [2] 'Sacred Hunger' The title is taken from Virgil's *Æneid* (III, 56). It is believed that many of the impressions of sea and sky date from the poet's voyage from Réunion to France in the spring of 1845.   [3] 'slumbers'   [4] 'lifts'   [5] 'swell'   [6] 'sparkling islets'   [7] 'waters'   [8] 'depths'   [9] 'boundless abyss'   [10] 'resplendence'   [11] 'tomb'   [12] 'gloomy'

Tels, le ciel magnifique et les eaux vénérables
Dorment dans la lumière et dans la majesté,   10
Comme si la rumeur[13] des vivants misérables
N'avait troublé jamais leur rêve illimité.

Cependant, plein de faim dans sa peau flasque et rude,[14]
Le sinistre Rôdeur[15] des steppes de la mer
Vient, va, tourne, et, flairant[16] au loin la solitude,   15
Entre-bâille[17] d'ennui ses mâchoires[18] de fer.

Certes, il n'a souci[19] de l'immensité bleue,
Des Trois Rois, du Triangle ou du long Scorpion[20]
Qui tord[21] dans l'infini sa flamboyante queue,[22]
Ni de l'Ourse[23] qui plonge au clair Septentrion.[24]   20

Il ne sait que la chair qu'on broie et qu'on dépèce,[25]
Et, toujours absorbé dans son désir sanglant,
Au fond des masses d'eau lourdes d'une ombre[26] épaisse
Il laisse errer son œil terne, impassible[27] et lent.

Tout est vide et muet. Rien qui nage[28] ou qui flotte,   25
Qui soit vivant ou mort, qu'il puisse entendre ou voir.
Il reste inerte, aveugle,[29] et son grêle pilote[30]
Se pose pour dormir sur son aileron[31] noir.

Va, monstre! tu n'es pas autre que nous ne sommes,
Plus hideux, plus féroce, ou plus désespéré.   30
Console-toi! demain tu mangeras des hommes,
Demain par l'homme aussi tu seras dévoré.

La Faim sacrée est un long meurtre[32] légitime
Des profondeurs de l'ombre aux cieux resplendissants,
Et l'homme et le requin,[33] égorgeur[34] ou victime,   35
Devant ta face, ô Mort, sont tous deux innocents.

---

[13] 'turmoil' [14] 'loose, rough hide' [15] 'prowler'; i.e. the shark [16] 'scenting'
[17] 'opens in a yawn' [18] 'jaws' [19] 'concern' [20] These constellations are the
three stars of Jacob's Staff in the Girdle of Orion, the Triangulum and Scorpio. [21] 'twists'
[22] 'flaming tail' [23] Ursa Minor, the Little Dipper [24] 'north' [25] 'flesh which
one crunches and rends asunder' [26] 'shadow' [27] 'dull, impassive' [28] 'swims'
[29] 'blind' [30] 'slender pilot-fish' [31] 'fin' [32] 'murder' [33] 'shark'
[34] 'assassin'

FLAUBERT

FLAUBERT

GUSTAVE FLAUBERT (1821–80) was born at Rouen. His father was director of the city hospital and a distinguished surgeon. Flaubert attended the collège Corneille of his native town and, on graduation, was sent with a family friend on a trip to the Pyrenees and Corsica. He then went to Paris to study law, but it was much against his inclination, as he was already passionately interested in literature. In 1843 a complete breakdown with attacks of an epileptic nature saved him from pursuing his studies. Three years later his father and his sister died and Flaubert, now somewhat restored in health, went to live with his widowed mother and his little niece in an old house overlooking the Seine at Croisset. Here he labored for ten years over the first version of his *Tentation de Saint-Antoine* and at *Madame Bovary*. The only interruptions were occasional visits to Paris or to Mantes to see his eccentric mistress, the poetess Louise Colet, a walking-tour in Brittany with Maxime Du Camp in 1847, and a longer trip with the same writer to Egypt and the Near East in 1849–51. At Croisset he received frequent visits from his friend the poet and classical scholar Louis Bouilhet. It was Du Camp and Bouilhet who were in part responsible for his choice of a realistic subject, and the latter was constantly at his elbow during the laborious five years devoted to the writing of *Madame Bovary*. The publication of this novel in Du Camp's *Revue de Paris* in 1856 brought a prosecution for indecency from the Imperial police. Flaubert was acquitted and his reputation was made. His later novels were written with the same meticulous industry; one of them, *Salammbô* (1862), necessitated a trip to the site of Carthage. During his later years Flaubert emerged somewhat from his Norman retreat and spent part of each winter in Paris. He was a frequent guest at the salon of the princesse Mathilde Bonaparte, and even attended court functions at the Tuileries and Compiègne. His closest friends during this period were Zola, Gautier, the Goncourt brothers and the Russian novelist Turgenev. He also carried on a lively and affectionate correspondence with the elderly George Sand. Flaubert derived much pleasure from the careful lessons in the novelist's craft he gave to young Guy de Maupassant, the nephew of his school friend Alfred Le Poittevin. In 1876 the bankruptcy of a relative involved Flaubert in financial difficulties. He died at Croisset of an apoplectic stroke.

Flaubert's chief works of fiction are: *Madame Bovary* (1857), *Salammbô* (1862), *L'Education sentimentale* (1869), *La Tentation de Saint-Antoine* (1874), *Trois Contes* (1877), *Bouvard et Pécuchet* (1881). One play, *Le Candidat*, was produced in 1874. The Conard edition of Flaubert's works includes many volumes of travel and correspondence.

UN CŒUR SIMPLE[1]

I

Pendant un demi-siècle, les bourgeoises[2] de Pont-l'Evêque[3] envièrent à Mme Aubain sa servante Félicité.

Pour cent francs par an, elle faisait la cuisine et le ménage,[4] cousait, lavait, repassait,[5] savait brider un cheval, engraisser les volailles,[6] battre[7] le beurre, et resta fidèle à sa maîtresse — qui cependant n'était pas une personne agréable.

Elle avait épousé un beau garçon sans fortune, mort au commencement de 1809, en lui laissant deux enfants très jeunes avec une quantité de dettes. Alors elle vendit ses immeubles,[8] sauf[9] la ferme de Toucques et la ferme de Geffosses, dont les rentes[10] montaient à 5.000 francs tout au plus, et elle quitta sa maison de Saint-Melaine pour en habiter une autre moins dispendieuse,[11] ayant appartenu à ses ancêtres et placée derrière les halles.[12]

Cette maison, revêtue d'ardoises,[13] se trouvait entre un passage et une ruelle aboutissant[14] à la rivière. Elle avait intérieurement des différences de niveau[15] qui faisaient trébucher.[16] Un vestibule étroit séparait la cuisine de la *salle*[17] où Mme Aubain se tenait tout le long du jour, assise près de la croisée[18] dans un fauteuil de paille.[19] Contre le lambris,[20] peint en blanc, s'alignaient[21] huit chaises d'acajou.[22] Un vieux piano supportait, sous un baromètre, un tas[23] pyramidal de boîtes et de cartons.[24] Deux bergères[25] de tapisserie flanquaient la cheminée[26] en marbre jaune et de style Louis XV. La pendule,[27] au milieu, représentait un temple de Vesta[28] — et tout l'appartement sentait un peu le moisi,[29] car le plancher était plus bas que le jardin.

Au premier étage, il y avait d'abord la chambre de «Madame», très

[1] Written between February and August, 1876. Flaubert composed this story with his usual care, revisiting the places mentioned in it and keeping a stuffed parrot on his desk for several weeks to create the proper atmosphere. Félicité herself was probably a composite portrait modeled on Julie, a servant of his grand-aunt Mme Allais, and Léonie, a servant at Trouville. Flaubert was careful to explain that the intention of the story was pathetic and not ironic. *Un Cœur simple* was first published in *Le Moniteur* (April, 1877) and appeared in the same month in *Trois Contes* along with *La Légende de Saint-Julien l'Hospitalier* and *Hérodias*.   [2] 'housewives'   [3] a town in Normandy near the mouth of the Seine   [4] 'cooked and kept house'   [5] 'ironed'   [6] 'fatten the poultry' [7] 'churn'   [8] 'properties'   [9] 'except'   [10] 'income'   [11] 'expensive' [12] 'market'   [13] 'with a slate roof'   [14] 'a lane ending'   [15] 'level'   [16] 'stumble' [17] 'living-room'   [18] 'window'   [19] 'wicker'   [20] 'wainscoting'   [21] 'stood in a row'   [22] 'mahogany'   [23] 'pile'   [24] 'pasteboard boxes'   [25] 'easy chairs' [26] 'fire-place'   [27] 'clock'   [28] Roman goddess of the hearth   [29] 'had a rather musty smell'

grande, tendue[30] d'un papier à fleurs pâles, et contenant le portrait de
«Monsieur» en costume de muscadin.[31] Elle communiquait avec une
chambre plus petite, où l'on voyait deux couchettes[32] d'enfants, sans
matelas.[33] Puis venait le salon, toujours fermé, et rempli de meubles
recouverts d'un drap. Ensuite un corridor menait à un cabinet d'étude;   5
des livres et des paperasses[34] garnissaient les rayons[35] d'une bibliothèque[36]
entourant de ses trois côtés un large bureau de bois noir. Les deux pan-
neaux en retour[37] disparaissaient sous des dessins à la plume,[38] des paysages à la gouache[39] et des gravures d'Audran,[40] souvenirs d'un temps
meilleur et d'un luxe évanoui.[41] Une lucarne[42] au second étage éclairait 10
la chambre de Félicité, ayant vue sur les prairies.

Elle se levait dès l'aube,[43] pour ne pas manquer la messe, et travaillait
jusqu'au soir sans interruption; puis, le dîner étant fini, la vaisselle[44] en
ordre et la porte bien close, elle enfouissait la bûche[45] sous les cendres et
s'endormait devant l'âtre,[46] son rosaire à la main. Personne, dans les 15
marchandages,[47] ne montrait plus d'entêtement.[48] Quant à la propreté,[49]
le poli de ses casseroles[50] faisait le désespoir des autres servantes. Eco-
nome, elle mangeait avec lenteur, et recueillait du doigt sur la table les
miettes[51] de son pain — un pain de douze livres, cuit exprès pour elle,
et qui durait vingt jours. 20

En toute saison elle portait un mouchoir d'indienne[52] fixé dans le dos
par une épingle,[53] un bonnet lui cachant les cheveux, des bas gris, un
jupon rouge et, par-dessus sa camisole,[54] un tablier à bavette,[55] comme
les infirmières[56] d'hôpital.

Son visage était maigre et sa voix aiguë.[57] A vingt-cinq ans, on lui en 25
donnait quarante. Dès la cinquantaine, elle ne marqua plus[58] aucun
âge; — et, toujours silencieuse, la taille droite et les gestes mesurés,
semblait une femme en bois, fonctionnant d'une manière automatique.

II

Elle avait eu, comme une autre,[59] son histoire d'amour.

Son père, un maçon, s'était tué en tombant d'un échafaudage.[60] Puis 30
sa mère mourut, ses sœurs se dispersèrent, un fermier la recueillit,[61] et
l'employa toute petite à garder les vaches dans la campagne. Elle gre-
lottait[62] sous des haillons,[63] buvait à plat ventre[64] l'eau des mares,[65] à
propos de rien était battue, et finalement fut chassée pour un vol de trente

---

[30] 'hung' [31] a dandy of the Revolutionary period [32] 'cots' [33] 'mattresses'
[34] 'old papers' [35] 'shelves' [36] 'set of bookcases' [37] 'end panels'
[38] 'pen and ink sketches' [39] 'painted in body color' [40] Gérard
Audran (1640–1703), French engraver [41] 'vanished' [42] 'dormer window'
[43] 'daybreak' [44] 'dishes' [45] 'buried the log' [46] 'hearth' [47] 'bargaining'
[48] 'stubbornness' [49] 'cleanliness' [50] 'pots and pans' [51] 'crumbs'
[52] 'calico' [53] 'pin' [54] 'bodice' [55] 'an apron with a bib' [56] 'nurses'
[57] 'high-pitched' [58] 'no longer showed' [59] 'anyone else' [60] 'scaffolding'
[61] 'took her in' [62] 'shivered' [63] 'rags' [64] 'flat on her stomach' [65] 'ponds'

sols,[66] qu'elle n'avait pas commis. Elle entra dans une autre ferme, y devint fille de basse-cour,[67] et, comme elle plaisait aux patrons,[68] ses camarades la jalousaient.[69]

Un soir du mois d'août (elle avait alors dix-huit ans), ils l'entraînèrent à l'assemblée[70] de Colleville. Tout de suite elle fut étourdie,[71] stupéfaite par le tapage des ménétriers,[72] les lumières dans les arbres, la bigarrure[73] des costumes, les dentelles,[74] les croix d'or, cette masse de monde sautant à la fois. Elle se tenait à l'écart[75] modestement, quand un jeune homme d'apparence cossue,[76] et qui fumait sa pipe les deux coudes[77] sur le timon d'un banneau,[78] vint l'inviter à la danse. Il lui paya du cidre, du café, de la galette,[79] un foulard,[80] et, s'imaginant qu'elle le devinait,[81] offrit de la reconduire. Au bord d'un champ d'avoine,[82] il la renversa[83] brutalement. Elle eut peur et se mit à crier. Il s'éloigna.[84]

Un autre soir, sur la route de Beaumont, elle voulut dépasser un grand chariot de foin[85] qui avançait lentement et, en frôlant[86] les roues elle reconnut Théodore.

Il l'aborda[87] d'un air tranquille, disant qu'il fallait tout pardonner, puisque c'était «la faute de la boisson».[88]

Elle ne sut que répondre et avait envie de s'enfuir.

Aussitôt il parla des récoltes[89] et des notables de la commune, car son père avait abandonné Colleville pour la ferme des Ecots, de sorte que maintenant ils se trouvaient voisins.

— Ah! dit-elle.

Il ajouta qu'on désirait l'établir.[90] Du reste, il n'était pas pressé,[91] et attendait une femme à son goût. Elle baissa la tête. Alors il lui demanda si elle pensait au mariage. Elle reprit, en souriant, que c'était mal de se moquer.

— Mais non, je vous jure! du bras gauche il lui entoura la taille; elle marchait soutenue par son étreinte;[92] ils se ralentirent.[93]

Le vent était mou, les étoiles brillaient, l'énorme charretée[94] de foin oscillait devant eux; et les quatre chevaux, en traînant leurs pas, soulevaient de la poussière. Puis, sans commandement, ils tournèrent à droite. Il l'embrassa encore une fois. Elle disparut dans l'ombre.

Théodore, la semaine suivante, en obtint des rendez-vous.

Ils se rencontraient au fond des cours,[95] derrière un mur, sous un arbre isolé. Elle n'était pas innocente à la manière des demoiselles — les animaux l'avaient instruite; — mais la raison et l'instinct de l'honneur

---

[66] = sous; I sou = 5 centimes   [67] 'poultry-maid'   [68] 'employers'   [69] 'were jealous of her'   [70] 'fair'   [71] 'bewildered'   [72] 'clamor of the fiddlers' [73] 'medley'   [74] 'laces'   [75] 'to one side'   [76] 'well-to-do'   [77] 'elbows' [78] 'pole of a cart'   [79] 'cake'   [80] 'scarf'   [81] 'guessed his intentions'   [82] 'oats' [83] 'threw her down'   [84] 'went away'   [85] 'hay'   [86] 'grazing'   [87] 'greeted her' [88] 'drink'   [89] 'crops'   [90] 'to set him up on his own'   [91] 'in a hurry' [92] 'embrace'   [93] 'slowed down'   [94] 'cartload'   [95] 'farmyards'

l'empêchèrent de faillir.[96] Cette résistance exaspéra l'amour de Théodore, si bien que pour le satisfaire (ou naïvement peut-être) il proposa de l'épouser. Elle hésitait à le croire. Il fit de grands serments.[97]

Bientôt il avoua quelque chose de fâcheux:[98] ses parents, l'année dernière, lui avaient acheté un homme;[99] mais d'un jour à l'autre on pourrait le reprendre; l'idée de servir l'effrayait.[1] Cette couardise fut pour Félicité une preuve de tendresse; la sienne en redoubla. Elle s'échappait la nuit, et, parvenue au rendez-vous, Théodore la torturait avec ses inquiétudes et ses instances.[2]

Enfin, il annonça qu'il irait lui-même à la Préfecture prendre des informations, et les apporterait dimanche prochain, entre onze heures et minuit.

Le moment arrivé, elle courut vers l'amoureux.

A sa place, elle trouva un de ses amis.

Il lui apprit qu'elle ne devait plus le revoir. Pour se garantir[3] de la conscription, Théodore avait épousé une vieille femme très riche, Mme Lehoussais, de Toucques.

Ce fut un chagrin désordonné.[4] Elle se jeta par terre, poussa des cris, appela le bon Dieu, et gémit[5] toute seule dans la campagne jusqu'au soleil levant. Puis elle revint à la ferme, déclara son intention d'en partir; et, au bout du mois, ayant reçu ses comptes,[6] elle enferma tout son petit bagage dans un mouchoir, et se rendit à Pont-l'Evêque.

Devant l'auberge,[7] elle questionna une bourgeoise en capeline de veuve,[8] et qui précisément cherchait une cuisinière. La jeune fille ne savait pas grand'chose, mais paraissait avoir tant de bonne volonté et si peu d'exigences,[9] que Mme Aubain finit par dire:

— Soit, je vous accepte!

Félicité, un quart d'heure après, était installée chez elle.

D'abord elle y vécut dans une sorte de tremblement que lui causaient «le genre[10] de la maison» et le souvenir de «Monsieur», planant[11] sur tout! Paul et Virginie,[12] l'un âgé de sept ans, l'autre de quatre à peine, lui semblaient formés d'une matière précieuse; elle les portait sur son dos comme un cheval, et Mme Aubain lui défendit de les baiser à chaque minute, ce qui la mortifia. Cependant elle se trouvait heureuse. La douceur du milieu[13] avait fondu[14] sa tristesse.

Tous les jeudis, des habitués venaient faire une partie de boston.[15] Félicité préparait d'avance les cartes et les chaufferettes.[16] Ils arrivaient à huit heures bien juste, et se retiraient avant le coup de onze.

[96] 'from yielding' [97] i.e. promises [98] 'awkward' [99] i.e. had hired a substitute to do his military service for him [1] 'terrified him' [2] 'entreaties' [3] 'protect himself' [4] 'there was a fit of uncontrolled grief' [5] 'moaned' [6] 'wages' [7] 'inn' [8] 'widow's hood' [9] 'requirements' [10] 'style' [11] 'hovering' [12] named after the principal characters of Bernardin de Saint-Pierre's pre-romantic novel (1787) [13] 'surroundings' [14] 'dissipated' [15] early form of whist invented in Boston in 1775 [16] 'foot-warmers'

Chaque lundi matin, le brocanteur[17] qui logeait sous l'allée étalait[18] par terre ses ferrailles.[19] Puis la ville se remplissait d'un bourdonnement[20] de voix, où se mêlaient des hennissements[21] de chevaux, des bêlements[22] d'agneaux, des grognements[23] de cochons, avec le bruit sec des carrioles[24] dans la rue. Vers midi, au plus fort du marché,[25] on voyait paraître sur le seuil[26] un vieux paysan de haute taille, la casquette[27] en arrière, le nez crochu,[28] et qui était Robelin, le fermier de Geffosses. Peu de temps après, c'était Liébard, le fermier de Toucques, petit, rouge, obèse, portant une veste[29] grise et des houseaux[30] armés d'éperons.[31]

Tous deux offraient à leur propriétaire des poules ou des fromages. Félicité invariablement déjouait leurs astuces;[32] et ils s'en allaient pleins de considération pour elle.

A des époques indéterminées, Mme Aubain recevait la visite du marquis de Gremanville, un de ses oncles, ruiné par la crapule[33] et qui vivait à Falaise sur le dernier lopin[34] de ses terres. Il se présentait toujours à l'heure du déjeuner, avec un affreux caniche[35] dont les pattes salissaient tous les meubles. Malgré ses efforts pour paraître gentilhomme jusqu'à soulever son chapeau chaque fois qu'il disait: «Feu mon père»,[36] l'habitude l'entraînant, il se versait à boire coup sur coup,[37] et lâchait des gaillardises.[38] Félicité le poussait dehors poliment:

— Vous en avez assez, Monsieur de Gremanville! A une autre fois! Et elle refermait la porte.

Elle l'ouvrait avec plaisir devant M. Bourais, ancien avoué.[39] Sa cravate blanche et sa calvitie,[40] le jabot[41] de sa chemise, son ample redingote[42] brune, sa façon de priser en arrondissant[43] le bras, tout son individu[44] lui produisait ce trouble[45] où nous jette le spectacle des hommes extraordinaires.

Comme il gérait[46] les propriétés de «Madame», il s'enfermait avec elle pendant des heures dans le cabinet de «Monsieur», et craignait toujours de se compromettre, respectait infiniment la magistrature, avait des prétentions au latin.

Pour instruire les enfants d'une manière agréable, il leur fit cadeau d'une géographie en estampes.[47] Elles représentaient différentes scènes du monde, des anthropophages coiffés de plumes,[48] un singe enlevant[49] une demoiselle, des Bédouins dans le désert, une baleine[50] qu'on harponnait, etc.

[17] 'second-hand dealer'   [18] 'spread out'   [19] 'old iron utensils'   [20] 'hubbub'
[21] 'neighing'   [22] 'bleating'   [23] 'grunting'   [24] 'carts'   [25] 'when the market was at its height'   [26] 'threshold'   [27] 'cap'   [28] 'hooked'   [29] 'jacket'
[30] 'leggings'   [31] 'spurs'   [32] 'frustrated their wiles'   [33] 'dissolute living'
[34] 'plot'   [35] 'poodle'   [36] 'my late father'   [37] 'poured out one drink after another'
[38] 'cracked broad jokes'   [39] 'solicitor'   [40] 'baldness'   [41] 'frill'   [42] 'frock-coat'
[43] 'taking snuff by rounding'   [44] 'person'   [45] 'agitation'   [46] 'managed'
[47] i.e. illustrated   [48] 'cannibals with feather headdresses'   [49] 'a monkey abducting'
[50] 'whale'

Paul donna l'explication de ces gravures à Félicité. Ce fut même toute son éducation littéraire.

Celle des enfants était faite par Guyot, un pauvre diable employé à la mairie,[51] fameux pour sa belle main,[52] et qui repassait son canif[53] sur sa botte.

Quand le temps était clair, on s'en allait de bonne heure à la ferme de Geffosses.

La cour est en pente,[54] la maison dans le milieu; et la mer, au loin, apparaît comme une tache[55] grise.

Félicité retirait de son cabas[56] des tranches de viande froide, et on déjeunait dans un appartement faisant suite à la laiterie.[57] Il était le seul reste d'une habitation de plaisance,[58] maintenant disparue. Le papier de la muraille en lambeaux[59] tremblait aux courants d'air.[60] Mme Aubain penchait[61] son front, accablée[62] de souvenirs; les enfants n'osaient plus parler.

— Mais jouez donc! disait-elle; ils décampaient.[63]

Paul montait dans la grange,[64] attrapait des oiseaux, faisait des ricochets[65] sur la mare, ou tapait avec un bâton les grosses futailles[66] qui résonnaient comme des tambours.[67]

Virginie donnait à manger aux lapins,[68] se précipitait pour cueillir des bluets,[69] et la rapidité de ses jambes découvraient ses petits pantalons brodés.

Un soir d'automne, on s'en retourna par les herbages.[70]

La lune à son premier quartier éclairait une partie du ciel, et un brouillard[71] flottait comme une écharpe[72] sur les sinuosités[73] de la Toucques.[74] Des bœufs, étendus au milieu du gazon,[75] regardaient tranquillement ces quatre personnes passer. Dans la troisième pâture quelques-uns se levèrent, puis se mirent en rond devant elles.

— Ne craignez rien! dit Félicité; et, murmurant une sorte de complainte,[76] elle flatta sur l'échine[77] celui qui se trouvait le plus près; il fit volte-face,[78] les autres l'imitèrent.

Mais quand l'herbage suivant fut traversé, un beuglement[79] formidable s'éleva. C'était un taureau,[80] que cachait le brouillard. Il avança vers les deux femmes. Mme Aubain allait courir.

— Non! non! moins vite!

Elles pressaient le pas[81] cependant, et entendaient par derrière un souffle[82] sonore qui se rapprochait. Ses sabots,[83] comme des marteaux,[84]

---

[51] 'town hall' [52] 'handwriting' [53] 'sharpened his pen-knife' [54] 'on a slope'
[55] 'smudge' [56] 'rush basket' [57] 'adjoining the dairy' [58] 'country house'
[59] 'shreds' [60] 'draughts' [61] 'bent' [62] 'overcome' [63] 'ran off' [64] 'barn'
[65] 'skipped stones' [66] 'casks' [67] 'drums' [68] 'rabbits' [69] 'corn-flowers'
[70] 'meadows' [71] 'mist' [72] 'scarf' [73] 'windings' [74] a small river
[75] 'grass' [76] 'refrain' [77] 'stroked the back of' [78] 'turned round' [79] 'bellowing'
[80] 'bull' [81] 'hurried on' [82] 'panting' [83] 'hoofs' [84] 'hammers'

battaient l'herbe de la prairie; voilà qu'il galopait maintenant! Félicité se retourna, et elle arrachait à deux mains des plaques[85] de terre qu'elle lui jetait dans les yeux. Il baissait le mufle,[86] secouait les cornes[87] et tremblait de fureur en beuglant horriblement. Mme Aubain, au bout de l'herbage avec ses deux petits, cherchait, éperdue,[88] comment franchir le haut bord.[89] Félicité reculait toujours[90] devant le taureau et continuellement lançait des mottes de gazon[91] qui l'aveuglaient, tandis qu'elle criait:

— Dépêchez-vous! dépêchez-vous!

Mme Aubain descendit le fossé,[92] poussa Virginie, Paul ensuite, tomba plusieurs fois en tâchant de gravir le talus,[93] et à force de[94] courage y parvint.

Le taureau avait acculé[95] Félicité contre une claire-voie;[96] sa bave[97] lui rejaillissait[98] à la figure, une seconde de plus il l'éventrait.[99] Elle eut le temps de se couler[1] entre deux barreaux,[2] et la grosse bête, toute surprise, s'arrêta.

Cet événement, pendant bien des années, fut un sujet de conversation à Pont-l'Evêque. Félicité n'en tira aucun orgueil, ne se doutant même pas qu'elle eût rien fait d'héroïque.

Virginie l'occupait exclusivement; car elle eut, à la suite de son effroi, une affection nerveuse, et M. Poupart, le docteur, conseilla les bains de mer de Trouville.[3]

Dans ce temps-là, ils n'étaient pas fréquentés. Mme Aubain prit des renseignements, consulta Bourais, fit des préparatifs comme pour un long voyage.

Ses colis[4] partirent la veille, dans la charette de Liébard. Le lendemain, il amena deux chevaux dont l'un avait une selle[5] de femme, munie d'un dossier de velours;[6] et sur la croupe[7] du second un manteau roulé formait une manière de siège. Mme Aubain y monta, derrière lui. Félicité se chargea de Virginie, et Paul enfourcha[8] l'âne de M. Lechaptois, prêté sous la condition d'en avoir grand soin.

La route était si mauvaise que ses huit kilomètres[9] exigèrent deux heures. Les chevaux enfonçaient[10] jusqu'aux paturons[11] dans la boue, et faisaient pour en sortir de brusques mouvements des hanches; ou bien ils buttaient[12] contre les ornières;[13] d'autres fois, il leur fallait sauter. La jument[14] de Liébard, à de certains endroits, s'arrêtait tout à coup. Il attendait patiemment qu'elle se remît en marche; et il parlait des per-

---

[85] 'clods'　　[86] 'muzzle'　　[87] 'horns'　　[88] 'frantic'　　[89] 'to get over the bank'　　[90] 'kept on retreating'　　[91] 'threw clumps of turf'　　[92] 'ditch' [93] 'clamber up the bank'　　[94] 'by dint of'　　[95] 'driven'　　[96] 'latticed fence' [97] 'slaver'　　[98] 'spurted'　　[99] 'would have gored her'　　[1] 'slip'　　[2] 'bars' [3] watering place on the coast of Normandy　　[4] 'baggage'　　[5] 'saddle' [6] 'equipped with a velvet back'　　[7] 'crupper'　　[8] 'straddled'　　[9] 8 *kilomètres* = 5 miles [10] 'sank'　　[11] 'pasterns'　　[12] 'stumbled'　　[13] 'ruts'　　[14] 'mare'

sonnes dont les propriétés bordaient la route, ajoutant à leur histoire des réflexions morales. Ainsi, au milieu de Toucques, comme on passait sous des fenêtres entourées de capucines,[15] il dit, avec un haussement[16] d'épaules : « — En voilà une, Mme Lehoussais, qui au lieu de prendre un jeune homme...» Félicité n'entendit pas le reste; les chevaux trottaient, l'âne galopait; tous enfilèrent un sentier,[17] une barrière[18] tourna, deux garçons parurent, et l'on descendit devant le purin,[19] sur le seuil même de la porte.

La mère Liébard, en apercevant sa maîtresse, prodigua[20] des démonstrations de joie. Elle lui servit un déjeuner où il y avait un aloyau,[21] des tripes, du boudin,[22] une fricassée de poulet, du cidre mousseux,[23] une tarte aux compotes[24] et des prunes à l'eau-de-vie,[25] accompagnant le tout de politesses à Madame qui paraissait en meilleure santé, à Mademoiselle devenue «magnifique», à M. Paul singulièrement «forci»,[26] sans oublier leurs grands-parents défunts que les Liébard avaient connus, étant au service de la famille depuis plusieurs générations. La ferme avait, comme eux, un caractère d'ancienneté. Les poutrelles[27] du plafond étaient vermoulues,[28] les murailles noires de fumée, les carreaux[29] gris de poussière. Un dressoir en chêne[30] supportait toutes sortes d'ustensiles, des brocs,[31] des assiettes, des écuelles d'étain, des pièges à loup, des forces[32] pour les moutons; une seringue[33] énorme fit rire les enfants. Pas un arbre des trois cours qui n'eût des champignons[34] à sa base, ou dans ses rameaux[35] une touffe de gui.[36] Le vent en avait jeté bas plusieurs. Ils avaient repris[37] par le milieu; et tous fléchissaient[38] sous la quantité de leurs pommes. Les toits de paille,[39] pareils à du velours brun et inégaux d'épaisseur, résistaient aux plus fortes bourrasques.[40] Cependant la charrèterie[41] tombait en ruines. Mme Aubain dit qu'elle aviserait,[42] et commanda de reharnacher les bêtes.

On fut encore une demi-heure avant d'atteindre Trouville. La petite caravane mit pied à terre pour passer les *Ecores*;[43] c'était une falaise surplombant[44] des bateaux; et trois minutes plus tard, au bout du quai, on entra dans la cour de l'*Agneau d'or*,[45] chez la mère David.

Virginie, dès les premiers jours, se sentit moins faible, résultat du changement d'air et de l'action des bains. Elle les prenait en chemise, à défaut d'un costume; et sa bonne la rhabillait dans une cabane de douanier[46] qui servait aux baigneurs.

---

[15] 'nasturtiums' [16] 'shrug' [17] 'entered a path' [18] 'gate' [19] 'liquid manure [pit]' [20] 'was lavish with' [21] 'sirloin' [22] 'blood sausage' [23] 'sparkling' [24] 'stewed fruit' [25] 'plums in brandy' [26] 'grown very strong' [27] 'rafters' [28] 'worm-eaten' [29] 'window panes' [30] 'oak sideboard' [31] 'jugs' [32] 'pewter bowls, wolf-traps, shears' [33] 'syringe' [34] 'mushrooms' [35] 'boughs' [36] 'sprig of mistletoe' [37] 'grown up again' [38] 'bent' [39] 'thatch' [40] 'squalls' [41] 'cartshed' [42] 'would consider the matter' [43] 'the Ledges' [44] 'cliff overhanging' [45] 'Golden Lamb' [46] 'dressed her again in a customs guard's hut'

L'après-midi, on s'en allait avec l'âne au delà des Roches-Noires, du côté d'Hennequeville. Le sentier, d'abord, montait entre des terrains vallonnés[47] comme la pelouse[48] d'un parc, puis arrivait sur un plateau où alternaient des pâturages et des champs en labour.[49] A la lisière[50] du chemin, dans le fouillis des ronces,[51] des houx se dressaient;[52] çà et là, un grand arbre mort faisait sur l'air bleu des zigzags avec ses branches.

Presque toujours on se reposait dans un pré,[53] ayant Deauville[54] à gauche, Le Havre[55] à droite et, en face, la pleine mer. Elle était brillante de soleil, lisse[56] comme un miroir, tellement douce qu'on entendait à peine son murmure; des moineaux[57] cachés pépiaient[58] et la voûte[59] immense du ciel recouvrait tout cela. Mme Aubain, assise, travaillait à son ouvrage de couture;[60] Virginie près d'elle tressait des joncs;[61] Félicité sarclait des fleurs de lavande;[62] Paul, qui s'ennuyait, voulait partir.

D'autres fois, ayant passé la Toucques en bateau, ils cherchaient des coquilles.[63] La marée basse[64] laissait à découvert des oursins, des godefiches, des méduses;[65] et les enfants couraient, pour saisir des flocons d'écume[66] que le vent emportait. Les flots endormis, en tombant sur le sable, se déroulaient le long de la grève;[67] elle s'étendait à perte de vue,[68] mais du côté de la terre avait pour limite les dunes la séparant du *Marais*,[69] large prairie en forme d'hippodrome.[70] Quand ils revenaient par là, Trouville, au fond sur la pente du coteau,[71] à chaque pas grandissait et, avec toutes ses maisons inégales, semblait s'épanouir[72] dans un désordre gai.

Les jours qu'il faisait trop chaud, ils ne sortaient pas de leur chambre. L'éblouissante[73] clarté du dehors plaquait[74] des barres de lumière entre les lames des jalousies.[75] Aucun bruit dans le village. En bas, sur le trottoir,[76] personne. Ce silence épandu[77] augmentait la tranquillité des choses. Au loin, les marteaux des calfats tamponnaient des carènes,[78] et une brise lourde apportait la senteur du goudron.[79]

Le principal divertissement était le retour des barques. Dès qu'elles avaient dépassé les balises,[80] elles commençaient à louvoyer.[81] Leurs voiles[82] descendaient aux deux tiers des mâts;[83] et, la misaine gonflée[84] comme un ballon, elles avançaient, glissaient dans le clapotement des vagues,[85] jusqu'au milieu du port, où l'ancre tout à coup tombait. Ensuite le bateau se plaçait contre le quai. Les matelots jetaient par-

---

[47] 'undulating'   [48] 'lawn'   [49] 'tilled'   [50] 'edge'   [51] 'tangle of the briars'
[52] 'holly-trees grew up'   [53] 'meadow'   [54] watering place near Trouville
[55] seaport at the mouth of the Seine   [56] 'smooth'   [57] 'sparrows'   [58] 'chirped'
[59] 'vault'   [60] 'sewing'   [61] 'wove reeds'   [62] 'picked over lavender'   [63] 'shells'
[64] 'low tide'   [65] 'sea urchins, scallops, jelly fish'   [66] 'flakes of foam'   [67] 'beach'
[68] 'out of sight'   [69] 'Marsh'   [70] 'racetrack'   [71] 'hill'   [72] 'spread out'
[73] 'dazzling'   [74] 'cast'   [75] 'slats of the Venetian blinds'   [76] 'sidewalk'
[77] 'spreading'   [78] 'caulkers' hammers were plugging the hulls of ships'   [79] 'tar'
[80] 'buoys'   [81] 'tack'   [82] 'sails'   [83] 'masts'   [84] 'foresail swelling'
[85] 'splashing of the waves'

dessus le bordage[86] des poissons palpitants;[87] une file de charrettes les attendait, et des femmes en bonnet de coton s'élançaient pour prendre les corbeilles[88] et embrasser leurs hommes.

Une d'elles, un jour, aborda Félicité, qui peu de temps après entra dans la chambre, toute joyeuse. Elle avait retrouvé une sœur; et Nastasie 5 Barette, femme[89] Leroux, apparut, tenant un nourrisson à sa poitrine,[90] de la main droite un autre enfant, et à sa gauche un petit mousse[91] les poings[92] sur les hanches et le béret sur l'oreille.

Au bout d'un quart d'heure, Mme Aubain la congédia.[93]

On les rencontrait toujours aux abords[94] de la cuisine, ou dans les 10 promenades que l'on faisait. Le mari ne se montrait pas.

Félicité se prit d'affection pour eux. Elle leur acheta une couverture,[95] des chemises, un fourneau;[96] évidemment ils l'exploitaient. Cette faiblesse agaçait[97] Mme Aubain, qui d'ailleurs n'aimait pas les familiarités du neveu — car il tutoyait[98] son fils; — et, comme Virginie toussait[99] et 15 que la saison n'était plus bonne, elle revint à Pont-l'Evêque.

M. Bourais l'éclaira[1] sur le choix d'un collège.[2] Celui de Caen[3] passait pour le meilleur. Paul y fut envoyé, et fit bravement ses adieux, satisfait d'aller vivre dans une maison où il aurait des camarades.

Mme Aubain se résigna à l'éloignement[4] de son fils, parce qu'il était 20 indispensable. Virginie y songea de moins en moins. Félicité regrettait[5] son tapage. Mais une occupation vint la distraire; à partir de Noël, elle mena tous les jours la petite fille au catéchisme.

III

Quand elle avait fait à la porte une génuflexion, elle s'avançait sous la haute nef[6] entre la double ligne des chaises, ouvrait le banc[7] de Mme 25 Aubain, s'asseyait, et promenait ses yeux autour d'elle.

Les garçons à droite, les filles à gauche, emplissaient les stalles du chœur; le curé se tenait debout près du lutrin;[8] sur un vitrail de l'abside,[9] le Saint-Esprit dominait la Vierge; un autre la montrait à genoux devant l'Enfant Jésus, et, derrière le tabernacle, un groupe en bois représentait 30 saint Michel terrassant[10] le dragon.

Le prêtre fit d'abord un abrégé de l'Histoire Sainte.[11] Elle croyait voir le paradis, le déluge, la tour de Babel, des villes tout en flammes, des peuples qui mouraient, des idoles renversées; et elle garda de cet éblouissement[12] le respect du Très-Haut et la crainte de sa colère. Puis, elle 35

---

[86] 'side' [87] 'quivering' [88] 'baskets' [89] 'wife of' [90] 'an infant in arms at her breast' [91] 'cabin-boy' [92] 'fists' [93] 'gave her leave to go' [94] 'in the neighborhood' [95] 'blanket' [96] 'cooking-stove' [97] 'annoyed' [98] 'addressed her son in the second person singular' [99] 'had a cough' [1] 'advised her' [2] 'secondary school' [3] university town in western Normandy [4] 'absence' [5] 'missed' [6] 'nave' [7] 'pew' [8] 'lectern' [9] 'stained-glass window of the apse' [10] 'vanquishing' [11] 'summary of the Old Testament' [12] 'dazzling vision'

pleura en écoutant la Passion. Pourquoi l'avaient-ils crucifié, lui qui chérissait[13] les enfants, nourrissait les foules, guérissait[14] les aveugles, et avait voulu, par douceur, naître au milieu des pauvres, sur le fumier[15] d'une étable? Les semailles, les moissons, les pressoirs,[16] toutes ces choses
5 familières dont parle l'Evangile,[17] se trouvaient dans sa vie; le passage de Dieu les avait sanctifiées; et elle aima plus tendrement les agneaux par amour de l'Agneau, les colombes[18] à cause du Saint-Esprit.

Elle avait peine à imaginer sa personne; car il n'était pas seulement oiseau, mais encore un feu, et d'autres fois un souffle.[19] C'est peut-être
10 sa lumière qui voltige[20] la nuit aux bords des marécages,[21] son haleine[22] qui pousse les nuées,[23] sa voix qui rend les cloches harmonieuses; et elle demeurait dans une adoration, jouissant de la fraîcheur[24] des murs et de la tranquillité de l'église.

Quant aux dogmes, elle n'y comprenait rien, ne tâcha même pas de
15 comprendre. Le curé discourait,[25] les enfants récitaient, elle finissait par s'endormir, et se réveillait tout à coup, quand ils faisaient en s'en allant claquer leurs sabots sur les dalles.[26]

Ce fut de cette manière, à force de l'entendre, qu'elle apprit le caté-chisme, son éducation religieuse ayant été négligée dans sa jeunesse;
20 et dès lors elle imita toutes les pratiques de Virginie, jeûnait[27] comme elle, se confessait avec elle. A la Fête-Dieu,[28] elles firent ensemble un reposoir.[29]

La première communion la tourmentait d'avance. Elle s'agita pour les souliers, pour le chapelet, pour le livre,[30] pour les gants. Avec quel
25 tremblement elle aida sa mère à l'habiller!

Pendant toute la messe, elle éprouva une angoisse. M. Bourais lui cachait un côté du chœur; mais juste en face, le troupeau des vierges portant des couronnes blanches par-dessus leurs voiles abaissés[31] formait comme un champ de neige; et elle reconnaissait de loin la chère petite à
30 son cou plus mignon[32] et son attitude recueillie.[33] La cloche tinta.[34] Les têtes se courbèrent; il y eut un silence. Aux éclats[35] de l'orgue, les chantres[36] et la foule entonnèrent[37] l'*Agnus Dei;* puis le défilé[38] des gar-çons commença; et, après eux, les filles se levèrent. Pas à pas, et les mains jointes, elles allaient vers l'autel tout illuminé, s'agenouillaient[39]
35 sur la première marche, recevaient l'hostie[40] successivement, et dans le même ordre revenaient à leurs prie-Dieu.[41] Quand ce fut le tour de Virginie, Félicité se pencha[42] pour la voir; et, avec l'imagination que

---

[13] 'loved'   [14] 'healed'   [15] i.e. litter   [16] 'sowing, harvesting, the wine-presses'
[17] 'Gospel'   [18] 'doves'   [19] 'breath'   [20] 'flickers'   [21] 'marshes'
[22] 'breath'   [23] 'clouds'   [24] 'coolness'   [25] 'went on talking'   [26] 'their
wooden shoes clatter on the flagstones'   [27] 'fasted'   [28] 'Corpus Christi'   [29] 'temporary
altar'   [30] 'the rosary, the prayer-book'   [31] 'lowered'   [32] 'delicate'   [33] 'devout'
[34] 'tinkled'   [35] 'pealing'   [36] 'choristers'   [37] 'intoned'   [38] 'procession'
[39] 'knelt'   [40] 'Host'   [41] 'prayer-stools'   [42] 'leant over'

donnent les vraies tendresses, il lui sembla qu'elle était elle-même cette enfant; sa figure devenait la sienne, sa robe l'habillait, son cœur lui battait dans la poitrine; au moment d'ouvrir la bouche, en fermant les paupières,[43] elle manqua s'évanouir.[44]

Le lendemain, de bonne heure, elle se présenta dans la sacristie, pour que M. le curé lui donnât la communion. Elle la reçut dévotement, mais n'y goûta pas les mêmes délices.

Mme Aubain voulait faire de sa fille une personne accomplie; et, comme Guyot ne pouvait lui montrer[45] ni l'anglais ni la musique, elle résolut de la mettre en pension chez les Ursulines de Honfleur.[46]

L'enfant n'objecta rien. Félicité soupirait, trouvant Madame insensible.[47] Puis elle songea[48] que sa maîtresse, peut-être, avait raison. Ces choses dépassaient sa compétence.

Enfin, un jour, une vieille tapissière[49] s'arrêta devant la porte; et il en descendit une religieuse[50] qui venait chercher Mademoiselle. Félicité monta les bagages sur l'impériale,[51] fit des recommandations au cocher, et plaça dans le coffre six pots de confitures[52] et une douzaine de poires, avec un bouquet de violettes.

Virginie, au dernier moment, fut prise d'un grand sanglot;[53] elle embrassait sa mère qui la baisait au front en répétant:

— Allons! du courage! du courage!

Le marchepied[54] se releva, la voiture partit.

Alors Mme Aubain eut une défaillance;[55] et le soir tous ses amis, le ménage Lormeau, Mme Lechaptois, *ces* demoiselles Rochefeuille, M. de Houppeville et Bourais se présentèrent pour la consoler.

La privation de sa fille lui fut d'abord très douloureuse. Mais trois fois la semaine elle en recevait une lettre, les autres jours lui écrivait, se promenait dans son jardin, lisait un peu, et de cette façon comblait[56] le vide des heures.

Le matin, par habitude, Félicité entrait dans la chambre de Virginie, et regardait les murailles. Elle s'ennuyait de n'avoir plus à peigner[57] ses cheveux, à lui lacer ses bottines,[58] à la border[59] dans son lit, et de ne plus voir continuellement sa gentille figure, de ne plus la tenir par la main quand elles sortaient ensemble. Dans son désœuvrement,[60] elle essaya de faire de la dentelle. Ses doigts trop lourds cassaient les fils;[61] elle n'entendait à rien,[62] avait perdu le sommeil, suivant son mot, était «minée».[63]

Pour «se dissiper»,[64] elle demanda la permission de recevoir son neveu Victor.

[43] 'eyelids'   [44] 'she almost swooned'   [45] 'teach her'   [46] 'the Ursuline nuns of Honfleur'; a town at the mouth of the Seine   [47] 'unfeeling'   [48] 'reflected' [49] 'wagonette'   [50] 'nun'   [51] 'top'   [52] 'preserves'   [53] 'sob' [54] 'carriage step'   [55] 'fainted'   [56] 'filled in'   [57] 'comb'   [58] 'boots' [59] 'tuck her in'   [60] 'idleness'   [61] 'threads'   [62] 'could not do anything right'   [63] i.e. worn to a shadow   [64] 'keep herself amused'

Il arrivait le dimanche après la messe, les joues roses, la poitrine nue, et sentant l'odeur de la campagne qu'il avait traversée. Tout de suite, elle dressait son couvert.[65] Ils déjeunaient[66] l'un en face de l'autre; et, mangeant elle-même le moins possible pour épargner la dépense, elle le bourrait[67] tellement de nourriture qu'il finissait par s'endormir. Au premier coup des vêpres, elle le réveillait, brossait son pantalon, nouait sa cravate, et se rendait à l'église, appuyée sur son bras dans un orgueil maternel.

Ses parents le chargeaient toujours d'en tirer quelque chose, soit un paquet de cassonade,[68] du savon, de l'eau-de-vie, parfois même de l'argent. Il apportait ses nippes à raccommoder;[69] et elle acceptait cette besogne,[70] heureuse d'une occasion qui le forçait à revenir.

Au mois d'août, son père l'emmena au cabotage.[71]

C'était l'époque des vacances. L'arrivée des enfants la consola. Mais Paul devenait capricieux, et Virginie n'avait plus l'âge d'être tutoyée, ce qui mettait une gêne,[72] une barrière entre elles.

Victor alla successivement à Morlaix, à Dunkerque et à Brighton;[73] au retour de chaque voyage, il lui offrait un cadeau. La première fois, ce fut une boîte en coquilles; la seconde, une tasse à café; la troisième, un grand bonhomme en pain d'épices.[74] Il embellissait,[75] avait la taille bien prise,[76] un peu de moustache, de bons yeux francs, et un petit chapeau de cuir,[77] placé en arrière comme un pilote. Il l'amusait en lui racontant des histoires mêlées de termes marins.

Un lundi, 14 juillet 1819 (elle n'oublia pas la date), Victor annonça qu'il était engagé au long cours,[78] et, dans la nuit du surlendemain,[79] par le paquebot[80] de Honfleur, irait rejoindre sa goëlette,[81] qui devait démarrer[82] du Havre prochainement. Il serait, peut-être, deux ans parti.

La perspective[83] d'une telle absence désola Félicité; et pour lui dire encore adieu, le mercredi soir, après le dîner de Madame, elle chaussa des galoches,[84] et avala[85] les quatre lieues[86] qui séparent Pont-l'Evêque de Honfleur.

Quand elle fut devant le Calvaire,[87] au lieu de prendre à gauche, elle prit à droite, se perdit dans des chantiers,[88] revint sur ses pas; des gens qu'elle accosta l'engagèrent[89] à se hâter. Elle fit le tour du bassin[90] rempli de navires, se heurtait contre des amarres;[91] puis le terrain

---

[65] 'laid a place for him at table'　　[66] 'lunched'　　[67] 'stuffed him'　　[68] 'brown sugar'　　[69] 'duds to be mended'　　[70] 'task'　　[71] 'on a coasting vessel' [72] 'restraint'　　[73] a port in northern Brittany; chief French port on the North Sea; a port and watering-place on the south coast of England　　[74] 'gingerbread man' [75] 'was growing handsome'　　[76] 'was well set up'　　[77] 'leather'　　[78] 'for an ocean voyage'　　[79] 'second day after'　　[80] 'packet-boat'　　[81] 'schooner' [82] 'sail'　　[83] 'prospect'　　[84] 'put on her clogs'　　[85] 'ate up'　　[86] 'leagues' [87] 'wayside shrine'　　[88] 'dockyards'　　[89] 'urged her'　　[90] 'inner harbor' [91] 'bumped into mooring cables'

s'abaissa,[92] des lumières s'entre-croisèrent,[93] et elle se crut folle, en apercevant des chevaux dans le ciel.

Au bord du quai, d'autres hennissaient, effrayés par la mer. Un palan[94] qui les enlevait les descendait dans un bateau, où des voyageurs se bousculaient[95] entre les barriques[96] de cidre, les paniers de fromage, les sacs de grain; on entendait chanter des poules, le capitaine jurait; et un mousse restait accoudé sur le bossoir,[97] indifférent à tout cela. Félicité, qui ne l'avait pas reconnu, criait: «Victor!»; il leva la tête; elle s'élançait, quand on retira l'échelle tout à coup.

Le paquebot, que des femmes halaient[98] en chantant, sortit du port. Sa membrure[99] craquait, les vagues pesantes fouettaient[1] sa proue. La voile avait tourné, on ne vit plus personne; et, sur la mer argentée par la lune, il faisait une tache noire qui pâlissait toujours, s'enfonça,[2] disparut.

Félicité, en passant près du Calvaire, voulut recommander à Dieu ce qu'elle chérissait le plus; et elle pria pendant longtemps, debout, la face baignée de pleurs, les yeux vers les nuages. La ville dormait, des douaniers se promenaient; et de l'eau tombait sans discontinuer par les trous de l'écluse,[3] avec un bruit de torrent. Deux heures sonnèrent.

Le parloir[4] n'ouvrirait pas avant le jour. Un retard, bien sûr, contrarierait[5] Madame; et, malgré son désir d'embrasser l'autre enfant, elle s'en retourna. Les filles de l'auberge[6] s'éveillaient, comme elle entrait dans Pont-l'Evêque.

Le pauvre gamin[7] durant des mois allait donc rouler sur les flots! Ses précédents voyages ne l'avaient pas effrayée. De l'Angleterre et de la Bretagne,[8] on revenait; mais l'Amérique, les Colonies, les Iles, cela était perdu dans une région incertaine, à l'autre bout du monde.

Dès lors, Félicité pensa exclusivement à son neveu. Les jours de soleil, elle se tourmentait de la soif; quand il faisait de l'orage, craignait pour lui la foudre.[9] En écoutant le vent qui grondait[10] dans la cheminée et emportait les ardoises, elle le voyait battu par cette même tempête, au sommet d'un mât fracassé,[11] tout le corps en arrière,[12] sous une nappe[13] d'écume; ou bien — souvenirs de la géographie en estampes — il était mangé par les sauvages, pris dans un bois par des singes, se mourait le long d'une plage[14] déserte. Et jamais elle ne parlait de ses inquiétudes.

Mme Aubain en avait d'autres sur sa fille.

Les bonnes sœurs trouvaient qu'elle était affectueuse,[15] mais délicate. La moindre émotion l'énervait.[16] Il fallut abandonner le piano.

---

[92] 'sloped away' [93] 'criss-crossed' [94] 'hoisting-gear' [95] 'jostled one another' [96] 'kegs' [97] 'cathead' [98] 'towed' [99] 'timbers' [1] 'whipped' [2] 'sank' [3] 'sluice' [4] 'reception room [of the convent]' [5] 'would annoy' [6] 'servant girls at the inn' [7] 'lad' [8] 'Brittany' [9] 'lightning' [10] 'howled' [11] 'shattered' [12] 'leaning far out' [13] 'sheet' [14] 'beach' [15] 'affectionate' [16] 'upset her'

Sa mère exigeait[17] du couvent une correspondance réglée.[18] Un matin que le facteur[19] n'était pas venu, elle s'impatienta; et elle marchait dans la salle, de son fauteuil à la fenêtre. C'était vraiment extraordinaire! depuis quatre jours, pas de nouvelles!

Pour qu'elle se consolât par son exemple, Félicité lui dit:

— Moi, madame, voilà six mois que je n'en ai reçu!...

— De qui donc?...

La servante répliqua doucement:

— Mais... de mon neveu!

— Ah! votre neveu! Et, haussant[20] les épaules, Mme Aubain reprit sa promenade, ce qui voulait dire: «Je n'y pensais pas!... Au surplus, je m'en moque! un mousse, un gueux,[21] belle affaire!... tandis que ma fille... Songez donc!...»

Félicité, bien que nourrie dans la rudesse,[22] fut indignée contre Madame, puis oublia.

Il lui paraissait tout simple de perdre la tête à l'occasion de[23] la petite.

Les deux enfants avaient une importance égale; un lien[24] de son cœur les unissait, et leur destinée devait être la même.

Le pharmacien lui apprit que le bateau de Victor était arrivé à la Havane. Il avait lu ce renseignement dans une gazette.

A cause des cigares, elle imaginait la Havane un pays où l'on ne fait pas autre chose que de fumer, et Victor circulait parmi des nègres dans un nuage de tabac. Pouvait-on «en cas de besoin» s'en retourner par terre? A quelle distance était-ce de Pont-l'Evêque? Pour le savoir, elle interrogea M. Bourais.

Il atteignit[25] son atlas, puis commença des explications sur les longitudes; et il avait un beau sourire de cuistre[26] devant l'ahurissement[27] de Félicité. Enfin, avec son porte-crayon,[28] il indiqua dans les découpures[29] d'une tache ovale un point noir, imperceptible, en ajoutant: «Voici.» Elle se pencha sur la carte; ce réseau[30] de lignes coloriées fatiguait sa vue, sans lui rien apprendre; et Bourais, l'invitant à dire ce qui l'embarrassait, elle le pria de lui montrer la maison où demeurait Victor. Bourais leva les bras, il éternua,[31] rit énormément; une candeur pareille excitait sa joie; et Félicité n'en comprenait pas le motif, elle qui s'attendait peut-être à voir jusqu'au portrait de son neveu, tant son intelligence était bornée![32]

Ce fut quinze jours après que Liébard, à l'heure du marché, comme d'habitude, entra dans la cuisine, et lui remit une lettre qu'envoyait son beau-frère. Ne sachant lire aucun des deux, elle eut recours à sa maîtresse.

---

[17] 'demanded'   [18] 'regular'   [19] 'postman'   [20] 'shrugging'
[21] 'penniless fellow'   [22] 'brought up to harshness'   [23] 'because of'   [24] 'bond'
[25] 'got out'   [26] 'pedant'   [27] 'bewilderment'   [28] 'pencil-holder'
[29] 'indentations'   [30] 'network'   [31] 'sneezed'   [32] 'limited'

Mme Aubain, qui comptait les mailles d'un tricot,[33] le posa près d'elle, décacheta[34] la lettre, tressaillit,[35] et, d'une voix basse, avec un regard profond:

— C'est un malheur... qu'on vous annonce. Votre neveu...

Il était mort. On n'en disait pas davantage.

Félicité tomba sur une chaise, en s'appuyant la tête à la cloison,[36] et ferma ses paupières, qui devinrent roses tout à coup. Puis, le front baissé, les mains pendantes, l'œil fixe, elle répétait par intervalles:

— Pauvre petit gars![37] pauvre petit gars!

Liébard la considérait en exhalant des soupirs. Mme Aubain tremblait un peu.

Elle lui proposa d'aller voir sa sœur, à Trouville.

Félicité répondit, par un geste, qu'elle n'en avait pas besoin.

Il y eut un silence. Le bonhomme Liébard jugea convenable de se retirer.

Alors elle dit:

— Ça ne leur fait rien, à eux!

Sa tête retomba; et machinalement elle soulevait, de temps à autre, les longues aiguilles[38] sur la table à ouvrage.

Des femmes passèrent dans la cour avec un bard[39] d'où dégouttelait du linge.[40]

En les apercevant par les carreaux, elle se rappela sa lessive;[41] l'ayant coulée[42] la veille, il fallait aujourd'hui la rincer; et elle sortit de l'appartement.

Sa planche et son tonneau[43] étaient au bord de la Toucques. Elle jeta sur la berge[44] un tas de chemises, retroussa[45] ses manches, prit son battoir[46] et les coups forts qu'elle donnait s'entendaient dans les autres jardins à côté. Les prairies étaient vides, le vent agitait la rivière; au fond, de grandes herbes s'y penchaient,[47] comme des chevelures[48] de cadavres flottant dans l'eau. Elle retenait[49] sa douleur, jusqu'au soir fut très brave; mais, dans sa chambre, elle s'y abandonna, à plat ventre sur son matelas, le visage dans l'oreiller,[50] et les deux poings contre les tempes.

Beaucoup plus tard, par le capitaine de Victor lui-même, elle connut les circonstances de sa fin. On l'avait trop saigné[51] à l'hôpital, pour la fièvre jaune. Quatre médecins le tenaient[52] à la fois. Il était mort immédiatement, et le chef avait dit:

— Bon! encore un!

Ses parents l'avaient toujours traité avec barbarie. Elle aima mieux

---

[33] 'stitches of a piece of knitting' [34] 'unsealed' [35] 'shuddered'
[36] 'wall' [37] 'boy' [38] 'needles' [39] 'hand-barrow' [40] 'washing dripped' [41] 'washing' [42] 'having put it to soak' [43] 'washboard and tub' [44] 'bank' [45] 'rolled up' [46] 'washerwoman's paddle' [47] 'long weeds trailed in it' [48] 'hair' [49] 'restrained' [50] 'pillow' [51] 'bled' [52] 'looked after him'

ne pas les revoir; ils ne firent aucune avance, par oubli, ou endurcissement de misérables.[53]

Virginie s'affaiblissait.

Des oppressions,[54] de la toux, une fièvre continuelle et des marbrures
5 aux pommettes décelaient[55] quelque affection profonde. M. Poupart
avait conseillé un séjour en Provence.[56] Mme Aubain s'y décida, et eût
tout de suite repris sa fille à la maison, sans le climat de Pont-l'Evêque.

Elle fit un arrangement avec un loueur de voitures,[57] qui la menait au
couvent chaque mardi. Il y a dans le jardin une terrasse d'où l'on
10 découvre la Seine. Virginie s'y promenait à son bras, sur les feuilles de
pampre[58] tombées. Quelquefois le soleil traversant les nuages la forçait
à cligner[59] ses paupières, pendant qu'elle regardait les voiles au loin et
tout l'horizon, depuis le château de Tancarville[60] jusqu'aux phares[61] du
Havre. Ensuite on se reposait sous la tonnelle.[62] Sa mère s'était procuré
15 un petit fût[63] d'excellent vin de Malaga; et, riant à l'idée d'être grise,[64]
elle en buvait deux doigts, pas davantage.

Ses forces reparurent. L'automne s'écoula doucement. Félicité rassurait Mme Aubain. Mais, un soir qu'elle avait été aux environs faire
une course,[65] elle rencontra devant la porte le cabriolet[66] de M. Poupart;
20 et il était dans le vestibule. Mme Aubain nouait son chapeau.

— Donnez-moi ma chaufferette, ma bourse, mes gants; plus vite donc!
Virginie avait une fluxion de poitrine;[67] c'était peut-être désespéré.

— Pas encore! dit le médecin.

Et tous deux montèrent dans la voiture, sous des flocons de neige qui
25 tourbillonnaient.[68] La nuit allait venir. Il faisait très froid.

Félicité se précipita dans l'église, pour allumer un cierge.[69] Puis elle
courut après le cabriolet, qu'elle rejoignit une heure plus tard, sauta
légèrement par derrière, où elle se tenait aux torsades,[70] quand une réflexion lui vint: «La cour n'était pas fermée! si des voleurs s'introduisaient?» Et elle descendit.
30

Le lendemain, dès l'aube, elle se présenta chez le docteur. Il était
rentré, et reparti à la campagne. Puis elle resta dans l'auberge, croyant
que des inconnus apporteraient une lettre. Enfin, au petit jour, elle prit
la diligence[71] de Lisieux.[72]

35 Le couvent se trouvait au fond d'une ruelle escarpée.[73] Vers le milieu,
elle entendit des sons étranges, un glas de mort.[74] «C'est pour d'autres,»
pensa-t-elle; et Félicité tira violemment le marteau.[75]

---

[53] 'the callousness of poor wretches'   [54] 'a feeling of suffocation'   [55] 'blue
marks on the cheek bones revealed'   [56] province in the southeast of France
[57] 'livery-stable keeper'   [58] 'vine'   [59] 'blink'   [60] on the estuary of the Seine
above Le Havre   [61] 'lighthouses'   [62] 'arbor'   [63] 'cask'   [64] 'tipsy'   [65] 'errand'
[66] 'gig'   [67] 'inflammation of the lungs'   [68] 'whirled down'   [69] 'wax taper'
[70] 'cord fringes'   [71] 'stage-coach'   [72] cathedral town southwest of Pont-l'Evêque   [73] 'steep'   [74] 'death-knell'   [75] 'knocker'

Au bout de plusieurs minutes, des savates se traînèrent,[76] la porte s'entre-bâilla,[77] et une religieuse parut.

La bonne sœur avec un air de componction dit «qu'elle venait de passer». En même temps, le glas de Saint-Léonard redoublait.

Félicité parvint au second étage.

Dès le seuil de la chambre, elle aperçut Virginie étalée[78] sur le dos, les mains jointes, la bouche ouverte, et la tête en arrière sous une croix noire s'inclinant vers elle, entre les rideaux immobiles, moins pâles que sa figure. Mme Aubain, au pied de la couche qu'elle tenait dans ses bras, poussait des hoquets d'agonie.[79] La supérieure était debout, à droite. Trois chandeliers sur la commode faisaient des taches rouges, et le brouillard blanchissait les fenêtres. Des religieuses emportèrent Mme Aubain.

Pendant deux nuits, Félicité ne quitta pas la morte. Elle répétait les mêmes prières, jetait de l'eau bénite[80] sur les draps,[81] revenait s'asseoir, et la contemplait. A la fin de la première veille,[82] elle remarqua que la figure avait jauni, les lèvres bleuirent, le nez se pinçait, les yeux s'enfonçaient.[83] Elle les baisa plusieurs fois, et n'eût pas éprouvé un immense étonnement si Virginie les eût rouverts; pour de pareilles âmes le surnaturel est tout simple. Elle fit sa toilette, l'enveloppa de son linceul,[84] la descendit dans sa bière,[85] lui posa une couronne, étala[86] ses cheveux. Ils étaient blonds, et extraordinaires de longueur à son âge. Félicité en coupa une grosse mèche,[87] dont elle glissa la moitié dans sa poitrine, résolue à ne jamais s'en dessaisir.[88]

Le corps fut ramené à Pont-l'Evêque, suivant les intentions de Mme Aubain, qui suivait le corbillard,[89] dans une voiture fermée.

Après la messe, il fallut encore trois quarts d'heure pour atteindre le cimetière. Paul marchait en tête et sanglotait. M. Bourais était derrière, ensuite les principaux habitants, les femmes, couvertes de mantes[90] noires, et Félicité. Elle songeait à son neveu, et, n'ayant pu lui rendre ces honneurs, avait un surcroît[91] de tristesse, comme si on l'eût enterré[92] avec l'autre.

Le désespoir de Mme Aubain fut illimité.

D'abord elle se révolta contre Dieu, le trouvant injuste de lui avoir pris sa fille, elle qui n'avait jamais fait de mal, et dont la conscience était si pure! Mais non! elle aurait dû l'emporter dans le Midi.[93] D'autres docteurs l'auraient sauvée! Elle s'accusait, voulait la rejoindre, criait en détresse au milieu de ses rêves. Un, surtout, l'obsédait. Son mari, costumé comme un matelot, revenait d'un long voyage, et lui disait en

---

[76] 'slippers scuffled along'   [77] 'half-opened'   [78] 'stretched out'   [79] 'convulsive gasps'   [80] 'holy water'   [81] 'sheets'   [82] 'vigil'   [83] 'was becoming pinched, her eyes sunken in their orbits'   [84] 'shroud'   [85] 'lowered her into her coffin'   [86] 'spread out'   [87] 'lock'   [88] 'never to part with it'   [89] 'hearse'   [90] 'veils'   [91] 'increase'   [92] 'had buried him'   [93] 'south of France'

pleurant qu'il avait reçu l'ordre d'emmener Virginie. Alors ils se concertaient pour découvrir une cachette[94] quelque part.

Une fois, elle rentra du jardin, bouleversée.[95] Tout à l'heure (elle montrait l'endroit) le père et la fille lui étaient apparus l'un auprès de
5 l'autre, et ils ne faisaient rien; ils la regardaient.

Pendant plusieurs mois, elle resta dans sa chambre, inerte. Félicité la sermonnait[96] doucement; il fallait se conserver pour son fils, et pour l'autre, en souvenir «d'elle».

— Elle, reprenait Mme Aubain, comme se réveillant. Ah! oui!... oui!
10 Vous ne l'oubliez pas!

Allusion au cimetière, qu'on lui avait scrupuleusement défendu.

Félicité tous les jours s'y rendait.

A quatre heures précises, elle passait au bord des maisons, montait la côte,[97] ouvrait la barrière, et arrivait devant la tombe de Virginie.
15 C'était une petite colonne de marbre rose, avec une dalle[98] dans le bas, et des chaînes autour enfermant un jardinet.[99] Les plates-bandes[1] disparaissaient sous une couverture de fleurs. Elle arrosait[2] leurs feuilles, renouvelait le sable, se mettait à genoux pour mieux labourer la terre. Mme Aubain, quand elle put y venir, en éprouva un soulagement,[3] une
20 espèce de consolation.

Puis des années s'écoulèrent, toutes pareilles et sans autres épisodes que le retour des grandes fêtes: Pâques, l'Assomption, la Toussaint.[4] Des événements antérieurs faisaient une date, où l'on se reportait[5] plus tard. Ainsi, en 1825, deux vitriers badigeonnèrent[6] le vestibule; en 1827, une
25 portion du toit, tombant dans la cour, faillit tuer un homme. L'été de 1828, ce fut à Madame d'offrir le pain bénit;[7] Bourais, vers cette époque, s'absenta mystérieusement; et les anciennes connaissances peu à peu s'en allèrent:[8] Guyot, Liébard, Mme Lechaptois, Robelin, l'oncle Gremanville, paralysé depuis longtemps.
30 Une nuit, le conducteur de la malle-poste[9] annonça dans Pont-l'Evêque la Révolution de juillet.[10] Un sous-préfet[11] nouveau, peu de jours après, fut nommé: le baron de Larsonnière, ex-consul en Amérique, et qui avait chez lui, outre sa femme, sa belle-sœur[12] avec trois demoiselles, assez grandes déjà. On les apercevait sur leur gazon, habillées de blouses[13]
35 flottantes; elles possédaient un nègre et un perroquet.[14] Mme Aubain eut leur visite et ne manqua pas de la rendre. Du plus loin qu'elles paraissaient, Félicité accourait pour la prévenir.[15] Mais une chose était seule capable de l'émouvoir, les lettres de son fils.

---

[94] 'put their heads together to find a hiding-place'   [95] 'completely upset'
[96] 'scolded her'   [97] 'hill'   [98] 'slab'   [99] 'little garden'   [1] 'flower-beds'   [2] 'watered'   [3] 'feeling of relief'   [4] 'Easter, Assumption Day, All Saints' Day'   [5] 'referred'   [6] 'glaziers whitewashed'   [7] 'it was Madame's turn to furnish the wafers consecrated [at the Mass]'   [8] 'passed away'   [9] 'mail-coach'   [10] in 1830   [11] 'sub-prefect [of the *département*]'   [12] 'sister-in-law'   [13] 'smocks'   [14] 'parrot'   [15] 'warn her'

Il ne pouvait suivre aucune carrière, étant absorbé dans les esta-
minets.[16] Elle lui payait ses dettes; il en refaisait d'autres; et les soupirs
que poussait Mme Aubain, en tricotant près de la fenêtre, arrivaient à
Félicité, qui tournait son rouet[17] dans la cuisine.

Elles se promenaient ensemble le long de l'espalier,[18] et causaient tou-   5
jours de Virginie, se demandant si telle chose lui aurait plu, en telle occasion ce qu'elle eût dit probablement.

Toutes ses petites affaires occupaient un placard[19] dans la chambre à
deux lits. Mme Aubain les inspectait le moins souvent possible. Un jour
d'été, elle se résigna; et des papillons[20] s'envolèrent de l'armoire.[21]   10

Ses robes étaient en ligne sous une planche où il y avait trois poupées,
des cerceaux, un ménage, la cuvette[22] qui lui servait. Elles retirèrent[23]
également les jupons, les bas, les mouchoirs, et les étendirent sur les deux
couches, avant de les replier. Le soleil éclairait ces pauvres objets, en
faisait voir les taches, et des plis[24] formés par les mouvements du corps.   15
L'air était chaud et bleu, un merle gazouillait,[25] tout semblait vivre dans
une douceur profonde. Elles retrouvèrent un petit chapeau de peluche,
à longs poils,[26] couleur marron;[27] mais il était tout mangé de vermine.
Félicité le réclama[28] pour elle-même. Leurs yeux se fixèrent l'une sur
l'autre, s'emplirent de larmes; enfin la maîtresse ouvrit ses bras, la   20
servante s'y jeta; et elles s'étreignirent,[29] satisfaisant leur douleur dans
un baiser qui les égalisait.

C'était la première fois de leur vie, Mme Aubain n'étant pas d'une
nature expansive. Félicité lui en fut reconnaissante[30] comme d'un bienfait, et désormais la chérit avec un dévouement bestial[31] et une vénéra-   25
tion religieuse.

La bonté de son cœur se développa.

Quand elle entendait dans la rue les tambours d'un régiment en
marche, elle se mettait devant la porte avec une cruche[32] de cidre, et
offrait à boire aux soldats. Elle soigna des cholériques.[33] Elle protégeait   30
les Polonais;[34] et même il y en eut un qui déclarait la vouloir épouser.
Mais ils se fâchèrent;[35] car un matin, en rentrant de l'angélus, elle le
trouva dans sa cuisine, où il s'était introduit, et accommodé une vinai-
grette[36] qu'il mangeait tranquillement...

Après les Polonais, ce fut le père Colmiche, un vieillard passant pour   35
avoir fait des horreurs en 93.[37] Il vivait au bord de la rivière, dans les

---

[16] 'taverns'   [17] 'spinning-wheel'   [18] 'fruit-wall'   [19] 'cupboard'   [20] 'moths'
[21] 'wardrobe'   [22] 'a shelf where there were three dolls, hoops, furnishings for a
doll's house, the wash bowl'   [23] 'took out'   [24] 'creases'   [25] 'a blackbird
was twittering'   [26] 'plush, with a thick pile'   [27] 'brown'   [28] 'asked to
have it'   [29] 'embraced'   [30] 'grateful'   [31] i.e. dog-like   [32] 'jug'
[33] 'cholera sufferers'   [34] i.e. Polish refugees from the unsuccessful revolution of
1830–32   [35] 'quarreled'   [36] i.e. had prepared himself some cold meat seasoned
with vinegar sauce   [37] i.e. in 1793, during the Reign of Terror

décombres d'une porcherie.[38] Les gamins le regardaient par les fentes[39] du mur, et lui jetaient des cailloux[40] qui tombaient sur son grabat,[41] où il gisait,[42] continuellement secoué par un catarrhe, avec des cheveux très longs, les paupières enflammées, et au bras une tumeur plus grosse que
5 sa tête. Elle lui procura du linge, tâcha de nettoyer son bouge,[43] rêvait à l'établir dans le fournil,[44] sans qu'il gênât Madame. Quand le cancer eut crevé,[45] elle le pansa[46] tous les jours, quelquefois lui apportait de la galette, le plaçait au soleil sur une botte[47] de paille; et le pauvre vieux, en bavant et en tremblant, la remerciait de sa voix éteinte,[48] craignait
10 de la perdre, allongeait les mains dès qu'il la voyait s'éloigner. Il mourut; elle fit dire une messe pour le repos de son âme.

Ce jour-là, il lui advint un grand bonheur: au moment du dîner, le nègre de Mme de Larsonnière se présenta, tenant le perroquet dans sa cage, avec le bâton, la chaîne et le cadenas.[49] Un billet de la baronne an-
15 nonçait à Mme Aubain que, son mari étant élevé à une préfecture, ils partaient le soir; et elle la priait d'accepter cet oiseau, comme un souvenir, et en témoignage[50] de ses respects.

Il occupait depuis longtemps l'imagination de Félicité, car il venait d'Amérique: et ce mot lui rappelait Victor, si bien qu'elle s'en informait
20 auprès du nègre. Une fois même elle avait dit: «C'est Madame qui serait heureuse de l'avoir!»

Le nègre avait redit le propos[51] à sa maîtresse, qui, ne pouvant l'emmener, s'en débarrassait de cette façon.

IV

Il s'appelait Loulou. Son corps était vert, le bout de ses ailes[52] rose,
25 son front bleu, et sa gorge dorée.

Mais il avait la fatigante manie de mordre[53] son bâton, s'arrachait les plumes, éparpillait ses ordures,[54] répandait l'eau de sa baignoire;[55] Mme Aubain, qu'il ennuyait, le donna pour toujours à Félicité.

Elle entreprit de l'instruire; bientôt il répéta: «Charmant garçon!
30 Serviteur,[56] monsieur! Je vous salue, Marie!»[57] Il était placé auprès de la porte, et plusieurs s'étonnaient qu'il ne répondît pas au nom de Jacquot, puisque tous les perroquets s'appellent Jacquot. On le comparait à une dinde, à une bûche:[58] autant de coups de poignard[59] pour Félicité. Etrange obstination de Loulou, ne parlant plus du moment qu'on le
35 regardait!

Néanmoins il recherchait la compagnie; car le dimanche, pendant que

---

[38] 'ruins of a pigsty' [39] 'cracks' [40] 'pebbles' [41] 'pallet' [42] 'lay'
[43] 'hovel' [44] 'bake-house' [45] 'the growth had burst' [46] 'dressed [his wound]' [47] 'bale' [48] 'faint' [49] 'padlock' [50] 'token' [51] 'remark'
[52] 'wings' [53] 'biting' [54] 'scattered his droppings about' [55] 'bath' [56] 'your servant' [57] 'Hail Mary' [58] 'a turkey, a block of wood' [or "blockhead"] [59] 'dagger thrusts'

ces demoiselles Rochefeuille, monsieur de Houppeville et de nouveaux habitués: Onfroy l'apothicaire, monsieur Varin et le capitaine Mathieu faisaient leur partie de cartes, il cognait[60] les vitres avec ses ailes, et se démenait[61] si furieusement qu'il était impossible de s'entendre.

La figure de Bourais, sans doute, lui paraissait très drôle. Dès qu'il 5 l'apercevait, il commençait à rire, à rire de toutes ses forces. Les éclats de sa voix[62] bondissaient dans la cour, l'écho les répétait, les voisins se mettaient à leurs fenêtres, riaient aussi; et, pour n'être pas vu du perroquet, M. Bourais se coulait le long du mur, en dissimulant[63] son profil avec son chapeau, atteignait la rivière, puis entrait par la porte du jar- 10 din; et les regards qu'il envoyait à l'oiseau manquaient de tendresse.

Loulou avait reçu du garçon boucher[64] une chiquenaude,[65] s'étant permis d'enfoncer la tête dans sa corbeille; et depuis lors il tâchait toujours de le pincer à travers sa chemise. Fabu menaçait de lui tordre[66] le cou, bien qu'il ne fût pas cruel, malgré le tatouage[67] de ses bras et ses 15 gros favoris.[68] Au contraire! il avait plutôt du penchant pour le perroquet, jusqu'à vouloir, par humeur joviale, lui apprendre des jurons.[69] Félicité, que ces manières effrayaient, le plaça dans la cuisine. Sa chaînette fut retirée, et il circulait par la maison.

Quand il descendait l'escalier,[70] il appuyait sur les marches la courbe 20 de son bec, levait la patte droite, puis la gauche; et elle avait peur qu'une telle gymnastique ne lui causât des étourdissements.[71] Il devint malade, ne pouvait plus parler ni manger. C'était sous sa langue une épaisseur comme en ont les poules quelquefois. Elle le guérit, en arrachant cette pellicule[72] avec ses ongles.[73] M. Paul, un jour, eut l'imprudence de lui 25 souffler aux narines[74] la fumée d'un cigare; une autre fois que Mme Lor- meau l'agaçait[75] du bout de son ombrelle,[76] il en happa la virole;[77] enfin, il se perdit.

Elle l'avait posé sur l'herbe pour le rafraîchir, s'absenta une minute; et, quand elle revint, plus de perroquet! D'abord elle le chercha dans les 30 buissons,[78] au bord de l'eau et sur les toits, sans écouter sa maîtresse qui lui criait:

— Prenez donc garde! vous êtes folle.

Ensuite elle inspecta tous les jardins de Pont-l'Evêque; et elle arrêtait les passants 35

—Vous n'auriez pas vu, quelquefois, par hasard, mon perroquet?

A ceux qui ne connaissaient pas le perroquet, elle en faisait la descrip- tion. Tout à coup, elle crut distinguer derrière les moulins, au bas de la côte, une chose verte qui voltigeait.[79] Mais au haut de la côte, rien! Un

---

[60] 'banged'   [61] 'flung himself about'   [62] i.e. shrieks of laughter   [63] 'hiding'
[64] 'butcher's boy'   [65] 'tap'   [66] 'wring'   [67] 'tattooing'   [68] 'side-whiskers'
[69] 'swear-words'   [70] 'staircase'   [71] 'dizzy spells'   [72] 'scab'   [73] 'nails'
[74] 'nostrils'   [75] 'teased him'   [76] 'parasol'   [77] 'grabbed its metal tip'
[78] 'bushes'   [79] 'was fluttering'

porte-balle[80] lui affirma qu'il l'avait rencontré tout à l'heure à Saint-Melaine, dans la boutique de la mère Simon. Elle y courut. On ne savait pas ce qu'elle voulait dire. Enfin elle rentra, épuisée, les savates en lambeaux,[81] la mort dans l'âme; et, assise au milieu du banc, près de Madame, elle racontait toutes ses démarches,[82] quand un poids léger lui tomba sur l'épaule, Loulou! Que diable avait-il fait? Peut-être qu'il s'était promené aux environs.

Elle eut du mal à s'en remettre,[83] ou plutôt ne s'en remit jamais.

Par suite d'un refroidissement, il lui vint une angine;[84] peu de temps après, un mal d'oreilles. Trois ans plus tard, elle était sourde; et elle parlait très haut, même à l'église. Bien que ses péchés[85] auraient pu, sans déshonneur pour elle, ni inconvénient[86] pour le monde, se répandre à tous les coins du diocèse, M. le curé jugea convenable de ne plus recevoir sa confession que dans la sacristie.

Des bourdonnements[87] illusoires achevaient de la troubler. Souvent sa maîtresse lui disait: «Mon Dieu! comme vous êtes bête!» elle répliquait: «Oui, Madame», en cherchant quelque chose autour d'elle.

Le petit cercle de ses idées se rétrécit[88] encore, et le carillon[89] des cloches, le mugissement[90] des bœufs, n'existaient plus. Tous les êtres fonctionnaient avec le silence des fantômes. Un seul bruit arrivait maintenant à ses oreilles, la voix du perroquet.

Comme pour la distraire, il reproduisait le tictac du tournebroche,[91] l'appel aigu d'un vendeur de poisson, la scie du menuisier[92] qui logeait en face; et, aux coups de la sonnette,[93] imitait Mme Aubain: «Félicité! la porte! la porte!»

Ils avaient des dialogues, lui, débitant à satiété[94] les trois phrases de son répertoire, et elle, y répondant par des mots sans plus de suite,[95] mais où son cœur s'épanchait.[96] Loulou, dans son isolement, était presque un fils, un amoureux. Il escaladait[97] ses doigts, mordillait[98] ses lèvres, se cramponnait à son fichu;[99] et, comme elle penchait son front en branlant[1] la tête à la manière des nourrices, les grandes ailes du bonnet et les ailes de l'oiseau frémissaient[2] ensemble.

Quand des nuages s'amoncelaient[3] et que le tonnerre grondait,[4] il poussait des cris, se rappelant peut-être les ondées[5] de ses forêts natales. Le ruissellement de l'eau[6] excitait son délire; il voletait éperdu,[7] montait au plafond, renversait tout, et par la fenêtre allait barboter[8] dans le

---

[80] 'peddler'   [81] 'her old shoes in shreds'   [82] i.e. efforts   [83] 'it took her a long time to get over it'   [84] 'quinsy'   [85] 'sins'   [86] 'embarrassment' [87] 'buzzing noises'   [88] 'narrowed down'   [89] 'pealing'   [90] 'bellowing' [91] 'turn-spit'   [92] 'saw of the carpenter'   [93] 'bell'   [94] 'repeating endlessly' [95] 'connection'   [96] 'found relief'   [97] 'climbed up'   [98] 'nibbled at'   [99] 'clung to her neckerchief'   [1] 'nodding'   [2] 'trembled'   [3] 'gathered'   [4] 'rumbled' [5] 'showers'   [6] i.e. noise of the rain   [7] 'fluttered wildly about' [8] 'to splash about'

jardin; mais revenait vite sur un des chenets,[9] et, sautillant[10] pour sécher ses plumes, montrait tantôt sa queue, tantôt son bec.

Un matin du terrible hiver de 1837, qu'elle l'avait mis devant la cheminée, à cause du froid, elle le trouva mort, au milieu de sa cage, la tête en bas, et les ongles dans les fils de fer.[11] Une congestion l'avait tué, 5 sans doute? Elle crut à un empoisonnement par le persil;[12] et, malgré l'absence de toutes preuves, ses soupçons portèrent sur Fabu.

Elle pleura tellement que sa maîtresse lui dit:

— Eh bien! faites-le empailler![13]

Elle demanda conseil au pharmacien, qui avait toujours été bon pour 10 le perroquet.

Il écrivit au Havre. Un certain Fellacher se chargea de cette besogne. Mais, comme la diligence égarait parfois les colis,[14] elle résolut de le porter elle-même jusqu'à Honfleur.

Les pommiers sans feuilles se succédaient aux bords de la route. De 15 la glace couvrait les fossés. Des chiens aboyaient[15] autour des fermes; et les mains sous son mantelet,[16] avec ses petits sabots noirs et son cabas, elle marchait prestement,[17] sur le milieu du pavé.

Elle traversa la forêt, dépassa le Haut-Chêne, atteignit Saint-Gatien.

Derrière elle, dans un nuage de poussière et emportée par la descente, 20 une malle-poste au grand galop se précipitait comme une trombe.[18] En voyant cette femme qui ne se dérangeait pas, le conducteur se dressa par-dessus la capote,[19] et le postillon criait aussi, pendant que ses quatre chevaux qu'il ne pouvait retenir accéléraient leur train; les deux premiers la frôlaient; d'une secousse de ses guides,[20] il les jeta dans le débord,[21] 25 mais, furieux, releva le bras et, à pleine volée,[22] avec son grand fouet,[23] lui cingla du ventre au chignon[24] un tel coup qu'elle tomba sur le dos.

Son premier geste, quand elle reprit connaissance, fut d'ouvrir son panier. Loulou n'avait rien, heureusement. Elle sentit une brûlure[25] à la joue droite; ses mains qu'elle y porta étaient rouges. Le sang coulait. 30

Elle s'assit sur un mètre de cailloux,[26] se tamponna[27] le visage avec son mouchoir, puis elle mangea une croûte[28] de pain, mise dans son panier par précaution, et se consolait de sa blessure en regardant l'oiseau.

Arrivée au sommet d'Ecquemauville, elle aperçut les lumières de Honfleur qui scintillaient[29] dans la nuit comme une quantité d'étoiles; la 35 mer, plus loin, s'étalait confusément. Alors une faiblesse l'arrêta; et la misère de son enfance, la déception[30] de son premier amour, le départ de

---

[9] 'andirons'	[10] 'hopping about'	[11] 'bars'	[12] 'parsley'
[13] 'stuffed'	[14] 'sometimes lost parcels'	[15] 'barked'	[16] 'short cloak'
[17] 'briskly'	[18] 'whirlwind'	[19] 'hood'	[20] 'jerk of the
reins'	[21] 'side of the road'	[22] 'with all his might'	[23] 'whip'
[24] i.e. lashed her from top to toe		[25] 'a burning sensation'	[26] 'pile of
stones [for mending the road]	[27] 'dabbed at'	[28] 'crust'	[29] 'twinkled'
[30] 'disappointment'			

son neveu, la mort de Virginie, comme les flots d'une marée, revinrent à la fois, et, lui montant à la gorge, l'étouffaient.[31]

Puis elle voulut parler au capitaine du bateau; et, sans dire ce qu'elle envoyait, lui fit des recommandations.

5 Fellacher garda longtemps le perroquet. Il le promettait toujours pour la semaine prochaine; au bout de six mois, il annonça le départ d'une caisse;[32] et il n'en fut plus question. C'était à croire que jamais Loulou ne reviendrait. «Ils me l'auront volé!» pensa-t-elle.

Enfin il arriva — et splendide, droit sur une branche d'arbre, qui se
10 vissait sur un socle d'acajou,[33] une patte en l'air, la tête oblique, et mordant une noix, que l'empailleur,[34] par amour du grandiose, avait dorée.[35]

Elle l'enferma dans sa chambre.

Cet endroit, où elle admettait peu de monde, avait l'air tout à la fois d'une chapelle et d'un bazar, tant il contenait d'objets religieux et de
15 choses hétéroclites.

Une grande armoire gênait pour ouvrir la porte. En face de la fenêtre surplombant[36] le jardin, un œil de bœuf[37] regardait la cour; une table, près du lit de sangle,[38] supportait un pot à l'eau, deux peignes, et un cube de savon bleu dans une assiette ébréchée.[39] On voyait contre les murs:
20 des chapelets, des médailles, plusieurs bonnes Vierges, un bénitier[40] en noix de coco; sur la commode, couverte d'un drap comme un autel, la boîte en coquillages que lui avait donnée Victor; puis un arrosoir et un ballon, des cahiers d'écriture,[41] la géographie en estampes, une paire de bottines; et au clou du miroir, accroché[42] par ses rubans, le petit chapeau
25 de peluche! Félicité poussait même ce genre de respect si loin, qu'elle conservait une des redingotes de Monsieur. Toutes les vieilleries[43] dont ne voulait plus Mme Aubain, elle les prenait pour sa chambre. C'est ainsi qu'il y avait des fleurs artificielles au bord de la commode, et le portrait du comte d'Artois[44] dans l'enfoncement[45] de la lucarne.

30 Au moyen d'une planchette, Loulou fut établi sur un corps de cheminée[46] qui avançait dans l'appartement. Chaque matin, en s'éveillant, elle l'apercevait à la clarté de l'aube, et se rappelait alors les jours disparus, et d'insignifiantes actions jusqu'en leurs moindres détails, sans douleur, pleine de tranquillité.

35 Ne communiquant avec personne, elle vivait dans une torpeur de somnambule. Les processions de la Fête-Dieu la ranimaient.[47] Elle allait quêter[48] chez les voisines des flambeaux et des paillassons,[49] afin d'embellir le reposoir que l'on dressait dans la rue.

---

[31] 'choked her' [32] 'box' [33] 'screwed on a mahogany base' [34] 'taxidermist' [35] 'had gilded' [36] 'overlooking' [37] 'oval window' [38] 'cot-bed' [39] 'chipped' [40] 'holy water font' [41] 'a watering-can and a ball, exercise books' [42] 'hung up' [43] 'old trash' [44] brother of Louis XVI; reigned as Charles X (1824–30) [45] 'recess' [46] 'chimney-breast' [47] 'brought her back to life' [48] 'to solicit' [49] 'candlesticks and straw mats'

A l'église, elle contemplait toujours le Saint-Esprit, et observa qu'il avait quelque chose du perroquet. Sa ressemblance lui parut encore plus manifeste sur une image d'Epinal,[50] représentant le baptême de Notre-Seigneur. Avec ses ailes de pourpre et son corps d'émeraude, c'était vraiment le portrait de Loulou.

L'ayant acheté, elle le suspendit à la place du comte d'Artois, de sorte que, du même coup d'œil, elle les voyait ensemble. Ils s'associèrent dans sa pensée, le perroquet se trouvant sanctifié par ce rapport[51] avec le Saint-Esprit, qui devenait plus vivant à ses yeux et intelligible. Le Père, pour s'énoncer,[52] n'avait pu choisir une colombe, puisque ces bêtes-là n'ont pas de voix, mais plutôt un des ancêtres de Loulou. Et Félicité priait en regardant l'image, mais de temps à autre se tournait un peu vers l'oiseau.

Elle eut envie de se mettre dans les demoiselles de la Vierge.[53] Mme Aubain l'en dissuada.

Un événement considérable surgit:[54] le mariage de Paul.

Après avoir été d'abord clerc de notaire, puis dans le commerce, dans la douane, dans les contributions,[55] et même avoir commencé des démarches pour les eaux et forêts,[56] à trente-six ans, tout à coup, par une inspiration du ciel, il avait découvert sa voie:[57] l'enregistrement![58] et y montrait de si hautes facultés qu'un vérificateur[59] lui avait offert sa fille, en lui promettant sa protection.

Paul, devenu sérieux, l'amena chez sa mère.

Elle dénigra[60] les usages de Pont-l'Evêque, fit la princesse,[61] blessa Félicité. Mme Aubain, à son départ, sentit un allégement.[62]

La semaine suivante, on apprit la mort de M. Bourais, en basse Bretagne,[63] dans une auberge. La rumeur d'un suicide se confirma; des doutes s'élevèrent sur sa probité. Mme Aubain étudia ses comptes, et ne tarda pas à connaître la kyrielle de ses noirceurs:[64] détournements d'arrérages,[65] ventes de bois dissimulées,[66] fausses quittances,[67] etc. De plus, il avait un enfant naturel, et «des relations avec une personne de Dozulé».[68]

Ces turpitudes l'affligèrent beaucoup. Au mois de mars 1853, elle fut prise d'une douleur dans la poitrine; sa langue paraissait couverte de fumée,[69] les sangsues[70] ne calmèrent pas l'oppression; et le neuvième soir elle expira, ayant juste soixante-douze ans.

On la croyait moins vieille, à cause de ses cheveux bruns, dont les

---

[50] a crude colored drawing from Epinal, in the Vosges   [51] 'connection'   [52] 'to manifest Himself'   [53] an association of unmarried women pledged to deeds of piety   [54] 'occurred'   [55] 'treasury department'   [56] 'department of waterways and forests'   [57] 'vocation'   [58] 'registry office'   [59] 'inspector'   [60] 'ran down'   [61] i.e. put on airs   [62] 'feeling of relief'   [63] 'western Brittany'   [64] 'soon learned the whole story of his crimes'   [65] 'embezzlement of back-interest'   [66] 'concealed'   [67] 'receipts'   [68] town near Pont-l'Evêque   [69] i.e. coated   [70] 'leeches'

bandeaux[71] entouraient sa figure blême,[72] marquée de petite vérole.[73] Peu d'amis la regrettèrent, ses façons étant d'une hauteur qui éloignait.[74]

Félicité la pleura, comme on ne pleure pas les maîtres. Que Madame mourût avant elle, cela troublait ses idées, lui semblait contraire à l'ordre
5 des choses, inadmissible et monstrueux.

Dix jours après (le temps d'accourir[75] de Besançon),[76] les héritiers survinrent. La bru fouilla les tiroirs,[77] choisit les meubles, vendit les autres, puis ils regagnèrent l'enregistrement.

Le fauteuil de Madame, son guéridon,[78] sa chaufferette, les huit chaises
10 étaient partis! La place des gravures[79] se dessinait en carrés jaunes[80] au milieu des cloisons. Ils avaient emporté les deux couchettes, avec leurs matelas, et dans le placard on ne voyait plus rien de toutes les affaires de Virginie! Félicité remonta les étages, ivre de tristesse.

Le lendemain il y avait sur la porte une affiche;[81] l'apothicaire lui cria
15 dans l'oreille que la maison était à vendre.

Elle chancela,[82] et fut obligée de s'asseoir.

Ce qui la désolait principalement, c'était d'abandonner sa chambre, si commode pour le pauvre Loulou. En l'enveloppant d'un regard d'angoisse, elle implorait le Saint-Esprit, et contracta l'habitude ido-
20 lâtre de dire ses oraisons agenouillée devant le perroquet. Quelquefois, le soleil entrant par la lucarne frappait son œil de verre, et en faisait jaillir[83] un grand rayon lumineux qui la mettait en extase.

Elle avait une rente de trois cent quatre-vingts francs, léguée par sa maîtresse. Le jardin lui fournissait des légumes. Quant aux habits, elle
25 possédait de quoi se vêtir[84] jusqu'à la fin de ses jours, et épargnait l'éclairage[85] en se couchant dès le crépuscule.[86]

Elle ne sortait guère, afin d'éviter la boutique du brocanteur, où s'étalaient quelques-uns des anciens meubles. Depuis son étourdissement, elle traînait une jambe; et ses forces diminuant, la mère Simon,
30 ruinée dans l'épicerie,[87] venait tous les matins fendre[88] son bois et pomper de l'eau.

Ses yeux s'affaiblirent. Les persiennes[89] n'ouvraient plus. Bien des années se passèrent. Et la maison ne se louait pas, ne se vendait pas.

Dans la crainte qu'on ne la renvoyât, Félicité ne demandait aucune
35 réparation. Les lattes[90] du toit pourrissaient;[91] pendant tout un hiver son traversin[92] fut mouillé. Après Pâques, elle cracha[93] du sang.

Alors la mère Simon eut recours à un docteur. Félicité voulut savoir

---

[71] 'bands' [72] 'sallow' [73] 'smallpox' [74] 'kept people at a distance' [75] 'hasten'
[76] chief town in Franche-Comté, in the east of France [77] 'the daughter-in-law rummaged in the drawers' [78] 'center table' [79] 'pictures' [80] 'showed up in yellow squares' [81] 'placard' [82] 'reeled' [83] 'shine' [84] 'enough to wear' [85] 'saved on lighting' [86] 'twilight' [87] 'the grocery business' [88] 'to split' [89] 'blinds' [90] 'laths' [91] 'were rotting away' [92] 'bolster'
[93] 'spat'

ce qu'elle avait. Mais, trop sourde pour entendre, un seul nom lui parvint:[94] «Pneumonie». Il lui était connu, et elle répliqua doucement: «Ah! comme Madame», trouvant naturel de suivre sa maîtresse.

Le moment des reposoirs approchait.

Le premier était toujours au bas de la côte, le second devant la poste, le troisième vers le milieu de la rue. Il y eut des rivalités à propos de celui-là; et les paroissiennes choisirent finalement la cour de Mme Aubain.

Les oppressions et la fièvre augmentaient. Félicité se chagrinait[95] de ne rien faire pour le reposoir. Au moins, si elle avait pu y mettre quelque chose! Alors elle songea au perroquet. Ce n'était pas convenable, objectèrent les voisines. Mais le curé accorda cette permission; elle en fut tellement heureuse qu'elle le pria d'accepter, quand elle serait morte, Loulou, sa seule richesse.

Du mardi au samedi, veille de la Fête-Dieu, elle toussa plus fréquemment. Le soir, son visage était grippé,[96] ses lèvres se collaient à ses gencives,[97] des vomissements parurent; et le lendemain, au petit jour, se sentant très bas, elle fit appeler un prêtre.

Trois bonnes femmes[98] l'entouraient pendant l'extrême onction. Puis elle déclara qu'elle avait besoin de parler à Fabu.

Il arriva en toilette des dimanches, mal à son aise dans cette atmosphère lugubre.

— Pardonnez-moi, dit-elle avec un effort pour étendre le bras, je croyais que c'était vous qui l'aviez tué!

Que signifiaient des potins[99] pareils? L'avoir soupçonné d'un meurtre, un homme comme lui! et il s'indignait, allait faire du tapage.

— Elle n'a plus sa tête,[1] vous voyez bien!

Félicité de temps à autre parlait à des ombres. Les bonnes femmes s'éloignèrent. La Simonne[2] déjeuna.

Un peu plus tard, elle prit Loulou, et, l'approchant de Félicité:

— Allons! dites-lui adieu!

Bien qu'il ne fût pas un cadavre, les vers[3] le dévoraient, une de ses ailes était cassée, l'étoupe[4] lui sortait du ventre. Mais, aveugle à présent, elle le baisa au front, et le gardait contre sa joue. La Simonne le reprit, pour le mettre sur le reposoir.

V

Les herbages envoyaient l'odeur de l'été, des mouches bourdonnaient; le soleil faisait luire[5] la rivière, chauffait les ardoises. La mère Simon, revenue dans la chambre, s'endormait doucement.

[94] 'reached her'   [95] 'grieved'   [96] 'drawn'   [97] 'gums'   [98] 'old women'   [99] 'gossip'
[1] i.e. she is out of her mind   [2] 'the Simon woman'   [3] 'worms'   [4] 'stuffing'
[5] 'shine'

Des coups de cloche la réveillèrent; on sortait des vêpres. Le délire de Félicité tomba. En songeant à la procession, elle la voyait, comme si elle l'eût suivie.

5 Tous les enfants des écoles, les chantres et les pompiers[6] marchaient sur les trottoirs, tandis qu'au milieu de la rue, s'avançaient première- ment: le suisse[7] armé de sa hallebarde,[8] le bedeau[9] avec une grande croix, l'instituteur surveillant les gamins, la religieuse inquiète de ses petites filles; trois des plus mignonnes,[10] frisées[11] comme des anges, jetaient dans l'air des pétales de roses; le diacre,[12] les bras écartés,[13] modérait la mu- 10 sique; et deux encenseurs[14] se retournaient à chaque pas vers le Saint- Sacrement, que portait, sous un dais[15] de velours ponceau[16] tenu par quatre fabriciens,[17] M. le curé, dans sa belle chasuble. Un flot de monde se poussait derrière, entre les nappes[18] blanches couvrant le mur des maisons; et l'on arriva au bas de la côte.

15 Une sueur[19] froide mouillait les tempes de Félicité. La Simonne l'épon- geait[20] avec un linge, en se disant qu'un jour il lui faudrait passer par là.[21]

Le murmure de la foule grossit, fut un moment très fort, s'éloignait.

Une fusillade ébranla les carreaux.[22] C'était les postillons saluant l'ostensoir.[23] Félicité roula ses prunelles,[24] et elle dit, le moins bas qu'elle 20 put:

— Est-il bien? tourmentée du perroquet.

Son agonie commença. Un râle,[25] de plus en plus précipité, lui soule- vait les côtes.[26] Des bouillons[27] d'écume venaient aux coins de sa bouche, et tout son corps tremblait.

25 Bientôt, on distingua le ronflement des ophicléides,[28] les voix claires des enfants, la voix profonde des hommes. Tout se taisait par intervalles, et le battement des pas, que des fleurs amortissaient,[29] faisait le bruit d'un troupeau sur du gazon.

Le clergé parut dans la cour. La Simonne grimpa sur une chaise pour 30 atteindre à l'œil-de-bœuf, et de cette manière dominait le reposoir.

Des guirlandes[30] vertes pendaient sur l'autel, orné d'un falbala en point d'Angleterre.[31] Il y avait au milieu un petit cadre enfermant des reliques, deux orangers[32] dans les angles, et, tout le long, des flambeaux d'argent et des vases en porcelaine, d'où s'élançaient des tournesols, des 35 lis, des pivoines, des digitales, des touffes d'hortensias.[33] Ce monceau[34] de couleurs éclatantes[35] descendait obliquement, du premier étage jus-

---

[6] 'firemen'   [7] 'head beadle'   [8] 'halberd'   [9] 'beadle'
[10] 'prettiest'   [11] 'their hair curled'   [12] 'deacon'   [13] 'spread out'
[14] 'censer-bearers'   [15] 'canopy'   [16] 'flaming red'   [17] 'church-wardens'
[18] 'cloths'   [19] 'sweat'   [20] 'sponged her'   [21] 'go the same way'   [22] 'shook the window-panes'   [23] 'monstrance'   [24] 'eyeballs'   [25] 'death-rattle'
[26] 'made her sides heave'   [27] 'bubbles'   [28] 'blaring of the ophicleides'; keyed wind-instruments   [29] 'muffled'   [30] 'garlands'   [31] 'flounces of English point lace'   [32] 'orange trees'   [33] 'sun-flowers, lilies, peonies, fox-gloves, bunches of hydrangea'   [34] 'mass'   [35] 'brilliant'

qu'au tapis se prolongeant sur les pavés; et des choses rares tiraient les yeux.

Un sucrier de vermeil[36] avait une couronne de violettes, des pende-loques en pierre d'Alençon[37] brillaient sur de la mousse, deux écrans chi-nois[38] montraient leurs paysages. Loulou, caché sous des roses, ne laissait voir que son front bleu, pareil à une plaque de lapis.[39]

Les fabriciens, les chantres, les enfants se rangèrent sur les trois côtés de la cour. Le prêtre gravit[40] lentement les marches et posa sur la den-telle son grand soleil d'or qui rayonnait. Tous s'agenouillèrent. Il se fit un grand silence. Et les encensoirs, allant à pleine volée, glissaient[41] sur leurs chaînettes.

Une vapeur d'azur monta dans la chambre de Félicité. Elle avança les narines, en la humant[42] avec une sensualité mystique, puis ferma les paupières. Ses lèvres souriaient. Les mouvements de son cœur se ralen-tirent un à un, plus vagues chaque fois, plus doux, comme une fontaine s'épuise, comme un écho disparaît; et, quand elle exhala son dernier souffle, elle crut voir, dans les cieux entr'ouverts, un perroquet gigan-tesque, planant[43] au-dessus de sa tête.

[36] 'silver-gilt sugar-bowl'   [37] 'pendants of smoky quartz crystals'; found in granite quarries near Alençon in Normandy   [38] 'Chinese screens'   [39] 'lapis lazuli'   [40] 'climbed'   [41] 'swung'   [42] i.e. distended her nostrils, breathing it in   [43] 'soaring'

BAUDELAIRE

BAUDELAIRE

CHARLES–PIERRE BAUDELAIRE (1821–67) was born in Paris. His father, who was sixty-two when the future poet was born, had been an official of the Senate under the First Empire and was a typical eighteenth century intellectual. He died in 1827, and eighteen months later his young widow, who was half English and had been educated in London, married Major (later General) Aupick, whom the young boy hated for his severe discipline. Baudelaire was educated at the Collège Royal at Lyons and at the lycée Louis-le-Grand in Paris. He was expelled from the latter school in 1839, but already he had begun to frequent the society of those interested in writing — Gérard de Nerval, Balzac, Louis Ménard — and had decided to become an author himself. This infuriated his autocratic, middle-class step-father, and, in 1841, an attempt was made to dissuade Baudelaire from his purpose and to turn him from his Bohemian way of life by sending him on a voyage to India. When the vessel reached Mauritius he refused to go any further and, in 1842, he was back in Paris. On reaching his majority Baudelaire inherited 75,000 francs from his father's estate. He set up his own establishment and proceeded to live the life of a Parisian dandy. Two women played important roles in his life: Jeanne Duval, a mulatto girl with whom he had a long liaison, and the fashionable beauty Mme Sabatier, for whom he cherished an ardent platonic affection. In 1844 mounting debts and a carefully cultivated reputation for eccentricity caused a family council to place Baudelaire under legal guardianship. But, encouraged by Gautier and other friends, he had already begun his literary career; his first poems and his first art criticisms appeared in the late eighteen-forties, and it was then that he started his translations of Edgar Allan Poe. Baudelaire was filled with enthusiasm for the cause of the Republic in the early weeks of the Revolution of 1848, but he soon turned again from politics to literature. His greatest adventure was the publication of *Les Fleurs du Mal* (1857). The hostile public reception, his trial and conviction on a charge of obscenity were severe blows to his pride of authorship, and he was still further discouraged by failing health and financial worries. In 1864 he went to Belgium on an unsuccessful lecture tour, and remained there working on his prose poems until serious illness forced him to return to Paris in 1866. He died of paralysis in a private hospital a year later.

Baudelaire's poetic reputation rests on *Les Fleurs du Mal* (1857) and on his *Petits Poèmes en prose* (1869). His art criticism is to be found in the two *Salons* (1845 and 1846), his musical criticism in *Richard Wagner et Tannhauser à Paris* (1861) and his chief literary criticism in *L'Art romantique* (1869). The translations from Poe were published in the years 1854–65.

LES FLEURS DU MAL[1]

PREFACE[2]

La sottise, l'erreur, le péché, la lésine[3]
Occupent nos esprits et travaillent[4] nos corps,
Et nous alimentons[5] nos aimables remords,
Comme les mendiants[6] nourrissent leur vermine.

5 Nos péchés sont têtus,[7] nos repentirs sont lâches;[8]
Nous nous faisons payer grassement nos aveux,[9]
Et nous rentrons gaîment dans le chemin bourbeux,[10]
Croyant par de vils pleurs laver toutes nos taches.[11]

Sur l'oreiller[12] du mal c'est Satan Trismégiste[13]
10 Qui berce[14] longuement notre esprit enchanté,
Et le riche métal de notre volonté
Est tout vaporisé par ce savant chimiste.

C'est le Diable qui tient les fils qui nous remuent![15]
Aux objets répugnants nous trouvons des appas;[16]
15 Chaque jour vers l'Enfer[17] nous descendons d'un pas,
Sans horreur, à travers des ténèbres qui puent.[18]

Ainsi qu'un débauché pauvre qui baise[19] et mange
Le sein[20] martyrisé d'une antique catin,[21]
Nous volons au passage[22] un plaisir clandestin
20 Que nous pressons bien fort comme une vieille orange.

[1] As early as 1849 Baudelaire announced the impending publication of a volume of verse to be called *Les Limbes*. Eleven poems appeared under this title in *Le Messager de l'Assemblée* (1851). Four years later the *Revue des Deux Mondes* published eighteen poems by Baudelaire, entitled *Les Fleurs du Mal*. The eccentric but meticulous Poulet-Malassis finally undertook the publication of a first edition in volume form, containing one hundred and one poems; it appeared, with a dedication to Théophile Gautier, on June 20, 1857. The public was shocked and indignant; two months later Baudelaire was fined 300 francs and six of the poems were ordered suppressed. A second edition, consisting of one hundred and thirty poems, appeared in 1861 and a third in 1868.   [2] First published in the *Revue des Deux Mondes* (June 1, 1855); reprinted in the first edition of *Les Fleurs du Mal* under the title *Au Lecteur*.   [3] 'stupidity, error, sin, stinginess'   [4] 'torment'
[5] 'feed'   [6] 'beggars'   [7] 'stubborn'   [8] 'cowardly'   [9] i.e. we expect to be richly rewarded for our confessions   [10] 'miry'   [11] 'stains'   [12] 'pillow'
[13] 'Thrice Greatest'; an epithet applied by the Neo-platonists and alchemists to Hermes
[14] 'lulls'   [15] 'the strings which make us move'   [16] 'charms'   [17] 'Hell'
[18] 'dark places which stink'   [19] 'kisses'   [20] 'breast'   [21] 'prostitute'
[22] 'steal in passing'

Serré, fourmillant,²³ comme un million d'helminthes,²⁴
Dans nos cerveaux ribote un peuple de Démons,²⁵
Et, quand nous respirons,²⁶ la Mort dans nos poumons²⁷
Descend, fleuve invisible, avec de sourdes plaintes.²⁸

Si le viol, le poison, le poignard, l'incendie   25
N'ont pas encor brodé²⁹ de leurs plaisants dessins
Le canevas banal de nos piteux destins,
C'est que notre âme, hélas! n'est pas assez hardie.³⁰

Mais parmi les chacals,³¹ les panthères, les lices,³²
Les singes,³³ les scorpions, les vautours,³⁴ les serpents,   30
Les monstres glapissants, hurlants, grognants, rampants,³⁵
Dans la ménagerie infâme de nos vices,

Il en est un plus laid, plus méchant, plus immonde!³⁶
Quoiqu'il ne fasse ni grands gestes ni grands cris,
Il ferait volontiers de la terre un débris   35
Et dans un bâillement avalerait le monde;³⁷

C'est l'Ennui! — l'œil chargé³⁸ d'un pleur involontaire,
Il rêve d'échafauds en fumant son houka.³⁹
Tu le connais, lecteur, ce monstre délicat,⁴⁰
— Hypocrite lecteur, — mon semblable,⁴¹ — mon frère!   40

L'ALBATROS ¹

Souvent, pour s'amuser, les hommes d'équipage²
Prennent des albatros, vastes oiseaux des mers,
Qui suivent, indolents compagnons de voyage,
Le navire glissant sur les gouffres amers.³

A peine les ont-ils déposés sur les planches,⁴   5
Que ces rois de l'azur, maladroits et honteux,⁵

²³ 'close-packed, swarming'   ²⁴ i.e. worms   ²⁵ i.e. a race of demons holds drunken
carnival in our brains   ²⁶ 'breathe'   ²⁷ 'lungs'   ²⁸ 'hollow groans'   ²⁹ 'if rape,
poison, the dagger, arson have not yet embroidered'   ³⁰ 'bold'   ³¹ 'jackals'
³² 'hound-bitches'   ³³ 'monkeys'   ³⁴ 'vultures'   ³⁵ 'yelping, howling, snarling,
groveling'   ³⁶ 'foul'   ³⁷ 'would swallow up the world in one yawn'   ³⁸ 'brimming'
³⁹ 'dreams of scaffolds while smoking his hookah'   ⁴⁰ 'dainty'   ⁴¹ 'fellow creature'
¹ Probably composed during or soon after the voyage to Mauritius in 1841, this poem
was first published in the *Revue française* (April 10, 1859). The third stanza was added
later; the poem as it now appears was included in the 1861 edition of *Les Fleurs du Mal*.
The poems from *L'Albatros* to *L'Horloge* belong to the section *Spleen et Idéal*.   ² 'crew'
³ 'the vessel gliding over the salty depths'   ⁴ 'planks [of the deck]'   ⁵ 'clumsy
and ashamed'

Laissent piteusement leurs grandes ailes[6] blanches
Comme des avirons traîner[7] à côté d'eux.

Ce voyageur ailé, comme il est gauche et veule![8]
Lui, naguère[9] si beau, qu'il est comique et laid!
L'un agace[10] son bec avec un brûle-gueule,[11]
L'autre mime, en boitant,[12] l'infirme qui volait!

Le Poète est semblable au prince des nuées[13]
Qui hante la tempête et se rit de[14] l'archer;
Exilé sur le sol au milieu des huées,[15]
Ses ailes de géant l'empêchent de marcher.

ELEVATION [1]

Au-dessus des étangs,[2] au-dessus des vallées,
Des montagnes, des bois, des nuages,[3] des mers,
Par delà le soleil, par delà les éthers,
Par delà les confins des sphères étoilées,[4]

Mon esprit, tu te meus[5] avec agilité,
Et comme un bon nageur qui se pâme dans l'onde,[6]
Tu sillonnes[7] gaîment l'immensité profonde
Avec une indicible[8] et mâle volupté.[9]

Envole-toi bien loin de ces miasmes morbides;[10]
Va te purifier dans l'air supérieur,
Et bois, comme une pure et divine liqueur,
Le feu clair qui remplit les espaces limpides.

Derrière les ennuis et les vastes chagrins[11]
Qui chargent de leur poids[12] l'existence brumeuse,[13]
Heureux celui qui peut d'une aile[14] vigoureuse
S'élancer[15] vers les champs lumineux et sereins!

Celui dont les pensers, comme des alouettes,[16]
Vers les cieux le matin prennent un libre essor,[17]

[6] 'wings'   [7] 'drag like oars'   [8] 'awkward and weak'   [9] 'but
recently'   [10] 'teases'   [11] 'stubby clay pipe'   [12] 'mimics, limping'   [13] 'clouds'
[14] 'mocks'   [15] 'jeers'
[1] This Neo-platonic poem, on the theme of escape from the real into an ideal world,
first appeared in the 1857 edition of *Les Fleurs du Mal*.   [2] 'ponds'   [3] 'clouds'
[4] 'starry'   [5] 'move'   [6] 'a good swimmer who swoons with delight in the water'
[7] 'plow'   [8] 'indescribable'   [9] 'ecstasy'   [10] 'noxious exhalations'   [11] 'griefs'
[12] 'weight'   [13] 'misty'   [14] 'wing'   [15] 'take flight'   [16] 'larks'   [17] 'flight'

— Qui plane[18] sur la vie, et comprend sans effort
Le langage des fleurs et des choses muettes!   20

CORRESPONDANCES [1]

La Nature est un temple où de vivants piliers[2]
Laissent parfois sortir de confuses paroles;
L'homme y passe à travers des forêts de symboles
Qui l'observent avec des regards familiers.

Comme de longs échos qui de loin se confondent   5
Dans une ténébreuse[3] et profonde unité,
Vaste comme la nuit et comme la clarté,[4]
Les parfums, les couleurs et les sons[5] se répondent.

Il est[6] des parfums frais comme des chairs[7] d'enfants,
Doux comme les hautbois,[8] verts comme les prairies,[9]   10
— Et d'autres, corrompus, riches et triomphants,

Ayant l'expansion des choses infinies,
Comme l'ambre, le musc, le benjoin et l'encens,[10]
Qui chantent les transports de l'esprit et des sens.

HYMNE A LA BEAUTE [1]

Viens-tu du ciel profond[2] ou sors-tu de l'abîme,[3]
O Beauté? Ton regard, infernal et divin,
Verse[4] confusément le bienfait et le crime,[5]
Et l'on peut pour cela te comparer au vin.

Tu contiens dans ton œil le couchant et l'aurore;[6]   5
Tu répands[7] des parfums comme un soir orageux;[8]
Tes baisers[9] sont un philtre et ta bouche une amphore[10]
Qui font le héros lâche[11] et l'enfant courageux.

[18] 'hovers'

[1] The idea of the mystic relationship between phenomena in this world and their archetypes in an ideal world elsewhere was current in Illuminist circles and in Romantic literature as a whole. The complementary theme, that of the relationship between the various senses, had found expression in certain theorists of German Romanticism and in a few minor French poets of the early 19th century. *Correspondances* was written in 1855 and first published in the 1857 edition of *Les Fleurs du Mal*.   [2] 'pillars'   [3] 'dark'   [4] 'light'   [5] 'sounds'   [6] 'there are'   [7] 'flesh'   [8] 'sweet as oboes'   [9] 'meadows'   [10] 'ambergris, musk, benzoin and incense'

[1] This poem first appeared in *L'Artiste* (October 15, 1860). It was included in the 1861 edition of *Les Fleurs du Mal*.   [2] i.e. lofty   [3] i.e. the bottomless pit   [4] 'diffuses'   [5] i.e. good and bad   [6] 'sunset and dawn'   [7] 'pour out'   [8] 'stormy'   [9] 'kisses'   [10] 'jar'   [11] 'cowardly'

Sors-tu du gouffre[12] noir ou descends-tu des astres?[13]
10　　Le Destin charmé suit tes jupons[14] comme un chien;
Tu sèmes[15] au hasard la joie et les désastres,
Et tu gouvernes tout et ne réponds de rien.[16]

Tu marches sur des morts, Beauté, dont tu te moques;
De tes bijoux l'Horreur n'est pas le moins charmant,
15　　Et le Meurtre, parmi tes plus chères breloques,[17]
Sur ton ventre orgueilleux[18] danse amoureusement.

L'éphémère ébloui[19] vole vers toi, chandelle,
Crépite, flambe[20] et dit: Bénissons ce flambeau![21]
L'amoureux pantelant[22] incliné sur sa belle
20　　A l'air d'un moribond[23] caressant son tombeau.[24]

Que tu viennes du ciel ou de l'enfer, qu'importe,
O Beauté! monstre énorme, effrayant, ingénu![25]
Si ton œil, ton souris,[26] ton pied, m'ouvrent la porte
D'un Infini que j'aime et n'ai jamais connu?

25　　De Satan ou de Dieu, qu'importe? Ange ou Sirène,
Qu'importe, si tu rends, — fée[27] aux yeux de velours,[28]
Rythme, parfum, lueur,[29] ô mon unique reine! —
L'univers moins hideux et les instants moins lourds?

LA CHEVELURE [1]

O toison, moutonnant jusque sur l'encolure![2]
O boucles![3] O parfum chargé de nonchaloir![4]
Extase! Pour peupler ce soir l'alcôve obscure[5]
Des souvenirs dormant dans cette chevelure,
5　　Je la veux agiter dans l'air comme un mouchoir!

La langoureuse Asie et la brûlante Afrique,
Tout un monde lointain, absent, presque défunt,
Vit dans tes profondeurs, forêt aromatique!
Comme d'autres esprits voguent[6] sur la musique,
10　　Le mien, ô mon amour! nage[7] sur ton parfum.

---

[12] 'abyss'　　　　[13] 'stars'　　　　[14] 'Fate bewitched follows your petticoats'
[15] 'sow'　　[16] 'are responsible for nothing'　　[17] 'trinkets'　　[18] 'arrogant'
[19] 'dazzled may-fly'　　[20] 'sputters, bursts into flame'　　[21] 'torch'　　[22] 'panting'　　[23] 'a person at the point of death'　　[24] 'tomb'　　[25] 'terrifying, artless'
[26] = sourire　　[27] 'fairy'　　[28] 'velvet'　　[29] 'light'
[1] 'Head of hair.' In this poem Baudelaire fuses his memories of the sea with transparent references to his Vénus noire, Jeanne Duval. It was first published in the Revue française (May 20, 1859), and then took its place in the 1861 edition of Les Fleurs du Mal.
[2] 'Oh shock of hair, curling in clusters to the very nape'　　[3] 'ringlets'　　[4] 'heavy with indolence'　　[5] 'dim'　　[6] 'sail forth'　　[7] 'swims'

J'irai là-bas où l'arbre et l'homme, pleins de sève,[8]
Se pâment[9] longuement sous l'ardeur des climats;
Fortes tresses, soyez la houle[10] qui m'enlève!
Tu contiens, mer d'ébène, un éblouissant rêve
De voiles, de rameurs, de flammes et de mâts;[11]   15

Un port retentissant[12] où mon âme peut boire
A grands flots[13] de parfum, le son[14] et la couleur;
Où les vaisseaux, glissant[15] dans l'or et dans la moire,[16]
Ouvrent leurs vastes bras pour embrasser la gloire
D'un ciel pur où frémit[17] l'éternelle chaleur.   20

Je plongerai ma tête amoureuse d'ivresse[18]
Dans ce noir océan où l'autre[19] est enfermé;
Et mon esprit subtil que le roulis[20] caresse
Saura vous retrouver, ô féconde paresse,[21]
Infinis bercements[22] du loisir embaumé![23]   25

Cheveux bleus, pavillon de ténèbres tendues,[24]
Vous me rendez l'azur du ciel immense et rond;
Sur les bords duvetés de vos mèches tordues[25]
Je m'enivre ardemment des senteurs confondues
De l'huile de coco, du musc et du goudron.[26]   30

Longtemps! toujours! ma main dans ta crinière[27] lourde
Sèmera[28] le rubis, la perle et le saphir,
Afin qu'à mon désir tu ne sois jamais sourde![29]
N'es-tu pas l'oasis où je rêve, et la gourde
Où je hume à longs traits[30] le vin du souvenir?   35

HARMONIE DU SOIR [1]

Voici venir les temps où vibrant sur sa tige[2]
Chaque fleur s'évapore ainsi qu'un encensoir;[3]

---

[8] 'sap'   [9] 'swoon with ecstasy'   [10] 'swell'   [11] 'a dazzling dream of sails,
of oarsmen, of pennants and masts'   [12] 'clamorous'   [13] 'draughts'   [14] 'sound'
[15] 'gliding'   [16] 'watered silk'   [17] 'shimmers'   [18] 'intoxication'   [19] i.e. the real
ocean   [20] 'the roll [of the sea]'   [21] 'indolence'   [22] 'rockings'   [23] 'perfumed'
[24] 'banner of taut darkness'   [25] 'the downy fringes of your coiled strands of hair'
[26] 'mingled odors of coconut oil, musk and tar'   [27] 'mane'   [28] 'will sow'
[29] 'deaf'   [30] 'drink in in great draughts'
[1] One of the group of poems inspired by Baudelaire's idealized beloved, Mme Sabatier.
This poem is approximately a pantoum, an oriental verse form occasionally used by the
Parnassians. It was first published in the *Revue française* (April 20, 1857), and then
appeared in the 1857 edition of *Les Fleurs du Mal*.   [2] 'quivering on its stalk'   [3] 'gives
off perfumes like a censer'

Les sons[4] et les parfums tournent dans l'air du soir,
— Valse mélancolique et langoureux vertige! [5]—

5 Chaque fleur s'évapore ainsi qu'un encensoir;
Le violon frémit[6] comme un cœur qu'on afflige;[7]
— Valse mélancolique et !angoureux vertige! —
Le ciel est triste et beau comme un grand reposoir.[8]

Le violon frémit comme un cœur qu'on afflige,
10 Un cœur tendre, qui hait le néant[9] vaste et noir!
— Le ciel est triste et beau comme un grand reposoir;
Le soleil s'est noyé[10] dans son sang qui se fige.[11]

Un cœur tendre, qui hait le néant vaste et noir,
Du passé lumineux recueille[12] tout vestige!
15 — Le soleil s'est noyé dans son sang qui se fige...
Ton souvenir en moi luit comme un ostensoir![13]

LES CHATS [1]

Les amoureux fervents et les savants austères
Aiment également, dans leur mûre saison,[2]
Les chats puissants et doux, orgueil[3] de la maison,
Qui comme eux sont frileux[4] et comme eux sédentaires.

5 Amis de la science et de la volupté,
Ils cherchent le silence et l'horreur des ténèbres;[5]
L'Erèbe[6] les eût pris pour ses coursiers funèbres,[7]
S'ils pouvaient au servage incliner leur fierté.[8]

Ils prennent en songeant[9] les nobles attitudes
10 Des grands sphinx allongés au fond des solitudes,[10]
Qui semblent s'endormir dans un rêve[11] sans fin;

Leurs reins[12] féconds sont pleins d'étincelles[13] magiques,
Et des parcelles[14] d'or, ainsi qu'un sable[15] fin,
Etoilent[16] vaguement leurs prunelles[17] mystiques.

---

[4] 'sounds'   [5] 'dizziness'   [6] 'sobs'   [7] 'afflicts'   [8] 'altar'   [9] 'emptiness'
[10] 'is drowned'   [11] 'congeals'   [12] 'gathers up'   [13] 'shines like a monstrance'

[1] Baudelaire wrote several poems on cats; he was interested in them for their Satanic associations and because they are the dandies of the animal kingdom. This sonnet was first published in *Le Corsaire* (November 14, 1847) and was included in the first edition of *Les Fleurs du Mal.*   [2] 'maturity'   [3] 'pride'   [4] 'sensitive to cold'   [5] 'darkness'   [6] Erebus, the son of Chaos and Night, who was hurled into the nether regions by Jupiter   [7] 'funereal chargers'   [8] 'bow their pride to servitude'   [9] 'when musing'   [10] 'reclining in the middle of the desert'   [11] 'meditation'   [12] 'loins'
[13] 'sparks'   [14] 'flecks'   [15] 'sand'   [16] 'bespangle'   [17] 'eyeballs'

SPLEEN [1]

J'ai plus de souvenirs que si j'avais mille ans.

Un gros meuble à tiroirs encombré de bilans,
De vers, de billets doux, de procès, de romances,[2]
Avec de lourds cheveux[3] roulés dans des quittances,[4]
Cache moins de secrets que mon triste cerveau.[5]   5
C'est une pyramide, un immense caveau,[6]
Qui contient plus de morts que la fosse commune.[7]

— Je suis un cimetière abhorré de la lune,
Où, comme des remords, se traînent[8] de longs vers[9]
Qui s'acharnent toujours sur[10] mes morts les plus chers.   10
Je suis un vieux boudoir plein de roses fanées,[11]
Où gît tout un fouillis de modes surannées,[12]
Où les pastels plaintifs et les pâles Boucher,[13]
Seuls, respirent[14] l'odeur d'un flacon débouché.[15]

Rien n'égale en longueur les boiteuses[16] journées,   15
Quand sous les lourds flocons[17] des neigeuses[18] années
L'Ennui, fruit de la morne[19] incuriosité,
Prend les proportions de l'immortalité.
Désormais tu n'es plus, ô matière vivante![20]
Qu'un granit[21] entouré d'une vague épouvante,[22]   20
Assoupi[23] dans le fond d'un Saharah brumeux![24]
Un vieux sphinx ignoré du monde insoucieux,[25]
Oublié sur la carte,[26] et dont l'humeur farouche[27]
Ne chante qu'aux rayons du soleil qui se couche![28]

SPLEEN [1]

Quand le ciel bas et lourd pèse comme un couvercle[2]
Sur l'esprit gémissant[3] en proie[4] aux longs ennuis,

[1] This word in French was originally used to designate a special type of melancholy supposedly peculiar to the English; to Baudelaire it stood for a recurrent feeling of complete despondency, mental impotence and disgust with the world about him. He used the same title for three other poems. This one was first published in the 1857 edition of *Les Fleurs du Mal*.   [2] 'a big chest-of-drawers stuffed with accounts, verses, love-letters, writs, ballads'   [3] 'locks of hair'   [4] 'receipts'   [5] 'brain'   [6] 'vault'   [7] 'pauper's grave'   [8] 'crawl'   [9] 'worms'   [10] 'always fall upon'   [11] 'faded'   [12] 'where lies a whole jumble of outmoded fashions'   [13] i.e. pictures by François Boucher (1703–70), who painted pastorals and *fêtes galantes* in subdued colors   [14] 'breathe in'   [15] 'uncorked bottle'   [16] 'limping'   [17] 'flakes'   [18] 'snowy'   [19] 'dull'   [20] i.e. the *cerveau* of line 5   [21] i.e. the *pyramide* of line 6   [22] 'dread'   [23] 'slumbering'   [24] 'misty'   [25] 'heedless'   [26] 'map'   [27] 'timid disposition'   [28] an allusion to the statue, near Thebes, of Memnon, king of Egypt, which was supposed to give forth musical sounds when touched by the rays of the rising sun

[1] This more personal and even pathological treatment of the *spleen* theme first appeared in the 1857 edition of *Les Fleurs du Mal*.   [2] 'weighs like a lid'   [3] 'groaning'   [4] 'a prey'

Et que de l'horizon embrassant tout le cercle
Il nous verse un jour noir plus triste que les nuits;

5   Quand la terre est changée en un cachot[5] humide,
Où l'Espérance, comme une chauve-souris,[6]
S'en va battant les murs de son aile[7] timide
Et se cognant[8] la tête à des plafonds pourris;[9]

Quand la pluie étalant ses immenses traînées[10]
10   D'une vaste prison imite les barreaux,[11]
Et qu'un peuple muet d'infâmes araignées[12]
Vient tendre ses filets au fond de nos cerveaux,[13]

Des cloches[14] tout à coup sautent avec furie
Et lancent vers le ciel un affreux hurlement,[15]
15   Ainsi que des esprits errants et sans patrie
Qui se mettent à geindre opiniâtrement.[16]

— Et de longs corbillards,[17] sans tambours[18] ni musique,
Défilent[19] lentement dans mon âme; l'Espoir,
Vaincu, pleure, et l'Angoisse atroce, despotique,
20   Sur mon crâne[20] incliné plante son drapeau noir.

L'HORLOGE [1]

Horloge! dieu sinistre, effrayant, impassible,[2]
Dont le doigt nous menace et nous dit: «*Souviens-toi!*»
Les vibrantes Douleurs dans ton cœur plein d'effroi
Se planteront bientôt comme dans une cible;[3]

5   Le Plaisir vaporeux fuira vers l'horizon
Ainsi qu'une sylphide au fond de la coulisse;[4]
Chaque instant te dévore un morceau du délice[5]
A chaque homme accordé pour toute sa saison.[6]

Trois mille six cents fois par heure, la Seconde
10   Chuchote:[7] *Souviens-toi!* — Rapide, avec sa voix

[5] 'dungeon'   [6] 'bat'   [7] 'wing'   [8] 'knocking'   [9] 'rotting
ceilings'   [10] 'when the rain tracing its endless streaks'   [11] 'bars'   [12] 'spiders'
[13] 'to spin its webs in the center of our brains'   [14] 'bells'   [15] 'a frightful howling'
[16] 'moan obstinately'   [17] 'hearses'   [18] 'drums'   [19] 'file past'   [20] 'skull'
[1] 'The clock.' This poem was first published in *L'Artiste* (October 15, 1860) and later
included in the second edition of *Les Fleurs du Mal*.   [2] 'terrifying, unmoved'   [3] 'target'   [4] 'like a sylph at the other end of the wings [of a theatre]'   [5] 'delight'
[6] i.e. all his days   [7] 'whispers'

D'insecte, Maintenant dit: Je suis Autrefois,[8]
Et j'ai pompé[9] ta vie avec ma trompe immonde![10]

Remember! Souviens-toi, prodigue![11] Esto memor![12]
(Mon gosier[13] de métal parle toutes les langues.)
Les minutes, mortel folâtre,[14] sont des gangues[15]   15
Qu'il ne faut pas lâcher[16] sans en extraire l'or!

Souviens-toi que le Temps est un joueur[17] avide
Qui gagne sans tricher,[18] à tout coup![19] c'est la loi.
Le jour décroît;[20] la nuit augmente; souviens-toi!
Le gouffre[21] a toujours soif; la clepsydre[22] se vide.   20

Tantôt sonnera l'heure où le divin Hasard,
Où l'auguste Vertu, ton épouse encor vierge,
Où le Repentir même (oh! la dernière auberge!),[23]
Où tout te dira: «Meurs, vieux lâche![24] il est trop tard!»

LE CREPUSCULE [1] DU MATIN [2]

La diane chantait dans les cours des casernes,[3]
Et le vent du matin soufflait[4] sur les lanternes.

C'était l'heure où l'essaim des rêves malfaisants
Tord sur leurs oreillers[5] les bruns adolescents;
Où, comme un œil sanglant qui palpite et qui bouge,[6]   5
La lampe sur le jour[7] fait une tache[8] rouge;
Où l'âme, sous le poids[9] du corps revêche[10] et lourd,
Imite les combats de la lampe et du jour.
Comme un visage en pleurs que les brises essuient,[11]
L'air est plein du frisson[12] des choses qui s'enfuient,   10
Et l'homme est las[13] d'écrire et la femme d'aimer.

Les maisons çà et là commençaient à fumer.[14]
Les femmes de plaisir,[15] la paupière[16] livide,

[8] 'the past'   [9] 'sucked up'   [10] 'unclean proboscis'   [11] 'prodigal'
[12] 'remember'   [13] 'throat'   [14] i.e. carefree   [15] 'gangue'; i.e.
the soil and mineral matter surrounding precious metals   [16] 'throw away'
[17] 'gambler'   [18] 'cheating'   [19] 'throw'   [20] 'the daylight wanes'   [21] 'abyss'
[22] 'water-clock'   [23] 'stopping-place'   [24] 'coward'
[1] 'half-light'   [2] A new section called Tableaux parisiens was added to the 1861
edition of Les Fleurs du Mal. It was composed of poems descriptive of the seamier side
of Paris, particularly of Paris at night and in the early morning. Le Crépuscule du matin
was probably written in 1843, and was first published in La Semaine théâtrale (February 1,
1852).   [3] 'the reveille was sounding in the barrack yards'   [4] 'blew'   [5] 'the
swarm of evil dreams contorts on their pillows'   [6] 'pulsates and moves'   [7] 'against
the daylight'   [8] 'stain'   [9] 'weight'   [10] 'peevish'   [11] 'dry'   [12] 'shiver'
[13] 'weary'   [14] 'smoke'   [15] i.e. prostitutes   [16] 'eyelid'

Bouche ouverte, dormaient de leur sommeil stupide;
Les pauvresses,[17] traînant leurs seins[18] maigres et froids,
Soufflaient sur leurs tisons[19] et soufflaient sur leurs doigts.
C'était l'heure où parmi le froid et la lésine[20]
S'aggravent les douleurs des femmes en gésine;[21]
Comme un sanglot[22] coupé par un sang écumeux[23]
Le chant du coq au loin déchirait l'air brumeux;[24]
Une mer de brouillards[25] baignait les édifices,
Et les agonisants[26] dans le fond des hospices[27]
Poussaient leur dernier râle[28] en hoquets[29] inégaux.
Les débauchés rentraient, brisés par leurs travaux.

L'aurore grelottante[30] en sa robe rose et verte
S'avançait lentement sur la Seine déserte,
Et le sombre Paris, en se frottant les yeux,
Empoignait ses outils,[31] vieillard laborieux!

PETITS POEMES EN PROSE[1]

LA CHAMBRE DOUBLE[2]

Une chambre qui ressemble à une rêverie, une chambre véritablement *spirituelle*, où l'atmosphère stagnante est légèrement teintée[3] de rose et de bleu.

L'âme y prend un bain de paresse,[4] aromatisé par le regret et le désir. — C'est quelque chose de crépusculaire,[5] de bleuâtre et de rosâtre; un rêve de volupté[6] pendant une éclipse.

Les meubles ont des formes allongées, prostrées, alanguies.[7] Les meubles ont l'air de rêver; on les dirait doués[8] d'une vie somnambulique, comme le végétal et le minéral. Les étoffes[9] parlent une langue muette, comme les fleurs, comme les ciels, comme les soleils couchants.

Sur les murs, nulle abomination artistique. Relativement au rêve pur, à l'impression non analysée, l'art défini, l'art positif est un blas-

[17] 'beggar-women'　　[18] 'breasts'　　[19] 'were blowing on their embers'　　[20] 'penury' [21] 'labor'　　[22] 'sob'　　[23] 'foam-flecked'　　[24] 'misty'　　[25] 'fogs'　　[26] 'dying'　　[27] 'alms-houses'　　[28] 'death-rattle'　　[29] 'gasps'　　[30] 'shivering dawn' [31] 'gathered up its tools'

[1] Alternative title: *Le Spleen de Paris*. Baudelaire began publishing a few prose poems in 1855, and became increasingly interested in this poetic form in the last ten years of his life. The inspiration was admittedly furnished by the little-known Aloysius Bertrand, whose *Gaspard de la Nuit* had appeared in 1842. Baudelaire's fifty prose poems, after appearing in groups in various publications, were collected after his death by Charles Asselineau and Théodore de Banville and published in 1869 as vol. IV in the Lévy edition of the *Œuvres complètes*.　　[2] This contrasting picture of *idéal* and *spleen* was first published in *La Presse* (August 26, 1862).　　[3] 'tinted'　　[4] 'idleness'　　[5] 'twilit'　　[6] 'ecstasy'　　[7] 'elongated, exhausted, languid'　　[8] 'endowed'　　[9] 'fabrics'

phème. Ici, tout a la suffisante clarté[10] et la délicieuse obscurité de l'harmonie.

Une senteur[11] infinitésimale du choix[12] le plus exquis, à laquelle se mêle une très légère humidité, nage[13] dans cette atmosphère, où l'esprit sommeillant[14] est bercé[15] par des sensations de serre-chaude.[16]

La mousseline pleut[17] abondamment devant les fenêtres et devant le lit; elle s'épanche[18] en cascades neigeuses.[19] Sur ce lit est couchée l'Idole, la souveraine des rêves. Mais, comment est-elle ici? Qui l'a amenée? quel pouvoir magique l'a installée sur ce trône de rêverie et de volupté? Qu'importe? la voilà! je la reconnais.

Voilà bien ces yeux dont la flamme traverse le crépuscule; ces subtiles et terribles *mirettes*,[20] que je reconnais à leur effrayante[21] malice! Elles attirent, elles subjuguent, elles dévorent le regard de l'imprudent qui les contemple. Je les ai souvent étudiées, ces étoiles noires qui commandent la curiosité et l'admiration.

A quel démon bienveillant dois-je[22] d'être ainsi entouré de mystère, de silence, de paix et de parfums? O béatitude! ce que nous nommons généralement la vie, même dans son expansion la plus heureuse, n'a rien de commun avec cette vie suprême dont j'ai maintenant connaissance et que je savoure minute par minute, seconde par seconde!

Non! il n'est plus de minutes, il n'est plus de secondes! Le Temps a disparu; c'est l'Eternité qui règne, une éternité de délices![23]

Mais un coup[24] terrible, lourd, a retenti[25] à la porte, et, comme dans les rêves infernaux, il m'a semblé que je recevais un coup de pioche[26] dans l'estomac.

Et puis un Spectre est entré. C'est un huissier[27] qui vient me torturer au nom de la loi; une infâme concubine qui vient crier misère[28] et ajouter les trivialités de sa vie aux douleurs de la mienne; ou bien le saute-ruisseau[29] d'un directeur de journal qui réclame la suite[30] du manuscrit.

La chambre paradisiaque, l'idole, la souveraine des rêves, la *Sylphide*, comme disait le grand René,[31] toute cette magie a disparu au coup brutal frappé par le Spectre.

Horreur! je me souviens! je me souviens! Oui! ce taudis, ce séjour[32] de l'éternel ennui, est bien le mien. Voici les meubles sots, poudreux, écornés;[33] la cheminée sans flamme et sans braise, souillée de crachats;[34] les tristes fenêtres où la pluie a tracé des sillons dans la poussière;[35] les

---

[10] 'light' [11] 'scent' [12] 'quality' [13] 'swims' [14] 'somnolent'
[15] 'lulled' [16] 'hot-house' [17] 'muslin billows' [18] 'overflows' [19] 'snowy'
[20] 'eyes' [21] 'terrifying' [22] 'am I indebted' [23] 'delights' [24] 'knock'
[25] 'has resounded' [26] 'pickaxe' [27] 'bailiff' [28] i.e. to make an appeal to
my purse [29] 'errand-boy' [30] 'next installment' [31] i.e. Chateaubriand, who,
in his *Mémoires d'outre-tombe* (Book III), tells how he gave the name of sylph to the
ideal woman of his dreams [32] 'this hovel, this abode' [33] 'absurd, dusty, chipped'
[34] 'the fire-place with no fire lit and no embers, dirtied with spit' [35] 'furrows in
the dust'

manuscrits, raturés[36] ou incomplets; l'almanach[37] où le crayon a marqué les dates sinistres!

Et ce parfum d'un autre monde, dont je m'enivrais[38] avec une sensibilité[39] perfectionnée, hélas! il est remplacé par une fétide odeur de tabac 5 mêlée à je ne sais quelle nauséabonde moisissure.[40] On respire ici maintenant le ranci[41] de la désolation.

Dans ce monde étroit, mais si plein de dégoût, un seul objet connu me sourit: la fiole[42] de laudanum; une vieille et terrible amie; comme toutes les amies, hélas! féconde en caresses et en traîtrises.[43]

10 Oh, oui! le Temps a reparu; le Temps règne en souverain maintenant; et avec le hideux vieillard est revenu tout son démoniaque cortège[44] de Souvenirs, de Regrets, de Spasmes, de Peurs, d'Angoisses, de Cauchemars,[45] de Colères et de Névroses.[46]

Je vous assure que les Secondes maintenant sont fortement et solen-15 nellement accentuées, et chacune, en jaillissant de la pendule,[47] dit: «Je suis la Vie, l'insupportable, l'implacable Vie!»

Il n'y a qu'une Seconde dans la vie humaine qui ait mission d'annoncer une bonne nouvelle, la *bonne nouvelle* qui cause à chacun une inexplicable peur.

20 Oui! le Temps règne; il a repris sa brutale dictature. Et il me pousse, comme si j'étais un bœuf, avec son double aiguillon.[48] «Et hue donc, bourrique![49] Sue[50] donc, esclave! Vis donc, damné!»

ENIVREZ-VOUS [1]

Il faut être toujours ivre. Tout est là: c'est l'unique question. Pour ne pas sentir l'horrible fardeau[2] du Temps qui brise vos épaules et vous 25 penche[3] vers la terre, il faut vous enivrer sans trêve.[4]

Mais, de quoi? De vin, de poésie ou de vertu, à votre guise.[5] Mais enivrez-vous.

Et si quelquefois, sur les marches[6] d'un palais, sur l'herbe verte d'un fossé,[7] dans la solitude morne[8] de votre chambre, vous vous réveillez, 30 l'ivresse déjà diminuée ou disparue, demandez au vent, à la vague,[9] à l'étoile, à l'oiseau, à l'horloge,[10] à tout ce qui fuit, à tout ce qui gémit,[11] à tout ce qui roule, à tout ce qui chante, à tout ce qui parle, demandez

---

[36] 'covered with erasures'   [37] 'calendar'   [38] 'with which I was becoming intoxicated'   [39] 'sensitiveness'   [40] 'sickening mustiness'   [41] 'rancid odor' [42] 'flask'   [43] 'betrayals'   [44] 'procession'   [45] 'nightmares'   [46] 'neuroses' [47] 'springing from the clock'   [48] 'goad'   [49] 'gee up, donkey'   [50] 'sweat' [1] 'Get drunk.' A prose-poem prompted by the same impulse to seek escape in intoxication, whether alcoholic or æsthetic, which prompted Baudelaire to include a whole group of poems in *Les Fleurs du Mal* under the title of *Le Vin*. *Enivrez-vous* was first published in *Le Figaro* (February 7, 1864).   [2] 'burden'   [3] 'weighs you down'   [4] 'incessantly'   [5] 'pleasure'   [6] 'steps'   [7] 'ditch'   [8] 'dismal'   [9] 'wave' [10] 'clock'   [11] 'moans'

quelle heure il est; et le vent, la vague, l'étoile, l'oiseau, l'horloge, vous répondront: «Il est l'heure de s'enivrer! Pour n'être pas les esclaves martyrisés du Temps, enivrez-vous; enivrez-vous sans cesse! De vin, de poésie ou de vertu, à votre guise.»

ANY WHERE OUT OF THE WORLD [1]
(*N'Importe où Hors Du Monde*)

Cette vie est un hôpital où chaque malade est possédé du désir de changer de lit. Celui-ci voudrait souffrir en face du poêle,[2] et celui-là croit qu'il guérirait[3] à côté de la fenêtre.

Il me semble que je serais toujours bien[4] là où je ne suis pas, et cette question de déménagement[5] en est une que je discute sans cesse avec mon âme.

«Dis-moi, mon âme, pauvre âme refroidie,[6] que penserais-tu d'habiter Lisbonne? Il doit y faire chaud, et tu t'y ragaillardirais[7] comme un lézard. Cette ville est au bord de l'eau; on dit qu'elle est bâtie en marbre, et que le peuple y a une telle haine du végétal qu'il arrache[8] tous les arbres. Voilà un paysage selon ton goût; un paysage fait avec la lumière et le minéral, et le liquide pour les réfléchir!»[9]

Mon âme ne répond pas.

«Puisque tu aimes tant le repos, avec le spectacle du mouvement, veux-tu venir habiter la Hollande, cette terre béatifiante?[10] Peut-être te divertiras-tu dans cette contrée dont tu as souvent admiré l'image dans les musées. Que penserais-tu de Rotterdam, toi qui aimes les forêts de mâts,[11] et les navires amarrés[12] au pied des maisons?»

Mon âme reste muette.

«Batavia[13] te sourirait[14] peut-être davantage? Nous y trouverions d'ailleurs l'esprit de l'Europe marié à la beauté tropicale.»

Pas un mot. — Mon âme serait-elle morte?

«En es-tu donc venue à ce point d'engourdissement[15] que tu ne te plaises que dans ton mal? S'il en est ainsi, fuyons vers les pays qui sont les analogies de la Mort. — Je tiens notre affaire,[16] pauvre âme! Nous ferons nos malles[17] pour Tornéo.[18] Allons plus loin encore, à l'extrême bout de la Baltique; encore plus loin de la vie, si c'est possible; installons-nous au pôle. Là, le soleil ne frise[19] qu'obliquement la terre, et les lentes alternatives de la lumière et de la nuit suppriment la variété et augmentent la monotonie, cette moitié du néant.[20] Là, nous pourrons prendre

---

[1] Published posthumously in the *Revue nationale* (September 28, 1867). [2] 'stove' [3] 'would get better' [4] 'happy' [5] 'moving' [6] 'chilled' [7] 'would become cheerful' [8] 'uproots' [9] 'mirror them' [10] 'bliss-inspiring' [11] 'masts' [12] 'vessels moored' [13] capital of the Dutch East Indies [14] 'would please you' [15] 'torpor' [16] i.e. what we are looking for [17] 'shall pack our trunks' [18] Tornio, a town on the Gulf of Bothnia in Finland [19] 'touches' [20] 'extinction'

de longs bains de ténèbres,[21] cependant que, pour nous divertir, les aurores boréales[22] nous enverront de temps en temps leurs gerbes roses,[23] comme des reflets d'un feu d'artifice de l'Enfer!»[24]

Enfin, mon âme fait explosion, et sagement elle me crie: «N'importe où! n'importe où! pourvu que ce soit hors de ce monde!»

[21] 'darkness'   [22] 'northern lights'   [23] i.e. rosy spray   [24] 'firework display from Hell'

VERLAINE

VERLAINE

PAUL-MARIE VERLAINE (1844–96) was born at Metz in Lorraine. His father, a captain of engineers, retired from the army in 1851 and settled with his wife and only child in Paris. Verlaine was educated at the Institution Landry in Paris and the lycée Bonaparte, spent some time in an insurance office and then obtained a clerkship in the Hôtel de Ville. He was far more interested in poetry than in the routine duties of a civil servant, and soon became a familiar figure in the Parnassian group, publishing his first volume of verse, *Poèmes saturniens* in 1866. A romantic marriage, contracted on the eve of the outbreak of the Franco-Prussian War, brought him short-lived tranquillity and a brief respite from his excessive drinking. His career as a public functionary was compromised by the fact that he remained at his post at the time of the Paris Commune, and his flight with the young poet Rimbaud, in 1872, precipitated a domestic crisis which culminated in separation and later in divorce. For a year Verlaine and Rimbaud wandered in Belgium and in England. The author of *Bateau ivre* literally revolutionized Verlaine's poetic technique, as is evidenced by the latter's *Romances sans paroles* (1874). Their association ended in the summer of 1873, when Verlaine, in a fit of jealous rage, fired a revolver shot at his companion. He was given a two-year sentence, which he served partly in Brussels and partly at Mons. It was during his imprisonment that Verlaine returned to the Catholic piety of his childhood. On his release he found himself deserted by all except his mother and his brother-in-law, the composer Charles de Sivry. He toyed with the idea of entering a Trappist monastery, made two unsuccessful attempts at farming and lived in England for several years, where he eked out a living as a language teacher. During this time he published little poetry himself, but assured the literary reputation of Rimbaud and of other poets of his generation. In the early eighties Verlaine became once more a leading figure in the French world of letters. As his fame increased the quality of his writing declined, but the legend of "le pauvre Lélian," an epithet he formed from an anagram of his own name, steadily gained ground. Chronic poverty, illness and excess made him appear a sort of nineteenth century Villon in the eyes of the younger writers, who elected him "prince des poètes" on the death of Leconte de Lisle. A lecturing tour undertaken in 1892 and the grant of a small pension by the Minister of Education improved Verlaine's financial position in the last few years of his life. He died suddenly from pneumonia and was given a sumptuous funeral by his fellow writers.

Verlaine's most significant volumes of verse are: *Poèmes saturniens* (1866), *Fêtes galantes* (1869), *La Bonne Chanson* (1870), *Romances sans paroles* (1874), *Sagesse* (1881), *Jadis et Naguère* (1884), *Amour* (1888), *Parallèlement* (1889), *Bonheur* (1891). In prose he published *Les Poètes maudits* (1884–88) and a number of volumes of autobiography.

POEMES SATURNIENS[1]

MON REVE FAMILIER[2]

Je fais souvent ce rêve étrange et pénétrant
D'une femme inconnue, et que j'aime, et qui m'aime,
Et qui n'est, chaque fois, ni tout à fait la même
Ni tout à fait une autre, et m'aime et me comprend.

5   Car elle me comprend, et mon cœur, transparent
Pour elle seule, hélas! cesse d'être un problème
Pour elle seule, et les moiteurs de mon front blême,[3]
Elle seule les sait rafraîchir, en pleurant.

Est-elle brune, blonde ou rousse?[4] — Je l'ignore.
10   Son nom? Je me souviens qu'il est doux et sonore
Comme ceux des aimés que la Vie exila.

Son regard est pareil au regard des statues,
Et, pour sa voix lointaine, et calme, et grave, elle a
L'inflexion des voix chères qui se sont tues.[5]

NUIT DU WALPURGIS CLASSIQUE [1]

C'est plutôt le sabbat[2] du second Faust que l'autre.[3]
Un rhythmique sabbat, rhythmique, extrêmement
Rhythmique. — Imaginez un jardin de Lenôtre[4]
Correct, ridicule et charmant.

[1] This volume of thirty-nine poems was published in October, 1866. The adjective *saturnien*, in the sense of gloomy and splenetic, is borrowed from Baudelaire, under whose influence and that of the Parnassians most of these poems were written.   [2] First published in *Le Parnasse contemporain* (1866); included in the *Poèmes saturniens* in the sub-section entitled *Mélancholia*.   [3] 'the dampness of my pallid brow'   [4] 'red-haired'
[5] 'have become silent'
[1] Walpurgis Night is the evening preceding May 1 when, according to German legend, the witches and dæmons celebrate an orgy on the Brocken in the Harz Mountains. One of the scenes in the first part of Goethe's *Faust* depicts this saturnalia. In the second part of *Faust* Goethe created a similar scene, with characters drawn from Greek mythology. He named this scene *Klassische Walpurgisnacht*. Verlaine borrowed the title to evoke in his turn the specters of the eighteenth century. The poem was published in the sub-section entitled *Paysages tristes*.   [2] 'witches' sabbath'   [3] i.e. the *Walpurgisnacht* of *Faust*, Part I   [4] André Lenôtre (1613–1700), the famous French landscape artist who planned the gardens at Versailles

Des ronds-points;[5] au milieu, des jets d'eau; des allées[6] 5
Toutes droites; sylvains[7] de marbre; dieux marins[8]
De bronze; çà et là, des Vénus étalées;[9]
        Des quinconces, des boulingrins;[10]

Des châtaigniers; des plants de fleurs formant la dune;[11]
Ici, des rosiers nains qu'un goût docte affila;[12] 10
Plus loin, des ifs taillés[13] en triangles. La lune
        D'un soir d'été sur tout cela.

Minuit sonne, et réveille au fond du parc aulique[14]
Un air mélancolique, un sourd,[15] lent et doux air
De chasse:[16] tel, doux, lent, sourd et mélancolique, 15
        L'air de chasse de *Tannhauser*.[17]

Des chants voilés de cors[18] lointains, où la tendresse
Des sens étreint l'effroi[19] de l'âme en des accords[20]
Harmonieusement dissonnants dans l'ivresse;[21]
        Et voici qu'à l'appel des cors 20

S'entrelacent[22] soudain des formes toutes blanches,
Diaphanes, et que le clair de lune fait
Opalines[23] parmi l'ombre[24] verte des branches,
        — Un Watteau[25] rêvé par Raffet![26] —

S'entrelacent parmi l'ombre verte des arbres 25
D'un geste alangui,[27] plein d'un désespoir profond;
Puis, autour des massifs,[28] des bronzes et des marbres,
        Très lentement dansent en rond.[29]

— Ces spectres agités, sont-ce donc la pensée
Du poète ivre, ou son regret, ou son remords, 30
Ces spectres agités en tourbe cadencée,[30]
        Ou bien tout simplement des morts?

---

[5] circular area where several roads meet   [6] 'walks'   [7] 'forest deities'
[8] 'sea-gods'   [9] 'set out'   [10] 'quincunxes, lawns'   [11] 'chestnut-trees; flower-beds banked up on an incline'   [12] 'dwarf rose-bushes which an erudite taste has tapered'   [13] 'yew-trees clipped'   [14] 'lordly'   [15] 'muted'   [16] 'hunting'
[17] the opera by Richard Wagner (1845)   [18] 'horns'   [19] 'clasps the terror'
[20] 'chords'   [21] 'intoxication'   [22] 'intertwine'   [23] 'opalescent'   [24] 'shadows'
[25] Antoine Watteau (1684–1721), a painter who often depicted groups of courtiers disporting themselves against a formalized landscape   [26] Denis-Auguste-Marie Raffet (1804–60), a French painter of historical subjects who achieved striking and eerie effects of light and shade   [27] 'languid'   [28] 'clumps of greenery'   [29] 'in a circle'
[30] 'rhythmic mob'

Sont-ce donc ton remords, ô rêvasseur[31] qu'invite
L'horreur, ou ton regret, ou ta pensée, — hein? — tous
35   Ces spectres qu'un vertige[32] irrésistible agite,
        Ou bien des morts qui seraient fous? —

N'importe! ils vont toujours, les fébriles[33] fantômes,
Menant leur ronde[34] vaste et morne[35] et tressautant[36]
Comme dans un rayon de soleil des atomes,[37]
40   Et s'évaporent à l'instant

Humide et blême[38] où l'aube éteint[39] l'un après l'autre
Les cors, en sorte qu'il ne reste absolument
Plus rien — absolument — qu'un jardin de Lenôtre,
        Correct, ridicule et charmant.

CHANSON D'AUTOMNE[1]

    Les sanglots[2] longs
    Des violons
      De l'automne
    Blessent[3] mon cœur
5   D'une langueur
      Monotone.

    Tout suffocant[4]
    Et blême,[5] quand
      Sonne[6] l'heure,
10   Je me souviens
    Des jours anciens
      Et je pleure;

    Et je m'en vais
15   Au vent mauvais
      Qui m'emporte
    Deçà, delà,[7]
    Pareil à la
      Feuille morte.

[31] 'muser' [32] 'dizziness' [33] 'fevered' [34] 'stepping their round dance'
[35] 'gloomy' [36] 'bobbing about' [37] i.e. specks of dust [38] 'pale' [39] 'dawn extinguishes'
[1] One of Verlaine's many experiments in musical transposition; it was included in the sub-section *Paysages tristes*. [2] 'sobs' [3] 'wound' [4] 'stifled'; i.e. with sobs [5] 'pale' [6] 'strikes' [7] 'hither, yon'

FEMME ET CHATTE[1]

Elle jouait avec sa chatte,
Et c'était merveille de voir
La main blanche et la blanche patte[2]
S'ébattre dans l'ombre[3] du soir.

Elle cachait — la scélérate![4] —   5
Sous ces mitaines de fil noir[5]
Ses meurtriers ongles[6] d'agate,
Coupants et clairs[7] comme un rasoir.

L'autre aussi faisait la sucrée[8]
Et rentrait sa griffe acérée,[9]   10
Mais le diable[10] n'y perdait rien...

Et dans le boudoir où, sonore,
Tintait[11] son rire aérien,[12]
Brillaient[13] quatre points de phosphore.

FETES GALANTES[1]

CLAIR DE LUNE[2]

Votre âme est un paysage choisi[3]
Que vont charmant masques[4] et bergamasques,[5]
Jouant du luth, et dansant, et quasi[6]
Tristes sous leurs déguisements fantasques.[7]

Tout en chantant sur le mode mineur[8]   5
L'amour vainqueur et la vie opportune,[9]
Ils n'ont pas l'air de croire à leur bonheur
Et leur chanson se mêle au clair de lune,

[1] From the group of poems entitled *Caprices*.   [2] 'paw'   [3] 'playing in the shadows'   [4] 'jade'   [5] 'black cotton mittens'   [6] 'deadly claws'
[7] 'sharp and bright'   [8] i.e. played the innocent   [9] 'drew in her sharp claws'   [10] 'devil'
[11] 'tinkled'   [12] 'airy'   [13] 'shone'

[1] A volume of twenty-two poems published in February, 1869. Most of them are evocations of the eighteenth century, an age which, thanks to the writings of the brothers Goncourt and the poet Théodore de Banville, was returning to favor. A *jête galante* was an elaborate entertainment at which the guests frequently appeared in costume.   [2] First published in the *Gazette rimée* (February, 1867); it is the initial poem in the volume.
[3] 'choice landscape'   [4] 'troops of masquers'   [5] people taking part in a kind of Italian peasant dance   [6] 'almost'   [7] 'fantastic disguises'
[8] 'in a minor key'   [9] 'pleasant'

Au calme clair de lune triste et beau,
10 Qui fait rêver les oiseaux dans les arbres
Et sangloter[10] d'extase les jets d'eau,
Les grands jets d'eau sveltes parmi les marbres.[11]

COLLOQUE SENTIMENTAL[1]

Dans le vieux parc solitaire et glacé[2]
Deux formes ont tout à l'heure passé.

Leurs yeux sont morts et leurs lèvres sont molles,[3]
Et l'on entend à peine leurs paroles.

5 Dans le vieux parc solitaire et glacé
Deux spectres ont évoqué le passé.

— Te souvient-il de notre extase ancienne?
— Pourquoi voulez-vous donc qu'il m'en souvienne?

— Ton cœur bat-il toujours à mon seul nom?
10 Toujours vois-tu mon âme en rêve? — Non.

—Ah! les beaux jours de bonheur indicible[4]
Où nous joignions nos bouches! — C'est possible.

Qu'il était bleu, le ciel, et grand, l'espoir!
— L'espoir a fui, vaincu, vers le ciel noir.

15 Tels ils marchaient dans les avoines folles,[5]
Et la nuit seule entendit leurs paroles.

ROMANCES SANS PAROLES[1]

ARIETTES OUBLIEES [2]

III

Il pleut doucement sur la ville.
Arthur Rimbaud.

Il pleure dans mon cœur
Comme il pleut sur la ville,
Quelle est cette langueur
Qui pénètre mon cœur?

[10] 'sob'   [11] 'marble statues'
[1] 'sentimental conversation'   [2] 'icy-cold'   [3] 'flaccid'   [4] 'indescribable'   [5] 'oat-grass'
[1] A volume of twenty-three poems published at Sens in March, 1874, through Verlaine's friend Edmond Lepelletier. Most of them were written in 1872, the year of the poet's association with Rimbaud. The title first suggested for the volume was *La Mauvaise Chanson;* the actual one is borrowed from Mendelssohn.   [2] In these "Forgotten Melodies" Verlaine sought to evoke the charm of old folk-songs, in which the words are less important than the tune and its associations.

O bruit doux de la pluie 5
Par terre et sur les toits!
Pour un cœur qui s'ennuie,
O le chant de la pluie!

Il pleure sans raison
Dans ce cœur qui s'écœure.[3] 10
Quoi! nulle trahison?[4]
Ce deuil[5] est sans raison.

C'est bien la pire peine[6]
De ne savoir pourquoi,
Sans amour et sans haine, 15
Mon cœur a tant de peine!

AQUARELLES

GREEN [1]

Voici des fruits, des fleurs, des feuilles et des branches,
Et puis voici mon cœur, qui ne bat que pour vous.
Ne le déchirez pas[2] avec vos deux mains blanches,
Et qu'à vos yeux si beaux l'humble présent soit doux.

J'arrive tout couvert encore de rosée[3] 5
Que le vent du matin vient glacer à mon front.[4]
Souffrez que ma fatigue, à vos pieds reposée,
Rêve des chers instants qui la délasseront.[5]

Sur votre jeune sein[6] laissez rouler ma tête
Toute sonore[7] encore de vos derniers baisers;[8] 10
Laissez-la s'apaiser[9] de la bonne tempête,
Et que je dorme un peu puisque vous reposez.

---

[3] 'feels disheartened'   [4] 'betrayal'   [5] 'grief'   [6] 'sorrow'
[1] Written during Verlaine's first stay in England, the poem is thought to have been addressed to an English girl named Kate.   [2] 'do not tear it'   [3] 'dew'   [4] 'chills on my brow'   [5] 'will refresh it'   [6] 'breast'   [7] 'echoing'   [8] 'kisses'   [9] 'rest'

SAGESSE[1]

LIVRE II [2]

VIII

— Ah, Seigneur, qu'ai-je? Hélas, me voici tout en larmes[3]
D'une joie extraordinaire; votre voix
Me fait comme du bien et du mal à la fois,
Et le mal et le bien, tout a les mêmes charmes.

5   Je ris, je pleure, et c'est comme un appel aux armes
D'un clairon[4] pour des champs de bataille où je vois
Des anges bleus et blancs portés sur des pavois,[5]
Et ce clairon m'enlève en de fières alarmes.

J'ai l'extase et j'ai la terreur d'être choisi.
10   Je suis indigne, mais je sais votre clémence.
Ah, quel effort, mais quelle ardeur! Et me voici

Plein d'une humble prière, encor qu'un[6] trouble immense
Brouille[7] l'espoir que votre voix me révéla,
Et j'aspire en tremblant...

IX
— Pauvre âme, c'est cela!

LIVRE III

VI [1]

Le ciel est, par-dessus le toit,
    Si bleu, si calme!
Un arbre, par-dessus le toit,
    Berce sa palme.[2]

5   La cloche,[3] dans le ciel qu'on voit,
    Doucement tinte.[4]

---

[1] Verlaine returned to the Catholicism of his childhood while serving a prison sentence at Mons in 1873. His religious and mystical poems of this period were grouped under the title *Sagesse* and published in Brussels in 1881. The first edition went almost unnoticed, but a second edition, which appeared in 1889, was widely acclaimed.   [2] The second book of *Sagesse* contains a sequence of ten sonnets, known generally as the *Sonnets au Christ*, in which Verlaine expresses the humble ecstasy of his rediscovered faith in the form of a dialogue between a sinner and Christ. They were written in August, 1874.
[3] 'tears'   [4] 'bugle'   [5] 'shields'   [6] 'although a'   [7] 'beclouds'
[1] Written in prison   [2] i.e. lets its branches sway   [3] 'church-bell'   [4] 'tinkles'

Un oiseau sur l'arbre qu'on voit
　　Chante sa plainte.

Mon Dieu, mon Dieu, la vie est là,
　　Simple et tranquille.   10
Cette paisible rumeur-là[5]
　　Vient de la ville!

— Qu'as-tu fait, ô toi que voilà
　　Pleurant sans cesse,
Dis, qu'as-tu fait, toi que voilà,   15
　　De ta jeunesse?

JADIS ET NAGUERE[1]

ART POETIQUE[2]

De la musique avant toute chose,
Et pour cela préfère l'Impair,[3]
Plus vague et plus soluble dans l'air,
Sans rien en lui qui pèse ou qui pose.[4]

Il faut aussi que tu n'ailles point   5
Choisir tes mots sans quelque méprise:[5]
Rien de plus cher que la chanson grise[6]
Où l'Indécis[7] au Précis se joint.

C'est des beaux yeux derrière des voiles,[8]
C'est le grand jour tremblant[9] de midi,   10
C'est, par un ciel d'automne attiédi,[10]
Le bleu fouillis[11] des claires[12] étoiles!

Car nous voulons la Nuance[13] encor,
Pas la Couleur, rien que la nuance!
Oh! la nuance seule fiance[14]   15
Le rêve au rêve et la flûte au cor![15]

---

[5] 'that peaceful murmur'
[1] A volume of miscellaneous poems published in November, 1884, and including, as the title suggests, poems written in former days and others more recent. The volume was originally to have been called *Les Vaincus*.　　[2] Written in the prison at Mons in 1874, first published in *Paris-Moderne* (November, 1882), and later dedicated to Charles Morice, who was subsequently one of Verlaine's biographers. The poem marks Verlaine's break with Parnassianism and is, in a sense, an answer to Gautier's *l'Art*; it is an important critical manifesto of tendencies which were later to be adopted by the Symbolists.　　[3] i.e. verse lines containing an uneven number of syllables, as in this poem　　[4] i.e. which makes the verse heavy or checks its flow　　[5] i.e. deliberate ambiguity　　[6] i.e. hazy　　[7] 'the vague'　　[8] 'veils'　　[9] 'the full quivering light'　　[10] 'mild'　　[11] 'tangle'　　[12] 'bright'　　[13] i.e. indefinite colors　　[14] 'unites'　　[15] 'horn'

Fuis du plus loin la Pointe assassine,[16]
L'Esprit[17] cruel et le Rire impur,
Qui font pleurer les yeux de l'Azur,[18]
20   Et tout cet ail de basse cuisine![19]

Prends l'éloquence et tords-lui son cou![20]
Tu feras bien, en train d'énergie,[21]
De rendre un peu la Rime assagie.[22]
Si l'on n'y veille,[23] elle ira jusqu'où?

25   O qui dira les torts[24] de la Rime!
Quel enfant sourd[25] ou quel nègre fou
Nous a forgé ce bijou d'un sou[26]
Qui sonne creux et faux sous la lime?[27]

De la musique encore et toujours!
30   Que ton vers soit la chose envolée[28]
Qu'on sent qui fuit d'une âme en allée[29]
Vers d'autres cieux à d'autres amours,

Que ton vers soit la bonne aventure[30]
Eparse[31] au vent crispé[32] du matin
35   Qui va fleurant la menthe et le thym...[33]
Et tout le reste est littérature.[34]

AMOUR[1]

A LOUIS II DE BAVIERE[2]

Roi, le seul vrai roi de ce siècle,[3] salut, Sire,
Qui voulûtes mourir vengeant votre raison
Des choses de la politique, et du délire
De cette Science intruse[4] dans la maison,

5   De cette Science assassin de l'Oraison[5]
Et du Chant et de l'Art et de toute la Lyre,

---

[16] 'murderous pun'   [17] 'wit'   [18] i.e. Heaven   [19] i.e. garlic used in coarse, cheap cooking   [20] 'wring its neck'   [21] i.e. while you are about it   [22] 'chastened'   [23] 'if we do not watch out'   [24] 'misdeeds'   [25] 'deaf'   [26] 'penny trinket'   [27] 'which rings hollow and false beneath the file'   [28] 'winged'   [29] 'sped'   [30] i.e. a vagabond venture   [31] 'scattered'   [32] 'keen'   [33] 'giving off a fragrance of mint and thyme'   [34] i.e. mere rhetoric
[1] A collection of thirty-eight miscellaneous poems, written between 1882 and 1886, and published in March, 1888; two more poems were added in the edition of 1892.   [2] First published in La Revue Wagnérienne and in Le Décadent (July, 1886). The mad king of Bavaria, who committed suicide in the Starnbergersee near Munich, had been a patron of the arts.   [3] 'century'   [4] 'which has intruded'   [5] 'style'

Et simplement, et plein d'orgueil en floraison,[6]
Tuâtes en mourant, salut, Roi! bravo, Sire!

Vous fûtes un poète, un soldat, le seul Roi
De ce siècle où les rois se font si peu de chose,   10
Et le martyr de la Raison selon la Foi.[7]

Salut à votre très unique apothéose,
Et que votre âme ait son fier cortège,[8] or et fer,[9]
Sur un air magnifique et joyeux de Wagner.[10]

[6] 'pride in full bloom'   [7] 'faith'   [8] 'procession'   [9] 'iron'   [10] the German composer whom Ludwig II supported liberally and whose music was acclaimed by the French Symbolists

BECQUE

BECQUE

H ENRY–FRANÇOIS BECQUE (1837–99) was born in Paris. His father was a clerical worker in a bank. Becque was educated at the lycée Bonaparte. His uncle Martin Labize, the author of numerous *vaudevilles*, encouraged the young man's love for the theatre and introduced him to the company of literary men. After leaving school, Becque earned his living in a variety of ways: he was successively a clerk in the Chemins de Fer du Nord and in the Chancellery of the Legion of Honor, a private tutor and secretary to a Polish nobleman, Count Potocki. It was through this last employer that Becque met the young composer Victorin Joncières, with whom he collaborated on the opera *Sardanapale* (1867). In the same year he was offered the post of dramatic critic on the newspaper *Le Peuple;* from then on Becque lived mainly from the articles which he contributed to various journals. In 1870 his *Michel Pauper*, a play dealing with a social problem and considered daring for the time, was produced under great difficulties at the author's own expense. It was a failure, and the same was true of Becque's next play. He returned to his post in the Chancellery of the Legion of Honor, but soon exchanged that for a job in a stockbroker's office, where he observed the shadier side of business life. He found it even harder to have his best-known play, *Les Corbeaux*, performed. When it was finally staged, in 1882, Becque's contemporaries were forced to accord him grudging recognition. His campaign on behalf of the modern realistic theatre brought him into frequent conflict with critics and producers. His greatest adversary was the critic Sarcey, whom he frequently attacked in his newspaper articles. In his later years he had the satisfaction of witnessing the success of the *Théâtre libre* and became a friend of its founder, André Antoine. In spite of a small government pension granted him in his last years, Becque was desperately poor to the end of his days. But he did win a certain measure of recognition. He was a welcome visitor in the salons of Juliette Adam, the comtesse de Martel (the novelist Gyp) and Mme Aubernon. In 1893 he visited Italy, where he attended gala performances of his plays. A fire in his bedroom, kindled by a lighted cigar, caused severe shock from which he did not recover. He died in a private hospital at Neuilly.

Becque's best-known plays are: *L'Enfant prodigue* (1868), *Michel Pauper* (1870), *Les Honnêtes Femmes* (1880), *Les Corbeaux* (1882), *La Parisienne* (1885).

LES CORBEAUX[1]

Comédie en quatre actes

PERSONNAGES

Vigneron, fabricant[2]
Teissier, ancien escompteur,[3] associé[4] de Vigneron
Bourdon, notaire
Merckens, professeur de musique
Lefort, architecte
Dupuis, tapissier[5]
Gaston, fils des Vigneron
Auguste
Un Médecin
Georges de Saint-Genis ⎫
Lenormand   ⎬ Personnages muets
Le général Fromentin ⎭
Madame Vigneron
Madame de Saint-Genis
Marie ⎫
Blanche ⎬ filles des Vigneron
Judith ⎭
Rosalie

La scène se passe à Paris de nos jours.

ACTE PREMIER

Le théâtre représente un salon. — Décoration brillante, gros luxe.[1] — Au fond, trois portes à deux battants;[2] portes latérales à deux battants également. — A droite, au premier plan,[3] contre le mur, un piano et de même à gauche un meuble-secrétaire,[4] qui se font vis-à-vis.[5] — Après le meuble-secrétaire, une cheminée.[6] — En scène, au second plan,[7] sur la droite, une table; à gauche, en scène également, au premier plan, un canapé.[8] — Meubles divers, glaces,[9] fleurs, etc.

[1] 'The Crows'; i.e. the birds of prey. *Les Corbeaux* was written in 1876–77 and for five years Becque tried to get it performed. It was finally accepted at the Comédie-Française, thanks to a recommendation from Edouard Thierry, a former administrator, to whom the play is dedicated. The actors found the text too daring and for the first performance (September 14, 1882) Becque was forced to drop the last two scenes and the episode concerning Gaston (I, 11 and 12). Even so the public was hostile, being particularly shocked by Act III, scene 11. The play was revived at the Odéon in 1897 and added to the repertoire of the Comédie-Française in 1924.   [2] 'manufacturer'   [3] 'discount-broker' [4] 'partner'   [5] 'interior decorator'
  [1] 'somewhat vulgar luxury'   [2] 'folding doors'   [3] 'down stage'   [4] 'writing-desk'   [5] 'face each other'   [6] 'fire-place'   [7] 'further up stage'   [8] 'sofa' [9] 'mirrors'

SCENE PREMIERE

VIGNERON, MADAME VIGNERON, MARIE, BLANCHE, JUDITH, *puis* AUGUSTE, *puis* GASTON. *Au lever du rideau,* VIGNERON, *étendu sur le canapé, en robe de chambre et un journal entre les mains, sommeille.*[1] — MARIE, *assise auprès de lui, travaille à l'aiguille.*[2] — JUDITH *est au piano,* BLANCHE *à la table où elle écrit.*

MADAME VIGNERON. Ferme ton piano, ma Judith, ton père dort. (*Allant à la table.*) Blanche?

BLANCHE. Maman?

MADAME VIGNERON. Est-ce fini?

BLANCHE. Dans une minute.

MADAME VIGNERON. As-tu fait le compte de ton côté?[3] Combien de personnes serons-nous à table?

BLANCHE. Seize personnes.

MADAME VIGNERON. C'est bien cela.

(*Elle va prendre une chaise et revient s'asseoir près de* BLANCHE.)

BLANCHE. Crois-tu que le dîner sera meilleur parce que nous aurons mis le menu sur les assiettes?

MADAME VIGNERON. Il ne sera pas plus mauvais au moins.

BLANCHE. Quel drôle d'usage! Mais es-tu bien sûre que ce soit l'usage?

MADAME VIGNERON. Sûre et certaine. Je l'ai lu dans la *Cuisinière bourgeoise.*[4]

BLANCHE. Veux-tu que nous arrêtions[5] les places ensemble?

MADAME VIGNERON. Récapitulons d'abord. Mme de Saint-Genis?

BLANCHE. C'est fait.

MADAME VIGNERON. Son fils?

BLANCHE. Tu penses bien, maman, que je ne l'ai pas oublié.

MADAME VIGNERON. L'abbé Mouton?

BLANCHE. Mon cher abbé! J'aurai reçu tous les sacrements de sa main, le baptême, la communion... et le mariage.

MADAME VIGNERON. Si tu bavardes[6] à chaque nom, nous n'aurons pas fini la semaine prochaine. M. Teissier?

BLANCHE. Le voici, M. Teissier; je me serais bien privée de[7] sa présence.

VIGNERON, *se réveillant.* Qu'est-ce que j'ai entendu là? C'est Mlle Blanche qui parle chez moi à la première personne?[8]

BLANCHE. Mon Dieu, oui, papa, c'est la petite Blanche.

VIGNERON. Et peut-on savoir ce que M. Teissier vous a fait, mademoiselle?

---

[1] 'is dozing' [2] 'is doing needle-work' [3] 'for yourself' [4] a standard cookery-book of the time, with chapters on etiquette [5] 'assign' [6] 'jabber' [7] 'I could have done very well without' [8] i.e. is expressing an opinion

BLANCHE. A moi? Rien! Il est vieux, laid, grossier, avare;[9] il regarde toujours en dessous,[10] cela seulement suffirait pour que je souffre de me trouver avec lui.

VIGNERON. Très bien! Parfait! Je vais arranger cette affaire-là! 5 Madame Vigneron, tu feras enlever le couvert de cette petite fille et elle dînera dans sa chambre.

BLANCHE. Ajoute tout de suite qu'on signera le contrat[11] sans moi.

VIGNERON. Si tu dis un mot de plus, je ne te marie pas. Ah! (*Pause.*)

MARIE, *après s'être levée.* Ecoute-moi un peu, mon cher père, et ré-10 ponds-moi sérieusement, ce que tu ne fais jamais, quand on te parle de ta santé. Comment te sens-tu?

VIGNERON. Pas mal.

MARIE. Tu es bien rouge cependant.

VIGNERON. Je suis rouge! Ça se passera au grand air.[12]

15 MARIE. Si tes étourdissements[13] te reprenaient, il faudrait faire venir un médecin.

VIGNERON. Un médecin! Tu veux donc ma mort?

MARIE. Comme tu plaisantes[14] et que tu sais que tu me fais de la peine, n'en parlons plus.

(*Elle le quitte, il la rattrape[15] par le bas de sa robe et la ramène dans ses bras.*)

20 VIGNERON. On l'aime donc bien, son gros papa Vigneron?

MARIE. Oui, je t'aime beaucoup, beaucoup, beaucoup..., mais tu ne fais rien de ce que je voudrais et de ce que tu devrais faire. Travailler moins d'abord, jouir un peu de ta fortune et te soigner[16] quand tu es malade.

25 VIGNERON. Mais je ne suis pas malade, mon enfant. Je sais ce que j'ai, un peu de fatigue et le sang à la tête, ce qui m'arrive tous les ans, à pareille époque, quand j'ai clos mon inventaire. L'inventaire de la maison Teissier, Vigneron et Cie! Sais-tu ce qu'on nous en a offert, à Teissier et à moi, de notre fabrique,[17] pas plus tard qu'il y a huit jours? 30 Six cent mille francs!

MARIE. Eh bien! il fallait la vendre.

VIGNERON. Je la vendrai, dans dix ans, un million, et d'ici là[18] elle en aura rapporté autant.

MARIE. Quel âge auras-tu alors?

35 VIGNERON. Quel âge j'aurai? Dans dix ans? J'aurai l'âge de mes petits-enfants[19] et nous ferons de bonnes parties ensemble. (AUGUSTE *entre.*) Que voulez-vous, Auguste?

---

[9] 'rude, miserly'   [10] i e. he never looks you straight in the face   [11] 'marriage-contract'   [12] 'will disappear in the open'   [13] 'dizzy spells'   [14] 'are joking'   [15] 'catches her' now and then'   [16] 'look after yourself'   [17] 'factory'   [18] 'between   [19] 'grandchildren'

Auguste. C'est l'architecte de monsieur qui désirerait lui dire un mot.

Vigneron. Répondez à M. Lefort que, s'il a besoin de me parler, il aille me voir à la fabrique.

Auguste. Il en vient, monsieur.

Vigneron. Qu'il y retourne. Ici je suis chez moi, avec ma femme et 5 mes enfants, je ne me dérange pas pour recevoir mes entrepreneurs.[20] (Auguste *sort*.) Laisse-moi me lever.

(Marie *s'éloigne;* Vigneron *se lève avec effort; il est pris d'un demi-étourdissement et fait quelques pas mal assurés.*[21])

Marie, *revenant à lui.* Pourquoi ne veux-tu pas voir un médecin?

Vigneron. Ce n'est donc pas fini?

Marie. Non, ce n'est pas fini. Tu as beau dire,[22] tu n'es pas bien. 10 Soigne-toi, fais quelque chose, un petit régime[23] pendant huit jours te rétablirait peut-être entièrement.

Vigneron. Finaude![24] Je t'entends bien, avec ton petit régime! Je mange trop, n'est-ce pas? Allons, parle franchement, je ne t'en voudrai pas.[25] Je mange trop. Que veux-tu, fillette? je n'ai pas toujours eu une 15 table pleine et de bonnes choses à profusion. Demande à ta mère, elle te dira que dans les commencements de notre ménage[26] je me suis couché plus d'une fois sans souper. Je me rattrape.[27] C'est bête, c'est vilain, ça me fait mal,[28] mais je ne sais pas résister. (*Quittant* Marie.) Et puis je crois que j'ai tort de lire le *Siècle*[29] après mon déjeuner, ça alourdit 20 mes digestions.[30] (*Il froisse*[31] *le journal et en remontant la scène*[32] *le jette sur le canapé; ses regards se portent sur* Judith; *celle-ci, assise au piano, le dos tourné, paraît réfléchir profondément; il va à elle à petits pas*[33] *et lui crie à l'oreille.*) Judith!

Judith. Oh! mon père, je n'aime pas ces plaisanteries-là, tu le sais 25 bien.

Vigneron. Ne vous fâchez pas, mademoiselle, on ne le fera plus. Judith, raconte-moi un peu ce qui se passe... dans la lune.[34]

Judith. Moque-toi de moi maintenant.

Vigneron. Où prends-tu que je me moque de toi? J'ai une fille qui 30 s'appelle Judith. Est-elle ici? Est-elle ailleurs? Comment le saurais-je? On ne l'entend jamais.

Judith. Je n'ai rien à dire.

Vigneron. On parle tout de même.

Judith. Quel plaisir trouves-tu à me taquiner[35] toujours sur ce 35 chapitre?[36] Je vous vois, je vous écoute, je vous aime, et je suis heureuse.

---

[20] 'contractors'   [21] 'unsteady'   [22] 'you may say what you like'   [23] 'diet'
[24] 'sly-boots'   [25] 'won't hold it against you'   [26] 'married life'   [27] 'I am making up for lost time'   [28] 'it's naughty, it's bad for me'   [29] a middle-class newspaper of the time   [30] 'makes my digestion sluggish'   [31] 'crumples'
[32] 'going up stage'   [33] 'on tip-toe'   [34] i.e. in your day-dreams   [35] 'tease me'
[36] 'subject'

VIGNERON. Es-tu heureuse?

JUDITH. Absolument.

VIGNERON. Alors, ma fille, tu as raison et c'est moi qui ai tort. Veux-tu m'embrasser?

JUDITH, *se levant.* Si je veux t'embrasser? Cent fois pour une, mon excellent père. (*Ils s'embrassent;* AUGUSTE *rentre.*)

VIGNERON. Qu'est-ce qu'il y a encore? Je ne pourrai donc pas embrasser mes enfants tranquillement.

AUGUSTE. M. Dupuis est là, monsieur.

VIGNERON. Dupuis! Dupuis, le tapissier de la place des Vosges? Qu'est-ce qu'il demande? J'ai réglé[37] son compte depuis longtemps.

AUGUSTE. M. Dupuis venait voir en passant si monsieur n'avait pas de commande[38] à lui faire.

VIGNERON. Dites de ma part à M. Dupuis que je ne me fournis pas deux fois chez un fripon[39] de son espèce. Allez. (AUGUSTE *sort; il se dirige vers la table.*) Ah! çà, que faites-vous donc là toutes les deux?

MADAME VIGNERON. Laisse-nous tranquilles, veux-tu, mon ami, nous nous occupons du dîner de ce soir.

VIGNERON. Ah!... Madame Vigneron, viens que je te glisse un mot à l'oreille. (MME VIGNERON *se lève, ils se joignent sur le devant de la scène.*) Alors, c'est bien convenu, c'est décidé, nous donnons notre fille à ce freluquet?[40]

MADAME VIGNERON. C'est pour me dire ça que tu me déranges!

VIGNERON. Ecoute-moi donc. Mon Dieu, je n'ai pas de préventions[41] contre ce mariage. Mme de Saint-Genis me fait l'effet d'une honnête femme, hein? Elle n'a pas le sou, ce n'est pas sa faute. Son fils est un bon petit garçon, bien doux, bien poli, et surtout admirablement frisé.[42] Dans quelque temps, je ne me gênerai pas[43] pour lui dire qu'il met trop de pommade. Il gagne mille écus[44] au ministère de l'Intérieur, c'est fort joli pour son âge. Cependant je me demande, au dernier moment, si ce mariage est raisonnable et si ma fille sera bien heureuse avec ce petit monsieur, parce qu'il a la particule.[45]

MADAME VIGNERON. Mais Blanche en est folle, de son Georges.

VIGNERON. Blanche est une enfant; le premier jeune homme qu'elle a rencontré lui a tourné la tête, c'est tout simple.

MADAME VIGNERON. Qu'est-ce qui te prend, mon ami? A quel propos[46] reviens-tu sur ce mariage pour ainsi dire fait? Tu ne reproches pas, je suppose, à Mme de Saint-Genis sa position de fortune,[47] la nôtre n'a pas été toujours ce qu'elle est maintenant. De quoi te plains-tu

---

[37] 'settled' [38] 'order' [39] 'rascal' [40] 'whipper-snapper' [41] 'objections' [42] 'with beautifully curled hair' [43] 'I shall not scruple' [44] 'crowns'; 1 *écu*=3 *francs* [45] i.e. *de* before his name [46] 'why' [47] i.e. financial state

alors? De ce que M. Georges est un joli garçon, bien élevé et de bonne famille. S'il a la particule, tant mieux pour lui.

VIGNERON. Ça te flatte, que ton gendre ait la particule.

MADAME VIGNERON. Oui, ça me flatte, j'en conviens,[48] mais je ne sacrifierais pas le bonheur d'une de mes filles à une niaiserie[49] sans importance. (*Plus près et plus bas.*) Veux-tu que je te dise tout, Vigneron? Blanche est une enfant, c'est vrai, modeste et innocente, la chère petite, autant qu'on peut l'être, mais d'une sensibilité[50] extraordinaire pour son âge; nous ne nous repentirons pas de l'avoir mariée de bonne heure. Enfin, l'abbé Mouton, un ami pour nous, qui nous connaît depuis vingt ans, ne se serait pas occupé de ce mariage, s'il n'avait pas été avantageux pour tout le monde.

VIGNERON. Qui est-ce qui te dit le contraire? Mais c'est égal,[51] nous sommes allés trop vite. D'abord un abbé qui fait des mariages, ce n'est pas son rôle. Ensuite explique-moi comment Mme de Saint-Genis, qui n'a pas le sou, je le répète, a d'aussi belles relations.[52] Je pensais que les témoins[53] de son fils seraient des gens sans conséquence; elle en a trouvé, ma foi, de plus huppés[54] que les nôtres. Un chef de division[55] et un général! Le chef de division, ça se conçoit, M. Georges est dans ses bureaux, mais le général?

MADAME VIGNERON. Eh bien? quoi? le général? Tu sais bien que M. de Saint-Genis le père était capitaine. Va à tes affaires, mon ami. (*Elle le quitte.*) Blanche, donne à ton père sa redingote.[56]

(*Elle sort par la porte de droite en la laissant ouverte derrière elle.*)

VIGNERON. *Il ôte sa robe de chambre et passe le vêtement que lui apporte* BLANCHE. Vous voilà, vous, ingrate!

BLANCHE. Ingrate! A quel propos me dis-tu cela?

VIGNERON. A quel propos? Si nous sommes riches aujourd'hui, si tu te maries, si je te donne une dot,[57] n'est-ce pas à M. Teissier que nous le devons?

BLANCHE. Non, papa.

VIGNERON. Comment? non, papa. C'est bien Teissier, j'imagine, avec sa fabrique, qui m'a fait ce que je suis.

BLANCHE. C'est-à-dire que tu as fait de la fabrique de M. Teissier ce qu'elle est. Sans toi, elle lui coûtait de l'argent; avec toi, Dieu sait ce qu'elle lui en a rapporté. Tiens, papa, si M. Teissier était un autre homme, un homme juste, après le mérite que tu as eu et la peine que tu t'es donnée, voici ce qu'il te dirait: Cette fabrique m'a appartenu d'abord, elle a été à tous deux ensuite, elle est à vous maintenant.

---

[48] 'I admit it' [49] 'foolishness' [50] 'impressionability' [51] 'all the same' [52] 'connections' [53] 'witnesses [at the signing of the marriage contract]' [54] 'fashionable' [55] 'departmental head' [56] 'frock coat' [57] 'dowry'

VIGNERON. Bon petit cœur, tu mets du sentiment partout. Il faut en avoir du sentiment et ne pas trop compter sur celui des autres.

(*Il l'embrasse.*)

MADAME VIGNERON, *rentrant.* Comment, Vigneron, tu es encore ici!

VIGNERON. Madame Vigneron, réponds-moi à cette question: suis-je
5 l'obligé de Teissier ou bien Teissier est-il le mien?

MADAME VIGNERON. Ni l'un ni l'autre.

VIGNERON. Explique-nous ça.

MADAME VIGNERON. Tu tiens beaucoup,[58] mon ami, à ce que je ra-bâche[59] cette histoire encore une fois?

10 VIGNERON. Oui, rabâche-la.

MADAME VIGNERON. M. Teissier, mes enfants, était un petit ban-quier, rue Guénégaud,[60] n° 12, où nous demeurions en même temps que lui. Nous le connaissions et nous ne le connaissions pas. Nous avions eu recours à son obligeance dans des moments d'embarras[61] et il nous
15 avait pris quelques effets,[62] sans trop de difficultés, parce que nous avions la réputation d'être des honnêtes gens. Plus tard, M. Teissier, dans le mic-mac[63] de ses affaires, se trouva une fabrique sur les bras.[64] Il se souvint de votre père et lui offrit de la conduire[65] à sa place, mais en prenant Vigneron aux appointements.[66] A cette époque, notre ménage
20 était hors de gêne;[67] votre père avait une bonne place dans une bonne maison, le plus sage était de la garder. Quinze mois se passèrent; nous ne pensions plus à rien depuis longtemps; un soir, à neuf heures et demie précises, j'ai retenu l'heure, la porte de vos chambres était ouverte, Vigneron et moi nous nous regardions en vous écoutant dormir, on
25 sonne. C'était M. Teissier qui montait nos cinq étages pour la première fois. Il avait pris un grand parti,[68] sa fabrique, pour dire le mot,[69] ne fabriquait plus du tout; il venait supplier votre père de la sauver en s'associant avec lui. Vigneron le remercia bien poliment et le remit[70] au lendemain. Dès que M. Teissier fut parti, votre père me dit, écoutez
30 bien ce que me dit votre père: Voilà une chance qui se présente, ma bonne; elle vient bien tard quand nous commencions à être tranquilles; je vais me donner beaucoup de mal,[71] tu seras toujours dans les transes[72] jusqu'à ce que je réussisse, si je réussis; mais nous avons quatre enfants et leur sort est peut-être là. (*Elle essuie une larme et serre la main de son*
35 *mari; les enfants se sont rapprochés; émotion générale.*) Pour en revenir à ce que tu demandais, la chose me paraît bien simple. M. Teissier et M. Vigneron ont fait une affaire ensemble; elle a été bonne pour tous les deux, partant quittes.[73]

---

[58] 'do you insist'   [59] 'rehash'   [60] street in a poor quarter on the left bank of the Seine   [61] 'financial stringency'   [62] 'bills of exchange'   [63] 'complicated strategy'   [64] i.e. on his hands   [65] 'direct it'   [66] 'on salary'   [67] 'no longer hard up'   [68] 'decision'   [69] i.e. in plain speech   [70] 'put him off'   [71] 'trouble'   [72] 'on tenterhooks'   [73] 'so we are quits'

VIGNERON. Hein, mes enfants, parle-t-elle bien, votre mère! Prenez votre exemple sur cette femme-là et tenez-vous toujours à sa hauteur, on ne vous en demandera pas davantage.   (*Il embrasse sa femme.*)

MADAME VIGNERON. Tu flânes bien,[74] mon ami, ce n'est pas naturel. Es-tu toujours indisposé?   5

VIGNERON. Non, ma bonne, je me sens mieux au contraire; il me semble que me voilà remis[75] tout à fait. Maintenant je vais prier Mlle Judith, la grrrande musicienne de la maison, de me faire entendre quelque chose, et puis je vous débarrasserai de ma présence.

JUDITH. Que veux-tu que je te joue? *Le Trouvère?*[76]   10

VIGNERON. Va[77] pour *le Trouvère*. (*A* BLANCHE.)   C'est gai, ça, *le Trouvère?*   C'est de Rossini?[78]

BLANCHE. Non, de Verdi.[79]

VIGNERON. Ah! Verdi, l'auteur des *Huguenots*.

BLANCHE. Non, *les Huguenots* sont de Meyerbeer.[80]   15

VIGNERON. C'est juste. Le grand Meyerbeer. Quel âge peut-il bien avoir aujourd'hui, Meyerbeer?

BLANCHE. Il est mort.

VIGNERON. Bah!... Ma foi, il est mort sans que je m'en aperçoive... (*A* JUDITH.) Tu ne trouves pas *le Trouvère?* Ne cherche pas, mon en-   20 fant, ne te donne pas cette peine. Tiens, joue-moi tout simplement... *la Dame blanche*.[81]

JUDITH. Je ne la connais pas.

VIGNERON. Tu ne connais pas *la Dame blanche?* Répète-moi ça. Tu ne connais pas... Alors à quoi te servent les leçons que je te fais donner,   25 des leçons à dix francs l'heure. Qu'est-ce qu'il t'apprend, ton professeur? Voyons, réponds, qu'est-ce qu'il t'apprend?

JUDITH. Il m'apprend la musique.

VIGNERON. Eh bien? *La Dame blanche*, ce n'est donc plus de la musique?   30

MARIE, *entraînant* JUDITH.[82] Allons, grande sœur, joue donc à papa ce qu'il te demande.

(JUDITH *se place au piano et attaque*[83] *le morceau célèbre:*)

D'ici voyez ce beau domaine,
Dont les créneaux[84] touchent le ciel;
Une invisible châtelaine   35
Veille en tout temps sur ce castel.
Chevalier félon[85] et méchant,

---

[74] 'are dawdling about a lot'   [75] 'recovered'   [76] Verdi's *Il Trovatore*   [77] 'all right then'   [78] Italian operatic composer (1792–1868)   [79] Italian operatic composer (1813–1901)   [80] German operatic composer (1791–1864)   [81] a comic opera by the French composer Boieldieu (1775–1834)   [82] 'dragging Judith along' [83] 'begins'   [84] 'battlements'   [85] 'caitiff'

Qui tramez complot malfaisant,[86]
Prenez garde!
La dame blanche vous regarde,
La dame blanche vous entend!

(VIGNERON *s'est mis à chanter, puis sa femme, puis ses filles; au milieu du couplet, arrivée de* GASTON; *il passe la tête d'abord par la porte du fond, entre, va à la cheminée, prend la pelle et les pincettes[87] et complète le charivari.[88]*)

5 VIGNERON, *le couplet fini, courant sur son fils.* D'où viens-tu, polisson?[89] Pourquoi n'étais-tu pas à table avec nous?

GASTON. J'ai déjeuné chez un de mes amis.

VIGNERON. Comment l'appelles-tu, cet ami-là?

GASTON. Tu ne le connais pas.

10 VIGNERON. Je le crois bien que je ne le connais pas. Plante-toi là que je te regarde. (*Il s'éloigne de son fils pour le mieux voir;* GASTON *a conservé la pelle et les pincettes; il les lui prend et va les remettre à leur place; il revient et à quelques pas de son fils le considère avec tendresse.*) Tiens-toi droit. (*Il va à lui et le bichonne.[90]*) Montre-moi ta langue. Bien. Tousse[91]

15 un peu. Plus fort. Très bien. (*Bas.*) Tu ne te fatigues pas trop, j'espère.

GASTON. A quoi, papa? je ne fais rien.

VIGNERON. Tu fais la bête[92] en ce moment. Quand je te dis: tu ne te fatigues pas trop, je m'entends très bien, et toi aussi, polisson, tu m'entends très bien. As-tu besoin d'argent?

20 GASTON. Non.

VIGNERON. Ouvre la main.

GASTON. C'est inutile.

VIGNERON, *plus haut.* Ouvre la main.

GASTON. Je ne le veux pas.

25 VIGNERON. C'est papa Vigneron qui l'a élevé, cet enfant-là. Mets cet argent dans ta poche et plus vite que ça. Amuse-toi, fiston,[93] je veux que tu t'amuses. Fais le monsieur, fais le diable, fais les cent dix-neuf coups.[94] Mais minute! Sorti d'ici, tu es ton maître; ici, devant tes sœurs, de la tenue,[95] pas un mot de trop, pas de lettres qui traînent[96] surtout. Si tu

30 as besoin d'un confident, le voici.

JUDITH. Nous t'attendons, mon père, pour le second couplet.

VIGNERON, *après avoir tiré sa montre.* Vous le chanterez sans moi, le second couplet. (*Il prend son chapeau et se dirige vers la porte; il s'arrête, promène les yeux sur son petit monde, et revient comme un homme qui est*

35 *bien où il est et a regret de s'en aller.*) Madame Vigneron, approche un

---

[86] 'weave an evil plot' [87] 'shovel and tongs' [88] 'hubbub' [89] 'scamp'
[90] 'caresses him' [91] 'cough' [92] 'you are acting the fool' [93] 'my boy'
[94] i.e. "raise Cain" [95] i.e. behave properly [96] 'lying about the place'

peu. (MME VIGNERON *s'approche, il passe un bras sous le sien.*) Judith, lève-toi. (*Même jeu.*) Venez ici, jeunes filles. Si je m'écoutais, mes petits amours, je repasserais ma robe de chambre et j'attendrais le dîner avec vous. Malheureusement ma besogne[97] ne se fait pas toute seule et je n'ai pas de rentes[98] pour vivre sans travailler. Ça viendra peut-être, quand je serai propriétaire.[99] Mais il faut attendre, primo, que mes maisons soient construites et secundo, que mes enfants soient établis. Qui aurait dit que cette gamine[1] de Blanche, la plus jeune, entrerait la première en ménage? A qui le tour maintenant, Judith? Ah! Judith n'est pas une demoiselle bien commode à marier. A moins de rencontrer un prince, elle restera vieille fille. Qu'il vienne donc, ce prince, qu'il se présente, j'y mettrai le prix qu'il faudra. Quant à toi, polisson, qui te permets de rire quand je parle, je te laisse jeter ta gourme,[2] mais tu n'en as pas pour bien longtemps. Je vais te prendre avec moi au premier jour,[3] et tu commenceras par balayer[4] la fabrique... de haut en bas... jusqu'à ce que je te mette aux expéditions;[5] je verrai après si tu es bon à quelque chose. De vous tous, ma petite Marie est celle qui me préoccupe le moins. Ce n'est pas une rêveuse[6] (*à* JUDITH) comme toi, ni une sentimentale (*à* BLANCHE) comme toi; elle épousera un brave garçon, bien portant, franc du collier et dur à la peine,[7] qui vous rappellera votre père, quand je ne serai plus là. (*A sa femme.*) Je ne parle pas de toi, ma bonne; à notre âge, on n'a plus de grands désirs ni de grands besoins. On est content quand la marmaille[8] est contente. Je ne pense pas que ces enfants auraient été plus heureux ailleurs. Qu'est-ce qu'il faut maintenant? Que le père Vigneron travaille quelques années encore pour assurer l'avenir de tout ce monde-là, après il aura le droit de prendre sa retraite.[9] J'ai bien l'honneur de vous saluer.

LES ENFANTS. Adieu, papa. Embrasse-moi. Adieu.

(VIGNERON *leur échappe et sort rapidement.*)

SCENE II

LES MÊMES, *moins* VIGNERON

MADAME VIGNERON. Maintenant, mesdemoiselles, à vos toilettes. (*A* BLANCHE.) Toi, je te garde un instant, j'ai deux mots à te dire. (*A* MARIE.) Passe à la cuisine, mon enfant, et recommande bien à Rosalie de ne pas se faire attendre; bouscule-la[1] un peu; elle nous aime beaucoup, notre vieille Rosalie, mais son dîner est toujours en retard.

---

[97] 'work' [98] 'income' [99] 'a property owner' [1] 'little girl'
[2] 'sow your wild oats' [3] 'at the first opportunity' [4] 'sweeping'
[5] 'shipping department' [6] 'dreamer' [7] 'healthy, earnest and industrious'
[8] 'kids' [9] 'retire'
[1] 'hustle her'

Allons, Gaston, laisse ta sœur rentrer chez elle; tu prendras ta leçon de musique une autre fois.

(*Jeux de scène*[2] *pour accompagner la sortie des personnages.*)

SCENE III

MADAME VIGNERON, BLANCHE

MADAME VIGNERON. Ecoute-moi bien, ma minette,[1] je n'ai pas le temps de te parler longuement, fais ton profit de ce que je vais te dire
5 et ne me réplique pas, c'est inutile. Je ne suis pas contente du tout de ta tenue[2] et de tes manières, lorsque ton prétendu[3] est là. Tu le regardes, tu lui fais des mines,[4] il se lève, tu te lèves, vous allez dans les petits coins pour causer ensemble, je ne veux pas de ça, et aujourd'hui où nous aurons des étrangers avec nous, aujourd'hui moins que jamais. Que
10 M. Georges te plaise, que vous vous aimiez l'un et l'autre, c'est pour le mieux puisqu'on vous marie ensemble, mais vous n'êtes pas encore mariés. Jusque là, j'entends que tu t'observes davantage[5] et que tu gardes tes sentiments pour toi, comme une jeune fille réservée doit le faire en pareil cas. Tu n'as pas besoin de pleurer. C'est dit, c'est dit.
15 Essuie tes yeux, embrasse ta mère et va t'habiller. (BLANCHE *quitte sa mère; lorsqu'elle est arrivée à la porte de droite,* AUGUSTE *entre par le fond et annonce* MME DE SAINT-GENIS; BLANCHE *s'arrête.*) Va t'habiller.

SCENE IV

MADAME VIGNERON, MADAME DE SAINT-GENIS

MADAME DE SAINT-GENIS. Bonjour, ma chère madame Vigneron. Allons, embrassez-moi. C'est plus qu'une mode ici, c'est une rage, on
20 s'embrasse toutes les cinq minutes. Je viens de bonne heure, mais que mon arrivée ne dérange rien. Si je vous gêne le moins du monde, dites-le franchement. Je m'en vais ou je reste, comme vous voudrez.

MADAME VIGNERON. Restez, madame, restez, je vous en prie.

MADAME DE SAINT-GENIS. Vous aviez peut-être des visites à rendre?[1]

25 MADAME VIGNERON. Aucune.

MADAME DE SAINT-GENIS. Alors vous espériez en recevoir?

MADAME VIGNERON. Pas davantage.

MADAME DE SAINT-GENIS. J'ôte mon chapeau?

MADAME VIGNERON. Ou bien je vais vous l'ôter moi-même.

30 MADAME DE SAINT-GENIS. Les femmes comme vous, madame Vigneron, qu'on voit quand on veut et qu'on peut surprendre à toute heure,

---

[2] 'stage business'
[1] 'kitten'   [2] 'behavior'   [3] 'fiancé'   [4] 'make eyes at him'   [5] 'I expect you to be more circumspect'
[1] 'calls to pay back'

c'est une rareté par le temps qui court.[2] Je ne risquerais pas une indiscrétion semblable chez mes amies les plus intimes.

Madame Vigneron. Asseyez-vous, madame, et dites-moi d'abord
comment vous allez.

Madame de Saint-Genis. Bien. Tout à fait bien. Je ne me souviens 5
pas de m'être mieux portée. J'en faisais la remarque[3] ce matin devant
ma toilette,[4] en constatant[5] que ma fraîcheur et mon embonpoint[6]
m'étaient revenus chez vous.

Madame Vigneron. Je veux depuis longtemps vous faire une question qui de vous à moi est bien sans conséquence. Quel âge avez-vous, 10
madame?

Madame de Saint-Genis. Mais je ne cache pas mon âge, ma chère
madame. Je le voudrais que je ne le pourrais pas,[7] mon fils est là. Il
aura vingt-trois ans dans quelques jours, j'en avais dix-sept quand je
l'ai mis au monde, comptez vous-même. 15

Madame Vigneron. Vous ne m'en voulez pas de cette petite curiosité?

Madame de Saint-Genis. Elle est si naturelle, entre vieilles femmes.

Madame Vigneron. Savez-vous, madame, que nous sommes deux
mères bien imprudentes, vous, en mariant un garçon si jeune, vingt- 20
trois ans, et moi, en lui donnant ma fille!

Madame de Saint-Genis. Tranquillisez-vous, ma chère madame Vigneron. Georges m'a été soumis[8] jusqu'à ce jour, je compte bien le guider
encore après son mariage. J'ai élevé mon fils très sévèrement, je crois
vous l'avoir dit, aussi est-ce un enfant comme il y en a peu. Il n'a jamais 25
fait de dettes et, ce qui n'est pas moins rare, il ne s'est pas dissipé avec
les femmes. J'en connais quelques-unes cependant qui n'auraient pas
demandé mieux. Mon fils a reçu une éducation complète; il parle trois
langues; il est musicien; il a un joli nom, de bonnes manières, des principes religieux, si avec tout cela il ne va pas loin, c'est que le monde sera 30
bien changé. (*Changeant de ton.*) Dites-moi, puisqu'il est question de
Georges et que j'agis toujours pour lui, j'avais prié mon notaire de réparer un oubli[9] sur le contrat, votre mari en a-t-il eu connaissance?

Madame Vigneron. Je ne pourrais pas vous le dire.

Madame de Saint-Genis. Vous vous souvenez que M. Vigneron, 35
après avoir fixé l'apport[10] de Mlle Blanche à deux cent mille francs, nous
a demandé de se libérer par annuités.[11]

Madame Vigneron. C'est le contraire, madame. Mon mari, avant
toute chose, a déclaré que pour doter sa fille il exigerait du temps. Alors

---

[2] 'nowadays'　　[3] 'I noticed it'　　[4] 'dressing-table'　　[5] 'when I observed'
[6] 'plumpness'　　　[7] 'I couldn't even if I wanted to'　　　[8] i.e. has been
under my thumb　　[9] 'oversight'　　[10] 'marriage portion'　　[11] 'to pay off
in annual installments'

vous lui avez parlé de garanties, d'une hypothèque[12] à prendre sur ses maisons en construction, et il a refusé. Enfin, on s'est entendu du même coup sur le chiffre et sur les délais.[13]

Madame de Saint-Genis. Soit! Il ne m'en paraît pas moins juste
5 et naturel, jusqu'à ce que les époux aient touché[14] la somme entière, qu'elle leur produise des intérêts à cinq ou à six pour cent, si on veut bien les fixer à six. Du reste, M. Vigneron, dans la rédaction[15] du contrat, s'est prêté de si bonne grâce à tous mes petits caprices qu'un de plus ne fera pas de difficultés entre nous. Parlons d'autre chose. Parlons
10 de votre dîner. Vos convives[16] sont-ils nombreux et quels sont-ils?

Madame Vigneron. Vos témoins d'abord, les nôtres, le professeur de musique de ma fille aînée[17]...

Madame de Saint-Genis. Ah! vous l'avez invité...

Madame Vigneron. Oui, madame, nous avons invité ce garçon. Je
15 sais bien que c'est un artiste, mais justement nous n'avons pas voulu le lui faire sentir.

Madame de Saint-Genis. Tenez, madame Vigneron, vous trouverez peut-être que je me mêle de ce qui ne me regarde pas,[18] mais à votre place, je recevrais M. Merckens aujourd'hui encore et demain je ne le
20 reverrais plus.

Madame Vigneron. Pourquoi, madame? Ma fille n'a jamais eu à s'en plaindre, ni de lui ni de ses leçons.

Madame de Saint-Genis. Mettons[19] que je n'ai rien dit. Qui avez-vous encore?

25 Madame Vigneron. M. Teissier et c'est tout.

Madame de Saint-Genis. Enfin, je vais donc le connaître, ce M. Teissier, dont on parle si souvent et qu'on ne voit jamais! (*Elle se lève et amicalement fait lever* Mme Vigneron.) Pourquoi, madame, ne voit-on jamais l'associé de votre mari?

30 Madame Vigneron. Mes filles ne l'aiment pas.

Madame de Saint-Genis. Vos filles ne font pas la loi chez vous. Je pense que M. Vigneron passerait sur un enfantillage[20] de leur part pour recevoir son associé.

Madame Vigneron. Mais ces messieurs se voient, presque tous les
35 jours, à la fabrique; quand ils ont parlé de leurs affaires, ils n'ont plus rien à se dire.

Madame de Saint-Genis. Voyons, ma chère madame Vigneron, je ne suis pas femme à abuser d'un secret qu'on me confierait; j'en aurais le droit si je le surprenais moi-même. Convenez que c'est vous, pour une
40 raison ou pour une autre, qui fermez la porte à M. Teissier.

[12] 'mortgage'   [13] 'we agreed at one and the same time on the sum and the terms of payment'   [14] 'the couple have received'   [15] 'drawing up'   [16] 'guests'
[17] 'eldest'   [18] 'does not concern me'   [19] 'let us assume'   [20] 'would overrule a childishness'

Madame Vigneron. Moi, madame! Vous vous trompez bien. D'abord je fais tout ce qu'on veut ici; ensuite, si je n'ai pas... de l'affection pour M. Teissier, je n'ai pas non plus d'antipathie pour lui.

Madame de Saint-Genis. Il vous est... indifférent?

Madame Vigneron. Indifférent, c'est le mot. 5

Madame de Saint-Genis. Alors, permettez-moi de vous le dire, vous êtes bien peu prévoyante[21] ou par trop désintéressée. M. Teissier est fort riche, n'est-ce pas?

Madame Vigneron. Oui.

Madame de Saint-Genis. Il a passé la soixantaine? 10

Madame Vigneron. Depuis longtemps.

Madame de Saint-Genis. Il n'a ni femme ni enfants?

Madame Vigneron. Ni femme ni enfants.

Madame de Saint-Genis. On ne lui connaît pas de maîtresse?

Madame Vigneron. Une maîtresse! à M. Teissier! Pour quoi faire, 15 mon Dieu?

Madame de Saint-Genis. Ne riez pas et écoutez-moi sérieusement comme je vous parle. Ainsi, vous avez là, sous la main, une succession[22] considérable, vacante, prochaine,[23] qui pourrait vous revenir[24] décemment sans que vous l'enleviez à personne, et cette succession ne vous 20 dit rien?[25] Elle ne vous tente pas, ou bien vous trouvez peut-être que ce serait l'acheter trop cher par quelques politesses et des semblants[26] d'affection pour un vieillard?

Madame Vigneron. Ma foi, madame, votre remarque est fort juste, elle n'était venue[27] encore à personne de nous. Vous allez comprendre 25 pourquoi. Notre situation ne serait plus la même, mon mari en serait moins fier et nous moins heureux, si nous devions quelque chose à un étranger. Mais cette raison n'en est pas une pour vous et rien ne vous empêchera, après le mariage de nos enfants, de faire quelques avances à M. Teissier. S'il s'y prête, tant mieux. Si le nouveau ménage lui 30 paraissait digne d'intérêt, je serais enchantée pour Blanche et pour son mari qu'il leur revînt un peu de bien[28] de ce côté. Je vais plus loin, madame. Si M. Teissier, fatigué comme il doit l'être de vivre seul à son âge, se laissait toucher par votre esprit et par vos charmes, je vous verrais de bien bon cœur contracter un mariage qui ne serait pas sans 35 inconvénients[29] pour vous, mais où vous trouveriez de grandes compensations.

Madame de Saint-Genis. Vous dites des folies, madame Vigneron, et vous connaissez bien peu les hommes. M. Teissier, à la rigueur,[30] ne serait pas trop âgé pour moi, c'est moi qui ne suis plus assez jeune pour lui. 40

---

[21] 'farseeing' [22] 'inheritance' [23] 'impending' [24] 'revert to you'
[25] 'means nothing to you' [26] 'semblances' [27] 'had not occurred'
[28] 'property' [29] 'drawbacks' [30] 'strictly speaking'

AUGUSTE, *entrant*. M. Merckens vient d'arriver, madame; dois-je le faire entrer ici ou dans l'autre salon?

MADAME VIGNERON. Que préférez-vous, madame? Rester seule, recevoir M. Merckens ou assister à ma toilette.

5 MADAME DE SAINT-GENIS. Comme vous voudrez.

MADAME VIGNERON. Venez avec moi. Je vous montrerai quelques emplettes[31] que j'ai faites et vous me direz si elles sont comme il faut.

MADAME DE SAINT-GENIS. Très volontiers.

MADAME VIGNERON. Faites entrer M. Merckens et priez-le d'attendre 10 un instant. (*Elles sortent par la porte de gauche.*)

SCENE V

AUGUSTE, MERCKENS, *un cahier de musique à la main*

AUGUSTE. Entrez, mon cher monsieur Merckens, et asseyez-vous, il n'y a que moi jusqu'à cette heure[1] pour vous recevoir.

MERCKENS. C'est bien. Faites vos affaires, Auguste, que je ne vous retienne pas. (*Descendant la scène.*) Il est bon enfant,[2] ce domestique, 15 c'est insupportable.

AUGUSTE, *le rejoignant*. Pas de leçons aujourd'hui, monsieur Merckens, vous venez pour boustifailler.[3]

MERCKENS. Mlle Judith s'habille?

AUGUSTE. Elle s'habille probablement. Mais vous savez, avec elle, 20 une, deux, trois, c'est vite enlevé![4]

MERCKENS. Faites donc savoir à Mlle Judith que je suis là et que je lui apporte la musique qu'elle attend. (JUDITH *entre.*)

AUGUSTE. Qu'est-ce que je vous disais? (*A* JUDITH.) Mademoiselle n'a pas mis beaucoup de temps à sa toilette, mais elle l'a bien employé.

25 JUDITH. Merci, Auguste.

(*Il sort en emportant la robe de chambre de* VIGNERON.)

SCENE VI

MERCKENS, JUDITH

MERCKENS. Votre domestique vient de me voler mon compliment, je ne trouve plus rien après lui.

JUDITH. Ne cherchez pas, c'est inutile.

MERCKENS, *lui montrant le rouleau de musique*. Voici votre œuvre, 30 mademoiselle.

JUDITH. Donnez.

[31] 'purchases'
[1] 'so far'   [2] i.e. good-natured and talkative   [3] 'stuff yourself'   [4] 'it comes off in a jiffy'

MERCKENS. Le nom de l'auteur manque, mais je peux encore le faire mettre.

JUDITH. Gardez-vous-en bien.[1]

MERCKENS. Vous êtes contente?

JUDITH. Je suis embarrassée. Je sais si bien que ma famille, maman [5] surtout, prendra mal la chose et que notre petit complot ne lui plaira pas.

MERCKENS. Ce que je vous ai dit de ce morceau, je vous le répète. Il est distingué et intéressant. Un peu triste, vous aviez peut-être un rhume de cerveau[2] ce jour-là. Nous l'avons fait imprimer parce qu'il en valait la peine, tout le reste ne compte pas. [10]

JUDITH. Entendons-nous bien, monsieur Merckens. Je me réserve de montrer ma composition ou de n'en pas parler du tout, comme je le voudrai.

MERCKENS. Pourquoi?

JUDITH. On se tient tranquille à mon âge, c'est encore le plus sûr, sans [15] se permettre des fantaisies qui ne conviennent pas à une jeune fille.

MERCKENS. Les jeunes filles que je vois n'y regardent pas de si près.[3]

JUDITH, *à part.* Raison de plus. (*Elle ouvre le morceau et en lit le titre avec attendrissement.*[4]) «Adieu à la mariée.»[5] Si ce morceau est triste, il ne faut pas que cela vous étonne. J'étais bien émue, allez,[6] lorsque je [20] l'ai écrit. Je pensais à ma jeune sœur que nous aimons si tendrement et qui nous quitte si vite; nous savons ce qu'elle perd, savons-nous ce qui l'attend?

MERCKENS. Ce mariage, soyez sincère, ne vous a causé aucune déception?[7] [25]

JUDITH. Aucune. Que voulez-vous dire?

MERCKENS. M. de Saint-Genis avait le choix en venant ici. Il pouvait demander l'aînée plutôt que la cadette.[8]

JUDITH. C'eût été dommage. Ma sœur et lui vont faire un petit couple charmant, tandis que nous ne nous serions convenus sous aucun [30] rapport.[9]

MERCKENS. Patientez, votre tour viendra.

JUDITH. Il ne me préoccupe pas.

MERCKENS. Cependant vous souhaitez bien un peu de vous marier.

JUDITH. Le plus tard possible. Je me trouve à merveille[10] et je ne [35] pense pas à changer.

MERCKENS. La composition vous suffit?

JUDITH. Elle me suffit, vous l'avez dit.

MERCKENS. Quel malheur qu'une belle personne comme vous, pleine

---

[1] 'please do nothing of the sort'   [2] 'cold in the head'   [3] 'are not so particular'
[4] 'feeling'   [5] 'bride'   [6] 'very moved, believe me'   [7] 'disappointment'
[8] 'youngest daughter'   [9] 'would not have suited one another in the least'
[10] 'I am perfectly happy'

de dons,[11] manque justement de ce je ne sais quoi qui les mettrait en œuvre.[12]

JUDITH. Quel je ne sais quoi?

MERCKENS, *à mi-voix.* Le diable au corps.[13]

5 JUDITH. Maman ne serait pas contente, si elle vous entendait en ce moment; elle qui me trouve déjà indisciplinée.

MERCKENS. Votre mère vous gronde[14] donc quelquefois?

JUDITH. Quelquefois, oui. Mais ce qui est plus grave, elle ferme mon piano à clef quand elle se fâche, et elle s'entend[15] avec mon père qui nous

10 supprime l'Opéra.

MERCKENS. Où vous mène-t-on alors?

JUDITH. Au Cirque. Je ne blâme pas maman du reste. Elle pense que l'Opéra me fait mal et elle n'a peut-être pas tort. C'est vrai, ce spectacle superbe, ces scènes entraînantes,[16] ces chanteuses admirables, j'en

15 ai pour huit jours avant de me remettre complètement.[17]

MERCKENS. On les compte,[18] vous savez, ces chanteuses admirables.

JUDITH. Toutes le sont pour moi.

MERCKENS. Vous les enviez peut-être?

JUDITH. Elles me passionnent.[19]

20 MERCKENS. Faites comme elles.

JUDITH. Qu'est-ce que vous dites? Moi, monsieur Merckens, entrer au théâtre!

MERCKENS. Pourquoi pas? Les contraltos sont fort rares, le vôtre n'en a que plus de mérite. Vous avez de l'éclat,[20] du feu, de l'âme, de

25 l'âme surtout, beaucoup d'âme. Le monde ne pleurerait pas pour une bourgeoise de moins, et une artiste de plus lui ferait plaisir.

JUDITH. C'est bien. N'en dites pas davantage. Je m'en tiendrai[21] à vos leçons qui me paraissent meilleures que vos conseils. Etes-vous libre ce soir? Nous resterez-vous un peu après le dîner?

30 MERCKENS. Un peu. Je me promets bien encore d'entendre votre morceau.

JUDITH. Vous nous jouerez aussi quelque chose.

MERCKENS. Ne me demandez pas ça Je ne fais pas de manières[22] avec vous et nous disons les choses comme elles sont. Quand je cause,

35 j'ai de l'esprit, je suis amusant; mais ma musique ne ressemble pas du tout à ma conversation.

JUDITH. On sautera.[23]

MERCKENS. Bah!

---

[11] 'talents' [12] 'that indefinable something which would develop them' [13] 'a touch of the devil' [14] 'scolds you' [15] 'has an understanding' [16] 'seductive' [17] 'it takes me a full week to recover completely' [18] 'they can be counted on one's fingers' [19] 'I am wildly enthusiastic about them' [20] 'dash' [21] 'I shall confine myself' [22] 'I don't stand on ceremony' [23] 'there will be dancing'

JUDITH. Oui, nous danserons. Blanche l'a désiré. C'est bien le moins[24] qu'avant son mariage elle danse une fois avec son prétendu. Et puis Gaston nous ménage une surprise.[25] Il a juré qu'il danserait un quadrille avec son père et qu'on ne les distinguerait pas l'un de l'autre.

MERCKENS. Comment cela? 5

JUDITH. Vous le verrez. Vous ne savez pas que mon frère imite papa dans la perfection. La voix, les gestes, la manière de plaisanter, il pense comme lui dans ces moments-là, c'est extraordinaire.

MERCKENS. Voilà une jolie fête qui se prépare, je vous remercie bien de me retenir. 10

JUDITH. Moquez-vous, monsieur l'artiste. Je me figure, sans y regarder de trop près, que beaucoup de vos réunions ne valent pas le bruit[26] que vous en faites; on leur trouverait aussi des ridicules,[27] pour ne pas dire plus. Vous aurez cet avantage chez nous d'être chez de bonnes gens. (*Rentrent* MME VIGNERON *et* MME DE SAINT-GENIS.) 15

SCENE VII

LES MÊMES, MADAME VIGNERON, MADAME DE SAINT-GENIS

MADAME DE SAINT-GENIS, *à part.* J'étais bien sûre que nous les retrouverions ensemble.

(JUDITH *va à elle; elles s'accueillent*[1] *affectueusement.*)

MADAME VIGNERON. *Elle porte une toilette criarde*[2] *et beaucoup de bijouterie.* Excusez-moi, monsieur Merckens, de m'être fait attendre, les femmes n'en finissent jamais de s'habiller. Ma toilette vous plaît-elle? 20

MERCKENS. Elle m'éblouit.[3]

MADAME VIGNERON. Un peu trop de bijoux peut-être, Mme de Saint-Genis me conseillait de les enlever.

MERCKENS. Pourquoi, madame? La princesse Limpérani en portait pour trois cent mille francs au dîner qu'elle a donné hier. 25

MADAME VIGNERON. Trois cent mille francs! Alors j'aurais pu mettre tout ce que j'ai. (*Entrent* MARIE *et* BLANCHE.)

SCENE VIII

LES MÊMES, MARIE, BLANCHE

MADAME VIGNERON, *allant à* JUDITH. Ton père s'est attardé[1] avec nous, il ne sera pas là pour recevoir son monde.[2]

BLANCHE, *à* MME DE SAINT-GENIS. Pourquoi votre fils ne vous a-t-il 30 pas accompagnée?

---

[24] 'it is the least she can do'   [25] 'has a surprise in store for us'   [26] 'fuss'
[27] 'ridiculous features'
[1] 'greet one another'   [2] 'garish'   [3] 'dazzles me'
[1] 'lingered on'   [2] 'guests'

MADAME DE SAINT-GENIS. Georges travaille, mon enfant; vous ne comptez pas sur moi pour l'enlever à ses devoirs!

BLANCHE. Il n'en a plus qu'un maintenant, c'est de m'aimer comme je l'aime.

5 MADAME DE SAINT-GENIS. Celui-là est trop facile et ne doit pas lui faire oublier les autres. Nous nous battrons ensemble, je vous en préviens, si vous me débauchez[3] mon garçon.

MADAME VIGNERON, à MME DE SAINT-GENIS. Je pense que les témoins de M. Georges vont nous arriver bras dessus bras dessous.[4]

10 MADAME DE SAINT-GENIS, avec embarras. Non. M. Lenormand et mon fils quitteront leur bureau ensemble pour se rendre ici, le général viendra de son côté. Le général et M. Lenormand se connaissent, ils se sont rencontrés chez moi, mais je n'ai pas cherché à les lier davantage.[5]

(AUGUSTE annonce: «M. Teissier.»)

SCENE IX

LES MÊMES, TEISSIER

TEISSIER. Je suis votre serviteur, madame.

15 MADAME VIGNERON. Donnez-moi votre chapeau, monsieur Teissier, que je vous en débarrasse.

TEISSIER. Laissez, madame, je le déposerai moi-même pour être plus certain de le retrouver.

MADAME VIGNERON. Comme vous voudrez. Asseyez-vous là, dans 20 ce fauteuil.

TEISSIER. Un peu plus tard. Il fait très froid dehors et très chaud chez vous, je me tiendrai debout quelques instants pour m'habituer à la température de votre salon.

MADAME VIGNERON. Vous n'êtes pas malade?

25 TEISSIER. J'évite autant que possible de le devenir.

MADAME VIGNERON. Comment trouvez-vous mon mari depuis quelque temps?

TEISSIER. Bien. Très bien. Vigneron s'écoute[1] un peu maintenant que le voilà dans l'aisance.[2] Il a raison. Un homme vaut davantage 30 quand il possède quelque chose. Occupez-vous de vos invités, madame, j'attendrai le dîner dans un coin. (Il la quitte.)

MADAME VIGNERON, allant à MME DE SAINT-GENIS. Eh bien? Le voilà, M. Teissier! Comment le trouvez-vous?

MADAME DE SAINT-GENIS. Il a des yeux de renard[3] et la bouche d'un 35 singe.[4] (AUGUSTE annonce: «M. Bourdon.»)

---

[3] 'lead astray' [4] 'arm in arm' [5] 'to make them better acquainted'

[1] 'coddles himself' [2] 'in comfortable circumstances' [3] 'fox' [4] 'monkey'

MADAME VIGNERON. J'avais oublié de vous dire que notre notaire dînait avec nous.

SCENE X

LES MÊMES, BOURDON

BOURDON. Je vous présente mes hommages, madame, mesdemoiselles... (*Salutations.*)

MADAME VIGNERON, *en les présentant à* BOURDON. Mme de Saint- 5
Genis; M. Merckens, le professeur de musique de ma fille aînée. Vous nous arrivez un des premiers, monsieur Bourdon, c'est bien aimable à vous. (BOURDON *s'incline.*[1])

MADAME DE SAINT-GENIS. M. Bourdon donne là un bon exemple à ses confrères qui ne se piquent pas généralement d'exactitude.[2] 10

BOURDON. Oui, nous nous faisons attendre quelquefois, mais jamais à table. (*S'approchant* de MME DE SAINT-GENIS.) On m'a chargé, madame, de bien des compliments pour vous.

MADAME DE SAINT-GENIS. M. Testelin sans doute?

BOURDON. Précisément. Nous causions du mariage de Mlle Vigneron 15
avec monsieur votre fils et je lui disais que j'aurais l'honneur de dîner avec vous. «Vous verrez là une femme charmante, rappelez-moi bien à son souvenir.»

MADAME DE SAINT-GENIS. M. Testelin est mon notaire depuis vingt ans. 20

BOURDON. C'est ce qu'il m'a appris. (*Plus près et plus bas.*) Très galant, Testelin, un faible[3] très prononcé pour les jolies femmes.

MADAME DE SAINT-GENIS, *sèchement.* C'est la première fois que je l'entends dire. (*Elle le quitte; il sourit.*)

BOURDON, *à* MME VIGNERON. Est-ce que Teissier ne dîne pas avec 25
nous?

MADAME VIGNERON, *lui montrant* TEISSIER. Il est là, si vous désirez lui parler.

BOURDON. Bonjour, Teissier.

TEISSIER. Ah! vous voilà, Bourdon. Approchez un peu et ouvrez vos 30
oreilles. (*Bas.*) J'ai été aujourd'hui, mon ami, à la Chambre des notaires[4] où j'avais affaire. Le Président, à qui je parlais de mes vieilles relations avec vous, s'est étendu sur votre compte.[5] «Je le connais, Bourdon, ce n'est pas l'intelligence qui lui manque; il est fin,[6] très fin; il s'expose quelquefois. Nous pourrions être obligés de sévir[7] contre lui.» 35

BOURDON. Je me moque bien de la Chambre des notaires. Ils sont

---

[1] 'bows'   [2] 'do not generally pride themselves on punctuality'   [3] 'weakness'
[4] 'headquarters of the notarial association'   [5] i.e. had a lot to say about you
[6] 'sharp'   [7] 'take measures'

là une vingtaine de prud'hommes[8] qui veulent donner à la Chambre un rôle tout autre que le sien. C'est une protection pour nous et non pas pour le public.

Teissier. Entendez-moi bien, Bourdon. Je ne vous ai pas rapporté cette conversation pour vous empêcher de faire vos affaires. J'ai cru vous rendre service en vous avertissant.[9]

Bourdon. C'est bien ainsi que je le prends, mon cher Teissier, et je vous en remercie.

(Auguste annonce: «M. Lenormand, M. Georges de Saint-Genis.»)

Madame de Saint-Genis, à Mme Vigneron. Je vais vous présenter M. Lenormand.

(Cette présentation et la suivante ont lieu au fond du théâtre.[10] Georges seul descend la scène.)

SCENE XI

Les mêmes, Lenormand, Georges, puis Le général Fromentin

Blanche, à Georges, bas. Ne me parle pas et éloigne-toi de moi. Maman m'a fait la leçon.[1] Je ne savais pas ce qu'elle allait me dire, j'ai eu bien peur.   (Auguste annonce: «M. le général Fromentin.»)

Bourdon, à Merckens. Vous êtes pianiste, monsieur?

Merckens. Compositeur, monsieur.

Bourdon. Vous êtes musicien, voilà ce que je voulais dire. Aimez-vous le monde?[2]

Merckens. Je ne peux pas me dispenser d'y aller, on se m'arrache.[3]

Bourdon. Si vous voulez vous rappeler mon nom et mon adresse, M. Bourdon, notaire, 22, rue Sainte-Anne, je reçois tous les dimanches soirs. C'est bien simple chez moi, je vous en préviens.[4] On arrive à neuf heures, on fait un peu de musique, vous chantez la romance[5] probablement, on prend une tasse de thé, à minuit tout le monde est couché.

Merckens. Je ne vous promets pas de venir tous les dimanches.

Bourdon. Quand vous voudrez, vous nous ferez toujours plaisir.

(Auguste annonce: «M. Vigneron.»)

Madame de Saint-Genis, à Mme Vigneron. Comment, madame, votre mari se fait annoncer chez lui?

Madame Vigneron. Le domestique se sera trompé bien certainement.

(Entre Gaston, il est revêtu[6] de la robe de chambre que portait son père à la première scène, il imite sa voix et sa démarche.[7])

---

[8] 'worthies'   [9] 'warning you'   [10] 'up stage'
[1] 'lectured me'   [2] 'society'   [3] 'people fight over me'   [4] 'I warn you'
[5] 'a drawing-room ballad'   [6] 'dressed'   [7] 'bearing'

SCENE XII

Les mêmes, Gaston

Gaston, *allant à* Mme de Saint-Genis. Comment se porte la belle madame de Saint-Genis?

Madame de Saint-Genis, *se prêtant à*[1] *la plaisanterie.* Je vais très bien, monsieur Vigneron, je vous remercie.

Gaston, *continuant.* Monsieur Bourdon, votre serviteur. (*A* Merckens.) Bonjour, jeune homme. (*A* Lenormand *et au* général.) Enchanté, messieurs, de faire votre connaissance.

Madame Vigneron. Voyez, messieurs, comme on a tort de gâter ses enfants; ce petit gamin[2] fait la caricature de son père.

Gaston, *à* Mme Vigneron. Eh bien, ma bonne, ce dîner avance-t-il? Ah! dame![3] nous avons mis les petits plats dans les grands[4] pour vous recevoir, on ne marie pas tous les jours sa fille. (*A ses sœurs.*) Quelle est celle de vous qui se marie? Je ne m'en souviens plus. Il me semble qu'en attendant le dîner Mlle Judith pourrait ouvrir son piano et nous faire entendre quelque chose, un morceau de *la Dame blanche,* par exemple.

Madame Vigneron. Allons, Gaston, que ça finisse! Ote cette robe de chambre et tiens-toi convenablement.[5]

Gaston. Oui, ma bonne.

(*Les sœurs de* Gaston *lui enlèvent la robe de chambre en riant avec lui. — Gaieté générale.*)

SCENE XIII

Les mêmes, Auguste, *puis* Le Médecin

Auguste, *s'approchant de* Mme Vigneron. Il y a là un monsieur qui ne vient pas pour le dîner et qui voudrait parler à madame.

Madame Vigneron. Quel monsieur, Auguste? Est-ce une nouvelle plaisanterie complotée avec mon fils?

Auguste. Madame verra que non si elle me donne l'ordre de faire entrer.

Madame Vigneron. Ne faites entrer personne. Dites à ce monsieur que je ne peux pas le recevoir.

Auguste. S'il insiste, madame?

Madame Vigneron. Renvoyez-le.

Auguste, *se retournant.* Le voici, madame.

Le Médecin, *s'avançant.* Madame Vigneron?

Madame Vigneron. C'est moi, monsieur.

Le Médecin, *plus près et plus bas.* Vous avez des enfants ici, madame?

---

[1] 'falling in with' [2] 'scamp' [3] 'well!' [4] i.e. we have spared nothing
[5] 'behave properly'

Madame Vigneron. Oui, monsieur.

Le Médecin. Eloignez-les. Faites ce que je vous dis, madame, faites vite.

Madame Vigneron, *troublée, vivement*. Passez dans l'autre salon, mes-
5 demoiselles. Allons, entendez-vous ce que je vous dis, passez dans l'autre salon. Gaston, va avec tes sœurs, mon enfant. Madame de Saint-Genis, ayez l'obligeance d'accompagner mes filles.

(*Elle a ouvert la porte de droite et les fait défiler[1] devant elle.*)

Le Médecin, *aux hommes qui se sont levés*. Vous pouvez rester, vous, messieurs; vous êtes parents de M. Vigneron?

10 Bourdon. Non, monsieur, ses amis seulement.

Le Médecin. Eh bien, messieurs, votre pauvre ami vient d'être frappé d'une apoplexie foudroyante.[2]

(*On apporte* Vigneron *au fond du théâtre;* Mme Vigneron *pousse un cri et se précipite sur le corps de son mari.*)

ACTE II

Même décor[1]

SCENE PREMIERE

Madame Vigneron, Madame de Saint-Genis

Madame Vigneron, *pleurant, son mouchoir à la main*. Excusez-moi, madame, je suis honteuse de pleurer comme ça devant vous, mais je ne
15 peux pas retenir mes larmes. Quand je pense qu'il n'y a pas un mois, il était là, à la place où vous êtes, et que je ne le reverrai plus. Vous l'avez connu, madame; il était si bon, mon mari, si heureux, il était trop heureux et nous aussi, ça ne pouvait pas durer. Parlez-moi, madame, je vais me remettre[2] en vous écoutant. Je sais bien qu'il faut me faire une rai
20 son.[3] Il devait mourir un jour. Mais j'avais demandé tant de fois à Dieu de m'en aller la première. N'est-ce pas, madame, que Vigneron est au ciel où vont les honnêtes gens comme lui?

Madame de Saint-Genis. Soyez-en bien sûre, madame.

Madame Vigneron. Donnez-moi des nouvelles de votre fils; je l'ai
25 à peine vu depuis ce malheur. Il est bon aussi, votre fils; Blanche m'a dit qu'il avait pleuré.

Madame de Saint-genis. Georges va bien, je vous remercie.

Madame Vigneron. Pauvres enfants, qui s'aiment tant, voilà leur mariage bien reculé.[4]

30 Madame de Saint-Genis. Je voulais justement vous parler de ce

---

[1] 'file out'   [2] 'an apoplectic stroke'
[1] 'setting'   [2] 'I shall regain my composure'   [3] 'resign myself'   [4] 'postponed'

mariage, si je vous avais trouvée plus maîtresse de vous. Vous n'êtes pas raisonnable ni courageuse, ma chère madame Vigneron. Je sais ce que c'est que de perdre son mari. J'ai passé par là. Encore étais-je plus à plaindre que vous; M. de Saint-Genis, en mourant, ne me laissait que des dettes et un enfant de quatre ans sur les bras. Vous, vous avez de grandes filles en âge de vous consoler; elles sont élevées; l'avenir ne vous inquiète ni pour vous ni pour elles. (*Changeant de ton.*) Je me doute bien[5] que dans l'état où vous êtes, vous n'avez pas songé un instant à vos affaires.

MADAME VIGNERON. Quelles affaires, madame?

MADAME DE SAINT-GENIS. Vous devez penser que la succession de M. Vigneron ne se liquidera pas toute seule; il va y avoir des intérêts[6] à régler et peut-être des difficultés à résoudre.

MADAME VIGNERON. Non, madame, aucune difficulté. Mon mari était un trop honnête homme pour avoir eu jamais des affaires difficiles.

MADAME DE SAINT-GENIS. Elles peuvent le devenir après sa mort. Entendez-moi bien. Je ne doute pas de la loyauté de M. Vigneron, je doute de celle des autres. M. Teissier n'a pas bougé encore?

MADAME VIGNERON. M. Teissier est resté chez lui comme à son ordinaire. J'ai eu besoin d'argent, il m'a envoyé ce que je lui demandais en se faisant tirer l'oreille,[7] nos rapports n'ont pas été plus loin jusqu'ici.

MADAME DE SAINT-GENIS. Ecoutez bien ce que je vais vous dire, madame Vigneron, et quand bien même mon avis tomberait à faux,[8] prenez-le pour règle de votre conduite. Méfiez-vous[9] de M. Teissier.

MADAME VIGNERON. Soit, madame, je me méfierai de lui. Mais en supposant qu'il fût mal intentionné, ce n'est pas moi, c'est mon notaire qui le mettrait à la raison.[10]

MADAME DE SAINT-GENIS. Méfiez-vous de votre notaire.

MADAME VIGNERON. Oh! madame.

MADAME DE SAINT-GENIS. Ne faites pas: Oh! madame Vigneron, je connais messieurs les officiers publics.[11] On ne sait jamais s'ils vous sauvent ou s'ils vous perdent,[12] et l'on a toujours tort avec eux.

MADAME VIGNERON. Que direz-vous donc, madame, quand vous saurez que M. Bourdon, mon notaire, est en même temps celui de M. Teissier?

MADAME DE SAINT-GENIS. Je vous dirai d'en prendre un autre.

MADAME VIGNERON. Non, madame; j'ai en M. Bourdon une confiance aveugle, je ne le quitterai que lorsqu'il l'aura perdue.

MADAME DE SAINT-GENIS. Il sera trop tard alors.

AUGUSTE, *entrant et s'approchant de* MME VIGNERON. M. Lefort pré-

---

[5] 'suspect'   [6] 'claims'   [7] 'on being pressed'   [8] 'should turn out to be wrong'   [9] 'beware'   [10] 'would bring him to his senses'   [11] Notaries occupy an official position in the French public service.   [12] 'are ruining you'

sente ses compliments à madame et lui fait demander si elle a examiné son mémoire.[13]

MADAME VIGNERON. Son mémoire! Il me l'a donc donné?

AUGUSTE. Oui, madame.

MADAME VIGNERON. Où l'ai-je mis? Je n'en sais rien.

AUGUSTE. M. Lefort viendra voir madame dans la journée.

MADAME VIGNERON. C'est bien. Dites que je le recevrai. (AUGUSTE *sort.*) M. Lefort est notre architecte.

MADAME DE SAINT-GENIS. Méfiez-vous de votre architecte!

MADAME VIGNERON. Je ne sais pas, madame, où vous avez pris une si mauvaise opinion des autres, mais, à votre place, je ne voudrais pas la montrer.

MADAME DE SAINT-GENIS. C'est bien le moins vraiment qu'on vous mette[14] sur vos gardes; vous voyez des honnêtes gens partout.

MADAME VIGNERON. Et vous, madame, vous n'en voyez nulle part.

MADAME DE SAINT-GENIS, *se levant.* Je souhaite de tout mon cœur, ma chère madame Vigneron, pour vous, à qui je ne veux aucun mal, et pour vos filles, qui sont réellement charmantes, que la succession de M. Vigneron marche sur des roulettes;[15] mais, en affaires, rien ne marche sur des roulettes. Ce qui est simple est compliqué, ce qui est compliqué est incompréhensible. Croyez-moi, oubliez un peu celui qui n'est plus pour penser à vous et à vos enfants. Je ne sache pas malheureusement que M. Vigneron vous ait laissé un titre de rente[16] ou des actions[17] de la Banque de France. Non, n'est-ce pas? Sa fortune, c'était cette fabrique dont il était propriétaire pour une moitié et M. Teissier pour l'autre. Il possédait des terrains,[18] c'est vrai, mais il en avait payé une bonne partie au moyen d'emprunts[19] et d'hypothèques. Je vous rappelle tout cela de bonne amitié, parce que les femmes doivent s'avertir et se défendre entre elles; d'intérêts, il me semble que je n'en ai plus ici. Nous avions fait un projet fort aimable, celui de marier nos enfants. N'est-il que reculé, je le voudrais, mais je le crois bien compromis.[20] Les engagements pécuniaires qui avaient été pris de votre côté, il ne vous sera plus possible de les tenir, et pour rien au monde, vous êtes mère, vous me comprendrez, pour rien au monde, je ne permettrais à mon fils de faire un mariage insuffisant,[21] qu'il serait en droit de me reprocher plus tard.

MADAME VIGNERON. Comme il vous plaira, madame.

(*Pause et moment d'embarras.*)

MADAME DE SAINT-GENIS, *vivement.*[22] Au revoir, chère madame. Faites ce que je vous dis, occupez-vous de vos intérêts, nous reparlerons de nos enfants une autre fois. Mais pour l'amour de Dieu, madame Vi-

---

[13] 'account' [14] 'really the least one can do is to put you' [15] i.e. goes smoothly
[16] 'an annuity' [17] 'shares' [18] 'real estate' [19] 'loans' [20] 'imperiled'
[21] 'inadequate' [22] 'abruptly'

gneron, mettez-vous bien dans la tête la recommandation la plus utile et la plus amicale que je puisse vous faire. Méfiez-vous de tout le monde, de tout le monde! (*Elle se dirige vers la porte du fond, reconduite*[23] *très froidement par* Mme Vigneron; *la porte s'ouvre,* Teissier *entre.*) Restez, je vous en prie, ne m'accompagnez pas plus loin. (*Elle sort.*) ₅

SCENE II

Madame Vigneron, Teissier

Madame Vigneron, *pleurant, son mouchoir à la main.* Quel malheur, monsieur Teissier, quel épouvantable[1] malheur! Mon pauvre Vigneron. C'est le travail qui l'a tué! Pourquoi travaillait-il autant? Il ne tenait pas[2] à l'argent; il ne dépensait rien pour lui-même. Ah! il voulait voir ses enfants heureux pendant sa vie et leur laisser une fortune après sa ₁₀ mort. (*Un silence.*)

Teissier. Est-ce avec votre autorisation, madame, que Mme de Saint-Genis s'est présentée chez moi pour connaître la situation qui vous était faite par le décès[3] de votre mari?

Madame Vigneron. J'ignorais complètement cette visite que je ₁₅ n'aurais pas permise.

Teissier. Mon devoir était bien net;[4] j'ai pris cette dame par le bras et je l'ai poussée à la porte de mon cabinet.[5]

Madame Vigneron. Son indiscrétion ne méritait pas autre chose. Tenez, monsieur Teissier, Mme de Saint-Genis était ici, lorsque vous ₂₀ êtes arrivé, elle me parlait des affaires de mon mari. Vous les connaissiez, ses affaires, et vous les compreniez mieux que personne, éclairez-moi.

Teissier. Je me suis amusé justement, dans un moment de loisir, à établir la succession de Vigneron. Avant tout, que désirez-vous savoir? Si elle se soldera en perte ou en bénéfice.[6] (*Mouvement de* Mme Vi- ₂₅ gneron.) Des calculs que j'ai relevés,[7] la plume à la main, résulte une situation générale que voici... Vous m'écoutez... La fabrique vendue...

Madame Vigneron. Pourquoi la vendre?

Teissier. Il faudra en arriver là. Vos terrains et les quelques bâtisses[8] qui avaient été commencées, vendus également... ₃₀

Madame Vigneron. Je garderai mes terrains.

Teissier. Vous ne le pourrez pas. Vos dettes courantes éteintes[9]...

Madame Vigneron. Mais je n'ai pas de dettes.

Teissier. Je les évalue à quarante mille francs environ. Je ne comprends pas[10] pourtant dans cette somme votre architecte, dont le règle- ₃₅

[23] 'shown out'
[1] 'dreadful'   [2] 'was not specially interested'   [3] 'decease'   [4] 'clear'
[5] 'office'   [6] 'will be settled at a loss or at a profit'   [7] 'have made'   [8] 'buildings'
[9] 'paid'   [10] 'I do not include'

ment[11] devra venir avec la vente de vos immeubles.[12] Je continue. Les droits de l'enregistrement[13] acquittés...

MADAME VIGNERON. On paye donc, monsieur, pour hériter de son mari?

5 TEISSIER. On paye, oui, madame. Les frais[14] généraux liquidés... j'entends par frais généraux les honoraires du notaire, ceux de l'avoué,[15] les dépenses imprévues,[16] voitures, ports de lettres,[17] etc. Bref, le compte que vous aurez ouvert sous cette rubrique:[18] «Liquidation de feu[19] Vigneron, mon mari», ce compte-là entièrement clos, il vous restera une 10 cinquantaine de mille francs.

MADAME VIGNERON. Cinquante mille francs de rente.[20]

TEISSIER. Comment, de rente? Vous n'écoutez donc pas ce que je vous dis? Où voyez-vous dans tout ce qu'a laissé Vigneron le capital nécessaire pour établir une rente de cinquante mille francs?

(MME VIGNERON *le quitte brusquement; après avoir sonné, elle ouvre le meuble-secrétaire avec précipitation.*)

15 MADAME VIGNERON, *écrivant.* «Mon cher monsieur Bourdon, ayez l'obligeance de venir me parler le plus tôt possible, je ne serai tranquille qu'après vous avoir vu. Je vous salue bien honnêtement:[21] Veuve Vigneron.» Cinquante mille francs! (*A* AUGUSTE *qui est entré.*) Portez cette lettre à la minute.[22]

20 TEISSIER, *il a tiré un portefeuille bourré[23] de papiers.* Vous vous rendrez mieux compte à la lecture...

MADAME VIGNERON. Cinquante mille francs! (*Se retournant vers* TEISSIER *et lui faisant sauter son portefeuille.[24]*) Gardez vos papiers, monsieur, je n'ai plus d'affaires avec vous.

(*Elle sort précipitamment par la porte de gauche.*)

SCENE III

TEISSIER, *tout en ramassant ses papiers.*

25 Ignorance, incapacité, emportement,[1] voilà les femmes! A quoi pense celle-là, je me le demande! Elle veut garder ses terrains, elle ne le pourra pas. Bourdon se chargera de le lui faire comprendre. S'il est possible à Bourdon de mener l'affaire comme il me l'a promis, vivement,[2] sans bruit, je mets la main sur des immeubles qui valent le 30 double de ce que je les payerai. Mais il ne faut pas perdre de temps. Attendre, ce serait amener des acquéreurs[3] et faire le jeu[4] du pro-

---

[11] 'the settlement of whose account' [12] 'real estate' [13] 'registry fees'
[14] 'expenses' [15] 'solicitor' [16] 'unforeseen' [17] 'postage'
[18] 'heading' [19] 'the late' [20] 'annual income' [21] i.e. yours
faithfully [22] 'at once' [23] 'stuffed' [24] 'jostling the portfolio out of
his hands'
[1] 'temper' [2] 'smartly' [3] 'purchasers' [4] 'to play into the hands'

priétaire. Quand Bourdon saura que j'ai donné le premier coup, il se dépêchera de porter[5] les autres.

(*Il va pour sortir,* MARIE *entre par la porte de gauche.*)

SCENE IV

TEISSIER, MARIE

MARIE. Ne partez pas, monsieur, avant d'avoir fait la paix avec ma mère. Elle a tant pleuré, ma pauvre mère, tant pleuré, qu'elle n'a plus toujours la tête à elle.[1]

TEISSIER, *revenant.* Il était temps que vous m'arrêtiez, mademoiselle. J'allais de ce pas assigner[2] Mme Vigneron au Tribunal de commerce[3] en remboursement[4] des avances que je lui ai faites. Je me suis gêné moi-même pour ne pas laisser votre mère dans l'embarras. (*Il tire une seconde fois son portefeuille et y prend un nouveau papier.*) Vous aurez l'obligeance de lui remettre ce petit compte qu'elle vérifiera facilement: «Au 7 janvier, avancé à Mme Vigneron 4000 francs qui ont dû servir aux obsèques[5] de votre père; au 15 janvier, avancé à Mme Vigneron 5000 francs pour les dépenses de sa maison, c'est à ce titre[6] qu'ils m'ont été demandés; au 15 également, écoutez cela, remboursé une lettre de change,[7] signée: Gaston Vigneron, ordre:[8] Lefébure, montant:[9] 10.000 francs.» Votre frère étant mineur, son engagement[10] ne valait rien. Mais Mme Vigneron n'aurait pas voulu frustrer[11] un bailleur de fonds,[12] que ce jeune homme a trompé nécessairement sur son âge et sur ses ressources personnelles. (*Il plie[13] le papier et le lui remet.*) Je suis votre serviteur.

MARIE. Restez, monsieur, je vous prie de rester. Ce n'est pas ce compte qui a bouleversé ma mère au point de s'emporter[14] avec vous. Elle vous eût remercié plutôt, tout en blâmant son fils comme il le mérite, d'avoir fait honneur à sa signature.

TEISSIER, *surpris, avec un sourire.* Vous savez donc ce que c'est qu'une signature?

MARIE. Mon père me l'a appris.

TEISSIER. Il aurait mieux fait de l'apprendre à votre frère.

MARIE. Asseyez-vous, monsieur; je suis peut-être bien jeune pour parler d'affaires avec vous.

TEISSIER, *debout, souriant toujours.* Allez, causez, je vous écoute.

MARIE. Je m'attendais bien pour ma part à un grand changement dans notre position, mais qu'elle fût perdue entièrement, je ne le pensais pas. Dans tous les cas, monsieur, vous ne nous conseilleriez ni une fai-

---

[5] 'deliver'
[1] 'is not always quite herself'   [2] 'I was just about to summon'   [3] court of arbitration in business matters   [4] 'in [the matter of] the repayment'   [5] 'funeral'   [6] 'purpose'   [7] 'bill of exchange'   [8] 'to the order of'   [9] 'amount'   [10] i.e. signature   [11] 'to defraud'   [12] 'money-lender'   [13] 'folds'   [14] 'losing her temper'

blesse ni un coup de tête.[15] Que devons-nous faire alors? Examiner où nous en sommes, demander des avis, et ne prendre aucune résolution avant de connaître le pour et le contre de notre situation.

TEISSIER. Ah!... Laissons de côté vos immeubles qui ne me regardent
5 pas. Que faites-vous, en attendant, de la fabrique?

MARIE. Qu'arriverait-il, monsieur, si nous voulions la garder et vous la vendre?

TEISSIER. Elle serait vendue. Le cas a été prévu par la loi.

MARIE. Il y a une loi?

10 TEISSIER, *souriant toujours.* Oui, mademoiselle, il y a une loi. Il y a l'article 815 du Code civil qui nous autorise l'un comme l'autre à sortir d'une association[16] rompue en fait par la mort de votre père. Je peux vous mettre à même[17] de vous en assurer tout de suite. (*Tirant un volume de sa poche.*) Vous voyez quel est cet ouvrage: «Recueil[18] des lois et règle-
15 ments en vigueur[19] sur tout le territoire français.» Je ne sors jamais sans porter un code sur moi, c'est une habitude que je vous engage[20] à prendre. (*Il lui passe le volume à une page indiquée; pendant qu'elle prend connaissance de l'article, il la regarde avec un mélange d'intérêt, de plaisir et de moquerie.*) Avez-vous compris?

20 MARIE. Parfaitement.   (*Pause.*)

TEISSIER. Vous vous appelez bien Marie et vous êtes la seconde fille de Vigneron?

MARIE. Oui, monsieur, pourquoi?

TEISSIER. Votre père avait une préférence marquée pour vous.

25 MARIE. Mon père aimait tous ses enfants également.

TEISSIER. Cependant il vous trouvait plus raisonnable que vos sœurs.

MARIE. Il le disait quelquefois, pour me consoler de n'être pas jolie comme elles.

TEISSIER. Qu'est-ce qui vous manque? Vous avez de beaux yeux, les
30 joues fraîches, la taille bien prise,[21] toutes choses qui annoncent de la santé chez une femme.

MARIE. Ma personne ne m'occupe guère, je ne demande qu'à passer inaperçue.

TEISSIER. C'est vous bien certainement qui aidez votre mère dans les
35 détails de sa maison; vous lui servez de scribe au besoin.

MARIE. L'occasion ne s'en est pas présentée jusqu'ici.

TEISSIER. La voilà venue. Je ne crois pas Mme Vigneron capable de se débrouiller[22] toute seule et vous lui serez d'un grand secours... Avez-vous un peu le goût des affaires?

40 MARIE. Je les comprends quand il le faut.

TEISSIER. La correspondance ne vous fait pas peur?

---

[15] 'rash act'   [16] 'partnership'   [17] 'in a position'   [18] 'compilation'   [19] 'in force'
[20] 'urge you'   [21] 'a trim figure'   [22] 'straighten things out'

MARIE. Non, si je sais ce que je dois dire.

TEISSIER. Calculez-vous facilement? Oui ou non? Vous ne voulez pas répondre? (*La quittant.*) Elle doit chiffrer[23] comme un ange.

MARIE. Que pensez-vous, monsieur, que valent nos immeubles?

TEISSIER. Votre notaire vous dira cela mieux que moi. (*Revenant à elle, après avoir pris son chapeau.*) Il faudra toujours, mademoiselle, en revenir à mes calculs. Je sais bien ce que vous pensez: La fabrique est une affaire excellente, gardons la fabrique. Qui me dit d'abord qu'elle ne périclitera pas?[24] Qui me dit ensuite que vous-même, après avoir manœuvré habilement, vous ne voudrez pas la vendre pour la racheter à moitié prix?

MARIE. Que prévoyez-vous là, monsieur?

TEISSIER. Je ne prévois que ce que j'aurais fait moi-même, si j'avais encore quarante ans au lieu de soixante et quelques. En résumé, vos besoins d'argent d'une part, mes intérêts sagement appréciés[25] de l'autre, nous amènent à la vente de notre établissement. Sa situation est très prospère. La mort de son directeur est une occasion excellente, qui ne se représentera pas, pour nous en défaire,[26] profitons-en. Vous n'avez pas autre chose à me dire?

MARIE. Ne partez pas, monsieur, avant d'avoir revu ma mère; elle est plus calme maintenant, elle vous écoutera très volontiers.

TEISSIER. C'est inutile. J'ai dit ce qu'il fallait à Mme Vigneron et vous êtes assez intelligente pour lui expliquer le reste.

MARIE, *après avoir sonné.* Faites ce que je vous demande, monsieur. Ma mère n'a pas été maîtresse d'un mouvement d'impatience; en allant à elle, vous lui donnerez l'occasion de vous exprimer ses regrets.

TEISSIER. Soit! Comme vous voudrez! Vous désirez donc que nous vivions en bons rapports?[27] Vous n'y gagnerez rien, je vous le dis d'avance. Quel âge peut bien avoir mademoiselle Marie? Vingt ans à peine! Mais c'est déjà une petite personne, modeste, sensée,[28] s'exprimant fort convenablement (*la quittant*), et ce que son père ne m'avait pas dit: très appétissante. (AUGUSTE *entre.*)

MARIE. Suivez Auguste, il vous conduira près de ma mère.

TEISSIER, *après avoir cherché un compliment sans le trouver.* Je suis votre serviteur, mademoiselle.

(*Il entre à gauche, sur un signe que lui fait* AUGUSTE *de prendre par là.*)[29]

---

[23] 'figure'   [24] 'will not go to ruin'   [25] 'valued'   [26] 'get rid of it'
[27] 'terms'   [28] 'sensible'   [29] i.e. take that direction

SCENE V

MARIE, *puis* BLANCHE

MARIE, *fondant*[1] *en larmes.* — Mon père! Mon père!

BLANCHE, *entrant et allant lentement à elle.* Qui était là, avec toi?

MARIE. M. Teissier.

BLANCHE. C'est ce vilain[2] homme que tu gardes si longtemps?

5 MARIE. Tais-toi, ma chérie, tais-toi. Il faut maintenant veiller[3] sur nous et ne plus parler imprudemment.

BLANCHE. Pourquoi?

MARIE. Pourquoi? Je ne voudrais pas te le dire, mais que tu le saches aujourd'hui ou demain, la peine[4] sera toujours la même.

10 BLANCHE. Qu'est-ce qu'il y a?

MARIE. Nous sommes ruinées peut-être.

BLANCHE. Ruinées!

(MARIE *baisse la tête;* BLANCHE *fond en larmes, elles se jettent dans les bras l'une de l'autre; elles se séparent, mais* BLANCHE *reste encore émue et sanglotante.*[5])

MARIE. J'ai eu tort de te parler d'un malheur qui n'est pas inévitable. La vérité, la voici: je ne vois pas bien clair encore dans nos affaires, mais

15 elles ne me promettent rien de bon. Il est possible cependant qu'elles s'arrangent, à une condition: soyons raisonnables, prudentes, pleines de ménagements[6] avec tout le monde et résignons-nous dès maintenant à passer sur[7] bien des dégoûts.[8]

BLANCHE. Vous ferez ce que vous voudrez, maman, Judith et toi, je

20 ne me mêlerai de rien. Je voudrais dormir jusqu'à mon mariage.

MARIE. Ton mariage, ma chérie!

BLANCHE. Qu'est-ce que tu penses?

MARIE. Je pense bien tristement que ce mariage te préoccupe et peut-être n'est-il plus possible aujourd'hui.

25 BLANCHE. Tu juges donc bien mal M. de Saint-Genis pour le croire plus sensible à une dot qu'à un cœur.

MARIE. Les hommes, en se mariant, désirent les deux. Mais M. de Saint-Genis serait-il plus désintéressé qu'un autre, il a une mère qui calculera pour lui.

30 BLANCHE. Sa mère est sa mère. Si elle a des défauts, je ne veux pas les voir. Mais elle est femme et ne voudrait pas que son fils manquât de loyauté envers une autre femme.

MARIE. Il ne faut pas, ma chérie, que le malheur nous rende injustes et déraisonnables. Les engagements ont été réciproques: si nous ne pou-

---

[1] 'bursting' [2] 'nasty' [3] 'watch' [4] 'distress' [5] 'sobbing'
[6] 'discretion' [7] 'endure' [8] 'humiliations'

vons plus tenir les nôtres, M. de Saint-Genis se trouvera dégagé[9] des siens.

BLANCHE. Tu te trompes, sois en sûre, tu te trompes. Demain, si je disais demain, dans un an ou dans dix, Georges m'épousera comme il le veut et comme il le doit. Ne parlons plus de cela. Mon mariage, vois-tu, 5 ne ressemble pas à tant d'autres qui peuvent se faire ou se défaire impunément, et tu ne sais pas la peine que tu me causes en doutant une minute de sa réalisation. (*Pause.*) Explique-moi un peu comment nous serions[10] ruinées.

MARIE. Plus tard; je ne le sais pas bien moi-même. 10

BLANCHE. Qui te l'a dit?

MARIE. M. Teissier. Prends garde, je te le répète. M. Teissier est là, chez ma mère; je viens de le réconcilier avec elle.

BLANCHE. Ils s'étaient donc fâchés?

MARIE. Oui, ils s'étaient fâchés. Maman, dans un mouvement d'im- 15 patience, l'avait congédié de chez elle.[11]

BLANCHE. Maman avait bien fait.

MARIE. Maman avait eu tort et elle l'a compris tout de suite. Notre situation est assez grave sans que nous la compromettions encore par des vivacités[12] et des imprudences. Il y va,[13] penses-y bien, Blanche, de 20 notre existence à toutes, de l'avenir de tes sœurs, du tien autant que du nôtre. Si certaine que tu sois de M. de Saint-Genis, un homme y regarde à deux fois avant d'épouser une jeune fille qui n'a rien. Tu es la plus charmante petite femme de la terre, toute de cœur[14] et de sentiment; l'argent n'existe pas pour toi. Mais l'argent, vois-tu, existe pour les 25 autres. On le retrouve partout. Dans les affaires, et nous sommes en affaires avec M. Teissier. Dans les mariages aussi, tu l'apprendras peut-être à tes dépens.[15] Il faut bien que l'argent ait son prix, puisque tant de malheurs arrivent par sa faute[16] et qu'il conseille bien souvent les plus vilaines[17] résolutions. 30

BLANCHE, *à part*. Serait-ce possible qu'un tout jeune homme, épris[18] comme il le dit, aimé comme il le sait, plutôt que de sacrifier ses intérêts, commît une infamie!

MARIE. Qu'est-ce que je désire, ma chérie? Que ce mariage se fasse, puisque tu y vois le bonheur pour toi. Mais à ta place, je voudrais être 35 prête à tout: ravie,[19] s'il se réalise, et résignée, s'il venait à manquer.

BLANCHE. Résignée! Si je pensais que M. de Saint-Genis ne m'eût recherchée que pour ma dot, je serais la plus honteuse des femmes, et si, ma dot perdue, il hésitait à m'épouser, je deviendrais folle ou j'en mourrais. 40

---

[9] 'freed' [10] i.e. can possibly be [11] 'had shown him the door'
[12] 'outbursts of temper' [13] 'it is a question' [14] 'full of generosity' [15] 'to your cost' [16] 'dearth' [17] 'basest' [18] 'in love' [19] 'delighted'

MARIE. Tu l'aimes donc bien?

BLANCHE. Oui, je l'aime! Je l'adore, si tu veux le savoir! Il est doux, il est tendre, c'est un enfant comme moi. Je suis certaine qu'il a du cœur et qu'il est incapable d'une mauvaise action. Tu comprends, n'est-ce pas,
5 que je veuille l'avoir pour mari? Eh bien, me tromperais-je sur son compte, ne méritât-il ni mon affection ni mon estime, serait-ce le dernier[20] des hommes, il faut maintenant que je l'épouse.

MARIE, *à part*. Elle souffre, la pauvre enfant, et elle déraisonne.[21]

BLANCHE, *à part*. Ah! quelle faute nous avons commise! Quelle faute!
10 (*Haut*) Tu me connais, toi, ma sœur, nous vivons ensemble depuis vingt ans sans un secret l'une pour l'autre. Est-ce que je ne suis pas une belle petite fille, bien aimante, c'est vrai, mais bien honnête aussi? Je n'ai jamais eu une pensée qu'on ne puisse pas dire. Si j'avais rencontré M. de Saint-Genis dans la rue ou ailleurs, je ne l'aurais pas seulement
15 regardé. Il est venu ici, la main dans celle de mon père, nous nous sommes plu tout de suite et l'on nous a fiancés aussitôt. Maman me recommandait bien plus de sagesse[22] avec mon futur,[23] mais c'était mon futur, je ne voyais pas de danger ni un bien grand mal en me confiant à lui.

MARIE. Allons, calme-toi, tu exagères comme toujours. Tu as dit à
20 M. de Saint-Genis que tu l'aimais, n'est-ce pas, tu es bien excusable puisque tu devais l'épouser. Vous vous preniez les mains quelquefois et vous vous êtes embrassés[24] peut-être, c'est un tort sans doute, mais qui ne vaut pas les reproches que tu te fais.

BLANCHE, *après avoir hésité*. Je suis sa femme, entends-tu, je suis sa
25 femme!

MARIE, *très innocemment*. Je ne comprends pas ce que tu veux dire.

BLANCHE, *surprise d'abord et émerveillée*.[25] Oh! pardon, pardon, chère sœur, pure comme les anges, je n'aurais jamais dû te parler ainsi. Oublie ce que je viens de te dire, ne cherche pas à le comprendre et ne le répète
30 à personne surtout, ni à maman, ni à Judith.

MARIE. Sais-tu que je te crois un peu folle ou bien c'est moi qui suis une petite bête.[26]

BLANCHE. Oui, je suis folle, et toi tu es la plus belle enfant et la plus charmante sœur qu'on puisse rêver. (*Elle l'embrasse passionnément.*)

SCENE VI

LES MÊMES, BOURDON

35 BOURDON. Bonjour, mesdemoiselles. Mme Vigneron est là sans doute? Ayez l'obligeance de lui dire que je l'attends.

MARIE. Va, ma chérie. (BLANCHE *sort par la porte de gauche.*)

---

[20] 'lowest' [21] 'is talking nonsense' [22] 'discretion' [23] 'fiancé'
[24] 'kissed' [25] 'amazed' [26] 'fool'

SCENE VII

MARIE, BOURDON, *puis* MADAME VIGNERON

BOURDON. Votre mère vient de m'écrire qu'elle était très impatiente de me voir, je le conçois sans peine. Je l'attendais tous les jours à mon étude.[1]

MARIE. Ma mère, monsieur Bourdon, a été si désolée et si souffrante[2]...

BOURDON. Je comprends très bien, mademoiselle, que frappée comme 5 elle vient de l'être, votre mère ne s'amuse pas à faire des visites ou à courir les magasins; mais on prend sur soi de venir voir son notaire, et si c'est encore trop, on le prie de passer.[3] La succession de M. Vigneron, fort heureusement, ne présente pas des difficultés bien sérieuses; cependant votre père a laissé une grosse affaire de terrains,[4] qui demande à 10 être examinée de près et liquidée le plus tôt possible; vous entendez, liquidée le plus tôt possible.

MARIE. Voici ma mère.

MADAME VIGNERON, *pleurant, son mouchoir à la main.* Quel malheur, monsieur Bourdon, quel épouvantable malheur! Mon pauvre Vigneron! 15 Ce n'est pas assez de le pleurer nuit et jour, je sens bien là[5] que je ne lui survivrai pas.   (*Un silence.*)

BOURDON. Dites-moi, madame, pendant que j'y pense: est-ce avec votre autorisation que Mme de Saint-Genis s'est présentée chez moi pour connaître la situation qui vous était faite par le décès de votre mari? 20

MADAME VIGNERON. C'est sans mon autorisation, et si Mme de Saint-Genis vous faisait une nouvelle visite...

BOURDON. Tranquillisez-vous. J'ai reçu Mme de Saint-Genis de manière à lui ôter l'envie de revenir. Vous avez désiré me voir, madame. Parlons peu, parlons vite et parlons bien.   25

MADAME VIGNERON. Je ne vous retiendrai pas longtemps, monsieur Bourdon, je n'ai qu'une question à vous faire. Est-il vrai, est-il possible que mon mari en tout et pour tout ne laisse que cinquante mille francs?

BOURDON. Qui vous a dit cela?

MADAME VIGNERON. M. Teissier.   30

BOURDON. Cinquante mille francs! Teissier va peut-être un peu vite. Vous le connaissez. Ce n'est pas un méchant homme, mais il est brutal sur la question argent. J'espère et je ferai tout mon possible, soyez-en bien sûre, madame, pour qu'il vous revienne quelque chose de plus. (Mme VIGNERON *fond en larmes et va tomber sur le canapé; il la rejoint.*) 35 Vous espériez donc, madame, que la succession de M. Vigneron serait considérable? A combien l'estimiez-vous?

MADAME VIGNERON. Je ne sais pas, monsieur.

---

[1] 'office'   [2] 'so grief-stricken and so ill'   [3] 'call'   [4] 'a big real estate venture'   [5] She presses her hand to her heart.

BOURDON. Cependant vous avez dû vous rendre compte de ce que laissait M. Vigneron. Quand on perd son mari, c'est la première chose dont on s'occupe. (*Il la quitte.*) Teissier n'en est pas moins très blâmable, et je ne me gênerai pas pour le lui dire, de vous avoir jeté un chiffre en l'air.[6]

5 Les affaires ne se font pas ainsi. On procède à une liquidation par le commencement, par les choses les plus urgentes; on avance pas à pas; quand on est arrivé au bout, il reste ce qu'il reste. (*Revenant à* MME VIGNERON.) Avez-vous décidé quelque chose, madame, pour vos terrains? Vous vous trouvez là en face d'une nécessité manifeste, il faut les vendre.

10 MARIE. Quelle somme pensez-vous que nous en tirions?

BOURDON, *allant à* MARIE. Quelle somme, mademoiselle? Aucune! Vous ne devez compter sur rien.

MADAME VIGNERON, *se levant*. Quel avantage alors aurons-nous à nous en défaire?

15 BOURDON, *revenant à* MME VIGNERON. Quel avantage, madame? Celui de vous retirer un boulet[7] que vous avez aux pieds. Croyez-moi, je n'ai pas l'habitude, dans les conseils que je donne, de me montrer aussi affirmatif que je le suis en ce moment. Chaque jour de retard est gros[8] de conséquences pour vous. Pendant que vous délibérez, Catilina[9]

20 est aux portes de Rome. Catilina, dans l'espèce,[10] ce sont les hypothèques qui vous dévorent, votre architecte qui vous attend avec son mémoire, et le fisc[11] qui va se présenter avec ses droits.[12]

(*Rentre* TEISSIER *par la porte de gauche*, BLANCHE *derrière lui*.)

SCENE VIII

LES MÊMES, TEISSIER, BLANCHE

TEISSIER. Bonjour, Bourdon.

BOURDON. Bonjour, Teissier. J'étais en train d'expliquer à Mme Vi-
25 gneron et à sa fille l'impossibilité où elles se trouvent de conserver leurs terrains.

TEISSIER. Je n'ai rien à voir là-dedans.[1] Ces dames ne peuvent pas trouver un meilleur conseiller que vous. Elles sont en bonnes mains.

BOURDON. Remarquez bien, je vous prie, madame, le point de vue
30 auquel je me place pour qu'il n'y ait pas de malentendu[2] entre nous. Je ne voudrais pas me trouver plus tard exposé à des reproches que je ne mériterais pas. Je me borne[3] à établir ceci: le *statu quo* est funeste[4] à vos intérêts, sortez du *statu quo*. Je ne vous dis pas, bien loin de là, que la situation de vos immeubles me paraisse excellente et que le moment soit

---

[6] 'figure at random' [7] i.e. get rid of the ball and chain [8] 'heavy' [9] 'Catiline,' the conspirator against Rome, whom Cicero attacked in three of his orations [10] 'in this instance' [11] 'tax-collector' [12] 'claims'
[1] 'nothing to do with it' [2] 'misunderstanding' [3] 'confine myself' [4] 'fatal'

bien choisi pour les mettre en adjudication.[5] Non. Cependant, en présentant cette affaire sous son jour[6] le plus favorable et je n'y manquerai pas, en la dégageant de bien des broussailles,[7] avec un peu de charlatanisme et de grosse caisse,[8] nous arriverons peut-être à un résultat satisfaisant.

TEISSIER, *à part.* Qu'est-ce qu'il dit? Qu'est-ce qu'il dit? (*Bas, à* BOURDON.) Nous ne sommes donc plus d'accord?

BOURDON, *bas, à* TEISSIER. Laissez-moi faire. (*Allant à* MME VIGNERON.) Voyez, madame, réfléchissez, mais réfléchissez vite, je vous y engage. Quand vous aurez pris une décision, vous me la ferez connaître. (*Il fait mine*[9] *de se retirer.*)

TEISSIER. Ne partez pas, Bourdon, sans que nous ayons dit un mot de la fabrique.

BOURDON. La fabrique, mon cher Teissier, peut attendre. Je voudrais avant tout débarrasser Mme Vigneron de ses terrains. Nous sommes en présence d'une veuve et de quatre enfants qui se trouvent appauvris du jour au lendemain,[10] il y a là une situation très intéressante,[11] ne l'oublions pas. (TEISSIER *sourit.*)

AUGUSTE, *entrant, bas, à* MME VIGNERON. M. Lefort est là, madame.

MADAME VIGNERON. Ayez l'obligeance, monsieur Bourdon, de rester encore un instant. Vous allez entendre notre architecte qui vous fera peut-être changer d'avis.

BOURDON. Je suis à vos ordres, madame.

MADAME VIGNERON, *à* AUGUSTE. Faites entrer monsieur Lefort et priez Mlle Judith de venir ici.

SCENE IX

LES MÊMES, LEFORT, *puis* JUDITH

MADAME VIGNERON, *pleurant, son mouchoir à la main.* Quel malheur, monsieur Lefort, quel épouvantable malheur! Mon pauvre Vigneron! Je ne me consolerai jamais de la perte que j'ai faite.

LEFORT. *Il a les manières communes et la voix forte.* Allons, madame, ne vous désolez pas comme ça; avec du sang-froid et de la persévérance, nous arriverons[1] à remplacer votre mari. (*Il descend la scène.*)

TEISSIER. Bonjour, Lefort.

LEFORT. Je vous salue, monsieur Teissier. (JUDITH *entre ici.*)

MARIE, *à* LEFORT. Vous vous intéressiez beaucoup, monsieur, aux travaux qui vous avaient été confiés?

---

[5] 'put them up for auction'   [6] 'light'   [7] i.e. complications   [8] 'drum-beating'
[9] 'pretends'   [10] 'impoverished overnight'   [11] has a double meaning here of *complex* and *attractive*
[1] 'shall manage'

LEFORT. Oui, mademoiselle, Vigneron n'était pas un client pour moi, c'était un frère.

MARIE. Nous sommes à la veille de prendre une décision fort importante...

5 LEFORT. Disposez de moi. Mon temps vous appartient, ma bourse est à votre service. Les enfants de Vigneron sont mes enfants.

MARIE. Si vous aviez quelques éclaircissements,[2] quelque projet même à nous communiquer, ayez l'obligeance de tout dire en présence de ces messieurs.

10 LEFORT. Je suis prêt, mademoiselle. Ces messieurs ne me font pas peur. J'ai l'habitude de mettre ma poitrine[3] en avant.

MADAME VIGNERON. Asseyez-vous là, monsieur Lefort.

LEFORT, *assis*. Avez-vous ouvert mon mémoire, madame? Non, n'est-ce pas? Tant pis. Il renfermait[4] une notice sur les terrains de

15 M. Vigneron où toute l'affaire est exposée depuis A jusqu'à Z. Si j'avais cette notice sous les yeux, je serais plus bref et je me ferais mieux comprendre.

MARIE. Je peux vous la donner, monsieur, j'ai serré[5] moi-même votre mémoire.

20 LEFORT. Vous m'obligerez.

(MARIE *va au meuble-secrétaire, en passant devant sa mère et* TEISSIER *assis l'un près de l'autre.*)

TEISSIER, *à* MME VIGNERON. Elle a de l'ordre, votre demoiselle?

MADAME VIGNERON. Beaucoup d'ordre.

TEISSIER. Ce sera plus tard une femme de tête?[6]

MADAME VIGNERON. Oui, je le crois.

25 TEISSIER. Calcule-t-elle facilement?   (*Pas de réponse.*)

BOURDON. *Il a pris le mémoire des mains de* MARIE *et en détache une partie qu'il donne à* LEFORT. C'est là sans doute ce que vous désirez. Si vous le permettez, je parcourrai[7] votre mémoire en vous écoutant.

(*Ils échangent un regard hostile.*)

LEFORT, *en martelant*[8] *chacune de ses phrases*. Dès le principe,[9] les

30 terrains de M. Vigneron, situés à l'extrémité de Paris, dans le voisinage d'une gare, soumis de ce chef[10] à mille servitudes,[11] étaient, au prix où il les avait achetés, une détestable affaire. Disons le mot, il avait été mis dedans.[12]

BOURDON. Je vous arrête. Personne n'avait intérêt à tromper

35 M. Vigneron. Il avait acheté ces terrains dans l'espoir qu'ils seraient expropriés.

LEFORT. Expropriés? Par qui?

---

[2] 'explanations'   [3] 'chest'   [4] 'contained'   [5] 'have put away'   [6] 'clever woman'
[7] 'shall run over'   [8] 'emphasizing'   [9] 'beginning'   [10] 'on this account'
[11] 'disadvantages'   [12] 'had been tricked'

BOURDON. Par le chemin de fer.

LEFORT. Quelle bonne blague![13] C'était le chemin de fer qui les vendait.

BOURDON. En êtes-vous sûr?

LEFORT. Parfaitement sûr.

BOURDON. Soit. Alors on supposait que la Ville, qui avait entrepris de grands travaux dans les quartiers excentriques,[14] aurait besoin de ces terrains. Je me souviens maintenant; on espérait traiter avec la Ville.

LEFORT. Avec la Ville ou avec le grand Turc.[15] Il ne faut pas m'en conter à moi[16] pour tout ce qui regarde les immeubles, je connais la place[17] de Paris depuis A jusqu'à Z. Je continue. M. Vigneron, qui avait été mis dedans, je maintiens le mot, s'aperçut bien vite de sa sottise et il voulut la réparer. Comment? En faisant bâtir. Il vint me trouver. Il connaissait de longue date ma conscience[18] et mon désintéressement, je ne le quittai plus qu'il ne m'eût confié[19] les travaux. Malheureusement, à peine mes études[20] étaient-elles faites et les premières fondations commencées (*avec une pantomime comique*), Vigneron décampait pour l'autre monde.

BOURDON. Nous connaissons tous ces détails, mon cher monsieur, vous nous faites perdre notre temps à nous les raconter.

LEFORT. Les héritiers se trouvent dans une passe[21] difficile, mais dont ils peuvent sortir à leur avantage. Ils ont sous la main un homme dévoué, intelligent, estimé universellement sur la place de Paris, c'est l'architecte du défunt qui devient le leur. L'écouteront-ils? S'ils repoussent ses avis et sa direction (*avec une pantomime comique*), la partie[22] est perdue pour eux.

BOURDON. Arrivez donc, monsieur, sans tant de phrases, à ce que vous proposez.

LEFORT. Raisonnons dans l'hypothèse la plus défavorable. M. Lefort, qui vous parle en ce moment, est écarté[23] de l'affaire. On règle son mémoire, loyalement, sans le chicaner[24] sur chaque article. M. Lefort n'en demande pas plus pour lui. Que deviennent les immeubles? Je répète qu'ils sont éloignés du centre, chargés de servitudes, j'ajoute: grevés[25] d'hypothèques, autant de raisons qu'on fera valoir[26] contre les propriétaires au profit d'un acheteur mystérieux qui ne manquera pas de se trouver là. (*Avec volubilité.*) On dépréciera ces immeubles, on en précipitera la vente, on écartera les acquéreurs,[27] on trompera le tribunal pour obtenir une mise à prix dérisoire,[28] on étouffera les enchères[29] (*avec une pantomime comique*), voilà une propriété réduite à zéro.

---

[13] i.e. that's a good one   [14] 'outlying'   [15] 'the Sultan of Turkey'; i.e. anybody and nobody   [16] i.e. you can't take me in   [17] 'market'   [18] 'conscientiousness'   [19] 'I did not let him alone until he had given me'   [20] 'plans'   [21] 'situation'   [22] 'game'   [23] 'is ruled out'   [24] 'quibbling with him'   [25] 'burdened'   [26] 'will make the most of'   [27] 'the purchasers will be kept away'   [28] 'ridiculously low upset price'   [29] 'will smother the bids'

BOURDON. Précisez,[30] monsieur, j'exige que vous précisiez. Vous dites: on fera telle, telle et telle chose. Qui donc les fera, s'il vous plaît? Savez-vous que de pareilles manœuvres ne seraient possibles qu'à une seule personne et que vous incriminez le notaire qui sera chargé de l'adjudica-
5 tion.

LEFORT. C'est peut-être vous, monsieur.

BOURDON. Je ne parle pas pour moi, monsieur, mais pour tous mes confrères, qui se trouvent atteints[31] par vos paroles. Vous attaquez bien légèrement la corporation la plus respectable que je connaisse. Vous
10 mettez en suspicion la loi elle-même dans la personne des officiers pu-blics chargés de l'exécuter. Vous faites pis, monsieur, si c'est possible. Vous troublez la sécurité des familles. Il vous sied bien[32] vraiment de produire une accusation semblable et de nous arriver avec un mémoire de trente-sept mille francs.

15 LEFORT. Je demande à être là, quand vous présenterez votre note.

BOURDON. Terminons, monsieur. En deux mots, qu'est-ce que vous proposez?

LEFORT. J'y arrive à ce que je propose. Je propose aux héritiers Vigneron de continuer les travaux...

20 BOURDON. Allons donc, il fallait le dire tout de suite. Vous êtes architecte, vous proposez de continuer les travaux.

LEFORT. Laissez-moi finir, monsieur.

BOURDON. C'est inutile. Si Mme Vigneron veut vous entendre, libre à elle;[33] mais moi, je n'écouterai pas plus longtemps des divagations.[34]
25 Quelle somme mettez-vous sur table? Mme Vigneron n'a pas d'argent, je vous en préviens, où est le vôtre? Dans trois mois, nous nous retrou-verions au même point, avec cette différence que votre mémoire, qui est aujourd'hui de trente-sept mille francs, s'élèverait au double, au train[35] dont vous y allez. Ne me forcez pas à en dire davantage. Je prends vos
30 offres telles que vous nous les donnez. Je ne veux pas y voir quelque com-binaison ténébreuse[36] qui ferait de vous un propriétaire à bon marché.

LEFORT. Qu'est-ce que vous dites, monsieur? Regardez-moi donc en face. Est-ce que j'ai l'air d'un homme à combinaison ténébreuse? Ma parole d'honneur, je n'ai jamais vu un polichinelle[37] pareil!

35 BOURDON, se contenant, à mi-voix. Comment m'appelez-vous, saltim-banque![38]　　　　　　　　　　(MME VIGNERON se lève pour intervenir.)

TEISSIER. Laissez, madame, ne dites rien. On n'interrompt jamais une conversation d'affaires.

LEFORT, à MME VIGNERON. Je cède la place, madame. Si vous désirez
40 connaître mon projet et les ressources dont je dispose, vous me rappel-

---

[30] 'be specific'　　[31] 'maligned'　　[32] 'it [ill] becomes you'　　[33] 'she is free to do so'　　[34] 'ramblings'　　[35] 'rate'　　[36] 'shady scheme'　　[37] 'buffoon' [38] 'clown'

lerez. Dans le cas contraire, vous auriez l'obligeance de me régler mon mémoire le plus tôt possible. Il faut que je fasse des avances à tous mes clients, moi, tandis qu'un notaire tripote[39] avec l'argent des siens.

(*Il se retire.*)

TEISSIER. Attendez-moi, Lefort, nous ferons un bout[40] de chemin ensemble. (*A* MME VIGNERON.) Je vous laisse avec Bourdon, madame, profitez de ce que vous le tenez.

LEFORT, *revenant.* J'oubliais de vous dire, madame: est-ce avec votre autorisation qu'une Mme de Saint-Genis s'est présentée chez moi?...

MADAME VIGNERON. Elle a été chez tout le monde. Je n'ai autorisé personne, monsieur Lefort, personne, à aller vous voir, et si cette dame revenait...

LEFORT. Cette dame ne reviendra pas. Je lui ai fait descendre mon escalier plus vite qu'elle ne l'avait monté.

TEISSIER, *à* MARIE. Adieu, mademoiselle Marie, portez-vous bien. (*Il la quitte et revient.*) Restez ce que vous êtes. Les amoureux ne vous manqueront pas. Si je n'étais pas si vieux, je me mettrais sur les rangs.[41]

SCENE X

LES MÊMES, *moins* TEISSIER *et* LEFORT

BOURDON. Eh bien, madame?

MADAME VIGNERON. Quelle faute j'ai faite, monsieur Bourdon, en amenant une pareille rencontre.

BOURDON. Je ne regretterai pas cette discussion, madame, si elle vous a éclairée sur vos intérêts.

MADAME VIGNERON. Oubliez ce qui vient de se passer pour voir les choses comme elles sont. M. Lefort est un homme très mal élevé, je vous l'accorde, mais il ne manque ni de bon sens ni de savoir-faire.[1] Il ne nous propose après tout que ce que mon mari eût exécuté lui-même, s'il avait vécu.

BOURDON. Est-ce sérieux, madame, ce que vous me dites là? Vous ne m'avez donc pas entendu apprécier comme elles le méritent les offres de cet architecte?

MADAME VIGNERON. On pourrait en prendre un autre.

BOURDON. Celui-là ne vous suffit pas? (*Pause.*) Approchez, mesdemoiselles, vous n'êtes pas de trop. Votre mère est dans les nuages, aidezmoi à la ramener sur terre. Je vais prendre la situation, madame, aussi belle que possible. Admettons pour un instant que vos terrains vous appartiennent. J'écarte[2] les créanciers hypothécaires[3] qui ont barre[4] sur eux. Savez-vous ce que coûterait l'achèvement de vos maisons qui sont

---

[39] 'speculates'   [40] 'stretch'   [41] 'would enter the lists'
[1] 'skill'   [2] 'I leave out of account'   [3] 'mortgage holders'   [4] 'a prior claim'

à peine commencées? Quatre à cinq cent mille francs! Vous pensez bien
que M. Lefort n'a pas cette somme. Vous ne comptez pas sur moi pour
la trouver. Et alors même que vous la trouveriez chez moi ou ailleurs,
conviendrait-il bien à une femme, permettez-moi de vous dire ça, de se
5 mettre à la tête de travaux considérables et de se jeter dans une entreprise dont on ne voit pas la fin? Cette question que je vous pose est si
sérieuse, que si elle venait devant le conseil de famille[5] qui sera chargé de
vous assister dans la tutelle[6] de vos enfants mineurs, on pourrait s'opposer à ce que le patrimoine de ces enfants, si petit qu'il sera, fût aven-
10 turé[7] dans une véritable spéculation. (*Solennellement.*) Moi, membre
d'un conseil de famille, chargé des intérêts d'un mineur, la chose la plus
grave qu'il y ait au monde, je m'y opposerais. (*Silence.*) Vous voilà
avertie, madame. En insistant davantage, j'outrepasserais[8] les devoirs
de mon ministère.[9] Vous savez où est mon étude, j'y attendrai main-
15 tenant vos ordres.   (*Il sort.*)

SCENE XI

Madame Vigneron, Marie, Blanche, Judith

Madame Vigneron. Causons un peu, mes enfants. Ne parlons pas
toutes à la fois et tâchons de nous entendre. M. Lefort...

Judith, *l'interrompant.* Oh! M. Lefort!

Madame Vigneron. Tu ne sais pas encore ce que je veux dire.
20 M. Lefort s'exprime très grossièrement peut-être, mais je crois qu'il a du
cœur et de la loyauté.

Judith. Je crois tout le contraire.

Madame Vigneron. Pourquoi?

Judith. Je lui trouve les allures[1] d'un charlatan.

25 Madame Vigneron. Ah! Et toi, Blanche, est-ce que tu trouves à
M. Lefort les allures d'un charlatan?

Blanche. Oui, un peu, Judith n'a pas tort.

Madame Vigneron. C'est bien. Dans tous les cas, ses conseils me
paraissent préférables à ceux de M. Bourdon qui ne demande en réalité
30 qu'à vendre nos terrains. Quel est ton avis, Marie?

Marie. Je n'en ai pas jusqu'à présent.

Madame Vigneron. Nous voilà bien avancées, mon enfant. Parle-
nous alors de M. Teissier.

Marie. Il me semble que sans brusquer[2] rien et avec des égards[3] pour
35 M. Teissier, on obtiendrait quelque chose de lui.

---

[5] 'family council,' whose decisions regarding minors may be held binding under French
law   [6] 'guardianship'   [7] 'should be risked'   [8] 'would exceed'
[9] 'office'
       [1] 'manner'   [2] 'rushing'   [3] 'deference'

BLANCHE. Qu'est-ce que tu dis, Marie? M. Teissier est l'homme le plus faux et le plus dangereux qu'il y ait au monde.

MADAME VIGNERON. Judith?

JUDITH. Je ne sais pas qui a raison de Marie ou de Blanche, mais, à mon sens,[4] nous ne devons compter que sur M. Bourdon.

MADAME VIGNERON. Je ne pense pas comme toi, mon enfant. M. Bourdon! M. Bourdon! Il y a une question d'abord que M. Bourdon devait me faire et il ne paraît pas y avoir songé. Ensuite, j'ai remarqué beaucoup d'obscurité dans ses paroles. Qu'est-ce que c'est que cette phrase que je me rappelle: Catilina est aux portes de Rome? (*A* MARIE.) As-tu compris ce qu'il a voulu dire?

MARIE. Oui, j'ai compris.

MADAME VIGNERON. Tu as compris? C'est bien vrai? N'en parlons plus, vous êtes plus savantes que moi. Mais M. Bourdon aurait pu me parler de Catilina tout à son aise[5] et me demander si nous avions besoin d'argent. Regardez-moi, mes enfants. S'il faut vendre les terrains, on les vendra. Ce qui sera perdu, sera perdu. Mais écoutez bien votre mère; ce qu'elle dit une fois est dit pour toujours. Moi, vivante, on ne touchera pas à la fabrique!

MARIE. Tu te trompes, maman.

MADAME VIGNERON. Moi, vivante, on ne touchera pas à la fabrique!

MARIE. M. Teissier peut la vendre demain. Il y a une loi qui l'autorise à le faire.

MADAME VIGNERON. Moi, vivante...

MARIE. Il y a une loi.

BLANCHE et JUDITH. S'il y a une loi.

MADAME VIGNERON. Tenez, laissez-moi tranquille avec votre loi. Si je devais passer beaucoup de journées comme celle-ci, mes enfants, mes forces n'y résisteraient pas; vous n'auriez plus ni père ni mère avant peu.[6]   (*Elle va tomber en pleurant sur le canapé.*)

AUGUSTE, *entrant.* Voici des lettres pour madame.

MADAME VIGNERON, *à* MARIE. Prends ces lettres, et lis-les-moi, mon enfant.

MARIE. C'est une lettre de la couturière:[7]

«Madame, nous avons l'honneur de vous remettre votre facture[8] dans notre maison, en prenant la liberté de vous faire remarquer qu'elle dépasse[9] le chiffre ordinaire de nos crédits. Notre caissier[10] aura l'honneur de se présenter chez vous demain. Agréez,[11] madame, nos respectueuses salutations. *P.S.* Nous appelons votre attention, madame, sur une étoffe toute nouvelle, dite «deuil[12] accéléré», que les

---

[4] 'in my opinion'   [5] 'at his pleasure'   [6] 'before long'   [7] 'dressmaker'
[8] 'bill'   [9] 'exceeds'   [10] 'cashier'   [11] 'please accept'
[12] 'mourning'

jeunes femmes portent beaucoup et qui peut convenir également aux demoiselles.»   (Marie *ouvre et lit une seconde lettre.*)

«Madame, M. Dubois par la présente[13] vous autorise à sous-louer votre appartement, ce qui ne vous sera pas bien difficile, moyen-

5 nant[14] un léger sacrifice. M. Dubois aurait voulu faire plus, il ne le peut pas. S'il admettait avec vous, madame, qu'un bail[15] se trouve résilié[16] par la mort du locataire,[17] M. Dubois établirait dans sa maison un précédent qui pourrait le mener loin et dont on serait tenté d'abuser.»   (*Troisième lettre.*)

10 «Madame, j'ai envoyé chez vous la semaine dernière pour toucher[18] ma note et vos domestiques ont répondu assez brutalement à la jeune fille qui se présentait de ma part qu'on passerait payer. Ne voyant venir personne, je ne sais à quoi attribuer un retard qui ne peut pas se prolonger plus longtemps. Je ne cours pas après les pratiques,[19]

15 vous le savez, madame, pas plus que je ne fais de la réclame[20] dans les journaux; je laisse ça aux grandes maisons de Paris que l'on paye en conséquence. Si j'arrive à confectionner[21] des chapeaux qui étonnent par leur bon marché, leur fraîcheur et leur distinction, je ne le dois qu'à mon activité commerciale et à la régularité de mes

20 encaissements.»[22]

(Marie *se dispose à lire une quatrième lettre;* Mme Vigneron *l'arrête et se remet à pleurer; les jeunes filles se regardent sans mot dire, en secouant la tête, dans des attitudes inquiètes et attristées. La toile*[23] *tombe.*)

ACTE III

Même décor

SCENE PREMIERE

Madame de Saint-Genis, Rosalie

Rosalie. Asseyez-vous, madame.

Madame de Saint-Genis, *hésitante et contrariée.*[1] Je ne sais.

Rosalie. Faites comme je vous dis, madame, placez-vous là, bien à votre aise, vos jolis petits pieds sur ce coussin.

25 Madame de Saint-Genis. Ne me pressez pas, Rosalie; je calcule ce qui est le plus sage, ou d'attendre ou de revenir.

Rosalie. Attendez, madame, obéissez-moi. Vous me fâcheriez avec Blanchette si je vous laissais partir sans qu'elle vous ait embrassée.

---

[13] 'present [letter]'   [14] 'in return for'   [15] 'lease'   [16] 'cancelled'
[17] 'tenant'   [18] 'collect'   [19] 'customers'   [20] 'advertising'   [21] 'make'
[22] 'collections'   [23] 'curtain'
[1] 'annoyed'

MADAME DE SAINT-GENIS. Blanche m'embrassera un peu plus tard. C'est elle justement que je venais voir et à qui je voulais parler très sérieusement. Je ne pensais pas que Mme Vigneron aurait du monde à déjeuner.

ROSALIE. Du monde, non, il n'y a pas de monde.

MADAME DE SAINT-GENIS. Ces dames sont à table, c'est bien ce que vous venez de me dire?

ROSALIE. Oui.

MADAME DE SAINT-GENIS. Elles ne sont pas seules?

ROSALIE. Non.

MADAME DE SAINT-GENIS. Elles ont donc quelqu'un avec elles.

ROSALIE. Oui. (*Bas.*) M. Teissier.

MADAME DE SAINT-GENIS. Ah! M. Teissier. (*Se rapprochant de* ROSALIE.) Il vient maintenant dans la maison?

ROSALIE. Plus qu'on ne voudrait.

MADAME DE SAINT-GENIS. On lui fait bonne mine[2] cependant?

ROSALIE. Il le faut bien. Ces demoiselles ont beau ne pas l'aimer, le besoin de s'entendre avec lui est le plus fort.

MADAME DE SAINT-GENIS. S'entendre? A quel sujet?

ROSALIE. Pour leur fortune.

MADAME DE SAINT-GENIS. Oui, Rosalie, pour leur fortune (*elle la quitte*) ou pour la sienne.

ROSALIE. Vous restez, n'est-ce pas, madame?

MADAME DE SAINT-GENIS. Non, je m'en vais. Je n'hésite plus maintenant. M. Teissier est là, ces dames ont des affaires avec lui, quelles affaires? je ne veux gêner personne ni pénétrer aucun mystère.

(*Elle se dirige vers la porte.*)

ROSALIE. Madame reviendra?

MADAME DE SAINT-GENIS. Je reviendrai.

ROSALIE. Sûrement?

MADAME DE SAINT-GENIS. Sûrement. Ecoutez, Rosalie. Si Mme Vigneron et ses filles, Blanche exceptée bien entendu, veulent sortir, qu'elles sortent, qu'elles ne se gênent pas. C'est Blanche seulement qui doit m'attendre et avec qui je veux causer une fois pour toutes. Dites-lui donc un peu,[3] vous, sa vieille bonne,[4] qu'elle se calme..., qu'elle réfléchisse..., qu'elle se résigne..., ce n'est pas ma faute si son père est mort..., elle se rend compte des embarras pécuniaires où elle se trouve et dont mon fils ne peut pas être responsable..., il ne le peut pas... en aucun cas... Hein? Rosalie, comprenez-vous ce que je vous demande?

ROSALIE. Sans doute, madame, je comprends, mais ne comptez pas sur moi pour affliger ma petite Blanchette.

---

[2] i.e. he is well received   [3] 'just tell her'   [4] 'servant'

MADAME DE SAINT-GENIS. Tenez, on vous sonne. Voyez ce qu'on vous veut, je retrouverai mon chemin pour m'en aller.

ROSALIE, *seule.* Elle me fait peur, cette femme-là. Je me signe[5] chaque fois qu'elle entre et qu'elle sort.

(*La troisième porte du fond, à droite, s'ouvre; entrent* TEISSIER, *le bras passé à celui de* MARIE,[6] Mme VIGNERON *derrière eux;* JUDITH *vient après,* BLANCHE *la dernière;* ROSALIE *s'est rangée*[7] *pour les laisser passer; elle arrête* BLANCHE, *la rajuste*[8] *et l'embrasse; elle sort par la porte ouverte et la referme.*)

SCENE II

TEISSIER, MADAME VIGNERON, MARIE, BLANCHE, JUDITH

5   TEISSIER. Vous voulez bien que je m'appuie un peu sur vous. Je n'ai pas l'habitude de déjeuner si copieusement et avec de si jolies personnes. (*S'arrêtant.*) Qu'est-ce que j'ai dit à table?

MARIE. Différentes choses.

TEISSIER. Qui portaient?[1]

10   MARIE. Sur la vie en général.

TEISSIER. A-t-on parlé de vos affaires?

MARIE. Il n'en a pas été question.

(*Ils reprennent leur marche en inclinant vers la droite;* MARIE *se dégage et s'éloigne.*)

TEISSIER, *revenant à elle.* Elles sont bien, vos sœurs, l'aînée surtout, qui a des avantages. C'est vous pourtant que je préfère. Je n'ai pas tou-
15 jours été vieux. Je sais distinguer encore la brune d'avec la blonde. Vous me plaisez beaucoup, vous entendez.

MARIE. Tournez-vous un peu du côté de ma mère.

TEISSIER. Dites-moi, madame, pourquoi M. Gaston, qui fait si bien les lettres de change, n'a-t-il pas déjeuné avec nous?

20   MADAME VIGNERON, *avec émotion.* Mon fils s'est engagé.[2]

TEISSIER. Il est soldat. C'est bien le meilleur parti[3] qu'il pouvait prendre. Un soldat est logé, nourri, chauffé aux frais du gouvernement. Qu'est-ce qu'il risque? De se faire tuer. Alors il n'a plus besoin de rien.

MADAME VIGNERON. Mon fils a fait ce qu'il a voulu, il regrettera plus
25 tard la décision qu'il a prise. Je me serais entendu avec vous, monsieur Teissier, pour le placer dans la fabrique, et si cette fabrique, comme je le crois, ne sort pas de vos mains et des nôtres, Gaston, dans quelques années, aurait succédé à son père.   (*Un temps.*[4])

TEISSIER. Avez-vous vu Bourdon?

---

[5] 'cross myself'   [6] 'arm in arm with Marie'   [7] 'has stepped aside'   [8] 'fusses over her clothes'
[1] 'concerned'   [2] 'has enlisted'   [3] 'course'   [4] 'pause'

Madame Vigneron. Non. Est-ce que nous devions le voir?

Teissier, *embarrassé, sans répondre, revenant à* Marie. Elles sont bien, vos sœurs, mais ce sont des Parisiennes, ça se voit tout de suite. Pas de fraîcheur. On ne dirait pas, en vous regardant, que vous avez été élevée avec elles. J'ai des roses, l'été, dans mon jardin, qui n'ont pas de plus belles couleurs que vos joues. Il faudra que vous veniez, avec votre mère et vos sœurs, visiter ma maison de campagne. Vous n'êtes plus des enfants, vous n'abîmerez[5] rien. Vous déjeunerez chez vous avant de partir et vous serez rentrées pour l'heure du dîner. Vous n'avez pas beaucoup de distractions, ça vous en fera une.

Marie. Ne comptez pas, monsieur Teissier, que nous allions vous voir avant d'être un peu plus tranquilles. Notre situation, vous le savez, n'a pas fait un pas;[6] elle se complique, voilà tout. Nous sommes tourmentées aujourd'hui par d'anciens fournisseurs[7] qui sont devenus des créanciers très impatients.

Teissier, *embarrassé, sans répondre, revenant à* Mme Vigneron. Si vous êtes appelée par vos occupations, madame, ne vous dérangez pas pour moi; vos demoiselles me tiendront compagnie jusqu'au moment de mon départ.

Madame Vigneron. Restez autant que vous voudrez, nous ne vous renvoyons pas. (*Allant à* Marie.) As-tu parlé à M. Teissier?

Marie. Non, pas encore.

Madame Vigneron. Ça te coûte?[8]

Marie. Oui, ça me coûte. Douze mille francs, la somme est grosse à demander.

Madame Vigneron. Ne la demandons pas.

Marie. Et demain, où en serons-nous, si cette couturière met sa note chez un huissier?[9] Elle le fera comme elle le dit.

Madame Vigneron. Veux-tu que je prenne M. Teissier à part et que je t'évite une explication avec lui?

Marie. Non. C'est un moment de courage à avoir, je l'aurai.

Teissier. *Il est assis sur le canapé auprès de* Judith. Alors vous faites bon ménage[10] avec vos sœurs?

Judith. Très bon ménage.

Teissier. Quelle est la plus sensée de vous trois?

Judith. Marie.

Teissier. Mlle Marie. (*Il la regarde.*) Pense-t-elle beaucoup à se marier?

Judith. Elle n'en parle jamais.

Teissier. Cependant on la trouve jolie?

Judith. Elle est plus que jolie, elle est charmante.

---

[5] 'will not damage' [6] 'has not improved' [7] 'tradespeople' [8] i.e. do you find it difficult? [9] 'bailiff' [10] i.e. get on well

TEISSIER. Précisément. (*Il regarde* MARIE *une second fois.*) Ce n'est pas un fuseau[11] comme la plupart des jeunes filles et ce n'est pas non plus une commère.[12] A-t-elle le caractère bien fait?[13]

JUDITH. Très bien fait.

TEISSIER. Des goûts simples?

JUDITH. Très simples.

TEISSIER. Est-ce une femme à rester chez elle et à soigner une personne âgée avec plaisir?

JUDITH. Peut-être.

TEISSIER. On pourrait lui confier les clefs d'une maison sans inquiétude? (JUDITH *le regarde avec étonnement.*) Qu'est-ce que fait donc Mlle Marie? Pourquoi ne vient-elle pas causer avec moi? (*Se levant; à* JUDITH.) Je ne vous retiens plus, mademoiselle. Allez là-bas (*il lui montre* BLANCHE) près de votre sœur qui a l'air d'être en pénitence.[14] (MARIE *s'est approchée, il la joint sur le devant de la scène.*) Ce petit ouvrage que vous tenez là s'appelle?

MARIE. Une bourse tout simplement.

TEISSIER. Elle est destinée?

MARIE. A une vente de pauvres.[15]

TEISSIER. De pauvres? J'ai bien entendu. Vous travaillez pour eux pendant qu'ils ne font rien.

MARIE. Ma mère, monsieur Teissier, m'a chargée d'une demande qu'elle n'a pas osé vous faire elle-même.

TEISSIER. Qu'est-ce qu'il y a?

MARIE. Il semble, je vous le disais tout à l'heure, que nos fournisseurs se soient donné le mot.[16] Autrefois nous ne pouvions pas obtenir leurs notes,[17] c'est à qui maintenant[18] sera payé le premier.

TEISSIER. Ces gens sont dans leur droit, si ce qu'ils réclament leur est dû.

MARIE. Nous n'avons pas malheureusement la somme nécessaire pour en finir avec eux. Une somme assez importante. Douze mille francs. Consentez, monsieur Teissier, à nous les prêter encore; vous nous délivrerez de petites inquiétudes qui sont quelquefois plus terribles que les grandes. (*Un temps.*)

TEISSIER. Avez-vous vu Bourdon?

MARIE. Non; est-ce que nous devions voir M. Bourdon?

TEISSIER. Vous pensez bien que cet état de choses ne peut pas durer, ni pour vous ni pour moi. Douze mille francs que vous me demandez et vingt mille qu'on me doit déjà, total: trente-deux mille francs qui seront sortis de ma caisse. Je ne risque rien sans doute. Je sais où retrouver

[11] 'spindle' [12] 'great hulk of a woman' [13] 'is she good-tempered?' [14] 'in disgrace' [15] 'charity sale' [16] 'have passed the word around' [17] 'bills' [18] 'now it is a question as to who'

cette somme. Il faudra bien pourtant qu'elle me rentre.[19] Vous ne vous étonnerez pas en apprenant que j'ai pris mes mesures en conséquence. Ne pleurez pas; ne pleurez pas. Vous serez bien avancée,[20] quand vous aurez les yeux battus[21] et les joues creuses.[22] Gardez donc ce qui est bien à vous, vos avantages de vingt ans; une fillette de votre âge, fraîche et florissante, n'est malheureuse que quand elle le veut bien; vous me comprenez, que quand elle le veut bien. (*Il la quitte brusquement, prend son chapeau et va à* Mme Vigneron.) Votre seconde fille vient de me dire que vous aviez besoin de douze mille francs. N'ajoutez rien, c'est inutile. Vous attendez sans doute après,[23] je vais vous les chercher.

(*Il sort précipitamment.*)

SCENE III

Les mêmes, *moins* Teissier

Madame Vigneron. Merci, ma chère Marie. On est si bête et si honteuse quand il faut obtenir de l'argent de ce vieux bonhomme;[1] je crois bien qu'au dernier moment j'aurais reculé[2] à lui en demander.

Marie. C'est fait.

Madame Vigneron. Judith?... Où vas-tu, mon enfant?

Judith. Je vous laisse, j'ai besoin de me reposer.

Madame Vigneron. Reste ici, je te prie.

Judith. Mais, maman...

Madame Vigneron, *impérieusement.* Reste ici. (Judith *obéit à contre-cœur[3] et se rapproche de sa mère.*) Notre situation est grave, n'est-ce pas? Elle t'intéresse? Nous n'en parlerons jamais assez.

Judith. A quoi bon en parler? Nous répétons toujours les mêmes choses sans prendre la plus petite détermination. Il faudrait une autre femme que toi, vois-tu, pour nous tirer de l'impasse où nous sommes.

Madame Vigneron. Dis-moi tout de suite que je ne fais pas mon devoir.

Judith. Je ne dis pas cela. Ce n'est pas ta faute si tu n'entends rien aux affaires.

Madame Vigneron. Charge-t'en, toi, alors, de nos affaires.

Judith. Dieu m'en garde! Je perds la tête devant une addition.

Madame Vigneron. On ne te demande pas de faire une addition. On te demande d'être là, de prendre part à ce qui se dit, et de donner ton avis quand tu en as un.

Judith. Vous le connaissez, mon avis, il ne changera pas. Nous ne ferons rien et il n'y a rien à faire.

[19] 'I shall have to be reimbursed however'   [20] 'much good will it do you'
[21] i.e. circles round your eyes   [22] 'hollow'   [23] 'no doubt you are in a hurry for them'
[1] 'fellow'   [2] 'would have drawn back'   [3] 'reluctantly'

Madame Vigneron. Cependant, mon enfant, si on nous vole?

Judith. Eh bien! on nous volera. Ce n'est ni toi ni moi qui l'empêcherons. Ce n'est pas Marie non plus. Elle doit bien voir maintenant que nous reculons pour mieux sauter.[4] J'aimerais mieux mille fois, mille
5 fois, en finir dès demain et prendre ce qu'on nous laisse, puisqu'on veut bien nous laisser quelque chose. Quand le passé ne nous occuperait plus, nous penserions à l'avenir.

Madame Vigneron. Tu en parles bien légèrement, mon enfant, de l'avenir.

10 Judith. Il me préoccupe, mais il ne m'épouvante pas. C'est Blanche que je trouve de beaucoup la plus malheureuse. Elle perd un mari qui lui plaisait.

Marie. Rien ne dit qu'elle le perdra.

Judith. Tout le dit, au contraire. Blanche ne se mariera pas, c'est
15 clair comme le jour. A sa place, je n'attendrais pas que M. de Saint-Genis me redemandât sa parole,[5] je la lui rendrais moi-même.

Madame Vigneron. Regarde, mon enfant, que de sottises tu as dites en cinq minutes. Tu m'as blessée d'abord, tu as découragé une de tes sœurs et tu fais pleurer l'autre.

20 Judith, *allant à* Blanche. Tu m'en veux?

Blanche. Non, je ne t'en veux pas. Tu parles de M. de Saint-Genis sans le connaître. J'étais très heureuse de lui apporter une dot, je l'ai perdue, il ne m'en aime pas moins et me témoigne[6] le même désir de m'épouser. Les difficultés viennent de sa mère. Une mère cède tôt ou
25 tard; Mme de Saint-Genis fera comme toutes les autres. (*Changeant de ton.*) Elle trouvera plus sage de nous donner son consentement, quand elle nous verra résolus à nous en passer.[7] Tu as raison, ma grande sœur, en disant que nous ne nous défendons pas bien sérieusement; mais cette décision qui nous manque dans nos affaires, je l'aurai, moi, je te le
30 promets, pour mon mariage.

Madame Vigneron. Ah çà! mes enfants, je ne vous comprends pas. Vous parlez toujours de décision, nous manquons de décision, il faudrait de la décision, vous ne dites pas autre chose, et, quand je vous propose une véritable mesure, vous êtes les premières à m'en détourner.[8] Voulez-
35 vous, oui ou non, renvoyer M. Bourdon et le remplacer?

Marie. Par qui?

Madame Vigneron. Par qui? Par le premier venu.[9] (*A* Judith.) Par ce monsieur qui nous a envoyé sa carte.

Judith. Prenons ce monsieur, je le veux bien.

40 Marie. Et moi je m'oppose à ce qu'on le prenne.

---

[4] i.e. we are jumping from the frying-pan into the fire from his promise'   [6] 'shows'   [7] 'do without it'   [5] 'should ask to be released   [8] 'dissuade me from it'
[9] i.e. anyone

MADAME VIGNERON. Eh bien! mes enfants, c'est votre mère qui vous mettra d'accord. Si M. Bourdon me dit encore un mot, un seul, qui ne me paraisse pas à sa place, je le congédie[10] et j'envoie chercher ce monsieur. Où est-elle d'abord, la carte de ce monsieur? (*Silence*.) Cherche dans ce meuble, Judith, et cherche avec soin. Marie, va au piano, cette carte s'y trouve peut-être. Et toi aussi, Blanche, fais quelque chose, regarde sur la cheminée. (*Nouveau silence*.) Ne cherchez plus, mes enfants, j'avais cette carte dans ma poche. (*A* JUDITH.) Pourquoi ris-tu?

JUDITH. Je ris en pensant que nos adversaires savent ce qu'ils font de leurs instruments.[11]

MADAME VIGNERON, *tristement*. Est-ce que tu vas recommencer?

JUDITH. Non, je ne vais pas recommencer et je te demande pardon. Si je m'emporte,[12] c'est bien malgré moi. Je voudrais que toutes ces affaires fussent finies, parce qu'elles nous irritent, parce qu'elles nous aigrissent,[13] parce qu'au lieu de batailler avec les autres nous nous querellons entre nous. On pourrait croire que nous nous aimions davantage quand nous étions plus heureuses et c'est le contraire qui est la vérité.

(*Elle embrasse sa mère;* MARIE *et* BLANCHE *se sont rapprochées; émotion générale*.)

ROSALIE, *entrant*. M. Bourdon, madame.

JUDITH. Cette fois je me sauve.[14]

MADAME VIGNERON. Allez vous reposer, mes enfants, je vais recevoir M. Bourdon.

SCENE IV

MADAME VIGNERON, BOURDON

BOURDON. Mon intention, madame, après l'inutilité de mes conseils, était de laisser aller les choses et de vous voir venir[1] quand vous le jugeriez à propos. Je ne suis donc pour rien,[2] croyez-le, dans la mauvaise nouvelle qu'on m'a chargé de vous annoncer.

MADAME VIGNERON. Je commence à m'y faire,[3] monsieur Bourdon, aux mauvaises nouvelles.

BOURDON. Il le faut, madame, il le faut. Au point où vous en êtes, le courage et la résignation sont de première nécessité.

MADAME VIGNERON. Il me semble, monsieur Bourdon, que mes affaires vont vous donner bien du mal pour le peu de profit que vous en tirerez. On m'a parlé justement d'une personne, très honorable et très intelligente, qui consentirait à s'en charger.

---

[10] 'dismiss him'   [11] 'documents'   [12] 'lose my temper'   [13] 'embitter us'
[14] 'I am off'
[1] i.e. let you make the first advance   [2] 'so I am not concerned'   [3] 'accustom myself'

BourdON. Très bien, madame, très bien. Il eût été plus convenable peut-être de m'éviter cette visite en m'informant plus tôt de votre résolution. Peu importe. Dois-je envoyer ici tous vos papiers ou bien les fera-t-on prendre à mon étude?

5 MadAME VignerON, *troublée.* Mais je ne suis pas engagée encore avec cette personne; attendez; rien ne presse.

BourdON. Si, madame, si, tout presse au contraire, et puisque vous avez trouvé, me dites-vous, un homme capable, expérimenté,[4] consciencieux, quelque agent d'affaires[5] probablement, il n'a pas de temps à
10 perdre pour étudier une succession dont il ne sait pas le premier mot.

MadAME VignerON. Qui vous dit que ce soit un agent d'affaires?

BourdON. Je le devine. Y a-t-il de l'indiscrétion à vous demander le nom de cette personne? (Mme VignerON, *après avoir hésité, tire la carte de sa poche et la lui remet; il sourit.*) Un dernier avis, voulez-vous, ma
15 dame? vous en ferez ce que vous voudrez. Duhamel, dont voici la carte, est un ancien avoué qui a dû se démettre de sa charge après malversations.[6] Vous ignorez peut-être que dans la compagnie des avoués comme dans celle des notaires, les brebis galeuses[7] sont expulsées impitoyablement. Duhamel, après cette mésaventure, a établi aux abords[8] du Palais
20 de Justice un cabinet d'affaires.[9] Ce qui se passe là, je ne suis pas chargé de vous le dire, mais vous viendrez dans quelque temps m'en donner des nouvelles.[10]

MadAME VignerON. Déchirez cette carte, monsieur Bourdon, et dites-moi l'objet de votre visite.

25 BourdON. Vous mériteriez bien, madame, qu'on vous laissât entre les mains de ce Duhamel. Il n'aurait qu'à s'entendre avec un autre coquin[11] de son espèce, Lefort, par exemple, et la succession de M. Vigneron y passerait tout entière. Vous m'en voulez de ce que je ne partage pas vos illusions. Ai-je bien tort? Jugez-en vous-même. Devant l'obs
30 tination que vous mettez et que je déplore à conserver vos terrains, je devais me rendre un compte exact de leur situation. Je me suis aperçu alors, en remuant la masse des hypothèques, que l'une d'elles arrivait à son échéance.[12] J'ai écrit aussitôt pour en demander le renouvellement, on refuse. C'est soixante et quelques mille francs qu'il va falloir rem
35 bourser à bref délai.

MadAME VignerON. Qu'allons-nous faire?

BourdON. Je vous le demande. Ce n'est pas tout. Le temps passe, vous serez en mesure pour[13] les frais de succession?

MadAME VignerON. Mais, monsieur Bourdon, nos immeubles, à votre

---

[4] 'experienced'   [5] 'business agent'   [6] 'had to resign his office for embezzlement'   [7] i.e. black sheep   [8] 'neighborhood'   [9] 'agency'
[10] i.e. but you will find out soon enough   [11] 'rascal'   [12] 'was about to fall due'
[13] 'will you be prepared to meet'

avis, ne valent rien; où il n'y a rien, l'enregistrement[14] ne peut pas réclamer quelque chose.

BOURDON. C'est une erreur. L'enregistrement ne s'égare pas[15] dans
une succession; il touche son droit sur ce qu'il voit, sans s'occuper de ce
qui peut être dû.

MADAME VIGNERON. En êtes-vous sûr?

BOURDON. Quelle question me faites-vous là, madame? Mon dernier
clerc,[16] un bambin[17] de douze ans, sait ces choses-là aussi bien que moi.
Voyez comme nous sommes malheureux avec des clients tels que vous,
très respectables sans aucun doute, mais aussi trop ignorants. Si ce
point par mégarde[18] n'avait pas été traité entre nous, et que plus tard,
dans les comptes qui vous seront remis après la vente de vos immeubles
qui est inévitable, vous eussiez trouvé: droits de l'enregistrement, tant;
qui sait? vous vous seriez dit peut-être: M. Bourdon a mis cette somme-là
dans sa poche.

MADAME VIGNERON. Jamais une pareille pensée ne me serait venue.

BOURDON. Eh! madame, vous me soupçonnez bien un peu de ne pas
remplir mes devoirs envers vous dans toute leur étendue,[19] l'accusation
est aussi grave. Laissons cela. Pendant que vous vous agitez sans rien
conclure, attendant je ne sais quel événement qui ne se présentera pas,
Teissier, lui, avec ses habitudes d'homme d'affaires, a marché de l'avant.[20]
Il a remis la fabrique entre les mains des experts, ces messieurs ont
terminé leur rapport, bref, Teissier vient de m'envoyer l'ordre de mettre
en vente votre établissement.

MADAME VIGNERON. Je ne vous crois pas.

BOURDON. Comment, madame, vous ne me croyez pas? (*Il tire une
lettre de sa poche et la lui donne.*) La lettre de Teissier est fort claire; il
met les points sur les *i*, suivant son habitude.

MADAME VIGNERON. Laissez-moi cette lettre, monsieur Bourdon?

BOURDON. Je ne vois pas ce que vous en ferez et elle doit rester dans
mon dossier.[21]

MADAME VIGNERON. Je vous la ferai remettre aujourd'hui même, si
M. Teissier persiste dans sa résolution.

BOURDON. Comme vous voudrez.

MADAME VIGNERON. Vous ignorez, monsieur Bourdon, que nos rapports avec M. Teissier sont devenus très amicaux.

BOURDON. Pourquoi ne le seraient-ils pas?

MADAME VIGNERON. Mes filles lui ont plu.

BOURDON. C'est bon, cela, madame, c'est très bon.

MADAME VIGNERON. Il a déjeuné ici ce matin même.

---

[14] 'fiscal authorities'   [15] i.e. do not lose sight of their main object   [16] 'the humblest
of my clerks'   [17] 'child'   [18] 'inadvertently'   [19] 'extent'   [20] i.e. has
not stood still   [21] 'files'

BOURDON. Je serais plus surpris si vous eussiez déjeuné chez lui.

MADAME VIGNERON. Enfin, nous avons dû faire part à[22] M. Teissier de nos embarras, et il a consenti à nous avancer une somme assez importante, qui n'était pas la première.

5 BOURDON. Pourquoi demandez-vous de l'argent à Teissier? Est-ce que je ne suis pas là? Je vous l'ai dit, madame; vous ne trouveriez pas chez moi quatre ou cinq cent mille francs pour des constructions imaginaires. Teissier ne vous les offre pas non plus, j'en suis bien sûr. Mais c'est moi, c'est votre notaire qui doit parer[23] à vos besoins de tous 10 les jours, et vous m'auriez fait plaisir de ne pas attendre que je vous le dise.

MADAME VIGNERON. Pardonnez-moi, monsieur Bourdon, j'ai douté de vous un instant. Il ne faut pas m'en vouloir, ma tête se perd dans toutes ces complications et vous avez bien raison de le dire, je ne suis 15 qu'une ignorante. Si je m'écoutais,[24] je resterais dans ma chambre à pleurer mon mari; mais que dirait-on d'une mère qui ne défend pas le bien de ses enfants? (*Elle sanglote et va tomber en pleurant sur le canapé.*)

BOURDON, *la rejoignant, à mi-voix.* Je me fais fort[25] d'obtenir de Teissier qu'il remette à un autre temps la vente de la fabrique, mais à une 20 condition: vous vous déferez[26] de vos terrains. (*Elle le regarde fixement.*) Cette condition, qui est toute à votre avantage, vous comprenez bien pourquoi je vous l'indique. Je n'entends pas me donner de la peine inutilement et servir vos intérêts sur un point, pendant que vous les compromettez sur un autre. (*Pause.*)

25 MADAME VIGNERON, *à* ROSALIE *qui est entrée.* Qu'est-ce qu'il y a, Rosalie?

ROSALIE. C'est M. Merckens qui vient vous voir, madame.

MADAME VIGNERON, *se levant.* C'est bien. Fais entrer. (*A* BOURDON.) M. Merckens vous tiendra compagnie un instant, voulez-vous, pendant 30 que j'irai consulter mes filles?

BOURDON. Allez, madame, allez consulter vos filles.

(*Elle sort par la porte de gauche.*)

SCENE V

BOURDON, MERCKENS

MERCKENS, *entrant.* Tiens! monsieur Bourdon. (*Il va à lui.*)

BOURDON. Bonjour, jeune homme. (*Ils se donnent la main.*) Qu'êtes-vous devenu depuis ce mauvais dîner que je vous ai fait faire?

35 MERCKENS. Le dîner n'était pas mauvais, nous le prenions malheureusement après un fichu[1] spectacle.

---

[22] 'had to inform' [23] 'provide' [24] 'had my own way' [25] 'I can undertake'
[26] 'will get rid'
[1] 'awful'

BOURDON. En effet. Ce pauvre M. Vigneron qu'on venait de rapporter sous nos yeux...

MERCKENS. Quelle idée avez-vous eue de m'emmener au restaurant ce jour-là?

BOURDON. L'idée venait de vous. Vous m'avez dit, en descendant, sous la porte cochère:[2] Rentrer chez soi, en cravate blanche et l'estomac vide, je n'aime pas beaucoup ça. Je vous ai répondu: Allons dîner, nous ferons quelque chose le soir. Eh bien! nous n'avons mangé que du bout des lèvres[3] et nous ne demandions qu'à aller nous coucher. Voyez-vous, on est toujours plus sensible[4] qu'on ne croit à la mort des autres, et surtout à une mort violente; on pense malgré soi qu'un accident pareil peut vous arriver le lendemain et l'on n'a pas envie de rire.

MERCKENS. Vous attendez Mme Vigneron?

BOURDON. Oui, je ne devrais pas l'attendre; mais Mme Vigneron n'est pas une cliente ordinaire pour moi, je la gâte. Vous ne donnez plus de leçons ici, je suppose?

MERCKENS. Mlle Judith les a interrompues depuis la mort de son père.

BOURDON. Si vous m'en croyez, vous ne compterez plus sur cette élève et vous vous pourvoirez ailleurs.[5]

MERCKENS. Pourquoi?

BOURDON. Je me comprends[6]... Les circonstances nouvelles où se trouve cette famille vont lui commander de grandes économies dans son budget.

MERCKENS. Non.

BOURDON. Si.

MERCKENS. Sérieusement?

BOURDON. Très sérieusement.   (*Un temps.*)

MERCKENS. M. Vigneron était riche cependant.

BOURDON. M. Vigneron n'était pas riche; il gagnait de l'argent, voilà tout.

MERCKENS. Il ne le dépensait pas.

BOURDON. Il l'aventurait,[7] c'est quelquefois pis.

MERCKENS. Je croyais que ce gros papa[8] aurait laissé une fortune à sa femme et à ses enfants.

BOURDON. Une fortune! Vous me rendriez service en m'indiquant où elle se trouve. La famille Vigneron, d'un moment à l'autre, va se trouver dans une situation très précaire et je puis le dire, sans faire sonner[9] mon dévouement pour elle, si elle sauve une bouchée[10] de pain, c'est à moi qu'elle le devra.

---

[2] 'carriage-entrance'   [3] i.e. we barely touched our food   [4] 'affected'   [5] i.e. will go elsewhere   [6] 'I know what I am saying'   [7] 'risked it'   [8] 'old chap'
[9] 'bragging about'   [10] 'mouthful'

MERCKENS. Pas possible!

BOURDON. C'est ainsi, jeune homme. Gardez cette confidence pour vous et profitez du renseignement, s'il peut vous être utile. (*Un temps.*)

MERCKENS, *entre deux tons.*[11] Qu'est-ce qu'on dit de ça ici?

5 BOURDON. Que voulez-vous qu'on dise?

MERCKENS. Toutes ces femmes ne doivent pas être gaies?

BOURDON. Ce qui leur arrive n'est pas fait pour les réjouir.

MERCKENS. On pleure?

BOURDON. On pleure.

10 MERCKENS, *allant à lui, en souriant.* Rendez-moi un petit service, voulez-vous? Ayez l'obligeance de dire à Mme Vigneron que je n'avais qu'une minute, que j'ai craint de la déranger et que je reviendrai la voir prochainement.

BOURDON. Reviendrez-vous au moins?

15 MERCKENS. Ce n'est pas probable.

BOURDON. Restez donc, jeune homme, maintenant que vous êtes là. Vous en serez quitte pour[12] écouter cette pauvre femme et elle vous saura gré[13] d'un petit moment de complaisance; elle se doute bien que ses malheurs n'intéressent personne.

20 MERCKENS. Il est certain pour vous que Mlle Judith ne reprendra pas ses leçons?

BOURDON. C'est bien certain.

MERCKENS. Vous ne voyez rien dans l'avenir qui puisse refaire[14] une position à Mme Vigneron ou à ses filles?

25 BOURDON. Je ne vois rien.

MERCKENS. Je file[15] décidément. J'aime mieux ça. Ce n'est pas quelques bredouilles[16] que je dirai à Mme Vigneron qui la consoleront. Je me connais. Je suis capable de lâcher une bêtise,[17] tandis que vous, avec votre grande habitude, vous trouverez ce qu'il faut pour m'excuser.

30 Hein?

BOURDON. Comme vous voudrez.

MERCKENS. Merci. Adieu, monsieur Bourdon.

BOURDON. Adieu.

MERCKENS, *revenant.* Jusqu'à quelle heure vous trouve-t-on à votre

35 étude?

BOURDON. Jusqu'à sept heures.

MERCKENS. Je viendrai vous prendre un de ces jours et nous irons au théâtre ensemble. Ça vous va-t-il?

BOURDON. Très volontiers.

40 MERCKENS. Que préférez-vous: la grande ou la petite musique?[18]

---

[11] 'hesitatingly' [12] 'you will get off with' [13] 'will be grateful to you' [14] 'restore'
[15] 'I am off' [16] 'halting phrases' [17] 'saying something foolish'
[18] i.e. grand opera or musical comedy

BOURDON. La petite.

MERCKENS. La petite. Ce sont des mollets[19] que vous voulez voir. C'est bien, on vous montrera des mollets. Dites donc, il faut espérer que cette fois nous n'aurons pas un apoplectique pour nous gâter notre soirée. Au revoir! 5

BOURDON. Au revoir, jeune homme.

(MERCKENS *sort par la porte du fond pendant que* MME VIGNERON *rentre par la gauche.*)

SCENE VI

BOURDON, MADAME VIGNERON

MADAME VIGNERON. C'est M. Merckens qui s'en va sans m'avoir attendue, pourquoi?

BOURDON. Ce jeune homme était fort embarrassé, madame; il a compris, en me voyant ici, que vous aviez autre chose à faire que de le recevoir 10 et il a préféré remettre sa visite pour une meilleure occasion.

MADAME VIGNERON. Il a eu tort. Je venais de prévenir mes filles qui l'auraient reçu à ma place.

BOURDON. Eh bien, madame, cette conférence avec vos filles, a-t-elle amené un résultat? 15

MADAME VIGNERON. Aucun, monsieur Bourdon.

BOURDON. Qu'attendez-vous encore?

MADAME VIGNERON. Nous ne ferons rien avant d'avoir revu M. Teissier.

BOURDON. Et qu'espérez-vous qu'il vous dise? 20

MADAME VIGNERON. Ses intentions ne sont pas douteuses, c'est vrai. Aujourd'hui comme hier il veut vendre notre établissement. Cependant ce parti est si désastreux pour nous qu'il n'ose pas nous en faire part lui-même. Nous allons mettre M. Teissier au pied du mur,[1] et nous ne lui cacherons pas qu'il commet une mauvaise action. 25

BOURDON. Une mauvaise action, c'est beaucoup dire. Je doute fort, madame, qu'en tenant ce langage à votre adversaire, vous arriviez à l'émouvoir.

MADAME VIGNERON. Ce n'est pas moi qui parlerai à M. Teissier. La patience m'a manqué une première fois, elle pourrait bien m'échapper 30 une seconde. Au surplus, à la tournure[2] que prennent nos affaires, je les laisserais maintenant se terminer comme elles pourraient, sans une de mes filles qui montre plus de persévérance que nous n'en avons, ses sœurs et moi. Justement M. Teissier paraît bien disposé pour elle, elle réussira peut-être à le faire revenir sur sa détermination. 35

---

[19] 'legs'

[1] i.e. we shall make M. Teissier give a definite answer [2] 'to judge by the turn'

BOURDON. Pardon. Teissier, dites-vous, s'est pris d'amitié pour une de vos filles?

MADAME VIGNERON. On le croirait au moins.

BOURDON. Laquelle?

5 MADAME VIGNERON. La seconde, Marie.

BOURDON. Et de son côté Mlle Marie est-elle sensible aux sympathies[3] que M. Teissier lui témoigne?

MADAME VIGNERON. A quoi pensez-vous donc, monsieur Bourdon? Vous ne comptez pas les marier ensemble?

10 BOURDON. Attendez, madame. Teissier serait disposé[4] à épouser cette jeune fille qu'elle ne ferait pas une mauvaise affaire en acceptant; mais je pensais à autre chose. Teissier n'est plus jeune, vous le savez; le voilà d'un âge aujourd'hui où la plus petite maladie peut devenir mortelle; si cette affection toute subite[5] qu'il éprouve pour votre enfant, devait
15 l'amener plus tard à prendre quelques dispositions en sa faveur, vous gagneriez peut-être à ne pas irriter un vieillard pour rester dans les meilleurs termes avec lui.

MADAME VIGNERON. Nous n'attendons rien de M. Teissier. Qu'il vive le plus longtemps possible et qu'il fasse de sa fortune ce qu'il voudra.
20 Mais cette fabrique qu'il a résolu de vendre nous appartient comme à lui, plus qu'à lui-même. Il abuse du droit que lui donne la loi, en disposant à sa convenance[6] de l'œuvre de mon mari et de la propriété de mes enfants.

BOURDON. Je n'insiste pas.

25 ROSALIE, *entrant*. M. Teissier est là, madame.

MADAME VIGNERON. Attends un peu, Rosalie. (*A* BOURDON.) Est-il nécessaire que vous vous rencontriez ensemble?

BOURDON. Oui, je l'aimerais mieux. Comprenez-moi bien, madame. Je suis aux ordres de Teissier comme aux vôtres, je ne fais pas de diffé-
30 rence entre vous. Je désire seulement qu'on s'arrête à quelque chose, pour être fixé[7] sur ce que j'aurai à faire.

MADAME VIGNERON. C'est bien. Je vais vous envoyer ma fille.

(*Elle rentre à gauche en indiquant à* ROSALIE *de faire entrer* TEISSIER.)

SCENE VII

BOURDON, TEISSIER

BOURDON. Vous voilà, vous?

TEISSIER. Oui, me voilà.

---

[3] 'does Marie respond to the attentions'   [4] 'if Teissier were disposed'   [5] 'sudden'
[6] 'convenience'   [7] 'that we decide on some course of action, in order to be clear in my own mind'

BOURDON. Qu'est-ce que je viens d'apprendre? On ne voit plus que vous ici.

TEISSIER. J'ai fait quelques visites dans la maison. Après?[1]

BOURDON. Vous êtes en hostilité d'affaires[2] avec cette famille et vous vous asseyez à sa table?

TEISSIER. Que trouvez-vous à redire,[3] si mes mouvements ne contre-carrent pas[4] les vôtres?

BOURDON. Ma situation n'est pas commode, vous la rendez plus difficile.

TEISSIER. Marchez[5] toujours comme nous en sommes convenus, Bourdon, vous m'entendez; ne vous occupez pas de ce que je fais.

BOURDON. Mlle Marie obtiendra de vous tout ce qu'elle voudra.

TEISSIER. Mlle Marie n'obtiendra rien.

BOURDON. Il paraît que vous avez un faible[6] pour cette jeune fille?

TEISSIER. Qui vous a dit cela?

BOURDON. Sa mère.

TEISSIER. De quoi se mêle-t-elle?[7]

BOURDON. Préparez-vous à un siège en règle[8] de la part de votre in-génue;[9] on compte sur elle, je vous en préviens, pour avoir raison de vous.[10]

TEISSIER. Prenez votre chapeau, Bourdon, et retournez à votre étude.

BOURDON. Soit! Comme vous voudrez! (*Revenant à* TEISSIER.) Je n'attends plus, hein, et je mets les fers au feu?[11]

TEISSIER. Parfait! (*Retenant* BOURDON). Ecoutez, Bourdon. Vous ai-je conté en son temps[12] mon entretien[13] avec Lefort? Nous avions là, tout près de nous, un fort mauvais coucheur[14] qu'il était prudent de ménager,[15] n'est-ce pas vrai? Il restera chargé des constructions.

BOURDON. Comment! Vous avez traité[16] avec Lefort, après cette scène déplorable où il nous a insultés l'un et l'autre?

TEISSIER. Vous pensez encore à cela, vous! Si on ne voyait plus les gens, mon ami, pour quelques injures[17] qu'on a échangées avec eux, il n'y aurait pas de relations possibles.

BOURDON. Après tout, c'est votre affaire. Je ne sais pas de quoi je me mêle. Je vous ai promis les terrains, vous les aurez. Le reste ne me regarde pas. (MARIE *entre; il va à elle, à mi-voix.*) Je vous laisse avec Teissier, mademoiselle; tâchez de le convaincre, une femme réussit par-fois où nous avons échoué.[18] Si vous en obtenez quelque chose, vous serez plus heureuse et plus habile que moi. (*Il sort.*)

---

[1] 'what of it?'   [2] 'at odds over a business matter'   [3] 'criticize'   [4] 'do not oppose'   [5] 'proceed'   [6] 'weakness'   [7] 'what business is that of hers?'   [8] 'formal siege'   [9] 'young innocent'   [10] 'get the better of you'   [11] i.e. shall get ready for action   [12] 'at the time'   [13] 'interview'   [14] i.e. a very tough customer   [15] 'handle carefully'   [16] 'negotiated'   [17] 'insults'   [18] 'have failed'

SCENE VIII

Teissier, Marie

Teissier. Voici la somme que vous m'avez demandée. Elle est destinée, m'avez-vous dit, à des fournisseurs. Recevez-les vous-même. Examinez les mémoires qu'on vous remettra, ne craignez pas de les réduire autant que possible et prenez bien garde surtout à ne pas payer
5 deux fois la même note. (*Retenant* Marie.) Où est mon reçu?

Marie. Je vais vous le donner tout à l'heure.

Teissier. J'aurais dû le tenir d'une main pendant que je vous remettais l'argent de l'autre. Je suis à découvert[1] en ce moment. (*Elle va au meuble-secrétaire et dépose les billets dans un tiroir; elle revient. — Moment*
10 *de silence.*) Vous avez une chose à me dire et moi j'en ai une autre. Venez vous asseoir près de moi, voulez-vous, et causons comme une paire d'amis. (*Ils s'asseyent.*) Qu'est-ce que vous comptez faire?

Marie. Je ne comprends pas votre question.

Teissier. Elle est bien simple cependant, ma question. Je vous ai
15 dit autrefois qu'il vous reviendrait une cinquantaine de mille francs, il ne vous reviendra pas davantage. Vous ne pensez pas garder cet appartement et tenir table ouverte jusqu'à la fin de votre dernier écu. Qu'est-ce que vous comptez faire?

Marie. Un parent de ma mère qui habite la province nous a offert
20 de nous retirer[2] près de lui.

Teissier. Votre parent est comme tous les parents; il vous a fait cette proposition en pensant que vous y mettriez du vôtre;[3] il ne la maintiendra pas quand ce sera à lui d'y mettre du sien.

Marie. Nous resterons à Paris alors.

25 Teissier. Qu'allez-vous devenir à Paris?

Marie. Ma sœur aînée est toute prête, dès qu'il le faudra, à donner des leçons de musique.

Teissier. Bien. Votre sœur aînée, si elle prend ce parti, se lassera promptement[4] de soutenir sa famille; elle voudra que ses profits soient
30 pour elle, et elle aura raison.

Marie. Mais je compte bien m'occuper aussi.

Teissier. A quoi?

Marie. Ah! à quoi? Je ne le sais pas encore. Le travail pour une femme est si difficile à trouver et rapporte si peu de chose.

35 Teissier. Voilà ce que je voulais vous faire dire. (*Pause; il reprend avec hésitation et embarras.*) Je connais une maison où, si vous le vouliez, vous viendriez vous établir. Vous auriez là le logement, la table,[5] tous les

---

[1] 'unprotected'   [2] i.e. make a home for us   [3] 'would contribute to the expenses'
[4] 'will very soon get tired'   [5] 'board'

mois une petite somme que vous pourriez économiser pour plus tard, vous n'auriez plus à songer à vous.

MARIE. Quelle maison?... La vôtre?

TEISSIER, *avec un demi-sourire équivoque*.[6] La mienne.

MARIE, *après une marque d'émotion, ne sachant ce qu'elle doit comprendre ni ce qu'elle doit répondre*. Ce que vous me proposez n'est pas possible; ma mère d'abord ne me laisserait pas m'éloigner d'elle.

TEISSIER. Oui, je me doute bien que votre mère ferait des difficultés; mais vous êtes d'âge aujourd'hui à n'écouter personne et à calculer vos intérêts.

MARIE. Je vous ai dit non, monsieur Teissier, non.

TEISSIER. Est-ce que vous ne seriez pas bien aise[7] de laisser votre famille dans l'embarras et d'en sortir vous-même? J'aurais ce sentiment-là à votre place.

MARIE. Ce n'est pas le mien.

TEISSIER. Quel avantage verrez-vous à patauger[8] toutes ensemble, plutôt que de chercher un sort l'une à droite et l'autre à gauche?

MARIE. L'avantage justement de ne pas nous séparer. (*A elle-même.*) On se félicite parfois d'avoir des consolations près de soi. On se trouble moins de certaines surprises qui vous déconcerteraient autrement. (*Pause.*)

TEISSIER. Voilà quelque temps déjà que je viens ici. Je ne m'éloigne pas de mes affaires sans une raison. Vous n'êtes pas sotte et vous avez de bons yeux. Vous avez dû penser quelque chose.

MARIE. Mon attention était ailleurs.

TEISSIER. Où était-elle?

MARIE. Je ne vois que ma famille. Je ne vois que le sort qui l'attend après celui qu'elle a perdu.

TEISSIER, *avec un sourire*. Vous vouliez donc me tromper alors et m'extorquer[9] quelque concession pour elle?

MARIE. Oh! monsieur Teissier, j'ai bien assez de mes peines sans que vous veniez les augmenter encore. Vous voulez savoir ce que j'ai pensé, je vais vous le dire; j'ai pensé que vous n'étiez plus jeune, que vous viviez bien triste et bien isolé, que vous n'aviez pas d'enfants et que vous vous plaisiez avec ceux des autres; voilà toutes les réflexions que j'ai faites. Vous avez raison pourtant, je le reconnais. Nous ne vous voyions pas avant la mort de mon père, nous aurions dû ne pas vous voir après. Il fallait accepter les choses comme il les avait laissées, en prendre bravement notre parti,[10] et nous dire qu'après tout des femmes ne sont jamais malheureuses lorsqu'elles s'aiment, qu'elles ont du courage et qu'elles se tiennent par la main. (*Pause.*)

---

[6] 'suggestive'   [7] 'very glad'   [8] 'flounder'   [9] 'extort'   [10] 'resign ourselves to the inevitable'

TEISSIER. Qu'est-ce que vous êtes de personnes ici?[11] Vous, votre mère et vos deux sœurs?

MARIE. Et Rosalie.

TEISSIER. Qu'est-ce que c'est que Rosalie?

5 MARIE. Une sainte créature qui nous a toutes élevées.

TEISSIER. Comment faites-vous pour conserver vos domestiques, je n'ai jamais pu m'en attacher un seul. Vous êtes quatre personnes, Rosalie ne compte pas. C'est trop malheureusement, vous devez le comprendre. Je ne peux pas, pour une petite amie[12] que je voudrais avoir,
10 me charger aussi de sa famille qui m'ennuierait.

MARIE. Personne ne vous le demande et personne n'y songe.

TEISSIER. Je ne voulais pas vous le dire, mais vous l'avez deviné. On ne se plaint pas d'être seul aussi longtemps qu'on reste jeune; c'est un ennui à mon âge et une imprudence.

15 MARIE. Si vous êtes seul, c'est que vous le voulez bien.

TEISSIER. Je devrais me marier?

MARIE. Il ne serait pas nécessaire de vous marier pour avoir du monde autour de vous. Vous avez bien des parents.

TEISSIER. J'ai cessé de voir mes parents pour me mettre à l'abri de[13]
20 leurs demandes d'argent; ils meurent de faim. — Je tiendrais beaucoup[14] à m'attacher une petite personne, simple, douce et sûre, qui se tiendrait décemment[15] dans ma maison et qui ne la mettrait pas au pillage. Je verrais peut-être plus tard si je ne dois pas l'épouser. Mais vous êtes toutes des agneaux[16] avant le mariage et l'on ne sait pas ce que vous de-
25 venez après. Je réglerais ma conduite sur la sienne; elle ne serait pas bien malheureuse de mon vivant[17] et elle n'aurait pas à se plaindre quand je serais mort; mariée ou pas mariée, ce serait la même chose pour elle.

MARIE. Levez-vous, monsieur Teissier, et allez-vous-en. Je ne veux pas me sentir près de vous une minute de plus. Je crois que vous êtes
30 malheureux et je vous plains. Je crois que votre proposition était honnête et acceptable et je vous en remercie. Elle pourrait cependant cacher une arrière-pensée,[18] une arrière-pensée si odieuse que le cœur me manque seulement de la soupçonner. Allez-vous-en.

TEISSIER, *debout, embarrassé, balbutiant.*[19] Voyons un peu ce que vous
35 aviez à me dire.

MARIE. Rien, rien, rien. Je serais honteuse maintenant de vous parler de ma famille; je le serais pour elle autant que pour moi. Vous réfléchirez. Vous vous demanderez ce qu'était mon père et si vous ne devez rien à sa probité, à son travail, à sa mémoire. (*Elle va vivement au meuble-secrétaire,*
40 *en retire les billets et les lui remet.*) Reprenez votre argent. Reprenez-le

---

[11] 'how many of you are there here?'   [12] has the double meaning of *little friend* and *mistress*   [13] i.e. escape   [14] 'I should like very much'   [15] 'modestly'
[16] 'lambs'   [17] 'during my lifetime'   [18] 'hidden motive'   [19] 'stammering'

sans embarras. M. Bourdon vient de se mettre à notre disposition et nous trouverons chez lui ce que nous n'aurions pas dû vous demander, à vous. Allez-vous-en. Allez-vous-en ou je vais appeler Rosalie qui vous mettra dehors. (*Pause;* Rosalie *entre.*) La voici justement. Que veux-tu, Rosalie?

Rosalie. Mme de Saint-Genis est là.

Marie. C'est bien, qu'elle entre.

Rosalie. Qu'est-ce que tu as, ma petite fille, tu es toute rouge? (*Regardant* Marie *et* Teissier *alternativement.*) On ne t'a pas dit un mot de trop, j'espère?

Marie. Fais entrer Mme de Saint-Genis.

Teissier. Je vous quitte, mademoiselle. Je vais voir en passant chez Bourdon s'il ne reste pas un moyen d'arranger les choses; mais n'y comptez pas. Je suis votre serviteur.

Rosalie. Ce n'est pas sage de laisser une enfant si jeune avec un homme de cet âge-là.

(Mme de Saint-Genis, *en entrant, croise* Teissier *qui sort.*)

SCENE IX

Marie, Madame de Saint-Genis

Madame de Saint-Genis. Bonjour, mademoiselle. Je ne viens plus ici sans rencontrer M. Teissier, est-ce bon signe? Arriverez-vous à vous entendre avec lui?

Marie. Non, madame.

Madame de Saint-Genis. Bah! j'aurais cru le contraire.

Marie. Pourquoi?

Madame de Saint-Genis. Un vieillard doit se plaire dans une maison comme la vôtre.

Marie. M. Teissier y est venu aujourd'hui pour la dernière fois.

Madame de Saint-Genis. Je vous plains alors et c'est bien désintéressé de ma part. Votre sœur est à la maison?

Marie. Oui, madame.

Madame de Saint-Genis. Ayez l'obligeance de me l'envoyer. Ne dérangez pas Mme Vigneron, c'est inutile, je la verrai une autre fois. Je voudrais causer avec Mlle Blanche.

Marie. Elle va venir.

SCENE X

Madame de Saint-Genis

J'aime mieux décidément avoir une explication avec cette jeune fille et lui déclarer net que son mariage n'est pas remis, mais qu'il est rompu,

Il est préférable pour elle qu'elle sache à quoi s'en tenir[1] et de mon côté je serai plus tranquille aussi. J'ai vu le moment où pour la première fois de sa vie Georges me résisterait. Il tenait[2] à sa petite, il voulait l'épouser. Heureusement un autre mariage s'est présenté pour lui et je lui ai donné
5 le choix: ou de m'obéir ou de ne plus me voir; il a cédé. Mais fiez-vous donc à[3] un jeune homme de vingt-trois ans, quel bandit![4] et cette éva-porée[5] qui ne pouvait pas attendre jusqu'au sacrement,[6] tant pis pour elle.

SCENE XI

MADAME DE SAINT-GENIS, BLANCHE

BLANCHE. Ah! que je suis contente de vous voir, madame.
10 MADAME DE SAINT-GENIS. Bonjour, mon enfant, bonjour.
BLANCHE. Embrassez-moi.
MADAME DE SAINT-GENIS. Très volontiers.
BLANCHE. Je vous aime bien, madame, vous le savez.
MADAME DE SAINT-GENIS. Allons, ma chère Blanche, du calme.
15 Je suis venue aujourd'hui pour causer sérieusement avec vous; écoutez-moi donc comme une grande personne que vous êtes. A votre âge, il est temps déjà d'avoir un peu de raison. (*Elles s'asseyent.*) Mon fils vous aime, mon enfant; je vous le dis très franchement, il vous aime beaucoup. Ne m'interrompez pas. Je sais bien, mon Dieu, que de votre côté vous
20 ressentez quelque chose pour lui; une émotion, vive et légère, comme les jeunes filles en éprouvent souvent à la vue d'un joli garçon.
BLANCHE. Ah! madame, comme vous rabaissez[1] un sentiment beau-coup plus sérieux.
MADAME DE SAINT-GENIS. Soit, je me trompe. C'est très joli, l'amour,
25 très vague et très poétique, mais une passion, si grande qu'elle soit, ne dure jamais bien longtemps et ne conduit pas à grand'chose. Je sais ce que je dis. On ne paye pas, avec cette monnaie-là,[2] son propriétaire[3] et son boulanger.[4] Je suis sans fortune, vous le savez; mon fils n'a exactement que sa place; des circonstances que je déplore ont compromis la situation
30 de votre famille et peut-être la réduiront à rien. Dans ces conditions, je vous le demande, mon enfant, serait-il bien habile de consommer[5] un mariage qui ne présente plus aucune garantie?[6]
BLANCHE, *vivement.* Ce mariage doit se faire, madame, et il se fera.
MADAME DE SAINT-GENIS, *avec douceur.* Il se fera, si je le veux bien.
35 BLANCHE. Vous consentirez, madame.
MADAME DE SAINT-GENIS. Je ne le crois pas.

---

[1] 'what to expect'   [2] 'was strongly attached'   [3] 'but just try to rely on'
[4] 'rascal'   [5] 'flighty creature'   [6] 'ceremony'
[1] 'belittle'   [2] 'that coin'   [3] 'landlord'   [4] 'baker'   [5] 'conclude'
[6] 'assurance [of success]'

BLANCHE. Si, madame, si, vous consentirez. Il y a des affections si sincères qu'une mère même n'a pas le droit de les désunir. Il y a des engagements si sérieux qu'un homme perd son honneur à ne pas les remplir.

MADAME DE SAINT-GENIS. De quels engagements me parlez-vous? 5 (*Silence.*) Je reconnais, si c'est là ce que vous voulez dire, qu'un projet de mariage existait entre vous et mon fils; mais il était soumis à certaines conditions et ce n'est pas ma faute si vous ne pouvez plus les remplir. Je voudrais, mon enfant, que cette réflexion vous fût venue. Je voudrais que vous subissiez[7] silencieusement une situation nouvelle, qui n'est le 10 fait[8] de personne, mais qui change forcément les espérances de chacun.

BLANCHE. Georges ne me parle pas ainsi, madame; ses espérances sont restées les mêmes. La perte de ma dot ne l'a pas affecté une minute et je ne le trouve que plus impatient de m'épouser.

MADAME DE SAINT-GENIS. Laissons mon fils de côté, voulez-vous? 15 Il est trop jeune encore, je l'apprends tous les jours, pour savoir ce qu'il fait et ce qu'il dit.

BLANCHE. Georges a vingt-trois ans.

MADAME DE SAINT-GENIS. Vingt-trois ans, la belle affaire![9]

BLANCHE. A cet âge-là, madame, un homme a ses passions, une 20 volonté et des droits.

MADAME DE SAINT-GENIS. Vous voulez parler de mon fils, soit, parlons-en. Etes-vous bien sûre de ses dispositions,[10] je les juge autrement que vous. Placé comme il l'est, le pauvre garçon, entre une affection qui lui est chère et son avenir qui le préoccupe, il est incertain, il 25 hésite.

BLANCHE, *se levant précipitamment.* Vous me trompez, madame.

MADAME DE SAINT-GENIS. Non, mon enfant, non, je ne vous trompe pas. Je prête[11] à mon fils des réflexions sérieuses et je serais fâchée pour lui qu'il ne les eût point faites. J'irai plus loin. Savons-nous jamais ce 30 qui se passe dans la tête des hommes? Georges n'est pas plus sincère qu'un autre. Peut-être n'attend-il qu'un ordre de ma part pour se dégager d'une situation qui l'embarrasse.

BLANCHE. Eh bien! donnez-lui cet ordre.

MADAME DE SAINT-GENIS. Il le suivrait. 35

BLANCHE. Non, madame.

MADAME DE SAINT-GENIS. Il le suivrait, je vous l'assure, serait-ce à contre-cœur.[12]

BLANCHE. Si vous en veniez là,[13] madame, votre fils se déciderait à vous faire un aveu qu'il a différé[14] par respect pour moi. 40

---

[7] 'would accept'   [8] i.e. fault   [9] i.e. what does that amount to?   [10] 'feelings'
[11] 'attribute'   [12] 'even if with reluctance'   [13] 'if you came to that point'   [14] 'has postponed'

Madame de Saint-Genis. Quel aveu? (*Silence.*) Allons, je vois bien que vous n'imiteriez pas longtemps ma réserve. Epargnez-vous une confidence plus que délicate. Je sais tout. (Blanche, *confuse et rougissante, court à* Mme de Saint-Genis *et se laisse tomber, la tête dans ses genoux; elle reprend,*[15] *en la caressant.*) Je ne veux pas rechercher, mon enfant, de Georges ou de vous, lequel a entraîné[16] l'autre. C'est moi, c'est votre mère, qui avons été coupables, en laissant ensemble deux enfants qui avaient besoin de surveillance. Vous voyez que je n'attache pas plus d'importance qu'il ne faut à un moment d'oubli, que la nature d'abord, votre jeunesse ensuite et les circonstances justifient suffisamment. Vous devez désirer que cette faute reste secrète, mon fils est un galant homme[17] qui ne vous trahira pas. Ce point bien établi, est-il indispensable que l'un et l'autre vous perdiez toute votre vie sur une inconséquence,[18] et ne vaudrait-il pas mieux l'oublier?

Blanche, *se relevant.* Jamais. (*Pause.*)

Madame de Saint-Genis. *Elle s'est levée à son tour et change de ton.* Vous ne serez pas surprise, mademoiselle, si mon fils cesse ses visites ici.

Blanche. Je l'attends là pour le connaître.[19]

Madame de Saint-Genis. Espérez-vous qu'il désobéisse à sa mère?

Blanche. Oui, madame, pour faire son devoir.

Madame de Saint-Genis. Il fallait d'abord ne pas oublier le vôtre.

Blanche. Blessez-moi, madame, humiliez-moi, je sais que je le mérite.

Madame de Saint-Genis. Je serais plus disposée, mademoiselle, à vous plaindre qu'à vous offenser. Il me semble pourtant qu'une petite fille, après le malheur qui vous est arrivé, devrait baisser la tête et se soumettre.

Blanche. Vous verrez, madame, de quoi cette petite fille est capable pour obtenir la réparation qui lui est due.

Madame de Saint-Genis. Que ferez-vous donc?

Blanche. Je saurai d'abord si votre fils a deux langages, l'un avec vous, l'autre avec moi. Je ne l'accuse pas encore. Il connaît votre volonté et vous cache la sienne. Mais, si j'ai affaire à un lâche qui se sauve[20] derrière sa mère, qu'il ne compte pas m'abandonner si tranquillement. Partout, partout où il sera, je l'atteindrai.[21] Je briserai sa position et je perdrai son avenir.

Madame de Saint-Genis. Vous vous compromettrez, pas autre chose. C'est peut-être là ce que vous désirez. Votre mère fort heureusement vous en empêchera. Elle pensera que c'est assez d'une tache[22] dans sa famille sans y ajouter un scandale. Adieu, mademoiselle.

---

[15] 'she [i.e. Mme de Saint-Genis] continues'   [16] 'led on'   [17] 'man of honor'
[18] 'indiscretion'   [19] 'I shall wait and see what he does on precisely that issue'
[20] 'if I am dealing with a coward who runs away and hides'   [21] 'shall reach him'
[22] 'stain'

BLANCHE, *la retenant.* Ne partez pas, madame.

MADAME DE SAINT-GENIS, *avec douceur.* Nous n'avons plus rien à nous dire.

BLANCHE. Restez. Je pleure! Je souffre! Touchez ma main, la fièvre ne me quitte plus. 5

MADAME DE SAINT-GENIS. Oui, je me rends compte de l'agitation où vous êtes, elle passera. Tandis qu'une fois mariée avec mon fils, vos regrets et les siens seraient éternels.

BLANCHE. Nous nous aimons.

MADAME DE SAINT-GENIS. Aujourd'hui, mais demain. 10

BLANCHE. Consentez, madame, je vous en conjure.[23]

MADAME DE SAINT-GENIS. Faut-il vous répéter le mot que vous me disiez tout à l'heure? Jamais. (BLANCHE *la quitte, va et vient, traverse la scène en donnant les signes d'une vive agitation et de la plus grande douleur; elle tombe sur un fauteuil.—Revenant lentement à elle.*) Je regrette bien, 15 mon enfant, de vous paraître aussi cruelle et de vous laisser dans un pareil état. J'ai raison cependant, tout à fait raison contre vous. Une femme de mon âge et de mon expérience, qui a vu tout ce qu'on peut voir en ce monde, sait la valeur des choses et n'exagère pas les unes aux dépens des autres. 20

BLANCHE, *se jetant à ses genoux.* Ecoutez-moi, madame. Que vais-je devenir, si votre fils ne m'épouse pas? C'est son devoir. Je n'en connais pas de plus noble et de plus doux à remplir envers une femme dont on est aimé. Croyez-vous que s'il s'agissait d'un engagement ordinaire, je m'humilierais au point de le rappeler? Mon cœur même, oui, je briserais 25 mon cœur, plutôt que de l'offrir à qui le dédaignerait et n'en serait plus digne. Mais il faut que votre fils m'épouse; c'est son devoir, je le répéterai toujours. Toutes les considérations s'effacent devant celle-là. Vous me parlez de l'avenir, il sera ce qu'il voudra, l'avenir, je ne pense qu'au passé, moi, qui me fera mourir de honte et de chagrin. 30

MADAME DE SAINT-GENIS. Enfant que vous êtes, est-ce qu'on parle de mourir à votre âge! Allons, relevez-vous et écoutez-moi à votre tour. Je vois bien que vous aimez mon fils plus que je ne le pensais pour tenir autant à un pauvre garçon dont la position est presque misérable. Mais, si je consentais à vous marier avec lui, dans un an, dans six mois peut- 35 être, vous me reprocheriez bien amèrement[24] la faiblesse que j'aurais eue. L'amour passe, le ménage reste. Savez-vous ce que serait le vôtre? Mesquin, besogneux,[25] vulgaire, avec des enfants qu'il faudrait nourrir[26] vous-même et un mari mécontent qui vous reprocherait à toute minute le sacrifice que vous auriez exigé de lui. Faites ce que je vous demande. 40 Sacrifiez-vous plutôt vous-même. Comme les choses changent aussitôt. Georges ne vous abandonne plus, c'est vous qui le dégagez[27] généreuse-

[23] 'beseech you'   [24] 'bitterly'   [25] 'mean, needy'   [26] 'to nurse'   [27] 'release him'

ment. Il devient votre obligé et vous donne dans son cœur une place mystérieuse que vous conserverez éternellement. Les hommes restent toujours sensibles au souvenir d'une femme qui les a aimés, ne fût-ce qu'une heure, avec désintéressement, c'est si rare! Que deviendrez-vous?
5 Je vais vous le dire. L'image de mon fils qui remplit en ce moment toutes vos pensées s'effacera peu à peu, plus vite que vous ne le croyez. Vous êtes jeune, charmante, pleine de séductions. Dix, vingt partis[28] se présenteront pour vous. Vous choisirez non pas le plus brillant mais le plus solide, et ce jour-là vous penserez à moi en vous disant: Mme de
10 Saint-Genis avait raison.

BLANCHE. Qui êtes-vous donc, madame, pour me donner de pareils conseils? Que dirait votre fils, s'il les connaissait? J'aimerais mieux être sa maîtresse que la femme d'un autre.

MADAME DE SAINT-GENIS. Sa maîtresse! Voilà un joli mot dans
15 votre bouche. Mon fils saura, mademoiselle, les expressions qui vous échappent et qui sont un signe de plus de votre précocité.

BLANCHE. Non, non, madame, vous ne répéterez pas ce mot affreux que je rougis d'avoir prononcé.

MADAME DE SAINT-GENIS. Sa maîtresse! Je vais tout vous dire
20 puisque vous pouvez tout entendre. Jamais je n'aurais rompu votre mariage pour une question d'intérêt. Mais je veux que la femme de mon fils ne lui donne ni soupçons sur le passé ni inquiétudes pour l'avenir. (*Elle se dirige vers la porte.*)

BLANCHE, *l'arrêtant.* Oh! oh! oh! Vous m'insultez, madame, sans raison et sans pitié!
25 MADAME DE SAINT-GENIS. Laissez-moi partir, mademoiselle. Sa maîtresse! Qu'est-ce que c'est que ce langage de fille perdue![29] (*Elle repousse* BLANCHE *légèrement et sort.*)

SCENE XII

BLANCHE, *puis* ROSALIE, *puis* MARIE, *puis* MADAME VIGNERON, *puis* JUDITH

BLANCHE. Fille perdue! Elle a osé m'appeler... Infamie! (*Elle fond en larmes.*) Oh! tout est bien fini maintenant... Georges est faible, sa mère le domine, il lui obéira... Fille perdue! (*Elle pleure abondamment.*)
30 Un homme si charmant, qui ressemble si peu à cette femme et qui se laisse mener par elle!... Je ne me tiens plus.[1] Mes mains étaient brûlantes tout à l'heure, elles sont glacées maintenant. (*Elle sonne et revient en scène: d'une voix entrecoupée.*[2]) Il est jeune..., il a vingt-trois ans à peine..., il est doux, fin et séduisant, une autre l'aimera et l'épousera à ma place.
35 ROSALIE, *entrant.* C'est toi, mon enfant, qui me demandes.

[28] 'matches' [29] 'fallen woman'
[1] 'I cannot stand it any longer' [2] 'broken'

Blanche, *allant à elle, douloureusement.* J'ai froid, ma vieille, mets-moi quelque chose sur les épaules.

Rosalie, *après l'avoir regardée.* Je vais te mettre dans ton lit, ce qui vaudra beaucoup mieux.

Blanche. Non. 5

Rosalie. Fais ce que je te dis, si tu ne veux pas tomber malade.

Blanche. Oh! certainement, je vais tomber malade.

Rosalie. Allons, viens, Rosalie va te déshabiller, ce ne sera pas la première fois.

Blanche. Appelle maman. 10

Rosalie. Tu n'as pas besoin de ta mère, je suis là.

Blanche. Je ne me marierai pas, Rosalie.

Rosalie. Le beau malheur! On ne te gâte donc pas assez pour que tu nous préfères ce gringalet[3] et cette diablesse.[4] Voilà leurs noms à tous les deux. Ce mariage-là, vois-tu, ce n'était pas ton affaire.[5] Si l'on nous 15 avait écoutés, ton père et moi, on n'y aurait pas pensé plus d'une minute.

Blanche, *sa tête s'égare.*[6] Mon père! Je le vois, mon père! Il me tend les bras et il me fait signe de venir avec lui.

Rosalie. Viens te coucher, ma Blanchette.

Blanche. Ta Blanchette, c'est une fille perdue! Je suis une fille 20 perdue, tu ne le savais pas.

Rosalie. Ne parle plus, mon enfant, ça te fait mal. Viens... viens... avec ta vieille.

Blanche. Ah! que je souffre! (*Criant.*) Marie! Marie! Marie! (*Elle s'affaisse*[7] *dans les bras de* Rosalie *et glisse peu à peu jusqu'à terre.*) 25

Marie, *entrant et se précipitant.* Blanche! Blanche!

Rosalie. Tais-toi, ma petite, c'est inutile, elle ne t'entend pas. Prends-la bien doucettement, la pauvre mignonne,[8] et allons la coucher.

Blanche, *murmurant.* Fille perdue!

Madame Vigneron, *paraissant.* Qu'est-ce qu'il y a? 30

(*Elle se précipite à son tour.*)

Rosalie. Laissez-nous faire, madame, vous nous embarrassez plutôt qu'autre chose. (Judith *paraît.*)

Madame Vigneron. Judith, viens ici. (*Elles descendent la scène.*) Tu avais raison, mon enfant. Toutes ces affaires ne nous valent rien.[9] Voilà ta sœur qu'on porte dans son lit, demain ce sera vous et après-demain 35 ce sera moi. Tu penses toujours que le meilleur est d'en finir?

Judith. Oui, toujours.

Madame Vigneron. Bien. Tu vas prendre Rosalie avec toi et vous irez chez M. Bourdon. Tu lui diras que j'accepte tout, que j'approuve

---

[3] 'weakling' [4] 'she-devil' [5] i.e. the thing for you [6] i.e. her mind is beginning to wander [7] 'collapses' [8] 'darling' [9] i.e. are only making things worse for us

tout, et que j'ai hâte maintenant de voir tout terminé. Tu ajouteras:
la même hâte que lui. C'est bien ton avis?

JUDITH. C'est mon avis.

MADAME VIGNERON. Va, ma grande fille. (*Elles se séparent.*) Je veux
5 bien garder ce que j'ai, mais je tiens d'abord à conserver mes enfants.

ACTE IV

*Le théâtre représente une salle à manger.—Pièce vulgaire, triste, meublée
misérablement.—Çà et là, quelques sièges, le canapé entre autres, qui ont
figuré aux actes précédents et qui détonnent[1] dans l'ensemble.—Deux
portes à un seul battant, l'une au fond, l'autre sur la gauche.—Au fond,
à droite contre le mur, une table d'acajou[2] recouverte d'un rond de cuir
rouge;[3] sur la table, un pain, des tasses et quelques ustensiles de ménage.[4]*

SCENE PREMIERE

ROSALIE, MERCKENS

ROSALIE. Entrez, monsieur Merckens. On ne se plaindra pas ici de
voir une figure de connaissance.[1]

MERCKENS, *après avoir regardé autour de lui.* Oh! oh! L'homme de
loi ne m'avait pas trompé. Ça sent la misère.[2]

10 ROSALIE. Vous regardez notre nouveau logement, il n'est pas riche?
Ah! dame! Hier et aujourd'hui ne se ressemblent pas.

MERCKENS. Qu'est-ce qui est donc arrivé à cette famille?

ROSALIE. Ruinées, mon cher monsieur, ruinées, la pauvre dame et
ses demoiselles! Je ne vous dirai pas comment ça s'est fait, mais on ne
15 m'ôtera pas mon idée de la tête. Voyez-vous, quand les hommes d'affaires
arrivent derrière un mort, on peut bien dire: v'là les corbeaux! Ils ne
laissent que ce qu'ils ne peuvent pas emporter.

MERCKENS. La maison n'est plus bonne, hein, Rosalie?

ROSALIE. Pour personne, monsieur Merckens, pour personne.

20 MERCKENS. Pourquoi ne cherchez-vous pas une place ailleurs?

ROSALIE. Est-ce que ces demoiselles pourraient se passer de moi, pas
plus que moi d'elles? Je suis une bouche de trop, ça, c'est vrai; mais je
gagne bien ce que je mange, allez.[3] Il ne faut pas penser, mon pauvre
monsieur Merckens, à déjeuner avec nous. Autrefois, quand je vous
25 voyais venir à cette heure-ci, je savais ce que parler veut dire,[4] vous
trouviez votre couvert mis;[5] maintenant ce n'est plus la même chose.
Je vais prévenir[6] madame de votre visite.

---

[1] 'are out of place'   [2] 'mahogany'   [3] 'with a round cover of red leather'
[4] 'household'
[1] 'familiar face'   [2] i.e. this place has poverty written all over it   [3] i.e. believe me
[4] i.e. I was able to take a hint   [5] 'a place set for you'   [6] 'inform'

MERCKENS. Non, ne dérangez pas Mme Vigneron; dites seulement à Mlle Judith que je suis là. (JUDITH *entre*.)

ROSALIE. Voici mademoiselle justement.

JUDITH. Bonjour, monsieur Merckens. (MERCKENS *salue*.)

ROSALIE. Si ça vous va cependant, une bonne tasse de café au lait, on sera bien de force[7] encore à vous l'offrir.

JUDITH. Laisse-nous, Rosalie.

SCENE II
MERCKENS, JUDITH

JUDITH. Je vais vous faire une petite querelle d'abord, et puis il n'en sera plus question. Je vous ai écrit deux fois pour vous prier de venir me voir, une seule aurait dû suffire.

MERCKENS, *entre deux tons*. Etes-vous certaine de m'avoir écrit deux fois?

JUDITH. Vous le savez bien.

MERCKENS. Non, je vous assure; votre première lettre ne m'est pas parvenue.

JUDITH. Laissons cela. Je n'ai pas besoin de vous dire à quelle situation nous voilà réduites, vous l'aurez deviné en entrant ici.

MERCKENS, *après un signe moitié sérieux, moitié comique*. Expliquez-moi...

JUDITH. C'est une histoire qui ne vous intéresserait guère et je ne trouve aucun plaisir à la reconter. En deux mots, nous avons manqué d'argent pour défendre notre fortune; il nous aurait fallu, dans la main,[1] une centaine de mille francs.

MERCKENS. Pourquoi ne m'avez-vous pas parlé de cela? Je vous les aurais trouvés.

JUDITH. Il est trop tard maintenant. Asseyons-nous. Vous vous souvenez, monsieur Merckens, et vous avez été témoin de notre vie de famille. Nous étions très heureux, nous nous aimions beaucoup, nous n'avions pas de relations[2] et nous n'en voulions pas. Nous ne pensions pas qu'un jour nous aurions besoin de tout le monde et que nous ne connaîtrions personne. (MERCKENS *a tiré sa montre*.) Vous êtes pressé?[3]

MERCKENS. Très pressé. Ne faisons pas de phrases, n'est-ce pas? Vous avez désiré me voir, me voici. Vous voulez me demander quelque chose, qu'est-ce que c'est? Il vaut peut-être mieux que je vous le dise, je ne suis pas très obligeant.

JUDITH. Dois-je continuer?

MERCKENS. Mais oui, certainement, continuez.

[7] 'able'
[1] i.e. in cash [2] 'social connections' [3] 'in a hurry'

JUDITH. Voici ce dont il s'agit d'abord, je vais tout de suite au plus simple et au plus sûr. Je me propose de mettre à profit les excellentes leçons que j'ai reçues de vous et d'en donner à mon tour.

MERCKENS, *lui touchant le genou.* Comment, malheureuse enfant, vous en êtes là![4]

JUDITH. Voyons, voyons, monsieur Merckens, appelez-moi mademoiselle comme vous avez l'habitude de le faire et prenez sur vous de me répondre posément.[5]

MERCKENS. Des leçons! Etes-vous capable d'abord de donner des leçons? Je n'en suis pas bien sûr. Admettons-le. Ferez-vous ce qu'il faudra pour en trouver? Les leçons, ça se demande comme une aumône;[6] on n'en obtient pas avec de la dignité et des grands airs. Il est possible cependant qu'on ait pitié de vous et que dans quatre ou cinq années, pas avant, vous vous soyez fait une clientèle. Vous aurez des élèves qui seront désagréables le plus souvent, et les parents de vos élèves qui seront grossiers presque toujours. Qu'est-ce que c'est qu'un pauvre petit professeur de musique pour des philistins qui ne connaissent pas seulement la clef de sol.[7] Tenez, sans aller chercher bien loin, votre père...

JUDITH. Ne parlons pas de mon père.

MERCKENS. On peut bien en rire un peu... Il ne vous a rien laissé.

(*Pause.*)

JUDITH. Ecartons[8] un instant cette question des leçons, nous y reviendrons tout à l'heure. Dans ce que je vais vous dire, monsieur Merckens, ne voyez de ma part ni vanité ni présomption, mais le désir seulement d'utiliser mon faible talent de musicienne. J'ai composé beaucoup, vous le savez. Est-ce que je ne pourrais pas, avec tant de morceaux que j'ai écrits et d'autres que je produirais encore, assurer à tous les miens une petite aisance?[9]

MERCKENS, *après avoir ri.* Regardez-moi. (*Il rit de nouveau.*) Ne répétez jamais, jamais, vous entendez, ce que vous venez de me dire; on se moquerait de vous dans les cinq parties du monde. (*Il rit encore.*) Une petite aisance! Est-ce tout?

JUDITH. Non, ce n'est pas tout. Nous avions parlé autrefois d'une profession qui ne me plaisait guère et qui aujourd'hui encore ne me sourit que très médiocrement.[10] Mais dans la situation où se trouve ma famille, je ne dois reculer devant rien pour la sortir d'embarras. Le théâtre?

MERCKENS. Trop tard!

JUDITH. Pourquoi ne ferais-je pas comme tant d'autres qui n'étaient pas bien résolues d'abord et qui ont pris leur courage à deux mains?

MERCKENS. Trop tard!

---

[4] 'you have come to that!'   [5] 'calmly'   [6] 'alms'   [7] 'the key of G'   [8] 'let us put aside'   [9] 'competency'   [10] 'does not appeal to me much'

JUDITH. J'ai peut-être des qualités naturelles auxquelles il ne manque que le travail et l'habitude.

MERCKENS. Trop tard! On ne pense pas au théâtre, sans s'y être préparé depuis longtemps. Vous ne serez jamais une artiste. Vous n'avez pas ce qu'il faut. A l'heure qu'il est, vous ne trouveriez au théâtre que des déceptions... ou des aventures, est-ce ça ce que vous désirez?

JUDITH. Mais que puis-je donc faire alors?

MERCKENS. Rien! Je vois bien où vous en êtes. Vous n'êtes pas la première que je trouve dans cette situation et à qui je fais cette réponse. Il n'y a pas de ressources pour une femme, ou plutôt il n'y en a qu'une. Tenez, mademoiselle, je vais vous dire toute la vérité dans une phrase. Si vous êtes honnête,[11] on vous estimera sans vous servir; si vous ne l'êtes pas, on vous servira sans vous estimer; vous ne pouvez pas espérer autre chose. Voulez-vous reparler des leçons?

JUDITH. C'est inutile. Je regrette de vous avoir dérangé.

MERCKENS. Vous me renvoyez?

JUDITH. Je ne vous retiens plus.

MERCKENS. Adieu, mademoiselle.

JUDITH. Adieu, monsieur.

MERCKENS, *à la porte.* Il n'y avait rien de mieux à lui dire.

SCENE III

JUDITH, MARIE

MARIE. Eh bien?

JUDITH. Eh bien, si M. Merckens a raison et si les choses se passent comme il le dit, nous ne sommes pas au bout de nos peines. En attendant, voilà tous mes projets renversés, ceux que tu connais d'abord... et un autre que je gardais pour moi.

MARIE. Quel autre?

JUDITH. A quoi bon te le dire!

MARIE. Parle donc.

JUDITH. J'avais pensé un instant à tirer parti[1] de ma voix, en me faisant entendre sur un théâtre.

MARIE. Toi, ma sœur, sur un théâtre!

JUDITH. Eh! Que veux-tu? Il faut bien que nous nous retournions[2] et que nous entreprenions quoi que ce soit. Nous ne pouvons pas attendre que nous ayons mangé jusqu'à notre dernier sou. Maman n'est plus d'un âge à travailler, nous ne le voudrions pas du reste. Qui sait si notre pauvre Blanche retrouvera jamais sa raison? Nous restons donc, toi et moi, et encore toi, ma chère enfant, qu'est-ce que tu peux

---

[11] 'virtuous'
[1] 'take advantage' [2] i.e. we must manage somehow

bien faire? Il faudra que tu travailles douze heures par jour pour gagner un franc cinquante.

MARIE. Dis-moi un peu, bien raisonnablement, ce que tu penses de l'état de Blanche. Comment la trouves-tu?

5 JUDITH. Un jour bien et l'autre mal. On croit à tout moment qu'elle va vous reconnaître, mais elle ne voit personne et n'entend plus rien. J'ai bien pensé à ce malheur et peut-être nous en a-t-il épargné un plus grand. Si Blanche, avec une tête comme la sienne, avait appris par hasard, par une fatalité, le mariage de M. de Saint-Genis, qui sait si 10 cette nouvelle ne l'aurait pas tuée sur le coup?[3] Elle vit, c'est le principal, elle n'est pas perdue pour nous. S'il faut la soigner, on la soignera; s'il faut se priver de pain pour elle, nous nous en passerons; ce n'est plus notre sœur, c'est notre enfant.

MARIE. Tu es bonne, ma grande sœur, et je t'aime.

(*Elles s'embrassent.*)

15 JUDITH. Moi aussi, je vous aime. Je suis brusque par moments, mais je vous porte toutes là dans mon cœur. Il me semble que c'est moi, moi, votre aînée, la grande sœur comme vous m'appelez, qui devrais nous tirer d'affaire et remettre la famille à flot.[4] Comment? Je n'en sais rien. Je cherche, je ne trouve pas. S'il ne fallait que se jeter dans le feu, j'y 20 serais déjà. (*Pause.*)

MARIE. Maman t'a-t-elle parlé de la visite de M. Bourdon?

JUDITH. Non. Que venait-il faire?

MARIE. M. Teissier l'avait chargé de me demander en mariage.

JUDITH. Tu ne m'étonnes pas. Il était facile de voir que M. Teissier 25 t'avait prise en affection et la pensée de t'épouser devait lui venir un jour ou l'autre.

MARIE. Est-ce que tu m'engagerais à accepter?

JUDITH. Ne me demande pas mon avis là-dessus. C'est de toi qu'il s'agit, c'est à toi de décider. Vois, réfléchis, calcule, mais surtout ne 30 pense qu'à toi. Si notre situation t'épouvante[5] et que tu regrettes le temps où tu ne manquais de rien, épouse M. Teissier, il te fera payer assez cher un peu de bien-être[6] et de sécurité. Mais comme je te connais, comme tu aimes bien ta mère et tes sœurs, et que tu pourrais te résigner pour elles à ce que tu repousserais pour toi, nous serions des 35 plus coupables, tu m'entends, des plus coupables, en te conseillant un sacrifice qui est le plus grand que puisse faire une femme.

MARIE. Tout ce que tu dis est plein de cœur;[7] embrasse-moi encore.

(ROSALIE *entre par la porte du fond; elle tient une cafetière*[8] *d'une main et de l'autre une casserole pleine de lait; elle les dépose sur la table; elle*

---

³ 'at once'   ⁴ i.e. restore the family fortunes   ⁵ 'terrifies you'   ⁶ 'comfort'
⁷ 'generosity'   ⁸ 'coffee-pot'

Les Corbeaux 509

s'approche et regarde les deux sœurs en soupirant; Marie *et* Judith *se séparent.)*

SCENE IV

Les mêmes, Rosalie, *puis* Madame Vigneron *et* Blanche

Judith. Le déjeuner est prêt?

Rosalie. Oui, mademoiselle, je le servirai quand on voudra.

Marie. Judith va t'aider à passer[1] la table, ma bonne Rosalie.

SCENE MUETTE

Judith *et* Rosalie *apportent la table sur le devant de la scène, à droite;* Rosalie *dispose les tasses et sert le café au lait pendant que* Judith *approche des chaises;* Marie *a été à la porte de gauche et l'a ouverte; entre* Blanche *précédant sa mére;* Blanche *est pâle, sans force et sans regard,[1] son attitude est celle d'une folle au repos;* Mme Vigneron *a vieilli et blanchi;* Marie *fait asseoir* Blanche, *elles s'asseyent toutes à leur tour à l'exception de* Rosalie *qui prend son café debout.—Silence prolongé; grande tristesse.*

Madame Vigneron, *éclatant.* Ah! mes enfants, si votre père nous voyait!   (*Larmes et sanglots.*) 5

SCENE V

Les mêmes, Bourdon

Rosalie, *à* Bourdon *qui est entré doucement.* Comment êtes-vous entré?

Bourdon. Par la porte qui était ouverte. Vous avez tort, ma fille, de laisser votre porte d'entrée ouverte; on pourrait dévaliser[1] vos maîtres.

Rosalie, *sous le nez.*[2] Il n'y a plus de danger. L'ouvrage a été fait et 10 bien fait.

Bourdon, *en descendant la scène, à* Mme Vigneron *qui se lève.* Ne vous dérangez pas, madame, j'attendrai que votre repas soit terminé.

Madame Vigneron, *allant à lui.* Qu'avez-vous à me dire, monsieur Bourdon?   15

Bourdon, *à mi-voix.* Je viens encore, madame, de la part de Teissier pour ce projet qui lui tient au cœur.[3] Je dois croire, n'est-ce pas, que vous avez instruit votre fille de la demande que je vous ai faite?

Madame Vigneron. Mais sans doute.

---

[1] 'draw up'
[1] i.e. with a vacant look
[1] 'rob'   [2] i.e. staring at him with defiance   [3] 'on which his heart is set'

BOURDON. Autorisez-moi, je vous prie, à la lui renouveler moi-même en votre présence.

MADAME VIGNERON. Soit! J'y consens. Judith, emmène ta sœur, mon enfant. Marie, M. Bourdon veut causer avec nous.

SCENE VI

MADAME VIGNERON, MARIE, BOURDON

5　BOURDON. Votre mère vous a fait part, mademoiselle, du désir que M. Teissier a manifesté?

MARIE. Oui, monsieur.

BOURDON. C'est bien de vous-même et sans obéir à personne que vous avez décliné le mariage qui vous était offert?

10　MARIE. C'est de moi-même.

BOURDON. Très bien! Très bien!... J'aime autant cela du reste. J'avais craint un moment, en vous voyant repousser une proposition si avantageuse, que votre mère et vos sœurs n'eussent comploté de vous retenir auprès d'elles, non pas dans une pensée de jalousie, mais par une
15　affection mal entendue.[1] S'il y a chez vous, mademoiselle, une décision arrêtée,[2] un parti pris[3] irrévocable, je ne vois pas la peine d'aller plus loin.　　　　　　　　　　　　　　　　　　　　　　　　　　(*Silence.*)

MADAME VIGNERON. Ne te trouble pas, mon enfant, réponds franchement ce que tu penses.　　　　　　　　　　　(*Nouveau silence.*)

20　BOURDON. Dans le cas, mademoiselle, où vous regretteriez un premier mouvement[4] qui s'expliquerait fort bien du reste, je vous offre l'occasion de le reprendre, profitez-en.

MARIE. Il faut dire à M. Teissier de ma part qu'en insistant comme il le fait, il gagne beaucoup dans mon esprit; mais je lui demande encore
25　quelque temps pour réfléchir.

BOURBON. Eh bien! madame, voilà une réponse très raisonnable, pleine de sens, et qui ne ressemble pas du tout au refus catégorique que vous m'avez opposé.

MADAME VIGNERON. Il est possible que ma fille ait changé d'avis,
30　mais elle doit savoir que je ne l'approuve pas.

BOURDON. Ne dites rien, madame. Laissez cette jeune fille à ses inspirations, elle pourrait vous reprocher plus tard d'avoir suivi les vôtres. (*Revenant à* MARIE.) Je comprends à merveille, mademoiselle, quelque intérêt qu'ait ce mariage, que vous ne soyez pas bien pressée de le con-
35　clure. Malheureusement, Teissier n'a plus vingt ans comme vous; c'est même là votre plus grand grief[5] contre lui; à son âge, on ne remet pas volontiers au lendemain.

---

[1] 'misplaced'　　　　[2] 'definite'　　　　[3] 'prejudice'　　　　[4] 'impulse'
[5] 'grievance'

MARIE. Je voudrais savoir, monsieur Bourdon, et je vous prie de me dire sincèrement si M. Teissier est un honnête homme.[6]

BOURDON. Un honnête homme! Que voulez-vous dire par là? Je ne vous conseillerais pas, mademoiselle, au cas où vous épouseriez M. Teissier, de placer toutes vos espérances sur une simple promesse de sa part; mais les notaires sont là pour rédiger[7] des contrats qui établissent les droits des parties. Ai-je répondu à votre question?

MARIE. Non, vous ne l'avez pas comprise. Un honnête homme, pour une jeune fille, cela veut dire bien des choses.

BOURDON. Me demandez-vous, mademoiselle, si Teissier a fait sa fortune honorablement?

MARIE. Oui, je voudrais être fixée sur ce point et sur d'autres.

BOURDON. De quoi vous préoccupez-vous? Si on recherchait aujourd'hui en France l'origine de toutes les fortunes, il n'y en a pas cent, pas cinquante, qui résisteraient à un examen scrupuleux. Je vous en parle savamment,[8] comme un homme qui tient les fils[9] dans son cabinet. Teissier a fait des affaires toute sa vie; il en a retiré un capital considérable qui est bien à lui et que personne ne songe à attaquer; vous n'avez pas besoin d'en savoir davantage.

MARIE. Quelle est la conduite ordinaire de M. Teissier? Quels sont ses goûts, ses habitudes?

BOURDON. Mais les goûts et les habitudes d'un homme de son âge. Je ne pense pas que vous ayez beaucoup à craindre de ce côté. Je devine maintenant où tendait votre question. Croyez-moi, Teissier sera un mari plutôt trop honnête[10] que pas assez, je m'en rapporte[11] à votre mère elle-même.

MADAME VIGNERON. Je me demande en ce moment, monsieur Bourdon, quel intérêt vous pouvez avoir à ce mariage?

BOURDON. Quel intérêt, madame? Mais celui de cette enfant qui est en même temps le vôtre.

MADAME VIGNERON. Il est bien tard, savez-vous, pour nous montrer tant de dévouement.

BOURDON. Vous pensez encore, madame, à ces maudites affaires qui se sont terminées aussi mal que possible, je le reconnais. Est-ce ma faute, si vous vous êtes trouvée impuissante pour défendre la succession de votre mari? Vous avez subi la loi du plus fort, voilà tout. Aujourd'hui cette loi se retourne en votre faveur. Il se trouve que votre fille a fait la conquête d'un vieillard, qui accordera tout ce qu'on voudra pour passer avec elle les quelques jours qui lui restent à vivre. Cette situation est toute à votre avantage; les atouts[12] sont dans votre jeu,[13] profitez-en. Je n'ai pas besoin de vous dire, madame, que nous, officiers publics, nous

[6] 'gentleman'   [7] 'draw up'   [8] 'as one who knows'   [9] 'threads'
[10] 'decent'   [11] 'leave it'   [12] 'trumps'   [13] 'hand'

ne connaissons ni le plus fort ni le plus faible et que la neutralité est un
devoir dont nous ne nous écartons jamais. Cependant je ne me croirais
pas coupable, bien que Teissier soit mon client, de stipuler en faveur de
votre fille tous les avantages qu'elle est en état[14] d'obtenir. (*Revenant à*
5 MARIE.) Vous avez entendu, mademoiselle, ce que je viens de dire à
votre mère. Faites-moi autant de questions que vous voudrez, mais
abordons,[15] n'est-ce pas, la seule qui soit véritablement importante, la
question argent. Je vous écoute.

MARIE. Non, parlez vous-même.

10 BOURDON, *avec un demi-sourire*. Je suis ici pour vous entendre et pour
vous conseiller.

MARIE. Il me serait pénible de m'appesantir[16] là-dessus.

BOURDON, *souriant*. Bah! Vous désirez peut-être savoir quelle est
exactement, à un sou près,[17] la fortune de M. Teissier?

15 MARIE. Je la trouve suffisante, sans la connaître.

BOURDON. Vous avez raison. Teissier est riche, très riche, plus riche,
le sournois,[18] qu'il n'en convient lui-même. Allez donc, mademoiselle, je
vous attends.

MARIE. M. Teissier vous a fait part sans doute de ses intentions?

20 BOURDON. Oui, mais je voudrais connaître aussi les vôtres. Il est
toujours intéressant pour nous de voir se débattre[19] les parties.

MARIE. N'augmentez pas mon embarras. Si ce mariage doit se faire,
j'aimerais mieux en courir la chance[20] plutôt que de poser des conditions.

BOURDON, *souriant toujours*. Vraiment! (MARIE *le regarde fixement*.)
25 Je ne mets pas en doute vos scrupules, mademoiselle; quand on veut bien
nous en montrer, nous sommes tenus de les croire sincères. Teissier se
doute bien cependant que vous ne l'épouserez pas pour ses beaux yeux.[21]
Il est donc tout disposé déjà à vous constituer un douaire;[22] mais ce
douaire, je m'empresse de vous le dire, ne suffirait pas. Vous faites un
30 marché, n'est-il pas vrai, ou bien, si ce mot vous blesse, vous faites une
spéculation, elle doit porter tous ses fruits. Il est donc juste, et c'est ce
qui arrivera, que Teissier, en vous épousant, vous reconnaisse commune
en biens,[23] ce qui veut dire que la moitié de sa fortune, sans rétractation
et sans contestation possible, vous reviendra après sa mort. Vous n'aurez
35 plus que des vœux[24] à faire pour ne pas l'attendre trop longtemps. (*Se
tournant vers* MME VIGNERON.) Vous avez entendu, madame, ce que je
viens de dire à votre fille?

MADAME VIGNERON. J'ai entendu.

BOURDON. Que pensez-vous?

---

[14] 'in a position'   [15] 'let us discuss'   [16] 'dwell'   [17] 'to within a *sou*'   [18] 'sly fellow'
[19] 'struggle'   [20] 'trust to luck'   [21] i.e. good looks   [22] 'marriage settlement'
[23] 'as joint owner of his property' (as opposed to the other possible marital arrangement,
in which the property rights are separate)   [24] 'prayers'

Madame Vigneron. Je pense, monsieur Bourdon, si vous voulez le savoir, que plutôt que de promettre à ma fille la fortune de M. Teissier, vous auriez mieux fait de lui conserver celle de son père.

Bourdon. Vous ne sortez pas de là,[25] vous, madame. (*Revenant à* Marie.) Eh bien? mademoiselle, vous connaissez maintenant les avantages immenses qui vous seraient réservés dans un avenir très prochain; je cherche ce que vous pourriez opposer encore, je ne le trouve pas. Quelques objections de sentiment peut-être? Je parle, n'est-ce pas, à une jeune fille raisonnable, bien élevée, qui n'a pas de papillons[26] dans la tête. Vous devez savoir que l'amour n'existe pas; je ne l'ai jamais rencontré pour ma part. Il n'y a que des affaires en ce monde; le mariage en est une comme toutes les autres; celle qui se présente aujourd'hui pour vous, vous ne la retrouveriez pas une seconde fois.

Marie. M. Teissier, dans les conversations qu'il a eues avec vous, a-t-il parlé de ma famille?

Bourdon. De votre famille? Non. (*Bas.*) Est-ce qu'elle exigerait[27] quelque chose?

Marie. M. Teissier doit savoir que jamais je ne consentirais à me séparer d'elle.

Bourdon. Pourquoi vous en séparerait-il? Vos sœurs sont charmantes, madame votre mère est une personne très agréable. Teissier a tout intérêt d'ailleurs à ne pas laisser sans entourage une jeune femme qui aura bien des moments inoccupés. Préparez-vous, mademoiselle, à ce qui me reste à vous dire. Teissier m'a accompagné jusqu'ici; il est en bas; il attend une réponse qui doit être cette fois définitive; vous risqueriez vous-même en la différant.[28] C'est donc un oui ou un non que je vous demande.

Madame Vigneron. En voilà assez, monsieur Bourdon. J'ai bien voulu que vous appreniez à ma fille les propositions qui lui étaient faites; mais, si elle doit les accepter, ça la regarde, je n'entends pas[29] que ce soit par surprise, dans un moment de faiblesse ou d'émotion. Au surplus, je me réserve, vous devez bien le penser, d'avoir un entretien avec elle où je lui dirai de ces choses qui seraient déplacées en votre présence, mais qu'une mère, seule avec son enfant, peut et doit lui apprendre dans certains cas. Je n'ai pas, je vous l'avoue, une fille de vingt ans, pleine de cœur et pleine de santé, pour la donner à un vieillard.

Bourdon. A qui la donnerez-vous? On dirait, madame, à vous entendre, que vous avez des gendres plein vos poches[30] et que vos filles n'auront que l'embarras du choix. Pourquoi le mariage de l'une d'elles, mariage qui paraissait bien conclu, celui-là, a-t-il manqué? Faute d'ar-

---

[25] i.e. you can't seem to forget about that subject   [26] i.e. fancies   [27] 'is she going to demand'   [28] 'in postponing it'   [29] 'I have no intention'   [30] i.e. any number of sons-in-law up your sleeve

gent. C'est qu'en effet, madame, faute d'argent, les jeunes filles restent jeunes filles.

MADAME VIGNERON. Vous vous trompez. Je n'avais rien et mon mari non plus. Il m'a épousée cependant et nous avons été très heureux.

5 BOURDON. Vous avez eu quatre enfants, c'est vrai. Si votre mari, madame, était encore de ce monde, il serait, pour la première fois peut-être, en désaccord avec vous. C'est avec effroi qu'il envisagerait la situation de ses filles, situation, quoi que vous en pensiez, difficile et périlleuse. Il estimerait à son prix la proposition de M. Teissier, imparfaite sans 10 doute, mais plus qu'acceptable, rassurante pour le présent (*regardant* MARIE), éblouissante pour l'avenir. On ne risque rien, je le sais, en fai-sant parler les morts, mais le père de mademoiselle, avec un cœur excellent comme le vôtre, avait de plus l'expérience qui vous fait défaut.[31] Il con-naissait la vie; il savait que tout se paye en ce monde; et, en fin de 15 compte,[32] sa pensée aujourd'hui serait celle-ci: j'ai vécu pour ma famille, je suis mort pour elle, ma fille peut bien lui sacrifier quelques années.

MARIE, *les larmes aux yeux.* Dites à M. Teissier que j'accepte.

BOURDON. Allons donc, mademoiselle, il faut se donner bien du mal[33] pour faire votre fortune. Voici votre contrat. Je l'avais préparé à l'avance 20 sans savoir si je serais remboursé de mes peines. Vous le lirez à tête repo-sée.[34] Il ne reste plus qu'à le faire signer par Teissier, je m'en charge.[35] J'étais le notaire de votre père, je compte bien devenir le vôtre. Je vais chercher Teissier et je vous l'amène.

SCENE VII

LES MÊMES, *moins* BOURDON

MARIE. Embrasse-moi et ne me dis rien. Ne m'ôte pas mon courage, 25 je n'en ai pas plus qu'il ne m'en faut. M. Bourdon a raison, vois-tu, ce mariage, c'est le salut.[1] Je suis honteuse, honteuse de le faire, et je serais coupable en ne le faisant pas. Est-ce possible que toi, ma bonne mère, à ton âge, tu recommences une vie de misère et de privations? Oui, je le sais, tu es bien courageuse, mais Blanche, Blanche, la pauvre enfant, on 30 ne peut plus lui demander du courage, à elle. Quels remords aurais-je plus tard, si sa santé réclamait des soins que nous ne pourrions pas lui donner! Et Judith? Ah! Judith, je pense bien à elle aussi. Qui sait ce que peut devenir une jeune fille, la meilleure, la plus honnête, quand sa tête[2] travaille et que le hasard ne lui fait pas peur! Tiens, je suis sou-35 lagée[3] d'un poids depuis que ce mariage est décidé. Il sera ce qu'il voudra, blâmable, intéressé,[4] bien douloureux aussi! mais je préfère encore un

---

[31] 'you lack'   [32] 'finally'   [33] 'trouble'   [34] 'at your leisure'   [35] 'I take that upon myself'
[1] 'salvation'   [2] i.e. imagination   [3] 'relieved'   [4] 'founded on selfish motives'

peu de honte et des chagrins que je connaîtrai à des inquiétudes de toutes sortes qui pourraient se terminer par un malheur. Essuie tes yeux, qu'on ne voie pas que nous ayons pleuré.

(*Rentre* BOURDON *suivi de* TEISSIER; TEISSIER *se dirige en souriant vers* MARIE, BOURDON *l'arrête et lui indique de saluer d'abord* MME VIGNERON.)

SCENE VIII

MADAME VIGNERON, MARIE, BOURDON, TEISSIER

TEISSIER. Je suis votre serviteur, madame. (*Allant à* MARIE.) Est-ce bien vrai, mademoiselle, ce que vient de me dire Bourdon, vous con- 5 sentez à devenir ma femme?

MARIE. C'est vrai.

TEISSIER. Votre résolution est bien prise, vous n'en changerez pas d'ici à demain? (*Elle lui tend la main; il l'embrasse sur les deux joues.*) Ne rougissez pas. C'est ainsi que les accords[1] se font dans mon village. 10 On embrasse sa fiancée sur la joue droite d'abord en disant: Voilà pour M. le maire; sur la joue gauche ensuite en disant: Voilà pour M. le curé.[2] (MARIE *sourit, il va à* MME VIGNERON.) Si vous le voulez bien, madame, nous commencerons la publication des bans dès demain. Bourdon nous préparera un bout de[3] contrat, n'est-ce pas, Bourdon? (BOURDON 15 *répond par un geste significatif.*) Et dans trois semaines votre seconde fille s'appellera Mme Teissier. (*Pause.*)

SCENE IX

LES MÊMES, ROSALIE

MADAME VIGNERON. Qu'est-ce qu'il y a, Rosalie?

ROSALIE. Voulez-vous recevoir M. Dupuis, madame?

MADAME VIGNERON. M. Dupuis? Le tapissier de la place des Vosges? 20

ROSALIE. Oui, madame.

MADAME VIGNERON. A quel propos vient-il nous voir?

ROSALIE. Vous lui devez de l'argent, madame, il le dit du moins. Encore un corbeau, bien sûr!

MADAME VIGNERON. Nous ne devons rien, tu m'entends, rien, à 25 M. Dupuis; dis-lui que je ne veux pas le recevoir.

TEISSIER. Si, madame, si, il faut recevoir M. Dupuis. Ou bien, quoi que vous en pensiez, il lui est dû quelque chose, et alors le plus simple est de le payer; ou bien M. Dupuis se trompe et il n'y a pas d'inconvénient à lui montrer son erreur. Vous n'êtes plus seules; vous avez un homme 30

[1] 'betrothals'   [2] a reference to the two authorities, civil and religious, who together solemnize the average French marriage   [3] 'a little'

avec vous maintenant. Faites entrer M. Dupuis. C'est Mlle Marie qui va le recevoir. Elle sera bientôt maîtresse de maison, je veux voir comment elle se comportera. Venez, Bourdon. Laissons votre fille avec M. Dupuis. (Mme Vigneron *et* Bourdon *entrent à gauche; à* Marie, *avant de les suivre.*) Je suis là, derrière la porte, je ne perds pas un mot.

SCENE X

Marie, Dupuis, *puis* Teissier

Dupuis. Bonjour, ma chère demoiselle.

Marie. Je vous salue, monsieur Dupuis.

Dupuis. Votre maman se porte bien?

Marie. Assez bien, je vous remercie.

Dupuis. Vos sœurs sont en bonne santé?

Marie. En bonne santé.

Dupuis. Je ne vous demande pas de vos nouvelles; vous êtes fraîche et rose comme l'enfant qui vient de naître.

Marie. Ma mère, monsieur Dupuis, m'a chargée de vous recevoir à sa place; dites-moi tout de suite ce qui vous amène.

Dupuis. Vous vous en doutez bien un peu de ce qui m'amène.

Marie. Non, je vous assure.

Dupuis. Vrai? Vous ne vous dites pas: si M. Dupuis vient nous voir, au bout de tant de temps, c'est qu'il a bien besoin de son argent?

Marie. Expliquez-vous mieux.

Dupuis. J'aurais donné beaucoup, mademoiselle, beaucoup, pour ne pas vous faire cette visite. Quand j'ai appris la mort de votre père, j'ai dit à ma femme: je crois bien que M. Vigneron nous devait encore quelque chose, mais baste,[1] la somme n'est pas bien grosse, nous n'en mourrons pas de la passer[2] à profits et pertes. Je suis comme ça avec mes bons clients. M. Vigneron en était un; jamais de difficultés avec lui; entre honnêtes gens, ça devrait toujours se passer ainsi. Malheureusement, vous savez ce que sont les affaires, bonnes un jour, mauvaises le lendemain; ça ne va pas fort en ce moment. Vous comprenez.

Marie. Il me semblait bien, monsieur Dupuis, que mon père s'était acquitté[3] avec vous.

Dupuis. Ne me dites pas cela, vous me feriez de la peine.

Marie. Je suis certaine cependant, autant qu'on peut l'être, que mon père avait réglé son compte dans votre maison.

Dupuis. Prenez garde. Vous allez me fâcher. Il s'agit de deux mille francs, la somme n'en vaut pas la peine. Vous êtes peut-être gênées[4] en ce moment, dites-le-moi, je ne viens pas vous mettre le couteau sur la

---

[1] 'never mind' [2] 'if we put it down' [3] 'had settled' [4] 'financially embarrassed'

gorge. Que Mme Vigneron me fasse un effet de deux mille francs, à trois mois; sa signature, pour moi, c'est de l'argent comptant.[5]

MARIE. Je dirai à ma mère que vous êtes venu lui réclamer deux mille francs, mais, je vous le répète, il y a erreur de votre part, je suis bien sûre que nous ne vous les devons pas.

DUPUIS. Eh bien, mademoiselle, je ne sortirai pas d'ici avant de les avoir reçus. Je me suis présenté poliment, mon chapeau à la main (*il se couvre*[6]), vous avez l'air de me traiter comme un voleur, ces manières-là ne réussissent jamais avec moi. Allez chercher votre mère, qu'elle me donne mes deux mille francs... ou un billet[7]..., je veux bien encore recevoir un billet..., sinon, M. Dupuis va se ficher en colère[8] et il fera trembler toute la maison.

(TEISSIER *rentre.* — DUPUIS, *surpris et déjà intimidé par son arrivée, se découvre.*)

TEISSIER. Gardez votre chapeau. On ne fait pas de cérémonies dans les affaires. Vous avez votre facture sur vous?

DUPUIS. Certainement, monsieur, j'ai ma facture.

TEISSIER. Donnez-la-moi.

DUPUIS. Est-ce qu'il faut, mademoiselle, que je remette mon compte à ce monsieur?

MARIE. Faites ce que monsieur vous dit.

TEISSIER, *lisant la facture.* «Reçu de Mme veuve Vigneron deux mille francs pour solde[9] de son compte arrêté de commun accord entre elle et moi.» Qu'est-ce que c'est qu'une note de ce genre-là? Vous ne donnez pas ordinairement le détail de vos livraisons?[10]

DUPUIS. Nous ne pouvons pas, monsieur, recommencer cinq et six fois la même facture. La première que j'ai remise à M. Vigneron contenait toutes les indications nécessaires.

TEISSIER. C'est bien. Je vais vous payer. Je vérifierai en rentrant chez moi.

DUPUIS. Vérifiez, monsieur, vérifiez. M. Vigneron a dû laisser ses papiers en règle.

TEISSIER. Oui, très en règle. (*Portant la facture à ses yeux.*) Dupuis, n'est-ce pas? Cette signature est bien la vôtre? Vous êtes M. Dupuis en personne?

DUPUIS. Oui, monsieur.

TEISSIER. Je vais vous donner vos deux mille francs.

DUPUIS. Vérifiez, monsieur, puisque vous le pouvez. J'attendrai jusque-là.

TEISSIER. Vous êtes bien sûr que M. Vigneron au moment de son décès vous devait encore deux mille francs?

---

[5] 'cash'   [6] 'he puts his hat on'   [7] 'a promissory note'   [8] 'will get really angry'   [9] 'payment'   [10] 'deliveries'

Dupuis. Oui, monsieur..., oui, monsieur. Il faudrait que ma femme eût fait une erreur dans ses calculs, mais je ne le pense pas.

Teissier. Votre femme n'a rien à voir là-dedans.[11] C'est vous qui vous exposeriez en recevant deux fois la même somme.

5 Dupuis. Je ne la réclamerais pas, monsieur, si elle ne m'était pas due. Je suis un honnête homme.

Teissier, *lui tendant l'argent.* Voici vos deux mille francs.

Dupuis. Non. Vérifiez d'abord. J'aime mieux ça.

Teissier. Rentrez chez vous, mon garçon, et que je ne vous voie pas
10 remettre les pieds ici, vous m'entendez?

Dupuis. Qu'est-ce que vous dites, monsieur?

Teissier. Je vous dis de rentrer chez vous. Ne faites pas l'insolent, vous le regretteriez.

Dupuis. Rendez-moi ma facture au moins.

15 Teissier. Prenez garde de la retrouver chez le juge d'instruction.[12]

Dupuis. Ah! C'est trop fort! Un monsieur que je ne connais pas, qui ose me parler ainsi, en pleine figure.[13] Je m'en vais, mademoiselle, mais on aura bientôt de mes nouvelles. (*Il sort en se couvrant.*)

Teissier. Vous êtes entourées de fripons, mon enfant, depuis la mort
20 de votre père. Allons retrouver votre famille.

[11] 'has nothing to do with it'   [12] 'examining magistrate'   [13] 'right to my face'

ZOLA

ZOLA

E MILE–EDOUARD–CHARLES–ANTOINE ZOLA (1840–1902) was born in Paris. His father, an Italian émigré of Venetian extraction, was a civil engineer and built the aqueduct at Aix-en-Provence. It was in this southern town, the "Plassans" of his future novels, that Zola spent his childhood and that he received his early schooling. At Aix he attended the pension Izoard and later the collège Bourbon; when, at eighteen, his widowed mother summoned him to Paris, he completed his education at the lycée Saint-Louis. Unable to pass his final examinations, Zola could not secure a position and spent several years of real poverty in the Latin Quarter. Finally, in 1862, he obtained a clerkship with the publisher Hachette. Zola's friends at this time were mostly the young painters of what later became the Impressionist school, whom he had met through his old school-friend Paul Cézanne. Some of Zola's earliest writings were articles in defense of these painters, but he soon turned to fiction and had already published several novels when, in 1868, he conceived the idea of rivaling Balzac's *Comédie humaine* with his *Histoire naturelle et sociale d'une famille sous le Second Empire*. The twenty volumes of this *Rougon-Macquart* series took a quarter of a century in the writing and brought their author fame, riches and an unprecedented storm of abuse from the official critics. To answer these attacks Zola had to engage in endless literary polemics and had, in essay after essay, to draw up a theoretical basis for Naturalism and the "experimental" novel. By the late eighteen-seventies Zola had attracted a group of young disciples, writers like Maupassant, Huysmans and his faithful friend and biographer Paul Alexis, who used to spend the week-ends at the Zola country-house at Médan on the Seine, above Paris. There was a split among the followers in 1887, when five minor Naturalists signed a manifesto denouncing Zola's most recent novel *La Terre*. The last chapter in Zola's life is less concerned with the novel cycles of his later years, such as the *Trois Villes* and the *Quatre Evangiles* series, than with his personal intervention in the *affaire* Dreyfus. His open letter to the President of the Republic brought the novelist a prison sentence and forced him to flee to England for a time, but it served its purpose in reopening the case. Zola was suffocated by carbon monoxide gas from a defective heater in his apartment in Paris. In 1908 his remains were reinterred in the Panthéon.

Zola's principal novels are: *Thérèse Raquin* (1867), *Le Ventre de Paris* (1873), *La Faute de l'abbé Mouret* (1875), *L'Assommoir* (1877), *Nana* (1880), *Germinal* (1885), *La Terre* (1887), *Le Rêve* (1888), *La Débâcle* (1892). Of his volumes of criticism *Le Roman expérimental* (1880), *Les Romanciers naturalistes* (1881), *Le Naturalisme au théâtre* (1881) are the most significant.

L'ATTAQUE DU MOULIN[1]

I

Le moulin du père Merlier, par cette belle soirée d'été, était en grande fête. Dans la cour, on avait mis trois tables, placées bout à bout, et qui attendaient les convives.[2] Tout le pays savait qu'on devait fiancer, ce jour-là, la fille Merlier, Françoise, avec Dominique, un garçon qu'on
5 accusait de fainéantise,[3] mais que les femmes, à trois lieues à la ronde,[4] regardaient avec des yeux luisants,[5] tant il avait bon air.[6]

Ce moulin du père Merlier était une vraie gaieté. Il se trouvait juste au milieu de Rocreuse,[7] à l'endroit où la grand'route[8] fait un coude.[9] Le village n'a qu'une rue, deux files de masures,[10] une file à chaque bord de
10 la route; mais là, au coude, des prés s'élargissent,[11] de grands arbres, qui suivent le cours de la Morelle, couvrent le fond de la vallée d'ombrages[12] magnifiques. Il n'y a pas, dans toute la Lorraine,[13] un coin de nature plus adorable. A droite et à gauche, des bois épais, des futaies séculaires[14] montent des pentes[15] douces, emplissent l'horizon d'une mer de verdure;
15 tandis que, vers le midi,[16] la plaine s'étend, d'une fertilité merveilleuse, déroulant[17] à l'infini des pièces de terre coupées de haies vives.[18] Mais ce qui fait surtout le charme de Rocreuse, c'est la fraîcheur de ce trou de verdure,[19] aux journées les plus chaudes de juillet et d'août. La Morelle descend des bois de Gagny, et il semble qu'elle prenne le froid des feuil-
20 lages sous lesquels elle coule pendant des lieues; elle apporte les bruits murmurants, l'ombre glacée et recueillie[20] des forêts. Et elle n'est point la seule fraîcheur: toutes sortes d'eaux courantes chantent sous les bois; à chaque pas, des sources jaillissent; on sent, lorsqu'on suit les étroits sentiers,[21] comme des lacs souterrains qui percent sous la mousse et
25 profitent des moindres fentes,[22] au pied des arbres, entre les roches, pour s'épancher[23] en fontaines cristallines. Les voix chuchotantes[24] de ces ruisseaux s'élèvent si nombreuses et si hautes, qu'elles couvrent le chant

[1] First published in the Russian newspaper *Vyestnik Yevropi*. In France the story first appeared in April, 1880, in a volume of tales on the Franco-Prussian War entitled *Les Soirées de Médan*; it contained contributions by Zola, Maupassant, Alexis, Huysmans, Céard and Hennique. The first intention was to call the volume *L'Invasion comique*, but it was feared that this title might give offense. In 1893 Zola collaborated with Louis Gallet on a libretto of *L'Attaque du moulin* destined for the opera. [2] 'guests' [3] 'idleness' [4] 'for three leagues around' [5] 'shining' [6] 'a handsome appearance' [7] Local place-names in the narrative are fictitious. [8] 'highway' [9] 'bend' [10] 'rows of humble dwellings' [11] 'meadows broaden out' [12] 'shade' [13] a border province in eastern France [14] 'century-old forests' [15] 'slopes' [16] 'south' [17] 'unfolding' [18] 'green hedgerows' [19] 'verdant hollow' [20] 'calm' [21] 'springs gush forth; to anyone following the narrow paths, it seems as if there were' [22] 'crevices' [23] 'overflow' [24] 'whispering'

des bouvreuils.[25] On se croirait dans quelque parc enchanté, avec des cascades tombant de toutes parts.

En bas, les prairies sont trempées.[26] Des marronniers[27] gigantesques font des ombres[28] noires. Au bord des prés, de longs rideaux de peupliers alignent leurs tentures bruissantes.[29] Il y a deux avenues d'énormes platanes[30] qui montent, à travers champs, vers l'ancien château de Gagny, aujourd'hui en ruines. Dans cette terre continuellement arrosée,[31] les herbes grandissent démesurément.[32] C'est comme un fond de parterre,[33] entre les deux coteaux boisés,[34] mais de parterre naturel, dont les prairies sont les pelouses,[35] et dont les arbres géants dessinent les colossales corbeilles.[36] Quand le soleil, à midi, tombe d'aplomb,[37] les ombres bleuissent,[38] les herbes allumées dorment dans la chaleur, tandis qu'un frisson[39] glacé passe sous les feuillages.

Et c'était là que le moulin du père Merlier égayait[40] de son tic-tac un coin de verdures folles.[41] La bâtisse,[42] faite de plâtre et de planches, semblait vieille comme le monde. Elle trempait à moitié dans[43] la Morelle, qui arrondit[44] à cet endroit un clair bassin. Une écluse était ménagée,[45] la chute tombait de quelques mètres sur la roue du moulin, qui craquait en tournant, avec la toux[46] asthmatique d'une fidèle servante vieillie dans la maison. Quand on conseillait au père Merlier de la changer, il hochait[47] la tête en disant qu'une jeune roue serait plus paresseuse et ne connaîtrait pas si bien le travail; et il raccommodait[48] l'ancienne avec tout ce qui lui tombait sous la main, des douves de tonneau,[49] des ferrures rouillées,[50] du zinc, du plomb.[51] La roue en paraissait plus gaie, avec son profil devenu étrange, toute empanachée[52] d'herbes et de mousses. Lorsque l'eau la battait de son flot d'argent, elle se couvrait de perles, on voyait passer son étrange carcasse sous une parure éclatante[53] de colliers de nacre.[54]

La partie du moulin qui trempait ainsi dans la Morelle, avait l'air d'une arche[55] barbare, échouée[56] là. Une bonne moitié du logis[57] était bâtie sur des pieux.[58] L'eau entrait sous le plancher,[59] il y avait des trous, bien connus dans le pays pour les anguilles[60] et les écrevisses[61] énormes qu'on y prenait. En dessous de la chute, le bassin était limpide comme un miroir, et lorsque la roue ne le troublait pas de son écume,[62] on apercevait des bandes de gros poissons qui nageaient avec des lenteurs d'esca-

---

[25] 'bullfinches'   [26] 'running with water'   [27] 'chestnut trees'   [28] 'shadows'   [29] 'long screens of poplars display their rustling curtains [of foliage]'   [30] 'plane trees'   [31] 'watered'   [32] 'to an unusual height'   [33] 'lower end of a flower garden'   [34] 'wooded hillsides'   [35] 'lawns'   [36] 'round flower beds'   [37] 'perpendicularly'   [38] 'turn blue'   [39] 'shiver'   [40] 'enlivened'   [41] 'wild vegetation'   [42] 'building'   [43] 'it stood half in and half out of'   [44] 'broadens out . . . [into]'   [45] 'a dam had been built [here]'   [46] 'cough'   [47] 'shook'   [48] 'repaired'   [49] 'barrel staves'   [50] 'rusty pieces of iron'   [51] 'lead'   [52] 'plumed'   [53] 'dazzling adornment'   [54] 'mother-of-pearl'   [55] 'ark'   [56] 'stranded'   [57] 'building'   [58] 'piles'   [59] 'floor'   [60] 'eels'   [61] 'cray-fish'   [62] 'foam'

dre.[63] Un escalier rompu descendait à la rivière, près d'un pieu où était amarrée[64] une barque. Une galerie de bois passait au-dessus de la roue. Des fenêtres s'ouvraient, percées irrégulièrement. C'était un pêle-mêle d'encoignures,[65] de petites murailles, de constructions ajoutées après coup,[66] de poutres et de toitures[67] qui donnaient au moulin un aspect d'ancienne citadelle démantelée. Mais des lierres[68] avaient poussé, toutes sortes de plantes grimpantes[69] bouchaient[70] les crevasses trop grandes et mettaient un manteau vert à la vieille demeure. Les demoiselles qui passaient, dessinaient sur leurs albums le moulin du père Merlier.

Du côté de la route, la maison était plus solide. Un portail[71] en pierre s'ouvrait sur la grande cour, que bordaient à droite et à gauche des hangars et des écuries.[72] Près d'un puits,[73] un orme[74] immense couvrait de son ombre la moitié de la cour. Au fond, la maison alignait les quatre fenêtres de son premier étage, surmonté d'un colombier.[75] La seule coquetterie du père Merlier était de faire badigeonner[76] cette façade tous les dix ans. Elle venait justement d'être blanchie, et elle éblouissait[77] le village, lorsque le soleil l'allumait, au milieu du jour.

Depuis vingt ans, le père Merlier était maire de Rocreuse. On l'estimait pour la fortune qu'il avait su faire. On lui donnait[78] quelque chose comme quatre-vingt mille francs, amassés sou à sou. Quand il avait épousé Madeleine Guillard, qui lui apportait en dot[79] le moulin, il ne possédait guère que ses deux bras. Mais Madeleine ne s'était jamais repentie de son choix, tant il avait su mener gaillardement[80] les affaires du ménage. Aujourd'hui, la femme était défunte, il restait veuf[81] avec sa fille Françoise. Sans doute, il aurait pu se reposer, laisser la roue du moulin dormir dans la mousse; mais il se serait trop ennuyé, et la maison lui aurait semblé morte. Il travaillait toujours, pour le plaisir. Le père Merlier était alors un grand vieillard, à longue figure silencieuse, qui ne riait jamais, mais qui était tout de même très gai en dedans. On l'avait choisi pour maire, à cause de son argent, et aussi pour le bel air[82] qu'il savait prendre, lorsqu'il faisait un mariage.

Françoise Merlier venait d'avoir dix-huit ans. Elle ne passait pas pour une des belles filles du pays, parce qu'elle était chétive.[83] Jusqu'à quinze ans, elle avait même été laide. On ne pouvait pas comprendre, à Rocreuse, comment la fille du père et de la mère Merlier, tous deux si bien plantés,[84] poussait[85] mal et d'un air de regret. Mais à quinze ans, tout en restant délicate, elle prit une petite figure, la plus jolie du monde. Elle

[63] 'squadron'   [64] 'moored'   [65] 'angles'   [66] 'subsequently'   [67] 'of beams and roofs'   [68] 'ivy'   [69] 'climbing'   [70] 'stopped up'   [71] 'gateway'   [72] 'sheds and stables'   [73] 'well'   [74] 'elm tree'   [75] 'dove-cote'   [76] 'whitewash'   [77] 'dazzled'   [78] 'he was thought to have'   [79] 'dowry'   [80] 'blithely'   [81] 'widower'   [82] 'imposing appearance'   [83] 'puny'   [84] 'robust'   [85] 'grew'

avait des cheveux noirs, des yeux noirs, et elle était toute rose avec ça;
une bouche qui riait toujours, des trous dans les joues,[86] un front clair
où il y avait comme une couronne de soleil. Quoique chétive pour le pays,
elle n'était pas maigre, loin de là; on voulait dire simplement qu'elle
n'aurait pas pu lever un sac de blé; mais elle devenait toute potelée[87] avec 5
l'âge, elle devait finir par être ronde et friande comme une caille.[88] Seulement, les longs silences de son père l'avaient rendue raisonnable[89] très
jeune. Si elle riait toujours, c'était pour faire plaisir aux autres. Au
fond, elle était sérieuse.

Naturellement, tout le pays la courtisait, plus encore pour ses écus[90] 10
que pour sa gentillesse.[91] Et elle avait fini par faire un choix, qui venait
de scandaliser la contrée. De l'autre côté de la Morelle, vivait un grand
garçon, que l'on nommait Dominique Penquer. Il n'était pas de Rocreuse.
Dix ans auparavant, il était arrivé de Belgique, pour hériter d'un oncle,
qui possédait un petit bien,[92] sur la lisière[93] même de la forêt de Gagny, 15
juste en face du moulin, à quelques portées de fusil.[94] Il venait pour vendre ce bien, disait-il, et retourner chez lui. Mais le pays le charma, paraît-
il, car il n'en bougea plus. On le vit cultiver son bout de champ,[95] récolter[96]
quelques légumes dont il vivait. Il pêchait, il chassait; plusieurs fois, les
gardes faillirent le prendre et lui dresser des procès-verbaux.[97] Cette 20
existence libre, dont les paysans ne s'expliquaient pas bien les ressources,[98]
avait fini par lui donner un mauvais renom. On le traitait[99] vaguement
de braconnier.[1] En tous cas, il était paresseux, car on le trouvait souvent
endormi dans l'herbe, à des heures où il aurait dû travailler. La masure
qu'il habitait, sous les derniers arbres de la forêt, ne semblait pas non 25
plus la demeure d'un honnête garçon. Il aurait eu un commerce[2] avec
les loups des ruines de Gagny, que cela n'aurait point surpris les vieilles
femmes. Pourtant, les jeunes filles, parfois, se hasardaient[3] à le défendre,
car il était superbe, cet homme louche,[4] souple et grand comme un peu-
plier, très blanc de peau, avec une barbe et des cheveux blonds qui sem- 30
blaient de l'or au soleil. Or, un beau matin, Françoise avait déclaré au
père Merlier qu'elle aimait Dominique et que jamais elle ne consentirait
à épouser un autre garçon.

On pense quel coup de massue[5] le père Merlier reçut, ce jour-là! Il ne
dit rien, selon son habitude. Il avait son visage réfléchi; seulement, sa 35
gaieté intérieure ne luisait plus dans ses yeux. On se bouda[6] pendant une
semaine. Françoise, elle aussi, était toute grave. Ce qui tourmentait le
père Merlier, c'était de savoir comment ce gredin[7] de braconnier avait

---

[86] i.e. dimples   [87] 'plump'   [88] 'appetizing as a quail'   [89] 'serious-minded'
[90] 'crowns'; i.e. her money   [91] 'attractiveness'   [92] 'property'   [93] 'edge'
[94] i.e. some little distance away   [95] 'bit of a field'   [96] 'harvest'   [97] 'the
rural police came near catching him and lodging a charge against him'   [98] 'source of
livelihood'   [99] 'people spoke of him'   [1] 'as a poacher'   [2] 'if he had had dealings'
[3] 'ventured'   [4] 'suspicious'   [5] 'bludgeon stroke'   [6] 'sulked'   [7] 'rogue'

bien pu ensorceler[8] sa fille. Jamais Dominique n'était venu au moulin. Le meunier guetta[9] et il aperçut le galant, de l'autre côté de la Morelle, couché dans l'herbe et feignant de dormir. Françoise, de sa chambre, pouvait le voir. La chose était claire, ils avaient dû s'aimer, en se faisant 5 les doux yeux par-dessus la roue du moulin.

Cependant, huit autres jours s'écoulèrent.[10] Françoise devenait de plus en plus grave. Le père Merlier ne disait toujours rien. Puis, un soir, silencieusement, il amena lui-même Dominique. Françoise, justement, mettait la table. Elle ne parut pas étonnée, elle se contenta d'ajouter un 10 couvert;[11] seulement, les petits trous de ses joues venaient de se creuser[12] de nouveau, et son rire avait reparu. Le matin, le père Merlier était allé trouver Dominique dans sa masure, sur la lisière du bois. Là, les deux hommes avaient causé pendant trois heures, les portes et les fenêtres fermées. Jamais personne n'a su ce qu'ils avaient pu se dire. Ce qu'il y a 15 de certain, c'est que le père Merlier en sortant traitait déjà Dominique comme son fils. Sans doute, le vieillard avait trouvé le garçon, qu'il était allé chercher, un brave garçon, dans ce paresseux qui se couchait sur l'herbe pour se faire aimer des filles.

Tout Rocreuse clabauda.[13] Les femmes, sur les portes, ne tarissaient 20 pas[14] au sujet de la folie du père Merlier, qui introduisait ainsi chez lui un garnement.[15] Il laissa dire. Peut-être s'était-il souvenu de son propre mariage. Lui non plus ne possédait pas un sou vaillant,[16] lorsqu'il avait épousé Madeleine et son moulin; cela pourtant ne l'avait point empêché de faire un bon mari. D'ailleurs, Dominique coupa court aux cancans,[17] 25 en se mettant si rudement à la besogne,[18] que le pays en fut émerveillé. Justement le garçon[19] du moulin était tombé au sort,[20] et jamais Dominique ne voulut qu'on en engageât un autre. Il porta les sacs, conduisit la charrette,[21] se battit avec la vieille roue, quand elle se faisait prier[22] pour tourner, tout cela d'un tel cœur,[23] qu'on venait le voir par plaisir. 30 Le père Merlier avait son rire silencieux. Il était très fier d'avoir deviné[24] ce garçon. Il n'y a rien comme l'amour pour donner du courage aux jeunes gens.

Au milieu de toute cette grosse besogne, Françoise et Dominique s'adoraient. Ils ne se parlaient guère, mais ils se regardaient avec une 35 douceur souriante. Jusque-là, le père Merlier n'avait pas dit un seul mot au sujet du mariage; et tous deux respectaient ce silence, attendant la volonté du vieillard. Enfin, un jour, vers le milieu de juillet, il avait fait mettre trois tables dans la cour, sous le grand orme, en invitant ses amis

---

[8] 'to bewitch'   [9] 'kept watch'   [10] 'went by'   [11] 'add another place'   [12] i.e. showed   [13] 'gossiped'   [14] 'did not run dry'   [15] 'scamp'   [16] cf. "a red cent" [17] 'gossip'   [18] 'setting to work so vigorously'   [19] 'hired man'   [20] 'had been drafted by lot'; under the Second Empire conscripts were selected in this way.   [21] 'drove the cart'   [22] 'seemed reluctant'   [23] 'with such energy'   [24] 'to have guessed the worth of'

de Rocreuse à venir le soir boire un coup[25] avec lui. Quand la cour fut
pleine et que tout le monde eut le verre en main, le père Merlier leva le
sien très haut, en disant:

— C'est pour avoir le plaisir de vous annoncer que Françoise épousera
ce gaillard-là dans un mois, le jour de la Saint-Louis.[26]

Alors, on trinqua bruyamment.[27] Tout le monde riait. Mais le père
Merlier haussant[28] la voix, dit encore:

— Dominique, embrasse ta promise.[29] Ça se doit.[30]

Et ils s'embrassèrent, très rouges pendant que l'assistance[31] riait plus
fort. Ce fut une vraie fête. On vida un petit tonneau.[32] Puis, quand il
n'y eut là que les amis intimes, on causa d'une façon calme. La nuit était
tombée, une nuit étoilée et très claire. Dominique et Françoise, assis sur
un banc, l'un près de l'autre, ne disaient rien. Un vieux paysan parlait
de la guerre que l'empereur[33] avait déclarée à la Prusse.[34] Tous les gars[35]
du village étaient déjà partis. La veille, des troupes avaient encore passé.
On allait se cogner dur.[36]

— Bah! dit le père Merlier avec l'égoïsme d'un homme heureux, Dominique est étranger,[37] il ne partira pas... Et si les Prussiens venaient, il
serait là pour défendre sa femme.

Cette idée que les Prussiens pouvaient venir parut une bonne plaisanterie.[38] On allait leur flanquer une raclée soignée,[39] et ce serait vite fini.

— Je les ai déjà vus, je les ai déjà vus, répéta d'une voix sourde le
vieux paysan.

Il y eut un silence. Puis, on trinqua une fois encore. Françoise et
Dominique n'avaient rien entendu; ils s'étaient pris doucement la main,
derrière le banc, sans qu'on pût les voir, et cela leur semblait si bon,
qu'ils restaient là, les yeux perdus[40] au fond des ténèbres.[41]

Quelle nuit tiède[42] et superbe! Le village s'endormait aux deux bords
de la route blanche, dans une tranquillité d'enfant. On n'entendait plus,
de loin en loin,[43] que le chant de quelque coq éveillé trop tôt. Des grands
bois voisins, descendaient de longues haleines[44] qui passaient sur les
toitures comme des caresses. Les prairies, avec leurs ombrages noirs,
prenaient une majesté mystérieuse et recueillie, tandis que toutes les
sources, toutes les eaux courantes qui jaillissaient dans l'ombre, semblaient être la respiration fraîche et rythmée de la campagne endormie.
Par instants, la vieille roue du moulin, ensommeillée,[45] paraissait rêver
comme ces vieux chiens de garde qui aboient en ronflant;[46] elle avait

---

[25] 'to have a drink'   [26] 'the feast of St. Louis'; August 25th   [27] 'clinked
glasses noisily'   [28] 'raising'   [29] 'betrothed'   [30] 'that's what's always done'
[31] 'company'   [32] 'cask'   [33] i.e. Napoleon III   [34] on July 17, 1870   [35] 'lads'
[36] 'it was going to be a stiff fight'   [37] 'a foreigner'   [38] 'joke'   [39] 'they
were going to give them a good licking'   [40] 'staring'   [41] 'darkness'
[42] 'balmy'   [43] 'at long intervals'   [44] 'gusts of air'   [45] 'slumbering'
[46] i.e. bark in their sleep

des craquements,[47] elle causait toute seule, bercée[48] par la chute de la
Morelle, dont la nappe[49] rendait le son musical et continu d'un tuyau
d'orgues.[50] Jamais une paix plus large n'était descendue sur un coin plus
heureux de nature.

II

5 Un mois plus tard, jour pour jour, juste la veille[51] de la Saint-Louis,
Rocreuse était dans l'épouvante.[52] Les Prussiens avaient battu l'empereur et s'avançaient à marches forcées vers le village. Depuis une semaine,
des gens qui passaient sur la route annonçaient les Prussiens: «Ils sont
à Lormière, ils sont à Novelles»; et, à entendre dire qu'ils se rappro-
10 chaient si vite, Rocreuse, chaque matin, croyait les voir descendre par
les bois de Gagny. Ils ne venaient point cependant, cela effrayait davantage. Bien sûr qu'ils tomberaient sur le village pendant la nuit et qu'ils
égorgeraient[53] tout le monde.

La nuit précédente, un peu avant le jour, il y avait eu une alerte.[54]
15 Les habitants s'étaient réveillés, en entendant un grand bruit d'hommes
sur la route. Les femmes déjà se jetaient à genoux et faisaient des signes
de croix, lorsqu'on avait reconnu des pantalons rouges, en entr'ouvrant
prudemment les fenêtres. C'était un détachement français. Le capitaine
avait tout de suite demandé le maire du pays, et il était resté au moulin,
20 après avoir causé avec le père Merlier.

Le soleil se levait gaiement, ce jour-là. Il ferait chaud, à midi. Sur
les bois, une clarté blonde flottait, tandis que dans les fonds,[55] au-dessus
des prairies, montaient des vapeurs blanches. Le village, propre[56] et
joli, s'éveillait dans la fraîcheur, et la campagne, avec sa rivière et ses
25 fontaines, avait des grâces mouillées de bouquet.[57] Mais cette belle
journée ne faisait rire personne. On venait de voir le capitaine tourner
autour du moulin, regarder les maisons voisines, passer de l'autre côté
de la Morelle, et de là, étudier le pays avec une lorgnette;[58] le père Merlier, qui l'accompagnait, semblait donner des explications. Puis, le
30 capitaine avait posté des soldats derrière des murs, derrière des arbres,
dans des trous. Le gros[59] du détachement campait dans la cour du moulin.
On allait donc se battre? Et quand le père Merlier revint, on l'interrogea.
Il fit un long signe de tête,[60] sans parler. Oui, on allait se battre.

Françoise et Dominique étaient là, dans la cour, qui le regardaient.
35 Il finit par ôter sa pipe de la bouche, et dit cette simple phrase:

— Ah! mes pauvres petits, ce n'est pas demain que je vous marierai!

Dominique, les lèvres serrées,[61] avec un pli de colère[62] au front, se

---

[47] 'it creaked every now and then'   [48] 'lulled'   [49] 'smooth surface'   [50] 'organ
pipe'   [51] 'eve'   [52] 'a panic'   [53] 'would slaughter'   [54] 'alarm'
[55] 'hollows'   [56] 'neat'   [57] 'the charm of a dewy bouquet'   [58] 'field-glasses'
[59] 'main body'   [60] i.e. nodded slowly   [61] 'pursed'   [62] 'frown'

haussait[63] parfois, restait les yeux fixés sur les bois de Gagny, comme s'il eût voulu voir arriver les Prussiens. Françoise, très pâle, sérieuse, allait et venait, fournissant aux soldats ce dont ils avaient besoin. Ils faisaient la soupe dans un coin de la cour, et plaisantaient, en attendant de manger.

Cependant, le capitaine paraissait ravi. Il avait visité les chambres et la grande salle du moulin donnant sur[64] la rivière. Maintenant, assis près du puits, il causait avec le père Merlier.

— Vous avez là une vraie forteresse, disait-il. Nous tiendrons bien jusqu'à ce soir... Les bandits[65] sont en retard. Ils devraient être ici.

Le meunier[66] restait grave. Il voyait son moulin flamber[67] comme une torche. Mais il ne se plaignait pas, jugeant cela inutile. Il ouvrit seulement la bouche pour dire:

— Vous devriez faire cacher la barque derrière la roue. Il y a là un trou où elle tient[68]... Peut-être qu'elle pourra servir.

Le capitaine donna un ordre. Ce capitaine était un bel homme d'une quarantaine d'années, grand et de figure aimable. La vue de Françoise et de Dominique semblait le réjouir. Il s'occupait d'eux, comme s'il avait oublié la lutte[69] prochaine. Il suivait Françoise des yeux, et son air disait clairement qu'il la trouvait charmante. Puis, se tournant vers Dominique:

— Vous n'êtes donc pas à l'armée, mon garçon? lui demanda-t-il brusquement.

— Je suis étranger, répondit le jeune homme.

Le capitaine parut goûter médiocrement[70] cette raison. Il cligna les yeux[71] et sourit. Françoise était plus agréable à fréquenter que le canon. Alors, en le voyant sourire, Dominique ajouta:

— Je suis étranger, mais je loge une balle dans une pomme, à cinq cents mètres... Tenez, mon fusil de chasse est là, derrière vous.

— Il pourra vous servir, répliqua simplement le capitaine.

Françoise s'était approchée, un peu tremblante. Et, sans se soucier[72] du monde qui était là, Dominique prit et serra dans les siennes les deux mains qu'elle lui tendait, comme pour se mettre sous sa protection. Le capitaine avait souri de nouveau, mais il n'ajouta pas une parole. Il demeurait assis, son épée entre les jambes, les yeux perdus,[73] paraissant rêver.

Il était déjà dix heures. La chaleur devenait très forte. Un lourd silence se faisait. Dans la cour, à l'ombre des hangars, les soldats s'étaient mis à manger la soupe. Aucun bruit ne venait du village, dont les habitants avaient tous barricadé leurs maisons, portes et fenêtres. Un

---

[63] 'craned his neck'   [64] 'facing'   [65] 'scoundrels'   [66] 'miller'   [67] 'burning'
[68] 'fits'   [69] 'struggle'   [70] 'did not seem to think much of'   [71] 'winked'
[72] 'worrying'   [73] i.e. with a far-away look in his eyes

chien, resté seul sur la route, hurlait.[74] Des bois et des prairies voisines, pâmés par[75] la chaleur, sortait une voix lointaine, prolongée, faite de tous les souffles épars.[76] Un coucou chanta. Puis, le silence s'élargit[77] encore.

5 Et, dans cet air endormi, brusquement, un coup de feu éclata.[78] Le capitaine se leva vivement, les soldats lâchèrent[79] leurs assiettes de soupe, encore à moitié pleines. En quelques secondes, tous furent à leur poste de combat; de bas en haut, le moulin se trouvait occupé. Cependant, le capitaine, qui s'était porté[80] sur la route, n'avait rien vu; à 10 droite, à gauche, la route s'étendait, vide et toute blanche. Un deuxième coup de feu se fit entendre, et toujours rien, pas une ombre. Mais, en se retournant, il aperçut du côté de Gagny, entre deux arbres, un léger flocon[81] de fumée qui s'envolait, pareil à un fil de la Vierge.[82] Le bois restait profond et doux.

15 — Les gredins se sont jetés dans la forêt, murmura-t-il. Ils nous savent ici.

Alors, la fusillade continua, de plus en plus nourrie,[83] entre les soldats français, postés autour du moulin, et les Prussiens, cachés derrière les arbres. Les balles sifflaient[84] au-dessus de la Morelle, sans causer de 20 pertes[85] ni d'un côté ni de l'autre. Les coups étaient irréguliers, partaient de chaque buisson;[86] et l'on n'apercevait toujours que les petites fumées, balancées[87] mollement par le vent. Cela dura près de deux heures. L'officier chantonnait[88] d'un air indifférent. Françoise et Dominique, qui étaient restés dans la cour, se haussaient et regardaient par-dessus 25 une muraille basse. Ils s'intéressaient surtout à un petit soldat, posté au bord de la Morelle, derrière la carcasse d'un vieux bateau; il était à plat ventre,[89] guettait, lâchait son coup de feu,[90] puis se laissait glisser dans un fossé,[91] un peu en arrière, pour recharger[92] son fusil; et ses mouvements étaient si drôles, si rusés,[93] si souples, qu'on se laissait aller à 30 sourire[94] en le voyant. Il dut apercevoir quelque tête de Prussien, car il se leva vivement et épaula;[95] mais, avant qu'il eût tiré, il jeta un cri, tourna sur lui-même[96] et roula dans le fossé, où ses jambes eurent un instant le roidissement[97] convulsif des pattes d'un poulet qu'on égorge. Le petit soldat venait de recevoir une balle en pleine poitrine. C'était 35 le premier mort. Instinctivement, Françoise avait saisi la main de Dominique et la lui serrait, dans une crispation[98] nerveuse.

— Ne restez pas là, dit le capitaine. Les balles viennent jusqu'ici.

En effet, un petit coup sec[99] s'était fait entendre dans le vieil orme,

---

[74] 'howled'   [75] 'drooping in'   [76] 'scattered breezes'   [77] 'increased'
[78] 'a shot sounded'   [79] 'left'   [80] 'had gone out'   [81] 'puff'   [82] 'floating cobweb'   [83] 'with ever increasing intensity'   [84] 'whistled'   [85] 'losses'
[86] 'bush'   [87] 'wafted'   [88] 'hummed'   [89] 'flat on his stomach'   [90] 'fired'
[91] 'ditch'   [92] 'reload'   [93] 'cunning'   [94] 'could not help smiling'   [95] 'took aim'
[96] 'spun round'   [97] 'stiffening'   [98] 'grip'   [99] 'sharp'

et un bout de branche tombait en se balançant.[1] Mais les deux jeunes gens ne bougèrent pas, cloués[2] par l'anxiété du spectacle. A la lisière du bois, un Prussien était brusquement sorti de derrière un arbre comme d'une coulisse,[3] battant l'air de ses bras et tombant à la renverse.[4] Et rien ne bougea plus, les deux morts semblaient dormir au grand soleil,[5] on ne voyait toujours personne dans la campagne alourdie.[6] Le pétillement[7] de la fusillade lui-même cessa. Seule, la Morelle chuchotait avec son bruit clair.

Le père Merlier regarda le capitaine d'un air de surprise, comme pour lui demander si c'était fini.

— Voilà le grand coup,[8] murmura celui-ci. Méfiez-vous.[9] Ne restez pas là.

Il n'avait pas achevé qu'une décharge effroyable[10] eut lieu. Le grand orme fut comme fauché,[11] une volée[12] de feuilles tournoya.[13] Les Prussiens avaient heureusement tiré trop haut. Dominique entraîna, emporta presque Françoise, tandis que le père Merlier les suivait, en criant:

— Mettez-vous dans le petit caveau,[14] les murs sont solides.

Mais ils ne l'écoutèrent pas, ils entrèrent dans la grande salle, où une dizaine de soldats attendaient en silence, les volets[15] fermés, guettant par des fentes. Le capitaine était resté seul dans la cour, accroupi[16] derrière la petite muraille, pendant que des décharges furieuses continuaient. Au dehors, les soldats qu'il avait postés, ne cédaient le terrain que pied à pied. Pourtant, ils rentraient un à un en rampant,[17] quand l'ennemi les avait délogés de leurs cachettes.[18] Leur consigne[19] était de gagner du temps, de ne point se montrer, pour que les Prussiens ne pussent savoir quelles forces ils avaient devant eux. Une heure encore s'écoula. Et, comme un sergent arrivait, disant qu'il n'y avait plus dehors que deux ou trois hommes, l'officier tira sa montre, en murmurant:

— Deux heures et demie... Allons, il faut tenir quatre heures.

Il fit fermer le grand portail de la cour, et tout fut préparé pour une résistance énergique. Comme les Prussiens se trouvaient de l'autre côté de la Morelle, un assaut immédiat n'était pas à craindre. Il y avait bien un pont à deux kilomètres, mais ils ignoraient sans doute son existence, et il était peu croyable qu'ils tenteraient de passer à gué[20] la rivière. L'officier fit donc simplement surveiller la route. Tout l'effort allait porter[21] du côté de la campagne.

La fusillade de nouveau avait cessé. Le moulin semblait mort sous le grand soleil. Pas un volet n'était ouvert, aucun bruit ne sortait de l'intérieur. Peu à peu, cependant, des Prussiens se montraient à la

---

[1] 'swaying' [2] 'nailed [to the ground]' [3] 'wings of a theatre' [4] 'backwards'
[5] 'full sunlight' [6] 'drowsy' [7] 'crackling' [8] 'main attack' [9] 'look
out' [10] 'terrific volley' [11] 'mowed down' [12] 'shower' [13] 'whirled
down' [14] 'cellar' [15] 'shutters' [16] 'crouching' [17] 'crawling' [18] 'hiding-places' [19] 'orders' [20] 'ford' [21] 'fall'

lisière du bois de Gagny. Ils allongeaient[22] la tête, s'enhardissaient.[23] Dans le moulin, plusieurs soldats épaulaient déjà; mais le capitaine cria:

— Non, non, attendez... Laissez-les s'approcher. Ils y mirent beaucoup de prudence, regardant le moulin d'un air méfiant.[24] Cette vieille demeure, silencieuse et morne,[25] avec ses rideaux de lierre, les inquiétait. Pourtant, ils avançaient. Quand ils furent une cinquantaine dans la prairie, en face, l'officier dit un seul mot:

— Allez!

Un déchirement[26] se fit entendre, des coups isolés suivirent. Françoise, agitée d'un tremblement, avait porté malgré elle les mains à ses oreilles. Dominique, derrière les soldats, regardait; et, quand la fumée se fut un peu dissipée, il aperçut trois Prussiens étendus sur le dos, au milieu du pré. Les autres s'étaient jetés derrière les saules[27] et les peupliers. Et le siège commença.

Pendant plus d'une heure, le moulin fut criblé[28] de balles. Elles en fouettaient[29] les vieux murs comme une grêle.[30] Lorsqu'elles frappaient sur de la pierre, on les entendait s'écraser[31] et retomber à l'eau. Dans le bois, elles s'enfonçaient[32] avec un bruit sourd.[33] Parfois, un craquement annonçait que la roue venait d'être touchée. Les soldats, à l'intérieur, ménageaient[34] leurs coups, ne tiraient que lorsqu'ils pouvaient viser.[35] De temps à autre, le capitaine consultait sa montre. Et, comme une balle fendait[36] un volet et allait se loger dans le plafond:

— Quatre heures, murmura-t-il. Nous ne tiendrons jamais.

Peu à peu, en effet, cette fusillade terrible ébranlait le vieux moulin.[37] Un volet tomba à l'eau, troué comme une dentelle,[38] et il fallut le remplacer par un matelas.[39] Le père Merlier, à chaque instant, s'exposait pour constater les avaries[40] de sa pauvre roue, dont les craquements lui allaient au cœur. Elle était bien finie, cette fois; jamais il ne pourrait la raccommoder. Dominique avait supplié[41] Françoise de se retirer, mais elle voulait rester avec lui; elle s'était assise derrière une grande armoire de chêne,[42] qui la protégeait. Une balle pourtant arriva dans l'armoire, dont les flancs rendirent un son grave. Alors, Dominique se plaça devant Françoise. Il n'avait pas encore tiré, il tenait son fusil à la main, ne pouvant approcher des fenêtres dont les soldats tenaient toute la largeur. A chaque décharge, le plancher tressaillait.[43]

— Attention! attention! cria tout d'un coup le capitaine.

Il venait de voir sortir du bois toute une masse sombre. Aussitôt s'ouvrit un formidable feu de peloton.[44] Ce fut comme une trombe[45]

---

[22] 'stretched forth' [23] 'grew bold' [24] 'distrustful' [25] 'dismal' [26] 'tearing sound' [27] 'willows' [28] 'riddled' [29] 'lashed' [30] 'hailstorm' [31] 'flatten out' [32] 'penetrated' [33] 'dull' [34] 'were sparing of' [35] 'aim' [36] 'split' [37] 'was shaking the old mill to pieces' [38] 'as full of holes as a piece of lace' [39] 'mattress' [40] 'ascertain the damage' [41] 'begged' [42] 'oak cupboard' [43] 'the floor trembled' [44] 'platoon' [45] 'whirlwind'

qui passa sur le moulin. Un autre volet partit, et par l'ouverture béante[46] de la fenêtre, les balles entrèrent. Deux soldats roulèrent sur le carreau.[47] L'un ne remua plus;[48] on le poussa contre le mur, parce qu'il encombrait. L'autre se tordit[49] en demandant qu'on l'achevât; mais on ne l'écoutait point, les balles entraient toujours, chacun se garait[50] et tâchait de trouver une meurtrière pour riposter.[51] Un troisième soldat fut blessé; celui-là ne dit pas une parole, il se laissa couler au bord d'une table, avec des yeux fixes et hagards. En face de ces morts, Françoise, prise d'horreur, avait repoussé machinalement sa chaise, pour s'asseoir à terre, contre le mur; elle se croyait là plus petite et moins en danger. Cependant, on était allé prendre tous les matelas de la maison, on avait rebouché[52] à moitié la fenêtre. La salle s'emplissait de débris, d'armes rompues, de meubles éventrés.[53]

— Cinq heures, dit le capitaine. Tenez bon[54]... Ils vont chercher à passer l'eau.

A ce moment, Françoise poussa un cri. Une balle, qui avait ricoché,[55] venait de lui effleurer[56] le front. Quelques gouttes de sang parurent. Dominique la regarda; puis, s'approchant de la fenêtre, il lâcha son premier coup de feu, et il ne s'arrêta plus. Il chargeait, tirait, sans s'occuper de ce qui se passait près de lui; de temps à autre seulement, il jetait un coup d'œil sur Françoise. D'ailleurs, il ne se pressait pas, visait avec soin. Les Prussiens, longeant[57] les peupliers, tentaient le passage de la Morelle, comme le capitaine l'avait prévu; mais, dès qu'un d'entre eux se hasardait, il tombait frappé à la tête par une balle de Dominique. Le capitaine, qui suivait ce jeu, était émerveillé.[58] Il complimenta le jeune homme, en lui disant qu'il serait heureux d'avoir beaucoup de tireurs de sa force.[59] Dominique ne l'entendait pas. Une balle lui entama[60] l'épaule, une autre lui contusionna[61] le bras. Et il tirait toujours.

Il y eut deux nouveaux morts. Les matelas, déchiquetés,[62] ne bouchaient plus les fenêtres. Une dernière décharge semblait devoir emporter le moulin. La position n'était plus tenable. Cependant, l'officier répétait:

— Tenez bon... Encore une demi-heure.

Maintenant, il comptait les minutes. Il avait promis à ses chefs d'arrêter l'ennemi là jusqu'au soir, et il n'aurait pas reculé d'une semelle[63] avant l'heure qu'il avait fixée pour la retraite. Il gardait son air aimable, souriait à Françoise, afin de la rassurer. Lui-même venait de ramasser le fusil d'un soldat mort et faisait le coup de feu.

---

[46] 'gaping'   [47] 'floor'   [48] 'had stopped moving'   [49] 'writhed'
[50] 'sought cover'   [51] 'loophole to return the fire'   [52] 'stopped up again'
[53] 'ripped open'   [54] 'hold on'   [55] 'rebounded'   [56] 'grazed'   [57] 'skirting'
[58] 'astonished'   [59] 'proficiency'   [60] 'cut'   [61] 'bruised'   [62] 'ripped to pieces'
[63] 'would not have yielded a foot'

Il n'y avait plus que quatre soldats dans la salle. Les Prussiens se montraient en masse sur l'autre bord de la Morelle, et il était évident qu'ils allaient passer la rivière d'un moment à l'autre. Quelques minutes s'écoulèrent encore. Le capitaine s'entêtait,[64] ne voulait pas donner l'ordre de la retraite, lorsqu'un sergent accourut, en disant:

— Ils sont sur la route, ils vont nous prendre par derrière.

Les Prussiens devaient avoir trouvé le pont. Le capitaine tira sa montre.

— Encore cinq minutes, dit-il. Ils ne seront pas ici avant cinq minutes.

Puis, à six heures précises, il consentit enfin à faire sortir ses hommes par une petite porte qui donnait sur une ruelle.[65] De là, ils se jetèrent dans un fossé, ils gagnèrent la forêt de Sauval. Le capitaine avait, avant de partir, salué très poliment le père Merlier, en s'excusant. Et il avait même ajouté:

— Amusez-les... Nous reviendrons.

Cependant, Dominique était resté seul dans la salle. Il tirait toujours,[66] n'entendant rien, ne comprenant rien. Il n'éprouvait que le besoin de défendre Françoise. Les soldats étaient partis, sans qu'il s'en doutât le moins du monde. Il visait et tuait son homme à chaque coup. Brusquement, il y eut un grand bruit. Les Prussiens, par derrière, venaient d'envahir[67] la cour. Il lâcha un dernier coup, et ils tombèrent sur lui, comme son fusil fumait encore.

Quatre hommes le tenaient. D'autres vociféraient autour de lui, dans une langue effroyable. Ils faillirent l'égorger[68] tout de suite. Françoise s'était jetée en avant, suppliante. Mais un officier entra et se fit remettre le prisonnier. Après quelques phrases qu'il échangea en allemand avec les soldats, il se tourna vers Dominique et lui dit rudement, en très bon français:

— Vous serez fusillé dans deux heures.

III

C'était une règle posée par l'état-major[69] allemand: tout Français n'appartenant pas à l'armée régulière et pris les armes à la main, devait être fusillé. Les compagnies franches[70] elles-mêmes n'étaient pas reconnues comme belligérantes. En faisant ainsi de terribles exemples sur les paysans qui défendaient leurs foyers,[71] les Allemands voulaient empêcher la levée en masse,[72] qu'ils redoutaient.[73]

L'officier, un homme grand et sec, d'une cinquantaine d'années, fit subir à Dominique un bref interrogatoire. Bien qu'il parlât le français très purement, il avait une raideur[74] toute prussienne.

[64] 'remained obstinate'　　　　[65] 'lane'　　　　[66] 'went on firing'　　　　[67] 'invaded'
[68] 'almost killed him'　　　　[69] 'general staff'　　　　[70] 'volunteer companies'; composed of *francs-tireurs* or volunteer sharp-shooters　　　　[71] 'homes'　　　　[72] 'mass rising'
[73] 'dreaded'　　　　[74] 'stiffness'

— Vous êtes de ce pays?

— Non, je suis Belge.

— Pourquoi avez-vous pris les armes?... Tout ceci ne doit pas vous regarder.[75]

Dominique ne répondit pas. A ce moment, l'officier aperçut Françoise debout et très pâle, qui écoutait; sur son front blanc, sa légère blessure mettait une barre[76] rouge. Il regarda les jeunes gens l'un après l'autre, parut comprendre, et se contenta d'ajouter:

— Vous ne niez pas[77] avoir tiré?

— J'ai tiré tant que j'ai pu, répondit tranquillement Dominique.

Cet aveu était inutile, car il était noir de poudre, couvert de sueur,[78] taché de quelques gouttes de sang qui avaient coulé de l'éraflure[79] de son épaule.

— C'est bien, répéta l'officier. Vous serez fusillé dans deux heures.

Françoise ne cria pas. Elle joignit les mains et les éleva dans un geste de muet désespoir. L'officier remarqua ce geste. Deux soldats avaient emmené Dominique dans une pièce voisine, où ils devaient le garder à vue. La jeune fille était tombée sur une chaise, les jambes brisées;[80] elle ne pouvait pleurer, elle étouffait.[81] Cependant, l'officier l'examinait toujours. Il finit par lui adresser la parole:

— Ce garçon est votre frère? demanda-t-il.

Elle dit non de la tête. Il resta raide, sans un sourire. Puis, au bout d'un silence:

— Il habite le pays depuis longtemps?

Elle dit oui, d'un nouveau signe.

— Alors il doit très bien connaître les bois voisins?

Cette fois, elle parla.

— Oui, monsieur, dit-elle en le regardant avec quelque surprise.

Il n'ajouta rien et tourna sur ses talons,[82] en demandant qu'on lui amenât le maire du village. Mais Françoise s'était levée, une légère rougeur au visage, croyant avoir saisi le but[83] de ses questions et reprise d'espoir. Ce fut elle-même qui courut pour trouver son père.

Le père Merlier, dès que les coups de feu avaient cessé, était vivement descendu par la galerie de bois, pour visiter[84] sa roue. Il adorait sa fille, il avait une solide amitié pour Dominique, son futur gendre; mais sa roue tenait aussi une large place dans son cœur. Puisque les deux petits, comme il les appelait, étaient sortis sains et saufs[85] de la bagarre,[86] il songeait à son autre tendresse, qui avait singulièrement souffert, celle-là. Et, penché sur la grande carcasse de bois, il en étudiait les blessures

---

[75] 'can be none of your business'   [76] 'streak'   [77] 'do not deny'
[78] 'sweat'   [79] 'scratch'   [80] 'giving way under her'   [81] 'was choking'
[82] 'heels'   [83] 'purpose'   [84] 'inspect'   [85] 'safe and sound'
[86] 'fray'

d'un air navré.[87] Cinq palettes[88] étaient en miettes,[89] la charpente[90] centrale était criblée. Il fourrait[91] les doigts dans les trous des balles, pour en mesurer la profondeur; il réfléchissait à la façon dont il pourrait réparer toutes ces avaries. Françoise le trouva qui bouchait déjà des
5 fentes avec des débris et de la mousse.

— Père, dit-elle, ils vous demandent.

Et elle pleura enfin, en lui contant ce qu'elle venait d'entendre. Le père Merlier hocha la tête. On ne fusillait pas les gens comme ça. Il fallait voir. Et il rentra dans le moulin, de son air silencieux et paisible.
10 Quand l'officier lui eut demandé des vivres[92] pour ses hommes, il répondit qu'il que les gens de Rocreuse n'étaient pas habitués à être brutalisés,[93] et qu'on n'obtiendrait rien d'eux si l'on employait la violence. Il se chargeait de tout, mais à la condition qu'on le laissât agir seul. L'officier parut se fâcher d'abord de ce ton tranquille; puis, il céda, devant les paroles
15 brèves et nettes[94] du vieillard. Même il le rappela, pour lui demander:

— Ces bois-là, en face, comment les nommez-vous?

— Les bois de Sauval.

— Et quelle est leur étendue?[95]

Le meunier le regarda fixement.
20 — Je ne sais pas, répondit-il.

Et il s'éloigna. Une heure plus tard, la contribution de guerre[96] en vivres et en argent, réclamée[97] par l'officier, était dans la cour du moulin. La nuit venait, Françoise suivait avec anxiété les mouvements des soldats. Elle ne s'éloignait pas de la pièce dans laquelle était enfermé Domi-
25 nique. Vers sept heures, elle eut une émotion poignante; elle vit l'officier entrer chez le prisonnier, et, pendant un quart d'heure, elle entendit leurs voix qui s'élevaient. Un instant, l'officier reparut sur le seuil[98] pour donner un ordre en allemand, qu'elle ne comprit pas; mais, lorsque douze hommes furent venus se ranger dans la cour, le fusil au bras, un
30 tremblement la saisit, elle se sentit mourir. C'en était donc fait;[99] l'exécution allait avoir lieu. Les douze hommes restèrent là dix minutes, la voix de Dominique continuait à s'élever sur un ton de refus violent. Enfin, l'officier sortit, en fermant brutalement la porte et en disant:

— C'est bien, réfléchissez... Je vous donne jusqu'à demain matin.
35 Et, d'un geste, il fit rompre les rangs aux[1] douze hommes. Françoise restait hébétée.[2] Le père Merlier, qui avait continué de fumer sa pipe, en regardant le peloton d'un air simplement curieux, vint la prendre par le bras, avec une douceur paternelle. Il l'emmena dans sa chambre.

— Tiens-toi tranquille, lui dit-il, tâche de dormir... Demain, il fera
40 jour, et nous verrons.

---

[87] 'broken-hearted'   [88] 'paddles'   [89] 'fragments'   [90] 'framework'   [91] 'poked'
[92] 'provisions'   [93] 'roughly treated'   [94] 'clear'   [95] 'extent'   [96] 'levy'
[97] 'demanded'   [98] 'threshold'   [99] 'so it was all over'   [1] 'dismissed'   [2] 'stupefied'

En se retirant, il l'enferma[3] par prudence. Il avait pour principe que les femmes ne sont bonnes à rien, et qu'elles gâtent tout, lorsqu'elles s'occupent d'une affaire sérieuse. Cependant, Françoise ne se coucha pas. Elle demeura longtemps assise sur son lit, écoutant les rumeurs de la maison. Des soldats allemands, campés dans la cour, chantaient et riaient; ils durent manger et boire jusqu'à onze heures, car le tapage[4] ne cessa pas un instant. Dans le moulin même, des pas lourds résonnaient de temps à autre, sans doute des sentinelles qu'on relevait.[5] Mais, ce qui l'intéressait surtout, c'étaient les bruits qu'elle pouvait saisir dans la pièce qui se trouvait sous sa chambre. Plusieurs fois elle se coucha par terre, elle appliqua son oreille contre le plancher. Cette pièce était justement celle où l'on avait enfermé Dominique. Il devait marcher du mur à la fenêtre, car elle entendit longtemps la cadence régulière de sa promenade; puis, il se fit un grand silence, il s'était sans doute assis. D'ailleurs, les rumeurs cessaient, tout s'endormait. Quand la maison lui parut s'assoupir,[6] elle ouvrit sa fenêtre le plus doucement possible, elle s'accouda.[7]

Au dehors, la nuit avait une sérénité tiède. Le mince croissant[8] de la lune, qui se couchait derrière les bois de Sauval, éclairait la campagne d'une lueur de veilleuse.[9] L'ombre allongée des grands arbres barrait de noir les prairies, tandis que l'herbe, aux endroits découverts,[10] prenait une douceur de velours verdâtre.[11] Mais Françoise ne s'arrêtait guère[12] au charme mystérieux de la nuit. Elle étudiait la campagne, cherchant les sentinelles que les Allemands avaient dû poster de côté.[13] Elle voyait parfaitement leurs ombres s'échelonner[14] le long de la Morelle. Une seule se trouvait devant le moulin, de l'autre côté de la rivière, près d'un saule dont les branches trempaient dans l'eau. Françoise la distinguait parfaitement. C'était un grand garçon qui se tenait immobile, la face tournée vers le ciel, de l'air rêveur d'un berger.[15]

Alors, quand elle eut ainsi inspecté les lieux avec soin, elle revint s'asseoir sur son lit. Elle y resta une heure, profondément absorbée. Puis elle écouta de nouveau: la maison n'avait plus un souffle. Elle retourna à la fenêtre, jeta un coup d'œil; mais sans doute une des cornes[16] de la lune qui apparaissait encore derrière les arbres, lui parut gênante,[17] car elle se remit à attendre. Enfin, l'heure lui sembla venue. La nuit était toute noire, elle n'apercevait plus la sentinelle en face, la campagne s'étalait comme une mare[18] d'encre. Elle tendit l'oreille[19] un instant et se décida. Il y avait là, passant près de la fenêtre, une échelle[20] de fer,

---

[3] 'locked her in'   [4] 'uproar'   [5] 'who were being relieved'   [6] 'to slumber'
[7] 'leaned on her elbow [on the window-sill]'   [8] 'slender crescent'   [9] 'glow of a night-light'   [10] 'open'   [11] 'greenish velvet'   [12] 'paid hardly any attention'   [13] 'on one side'   [14] 'spaced out at regular intervals'   [15] 'shepherd'   [16] 'horns'   [17] i.e. an obstacle   [18] 'pool'   [19] 'listened attentively'   [20] 'ladder'

des barres scellées dans le mur, qui montait de la roue au grenier,[21] et
qui servait autrefois aux meuniers pour visiter certains rouages;[22] puis,
le mécanisme avait été modifié, depuis longtemps l'échelle disparaissait
sous les lierres épais qui couvraient ce côté du moulin.

5   Françoise, bravement, enjamba[23] la balustrade de sa fenêtre, saisit
une des barres de fer et se trouva dans le vide. Elle commença à descendre. Ses jupons[24] l'embarrassaient beaucoup. Brusquement, une pierre
se détacha de la muraille et tomba dans la Morelle avec un rejaillisse-
ment[25] sonore. Elle s'était arrêtée, glacée d'un frisson. Mais elle com-
10   prit que la chute d'eau, de son ronflement continu, couvrait à distance
tous les bruits qu'elle pouvait faire, et elle descendit alors plus hardiment,[26] tâtant[27] le lierre du pied, s'assurant des échelons.[28] Lorsqu'elle
fut à la hauteur de la chambre qui servait de prison à Dominique, elle
s'arrêta. Une difficulté imprévue faillit lui faire perdre tout son courage:
15   la fenêtre de la pièce du bas n'était pas régulièrement percée au-dessous
de la fenêtre de sa chambre, elle s'écartait[29] de l'échelle, et lorsqu'elle
allongea la main, elle ne rencontra que la muraille. Lui faudrait-il donc
remonter, sans pousser son projet jusqu'au bout? Ses bras se lassaient,[30]
le murmure de la Morelle, au-dessous d'elle, commençait à lui donner
20   des vertiges.[31] Alors, elle arracha du mur de petits fragments de plâtre
et les lança dans la fenêtre de Dominique. Il n'entendait pas, peut-
être dormait-il. Elle émietta[32] encore la muraille, elle s'écorchait[33] les
doigts. Et elle était à bout de force, elle se sentait tomber à la renverse,
lorsque Dominique ouvrit enfin doucement.

25   — C'est moi, murmura-t-elle. Prends-moi vite, je tombe.
C'était la première fois qu'elle le tutoyait.[34] Il la saisit, en se penchant,
et l'apporta dans la chambre. Là, elle eut une crise de larmes,[35] étouffant
ses sanglots,[36] pour qu'on ne l'entendît pas. Puis, par un effort suprême,
elle se calma.

30   — Vous êtes gardé? demanda-t-elle à voix basse.
Dominique, encore stupéfait de la voir ainsi, fit un simple signe, en
montrant sa porte. De l'autre côté, on entendait un ronflement;[37] la
sentinelle, cédant au sommeil, avait dû se coucher par terre, contre la
porte, en se disant que, de cette façon, le prisonnier ne pouvait bouger.
35   — Il faut fuir, reprit-elle vivement. Je suis venue pour vous supplier
de fuir et pour vous dire adieu.
Mais lui ne paraissait pas l'entendre. Il répétait:
— Comment, c'est vous, c'est vous... Oh! que vous m'avez fait peur.
Vous pouviez vous tuer.

[21] 'loft'   [22] 'machinery'   [23] 'stepped over'   [24] 'petticoats'
[25] 'splash'   [26] 'boldly'   [27] 'feeling'   [28] 'rungs'   [29] 'leaned out'
[30] 'were growing tired'   [31] 'dizzy spells'   [32] 'crumbled'   [33] 'rubbed the
skin off'   [34] 'addressed him in the second person singular'   [35] 'fit of weeping'
[36] 'sobs'   [37] 'sound of snoring'

Il lui prit les mains, il les baisa.

—Que je vous aime, Françoise!... Vous êtes aussi courageuse que bonne. Je n'avais qu'une crainte, c'était de mourir sans vous avoir revue... Mais vous êtes là, et maintenant ils peuvent me fusiller. Quand j'aurai passé un quart d'heure avec vous, je serai prêt.

Peu à peu, il l'avait attirée à lui, et elle appuyait sa tête sur son épaule. Le danger les rapprochait.[38] Ils oubliaient tout dans cette étreinte.[39]

—Ah! Françoise, reprit Dominique d'une voix caressante, c'est aujourd'hui la Saint-Louis, le jour si longtemps attendu de notre mariage. Rien n'a pu nous séparer, puisque nous voilà tous les deux seuls, fidèles au rendez-vous... N'est-ce pas? c'est à cette heure le matin des noces.[40]

—Oui, oui, répéta-t-elle, le matin des noces.

Ils échangèrent un baiser en frissonnant. Mais, tout d'un coup, elle se dégagea, la terrible réalité se dressait[41] devant elle.

—Il faut fuir, il faut fuir, bégaya-t-elle.[42] Ne perdons pas une minute.

Et comme il tendait les bras dans l'ombre pour la reprendre, elle le tutoya de nouveau:

—Oh! je t'en prie, écoute-moi... Si tu meurs, je mourrai. Dans une heure, il fera jour. Je veux que tu partes tout de suite.

Alors, rapidement, elle expliqua son plan. L'échelle de fer descendait jusqu'à la roue; là, il pourrait s'aider des palettes et entrer dans la barque qui se trouvait dans un enfoncement.[43] Il lui serait facile ensuite de gagner l'autre bord de la rivière et de s'échapper.

—Mais il doit y avoir des sentinelles? dit-il.

—Une seule, en face, au pied du premier saule.

—Et si elle m'aperçoit, si elle veut crier?

Françoise frissonna. Elle lui mit dans la main un couteau qu'elle avait descendu. Il y eut un silence.

—Et votre père, et vous? reprit Dominique. Mais non, je ne puis fuir... Quand je ne serai plus là, ces soldats vous massacreront peut être... Vous ne les connaissez pas. Ils m'ont proposé de me faire grâce,[44] si je consentais à les guider dans la forêt de Sauval. Lorsqu'ils ne me trouveront plus, ils sont capables de tout.

La jeune fille ne s'arrêta pas à discuter. Elle répondait simplement à toutes les raisons qu'il donnait:

—Par amour pour moi, fuyez... Si vous m'aimez, Dominique, ne restez pas ici une minute de plus.

Puis, elle promit de remonter dans sa chambre. On ne saurait pas qu'elle l'avait aidé. Elle finit par le prendre dans ses bras, par l'embrasser, pour le convaincre, avec un élan[45] de passion extraordinaire. Lui, était vaincu. Il ne posa plus qu'une question.

---

[38] 'brought them together' [39] 'embrace' [40] 'wedding morning' [41] 'arose'
[42] 'she stammered' [43] 'inlet' [44] 'spare me' [45] 'burst'

— Jurez-moi que votre père connaît votre démarche[46] et qu'il me conseille la fuite?

— C'est mon père qui m'a envoyée, répondit hardiment Françoise.

Elle mentait. Dans ce moment, elle n'avait qu'un besoin immense, le savoir en sûreté, échapper à cette abominable pensée que le soleil allait être le signal de sa mort. Quand il serait loin, tous les malheurs pouvaient fondre[47] sur elle; cela lui paraîtrait doux, du moment où il vivrait. L'égoïsme de sa tendresse le voulait vivant, avant toutes choses.

— C'est bien, dit Dominique, je ferai comme il vous plaira.

Alors, ils ne parlèrent plus. Dominique alla rouvrir la fenêtre. Mais, brusquement, un bruit les glaça. La porte fut ébranlée, et ils crurent qu'on l'ouvrait. Evidemment, une ronde[48] avait entendu leurs voix. Et tous deux debout, serrés l'un contre l'autre, attendaient dans une angoisse indicible.[49] La porte fut de nouveau secouée; mais elle ne s'ouvrit pas. Ils eurent chacun un soupir étouffé; ils venaient de comprendre, ce devait être le soldat couché en travers du seuil, qui s'était retournée. En effet, le silence se fit, les ronflements recommencèrent.

Dominique voulut absolument que Françoise remontât d'abord chez elle. Il la prit dans ses bras, il lui dit un muet adieu. Puis, il l'aida à saisir l'échelle et se cramponna[50] à son tour. Mais il refusa de descendre un seul échelon avant de la savoir dans sa chambre. Quand Françoise fut rentrée, elle laissa tomber d'une voix légère comme un souffle:

— Au revoir, je t'aime!

Elle resta accoudée, elle tâcha de suivre Dominique. La nuit était toujours très noire. Elle chercha la sentinelle et ne l'aperçut pas; seul, le saule faisait une tache pâle, au milieu des ténèbres. Pendant un instant, elle entendit le frôlement[51] du corps de Dominique le long du lierre. Ensuite la roue craqua, et il y eut un léger clapotement[52] qui lui annonça que le jeune homme venait de trouver la barque. Une minute plus tard, en effet, elle distingua la silhouette sombre de la barque sur la nappe grise de la Morelle. Alors, une angoisse terrible la reprit à la gorge. A chaque instant, elle croyait entendre le cri d'alarme de la sentinelle; les moindres bruits, épars dans l'ombre, lui semblaient des pas précipités de soldats, des froissements[53] d'armes, des bruits de fusils qu'on armait.[54] Pourtant, les secondes s'écoulaient, la campagne gardait sa paix souveraine. Dominique devait aborder[55] à l'autre rive. Françoise ne voyait plus rien. Le silence était majestueux. Et elle entendit un piétinement,[56] un cri rauque,[57] la chute sourde d'un corps. Puis, le silence se fit plus profond. Alors, comme si elle eût senti la mort passer, elle resta toute froide, en face de l'épaisse nuit.

[46] i.e. what you are doing   [47] 'descend'   [48] 'patrol'   [49] 'indescribable'
[50] 'hung on'   [51] 'rustling'   [52] 'splashing'   [53] 'clatter'   [54] 'cocked'
[55] 'must be landing'   [56] 'stamping'   [57] 'hoarse'

IV

Dès le petit jour,[58] des éclats de voix ébranlèrent le moulin. Le père Merlier était venu ouvrir la porte de Françoise. Elle descendit dans la cour, pâle et très calme. Mais là, elle ne put réprimer un frisson, en face du cadavre d'un soldat prussien, qui était allongé près du puits, sur un manteau étalé.[59]

Autour du corps, des soldats gesticulaient, criaient sur un ton de fureur. Plusieurs d'entre eux montraient les poings[60] au village. Cependant, l'officier venait de faire appeler le père Merlier, comme maire de la commune.

— Voici, lui dit-il d'une voix étranglée par la colère, un de nos hommes que l'on a trouvé assassiné sur le bord de la rivière... Il nous faut un exemple éclatant,[61] et je compte que vous allez nous aider à découvrir le meurtrier.

— Tout ce que vous voudrez, répondit le meunier avec son flegme.[62] Seulement, ce ne sera pas commode.

L'officier s'était baissé pour écarter un pan[63] du manteau, qui cachait la figure du mort. Alors apparut une horrible blessure. La sentinelle avait été frappée à la gorge, et l'arme était restée dans la plaie. C'était un couteau de cuisine à manche[64] noir.

— Regardez ce couteau, dit l'officier au père Merlier, peut-être nous aidera-t-il dans nos recherches.

Le vieillard avait eu un tressaillement.[65] Mais il se remit[66] aussitôt, il répondit, sans qu'un muscle de sa face bougeât:

— Tout le monde a des couteaux pareils, dans nos campagnes... Peut-être que votre homme s'ennuyait de se battre et qu'il se sera fait son affaire lui-même.[67] Ça se voit.[68]

— Taisez-vous! cria furieusement l'officier. Je ne sais ce qui me retient de mettre le feu aux quatre coins du village.

La colère heureusement l'empêchait de remarquer la profonde altération du visage de Françoise. Elle avait dû s'asseoir sur le banc de pierre, près du puits. Malgré elle, ses regards ne quittaient plus ce cadavre, étendu à terre, presque à ses pieds. C'était un grand et beau garçon, qui ressemblait à Dominique, avec des cheveux blonds et des yeux bleus. Cette ressemblance lui retournait le cœur.[69] Elle pensait que le mort avait peut-être laissé là-bas, en Allemagne, quelque amoureuse qui allait pleurer. Et elle reconnaissait son couteau dans la gorge du mort. Elle l'avait tué.

Cependant l'officier parlait de frapper Rocreuse de mesures terribles,

---

[58] 'dawn'   [59] 'spread [on the ground]'   [60] 'shook their fists'   [61] 'striking'
[62] 'composure'   [63] 'fold'   [64] 'handle'   [65] 'start'   [66] 'recovered his composure'
[67] 'did away with himself'   [68] 'that happens'   [69] 'made her feel sick at heart'

lorsque des soldats accoururent. On venait de s'apercevoir seulement de l'évasion[70] de Dominique. Cela causa une agitation extrême. L'officier se rendit sur les lieux, regarda par la fenêtre laissée ouverte, comprit tout, et revint exaspéré.

5   Le père Merlier parut très contrarié[71] de la fuite de Dominique.

— L'imbécile! murmura-t-il, il gâte[72] tout.

Françoise qui l'entendit, fut prise d'angoisse. Son père, d'ailleurs, ne soupçonnait pas sa complicité. Il hocha la tête, en lui disant à demi-voix:

10   — A présent, nous voilà propres![73]

—C'est ce gredin! c'est ce gredin! criait l'officier. Il aura gagné les bois... Mais il faut qu'on nous le retrouve, ou le village payera pour lui.

Et, s'adressant au meunier:

— Voyons, vous devez savoir où il se cache?

15   Le père Merlier eut son rire silencieux, en montrant la large étendue des coteaux boisés.

— Comment voulez-vous trouver un homme là-dedans? dit-il.

— Oh! il doit y avoir des trous que vous connaissez. Je vais vous donner dix hommes. Vous les guiderez.

20   — Je veux bien. Seulement, il nous faudra huit jours pour battre tous les bois des environs.

La tranquillité du vieillard enrageait l'officier. Il comprenait en effet le ridicule de cette battue.[74] Ce fut alors qu'il aperçut sur le banc Françoise pâle et tremblante. L'attitude anxieuse de la jeune fille le

25 frappa. Il se tut un instant, examinant tour à tour le meunier et Françoise.

— Est-ce que cet homme, finit-il par demander brutalement au vieillard, n'est pas l'amant de votre fille?

Le père Merlier devint livide, et l'on put croire qu'il allait se jeter sur

30 l'officier pour l'étrangler. Il se raidit, il ne répondit pas. Françoise avait mis son visage entre ses mains.

— Oui, c'est cela, continua le Prussien, vous ou votre fille l'avez aidé à fuir. Vous êtes son complice... Une dernière fois, voulez-vous nous le livrer?[75]

35   Le meunier ne répondit pas. Il s'était détourné, regardant au loin d'un air indifférent, comme si l'officier ne s'adressait pas à lui. Cela mit le comble[76] à la colère de ce dernier.

— Eh bien! déclara-t-il, vous allez être fusillé à sa place.

Et il commanda une fois encore le peloton d'exécution. Le père Merlier

40 garda son flegme. Il eut à peine un léger haussement d'épaules, tout ce drame lui semblait d'un goût médiocre. Sans doute il ne croyait pas

---

[70] 'escape'   [71] 'annoyed'   [72] 'is spoiling'   [73] 'we are in a fine fix'
[74] 'hunt'   [75] 'give him up'   [76] 'climax'

qu'on fusillât un homme si aisément. Puis, quand le peloton fut là, il dit avec gravité:

— Alors, c'est sérieux?... Je veux bien. S'il vous en faut un absolument, moi autant qu'un autre.

Mais Françoise s'était levée, affolée,[77] bégayant:

— Grâce, monsieur, ne faites pas du mal à mon père. Tuez-moi à sa place... C'est moi qui ai aidé Dominique à fuir. Moi seule suis coupable.

— Tais-toi, fillette, s'écria le père Merlier. Pourquoi mens-tu?... Elle a passé la nuit enfermée dans sa chambre, monsieur. Elle ment, je vous assure.

— Non, je ne mens pas, reprit ardemment la jeune fille. Je suis descendue par la fenêtre, j'ai poussé[78] Dominique à s'enfuir... C'est la vérité, la seule vérité...

Le vieillard était devenu très pâle. Il voyait bien dans ses yeux qu'elle ne mentait pas, et cette histoire l'épouvantait. Ah! ces enfants, avec leurs cœurs, comme ils gâtaient tout! Alors, il se fâcha.

— Elle est folle, ne l'écoutez pas. Elle vous raconte des histoires stupides... Allons, finissons-en.

Elle voulut protester encore. Elle s'agenouilla,[79] elle joignit les mains. L'officier, tranquillement, assistait à cette lutte douloureuse.

— Mon Dieu! finit-il par dire, je prends votre père, parce que je ne tiens plus l'autre... Tâchez de retrouver l'autre, et votre père sera libre.

Un moment, elle le regarda, les yeux agrandis[80] par l'atrocité de cette proposition.

— C'est horrible, murmura-t-elle. Où voulez-vous que je retrouve Dominique, à cette heure? Il est parti, je ne sais plus.

— Enfin, choisissez. Lui ou votre père.

— Oh! mon Dieu! est-ce que je puis choisir? Mais je saurais[81] où est Dominique, que je ne pourrais pas choisir!... C'est mon cœur que vous coupez... J'aimerais mieux mourir tout de suite. Oui, ce serait plus tôt fait. Tuez-moi, je vous en prie, tuez-moi...

Cette scène de désespoir et de larmes finissait par impatienter l'officier. Il s'écria:

— En voilà assez! Je veux être bon, je consens à vous donner deux heures... Si, dans deux heures, votre amoureux n'est pas là, votre père payera pour lui.

Et il fit conduire le père Merlier dans la chambre qui avait servi de prison à Dominique. Le vieux demanda du tabac et se mit à fumer. Sur son visage impassible on ne lisait aucune émotion. Seulement, quand il fut seul, tout en fumant, il pleura deux grosses larmes qui

---

[77] 'frantic'   [78] 'urged'   [79] 'fell on her knees'   [80] 'widened'
[81] 'even if I knew'

coulèrent lentement sur ses joues. Sa pauvre et chère enfant, comme elle souffrait!

Françoise était restée au milieu de la cour. Des soldats prussiens passaient en riant. Certains lui jetaient des mots, des plaisanteries
5 qu'elle ne comprenait pas. Elle regardait la porte par laquelle son père venait de disparaître. Et, d'un geste lent, elle portait la main à son front, comme pour l'empêcher d'éclater.[82]

L'officier tourna sur ses talons, en répétant:

— Vous avez deux heures. Tâchez de les utiliser.

10 Elle avait deux heures. Cette phrase bourdonnait[83] dans sa tête. Alors, machinalement, elle sortit de la cour, elle marcha devant elle. Où aller? que faire? Elle n'essayait même pas de prendre un parti,[84] parce qu'elle sentait bien l'inutilité de ses efforts. Pourtant, elle aurait voulu voir Dominique. Ils se seraient entendus tous les deux, ils auraient
15 peut-être trouvé un expédient. Et, au milieu de la confusion de ses pensées, elle descendit au bord de la Morelle, qu'elle traversa en dessous de l'écluse, à un endroit où il y avait de grosses pierres. Ses pieds la conduisirent sous le premier saule, au coin de la prairie. Comme elle se baissait, elle aperçut une mare de sang qui la fit pâlir. C'était bien
20 là. Et elle suivit les traces de Dominique dans l'herbe foulée;[85] il avait dû courir, on voyait une ligne de grands pas coupant la prairie de biais.[86] Puis, au delà, elle perdit ces traces. Mais, dans un pré voisin, elle crut les retrouver. Cela la conduisit à la lisière de la forêt, où toute indication s'effaçait.

25 Françoise s'enfonça[87] quand même sous les arbres. Cela la soulageait[88] d'être seule. Elle s'assit un instant. Puis, en songeant que l'heure s'écoulait, elle se remit debout. Depuis combien de temps avait-elle quitté le moulin? Cinq minutes? une demi-heure? Elle n'avait plus conscience du temps. Peut-être Dominique était-il allé se cacher dans
30 un taillis[89] qu'elle connaissait, et où ils avaient, une après-midi, mangé des noisettes[90] ensemble. Elle se rendit au taillis, le visita.[91] Un merle[92] seul s'envola, en sifflant sa phrase douce et triste. Alors, elle pensa qu'il s'était réfugié dans un creux[93] de roches, où il se mettait parfois à l'affût;[94] mais le creux de roches était vide. A quoi bon le chercher? elle
35 ne le trouverait pas; et peu à peu le désir de le découvrir la passionnait, elle marchait plus vite. L'idée qu'il avait dû monter dans un arbre lui vint brusquement. Elle avança dès lors, les yeux levés, et pour qu'il la sût près de lui, elle l'appelait tous les quinze à vingt pas. Des coucous répondaient, un souffle qui passait dans les branches lui faisait croire
40 qu'il était là et qu'il descendait. Une fois même, elle s'imagina le voir;

---

[82] 'bursting'   [83] 'buzzed'   [84] 'make a decision'   [85] 'trampled'   [86] 'diagonally'   [87] 'plunged'   [88] 'relieved her'   [89] 'thicket'   [90] 'hazel-nuts'   [91] 'searched it'   [92] 'blackbird'   [93] 'hollow'   [94] 'sometimes lay in wait for game'

elle s'arrêta, étranglée, avec l'envie de fuir. Qu'allait-elle lui dire?
Venait-elle donc pour l'emmener et le faire fusiller? Oh! non, elle ne
parlerait point de ces choses. Elle lui crierait de se sauver,[95] de ne pas
rester dans les environs. Puis, la pensée de son père qui l'attendait, lui
causa une douleur aiguë. Elle tomba sur le gazon,[96] en pleurant, en 5
répétant tout haut:

— Mon Dieu! mon Dieu! pourquoi suis-je là!

Elle était folle d'être venue. Et, comme prise de peur, elle courut,
elle chercha à sortir de la forêt. Trois fois, elle se trompa, et elle croyait
qu'elle ne retrouverait plus le moulin, lorsqu'elle déboucha[97] dans une 10
prairie, juste en face de Rocreuse. Dès qu'elle aperçut le village, elle
s'arrêta. Est-ce qu'elle allait rentrer seule?

Elle restait debout, quand une voix l'appela doucement:

— Françoise! Françoise!

Et elle vit Dominique qui levait la tête, au bord d'un fossé. Juste 15
Dieu! elle l'avait trouvé! Le ciel voulait donc sa mort? Elle retint un
cri, elle se laissa glisser dans le fossé.

— Tu me cherchais? demanda-t-il.

— Oui, répondit-elle, la tête bourdonnante, ne sachant ce qu'elle
disait. 20

— Ah! que se passe-t-il?

Elle baissa les yeux, elle balbutia.

— Mais, rien, j'étais inquiète, je désirais te voir.

Alors, tranquillisé, il lui expliqua qu'il n'avait pas voulu s'éloigner.
Il craignait pour eux. Ces gredins de Prussiens étaient très capables de 25
se venger sur les femmes et sur les vieillards. Enfin, tout allait bien, et
il ajouta en riant:

— La noce sera pour dans huit jours, voilà tout.

Puis, comme elle restait bouleversée,[98] il redevint grave.

— Mais, qu'as-tu? tu me caches quelque chose. 30

— Non, je te jure. J'ai couru pour venir.

Il l'embrassa, en disant que c'était imprudent pour elle et pour lui
de causer davantage; et il voulut remonter le fossé, afin de rentrer dans
la forêt. Elle le retint. Elle tremblait.

— Ecoute, tu ferais peut-être bien tout de même de rester là... Per- 35
sonne ne te cherche, tu ne crains rien.

— Françoise, tu me caches quelque chose, répéta-t-il.

De nouveau, elle jura qu'elle ne lui cachait rien. Seulement, elle
aimait mieux le savoir près d'elle. Et elle bégaya encore d'autres raisons.
Elle lui parut si singulière, que maintenant lui-même aurait refusé de 40
s'éloigner. D'ailleurs, il croyait au retour des Français. On avait vu des
troupes du côté de Sauval.

---

[95] 'escape'   [96] 'grass'   [97] 'emerged'   [98] 'upset'

— Ah! qu'ils se pressent, qu'ils soient ici le plus tôt possible! murmura-t-elle avec ferveur.

A ce moment, onze heures sonnèrent au clocher[99] de Rocreuse. Les coups arrivaient, clairs et distincts. Elle se leva, effarée;[1] il y avait deux
5 heures qu'elle avait quitté le moulin.

— Ecoute, dit-elle rapidement, si nous avions besoin de toi, je monterai dans ma chambre et j'agiterai mon mouchoir.

Et elle partit en courant, pendant que Dominique, très inquiet, s'allongeait au bord du fossé, pour surveiller le moulin. Comme elle
10 allait rentrer dans Rocreuse, Françoise rencontra un vieux mendiant, le père Bontemps, qui connaissait tout le pays. Il la salua, il venait de voir le meunier au milieu des Prussiens; puis, en faisant des signes de croix et en marmottant[2] des mots entrecoupés,[3] il continua sa route.

— Les deux heures sont passées, dit l'officier quand Françoise parut.
15 Le père Merlier était là, assis sur le banc, près du puits. Il fumait toujours. La jeune fille, de nouveau, supplia, pleura, s'agenouilla. Elle voulait gagner du temps. L'espoir de voir revenir les Français avait grandi en elle, et tandis qu'elle se lamentait, elle croyait entendre au loin les pas cadencés d'une armée. Oh! s'ils avaient paru, s'ils les avaient
20 tous délivrés!

— Ecoutez, monsieur, une heure, encore une heure... Vous pouvez bien nous accorder une heure!

Mais l'officier restait inflexible. Il ordonna même à deux hommes de s'emparer[4] d'elle et de l'emmener, pour qu'on procédât à l'exécution du
25 vieux tranquillement. Alors, un combat affreux se passa dans le cœur de Françoise. Elle ne pouvait laisser ainsi assassiner son père. Non, non, elle mourrait plutôt avec Dominique; et elle s'élançait vers sa chambre, lorsque Dominique lui-même entra dans la cour.

L'officier et les soldats poussèrent un cri de triomphe. Mais lui,
30 comme s'il n'y avait eu là que Françoise, s'avança vers elle, tranquille, un peu sévère.

— C'est mal, dit-il. Pourquoi ne m'avez-vous pas ramené? Il a fallu que le père Bontemps me contât les choses... Enfin, me voilà.

V

Il était trois heures. De grands nuages noirs avaient lentement empli
35 le ciel, la queue[5] de quelque orage[6] voisin. Ce ciel jaune, ces haillons cuivrés[7] changeaient la vallée de Rocreuse, si gaie au soleil, en un coupe-gorge[8] plein d'une ombre louche.[9] L'officier prussien s'était contenté de faire enfermer Dominique, sans se prononcer sur le sort qu'il lui réservait.

---

[99] 'belfry'   [1] 'startled'   [2] 'muttering'   [3] 'disconnected'   [4] 'seize'
[5] 'tail'   [6] 'storm'   [7] 'copper-colored shreds [of cloud]'   [8] 'death-trap'
[9] 'sinister'

Depuis midi, Françoise agonisait[10] dans une angoisse abominable. Elle
ne voulait pas quitter la cour, malgré les instances[11] de son père. Elle
attendait les Français. Mais les heures s'écoulaient, la nuit allait venir,
et elle souffrait d'autant plus, que tout ce temps gagné ne paraissait pas
devoir changer l'affreux dénouement.   5

Cependant, vers trois heures, les Prussiens firent leurs préparatifs de
départ. Depuis un instant, l'officier s'était, comme la veille, enfermé avec
Dominique. Françoise avait compris que la vie du jeune homme se
décidait. Alors, elle joignit les mains, elle pria. Le père Merlier, à côté
d'elle, gardait son attitude muette et rigide de vieux paysan, qui ne lutte 10
pas contre la fatalité des faits.

— Oh! mon Dieu! oh! mon Dieu! balbutiait Françoise, ils vont le
tuer...

Le meunier l'attira près de lui et la prit sur ses genoux comme un enfant.   15

A ce moment, l'officier sortait, tandis que, derrière lui, deux hommes
amenaient Dominique.

— Jamais, jamais! criait ce dernier. Je suis prêt à mourir.

— Réfléchissez bien, reprit l'officier. Ce service que vous me refusez,
un autre nous le rendra. Je vous offre la vie, je suis généreux... Il s'agit 20
simplement de nous conduire à Montredon, à travers bois. Il doit y avoir
des sentiers.

Dominique ne répondait plus.

— Alors, vous vous entêtez?

— Tuez-moi, et finissons-en, répondit-il.   25

Françoise, les mains jointes, le suppliait de loin. Elle oubliait tout, elle
lui aurait conseillé une lâcheté.[12] Mais le père Merlier lui saisit les mains,
pour que les Prussiens ne vissent pas son geste de femme affolée.

— Il a raison, murmura-t-il, il vaut mieux mourir.

Le peloton d'exécution était là. L'officier attendait une faiblesse de 30
Dominique. Il comptait toujours le décider. Il y eut un silence. Au loin,
on entendait de violents coups de tonnerre. Une chaleur lourde écrasait[13]
la campagne. Et ce fut dans ce silence qu'un cri retentit:

— Les Français! les Français!

C'étaient eux, en effet. Sur la route de Sauval, à la lisière du bois, on 35
distinguait la ligne des pantalons rouges. Ce fut, dans le moulin, une
agitation extraordinaire. Les soldats prussiens couraient, avec des ex-
clamations gutturales. D'ailleurs, pas un coup de feu n'avait encore été
tiré.

— Les Français! les Français! cria Françoise en battant des mains. 40

Elle était comme folle. Elle venait de s'échapper de l'étreinte de son

---

[10] 'suffered'   [11] 'entreaties'   [12] 'cowardly action'   [13] 'weighed
down upon'

père, et elle riait, les bras en l'air. Enfin, ils arrivaient donc, et ils arrivaient à temps, puisque Dominique était encore là, debout!

Un feu de peloton terrible qui éclata comme un coup de foudre à ses oreilles, la fit se retourner. L'officier venait de murmurer:

5 — Avant tout, réglons cette affaire.

Et, poussant lui-même Dominique contre le mur d'un hangar, il avait commandé le feu. Quand Françoise se tourna, Dominique était par terre, la poitrine trouée de douze balles.

Elle ne pleura pas, elle resta stupide. Ses yeux devinrent fixes, et elle
10 alla s'asseoir sous le hangar, à quelques pas du corps. Elle le regardait, elle avait par moments un geste vague et enfantin de la main. Les Prussiens s'étaient emparés du père Merlier comme d'un otage.[14]

Ce fut un beau combat. Rapidement, l'officier avait posté ses hommes, comprenant qu'il ne pouvait battre en retraite, sans se faire écraser.[15]
15 Autant valait-il[16] vendre chèrement sa vie. Maintenant, c'étaient les Prussiens qui défendaient le moulin, et les Français qui l'attaquaient. La fusillade commença avec une violence inouïe.[17] Pendant une demi-heure, elle ne cessa pas. Puis, un éclat sourd se fit entendre, et un boulet[18] cassa une maîtresse[19] branche de l'orme séculaire. Les Français avaient
20 du canon. Une batterie, dressée[20] juste au-dessus du fossé, dans lequel s'était caché Dominique, balayait[21] la grande rue de Rocreuse. La lutte, désormais, ne pouvait être longue.

Ah! le pauvre moulin! Des boulets le perçaient de part en part.[22] Une moitié de la toiture fut enlevée. Deux murs s'écroulèrent. Mais c'était
25 surtout du côté de la Morelle que le désastre devint lamentable. Les lierres, arrachés des murailles ébranlées, pendaient comme des guenilles;[23] la rivière emportait des débris de toutes sortes, et l'on voyait, par une brèche,[24] la chambre de Françoise, avec son lit, dont les rideaux blancs étaient soigneusement tirés. Coup sur coup,[25] la vieille roue reçut deux
30 boulets, et elle eut un gémissement suprême:[26] les palettes furent charriées[27] dans le courant, la carcasse s'écrasa. C'était l'âme du gai moulin qui venait de s'exhaler.

Puis, les Français donnèrent l'assaut. Il y eut un furieux combat à l'arme blanche.[28] Sous le ciel couleur de rouille,[29] le coupe-gorge de la
35 vallée s'emplissait de morts. Les larges prairies semblaient farouches,[30] avec leurs grands arbres isolés, leurs rideaux de peupliers qui les tachaient d'ombre. A droite et à gauche, les forêts étaient comme les murailles d'un cirque qui enfermaient les combattants, tandis que les sources, les fontaines et les eaux courantes prenaient des bruits de sanglots, dans la
40 panique de la campagne.

---

[14] 'hostage' [15] 'overwhelmed' [16] 'it was just as well' [17] 'unheard of'
[18] 'cannon ball' [19] 'main' [20] 'set up' [21] 'swept' [22] 'through and
through' [23] 'rags' [24] 'breach' [25] 'in rapid succession' [26] 'gave a
last groan' [27] 'carried away' [28] 'with side-arms' [29] 'rust' [30] 'grim'

Sous le hangar, Françoise n'avait pas bougé, accroupie en face du corps de Dominique. Le père Merlier venait d'être tué raide[31] par une balle perdue.[32] Alors, comme les Prussiens étaient exterminés et que le moulin brûlait, le capitaine français entra le premier dans la cour. Depuis le commencement de la campagne, c'était l'unique succès qu'il remportait.[33] 5 Aussi, tout enflammé, grandissant sa haute taille,[34] riait-il de son air aimable de beau cavalier. Et, apercevant Françoise imbécile entre les cadavres de son mari et de son père, au milieu des ruines fumantes du moulin, il la salua galamment de son épée, en criant:

— Victoire! victoire! 10

[31] 'outright'   [32] 'stray'   [33] 'had won'   [34] 'stature'

DAUDET

DAUDET

ALPHONSE DAUDET (1840–97) was born at Nîmes, in southern France. His father, a silk manufacturer, was ruined by the Revolution of 1848 and moved to Lyons. There Daudet was sent first to the Ecole Saint-Pierre and then to the local lycée. At fifteen the rather delicate, undersized boy spent an unhappy year as prefect of discipline in the collège at Alès. The next year he joined his elder brother Ernest in Paris. In 1858 a publisher accepted a first volume of verse, and from that time forward Daudet began to write articles and stories for the newspapers, particularly for *Le Figaro*. The Empress Eugénie obtained for him a sinecure as secretary to the duc de Morny, who was at that time president of the Corps Législatif. Daudet's health frequently failed and he was obliged to spend many winters in southern France and in North Africa. In Provence he became interested in the *Félibrige*, the local regionalist movement in literature, at that time headed by his friend Frédéric Mistral; Daudet, by his *Lettres de mon Moulin*, was one of the first writers to popularize Provençal life and legend. The *Aventures prodigieuses de Tartarin de Tarascon* (1872) revealed him next as a highly original humorist. After the collapse of the Second Empire, however, Daudet tended in general to write long novels of a more serious character, and he deserted the writers of the *fantaisiste* group to attach himself to Naturalism. About this time he became acquainted with the works of Dickens which exerted a considerable influence on him. Daudet was a semi-invalid during the last ten years of his life.

Daudet's principal novels are: the semi-autobiographical *Le Petit Chose* (1868), *Aventures prodigieuses de Tartarin de Tarascon* (1872), *Fromont jeune et Risler aîné* (1874), *Jack* (1876), *Le Nabab* (1877), *Numa Roumestan* (1881), *Sapho* (1884). The chief collections of short stories are: *Lettres de mon Moulin* (1869), and *Contes du Lundi* (1873). His greatest theatrical successes were *L'Arlésienne* (1872) and a stage version of *Sapho* (1884). He also wrote several volumes of reminiscences.

LA MULE DU PAPE[1]

De tous les jolis dictons,[2] proverbes ou adages, dont nos paysans de Provence passementent[3] leurs discours, je n'en sais pas un plus pittoresque ni plus singulier que celui-ci. A quinze lieues[4] autour de mon moulin,[5] quand on parle d'un homme rancunier,[6] vindicatif, on dit: «Cet homme-là! méfiez-vous!...[7] il est comme la mule du Pape, qui garde sept ans son coup de pied.»[8]

J'ai cherché bien longtemps d'où ce proverbe pouvait venir, ce que c'était que cette mule papale et ce coup de pied gardé pendant sept ans. Personne ici n'a pu me renseigner à ce sujet, pas même Francet Mamaï, mon joueur de fifre, qui connaît pourtant son légendaire provençal sur le bout du doigt.[9] Francet pense comme moi qu'il y a là-dessous[10] quelque ancienne chronique du pays d'Avignon;[11] mais il n'en a jamais entendu parler autrement que par le proverbe...

— Vous ne trouverez cela qu'à la bibliothèque des Cigales,[12] m'a dit le vieux fifre en riant.

L'idée m'a paru bonne, et comme la bibliothèque des Cigales est à ma porte, je suis allé m'y enfermer pendant huit jours.

C'est une bibliothèque merveilleuse, admirablement montée,[13] ouverte aux poètes jour et nuit, et desservie[14] par de petits bibliothécaires à cymbales qui vous font de la musique tout le temps. J'ai passé là quelques journées délicieuses, et, après une semaine de recherches, — sur le dos, — j'ai fini par découvrir ce que je voulais, c'est-à-dire l'histoire de ma mule et de ce fameux coup de pied gardé pendant sept ans. Le conte en est joli quoique un peu naïf, et je vais essayer de vous le dire tel que je l'ai lu hier matin dans un manuscrit couleur du temps,[15] qui sentait bon la lavande sèche et avait de grands fils de la Vierge pour signets.[16]

Qui n'a pas vu Avignon du temps des Papes,[17] n'a rien vu. Pour la gaieté, la vie, l'animation, le train des fêtes,[18] jamais une ville pareille.

[1] The *Lettres de mon Moulin* were begun in 1866 in an old mill on a farm at Fontvieille, near Arles, where Daudet spent the winter. The stories in the series to which *La Mule du pape* belongs were written, however, at Champrosay, near Paris. They first appeared in *Le Figaro* and were published as a volume in 1869. Other well-known stories in this collection are *L'Elixir du Révérend Père Gaucher* and *Le Curé de Cucugnan.* [2] 'sayings' [3] 'adorn' [4] 'leagues' [5] 'mill' [6] 'spiteful' [7] 'look out' [8] 'kick' [9] 'my fife-player who however knows his Provençal legends perfectly' [10] i.e. at the back of it all [11] a town on the Rhone, the former capital of the Comtat-Venaissain, which from 1348 to 1791 belonged to the Papacy . [12] 'library of the cicadas' [13] 'equipped' [14] 'staffed' [15] 'weather' [16] 'smelled sweetly of dried lavender and had gossamer threads for book-marks' [17] i.e. when the Popes were in residence (1309–77); there were schismatic Popes in Avignon until 1411. [18] 'the constant succession of celebrations'

C'étaient, du matin au soir, des processions, des pèlerinages,[19] les rues jonchées[20] de fleurs, tapissées de hautes lices,[21] des arrivages de cardinaux par le Rhône, bannières au vent, galères pavoisées,[22] les soldats du Pape qui chantaient du latin sur les places, les crécelles des frères quêteurs;[23] puis, du haut en bas des maisons qui se pressaient en bourdonnant[24] autour du grand palais papal comme des abeilles[25] autour de leur ruche,[26] c'était encore le tic tac des métiers à dentelles,[27] le va-et-vient des navettes tissant[28] l'or des chasubles, les petits marteaux des ciseleurs de burettes, les tables d'harmonie qu'on ajustait chez les luthiers, les cantiques des ourdisseuses;[29] par là-dessus le bruit des cloches, et toujours quelques tambourins qu'on entendait ronfler,[30] là-bas, du côté du pont. Car chez nous, quand le peuple est content, il faut qu'il danse, il faut qu'il danse; et comme en ce temps-là les rues de la ville étaient trop étroites pour la farandole,[31] fifres et tambourins se postaient sur le pont d'Avignon, au vent frais du Rhône, et jour et nuit l'on y dansait, l'on y dansait...[32] Ah! l'heureux temps! l'heureuse ville! Des hallebardes[33] qui ne coupaient pas; des prisons d'Etat où l'on mettait le vin à rafraîchir.[34] Jamais de disette;[35] jamais de guerre... Voilà comment les Papes du Comtat savaient gouverner leur peuple; voilà pourquoi leur peuple les a tant regrettés!...

Il y en a un surtout, un bon vieux, qu'on appelait Boniface... Oh! celui-là, que de larmes on a versées[36] en Avignon quand il est mort! C'était un prince si aimable, si avenant![37] Il vous riait si bien du haut de sa mule! Et quand vous passiez près de lui, — fussiez-vous un pauvre petit tireur de garance[38] ou le grand viguier[39] de la ville, — il vous donnait sa bénédiction si poliment! Un vrai pape d'Yvetot,[40] mais d'un Yvetot de Provence, avec quelque chose de fin[41] dans le rire, un brin de marjolaine à sa barrette,[42] et pas la moindre Jeanneton[43]... La seule Jeanneton qu'on lui ait jamais connue, à ce bon père, c'était sa vigne,[44] — une petite vigne qu'il avait plantée lui-même, à trois lieues d'Avignon, dans les myrtes[45] de Château-Neuf.

Tous les dimanches, en sortant de vêpres,[46] le digne homme allait lui

[19] 'pilgrimages'   [20] 'strewn'   [21] 'hung with tapestries woven in high warp' [22] 'beflagged galleys'   [23] 'rattles of the mendicant friars'   [24] 'buzzing'   [25] 'bees' [26] 'hive'   [27] 'lace-makers' frames'   [28] 'shuttles weaving'   [29] 'the little hammers of the chasers of flagons, sounding-boards being tuned at the lute-makers', the songs of the women warpers'   [30] 'sounding'   [31] a lively dance of Spanish origin [32] an allusion to the folk-song and its refrain which runs: "Sur le pont d'Avignon, On y danse, on y danse; Sur le pont d'Avignon, On y danse tout en rond."   [33] 'halberds' [34] 'cool'   [35] 'want'   [36] 'shed'   [37] 'engaging'   [38] 'gatherer of maddar-roots'; used for making a red dye   [39] 'provost'   [40] a small town in Normandy; during the late Middle Ages its feudal lords styled themselves kings.   [41] 'subtle' [42] 'a sprig of sweet marjoram in his cap'   [43] the mistress of the good-natured "king" of Yvetot in Béranger's poem *Il était un roi d'Yvetot*   [44] 'vineyard'   [45] 'myrtles' [46] 'vespers'

faire sa cour; et quand il était là-haut, assis au bon soleil, sa mule près de lui, ses cardinaux tout autour étendus[47] aux pieds des souches,[48] alors il faisait déboucher[49] un flacon de vin du cru,[50] — ce beau vin, couleur de rubis qui s'est appelé depuis le Château-Neuf des Papes, — et il le dé-
5 gustait par petits coups,[51] en regardant sa vigne d'un air attendri.[52] Puis, le flacon vidé, le jour tombant,[53] il rentrait joyeusement à la ville, suivi de tout son chapitre; et, lorsqu'il passait sur le pont d'Avignon, au milieu des tambours et des farandoles, sa mule, mise en train[54] par la musique, prenait un petit amble sautillant,[55] tandis que lui-même il marquait le
10 pas de la danse avec sa barrette,[56] ce qui scandalisait fort ses cardinaux, mais faisait dire à tout le peuple: «Ah! le bon prince! Ah! le brave pape!»

Après sa vigne de Château-Neuf, ce que le pape aimait le plus au monde, c'était sa mule. Le bonhomme[57] en raffolait de[58] cette bête-là. Tous les soirs avant de se coucher il allait voir si son écurie[59] était bien
15 fermée, si rien ne manquait dans sa mangeoire,[60] et jamais il ne se serait levé de table sans faire préparer sous ses yeux un grand bol de vin à la française[61] avec beaucoup de sucre et d'aromates,[62] qu'il allait lui porter lui-même, malgré les observations de ses cardinaux... Il faut dire aussi que la bête en valait la peine. C'était une belle mule noire mouchetée[63] de
20 rouge, le pied sûr, le poil luisant,[64] la croupe[65] large et pleine, portant fière- ment sa petite tête sèche[66] toute harnachée de pompons, de nœuds, de grelots d'argent, de bouffettes;[67] avec cela douce comme un ange, l'œil naïf, et deux longues oreilles, toujours en branle,[68] qui lui donnaient l'air bon enfant[69]... Tout Avignon la respectait, et, quand elle allait dans les
25 rues, il n'y avait pas de bonnes manières[70] qu'on ne lui fît; car chacun savait que c'était le meilleur moyen d'être bien[71] en cour, et qu'avec son air innocent, la mule du Pape en avait mené plus d'un à la fortune, à preuve[72] Tistet Védène et sa prodigieuse aventure.

Ce Tistet Védène était, dans le principe,[73] un effronté galopin,[74] que
30 son père, Guy Védène, le sculpteur d'or, avait été obligé de chasser de chez lui, parce qu'il ne voulait rien faire et débauchait les apprentis.[75] Pendant six mois, on le vit traîner sa jaquette[76] dans tous les ruisseaux[77] d'Avignon, mais principalement du côté de la maison papale; car le drôle[78] avait depuis longtemps son idée sur la mule du Pape, et vous allez
35 voir que c'était quelque chose de malin[79]... Un jour que Sa Sainteté se

---

[47] 'stretched out' [48] 'vine-stocks' [49] 'uncorked' [50] local wine [51] 'savoured it in little sips' [52] 'fond' [53] 'drawing to a close' [54] 'set going' [55] 'skipping gait' [56] 'biretta' [57] 'old fellow' [58] 'doted on' [59] 'stable' [60] 'manger' [61] 'mulled wine' [62] 'spices' [63] 'flecked' [64] 'shining coat' [65] 'crupper' [66] 'lean' [67] 'decked out with tassels, bows, little silver bells and rosettes' [68] 'in motion' [69] 'a good-natured appearance' [70] 'acts of politeness' [71] i.e. to stand in well [72] 'witness' [73] 'beginning' [74] 'impudent young scamp' [75] 'led the apprentices astray' [76] i.e. loafing about [77] 'gutters' [78] 'rascal' [79] 'shrewd'

promenait toute seule sous les remparts avec sa bête, voilà mon Tistet qui l'aborde,[80] et lui dit en joignant les mains d'un air d'admiration:

— Ah mon Dieu! grand Saint-Père, quelle brave mule vous avez là!... Laissez un peu[81] que je la regarde... Ah mon Pape, la belle mule!... L'empereur d'Allemagne n'en a pas une pareille.

Et il la caressait, et il lui parlait doucement comme à une demoiselle:

— Venez çà, mon bijou,[82] mon trésor, ma perle fine...

Et le bon Pape, tout ému,[83] se disait dans lui-même:

— Quel bon petit garçonnet![84]... Comme il est gentil[85] avec ma mule!

Et puis le lendemain savez-vous ce qui arriva? Tistet Védène troqua[86] sa vieille jaquette jaune contre une belle aube[87] en dentelles, un camail de soie violette,[88] des souliers à boucles, et il entra dans la maîtrise[89] du Pape, où jamais avant lui on n'avait reçu que des fils de nobles et des neveux de cardinaux... Voilà ce que c'est que l'intrigue!... Mais Tistet ne s'en tint pas là.[90]

Une fois au service du Pape, le drôle continua le jeu qui lui avait si bien réussi. Insolent avec tout le monde, il n'avait d'attentions ni de prévenances[91] que pour la mule, et toujours on le rencontrait par les cours du palais avec une poignée d'avoine ou une bottelée de sainfoin,[92] dont il secouait gentiment les grappes[93] roses en regardant le balcon du Saint-Père, d'un air de dire: «Hein!... pour qui ça?...» Tant et tant[94] qu'à la fin le bon Pape, qui se sentait devenir vieux, en arriva à[95] lui laisser le soin de veiller sur[96] l'écurie et de porter à la mule son bol de vin à la française; ce qui ne faisait pas rire les cardinaux.

Ni la mule non plus, cela ne la faisait pas rire... Maintenant, à l'heure de son vin, elle voyait toujours arriver chez elle cinq ou six petits clercs[97] de maîtrise qui se fourraient[98] vite dans la paille[99] avec leur camail et leurs dentelles; puis, au bout d'un moment, une bonne odeur chaude de caramel et d'aromates emplissait l'écurie, et Tistet Védène apparaissait portant avec précaution le bol de vin à la française. Alors le martyre de la pauvre bête commençait.

Ce vin parfumé qu'elle aimait tant, qui lui tenait chaud, qui lui mettait des ailes,[1] on avait la cruauté de le lui apporter, là, dans sa mangeoire, de le lui faire respirer; puis, quand elle en avait les narines[2] pleines, passe, je t'ai vu;[3] la belle liqueur de flamme rose s'en allait toute dans le gosier de ces garnements...[4] Et encore, s'ils n'avaient fait que lui voler son vin;

---

[80] 'goes up to him'   [81] 'just let'   [82] 'come here, my jewel'   [83] 'deeply touched'   [84] 'lad'   [85] 'nice'   [86] 'exchanged'   [87] 'alb'   [88] 'a hood of violet silk'   [89] 'choir-school'   [90] 'did not stop there'   [91] 'kindnesses'   [92] 'a handful of oats or a bundle of timothy grass'   [93] 'clusters'   [94] 'so much so'   [95] 'reached the point of'   [96] 'looking after'   [97] 'pupils'   [98] 'buried themselves'   [99] 'straw'   [1] 'wings'   [2] 'nostrils'   [3] 'presto!'   [4] 'the gullets of those scamps'

mais c'étaient comme des diables, tous ces petits clercs, quand ils avaient bu!... L'un lui tirait les oreilles, l'autre la queue;[5] Quiquet lui montait sur le dos, Béluguet lui essayait sa barrette, et pas un de ces galopins ne songeait que d'un coup de reins ou d'une ruade[6] la brave bête aurait pu les envoyer tous dans l'étoile polaire, et même plus loin... Mais non! On n'est pas pour rien la mule du Pape, la mule des bénédictions et des indulgences... Les enfants avaient beau faire, elle ne se fâchait pas; et ce n'était qu'à Tistet Védène qu'elle en voulait...[7] Celui-là, par exemple,[8] quand elle le sentait derrière elle, son sabot lui démangeait,[9] et vraiment il y avait bien de quoi.[10] Ce vaurien[11] de Tistet lui jouait de si vilains tours![12] Il avait de si cruelles inventions après boire!...

Est-ce qu'un jour il ne s'avisa pas[13] de la faire monter avec lui au clocheton[14] de la maîtrise, là-haut, tout là-haut, à la pointe[15] du palais!... Et ce que je vous dis là n'est pas un conte, deux cent mille Provençaux l'ont vu. Vous figurez-vous la terreur de cette malheureuse mule, lorsque, après avoir tourné pendant une heure à l'aveuglette dans un escalier en colimaçon et grimpé je ne sais combien de marches,[16] elle se trouva tout à coup sur une plate-forme éblouissante[17] de lumière, et qu'à mille pieds au-dessous d'elle elle aperçut tout un Avignon fantastique, les baraques du marché[18] pas plus grosses que des noisettes,[19] les soldats du Pape devant leur caserne[20] comme des fourmis[21] rouges, et là-bas, sur un fil[22] d'argent, un petit pont microscopique où l'on dansait, où l'on dansait... Ah! pauvre bête! quelle panique! Du cri qu'elle en poussa,[23] toutes les vitres[24] du palais tremblèrent.

— Qu'est-ce qu'il y a? qu'est-ce qu'on lui fait? s'écria le bon Pape en se précipitant sur son balcon.

Tistet Védène était déjà dans la cour, faisant mine de pleurer et de s'arracher les cheveux:[25]

— Ah! grand Saint-Père, ce qu'il y a! Il y a que votre mule... Mon Dieu! qu'allons-nous devenir? Il y a que votre mule est montée dans le clocheton...

— Toute seule???

— Oui, grand Saint-Père, toute seule... Tenez! regardez-la, là-haut... Voyez-vous le bout de ses oreilles qui passe?... On dirait deux hirondelles...[26]

— Miséricorde![27] fit le pauvre Pape en levant les yeux... Mais elle est

---

[5] 'tail'   [6] 'with a buck or a kick'   [7] 'she bore a grudge'   [8] 'to be sure'   [9] 'her hoof itched'   [10] 'there was reason for it'   [11] 'good-for-nothing'   [12] 'dirty tricks'   [13] 'didn't he take it into his head'   [14] 'steeple'   [15] 'top'   [16] 'after going round and round blindly for an hour in a winding staircase and after climbing I know not how many steps'   [17] 'dazzling'   [18] 'market stalls'   [19] 'hazel-nuts'   [20] 'barracks'   [21] 'ants'   [22] 'thread'   [23] 'uttered'   [24] 'window-panes'   [25] 'pretending to cry and to tear his hair'   [26] 'swallows'   [27] 'mercy!'

donc devenue folle! Mais elle va se tuer... Veux-tu bien descendre, malheureuse!...

Pécaïre![28] elle n'aurait pas mieux demandé, elle, que de descendre...; mais par où? L'escalier, il n'y fallait pas songer: ça se monte encore, ces choses-là; mais, à la descente, il y aurait de quoi se rompre cent fois les jambes... Et la pauvre mule se désolait,[29] et, tout en rôdant[30] sur la plate-forme avec ses gros yeux pleins de vertige,[31] elle pensait à Tistet Védène:

— Ah! bandit,[32] si j'en réchappe...[33] quel coup de sabot demain matin!

Cette idée de coup de sabot lui redonnait un peu de cœur au ventre;[34] sans cela elle n'aurait pas pu se tenir...[35] Enfin on parvint à la tirer de là-haut; mais ce fut toute une affaire. Il fallut la descendre avec un cric, des cordes, une civière.[36] Et vous pensez quelle humiliation pour la mule d'un pape de se voir pendue à cette hauteur, nageant des pattes dans le vide comme un hanneton[37] au bout d'un fil. Et tout Avignon qui la regardait.

La malheureuse bête n'en dormit pas de la nuit. Il lui semblait toujours qu'elle tournait sur cette maudite[38] plate-forme, avec les rires de la ville au-dessous, puis elle pensait à cet infâme Tistet Védène et au joli coup de sabot qu'elle allait lui détacher le lendemain matin. Ah! mes amis, quel coup de sabot! De Pampérigouste[39] on en verrait la fumée...[40] Or, pendant qu'on lui préparait cette belle réception à l'écurie, savez-vous ce que faisait Tistet Védène? Il descendait le Rhône en chantant sur une galère papale et s'en allait à la cour de Naples avec la troupe de jeunes nobles que la ville envoyait tous les ans près[41] de la reine Jeanne[42] pour s'exercer à la diplomatie et aux belles manières. Tistet n'était pas noble; mais le Pape tenait[43] à le récompenser des soins[44] qu'il avait donnés à sa bête, et principalement de l'activité qu'il venait de déployer[45] pendant la journée du sauvetage.[46]

C'est la mule qui fut désappointée le lendemain!

— Ah! le bandit! il s'est douté de[47] quelque chose!... pensait-elle en secouant ses grelots avec fureur...; mais c'est égal,[48] va, mauvais! tu le retrouveras au retour, ton coup de sabot..., je te le garde!

Et elle le lui garda.

Après le départ de Tistet, la mule du Pape retrouva son train de vie[49] tranquille et ses allures[50] d'autrefois. Plus de Quiquet, plus de Béluguet à l'écurie. Les beaux jours du vin à la française étaient revenus, et avec

---

[28] a Provençal exclamation   [29] 'was in despair'   [30] 'roaming'   [31] 'dizziness'   [32] 'rogue'   [33] 'get out of this'   [34] i.e. restored some of her courage   [35] 'could not have held out'   [36] 'a derrick, ropes and a sling' [37] 'kicking her legs in space like a may-bug'   [38] 'cursed'   [39] an imaginary locality [40] 'smoke'   [41] i.e. to the court   [42] (1371-1435); her court was famous for its polished brilliance.   [43] 'was anxious'   [44] 'care'   [45] 'displayed' [46] 'rescue'   [47] 'suspected'   [48] 'never mind'   [49] 'daily round'   [50] 'paces'

eux la bonne humeur, les longues siestes,[51] et le petit pas de gavotte[52] quand elle passait sur le pont d'Avignon. Pourtant, depuis son aventure, on lui marquait toujours un peu de froideur dans la ville. Il y avait des chuchotements[53] sur sa route; les vieilles gens hochaient[54] la tête, les
5 enfants riaient en se montrant le clocheton. Le bon Pape lui-même n'avait plus autant de confiance en son ami, et, lorsqu'il se laissait aller à faire un petit somme[55] sur son dos, le dimanche, en revenant de la vigne, il gardait toujours cette arrière-pensée:[56] «Si j'allais me réveiller là-haut, sur la plate-forme!» La mule voyait cela et elle en souffrait, sans rien
10 dire; seulement, quand on prononçait le nom de Tistet Védène devant elle, ses longues oreilles frémissaient,[57] et elle aiguisait[58] avec un petit rire le fer de ses sabots sur le pavé.

Sept ans se passèrent ainsi; puis, au bout de ces sept années, Tistet Védène revint de la cour de Naples. Son temps n'était pas encore fini
15 là-bas; mais il avait appris que le premier moutardier[59] du Pape venait de mourir subitement en Avignon, et, comme la place lui semblait bonne, il était arrivé en grande hâte pour se mettre sur les rangs.[60]

Quand cet intrigant de Védène entra dans la salle du palais, le Saint-Père eut peine[61] à le reconnaître, tant il avait grandi et pris du corps.[62]
20 Il faut dire aussi que le bon Pape s'était fait vieux de son côté, et qu'il n'y voyait pas bien sans besicles.[63]

Tistet ne s'intimida pas.

— Comment! grand Saint-Père, vous ne me reconnaissez plus?... C'est moi, Tistet Védène!...
25 — Védène?...

— Mais oui, vous savez bien... celui qui portait le vin français à votre mule.

— Ah! oui... oui... je me rappelle... Un bon petit garçonnet, ce Tistet Védène!... Et maintenant, qu'est-ce qu'il veut de nous?
30 — Oh! peu de chose, grand Saint-Père... Je venais vous demander... A propos, est-ce que vous l'avez toujours, votre mule? Et elle va bien?... Ah! tant mieux!... Je venais vous demander la place du premier moutardier qui vient de mourir.

— Premier moutardier, toi!... Mais tu es trop jeune. Quel âge as-tu
35 donc?

— Vingt ans deux mois, illustre pontife, juste cinq ans de plus que votre mule... Ah! palme de Dieu,[64] la brave bête!... Si vous saviez comme je l'aimais cette mule-là!... comme je me suis langui[65] d'elle en Italie!... Est-ce que vous ne me la laisserez pas voir?

---

[51] 'afternoon naps' [52] i.e. dance steps [53] 'whisperings' [54] 'shook' [55] 'nap'
[56] 'idea at the back of his mind' [57] 'trembled' [58] 'sharpened' [59] 'mustard-
bearer' [60] i.e. to present himself as a candidate [61] 'difficulty' [62] 'taken
on weight' [63] 'spectacles' [64] an oath [65] 'yearned'

— Si, mon enfant, tu la verras, fit le bon Pape tout ému... Et puisque tu l'aimes tant, cette brave bête, je ne veux plus que tu vives loin d'elle. Dès ce jour, je t'attache à ma personne en qualité de premier moutardier... Mes cardinaux crieront,[66] mais tant pis! j'y suis habitué... Viens nous trouver demain, à la sortie de vêpres, nous te remettrons les insignes de ton grade[67] en présence de notre chapitre, et puis... je te mènerai voir la mule, et tu viendras à la vigne avec nous deux... hé! hé! Allons! va...

Si Tistet Védène était content en sortant de la grande salle, avec quelle impatience il attendit la cérémonie du lendemain, je n'ai pas besoin de vous le dire. Pourtant il y avait dans le palais quelqu'un de plus heureux encore et de plus impatient que lui: c'était la mule. Depuis le retour de Védène jusqu'aux vêpres du jour suivant, la terrible bête ne cessa de se bourrer[68] d'avoine et de tirer[69] au mur avec ses sabots de derrière. Elle aussi se préparait pour la cérémonie...

Et donc, le lendemain, lorsque vêpres furent dites, Tistet Védène fit son entrée dans la cour du palais papal. Tout le haut clergé était là, les cardinaux en robes rouges, l'avocat du diable[70] en velours[71] noir, les abbés du couvent avec leurs petites mitres, les marguilliers[72] de Saint-Agrico, les camails violets de la maîtrise, le bas clergé aussi, les soldats du Pape en grand uniforme, les trois confréries[73] de pénitents, les ermites du mont Ventoux[74] avec leurs mines farouches[75] et le petit clerc qui va derrière en portant la clochette, les frères flagellants nus jusqu'à la ceinture,[79] les sacristains fleuris[77] en robes de juges, tous, tous, jusqu'aux donneurs d'eau bénite,[78] et celui qui allume,[79] et celui qui éteint...[80] il n'y en avait pas un qui manquât... Ah! c'était une belle ordination! Des cloches, des pétards,[81] du soleil, de la musique, et toujours ces enragés[82] de tambourins qui menaient la danse, là-bas, sur le pont d'Avignon...

Quand Védène parut au milieu de l'assemblée, sa prestance[83] et sa belle mine y firent courir un murmure d'admiration. C'était un magnifique Provençal, mais des blonds, avec de grands cheveux frisés au bout[84] et une petite barbe follette[85] qui semblait prise aux copeaux[86] de fin métal tombé du burin[87] de son père, le sculpteur d'or. Le bruit[88] courait que dans cette barbe blonde les doigts de la reine Jeanne avaient quelquefois joué; et le sire[89] de Védène avait bien, en effet, l'air glorieux[90] et le regard distrait des hommes que les reines ont aimés... Ce jour-là, pour faire honneur à sa nation, il avait remplacé ses vêtements napolitains par une

---

[66] 'will protest'   [67] 'insignia of your rank'   [68] 'stuff herself' [69] i.e. to try practice kicks   [70] an official of the Congregation of Sacred Rites whose function it was to seek flaws in candidates for beatification and canonization   [71] 'velvet' [72] 'churchwardens'   [73] 'brotherhoods'   [74] a spur of the Alps northeast of Avignon [75] 'wild appearance'   [76] 'waist'   [77] 'florid sextons'   [78] 'holy water' [79] 'lights up'   [80] 'extinguishes'   [81] 'fire-crackers'   [82] 'mad'   [83] 'poise' [84] 'curled at the ends'   [85] 'downy'   [86] 'filings'   [87] 'engraving tool'   [88] 'rumor'   [89] 'lord'   [90] 'proud'

jaquette bordée[91] de rose à la Provençale, et sur son chaperon[92] tremblait une grande plume d'ibis de Camargue.[93]

Sitôt entré, le premier moutardier salua d'un air galant, et se dirigea vers le haut perron,[94] où le Pape l'attendait pour lui remettre les insignes
5 de son grade: la cuiller de buis jaune[95] et l'habit de safran. La mule était au bas de l'escalier, toute harnachée et prête à partir pour la vigne... Quand il passa près d'elle, Tistet Védène eut un bon sourire et s'arrêta pour lui donner deux ou trois petites tapes amicales sur le dos, en re- gardant du coin de l'œil si le Pape le voyait. La position était bonne...
10 La mule prit son élan:[96]

— Tiens! attrape,[97] bandit! Voilà sept ans que je te le garde!

Et elle vous lui détacha un coup de sabot si terrible, si terrible, que de Pampérigouste même on en vit la fumée, un tourbillon[98] de fumée blonde où voltigeait[99] une plume d'ibis; tout ce qui restait de l'infortuné Tistet
15 Védène!...

Les coups de pied de mule ne sont pas aussi foudroyants[1] d'ordinaire; mais celle-ci était une mule papale; et puis, pensez donc! elle le lui gar- dait depuis sept ans... Il n'y a pas de plus bel exemple de rancune[2] ecclésiastique.

---

[91] 'trimmed'   [92] an elaborate 14th century hat   [93] a sparsely inhabited district at the Rhone delta   [94] 'outside landing'   [95] 'boxwood spoon'   [96] i.e. got a good start   [97] 'take [this]'   [98] 'whirl'   [99] 'floated'   [1] 'terrible'   [2] 'rancor'

MAUPASSANT

MAUPASSANT

HENRY–RENE–ALBERT–GUY DE MAUPASSANT (1850–93) was born in the château de Miromesnil, near Dieppe. On his father's side, he was descended from a family of the lesser nobility domiciled in Lorraine, and on his mother's from the well-to-do bourgeoisie of Normandy. Maupassant's parents separated in 1863, and he and his younger brother were brought up by their mother at Etretat on the Norman coast. For many years he was allowed to run almost wild with the children of the fishermen, and it was then that he developed the great physical strength for which he became noted. On one occasion as a boy this strength enabled him to save the English poet Swinburne from drowning. At thirteen Maupassant was sent to the Church school at Yvetot and later, when he was expelled from that establishment, to the lycée Corneille at Rouen. He was just twenty when war was declared against Prussia, and he saw service until the autumn of 1871. In 1872 he began his career as a civil servant, working for a mere pittance first in the Ministry of Marine and later in the Ministry of Education. During these years he contributed to several Parisian journals using the pen-name of Guy de Valmont. But his companions in Paris knew him chiefly as an enthusiastic oarsman and hiker. On Sundays he explored the rivers of the Ile-de-France in his rowboat or took forty-mile walks across country. Almost as soon as he had left school Maupassant had come in contact with Flaubert, who was a close friend of his mother's family. The elderly novelist adopted him as a kind of spiritual foster-son and for nearly a decade coached him patiently in the intricacies of composition and style. When Flaubert died in 1880 his place as literary mentor was partially filled for a few years by the Russian novelist Turgenev. Largely as a result of Flaubert's coaching, Maupassant, when he did begin to publish seriously, appeared before the public as a writer of fully matured talent. His short story, *Boule de suif*, which was published in 1880 in *Les Soirées de Médan*, made an impression which extended far beyond the circle of Zola and his disciples. It was during the next ten years that Maupassant wrote and published almost all his work, consisting of half a dozen novels and well over two hundred short stories. His success enabled him to resign from the civil service and to spend most of his time at Nice, at Etretat or on his yacht the *Bel-Ami*. By 1890 signs of mental disturbance became alarming, and he wrote nothing of importance after that date. Three years later he died of general paralysis in a private hospital at Passy.

Maupassant is best known for his short stories, which appeared in a succession of volumes named after the initial story in each volume. Such are: *La Maison Tellier* (1881), *Mademoiselle Fifi* (1882), *Contes de la Bécasse* (1883), *Miss Harriet* (1884), *Toine* (1885), *La Petite Roque* (1886), *Le Horla* (1887). His best-known novels are: *Une Vie* (1883), *Bel-Ami* (1885), *Mont-Oriol* (1887), *Pierre et Jean* (1888), *Fort comme la Mort* (1889).

EN FAMILLE[1]

Le tramway[2] de Neuilly[3] venait de passer la porte Maillot[4] et il filait[5] maintenant tout le long de la grande avenue qui aboutit[6] à la Seine. La petite machine, attelée[7] à son wagon, cornait[8] pour éviter les obstacles, crachait[9] sa vapeur, haletait[10] comme une personne essoufflée[11] qui court; 5 et ses pistons faisaient un bruit précipité de jambes de fer en mouvement. La lourde chaleur d'une fin de journée d'été tombait sur la route d'où s'élevait, bien qu'aucune brise ne soufflât, une poussière blanche, crayeuse,[12] opaque, suffocante et chaude, qui se collait[13] sur la peau moite,[14] emplissait les yeux, entrait dans les poumons.[15]

10 Des gens venaient sur leurs portes,[16] cherchant de l'air.

Les glaces[17] de la voiture étaient baissées, et tous les rideaux flottaient agités par la course rapide. Quelques personnes seulement occupaient l'intérieur (car on préférait, par ces jours chauds, l'impériale[18] ou les plates-formes). C'étaient de grosses dames aux toilettes farces,[19] de ces 15 bourgeoises de banlieue[20] qui remplacent la distinction dont elles manquent par une dignité intempestive;[21] des messieurs las[22] du bureau, la figure jaunie,[23] la taille tournée,[24] une épaule un peu remontée[25] par les longs travaux courbés sur les tables. Leurs faces inquiètes et tristes disaient encore les soucis[26] domestiques, les incessants besoins d'argent, les 20 anciennes espérances définitivement déçues;[27] car tous appartenaient à cette armée de pauvres diables râpés[28] qui végètent économiquement dans une chétive[29] maison de plâtre, avec une plate-bande[30] pour jardin, au milieu de cette campagne à dépotoirs[31] qui borde Paris.

Tout près de la portière,[32] un homme petit et gros, la figure bouffie,[33] 25 le ventre tombant entre ses jambes ouvertes, tout habillé de noir et décoré,[34] causait avec un grand maigre d'aspect débraillé,[35] vêtu de coutil[36] blanc très sale et coiffé d'un vieux panama.[37] Le premier parlait lentement, avec des hésitations qui le faisaient parfois paraître bègue;[38]

---

[1] First published in Juliette Adam's newly founded *Nouvelle Revue* (February, 1881), this story appeared later in the year in the volume entitled *La Maison Tellier*. Other well-known stories dealing with family life and the ambitions of minor civil servants are: *A Cheval, Mon Oncle Jules, La Parure*.   [2] 'steam-train'   [3] a western suburb of Paris   [4] the chief western exit from Paris   [5] 'sped'   [6] 'ends'   [7] 'locomotive, coupled'   [8] 'tooted'   [9] 'spat out'   [10] 'panted'   [11] 'out of breath'   [12] 'chalky'   [13] 'stuck'   [14] 'damp'   [15] 'lungs'   [16] i.e. doorsteps   [17] 'window-panes'   [18] 'top-deck'   [19] 'ridiculous'   [20] 'suburban'   [21] 'inappropriate'   [22] 'tired'   [23] 'yellowed'   [24] 'their figures twisted'   [25] 'hunched up'   [26] 'cares'   [27] 'disappointed'   [28] 'shabby'   [29] 'humble'   [30] 'one flower-bed'   [31] 'dotted with sewage beds'   [32] 'door [of the tram]'   [33] 'bloated'   [34] 'wearing the ribbon of a decoration'   [35] 'slovenly'   [36] 'duck'   [37] 'wearing an old panama hat'   [38] 'a stammerer'

c'était M. Caravan, commis principal[39] au ministère de la marine. L'autre, ancien officier de santé[40] à bord d'un bâtiment de commerce,[41] avait fini par s'établir au rond-point[42] de Courbevoie[43] où il appliquait sur la misérable population de ce lieu les vagues connaissances médicales qui lui restaient après une vie aventureuse. Il se nommait Chenet et se faisait appeler docteur. Des rumeurs couraient sur sa moralité.

M. Caravan avait toujours mené l'existence normale des bureaucrates. Depuis trente ans, il venait invariablement à son bureau, chaque matin, par la même route, rencontrant, à la même heure, aux mêmes endroits, les mêmes figures d'hommes allant à leurs affaires; et il s'en retournait, chaque soir, par le même chemin où il retrouvait encore les mêmes visages qu'il avait vus vieillir.

Tous les jours, après avoir acheté sa feuille d'un sou[44] à l'encoignure[45] du faubourg Saint-Honoré,[46] il allait chercher ses deux petits pains, puis il entrait au ministère à la façon d'un coupable qui se constitue prisonnier; et il gagnait son bureau vivement, le cœur plein d'inquiétude, dans l'attente[47] éternelle d'une réprimande pour quelque négligence qu'il aurait pu commettre.

Rien n'était jamais venu modifier l'ordre monotone de son existence; car aucun événement ne le touchait en dehors des affaires du bureau, des avancements et des gratifications.[48] Soit qu'il fût au ministère, soit qu'il fût dans sa famille (car il avait épousé, sans dot,[49] la fille d'un collègue), il ne parlait jamais que du service. Jamais son esprit atrophié par la besogne abêtissante et quotidienne[50] n'avait plus d'autres pensées, d'autres espoirs, d'autres rêves, que ceux relatifs à son ministère. Mais une amertume[51] gâtait toujours ses satisfactions d'employé: l'accès[52] des commissaires de marine,[53] des ferblantiers,[54] comme on disait à cause de leurs galons d'argent,[55] aux emplois de sous-chef et de chef; et chaque soir, en dînant, il argumentait fortement devant sa femme, qui partageait ses haines, pour prouver qu'il est inique[56] à tous égards de donner des places à Paris aux gens destinés à la navigation.

Il était vieux, maintenant, n'ayant point senti passer sa vie, car le collège,[57] sans transition, avait été continué par le bureau, et les pions,[58] devant qui il tremblait autrefois, étaient aujourd'hui remplacés par les chefs, qu'il redoutait effroyablement. Le seuil de ces despotes en chambre[59] le faisait frémir[60] des pieds à la tête; et de cette continuelle épou-

---

[39] 'head clerk'   [40] a physician without a regular doctor's degree who, before 1892, was allowed to practise under certain conditions   [41] 'merchant vessel'   [42] 'intersection where main avenues meet'   [43] a suburb west of Neuilly   [44] 'penny newspaper'   [45] 'corner'   [46] the *rue du faubourg Saint-Honoré*, a main street in Paris near the Ministry of Marine   [47] 'expectation'   [48] 'bonuses'   [49] 'dowry'   [50] 'stultifying and humdrum work'   [51] 'bitterness'   [52] 'admission'   [53] 'naval paymasters'   [54] 'tinsmiths'   [55] 'insignia of silver braid'   [56] 'unfair'   [57] 'school'   [58] 'junior schoolmasters'   [59] 'the threshold of these petty despots'   [60] 'tremble'

vante[61] il gardait une manière gauche[62] de se présenter, une attitude humble et une sorte de bégaiement[63] nerveux.

Il ne connaissait pas plus Paris que ne le peut connaître un aveugle conduit par son chien, chaque jour, sous la même porte; et s'il lisait dans son journal d'un sou les événements et les scandales, il les percevait comme des contes fantaisistes[64] inventés à plaisir pour distraire les petits employés. Homme d'ordre, réactionnaire sans parti déterminé, mais ennemi des «*nouveautés*», il passait[65] les faits politiques, que sa feuille, du reste, défigurait toujours pour les besoins payés d'une cause; et quand il remontait tous les soirs l'avenue des Champs-Elysées,[66] il considérait la foule houleuse[67] des promeneurs et le flot roulant des équipages à la façon d'un voyageur dépaysé[68] qui traverserait des contrées lointaines.

Ayant complété, cette année même, ses trente années de service obligatoire, on lui avait remis,[69] au 1er janvier, la croix de la Légion d'honneur, qui récompense, dans ces administrations militarisées, la longue et misérable servitude — (on dit: *loyaux services*) — de ces tristes forçats rivés au carton vert.[70] Cette dignité inattendue, lui donnant de sa capacité une idée haute et nouvelle, avait en tout changé ses mœurs.[71] Il avait dès lors[72] supprimé les pantalons de couleur et les vestons de fantaisie,[73] porté des culottes[74] noires et de longues redingotes[75] où son *ruban*,[76] très large, faisait mieux;[77] et, rasé[78] tous les matins, écurant ses ongles[79] avec plus de soin, changeant de linge[80] tous les deux jours par un légitime sentiment de convenances[81] et de respect pour l'*Ordre* national dont il faisait partie, il était devenu, du jour au lendemain,[82] un autre Caravan, rincé,[83] majestueux et condescendant.

Chez lui, il disait «ma croix» à tout propos.[84] Un tel orgueil lui était venu, qu'il ne pouvait plus même souffrir à la boutonnière[85] des autres aucun ruban d'aucune sorte. Il s'exaspérait surtout à la vue des ordres étrangers — «qu'on ne devrait pas laisser porter en France»; et il en voulait particulièrement[86] au docteur Chenet qu'il retrouvait tous les soirs au tramway, orné d'une décoration quelconque, blanche, bleue, orange ou verte.

La conversation des deux hommes, depuis l'Arc de Triomphe jusqu'à Neuilly, était, du reste, toujours la même; et, ce jour-là comme les précédents, ils s'occupèrent d'abord de différents abus locaux qui les choquaient l'un et l'autre, le maire de Neuilly en prenant à son aise.[87] Puis, comme

---

[61] 'fright'   [62] 'awkward'   [63] 'stammer'   [64] 'fantastic'   [65] 'skipped'
[66] fashionable promenade in the west end of Paris   [67] 'surging crowd'   [68] 'bewildered'   [69] 'given'   [70] 'galley slaves chained to a green folder'   [71] 'habits'
[72] 'from that time on'   [73] 'assorted coats'   [74] 'trousers'   [75] 'frock-coats'
[76] i.e. the ribbon of the Legion of Honor   [77] 'looked better'   [78] '[freshly] shaved'
[79] 'cleaning his nails'   [80] 'linen'   [81] 'propriety'   [82] 'over-night'   [83] 'well scrubbed'   [84] 'on every occasion'   [85] 'buttonhole'   [86] 'had a special grievance'
[87] i.e. though the mayor of Neuilly did not seem to worry about these matters

il arrive infailliblement en compagnie d'un médecin, Caravan aborda le chapitre[88] des maladies, espérant de cette façon glaner[89] quelques petits conseils gratuits, ou même une consultation, en s'y prenant bien,[90] sans laisser voir la ficelle.[91] Sa mère, du reste, l'inquiétait depuis quelque temps. Elle avait des syncopes[92] fréquentes et prolongées; et, bien que vieille de quatre-vingt-dix ans, elle ne consentait point à se soigner.[93]

Son grand âge attendrissait[94] Caravan, qui répétait sans cesse au *docteur* Chenet: — «En voyez-vous souvent arriver là?» Et il se frottait[95] les mains avec bonheur, non qu'il tînt[96] peut-être beaucoup à voir la bonne femme s'éterniser sur terre, mais parce que la longue durée de la vie maternelle était comme une promesse pour lui-même.

Il continua: — «Oh! dans ma famille, on va loin; ainsi, moi, je suis sûr qu'à moins[97] d'accident je mourrai très vieux.» L'officier de santé jeta sur lui un regard de pitié; il considéra une seconde la figure rougeaude[98] de son voisin, son cou graisseux,[99] son bedon[1] tombant entre deux jambes flasques[2] et grasses, toute sa rondeur apoplectique de vieil employé ramolli;[3] et, relevant d'un coup de main le panama grisâtre[4] qui lui couvrait le chef,[5] il répondit en ricanant:[6] — «pas si sûr que ça, mon bon, votre mère est une astèque[7] et vous n'êtes qu'un plein-de-soupe.»[8] Caravan, troublé, se tut.

Mais le tramway arrivait à la station. Les deux compagnons descendirent, et M. Chenet offrit le vermout au café du Globe, en face,[9] où l'un et l'autre avaient leurs habitudes.[10] Le patron,[11] un ami, leur allongea[12] deux doigts qu'ils serrèrent[13] par-dessus les bouteilles du comptoir; et ils allèrent rejoindre trois amateurs[14] de dominos, attablés[15] là depuis midi. Des paroles cordiales furent échangées, avec le «Quoi de neuf?» inévitable. Ensuite les joueurs se remirent à leur partie;[16] puis on leur souhaita le bonsoir. Ils tendirent leurs mains sans lever la tête; et chacun rentra dîner.

Caravan habitait, auprès du rond-point de Courbevoie, une petite maison à deux étages dont le rez-de-chaussée[17] était occupé par un coiffeur.[18]

Deux chambres, une salle à manger et une cuisine où des sièges recollés[19] erraient de pièce en pièce selon les besoins, formaient tout l'appartement que Mme Caravan passait son temps à nettoyer,[20] tandis que sa fille Marie-Louise, âgée de douze ans, et son fils Philippe-Auguste, âgé de

[88] 'tackled the subject' [89] 'to glean' [90] 'by going about it in the right way'
[91] i.e. without giving himself away [92] 'fainting-fits' [93] 'take care of herself'
[94] 'touched' [95] 'rubbed' [96] 'was anxious' [97] 'except for' [98] 'ruddy'
[99] 'fat' [1] 'paunch' [2] 'flabby' [3] 'grown soft' [4] 'grayish' [5] 'head'
[6] 'with a sneer' [7] 'dried up specimen' [8] i.e. lump of fat [9] 'opposite'
[10] i. e. were accustomed to go [11] 'owner' [12] 'stretched out' [13] 'clasped'
[14] 'enthusiasts' [15] 'seated' [16] 'game' [17] 'ground floor' [18] 'hairdresser' [19] 'mended with glue' [20] 'in cleaning'

neuf, galopinaient[21] dans les ruisseaux[22] de l'avenue, avec tous les polissons[23] du quartier.

Au-dessus de lui, Caravan avait installé sa mère, dont l'avarice était célèbre aux environs et dont la maigreur faisait dire que le *Bon Dieu* avait appliqué sur elle-même ses[24] propres principes de parcimonie. Toujours de mauvaise humeur, elle ne passait point un jour sans querelles et sans colères furieuses. Elle apostrophait[25] de sa fenêtre les voisins sur leurs portes, les marchandes des quatre saisons,[26] les balayeurs[27] et les gamins[28] qui, pour se venger, la suivaient de loin, quand elle sortait, en criant: — «A la chie-en-lit!»[29]

Une petite bonne[30] normande, incroyablement étourdie,[31] faisait le ménage et couchait au second[32] près de la vieille, dans la crainte d'un accident.

Lorsque Caravan rentra chez lui, sa femme, atteinte[33] d'une maladie chronique de nettoyage, faisait reluire[34] avec un morceau de flanelle l'acajou[35] des chaises éparses[36] dans la solitude des pièces.[37] Elle portait toujours des gants de fil,[38] ornait sa tête d'un bonnet à rubans multicolores sans cesse chaviré[39] sur une oreille, et répétait, chaque fois qu'on la surprenait cirant, brossant, astiquant ou lessivant:[40] — «Je ne suis pas riche, chez moi tout est simple, mais la propreté[41] c'est mon luxe, et celui-là en vaut bien un autre.»

Douée d'un sens pratique opiniâtre,[42] elle était en tout le guide de son mari. Chaque soir, à table, et puis dans leur lit, ils causaient longuement des affaires du bureau, et, bien qu'elle eût vingt ans de moins que lui, il se confiait à elle comme à un directeur de conscience, et suivait en tout ses conseils.

Elle n'avait jamais été jolie; elle était laide maintenant, de petite taille et maigrelette.[43] L'inhabileté de sa vêture[44] avait toujours fait disparaître ses faibles attributs féminins qui auraient dû saillir avec art[45] sous un habillage bien entendu.[46] Ses jupes semblaient sans cesse tournées d'un côté; et elle se grattait[47] souvent, n'importe où, avec indifférence du public, par une sorte de manie qui touchait au tic.[48] Le seul ornement qu'elle se permît consistait en une profusion de rubans de soie entremêlés[49] sur les bonnets prétentieux qu'elle avait coutume de porter chez elle.

Aussitôt qu'elle aperçut son mari, elle se leva, et, l'embrassant sur ses favoris:[50] — «As-tu pensé à Potin,[51] mon ami?»

---

[21] 'ran wild'   [22] 'gutters'   [23] 'scamps'   [24] 'her'   [25] 'abused'   [26] 'women peddling fruit and vegetables'   [27] 'street-cleaners'   [28] 'urchins'   [29] a coarse expression   [30] 'servant'   [31] 'muddle-headed'   [32] 'on the third floor' [33] 'stricken'   [34] 'was polishing'   [35] 'mahogany'   [36] 'scattered'   [37] 'rooms' [38] 'cotton gloves'   [39] 'askew'   [40] 'waxing, brushing, polishing or washing' [41] 'cleanliness'   [42] 'stubborn'   [43] 'rather thin'   [44] 'the awkwardness of her attire'   [45] 'would have shown up to advantage'   [46] 'skillfully conceived' [47] 'scratched herself'   [48] 'which was almost a nervous habit'   [49] 'intermingled' [50] 'side-whiskers'   [51] the name of a large Paris grocery with many branches

(C'était pour une commission[52] qu'il avait promis de faire.) Mais il tomba atterré[53] sur un siège; il venait encore d'oublier pour la quatrième fois:

«C'est une fatalité,[54] disait-il, c'est une fatalité; j'ai beau y penser toute la journée, quand le soir vient j'oublie toujours.» Mais comme il semblait désolé, elle le consola:

— Tu y songeras demain, voilà tout. Rien de neuf au ministère?

— Si, une grande nouvelle: encore un ferblantier nommé sous-chef.

Elle devint très sérieuse:

— A quel bureau?

— Au bureau des achats extérieurs.[55]

Elle se fâchait:

— A la place de Ramon alors, juste celle que je voulais pour toi; et lui, Ramon? à la retraite?[56]

Il balbutia:[57]

— A la retraite.

Elle devint rageuse, le bonnet parti sur[58] l'épaule:

— C'est fini, vois-tu, cette boîte-là,[59] rien à faire là dedans maintenant. Et comment s'appelle-t-il, ton commissaire?

— Bonassot.

Elle prit l'Annuaire de la marine, qu'elle avait toujours sous la main, et chercha: «Bonassot. — Toulon. — Né en 1851. — Elève-commissaire[60] en 1871, Sous-commissaire en 1875.»

— A-t-il navigué celui-là?

A cette question, Caravan se rasséréna.[61] Une gaieté lui vint qui secouait son ventre: — «Comme Balin, juste comme Balin, son chef.» Et il ajouta, dans un rire plus fort, une vieille plaisanterie que tout le ministère trouvait délicieuse: — «Il ne faudrait pas les envoyer par eau inspecter la station navale du Point-du-Jour,[62] ils seraient malades sur les bateaux-mouches.»[63]

Mais elle restait grave comme si elle n'avait pas entendu, puis elle murmura en se grattant lentement le menton: — «Si seulement on avait un député dans sa manche? Quand la Chambre saura tout ce qui se passe là dedans, le ministre sautera du coup[64]...»

Des cris éclatèrent[65] dans l'escalier, coupant sa phrase. Marie-Louise et Philippe-Auguste, qui revenaient du ruisseau, se flanquaient,[66] de marche en marche, des gifles[67] et des coups de pied. Leur mère s'élança,[68]

---

[52] 'errand' [53] 'horror-stricken' [54] 'foregone conclusion' [55] 'purchasing department' [56] 'pensioned' [57] 'stammered' [58] 'slipped over towards' [59] i.e. that hole [60] 'paymaster cadet' [61] 'regained his serenity' [62] on the Seine just below Paris [63] small ferries plying up and down the Seine through Paris [64] i.e. will lose his portfolio over the matter [65] 'resounded' [66] 'gave each other' [67] 'slaps' [68] 'rushed out'

furieuse, et, les prenant chacun par un bras, elle les jeta dans l'appartement en les secouant avec vigueur.

Sitôt qu'ils aperçurent leur père, ils se précipitèrent sur lui, et il les embrassa tendrement, longtemps; puis, s'asseyant, les prit sur ses genoux
5 et fit la causette[69] avec eux.

Philippe-Auguste était un vilain mioche,[70] dépeigné,[71] sale des pieds à la tête, avec une figure de crétin.[72] Marie-Louise ressemblait à sa mère déjà, parlait comme elle, répétant ses paroles, l'imitant même en ses gestes. Elle dit aussi: — «Quoi de neuf au ministère?» Il lui répondit
10 gaiement: — «Ton ami Ramon, qui vient dîner ici tous les mois, va nous quitter, fifille.[73] Il y a un nouveau sous-chef à sa place.» Elle leva les yeux sur son père, et, avec une commisération d'enfant précoce: — «Encore un qui t'a passé sur le dos,[74] alors.»

Il finit de rire et ne répondit pas; puis, pour faire diversion, s'adressant
15 à sa femme qui nettoyait maintenant les vitres:[75] — «La maman va bien, là-haut?»

Mme Caravan cessa de frotter, se retourna, redressa[76] son bonnet tout à fait parti dans le dos, et, la lèvre tremblante: — «Ah! oui, parlons-en de ta mère! Elle m'en a fait une jolie![77] Figure-toi que tantôt Mme Le-
20 baudin, la femme du coiffeur, est montée pour m'emprunter un paquet d'amidon,[78] et comme j'étais sortie, ta mère l'a chassée en la traitant de[79] «mendiante.» Aussi je l'ai arrangée,[80] la vieille. Elle a fait semblant[81] de ne pas entendre comme toujours quand on lui dit ses vérités,[82] mais elle n'est pas plus sourde que moi, vois-tu; c'est de la frime,[83] tout ça, et
25 la preuve, c'est qu'elle est remontée dans sa chambre, aussitôt, sans dire un mot.»

Caravan, confus, se taisait, quand la petite bonne se précipita pour annoncer le dîner. Alors, afin de prévenir[84] sa mère, il prit un manche à balai[85] toujours caché dans un coin et frappa trois coups au plafond.
30 Puis on passa dans la salle, et Mme Caravan la jeune servit le potage, en attendant la vieille. Elle ne venait pas, et la soupe refroidissait. Alors on se mit à manger tout doucement; puis, quand les assiettes furent vides, on attendit encore. Mme Caravan, furieuse, s'en prenait à[86] son mari: — «Elle le fait exprès, sais-tu. Aussi tu la soutiens toujours.» Lui, fort
35 perplexe, pris entre les deux, envoya Marie-Louise chercher grand'maman, et il demeura immobile, les yeux baissés, tandis que sa femme tapait rageusement[87] le pied de son verre avec le bout de son couteau.

Soudain la porte s'ouvrit, et l'enfant seule réapparut tout essoufflée et fort pâle; elle dit très vite: — «Grand'maman est tombée par terre.»

Caravan, d'un bond, fut debout, et, jetant sa serviette sur la table, il s'élança dans l'escalier, où son pas lourd et précipité retentit,[88] pendant que sa femme, croyant à une ruse méchante de sa belle-mère, s'en venait plus doucement en haussant[89] avec mépris[90] les épaules.

La vieille gisait[91] tout de son long sur la face au milieu de la chambre, et, lorsque son fils l'eut retournée, elle apparut, immobile et sèche, avec sa peau jaunie, plissée,[92] tannée, ses yeux clos, ses dents serrées,[93] et tout son corps maigre raidi.[94]

Caravan, à genoux près d'elle, gémissait:[95] — «Ma pauvre mère, ma pauvre mère!» Mais l'autre Mme Caravan, après l'avoir considérée un instant, déclara: — «Bah! elle a encore une syncope, voilà tout; c'est pour nous empêcher de dîner, sois-en sûr.»

On porta le corps sur le lit, on le déshabilla complètement; et tous, Caravan, sa femme, la bonne, se mirent à le frictionner.[96] Malgré leurs efforts, elle ne reprit pas connaissance. Alors on envoya Rosalie chercher le *docteur* Chenet. Il habitait sur le quai, vers Suresnes.[97] C'était loin, l'attente[98] fut longue. Enfin il arriva, et, après avoir considéré, palpé, ausculté[99] la vieille femme, il prononça: — «C'est la fin.»

Caravan s'abattit[1] sur le corps, secoué par des sanglots[2] précipités; et il baisait convulsivement la figure rigide de sa mère en pleurant avec tant d'abondance que de grosses larmes tombaient comme des gouttes d'eau sur le visage de la morte.

Mme Caravan la jeune eut une crise convenable de chagrin,[3] et, debout derrière son mari, elle poussait de faibles gémissements en se frottant les yeux avec obstination.

Caravan, la face bouffie, ses maigres cheveux en désordre, très laid dans sa douleur vraie, se redressa soudain: — «Mais... êtes-vous sûr, docteur... êtes-vous bien sûr?...» L'officier de santé s'approcha rapidement, et maniant[4] le cadavre avec une dextérité professionnelle, comme un négociant qui ferait valoir[5] sa marchandise: —«Tenez, mon bon, regardez l'œil.» Il releva la paupière,[6] et le regard de la vieille femme réapparut sous son doigt, nullement changé, avec la pupille un peu plus large peut-être. Caravan reçut un coup dans le cœur, et une épouvante lui traversa les os. M. Chenet prit le bras crispé,[7] força les doigts pour les ouvrir, et, l'air furieux comme en face d'un contradicteur: — «Mais regardez-moi cette main, je ne m'y trompe jamais, soyez tranquille.»

Caravan retomba vautré[8] sur le lit, beuglant[9] presque; tandis que sa femme, pleurnichant[10] toujours, faisait les choses nécessaires. Elle approcha la table de nuit sur laquelle elle étendit une serviette, posa dessus

[88] 'resounded'	[89] 'shrugging'	[90] 'contempt'	[91] 'lay'	[92] 'wrinkled'
[93] 'clenched'	[94] 'stiffened'	[95] 'moaned'	[96] 'rub it'	[97] a suburb west
of Neuilly	[98] 'wait'	[99] 'felt, sounded'	[1] 'threw himself'	[2] 'sobs'
[3] 'grief'	[4] 'handling'	[5] 'merchant showing off'	[6] 'eyelid'	[7] 'stiffened'
[8] 'sprawling'	[9] 'bellowing'	[10] 'snivelling'		

quatre bougies[11] qu'elle alluma, prit un rameau de buis[12] accroché[13] derrière la glace de la cheminée[14] et le posa entre les bougies dans une assiette qu'elle emplit d'eau claire,[15] n'ayant point d'eau bénite.[16] Mais, après une réflexion rapide, elle jeta dans cette eau une pincée de sel,
5 s'imaginant sans doute exécuter là une sorte de consécration.

Lorsqu'elle eut terminé la figuration[17] qui doit accompagner la Mort, elle resta debout, immobile. Alors l'officier de santé, qui l'avait aidée à disposer les objets, lui dit tout bas: — «Il faut emmener Caravan.» Elle fit un signe d'assentiment, et s'approchant de son mari qui sanglotait,
10 toujours à genoux, elle le souleva par un bras, pendant que M. Chenet le prenait par l'autre.

On l'assit d'abord sur une chaise, et sa femme, le baisant au front, le sermonna.[18] L'officier de santé appuyait[19] ses raisonnements, conseillant la fermeté, le courage, la résignation, tout ce qu'on ne peut
15 garder dans ces malheurs foudroyants.[20] Puis tous deux le prirent de nouveau sous les bras et l'emmenèrent.

Il larmoyait[21] comme un gros enfant, avec des hoquets[22] convulsifs, avachi,[23] les bras pendants, les jambes molles; et il descendit l'escalier sans savoir ce qu'il faisait, remuant les pieds machinalement.
20 On le déposa dans le fauteuil qu'il occupait toujours à table, devant son assiette presque vide où sa cuiller encore trempait[24] dans un reste de soupe. Et il resta là, sans un mouvement, l'œil fixé sur son verre, tellement hébété[25] qu'il demeurait même sans pensée.

Mme Caravan, dans un coin, causait avec le docteur, s'informait
25 des formalités, demandait tous les renseignements pratiques. A la fin, M. Chenet, qui paraissait attendre quelque chose, prit son chapeau et, déclarant qu'il n'avait pas dîné, fit un salut[26] pour partir. Elle s'écria:

— Comment, vous n'avez pas dîné? Mais restez, docteur, restez donc! On va vous servir ce que nous avons; car vous comprenez que nous, nous
30 ne mangerons pas grand'chose.

Il refusa, s'excusant; elle insistait:

— Comment donc, mais restez. Dans des moments pareils, on est heureux d'avoir des amis près de soi; et puis, vous déciderez peut-être mon mari à se réconforter[27] un peu: il a tant besoin de prendre des forces.
35 Le docteur s'inclina, et, déposant son chapeau sur un meuble: — «En ce cas, j'accepte, madame.»

Elle donna des ordres à Rosalie affolée,[28] puis elle-même se mit à table, «pour faire semblant de manger, disait-elle, et tenir compagnie au *docteur.*»

[11] 'candles'   [12] 'a sprig of box-wood'   [13] 'stuck'   [14] 'mirror of the mantle-piece'   [15] 'fresh'   [16] 'holy water'   [17] 'setting'   [18] 'lectured him' [19] 'supported'   [20] 'overwhelming'   [21] 'whimpered'   [22] 'sobs'   [23] 'limp' [24] 'was still immersed'   [25] 'stupefied'   [26] 'bow'   [27] 'cheer up' [28] 'who was completely distracted'

On reprit du potage froid. M. Chenet en redemanda. Puis apparut un plat de gras-double lyonnais[29] qui répandit[30] un parfum d'oignon, et dont Mme Caravan se décida à goûter. — «Il est excellent,» dit le docteur. Elle sourit: — «N'est-ce pas?» Puis se tournant vers son mari: — «Prends-en donc un peu, mon pauvre Alfred, seulement pour te mettre quelque chose dans l'estomac; songe que tu vas passer la nuit!»[31]

Il tendit son assiette docilement, comme il aurait été se mettre au lit si on le lui eût commandé, obéissant à tout sans résistance et sans réflexion. Et il mangea.

Le docteur, se servant lui-même, puisa trois fois dans le plat,[32] tandis que Mme Caravan, de temps en temps, piquait[33] un gros morceau au bout de sa fourchette et l'avalait[34] avec une sorte d'inattention étudiée.

Quand parut un saladier[35] plein de macaroni, le docteur murmura: — «Bigre![36] voilà une bonne chose.» Et Mme Caravan, cette fois, servit tout le monde. Elle remplit même les soucoupes[37] où barbotaient[38] les enfants, qui, laissés libres, buvaient du vin pur et s'attaquaient déjà, sous la table, à coups de pied.

M. Chenet rappela l'amour de Rossini[39] pour ce mets[40] italien; puis tout à coup: — «Tiens! mais ça rime; on pourrait commencer une pièce de vers:

Le maëstro Rossini
Aimait le macaroni...»

On ne l'écoutait point. Mme Caravan, devenue soudain réfléchie, songeait à toutes les conséquences probables de l'événement; tandis que son mari roulait des boulettes[41] de pain qu'il déposait ensuite sur la nappe,[42] et qu'il regardait fixement d'un air idiot. Comme une soif ardente lui dévorait la gorge, il portait sans cesse à sa bouche son verre tout rempli de vin; et sa raison, culbutée[43] déjà par la secousse[44] et le chagrin, devenait flottante, lui paraissait danser dans l'étourdissement[45] subit de la digestion commencée et pénible.[46]

Le docteur, du reste, buvait comme un trou,[47] se grisait[48] visiblement; et Mme Caravan elle-même, subissant la réaction qui suit tout ébranlement[49] nerveux, s'agitait, troublée aussi, bien qu'elle ne prît que de l'eau, et se sentait la tête un peu brouillée.[50]

M. Chenet s'était mis à raconter des histoires de décès[51] qui lui paraissaient drôles. Car dans cette banlieue parisienne, remplie d'une population de province, on retrouve cette indifférence du paysan pour le mort,

---

[29] 'tripe and onions' [30] 'gave off' [31] 'are going to sit up all night'
[32] i.e. took three helpings [33] 'speared' [34] 'swallowed it'
[35] 'salad-bowl' [36] an exclamation [37] 'saucers' [38] 'were dabbling'
[39] 19th century Italian composer [40] 'dish' [41] 'pellets' [42] 'tablecloth'
[43] 'upset' [44] 'shock' [45] 'dizziness' [46] 'difficult' [47] i.e. like a fish
[48] 'was getting drunk' [49] 'disturbance' [50] 'muddled' [51] 'deaths'

fût-il son père ou sa mère, cet irrespect, cette férocité inconsciente si communs dans les campagnes, et si rares à Paris. Il disait: — «Tenez, la semaine dernière, rue de Puteaux, on m'appelle, j'accours;[52] je trouve le malade trépassé,[53] et, auprès du lit, la famille qui finissait tranquille-
5 ment une bouteille d'anisette[54] achetée la veille pour satisfaire un caprice du moribond.»

Mais Mme Caravan n'écoutait pas, songeant toujours à l'héritage; et Caravan, le cerveau vidé, ne comprenait rien.

On servit le café, qu'on avait fait très fort pour se soutenir le moral.
10 Chaque tasse, arrosée[55] de cognac, fit monter aux joues une rougeur su-bite, mêla les dernières idées de ces esprits vacillants déjà.

Puis le *docteur*, s'emparant[56] soudain de la bouteille d'eau-de-vie,[57] versa la «*rincette*»[58] à tout le monde. Et, sans parler, engourdis[59] dans la chaleur douce de la digestion, saisis malgré eux par ce bien-être animal
15 que donne l'alcool après dîner, ils se gargarisaient[60] lentement avec le cognac sucré qui formait un sirop jaunâtre[61] au fond des tasses.

Les enfants s'étaient endormis et Rosalie les coucha.

Alors Caravan, obéissant machinalement au besoin de s'étourdir[62] qui pousse tous les malheureux, reprit plusieurs fois de l'eau-de-vie; et son
20 œil hébété luisait.

Le *docteur* enfin se leva pour partir; et s'emparant du bras de son ami:
— Allons, venez avec moi, dit-il; un peu d'air vous fera du bien; quand on a des ennuis, il ne faut pas s'immobiliser.[63]

L'autre obéit docilement, mit son chapeau, prit sa canne, sortit; et
25 tous deux, se tenant par le bras, descendirent vers la Seine sous les claires étoiles.

Des souffles embaumés[64] flottaient dans la nuit chaude, car tous les jardins des environs étaient à cette saison pleins de fleurs, dont les par-fums, endormis pendant le jour, semblaient s'éveiller à l'approche du
30 soir et s'exhalaient, mêlés aux brises légères qui passaient dans l'ombre.

L'avenue large était déserte et silencieuse avec ses deux rangs de becs de gaz allongés[65] jusqu'à l'Arc de Triomphe. Mais là-bas Paris bruissait[66] dans une buée[67] rouge. C'était une sorte de roulement continu auquel paraissait répondre parfois au loin, dans la plaine, le sifflet[68] d'un train
35 accourant à toute vapeur,[69] ou bien fuyant, à travers la province,[70] vers l'Océan.

L'air du dehors, frappant les deux hommes au visage, les surprit d'abord, ébranla[71] l'équilibre du docteur, et accentua chez Caravan les

[52] 'I hasten over'   [53] 'dead'   [54] a cordial   [55] i.e. with a dash   [56] 'taking possession'   [57] 'spirits'   [58] 'poured out a last nip'   [59] 'torpid'   [60] cf.
"wetted their whistles"   [61] 'yellowish'   [62] 'forget one's troubles'   [63] 'keep
still'   [64] 'perfume-laden breezes'   [65] 'gas lamps stretching'   [66] 'rumbled'
[67] 'haze'   [68] 'whistle'   [69] 'at full speed'   [70] 'the country'
[71] 'upset'

vertiges qui l'envahissaient[72] depuis le dîner. Il allait comme dans un songe,[73] l'esprit engourdi, paralysé, sans chagrin vibrant, saisi par une sorte d'engourdissement moral qui l'empêchait de souffrir, éprouvant même un allégement[74] qu'augmentaient les exhalaisons tièdes[75] épandues[76] dans la nuit.

Quand ils furent au pont, ils tournèrent à droite, et la rivière leur jeta à la face un souffle frais. Elle coulait, mélancolique et tranquille, devant un rideau de hauts peupliers;[77] et des étoiles semblaient nager sur l'eau, remuées par le courant. Une brume[78] fine et blanchâtre qui flottait sur la berge[79] de l'autre côté apportait aux poumons une senteur[80] humide; et Caravan s'arrêta brusquement, frappé par cette odeur de fleuve qui remuait dans son cœur des souvenirs très vieux.

Et il revit soudain sa mère, autrefois, dans son enfance à lui, courbée à genoux devant leur porte, là-bas, en Picardie,[81] et lavant au mince cours d'eau[82] qui traversait le jardin le linge en tas[83] à côté d'elle. Il entendait son battoir[84] dans le silence tranquille de la campagne, sa voix qui criait: — «Alfred, apporte-moi du savon.» Et il sentait cette même odeur d'eau qui coule, cette même brume envolée des terres ruisselantes,[85] cette buée marécageuse[86] dont la saveur était restée en lui, inoubliable, et qu'il retrouvait justement ce soir-là même où sa mère venait de mourir.

Il s'arrêta, raidi dans une reprise[87] de désespoir fougueux.[88] Ce fut comme un éclat[89] de lumière illuminant d'un seul coup toute l'étendue[90] de son malheur; et la rencontre de ce souffle errant le jeta dans l'abîme[91] noir des douleurs irrémédiables. Il sentit son cœur déchiré[92] par cette séparation sans fin. Sa vie était coupée au milieu; et sa jeunesse entière disparaissait engloutie[93] dans cette mort. Tout l'«*autrefois*» était fini; tous les souvenirs d'adolescence s'évanouissaient;[94] personne ne pourrait plus lui parler des choses anciennes, des gens qu'il avait connus jadis, de son pays, de lui-même, de l'intimité de sa vie passée; c'était une partie de son être qui avait fini d'exister; à l'autre de mourir maintenant.

Et le défilé[95] des évocations commença. Il revoyait «la maman» plus jeune, vêtue de robes usées[96] sur elle, portées si longtemps qu'elles semblaient inséparables de sa personne; il la retrouvait dans mille circonstances oubliées: avec des physionomies effacées,[97] ses gestes, ses intonations, ses habitudes, ses manies, ses colères, les plis de sa figure, les mouvements de ses doigts maigres, toutes ses attitudes familières qu'elle n'aurait plus.

[72] 'had come over him'   [73] 'dream'   [74] 'relief'   [75] 'lukewarm'   [76] 'diffused'
[77] 'screen of tall poplars'   [78] 'mist'   [79] 'embankment'   [80] 'odor'   [81] 'Picardy'; a province in the northeast of France   [82] 'tiny brook'   [83] 'clothes in a heap'
[84] 'washerwoman's paddle'   [85] 'rising from the drenched soil'   [86] 'marshy vapor'   [87] 'renewal'   [88] 'passionate'   [89] 'flash'   [90] 'extent'
[91] 'abyss'   [92] 'torn'   [93] 'engulfed'   [94] 'were dissipated'   [95] 'procession'
[96] 'worn threadbare'   [97] i.e. in a succession of shadowy images

Et, se cramponnant[98] au docteur, il poussa des gémissements. Ses jambes flasques[99] tremblaient; toute sa grosse personne était secouée par les sanglots, et il balbutiait: — «Ma mère, ma pauvre mère, ma pauvre mère!...»

5   Mais son compagnon, toujours ivre,[1] et qui rêvait de finir la soirée en des lieux qu'il fréquentait secrètement, impatienté par cette crise aiguë de chagrin, le fit asseoir sur l'herbe de la rive, et presque aussitôt le quitta sous prétexte de voir un malade.

Caravan pleura longtemps; puis, quand il fut à bout de larmes, quand
10   toute sa souffrance eut pour ainsi dire coulé, il éprouva de nouveau un soulagement,[2] un repos, une tranquillité subite.

La lune s'était levée; elle baignait l'horizon de sa lumière placide. Les grands peupliers se dressaient[3] avec des reflets d'argent, et le brouillard,[4] sur la plaine, semblait de la neige flottante; le fleuve, où ne nageaient plus
15   les étoiles, mais qui paraissait couvert de nacre,[5] coulait toujours, ridé par des frissons brillants.[6] L'air était doux, la brise odorante. Une mollesse[7] passait dans le sommeil de la terre, et Caravan buvait cette douceur de la nuit; il respirait longuement, croyait sentir pénétrer jusqu'à l'extrémité de ses membres une fraîcheur, un calme, une consolation
20   surhumaine.

Il résistait toutefois à ce bien-être envahissant, se répétait: — «Ma mère, ma pauvre mère,» s'excitant à pleurer par une sorte de conscience d'honnête homme;[8] mais il ne le pouvait plus; et aucune tristesse même ne l'étreignait[9] aux pensées qui, tout à l'heure encore, l'avaient fait si
25   fort sangloter.

Alors il se leva pour rentrer, revenant à petits pas, enveloppé dans la calme indifférence de la nature sereine, et le cœur apaisé malgré lui.

Quand il atteignit le pont, il aperçut le fanal[10] du dernier tramway prêt à partir et, par derrière, les fenêtres éclairées du café du Globe.
30   Alors un besoin lui vint de raconter la catastrophe à quelqu'un, d'exciter la commisération, de se rendre intéressant. Il prit une physionomie[11] lamentable, poussa la porte de l'établissement, et s'avança vers le comptoir où le patron trônait toujours.[12] Il comptait sur un effet, tout le monde allait se lever, venir à lui, la main tendue: — «Tiens, qu'avez-
35   vous?» Mais personne ne remarqua la désolation de son visage. Alors il s'accouda[13] sur le comptoir et, serrant son front dans ses mains, il murmura: «Mon Dieu, mon Dieu!»

Le patron le considéra: — «Vous êtes malade, monsieur Caravan?» —
Il répondit: — «Non, mon pauvre ami; mais ma mère vient de mourir.»

---

[98] 'clinging'   [99] 'flabby'   [1] 'drunk'   [2] 'feeling of relief'   [3] 'stood erect'
[4] 'fog'   [5] 'mother-of-pearl'   [6] 'rippled by shivers of light'   [7] 'softness'
[8] 'decent person'   [9] 'oppressed him'   [10] 'light'   [11] 'expression'   [12] 'was still enthroned'   [13] 'leaned'

L'autre lâcha[14] un «Ah!» distrait;[15] et comme un consommateur[16] au fond de l'établissement criait: — «Un bock,[17] s'il vous plaît!» il répondit aussitôt d'une voix terrible: — «Voilà, boum![18]... on y va,» et s'élança pour servir, laissant Caravan stupéfait.

Sur la même table qu'avant dîner, absorbés et immobiles, les trois amateurs de dominos jouaient encore. Caravan s'approcha d'eux, en quête[19] de commisération. Comme aucun ne paraissait le voir, il se décida à parler: — «Depuis tantôt,[20] leur dit-il, il m'est arrivé un grand malheur.»

Ils levèrent un peu la tête tous les trois en même temps, mais en gardant l'œil fixe sur le jeu[21] qu'ils tenaient en main. — «Tiens, quoi donc?» — «Ma mère vient de mourir.» Un d'eux murmura: — «Ah! diable» avec cet air faussement navré[22] que prennent les indifférents. Un autre, ne trouvant rien à dire, fit entendre, en hochant le front,[23] une sorte de sifflement triste. Le troisième se remit au jeu comme s'il eût pensé: — «Ce n'est que ça!»

Caravan attendait un de ces mots qu'on dit «venus du cœur». Se voyant ainsi reçu, il s'éloigna, indigné de leur placidité devant la douleur d'un ami, bien que cette douleur, en ce moment même, fût tellement engourdie qu'il ne la sentait plus guère.

Et il sortit.

Sa femme l'attendait en chemise de nuit, assise sur une chaise basse auprès de la fenêtre ouverte, et pensant toujours à l'héritage.

— Déshabille-toi, dit-elle: nous allons causer quand nous serons au lit.

Il leva la tête, et, montrant le plafond de l'œil: — «Mais... là-haut... il n'y a personne.»

— «Pardon, Rosalie est auprès d'elle, tu iras la remplacer à trois heures du matin, quand tu auras fait un somme.»[24]

Il resta néanmoins en caleçon[25] afin d'être prêt à tout événement, noua un foulard[26] autour de son crâne,[27] puis rejoignit sa femme qui venait de se glisser dans les draps.[28]

Ils demeurèrent quelque temps assis côte à côte. Elle songeait.

Sa coiffure, même à cette heure, était agrémentée[29] d'un nœud[30] rose et penchée un peu sur une oreille, comme par suite d'une invincible habitude de tous les bonnets qu'elle portait.

Soudain, tournant la tête vers lui: — «Sais-tu si ta mère a fait un testament?» dit-elle.

Il hésita: — «Je... je... ne crois pas... Non, sans doute, elle n'en a pas fait.»

Mme Caravan regarda son mari dans les yeux, et, d'une voix basse et

---

[14] 'uttered'   [15] 'absent-minded'   [16] 'customer'   [17] 'a glass of beer'
[18] an exclamation   [19] 'search'   [20] i.e. since I was here last   [21] i.e. pieces
[22] 'heart-broken'   [23] 'shaking his head'   [24] 'nap'   [25] 'in his underwear'
[26] 'scarf'   [27] 'head'   [28] 'bed-clothes'   [29] 'adorned'   [30] 'bow'

rageuse: — «C'est une indignité, vois-tu; car enfin voilà dix ans que nous nous décarcassons[31] à la soigner, que nous la logeons, que nous la nourrissons! Ce n'est pas ta sœur qui en aurait fait autant pour elle, ni moi non plus si j'avais su comment j'en serais récompensée! Oui, c'est une honte

5　pour sa mémoire! Tu me diras qu'elle payait pension:[32] c'est vrai; mais les soins de ses enfants, ce n'est pas avec de l'argent qu'on les paye: on les reconnaît par testament après la mort. Voilà comment se conduisent les gens honorables. Alors, moi, j'en ai été pour ma peine et pour mes tracas![33] Ah! c'est du propre![34] c'est du propre!»

10　Caravan, éperdu,[35] répétait: — «Ma chérie, ma chérie, je t'en prie, je t'en supplie.»

A la longue, elle se calma, et revenant au ton de chaque jour, elle reprit: — «Demain matin, il faudra prévenir ta sœur.»

Il eut un sursaut:[36] — «C'est vrai, je n'y avais pas pensé; dès le jour

15　j'enverrai une dépêche.»[37] Mais elle l'arrêta, en femme qui a tout prévu.

— «Non, envoie-la seulement de dix à onze, afin que nous ayons le temps de nous retourner avant son arrivée. De Charenton[38] ici elle en a pour deux heures au plus. Nous dirons que tu as perdu la tête. En prévenant dans la matinée, on ne se mettra pas dans la commise!»[39]

20　Mais Caravan se frappa le front, et, avec l'intonation timide qu'il prenait toujours en parlant de son chef dont la pensée même le faisait trembler: — «Il faut aussi prévenir au ministère,» dit-il.

Elle répondit: — «Pourquoi prévenir? Dans des occasions comme ça, on est toujours excusable d'avoir oublié. Ne préviens pas, crois-moi; ton

25　chef ne pourra rien dire et tu le mettras dans un rude embarras.»

— «Oh! ça, oui, dit-il, et dans une fameuse colère quand il ne me verra point venir. Oui, tu as raison, c'est une riche idée. Quand je lui annoncerai que ma mère est morte, il sera bien forcé de se taire.»

Et l'employé, ravi[40] de la farce, se frottait les mains en songeant à la

30　tête de son chef,[41] tandis qu'au-dessus de lui le corps de la vieille gisait à côté de la bonne endormie.

Mme Caravan devenait soucieuse,[42] comme obsédée par une préoccupation difficile à dire. Enfin elle se décida: — «Ta mère t'avait bien donné sa pendule,[43] n'est-ce pas, la jeune fille au bilboquet?»[44]

35　Il chercha dans sa mémoire et répondit: — «Oui, oui; elle m'a dit (mais il y a longtemps de cela, c'est quand elle est venue ici), elle m'a dit: Ce sera pour toi, la pendule, si tu prends bien soin de moi.»

Mme Caravan tranquillisée se rasséréna:[45] — «Alors, vois-tu, il faut

---

[31] i.e. have been working our fingers to the bone　　[32] 'board'　　[33] 'all my trouble and bother have gone for nothing'　　[34] 'that's a nice state of affairs'　　[35] 'distraught'　　[36] 'he gave a start'　　[37] 'telegram'　　[38] a suburb to the east of Paris　　[39] 'we shall not be exposing ourselves to a any penalty'　　[40] 'delighted'　　[41] 'thinking of the look on his chief's face'　　[42] 'uneasy'　　[43] 'clock'　　[44] 'the girl with the cup and ball'　　[45] 'recovered her equanimity'

aller la chercher, parce que, si nous laissons venir ta sœur, elle nous empêchera de la prendre.»

Il hésitait: — «Tu crois?...»

Elle sa fâcha: — «Certainement que je le crois; une fois ici, ni vu ni connu:[46] c'est à nous. C'est comme pour la commode[47] de sa chambre, celle qui a un marbre:[48] elle me l'a donnée, à moi, un jour qu'elle était de bonne humeur. Nous la descendrons en même temps.»

Caravan semblait incrédule. — «Mais, ma chère, c'est une grande responsabilité!»

Elle se tourna vers lui, furieuse: — «Ah! vraiment! Tu ne changeras donc jamais? Tu laisserais tes enfants mourir de faim, toi, plutôt que de faire un mouvement. Du moment qu'elle me l'a donnée, cette commode, c'est à nous, n'est-ce pas? Et si ta sœur n'est pas contente, elle me le dira, à moi! Je m'en moque bien de ta sœur. Allons, lève-toi, que nous apportions tout de suite ce que ta mère nous a donné.»

Tremblant et vaincu, il sortit du lit, et, comme il passait sa culotte, elle l'en empêcha: — «Ce n'est pas la peine de t'habiller, va, garde ton caleçon, ça suffit; j'irai bien comme ça, moi.»

Et tous deux, en toilette de nuit, partirent, montèrent l'escalier sans bruit, ouvrirent la porte avec précaution et entrèrent dans la chambre où les quatre bougies allumées autour de l'assiette au buis bénit semblaient seules garder la vieille en son repos rigide; car Rosalie, étendue dans son fauteuil, les jambes allongées, les mains croisées sur sa jupe, la tête tombée de côté, immobile aussi et la bouche ouverte, dormait en ronflant[49] un peu.

Caravan prit la pendule. C'était un de ces objets grotesques comme en produisit beaucoup l'art impérial.[50] Une jeune fille en bronze doré, la tête ornée de fleurs diverses, tenait à la main un bilboquet dont la boule servait de balancier.[51] — «Donne-moi ça, lui dit sa femme, et prends le marbre de la commode.»

Il obéit en soufflant[52] et il percha le marbre sur son épaule avec un effort considérable.

Alors le couple partit. Caravan se baissa sous la porte, se mit à descendre en tremblant l'escalier, tandis que sa femme, marchant à reculons,[53] l'éclairait d'une main, ayant la pendule sous l'autre bras.

Lorsqu'ils furent chez eux, elle poussa un grand soupir. — «Le plus gros est fait, dit-elle; allons chercher le reste.»

Mais les tiroirs[54] du meuble étaient tout pleins des hardes[55] de la vieille. Il fallait bien cacher cela quelque part.

Mme Caravan eut une idée: — «Va donc prendre le coffre à bois en

---

[46] i.e. no one's the wiser   [47] 'bureau'   [48] 'marble top'   [49] 'snoring'
[50] i.e. the Second Empire (1851–70)   [51] 'pendulum'   [52] 'breathing hard'
[53] 'backwards'   [54] 'drawers'   [55] 'clothes'

sapin[56] qui est dans le vestibule; il ne vaut pas quarante sous, on peut bien le mettre ici.» Et quand le coffre fut arrivé, on commença le transport.

Ils enlevaient, l'un après l'autre, les manchettes,[57] les collerettes,[58] les
5 chemises, les bonnets, toutes les pauvres nippes[59] de la bonne femme étendue là, derrière eux, et les disposaient méthodiquement dans le coffre à bois de façon à tromper Mme Braux, l'autre enfant de la défunte,[60] qui viendrait le lendemain.

Quand ce fut fini, on descendit d'abord les tiroirs, puis le corps du
10 meuble en le tenant chacun par un bout; et tous deux cherchèrent pendant longtemps à quel endroit il ferait le mieux. On se décida pour la chambre, en face du lit, entre les deux fenêtres.

Une fois la commode en place, Mme Caravan l'emplit de son propre linge. La pendule occupa la cheminée de la salle; et le couple considéra
15 l'effet obtenu. Ils en furent aussitôt enchantés: — «Ça fait très bien,» dit-elle. Il répondit: — «Oui, très bien.» Alors ils se couchèrent. Elle souffla[61] la bougie; et tout le monde bientôt dormit aux deux étages de la maison.

Il était déjà grand jour[62] lorsque Caravan rouvrit les yeux. Il avait
20 l'esprit confus à son réveil, et il ne se rappela l'événement qu'au bout de quelques minutes. Ce souvenir lui donna un grand coup dans la poitrine; et il sauta du lit, très ému de nouveau, prêt à pleurer.

Il monta bien vite à la chambre au-dessus, où Rosalie dormait encore, dans la même posture que la veille, n'ayant fait qu'un somme de toute
25 la nuit.[63] Il la renvoya à son ouvrage, remplaça les bougies consumées, puis il considéra sa mère en roulant dans son cerveau ces apparences de pensées profondes, ces banalités religieuses et philosophiques qui hantent les intelligences moyennes[64] en face de la mort.

Mais comme sa femme l'appelait, il descendit. Elle avait dressé[65] une
30 liste des choses à faire dans la matinée, et elle lui remit cette nomenclature[66] dont il fut épouvanté.

Il lut: 1° Faire la déclaration à la mairie;[67]

2° Demander le médecin des morts;[68]

3° Commander le cercueil;[69]
35 4° Passer à l'église;

5° Aux pompes funèbres;[70]

6° A l'imprimerie pour les lettres;[71]

7° Chez le notaire;

8° Au télégraphe pour avertir la famille.

---

[56] 'pine wood-box'   [57] 'cuffs'   [58] 'collars'   [59] 'duds'   [60] 'deceased'
[61] 'blew out'   [62] 'broad daylight'   [63] 'having taken a prolonged nap all night'
[64] 'average'   [65] 'drawn up'   [66] 'catalogue'   [67] 'town-hall'   [68] i.e. the
doctor authorized to sign death-certificates   [69] 'coffin'   [70] 'to the undertaker's'
[71] 'printed notices,' or *lettres de faire part*

Plus une multitude de petites commissions. Alors il prit son chapeau et s'éloigna.

Or, la nouvelle s'étant répandue, les voisines commençaient à arriver et demandaient à voir la morte.

Chez le coiffeur, au rez-de-chaussée, une scène avait même eu lieu à ce 5 sujet entre la femme et le mari pendant qu'il rasait un client.

La femme, tout en tricotant un bas,[72] murmura: — «Encore une de moins, et une avare,[73] celle-là, comme il n'y en avait pas beaucoup. Je ne l'aimais guère, c'est vrai; il faudra tout de même que j'aille la voir.»

Le mari grogna,[74] tout en savonnant[75] le menton du patient: — «En 10 voilà, des fantaisies![76] Il n'y a que les femmes pour ça. Ce n'est pas assez de vous embêter[77] pendant la vie, elles ne peuvent seulement pas vous laisser tranquille après la mort.» — Mais son épouse, sans se déconcerter, reprit: — «C'est plus fort que moi; faut[78] que j'y aille. Ça me tient depuis ce matin. Si je ne la voyais pas, il me semble que j'y penserais toute ma 15 vie. Mais quand je l'aurai bien regardée pour prendre sa figure,[79] je serai satisfaite après.»

L'homme au rasoir haussa les épaules et confia au monsieur dont il grattait la joue: — «Je vous demande un peu quelles idées ça vous a,[80] ces sacrées[81] femelles! Ce n'est pas moi qui m'amuserais à voir un mort!» — 20 Mais sa femme l'avait entendu, et elle répondit sans se troubler: — «C'est comme ça, c'est comme ça.» — Puis, posant son tricot sur le comptoir, elle monta au premier étage.

Deux voisines étaient déjà venues et causaient de l'accident avec Mme Caravan, qui racontait les détails. 25

On se dirigea vers la chambre mortuaire. Les quatre femmes entrèrent à pas de loup,[82] aspergèrent[83] le drap l'une après l'autre avec l'eau salée, s'agenouillèrent,[84] firent le signe de la croix en marmottant[85] une prière, puis, s'étant relevées, les yeux agrandis, la bouche entr'ouverte,[86] con-sidérèrent longuement le cadavre, pendant que la belle-fille[87] de la morte, 30 un mouchoir sur la figure, simulait un hoquet désespéré.

Quand elle se retourna pour sortir, elle aperçut, debout près de la porte, Marie-Louise et Philippe-Auguste, tous deux en chemise, qui regardaient curieusement. Alors, oubliant son chagrin de commande,[88] elle se pré-cipita sur eux, la main levée, en criant d'une voix rageuse: — «Voulez- 35 vous bien filer, bougres de polissons!»[89]

Etant remontée dix minutes plus tard avec une fournée[90] d'autres voisines, après avoir de nouveau secoué le buis sur sa belle-mère, prié, larmoyé, accompli tous ses devoirs, elle retrouva ses deux enfants revenus

---

[72] 'knitting a stocking'   [73] 'miser'   [74] 'grumbled'   [75] 'lathering'   [76] 'fine notions, those!'   [77] 'pester you'   [78] = *il faut*   [79] 'see just what she looks like'   [80] i.e. they have   [81] 'damned'   [82] 'on tip-toe'   [83] 'sprinkled'   [84] 'knelt down'   [85] 'mumbling'   [86] 'agape'   [87] 'daughter-in-law'   [88] 'artificial'   [89] 'will you get out, you blasted brats'   [90] 'batch'

ensemble derrière elle. Elle les talocha[91] encore par conscience; mais, la fois suivante, elle n'y prit plus garde; et, à chaque retour de visiteurs, les deux mioches suivaient toujours, s'agenouillant aussi dans un coin et répétant invariablement tout ce qu'ils voyaient faire à leur mère.

5   Au commencement de l'après-midi, la foule des curieuses diminua. Bientôt il ne vint plus personne. Mme Caravan, rentrée chez elle, s'occupait à tout préparer pour la cérémonie funèbre; et la morte resta solitaire.

La fenêtre de la chambre était ouverte. Une chaleur torride entrait avec des bouffées[92] de poussière; les flammes des quatre bougies s'agi-

10 taient auprès du corps immobile; et sur le drap, sur la face aux yeux fermés, sur les deux mains allongées, des petites mouches grimpaient,[93] allaient, venaient, se promenaient sans cesse, visitaient[94] la vieille, attendant leur heure prochaine.

Mais Marie-Louise et Philippe-Auguste étaient repartis vagabonder

15 dans l'avenue. Ils furent bientôt entourés de camarades, de petites filles surtout, plus éveillées, flairant[95] plus vite tous les mystères de la vie. Et elles interrogeaient comme les grandes personnes. — «Ta grand'maman est morte?» — «Oui, hier au soir.» — «Comment c'est, un mort?» — Et Marie-Louise expliquait, racontait les bougies, le buis, la figure. Alors

20 une grande curiosité s'éveilla chez tous les enfants; et ils demandèrent aussi à monter chez la trépassée.

Aussitôt, Marie-Louise organisa un premier voyage, cinq filles et deux garçons: les plus grands, les plus hardis.[96] Elle les força à retirer leurs souliers pour ne point être découverts; la troupe se faufila[97] dans la mai-

25 son et monta lestement[98] comme une armée de souris.

Une fois dans la chambre, la fillette, imitant sa mère, régla le cérémonial. Elle guida solennellement ses camarades, s'agenouilla, fit le signe de la croix, remua les lèvres, se releva, aspergea le lit, et pendant que les enfants, en un tas serré,[99] s'approchaient, effrayés, curieux et ravis pour

30 contempler le visage et les mains, elle se mit soudain à simuler des sanglots en se cachant les yeux dans son petit mouchoir. Puis, consolée brusquement en songeant à ceux qui attendaient devant la porte, elle entraîna, en courant, tout son monde pour ramener bientôt un autre groupe, puis un troisième, car tous les galopins[1] du pays, jusqu'aux petits

35 mendiants en loques,[2] accouraient à ce plaisir nouveau; et elle recommençait chaque fois les simagrées[3] maternelles avec une perfection absolue.

A la longue, elle se fatigua. Un autre jeu entraîna les enfants au loin; et la vieille grand'mère demeura seule, oubliée tout à fait, par tout le

40 monde.

---

[91] 'cuffed them'   [92] 'puffs'   [93] 'climbed'   [94] 'inspected'   [95] 'scenting'
[96] 'the boldest'   [97] 'slunk'   [98] 'nimbly'   [99] 'huddled together in a group'
[1] 'urchins'   [2] 'rags'   [3] 'grimaces'

L'ombre emplit la chambre, et sur sa figure sèche et ridée la flamme remuante des lumières faisait danser des clartés.

Vers huit heures Caravan monta, ferma la fenêtre et renouvela les bougies. Il entrait maintenant d'une façon tranquille, accoutumé déjà à considérer le cadavre comme s'il était là depuis des mois. Il constata[4] même qu'aucune décomposition n'apparaissait encore, et il en fit la remarque à sa femme au moment où ils se mettaient à table pour dîner. Elle répondit: — «Tiens, elle est en bois; elle se conserverait un an.»

On mangea le potage sans prononcer une parole. Les enfants, laissés libres tout le jour, exténués de fatigue,[5] sommeillaient sur leurs chaises et tout le monde restait silencieux.

Soudain la clarté de la lampe baissa.

Mme Caravan aussitôt remonta la clef;[6] mais l'appareil[7] rendit un son creux,[8] un bruit de gorge[9] prolongé, et la lumière s'éteignit.[10] On avait oublié d'acheter de l'huile! Aller chez l'épicier[11] retarderait le dîner, on chercha des bougies; mais il n'y en avait plus d'autres que celles allumées en haut sur la table de nuit.

Mme Caravan, prompte en ses décisions, envoya bien vite Marie-Louise en prendre deux; et l'on attendait dans l'obscurité.

On entendait distinctement les pas de la fillette qui montait l'escalier. Il y eut ensuite un silence de quelques secondes; puis l'enfant redescendit précipitamment. Elle ouvrit la porte, effarée,[12] plus émue encore que la veille en annonçant la catastrophe, et elle murmura, suffoquant: — «Oh! papa, grand'maman s'habille!»

Caravan se dressa avec un tel sursaut que sa chaise alla rouler contre le mur. Il balbutia: — «Tu dis?... Qu'est-ce que tu dis là?...»

Mais Marie-Louise, étranglée par l'émotion, répéta: — «Grand'... grand'... grand'maman s'habille... elle va descendre.»

Il s'élança dans l'escalier follement, suivi de sa femme abasourdie;[13] mais devant la porte du second il s'arrêta, secoué par l'épouvante, n'osant pas entrer. Qu'allait-il voir? — Mme Caravan, plus hardie, tourna la serrure[14] et pénétra dans la chambre.

La pièce semblait devenue plus sombre; et, au milieu, une grande forme maigre remuait. Elle était debout, la vieille; et en s'éveillant du sommeil léthargique, avant même que la connaissance lui fût en plein revenue, se tournant de côté et se soulevant sur un coude, elle avait soufflé trois des bougies qui brûlaient près du lit mortuaire. Puis, reprenant des forces, elle s'était levée pour chercher ses hardes. Sa commode partie l'avait troublée d'abord, mais peu à peu elle avait retrouvé ses affaires tout au fond du coffre à bois, et s'était tranquillement habillée. Ayant ensuite

---

[4] 'noticed'   [5] 'exhausted'   [6] 'turned up the wick'   [7] 'apparatus'
[8] 'hollow'   [9] 'throaty'   [10] 'went out'   [11] 'to the grocer's'   [12] 'terrified'
[13] 'dumfounded'   [14] i.e. opened the door

vidé l'assiette remplie d'eau, replacé le buis derrière la glace et remis les chaises à leur place, elle était prête à descendre, quand apparurent devant elle son fils et sa belle-fille.

Caravan se précipita, lui saisit les mains, l'embrassa, les larmes aux
5   yeux; tandis que sa femme, derrière lui, répétait d'un air hypocrite: — «Quel bonheur, oh! quel bonheur!»

Mais la vieille, sans s'attendrir, sans même avoir l'air de comprendre, raide comme une statue, et l'œil glacé, demanda seulement: — «Le dîner est-il bientôt prêt?» — Il balbutia, perdant la tête: — «Mais oui, ma-
10   man, nous t'attendions.» — Et, avec un empressement[15] inaccoutumé, il prit son bras, pendant que Mme Caravan la jeune saisissait la bougie, les éclairait, descendant l'escalier devant eux, à reculons et marche à marche, comme elle avait fait, la nuit même, devant son mari qui portait le marbre.

15   En arrivant au premier étage, elle faillit se heurter contre[16] des gens qui montaient. C'était la famille de Charenton, Mme Braux suivie de son époux.

La femme, grande, grosse, avec un ventre d'hydropique[17] qui rejetait le torse[18] en arrière, ouvrait des yeux effarés, prête à fuir. Le mari, un
20   cordonnier[19] socialiste, petit homme poilu[20] jusqu'au nez, tout pareil à un singe,[21] murmura sans s'émouvoir: — «Eh bien, quoi? Elle ressuscite!»[22]

Aussitôt que Mme Caravan les eut reconnus, elle leur fit des signes désespérés; puis, tout haut: — «Tiens! comment!... vous voilà! Quelle
25   bonne surprise!»

Mais Mme Braux, abasourdie, ne comprenait pas; elle répondit à demi-voix: — «C'est votre dépêche qui nous a fait venir, nous croyions que c'était fini.»

Son mari, derrière elle, la pinçait pour la faire taire. Il ajouta avec un
30   rire malin[23] caché dans sa barbe épaisse: — «C'est bien aimable à vous de nous avoir invités. Nous sommes venus tout de suite,» — faisant allusion ainsi à l'hostilité qui régnait depuis longtemps entre les deux ménages.[24] Puis, comme la vieille arrivait aux dernières marches, il s'avança vivement et frotta contre ses joues le poil qui lui couvrait la
35   face, en criant dans son oreille, à cause de sa surdité:[25] — «Ça va bien, la mère, toujours solide, hein?»

Mme Braux, dans sa stupeur de voir bien vivante celle qu'elle s'attendait à retrouver morte, n'osait pas même l'embrasser; et son ventre énorme encombrait tout le palier,[26] empêchant les autres d'avancer.
40   La vieille, inquiète et soupçonneuse,[27] mais sans parler jamais, re-

---

[15] 'eagerness'   [16] 'bumped into'   [17] 'a sufferer from dropsy'   [18] 'the upper part of her body'   [19] 'cobbler'   [20] 'hairy'   [21] 'monkey'   [22] 'has come to life again'   [23] 'sly'   [24] 'households'   [25] 'deafness'   [26] 'landing'   [27] 'suspicious'

gardait tout ce monde autour d'elle; et son petit œil gris, scrutateur[28] et dur, se fixait tantôt sur l'un, tantôt sur l'autre, plein de pensées visibles qui gênaient[29] ses enfants.

Caravan dit, pour expliquer: — «Elle a été un peu souffrante, mais elle va bien maintenant, tout à fait bien, n'est-ce pas, mère?» 5

Alors la bonne femme, se remettant en marche, répondit de sa voix cassée, comme lointaine: — «C'est une syncope; je vous entendais tout le temps.»

Un silence embarrassé suivit. On pénétra dans la salle; puis on s'assit devant un dîner improvisé en quelques minutes. 10

Seul, M. Braux avait gardé son aplomb.[30] Sa figure de gorille méchant grimaçait; et il lâchait des mots à double sens qui gênaient visiblement tout le monde.

Mais à chaque instant le timbre[31] du vestibule sonnait; et Rosalie éperdue venait chercher Caravan qui s'élançait[32] en jetant sa serviette. 15 Son beau-frère lui demanda même si c'était son jour de réception. Il balbutia: — «Non, des commissions, rien du tout.»

Puis, comme on apportait un paquet, il l'ouvrit étourdiment, et des lettres de faire part, encadrées de noir,[33] apparurent. Alors, rougissant jusqu'aux yeux, il referma l'enveloppe et l'engloutit dans son gilet.[34] 20

Sa mère ne l'avait pas vu; elle regardait obstinément sa pendule dont le bilboquet doré se balançait sur la cheminée. Et l'embarras grandissait au milieu d'un silence glacial.

Alors la vieille, tournant vers sa fille sa face ridée de sorcière, eut dans les yeux un frisson[35] de malice et prononça: — «Lundi, tu m'amèneras 25 ta petite, je veux la voir.» — Mme Braux, la figure illuminée, cria: — «Oui maman,» — tandis que Mme Caravan la jeune, devenue pâle, défaillait[36] d'angoisse.

Cependant, les deux hommes, peu à peu, se mirent à causer; et ils entamèrent, à propos de rien,[37] une discussion politique. Braux, soute- 30 nant les doctrines révolutionnaires et communistes, se démenait,[38] les yeux allumés dans son visage poilu, criant: — «La propriété, monsieur, c'est un vol au travailleur; — la terre appartient à tout le monde; — l'héritage est une infamie et une honte!...» — Mais il s'arrêta brusque- ment, confus comme un homme qui vient de dire une sottise; puis, d'un 35 ton plus doux, il ajouta: — «Mais ce n'est pas le moment de discuter ces choses-là.»

La porte s'ouvrit; le *docteur* Chenet parut. Il eut une seconde d'effare- ment, puis il reprit contenance, et s'approchant de la vieille femme: — «Ah! ah! la maman, ça va bien aujourd'hui. Oh! je m'en doutais, voyez- 40

---

[28] 'searching' [29] 'embarrassed' [30] 'self-possession' [31] 'bell'
[32] 'dashed off' [33] 'black-bordered' [34] 'plunged it into his waistcoat' [35] 'gleam'
[36] 'felt her heart sink' [37] 'began for no apparent reason' [38] 'gesticulated'

vous; et je me disais à moi-même tout à l'heure, en montant l'escalier:
Je parie[39] qu'elle sera debout, l'ancienne.» — Et lui tapant doucement
dans le dos: — «Elle est solide comme le Pont-Neuf;[40] elle nous enterrera[41]
tous, vous verrez.»

5   Il s'assit, acceptant le café qu'on lui offrait, et se mêla bientôt à la conversation des deux hommes, approuvant Braux, car il avait été lui-même
compromis dans la Commune.[42]

Or, la vieille, se sentant fatiguée, voulut partir. Caravan se précipita.
Alors elle le fixa dans les yeux et lui dit: — «Toi, tu vas me remonter
10 tout de suite ma commode et ma pendule.» — Puis, comme il bégayait:—
«Oui, maman,» elle prit le bras de sa fille et disparut avec elle.

Les deux Caravan demeurèrent effarés, muets, effondrés[43] dans un
affreux désastre, tandis que Braux se frottait les mains en sirotant[44] son
café.

15   Soudain Mme Caravan, affolée de colère, s'élança sur lui, hurlant: —
«Vous êtes un voleur, un gredin, une canaille[45]... Je vous crache[46] à la
figure, je vous... je vous...» Elle ne trouvait rien, suffoquant; mais lui,
riait, buvant toujours.

Puis, comme sa femme revenait justement, elle s'élança vers sa belle-
20 sœur; et toutes deux, l'une énorme avec son ventre menaçant, l'autre
épileptique et maigre, la voix changée, la main tremblante, s'envoy-
èrent à pleine gueule des hottées d'injures.[47]

Chenet et Braux s'interposèrent, et ce dernier, poussant sa moitié par
les épaules, la jeta dehors en criant: — «Va donc, bourrique,[48] tu brais[49]
25 trop!»

Et on les entendit dans la rue qui se chamaillaient[50] en s'éloignant.

M. Chenet prit congé.[51]

Les Caravan restèrent face à face.

Alors l'homme tomba sur une chaise avec une sueur froide aux tempes,
30 et murmura: — «Qu'est-ce que je vais dire à mon chef?»

[39] 'bet'   [40] a massive bridge across the Seine in Paris, built during the reign of
Henry IV   [41] 'will bury us'   [42] Paris revolutionary regime (March–May, 1871)
[43] 'crushed'   [44] 'sipping'   [45] 'a rascal, a blackguard'   [46] 'spit'   [47] 'hurled
streams of insults at one another at the top of their lungs'   [48] 'donkey'   [49] 'bray'
[50] 'squabbling'   [51] 'took his leave'

MALLARME

MALLARME

STEPHANE MALLARME (1842–98), the son of a civil servant, was born in Paris. He was educated at the collège de Sens. In 1862 he went to England for a two-year stay to prepare himself as a teacher of English. He exercised this profession for the next thirty years, but never came to regard teaching as anything but a way of earning a living. Mallarmé had contributed a few poems to *Le Parnasse contemporain* in 1866, but for a number of years his professorial duties at Tournon, Besançon and Avignon kept him from making any real contact with the world of letters. In 1873, however, he was appointed to the lycée Condorcet in Paris and soon established friendly relations with Hugo and the impressionist painter Manet. In 1884 a flattering reference to one of his poems in *A Rebours*, a widely-read novel by Huysmans, attracted the attention of the younger and more advanced poets of the capital, some of whom had begun to frequent his salon three or four years before. Almost against his will the rather shy, middle-aged teacher found himself regarded as the leader of the poetic movement. His Tuesday receptions attracted many poets of recognized merit and others who were to make their mark in French poetry later. To his friends and disciples Mallarmé patiently expounded the complex poetic theories of the symbolist school and the revolutionary syntax which is today associated with his name. His own work became increasingly experimental in his later years, and was made the target of a good deal of hostile and uninformed criticism. But he remained a favorite of the poets and, on Verlaine's death, was elected "prince des poètes" by his peers. Mallarmé died in his country house at Valvins near Fontainebleau.

Mallarmé's chief poetic works are: *L'Après-midi d'un faune* (1876), *Poésies complètes* (1887), *Un coup de Dés jamais n'abolira le hasard* (1897), *Vers de circonstance* (1898). The first complete edition of his poetry appeared in 1913. Mallarmé also published prose translations of the poems of Edgar Allan Poe (1875–88) and various critical works: *Villiers de l'Isle-Adam* (1890), *La Musique et les Lettres* (1894), *Divagations* (1897).

POESIES[1]

LE SONNEUR[2]

Cependant que la cloche éveille[3] sa voix claire
A l'air pur et limpide et profond du matin
Et passe sur l'enfant qui jette pour lui plaire
Un angelus parmi la lavande et le thym,[4]

5   Le sonneur effleuré[5] par l'oiseau qu'il éclaire,[6]
Chevauchant[7] tristement en geignant[8] du latin
Sur la pierre qui tend[9] la corde séculaire,[10]
N'entend descendre à lui qu'un tintement[11] lointain.

Je suis cet homme. Hélas! de la nuit désireuse,[12]
10   J'ai beau tirer le câble à sonner l'Idéal,
De froids péchés s'ébat un plumage féal,[13]

Et la voix ne me vient que par bribes et creuse![14]
Mais, un jour, fatigué d'avoir enfin tiré,
O Satan, j'ôterai la pierre et me pendrai.[15]

BRISE MARINE[1]

La chair[2] est triste, hélas! et j'ai lu tous les livres.
Fuir! là-bas fuir! Je sens que des oiseaux sont ivres[3]
D'être parmi l'écume inconnue[4] et les cieux!
Rien, ni les vieux jardins reflétés par les yeux
5   Ne retiendra ce cœur qui dans la mer se trempe[5]
O nuits! ni la clarté déserte[6] de ma lampe
Sur le vide papier que la blancheur défend
Et ni la jeune femme allaitant[7] son enfant.
Je partirai! Steamer balançant ta mâture,[8]

[1] The first collected edition of Mallarmé's poetry appeared in 1887, but no complete edition of his work was available before 1913.   [2] 'The Bell Ringer'; a *sonnet irrégulier*, first published in *Le Parnasse contemporain* (1866).   [3] 'the bell awakens'   [4] 'the lavender and the thyme'   [5] 'grazed'   [6] 'enlightens'   [7] 'riding up and down'; i.e. at the end of the bell-rope   [8] 'mumbling'   [9] 'stretches'   [10] 'age-old' [11] 'tolling'   [12] 'full of desires'   [13] i.e. a constant shower of feathers made up of callous sins flutters in the air   [14] 'in snatches and hollow'   [15] 'shall hang myself'
[1] Composed at Tournon on the Rhône on Mallarmé's return from a visit to the shores of the Mediterranean, and first published in *Le Parnasse contemporain* (1866).   [2] 'flesh' [3] i.e. intoxicated with eagerness   [4] i.e. the foam of unknown seas   [5] 'bathes' [6] 'lonely light'   [7] 'nursing'   [8] 'rocking your masts and spars'

Lève l'ancre[9] pour une exotique nature!   10
Un Ennui, désolé par les cruels espoirs,
Croit encore à l'adieu suprême[10] des mouchoirs!
Et, peut-être, les mâts, invitant les orages[11]
Sont-ils de ceux qu'un vent penche sur les naufrages[12]
Perdus, sans mâts, sans mâts, ni fertiles îlots...[13]   15
Mais, ô mon cœur, entends le chant des matelots![14]

LE VIERGE, LE VIVACE ET LE BEL AUJOURD'HUI...[1]

Le vierge, le vivace[2] et le bel aujourd'hui
Va-t-il nous déchirer avec un coup d'aile ivre[3]
Ce lac dur oublié que hante sous le givre[4]
Le transparent glacier des vols[5] qui n'ont pas fui!

Un cygne[6] d'autrefois se souvient que c'est lui   5
Magnifique mais qui sans espoir se délivre
Pour n'avoir pas chanté la région où vivre
Quand du stérile hiver a resplendi[7] l'ennui.

Tout son col secouera cette blanche agonie[8]
Par l'espace infligée à l'oiseau qui le nie,[9]   10
Mais non l'horreur du sol[10] où le plumage est pris.[11]

Fantôme qu'à ce lieu son pur éclat[12] assigne,
Il s'immobilise au songe[13] froid de mépris[14]
Que vêt[15] parmi l'exil inutile le Cygne.

LE TOMBEAU D'EDGAR POE[1]

Tel qu'en Lui-même enfin l'éternité le change,
Le Poète suscite avec un glaive nu[2]
Son siècle épouvanté[3] de n'avoir pas connu
Que la mort triomphait dans cette voix étrange!

[9] 'anchor'   [10] 'last'   [11] 'storms'   [12] 'inclines over wrecks'   [13] 'islets'
[14] 'sailors'
[1] Published under the sub-heading: *Plusieurs Sonnets*. The poem is obscure, but can be understood if it is remembered that the swan symbolizes the poet, who hopes that some miracle of today will free him from the prison of the indifferent world into which he is frozen fast.   [2] 'the virgin, the alive'   [3] 'will it rend asunder for us with an ecstatic blow of its wings'   [4] 'hoar-frost'   [5] 'flights'   [6] 'swan'   [7] 'shone forth'   [8] 'his whole neck will shake off this white death-agony'   [9] 'denies it' [10] 'ground'   [11] 'caught fast'   [12] 'brilliance'   [13] 'dream'   [14] 'contempt' [15] i.e. assumes
[1] First published in Baltimore in 1877. Mallarmé claimed that the poem was read at the unveiling of a monument to Poe in 1875. There is a "prose translation" of this unusually hermetic sonnet in Jules Lemaître, *Les Contemporains* (Vol. V, pp. 45–46).   [2] 'awakens with a naked sword'   [3] 'horrified'

5   Eux,[4] comme un vil sursaut d'hydre oyant jadis[5] l'ange
    Donner un sens plus pur aux mots de la tribu[6]
    Proclamèrent très haut le sortilège bu[7]
    Dans le flot[8] sans honneur de quelque noir mélange.[9]

    Du sol[10] et de la nue[11] hostiles, ô grief![12]
10 Si notre idée avec ne sculpte un bas-relief
    Dont la tombe de Poe éblouissante[13] s'orne[14]

    Calme bloc ici-bas chu[15] d'un désastre obscur
    Que ce granit du moins montre à jamais sa borne[16]
    Aux noirs vols[17] du Blasphème épars[18] dans le futur.

[4] i.e. Poe's philistine contemporaries   [5] 'the vile recoil of a hydra-headed
monster hearing in days gone by'   [6] 'tribe'   [7] i.e. that the magic came through
drink   [8] 'flood'   [9] 'sinister brew'   [10] 'earth'   [11] 'heavens'   [12] 'crime'
[13] 'dazzling'   [14] 'adorns itself'   [15] 'fallen'   [16] 'marker'   [17] 'flights'   [18] 'scattered'

RIMBAUD

RIMBAUD

JEAN-NICOLAS-ARTHUR RIMBAUD (1854-91) was born at Charleville, in the Ardennes. His father, an infantry officer who had risen from the ranks, separated from his wife and the two sons and three daughters were brought up by their pious and strait-laced mother. At the age of eleven Rimbaud entered the collège de Charleville, where his remarkable precociousness was soon noticed by his teachers; he began writing poetry at the age of seven, and before he was fifteen he sent three poems to Théodore de Banville for inclusion in the next edition of *Le Parnasse contemporain*. The austerity of his home quickly matured his innate instability, and in the confusion of the Franco-Prussian War he ran away to Paris or across the border into Belgium on four occasions. In the autumn of 1871 he wrote *Le Bateau ivre* and, when next he visited the French capital, took the poem with him. In Paris he was made much of by poets and artists, though many of them were nonplused by the young man's violent manner. His close association with Verlaine began at this time, and the two poets went off together to Brussels and then to London. A shot fired in a jealous rage by Verlaine terminated this friendship in 1873. Rimbaud next traveled with the eccentric poet Germain Nouveau, published *Une Saison en enfer*, and then, after a series of emotional storms, began to dissociate himself from literature altogether. He destroyed all the manuscripts and copies of his work he could lay hands on and, from 1875, lived a completely material existence. He wandered extensively in Europe, enlisted in the Dutch colonial army only to desert in Java, and finally established himself at Aden on the Red Sea and spent the last ten years of his life on trading expeditions into Abyssinia. He hoped to be able to save enough money to marry and settle down in France, but before his ambitions could be realized, he fell ill and returned to die in a hospital in Marseilles, where he was attended by his sister.

Rimbaud's principal writings are: *Une Saison en enfer* (1873), *Les Illuminations* (1886), *Poésies complètes* (1895), *Œuvres* (1898-99), including a volume of correspondence.

POESIES[1]

LE BATEAU IVRE[2]

Comme je descendais des Fleuves impassibles,[3]
Je ne me sentis plus guidé par les haleurs:[4]
Des Peaux-rouges criards[5] les avaient pris pour cibles,[6]
Les ayant cloués[7] nus aux poteaux[8] de couleurs.

5   J'étais insoucieux[9] de tous les équipages,[10]
Porteur de blés flamands[11] ou de cotons anglais.
Quand avec mes haleurs ont fini ces tapages,[12]
Les Fleuves m'ont laissé descendre où je voulais.

Dans les clapotements furieux des marées,[13]
10   Moi, l'autre hiver, plus sourd[14] que les cerveaux[15] d'enfants,
Je courus! Et les Péninsules démarrées[16]
N'ont pas subi tohu-bohus[17] plus triomphants.

La tempête a béni mes éveils maritimes.[18]
Plus léger qu'un bouchon[19] j'ai dansé sur les flots[20]
15   Qu'on appelle rouleurs éternels de victimes,
Dix nuits, sans regretter l'œil niais[21] des falots![22]

Plus douce qu'aux enfants la chair[23] des pommes sures,[24]
L'eau verte pénétra ma coque de sapin[25]
Et des taches[26] de vins bleus et des vomissures[27]
20   Me lava, dispersant gouvernail et grappin.[28]

Et dès lors, je me suis baigné dans le Poème
De la Mer, infusé d'astres,[29] et lactescent,[30]

[1] A volume of forty-three poems, published in 1895, comprising all the verse written by Rimbaud before the end of 1871. Some of the earlier ones were published by Verlaine in 1883, but all the poems first appeared together in a single volume, entitled *Reliquaire*, in 1891.   [2] Written in Charleville in September, 1871, and read by Rimbaud to his friend Ernest Delahaye on the eve of the poet's departure for Paris. It was first published by Verlaine in *Lutèce* in 1883. The image of the ship used to symbolize the poet and his escape from the material world is frequent in Baudelaire and also in some of the earlier poems of Rimbaud.   [3] 'impassive Rivers'   [4] 'haulers'   [5] 'screeching Redskins'   [6] 'targets'   [7] 'having nailed them'   [8] 'stakes'   [9] 'heedless'   [10] i.e. ships   [11] 'Flemish grain'   [12] 'din'   [13] 'angry tide-rips'   [14] 'deafer'   [15] 'brains'   [16] 'drifting'   [17] 'did not endure confusions'   [18] i.e. my first awakening to the sea   [19] 'cork'   [20] 'waves'   [21] 'silly'   [22] 'beacons'   [23] 'flesh'   [24] 'sour'   [25] i.e. the deal planks of my hull   [26] 'stains'   [27] 'vomit'   [28] 'rudder and anchor'   [29] 'steeped in stars'   [30] 'milky'

Dévorant les azurs verts; où, flottaison blême
Et ravie, un noyé pensif[31] parfois descend;

Où, teignant[32] tout à coup les bleuités,[33] délires[34]   25
Et rhythmes lents sous les rutilements du jour,[35]
Plus fortes que l'alcool, plus vastes que nos lyres,
Fermentent les rousseurs amères[36] de l'amour!

Je sais les cieux crevant en éclairs,[37] et les trombes
Et les ressacs[38] et les courants: je sais le soir,   30
L'aube[39] exaltée ainsi qu'un peuple de colombes,[40]
Et j'ai vu quelquefois ce que l'homme a cru voir.

J'ai vu le soleil bas, taché d'horreurs mystiques,
Illuminant de longs figements[41] violets,
Pareils à des acteurs de drames très antiques,   35
Les flots roulant au loin leurs frissons de volets![42]

J'ai rêvé la nuit verte aux neiges éblouies,[43]
Baiser[44] montant aux yeux des mers avec lenteurs,
La circulation des sèves inouïes,[45]
Et l'éveil jaune et bleu des phosphores chanteurs![46]   40

J'ai suivi, des mois pleins, pareille aux vacheries[47]
Hystériques, la houle[48] à l'assaut des récifs,[49]
Sans songer que les pieds lumineux des Maries[50]
Pussent forcer le mufle aux Océans poussifs![51]

J'ai heurté,[52] savez-vous, d'incroyables Florides   45
Mêlant aux fleurs des yeux de panthères à peaux
D'hommes! Des arcs-en-ciel tendus comme des brides[53]
Sous l'horizon des mers, à de glauques troupeaux.[54]

J'ai vu fermenter les marais[55] énormes, nasses[56]
Où pourrit[57] dans les joncs[58] tout un Léviathan![59]   50

[31] 'pale and enraptured flotsam, the pensive corpse of a drowned person'   [32] 'dyeing'
[33] i.e. the blue expanse of sea and sky   [34] 'frenzies'   [35] 'reddish glow of daylight'
[36] 'bitter red splotches'   [37] 'which burst into flashes of lightning'   [38] 'waterspouts
and surf'   [39] 'dawn'   [40] 'doves'   [41] i.e. curdled masses of cloud   [42] i.e.
the ripple which the wind sends over the water and which is striated like the cross-bars
of a shutter   [43] 'dazzling snows'   [44] 'kiss'   [45] 'extraordinary sap'; i.e. the ocean
currents   [46] i.e. strident   [47] 'herds of cattle'   [48] 'swell'   [49] 'reefs'   [50] a possible
allusion to the three Marys; Mary Magdalene, Mary of Cleophas and Mary Salome,
who, according to Provençal legend, landed at the mouth of the Rhone, at the place now
called Les Saintes Maries de la mer   [51] 'were able to curb the muzzle of the panting seas'
[52] 'ran into'   [53] 'rainbows stretched taut as bridles'   [54] 'sea-green herds'
[55] 'marshes'   [56] 'weirs'   [57] 'rots'   [58] 'reeds'   [59] a monster mentioned
in the *Book of Job*

Des écroulements d'eaux[60] au milieu des bonaces,[61]
Et les lointains vers les gouffres cataractant![62]

Glaciers, soleils d'argent, flots nacreux,[63] cieux de braises,[64]
Echouages[65] hideux au fond[66] des golfes bruns
55 Où les serpents géants dévorés des punaises[67]
Choient,[68] des arbres tordus,[69] avec de noirs parfums!

J'aurais voulu montrer aux enfants ces dorades[70]
Du flot bleu, ces poissons d'or, ces poissons chantants.
—Des écumes[71] de fleurs ont bercé mes dérades[72]
60 Et d'ineffables vents m'ont ailé[73] par instants.

Parfois, martyr lassé[74] des pôles et des zones,
La mer dont le sanglot[75] faisait mon roulis[76] doux
Montait vers moi ses fleurs d'ombre[77] aux ventouses[78] jaunes
Et je restais, ainsi qu'une femme à genoux...

65 Presque île, ballottant[79] sur mes bords[80] les querelles
Et les fientes d'oiseaux clabaudeurs[81] aux yeux blonds.
Et je voguais,[82] lorsqu'à travers mes liens frêles[83]
Des noyés descendaient dormir, à reculons!...[84]

Or moi, bateau perdu sous les cheveux des anses,[85]
70 Jeté par l'ouragan[86] dans l'éther sans oiseau,
Moi dont les Monitors et les voiliers[87] des Hanses[88]
N'auraient pas repêché[89] la carcasse ivre[90] d'eau;

Libre, fumant, monté de brumes violettes,[91]
Moi qui trouais[92] le ciel rougeoyant[93] comme un mur
75 Qui porte, confiture[94] exquise aux bons poètes,
Des lichens de soleil et des morves[95] d'azur;

Qui courais, taché de lunules[96] électriques,
Planche[97] folle, escorté des hippocampes[98] noirs,

---

[60] 'cataracts of water'   [61] 'calm seas'   [62] i.e. distant horizons plunging into the abyss   [63] 'pearly'   [64] i.e. like glowing embers [65] 'wrecks of ships run aground'   [66] 'head'   [67] 'bugs'   [68] 'drop'   [69] 'twisted' [70] 'dolphins'   [71] i.e. foaming masses   [72] 'rocked my driftings'   [73] i.e. lent me wings   [74] 'grown weary'   [75] 'sobbing'   [76] 'rolling'   [77] i.e. of the shadowy depths   [78] 'suction-cups'   [79] 'tossing'   [80] 'shores'   [81] 'the droppings of clamorous birds'   [82] 'sailed on'   [83] 'fragile bonds'   [84] 'backwards'   [85] i.e. sea-weed in the coves   [86] 'tempest'   [87] 'warships and sailing vessels'   [88] i.e. North German ports of the mediæval Hanseatic League   [89] 'would not have fished out'   [90] 'drunk'   [91] 'smoking, manned by purple mists' [92] 'pierced'   [93] 'glowing red'   [94] i.e. mixture   [95] 'mucus'   [96] 'spotted with crescent-shaped figures'   [97] i.e. ship   [98] 'sea-horses'

Quand les juillets faisaient crouler à coups de triques[99]
Les cieux ultramarins aux ardents entonnoirs;[1]   80

Moi qui tremblais, sentant geindre[2] à cinquante lieues[3]
Le rut des Béhémots[4] et les Maelstroms[5] épais,
Fileur[6] éternel des immobilités bleues,
Je regrette l'Europe aux anciens parapets!

J'ai vu des archipels sidéraux![7] et des îles   85
Dont les cieux délirants sont ouverts au vogueur:
— Est-ce en ces nuits sans fond que tu dors et t'exiles,
Million d'oiseaux d'or, ô future Vigueur? [8]—

Mais, vrai, j'ai trop pleuré! Les Aubes sont navrantes.[9]
Toute lune est atroce et tout soleil amer: 90
L'âcre[10] amour m'a gonflé[11] de torpeurs enivrantes.[12]
O que ma quille éclate![13] O que j'aille à la mer![14]

Si je désire une eau d'Europe, c'est la flache[15]
Noire et froide où vers le crépuscule embaumé[16]
Un enfant accroupi[17] plein de tristesses, lâche[18]   95
Un bateau frêle comme un papillon[19] de mai.

Je ne puis plus, baigné de vos langueurs, ô lames,[20]
Enlever leur sillage[21] aux porteurs de cotons,
Ni traverser l'orgueil[22] des drapeaux et des flammes,[23]
Ni nager[24] sous les yeux horribles des pontons.[25]   100

VOYELLES [1]

A noir, E blanc, I rouge, U vert, O bleu: voyelles,
Je dirai quelque jour vos naissances latentes:[2]

[99] 'brought down with bludgeon strokes'   [1] 'funnels'; possibly a reference to water-spouts   [2] 'whimpering'   [3] 'leagues'   [4] 'Behemoth', a monster mentioned in the *Book of Job*   [5] 'whirlpools'   [6] 'weaver'; i.e. because he was shuttling back and forth across the seas   [7] 'starry archipelagoes'   [8] i.e. the Revitalizing Force [9] 'harrowing'   [10] 'pungent'   [11] 'has filled me'   [12] 'intoxicating'   [13] 'may my keel be shattered'   [14] i.e. founder   [15] 'puddle'   [16] 'scented twilight' [17] 'squatting down'   [18] 'launches'   [19] 'butterfly'   [20] 'waves'   [21] 'cross the wake'   [22] i.e. proud display   [23] 'pennants'   [24] 'float'   [25] 'prison-hulks'

[1] The association of colors with definite letters of the alphabet was a psychological phenomenon treated by many writers in the 19th century. The poem was written in the early part of 1871 and published by Verlaine in *Lutèce* in 1883. There are three different versions of this sonnet.   [2] 'hidden'

A, noir corset velu[3] des mouches éclatantes[4]
Qui bombinent[5] autour des puanteurs[6] cruelles,

5   Golfe d'ombre;[7] E, candeurs[8] des vapeurs et des tentes,
Lances[9] des glaciers fiers, rois blancs, frissons d'ombelles;[10]
I, pourpres,[11] sang craché,[12] rire des lèvres belles
Dans la colère ou les ivresses[13] pénitentes;

U, cycles, vibrements[14] divins des mers virides,[15]
10   Paix des pâtis semés[16] d'animaux, paix des rides[17]
Que l'alchimie imprime aux grands fronts[18] studieux;

O, suprême Clairon[19] plein de strideurs[20] étranges,
Silences traversés des Mondes et des Anges:
— O l'Oméga,[21] rayon violet de Ses Yeux!

LES ILLUMINATIONS[1]

AUBE[2]

J'ai embrassé l'aube d'été.

Rien ne bougeait[3] encore au front[4] des palais. L'eau était morte. Les camps d'ombres[5] ne quittaient pas la route du bois. J'ai marché, réveillant les haleines[6] vives et tièdes;[7] et les pierreries[8] regardèrent, et les ailes[9] 5 se levèrent sans bruit.

La première entreprise fut, dans le sentier[10] déjà rempli de frais et blêmes éclats,[11] une fleur qui me dit son nom.

Je ris au wasserfall[12] qui s'échevela[13] à travers les sapins:[14] à la cime argentée[15] je reconnus la déesse.

---

[3] 'hairy'   [4] 'bright colored'   [5] 'buzz'   [6] 'stinking things'   [7] 'abyss of darkness'   [8] 'purity'   [9] 'crests'   [10] 'the quivering of clusters of blossoms' [11] i.e. various shades of dark red   [12] 'expectorated'   [13] 'moments of ecstasy' [14] 'vibrations'   [15] 'green'   [16] 'pastures strewn'   [17] 'wrinkles' [18] 'brows'   [19] 'bugle'   [20] 'shrillness'   [21] the last letter in the Greek alphabet
[1] A volume of poems in prose and in free as well as regular verse, which Rimbaud composed, partly in the Ardennes and partly in London, in the years 1871-72. Through Verlaine's brother-in-law Charles de Sivry these poems finally came into the hands of the poet Gustave Kahn, who published them in *La Vogue* in the summer of 1886. They appeared later the same year in volume form. The title was suggested by Verlaine, who borrowed the word from English and intended it to signify "colored illustrations."   [2] 'Dawn.' Written in May, 1871; one of the earliest and best-known of the prose poems.   [3] 'stirred' [4] 'façade'   [5] 'patches of shadow'   [6] 'breaths of air'   [7] 'warm'   [8] i.e. shining stones   [9] 'wings'   [10] 'path'   [11] 'pale beams of light'   [12] German for "waterfall"   [13] i.e. tumbled in disorder   [14] 'fir-trees'   [15] 'silvered summit'

Alors je levai un à un les voiles.[16] Dans l'allée,[17] en agitant les bras. 10
Par la plaine, où je l'ai dénoncée au coq. A la grand'ville, elle fuyait
parmi les clochers[18] et les dômes; et, courant comme un mendiant[19] sur
les quais de marbre, je la chassais.

En haut de la route, près d'un bois de lauriers,[20] je l'ai entourée avec
ses voiles amassés, et j'ai senti un peu son immense corps. L'aube et 15
l'enfant[21] tombèrent au bas du bois.

Au réveil, il était midi.

[16] 'veils'   [17] 'woodland path'   [18] 'steeples'   [19] 'beggar'   [20] 'laurels'
[21] i.e. the poet

FRANCE

FRANCE

JACQUES–ANATOLE–FRANÇOIS THIBAULT (1844–1924), better known as Anatole France, was born in Paris. His father, a bookseller, used to sign his catalogues "France, libraire", contracting his Christian name François after the fashion of his Angevin ancestors; this was the derivation of the future novelist's pen-name. Anatole France was brought up in a Catholic and royalist atmosphere and was educated at the collège Stanislas. The determined anti-clericalism of his later life was not long in declaring itself, however. He showed his intellectual tendencies by an early devotion to Taine and Renan, among the thinkers of the day, to Rabelais and Voltaire, among those of a former age. The Parnassian movement gave him his first opportunity to participate in literature, and, by 1867, he was a recognized member of the group of poets surrounding Leconte de Lisle. During the siege of Paris he fought against the German invaders. In 1876 he was appointed an assistant in the library of the Senate, an office he held for fourteen years. At about this time he married Valérie Guérin, the granddaughter of the painter Jean Guérin; the marriage was dissolved in 1891. At the age of thirty-six he began to publish short stories and novels written in the naturalistic manner current at the time, but soon turned to the ironic and imaginative vein with which most readers associate his name. In 1883 Anatole France made the acquaintance of Mme Arman de Caillavet, a brilliant *salonnière* who managed her protégé's career as a man-of-letters for nearly a quarter of a century. She induced him to embark on more ambitious literary projects and to revise his writings more carefully. She also persuaded him to act for a few years as literary critic on the staff of *Le Temps*, and then, when his name had become well-known, secured his election to the Academy in 1896. The period 1891–1909 saw the publication of the important central core of the writings of Anatole France. It was also during these years that the *affaire* Dreyfus raged and that he aligned himself publicly on the side of the accused Jewish officer. Thereafter he never entirely lost contact with the political friends he made on that occasion and came to view the social philosophies of the extreme left with increasing favor. This was so notorious that, during the Great War, Anatole France was looked upon with unjustifiable suspicion by the authorities and thought it wise to retire from his Paris residence in the Villa Saïd to the country estate of La Béchellerie near Tours. In 1918 the elderly novelist married Mme de Caillavet's former companion. He was awarded the Nobel Prize for Literature in 1921. On his death Anatole France was given a national funeral.

The principal novels of Anatole France are: *Le Crime de Sylvestre Bonnard* (1881), *Thaïs* (1891), *La Rôtisserie de la Reine Pédauque* (1893), *Le Lys rouge* (1894), the four volumes of the *Histoire contemporaine* series (1897–1901), *L'Ile des Pingouins* (1908), *Les Dieux ont soif* (1912), *La Révolte des Anges* (1914).

He also wrote short stories like *Crainquebille* (1901) and like those contained in the volume entitled *L'Etui de nacre* (1892). He published four volumes of fictionalized autobiography, the *Pierre Nozière* series (1885–1922), the *Vie de Jeanne d'Arc* (1908), one successful play, *La Comédie de celui qui épousa une femme muette* (1912) and many volumes of criticism, of which the most important are the four volumes of *La Vie littéraire* (1888–92).

CRAINQUEBILLE[1]

I

La majesté de la justice réside tout entière dans chaque sentence rendue par le juge au nom du peuple souverain. Jérôme Crainquebille, marchand ambulant,[2] connut combien la loi est auguste, quand il fut traduit en police correctionnelle[3] pour outrage[4] à un agent de la force publique. Ayant pris place, dans la salle magnifique et sombre, sur le banc des accusés, il vit les juges, les greffiers,[5] les avocats en robe, l'huissier portant la chaîne,[6] les gendarmes et, derrière une cloison,[7] les têtes nues des spectateurs silencieux. Et il se vit lui-même assis sur un siège[8] élevé, comme si de paraître devant des magistrats l'accusé lui-même en recevait un funeste[9] honneur. Au fond de la salle, entre les deux assesseurs,[10] M. le président[11] Bourriche siégeait. Les palmes d'officier d'académie[12] étaient attachées sur sa poitrine.[13] Un buste de la République et un Christ en croix surmontaient le prétoire,[14] en sorte que toutes les lois divines et humaines étaient suspendues sur la tête de Crainquebille. Il en conçut une juste terreur. N'ayant point l'esprit philosophique, il ne se demanda pas ce que voulaient dire ce buste et ce crucifix et il ne rechercha pas si Jésus et Marianne,[15] au Palais,[16] s'accordaient ensemble.[17] C'était pourtant matière à réflexion, car enfin la doctrine pontificale et le droit[18] canon sont opposés, sur bien des points, à la Constitution de la République et au Code civil. Les Décrétales[19] n'ont point été abolies, qu'on sache.[20] L'Eglise du Christ enseigne comme autrefois que seuls sont légitimes les pouvoirs auxquels elle a donné l'investiture. Or la République française prétend encore ne pas relever[21] de la puissance pontificale. Crainquebille pouvait dire avec quelque raison:

— Messieurs les juges, le Président Loubet[22] n'étant pas oint,[23] ce

---

[1] First published serially in *Le Figaro* (November, 1900 to January, 1901) as *L'Affaire Crainquebille*, and rewritten for the stage in 1903 in collaboration with Lucien Guitry, who created the title-role. It appeared in its present form and with its present title in 1904, with illustrations by the celebrated artist Steinlen. *Crainquebille* was partly intended as a satire on the *affaire* Dreyfus; in both, a man of no particular importance found himself the helpless victim not only of injustice but of abstract principles beyond his comprehension.   [2] 'peddler'   [3] 'was arraigned before the police court'   [4] 'insult'   [5] 'clerks'   [6] 'the usher wearing his chain [of office]'   [7] 'partition'   [8] 'seat'   [9] 'dreadful'   [10] 'assistant magistrates'   [11] 'presiding magistrate'   [12] The insignia of the *palmes académiques* are worn on a violet ribbon by *officiers d'académie* — an honor awarded by the Ministry of Education.   [13] 'breast'   [14] 'judges' bench'   [15] popular name for the female figure personifying the French Republic   [16] i.e. the *Palais de Justice*   [17] 'harmonized'   [18] 'law'   [19] 'Papal decrees'   [20] 'as far as one knows'   [21] 'still claims not to depend'   [22] Emile Loubet, President of the French Republic (1899–1906)   [23] 'anointed'

Christ, pendu sur vos têtes, vous récuse par l'organe des Conciles[24] et des Papes. Ou il est ici pour vous rappeler les droits de l'Eglise, qui infirment[25] les vôtres, ou sa présence n'a aucune signification raisonnable.

A quoi le président Bourriche aurait peut-être répondu:

5 — Inculpé[26] Crainquebille, les rois de France ont toujours été brouillés[27] avec le Pape. Guillaume de Nogaret[28] fut excommunié et ne se démit pas de ses charges[29] pour si peu. Le Christ du prétoire n'est pas le Christ de Grégoire VII[30] et de Boniface VIII.[31] C'est, si vous voulez, le Christ de l'Evangile, qui ne savait pas un mot de droit canon et n'avait
10 jamais entendu parler des sacrées[32] Décrétales.

Alors il était loisible[33] à Crainquebille de répondre: .

— Le Christ de l'Evangile était un bousingot.[34] De plus, il subit une condamnation que, depuis dix-neuf cents ans, tous les peuples chrétiens considèrent comme une grave erreur judiciaire. Je vous défie bien, mon-
15 sieur le président, de me condamner, en son nom, seulement à quarante-huit heures de prison.

Mais Crainquebille ne se livrait[35] à aucune considération historique, politique ou sociale. Il demeurait dans l'étonnement. L'appareil[36] dont il était environné lui faisait concevoir une haute idée de la justice. Pé-
20 nétré de respect, submergé d'épouvante,[37] il était prêt à s'en rapporter aux juges sur sa propre culpabilité.[38] Dans sa conscience, il ne se croyait pas criminel; mais il sentait combien c'est peu que la conscience d'un marchand de légumes[39] devant les symboles de la loi et les ministres de la vindicte[40] sociale. Déjà son avocat l'avait à demi persuadé qu'il n'était
25 pas innocent.

Une instruction[41] sommaire et rapide avait relevé[42] les charges qui pesaient sur lui.

II

L'AVENTURE DE CRAINQUEBILLE

Jérôme Crainquebille, marchand des quatre-saisons,[43] allait par la ville, poussant sa petite voiture et criant: *Des choux, des navets, des*
30 *carottes!*[44] Et, quand il avait des poireaux,[45] il criait: *Bottes d'asperges!*[46]

---

[24] 'challenges you through the medium of the Church Councils'   [25] 'invalidate'
[26] 'accused'   [27] 'on bad terms'   [28] chancellor of France under Philippe le Bel in the 13th century and involved in the brutal arrest of Pope Boniface VIII   [29] 'did not resign his offices'   [30] the famous Hildebrand, who, during his papacy in the 11th century, extended the temporal power of the Church   [31] a 13th century pope who waged a constant struggle with Philippe le Bel on the question of investitures
[32] 'holy'   [33] 'permissible'   [34] 'agitator'   [35] 'did not give himself up'   [36] 'pomp'   [37] 'terror'   [38] 'leave the question of his own guilt to the judges'   [39] 'how trivial the conscience of a vegetable-vendor is'
[40] 'prosecution'   [41] 'a preliminary examination'   [42] 'had brought to light'
[43] 'huckster'   [44] 'cabbages, turnips, carrots'   [45] 'leeks'   [46] 'bunches of asparagus'

parce que les poireaux sont les asperges du pauvre. Or, le 20 octobre, à l'heure de midi, comme il descendait la rue Montmartre, madame Bayard, la cordonnière,[47] sortit de sa boutique et s'approcha de la voiture légumière.[48] Soulevant dédaigneusement une botte de poireaux:

— Ils ne sont guère beaux, vos poireaux. Combien la botte? 5

— Quinze sous,[49] la bourgeoise.[50] Y a pas[51] meilleur.

— Quinze sous, trois mauvais poireaux?

Et elle rejeta la botte dans la charrette,[52] avec un geste de dégoût.

C'est alors que l'agent 64 survint[53] et dit à Crainquebille:

— Circulez![54] 10

Crainquebille, depuis cinquante ans, circulait du matin au soir. Un tel ordre lui sembla légitime et conforme à la nature des choses. Tout disposé à y obéir, il pressa la bourgeoise de prendre ce qui était à sa convenance.[55]

— Faut[56] encore que je choisisse la marchandise, répondit aigrement[57] 15 la cordonnière.

Et elle tâta[58] de nouveau toutes les bottes de poireaux, puis elle garda celle qui lui parut la plus belle et elle la tint contre son sein[59] comme les saintes, dans les tableaux d'église, pressent sur leur poitrine la palme triomphale. 20

— Je vas[60] vous donner quatorze sous. C'est bien assez. Et encore il faut que j'aille les chercher dans la boutique,[61] parce que je ne les ai pas sur moi.

Et, tenant ses poireaux embrassés, elle rentra dans la cordonnerie où une cliente, portant un enfant, l'avait précédée. 25

A ce moment l'agent 64 dit pour la deuxième fois à Crainquebille:

— Circulez!

— J'attends mon argent, répondit Crainquebille.

— Je ne vous dis pas d'attendre votre argent; je vous dis de circuler, reprit l'agent avec fermeté. 30

Cependant la cordonnière, dans sa boutique, essayait des souliers bleus à un enfant de dix-huit mois dont la mère était pressée.[62] Et les têtes vertes des poireaux reposaient sur le comptoir.[63]

Depuis un demi-siècle qu'il poussait sa voiture dans les rues, Crainquebille avait appris à obéir aux représentants de l'autorité. Mais il se 35 trouvait cette fois dans une situation particulière, entre un devoir et un droit. Il n'avait pas l'esprit juridique. Il ne comprit pas que la jouissance d'un droit individuel ne le dispensait pas d'accomplir un devoir social. Il considéra trop son droit qui était de recevoir quatorze sous, et il ne

---

47 'cobbler's wife' 48 'vegetable' 49 1 sou = 5 centimes 50 "missus"
51 = il n'y a pas 52 'cart' 53 'appeared' 54 'move on!' 55 i.e. what she
wanted 56 = il faut 57 'sharply' 58 'handled' 59 'bosom'
60 = vais 61 'shop' 62 'in a hurry' 63 'counter'

s'attacha pas assez à son devoir qui était de pousser sa voiture et d'aller plus avant et toujours plus avant. Il demeura.

Pour la troisième fois, l'agent 64, tranquille et sans colère, lui donna l'ordre de circuler. Contrairement à la coutume du brigadier[64] Mont-
5 auciel, qui menace sans cesse et ne sévit jamais,[65] l'agent 64 est sobre d'avertissements et prompt à verbaliser.[66] Tel est son caractère. Bien qu'un peu sournois,[67] c'est un excellent serviteur et un loyal soldat. Le courage d'un lion et la douceur d'un enfant. Il ne connaît que sa con-signe.[68]

10   — Vous n'entendez donc pas, quand je vous dis de circuler!

Crainquebille avait de rester en place une raison trop considérable à ses yeux pour qu'il ne la crût pas suffisante. Il l'exposa simplement et sans art:

     — Nom de nom![69] puisque je vous dis que j'attends mon argent.

15 L'agent 64 se contenta de répondre:

     — Voulez-vous que je vous f... une contravention?[70] Si vous le voulez, vous n'avez qu'à le dire.

En entendant ces paroles, Crainquebille haussa[71] lentement les épaules et coula[72] sur l'agent un regard douloureux qu'il éleva ensuite vers le
20 ciel. Et ce regard disait:

«Que Dieu me voie! Suis-je un contempteur[73] des lois? Est-ce que je me ris des décrets et des ordonnances qui régissent mon état ambulatoire?[74] A cinq heures du matin, j'étais sur le carreau des Halles.[75] Depuis sept heures, je me brûle[76] les mains à mes brancards[77] en criant: *Des choux, des*
25 *navets, des carottes!* J'ai soixante ans sonnés.[78] Je suis las.[79] Et vous me demandez si je lève le drapeau noir de la révolte. Vous vous moquez[80] et votre raillerie[81] est cruelle.»

Soit que l'expression de ce regard lui eût échappé, soit qu'il n'y trouvât pas une excuse à la désobéissance, l'agent demanda d'une voix brève et
30 rude[82] si c'était compris.

Or, en ce moment précis, l'embarras[83] des voitures était extrême dans la rue Montmartre. Les fiacres, les haquets, les tapissières, les omnibus, les camions,[84] pressés les uns contre les autres, semblaient indissoluble-ment joints et assemblés. Et sur leur immobilité frémissante[85] s'élevaient
35 des jurons[86] et des cris. Les cochers de fiacre échangeaient de loin, et lentement, avec les garçons bouchers[87] des injures[88] héroïques, et les con-

---

[64] 'police-sergeant'   [65] 'never takes extreme measures'   [66] 'chary of warnings and quick to lay a charge'   [67] 'underhand'   [68] 'orders'   [69] an oath   [70] i.e. do you want me to give you a ticket; the vulgar verb *foutre* and its euphemistic equivalent *ficher* are often indicated by the initial letter only   [71] 'shrugged'   [72] 'cast'   [73] 'despiser'   [74] 'govern my itinerant occupation'   [75] 'trading floor of the central market'   [76] 'have been chafing'   [77] 'shafts [of the cart]'   [78] i.e. I am past sixty   [79] 'tired'   [80] 'you are laughing at me'   [81] 'mockery'   [82] 'harsh'   [83] 'tangle'   [84] 'the cabs, drays, light vans, busses, wagons'   [85] 'quivering'   [86] 'oaths'   [87] 'butchers' boys'   [88] 'insults'

ducteurs[89] d'omnibus, considérant Crainquebille comme la cause de l'embarras, l'appelaient «sale poireau».

Cependant sur le trottoir,[90] des curieux se pressaient, attentifs à la querelle. Et l'agent, se voyant observé, ne songea plus qu'à faire montre de[91] son autorité.

— C'est bon, dit-il.

Et il tira de sa poche un calepin crasseux[92] et un crayon très court.

Crainquebille suivait son idée[93] et obéissait à une force intérieure. D'ailleurs il lui était impossible maintenant d'avancer ou de reculer.[94] La roue de sa charrette était malheureusement prise dans la roue d'une voiture de laitier.[95]

Il s'écria, en s'arrachant les cheveux sous sa casquette:[96]

— Mais, puisque je vous dis que j'attends mon argent! C'est-il pas[97] malheureux! Misère de misère! Bon sang de bon sang![98]

Par ces propos,[99] qui pourtant exprimaient moins la révolte que le désespoir, l'agent 64 se crut insulté. Et comme, pour lui, toute insulte revêtait[1] nécessairement la forme traditionnelle, régulière, consacrée, rituelle et pour ainsi dire liturgique de «Mort aux vaches!»[2] c'est sous cette forme que spontanément il recueillit et concréta[3] dans son oreille les paroles du délinquant.

— Ah! vous avez dit: «Mort aux vaches!» C'est bon. Suivez-moi.

Crainquebille, dans l'excès de la stupeur et de la détresse, regardait avec ses gros yeux brûlés du soleil l'agent 64, et de sa voix cassée, qui lui sortait tantôt de dessus la tête et tantôt de dessous les talons,[4] s'écriait, les bras croisés sur sa blouse bleue:

— J'ai dit: «Mort aux vaches»? Moi?... Oh!

Cette arrestation fut accueillie par les rires des employés de commerce[5] et des petits garçons. Elle contentait le goût que toutes les foules d'hommes[6] éprouvent pour les spectacles ignobles et violents. Mais, s'étant frayé[7] un passage à travers le cercle populaire,[8] un vieillard très triste, vêtu de noir et coiffé d'un chapeau de haute forme,[9] s'approcha de l'agent et lui dit très doucement et très fermement, à voix basse:

— Vous vous êtes mépris.[10] Cet homme ne vous a pas insulté.

— Mêlez-vous de ce qui vous regarde,[11] lui répondit l'agent, sans proférer[12] de menaces, car il parlait à un homme proprement mis.[13]

Le vieillard insista avec beaucoup de calme et de ténacité. Et l'agent lui intima l'ordre[14] de s'expliquer chez le commissaire.[15]

---

[89] 'drivers'   [90] 'sidewalk'   [91] 'show off'   [92] 'greasy notebook'   [93] i.e. his own determination   [94] 'retreat'   [95] 'milk-wagon'   [96] 'cap'   [97] = *n'est-il pas*   [98] mild oaths   [99] 'remarks'   [1] 'assumed'   [2] i.e. down with the bulls!   [3] 'received and formulated'   [4] 'heels'   [5] 'clerks'   [6] 'mobs'   [7] 'having forced'   [8] 'of the populace'   [9] 'with a top-hat on his head'   [10] 'you are mistaken'   [11] 'mind your own business'   [12] 'uttering'   [13] 'respectably dressed'   [14] 'enjoined him'   [15] 'the police-lieutenant'

Cependant Crainquebille s'écriait:

— Alors que j'ai dit «Mort aux vaches!» Oh!...

Il prononçait ces paroles étonnées quand madame Bayard, la cordonnière, vint à lui, les quatorze sous dans la main. Mais déjà l'agent 64 le
5 tenait au collet,[16] et madame Bayard, pensant qu'on ne devait rien à un
homme conduit au poste,[17] mit les quatorze sous dans la poche de son
tablier.[18]

Et, voyant tout à coup sa voiture en fourrière,[19] sa liberté perdue,
l'abîme sous ses pas[20] et le soleil éteint,[21] Crainquebille murmura:

10 — Tout de même!...

Devant le commissaire, le vieillard déclara que, arrêté sur son chemin
par un embarras de voitures, il avait été témoin de la scène et qu'il affir-
mait que l'agent n'avait pas été insulté, et qu'il s'était totalement mépris. Il donna ses nom et qualités:[22] docteur David Matthieu, médecin
15 en chef de l'hôpital Ambroise-Paré,[23] officier[24] de la Légion d'honneur.
En d'autres temps, un tel témoignage[25] aurait suffisamment éclairé le
commissaire. Mais alors, en France, les savants étaient suspects.

Crainquebille, dont l'arrestation fut maintenue, passa la nuit au violon[26] et fut transféré, le matin, dans le panier à salade,[27] au Dépôt.[28]
20 La prison ne lui parut ni douloureuse ni humiliante. Elle lui parut
nécessaire. Ce qui le frappa en entrant ce fut la propreté[29] des murs et
du carrelage.[30] Il dit:

— Pour un endroit propre, c'est un endroit propre. Vrai de vrai![31]
On mangerait par terre.

25 Laissé seul, il voulut tirer son escabeau;[32] mais il s'aperçut qu'il était
scellé[33] au mur. Il en exprima tout haut sa surprise:

— Quelle drôle d'idée! Voilà une chose que j'aurais pas inventée, pour
sûr.

S'étant assis, il tourna ses pouces[34] et demeura dans l'étonnement. Le
30 silence et la solitude l'accablaient.[35] Il s'ennuyait et il pensait avec inquiétude à sa voiture mise en fourrière encore toute chargée de choux, de
carottes, de céleri, de mâche et de pissenlit.[36] Et il se demandait anxieux:

— Où qu'ils[37] m'ont étouffé[38] ma voiture?

Le troisième jour, il reçut la visite de son avocat, maître Lemerle, un
35 des plus jeunes membres du barreau[39] de Paris, président d'une des sections de la «Ligue de la Patrie française».[40]

---

[16] 'coat-collar'   [17] 'police-station'   [18] 'apron'   [19] 'impounded'
[20] 'an abyss at his feet'   [21] 'extinguished'   [22] 'status'   [23] an imaginary
hospital, named after the celebrated French surgeon (1517–90)   [24] i.e. holding
the rank above that of *chevalier* in the national order   [25] 'evidence'   [26] i.e. the
"cooler"   [27] 'the "Black Maria"'   [28] 'cells at police headquarters'
[29] 'cleanliness'   [30] 'flooring'   [31] i.e. really and truly   [32] 'to pull forward
his stool'   [33] 'built on'   [34] 'twiddled his thumbs'   [35] 'overwhelmed him'
[36] 'lamb's lettuce and dandelions'   [37] = *où est-ce qu'ils*   [38] 'stuck'   [39] 'bar'
[40] a "patriotic," anti-Dreyfus organization founded in 1898

Crainquebille essaya de lui conter son affaire, ce qui ne lui était pas facile, car il n'avait pas l'habitude de la parole. Peut-être s'en serait-il tiré[41] pourtant, avec un peu d'aide. Mais son avocat secouait la tête d'un air méfiant[42] à tout ce qu'il disait, et feuilletant[43] des papiers, murmurait:

— Hum! hum! je ne vois rien de tout cela au dossier...[44]

Puis, avec un peu de fatigue, il dit en frisant[45] sa moustache blonde:

— Dans votre intérêt, il serait peut-être préférable d'avouer. Pour ma part j'estime que votre système de dénégations[46] absolues est d'une insigne maladresse.[47]

Et dès lors Crainquebille eût fait des aveux s'il avait su ce qu'il fallait avouer.

III

CRAINQUEBILLE DEVANT LA JUSTICE

Le président Bourriche consacra six minutes pleines à l'interrogatoire de Crainquebille. Cet interrogatoire aurait apporté plus de lumière si l'accusé avait répondu aux questions qui lui étaient posées. Mais Crainquebille n'avait pas l'habitude de la discussion, et dans une telle compagnie le respect et l'effroi lui fermaient la bouche. Aussi gardait-il le silence, et le président faisait lui-même les réponses; elles étaient accablantes.[48] Il conclut:

— Enfin, vous reconnaissez avoir dit: «Mort aux vaches!»

— J'ai dit: «Mort aux vaches!» parce que monsieur l'agent a dit: «Mort aux vaches!» Alors j'ai dit: «Mort aux vaches!»

Il voulait faire entendre qu'étonné par l'imputation la plus imprévue,[49] il avait, dans sa stupeur, répété les paroles étranges qu'on lui prêtait[50] faussement et qu'il n'avait certes point prononcées. Il avait dit: «Mort aux vaches!» comme il eût dit: «Moi! tenir des propos injurieux, l'avez-vous pu croire?»

M. le président Bourriche ne le prit pas ainsi.

— Prétendez-vous, dit-il, que l'agent a proféré ce cri le premier?

Crainquebille renonça à s'expliquer. C'était trop difficile.

— Vous n'insistez pas. Vous avez raison, dit le président.

Et il fit appeler les témoins.

L'agent 64, de son nom Bastien Matra, jura de dire la vérité et de ne rien dire que la vérité. Puis il déposa[51] en ces termes:

— Etant de service[52] le 20 octobre, à l'heure de midi, je remarquai, dans la rue Montmartre, un individu qui me sembla être un vendeur

---

[41] 'would have managed it'   [42] 'suspicious'   [43] 'turning over'   [44] 'official report'   [45] 'curling'   [46] 'denials'   [47] 'signal ineptitude'   [48] 'crushing'   [49] 'unexpected'   [50] 'attributed'   [51] 'gave evidence'   [52] 'on duty'

ambulant et qui tenait sa charrette indûment arrêtée à la hauteur du[53] numéro 328, ce qui occasionnait un encombrement de voitures.[54] Je lui intimai par trois fois l'ordre de circuler, auquel il refusa d'obtempérer.[55] Et sur ce que je l'avertis que j'allais verbaliser, il me répondit en criant: «Mort aux vaches!» ce qui me sembla être injurieux.

Cette déposition, ferme et mesurée, fut écoutée avec une évidente faveur par le Tribunal. La défense avait cité[56] madame Bayard, cordonnière, et M. David Matthieu, médecin en chef de l'hôpital Ambroise-Paré, officier de la Légion d'honneur. Madame Bayard n'avait rien vu ni entendu. Le docteur Matthieu se trouvait dans la foule assemblée autour de l'agent qui sommait[57] le marchand de circuler. Sa déposition amena un incident.

— J'ai été témoin de la scène, dit-il. J'ai remarqué que l'agent s'était mépris: il n'avait pas été insulté. Je m'approchai et lui en fis l'observation. L'agent maintint le marchand en état d'arrestation et m'invita à le suivre au commissariat.[58] Ce que je fis. Je réitérai[59] ma déclaration devant le commissaire.

— Vous pouvez vous asseoir, dit le président. Huissier, rappelez le témoin Matra. — Matra, quand vous avez procédé à l'arrestation de l'accusé, monsieur le docteur Matthieu ne vous a-t-il pas fait observer que vous vous mépreniez?

— C'est-à-dire, monsieur le président, qu'il m'a insulté.

— Que vous a-t-il dit?

— Il m'a dit: «Mort aux vaches!»

Une rumeur[60] et des rires s'élevèrent dans l'auditoire.

— Vous pouvez vous retirer, dit le président avec précipitation.

Et il avertit le public que, si ces manifestations indécentes se reproduisaient, il ferait évacuer la salle. Cependant la défense agitait triomphalement les manches de sa robe,[61] et l'on pensait en ce moment que Crainquebille serait acquitté.

Le calme s'étant rétabli, maître Lemerle se leva. Il commença sa plaidoirie[62] par l'éloge des agents de la Préfecture,[63] «ces modestes serviteurs de la société, qui, moyennant[64] un salaire dérisoire,[65] endurent des fatigues et affrontent des périls incessants, et qui pratiquent l'héroïsme quotidien.[66] Ce sont d'anciens soldats, et qui restent soldats. Soldats, ce mot dit tout...»

Et maître Lemerle s'éleva, sans effort, à des considérations très hautes sur les vertus militaires. Il était de ceux, dit-il, «qui ne permettent pas qu'on touche à l'armée, à cette armée nationale à laquelle il était fier d'appartenir».

---

[53] 'illegally stopped opposite'   [54] 'traffic jam'   [55] 'obey'   [56] 'had called'
[57] 'ordered'   [58] 'police-station'   [59] 'repeated'   [60] 'uproar'
[61] 'sleeves of his gown'   [62] 'address to the court'   [63] i.e. the Prefecture of Police   [64] 'in return for'   [65] 'ridiculous'   [66] 'daily'

Le président inclina la tête.

Maître Lemerle, en effet, était lieutenant dans la réserve. Il était aussi candidat nationaliste dans le quartier des Vieilles-Haudriettes.

Il poursuivit:[67]

— Non certes, je ne méconnais pas[68] les services modestes et précieux que rendent journellement[69] les gardiens de la paix à la vaillante population de Paris. Et je n'aurais pas consenti à vous présenter, messieurs, la défense de Crainquebille si j'avais vu en lui l'insulteur d'un ancien soldat. On accuse mon client d'avoir dit: «Mort aux vaches!» Le sens de cette phrase n'est pas douteux. Si vous feuilletez le *Dictionnaire de la langue verte*,[70] vous y lirez: «*Vachard*, paresseux, fainéant;[71] qui s'étend[72] «paresseusement comme une vache, au lieu de travailler. — *Vache*, qui «se vend à la police; mouchard.[73]» *Mort aux vaches!* se dit dans un certain monde. Mais toute la question est celle-ci: Comment Crainquebille l'a-t-il dit? Et même, l'a-t-il dit? Permettez-moi, messieurs, d'en douter.

«Je ne soupçonne l'agent Matra d'aucune mauvaise pensée. Mais il accomplit, comme nous l'avons dit, une tâche pénible.[74] Il est parfois fatigué, excédé, surmené.[75] Dans ces conditions il peut avoir été la victime d'une sorte d'hallucination de l'ouïe.[76] Et quand il vient vous dire, messieurs, que le docteur David Matthieu, officier de la Légion d'honneur, médecin en chef de l'hôpital Ambroise-Paré, un prince de la science et un homme du monde, a crié: «Mort aux vaches!» nous sommes bien forcés de reconnaître que Matra est en proie[77] à la maladie de l'obsession, et, si le terme n'est pas trop fort, au délire de la persécution.

«Et alors même que[78] Crainquebille aurait crié: «Mort aux vaches!» il resterait à savoir si ce mot a, dans sa bouche, le caractère d'un délit.[79] Crainquebille est l'enfant naturel d'une marchande ambulante, perdue d'inconduite et de boisson,[80] il est né alcoolique. Vous le voyez ici abruti[81] par soixante ans de misère.[82] Messieurs, vous direz qu'il est irresponsable.»

Maître Lemerle s'assit et M. le président Bourriche lut entre ses dents un jugement qui condamnait Jérôme Crainquebille à quinze jours de prison et cinquante francs d'amende.[83] Le Tribunal avait fondé sa conviction sur le témoignage de l'agent Matra.

Mené par les longs couloirs sombres[84] du Palais, Crainquebille ressentit un immense besoin de sympathie. Il se tourna vers le garde de Paris[85] qui le conduisait et l'appela trois fois:

— Cipal!...[86] Cipal!... Hein? cipal!...

[67] 'continued' [68] 'do not fail to recognize' [69] 'daily' [70] 'slang'
[71] 'loafer' [72] 'lies about' [73] 'stool-pigeon' [74] 'arduous task'
[75] 'exhausted, overworked' [76] 'hearing' [77] 'prey' [78] 'even if'
[79] 'misdemeanour' [80] 'ruined by debauchery and drink' [81] 'stupefied'
[82] 'extreme poverty' [83] 'fine' [84] 'dark corridors' [85] 'policeman'
[86] i.e. *garde municipale*

Et il soupira:

— Il y a seulement quinze jours, si on m'avait dit qu'il m'arriverait ce qu'il m'arrive!...

Puis il fit cette réflexion:

5 — Ils parlent trop vite, ces messieurs. Ils parlent bien, mais ils parlent trop vite. On peut pas s'expliquer avec eux... Cipal, vous trouvez pas qu'ils parlent trop vite?

Mais le soldat marchait sans répondre ni tourner la tête.

Crainquebille lui demanda:

10 — Pourquoi que vous me répondez pas?

Et le soldat garda le silence. Et Crainquebille lui dit avec amertume:[87]

— On parle bien[88] à un chien. Pourquoi que vous me parlez pas? Vous ouvrez jamais la bouche: vous avez donc pas peur qu'elle pue?[89]

IV

APOLOGIE POUR M. LE PRESIDENT BOURRICHE

Quelques curieux et deux ou trois avocats quittèrent l'audience[90]
15 après la lecture de l'arrêt,[91] quand déjà le greffier appelait une autre cause. Ceux qui sortaient ne faisaient point de réflexion sur l'affaire Crainquebille qui ne les avait guère intéressés, et à laquelle ils ne songeaient plus. Seul M. Jean Lermite, graveur à l'eau-forte,[92] qui était venu d'aventure[93] au Palais, méditait sur ce qu'il venait de voir et d'entendre.

20 Passant son bras sur l'épaule de maître Joseph Aubarrée:

— Ce dont il faut louer le président Bourriche, lui dit-il, c'est d'avoir su se défendre des vaines curiosités de l'esprit et se garder[94] de cet orgueil[95] intellectuel qui veut tout connaître. En opposant l'une à l'autre les dépositions contradictoires de l'agent Matra et du docteur David 25 Matthieu, le juge serait entré dans une voie[96] où l'on ne rencontre que le doute et l'incertitude. La méthode qui consiste à examiner les faits selon les règles de la critique est inconciliable avec la bonne administration de la justice. Si le magistrat avait l'imprudence de suivre cette méthode, ses jugements dépendraient de sa sagacité personnelle, qui le plus souvent est petite, et de l'infirmité humaine, qui est constante. Quelle en serait l'autorité? On ne peut nier[97] que la méthode historique est tout à fait impropre[98] à lui procurer les certitudes dont il a besoin. Il suffit de rappeler l'aventure de Walter Raleigh.[99]

«Un jour que Walter Raleigh, enfermé[1] à la Tour de Londres, travaillait, selon sa coutume, à la seconde partie de son *Histoire du Monde*, une

---

87 'bitterness'   88 i.e. people do speak   89 'may stink'   90 'court-room'
91 'sentence'   92 'etcher'   93 'by chance'   94 'protect himself'   95 'pride'
96 'path'   97 'deny'   98 'unsuitable'   99 Sir Walter Raleigh, the Elizabethan explorer, courtier and man of letters   1 'imprisoned'

rixe éclata[2] sous sa fenêtre. Il alla regarder ces gens qui se querellaient, et, quand il se remit au travail, il pensait les avoir très bien observés. Mais le lendemain, ayant parlé de cette affaire à un de ses amis qui y avait été présent et qui même y avait pris part, il fut contredit par cet ami sur tous les points. Réfléchissant alors à la difficulté de connaître la 5 vérité sur des événements lointains, quand il avait pu se méprendre sur ce qui se passait sous ses yeux, il jeta au feu le manuscrit de son histoire.

«Si les juges avaient les mêmes scrupules que sir Walter Raleigh, ils jetteraient au feu toutes leurs instructions. Et ils n'en ont pas le droit. Ce serait de leur part un déni[3] de justice, un crime. Il faut renoncer à 10 savoir, mais il ne faut pas renoncer à juger. Ceux qui veulent que les arrêts des tribunaux soient fondés sur la recherche méthodique des faits sont de dangereux sophistes et des ennemis perfides de la justice civile et de la justice militaire. Le président Bourriche a l'esprit trop juridique pour faire dépendre ses sentences de la raison et de la science dont les 15 conclusions sont sujettes à d'éternelles disputes. Il les fonde sur des dogmes et les assied[4] sur la tradition, en sorte que ses jugements égalent en autorité les commandements de l'Eglise. Ses sentences sont canoniques. J'entends[5] qu'il les tire d'un certain nombre de sacrés canons. Voyez, par exemple, qu'il classe les témoignages non d'après[6] les carac- 20 tères incertains et trompeurs de la vraisemblance[7] et de l'humaine vérité, mais d'après des caractères intrinsèques, permanents et manifestes. Il les pèse au poids des armes.[8] Y a-t-il rien de plus simple et de plus sage à la fois? Il tient pour irréfutable le témoignage d'un gardien de la paix, abstraction faite de[9] son humanité et conçu métaphysiquement en tant 25 qu'un numéro matricule[10] et selon les catégories de la police idéale. Non pas que Matra (Bastien), né à Cinto-Monte (Corse),[11] lui paraisse incapable d'erreur. Il n'a jamais pensé que Bastien Matra fût doué[12] d'un grand esprit d'observation, ni qu'il appliquât à l'examen des faits une méthode exacte et rigoureuse. A vrai dire, il ne considère pas Bastien 30 Matra, mais l'agent 64. — Un homme est faillible, pense-t-il. Pierre et Paul peuvent se tromper. Descartes[13] et Gassendi,[14] Leibnitz[15] et Newton,[16] Bichat[17] et Claude Bernard[18] ont pu se tromper. Nous nous trompons tous et à tout moment. Nos raisons d'errer sont innombrables. Les perceptions des sens et les jugements de l'esprit sont des sources 35 d'illusion et des causes d'incertitude. Il ne faut pas se fier au témoignage

[2] 'a quarrel broke out'   [3] 'negation'   [4] 'bases them'   [5] 'I mean'
[6] 'according to'   [7] 'appearance'   [8] i.e. weighs the evidence in accordance with the official authority of the two witnesses   [9] 'leaving aside'   [10] i.e. as a number on the police rolls   [11] Corsica   [12] 'gifted'   [13] René Descartes (1596–1650), French philosopher   [14] Pierre Gassendi (1592–1655), French scientist   [15] German philosopher (1646–1716)   [16] English mathematician (1642–1727)   [17] Marie-François-Xavier Bichat (1771–1802), French anatomist   [18] French physiologist (1813–78)

d'un homme: *Testis unus, testis nullus.*[19] Mais on peut avoir foi dans un
numéro. Bastien Matra, de Cinto-Monte, est faillible. Mais l'agent 64,
abstraction faite de son humanité, ne se trompe pas. C'est une entité.
Une entité n'a rien en elle de ce qui est dans les hommes et les trouble,[20]
5 les corrompt, les abuse.[21] Elle est pure, inaltérable et sans mélange.[22]
Aussi[23] le Tribunal n'a-t-il point hésité à repousser le témoignage du
docteur David Matthieu, qui n'est qu'un homme, pour admettre celui
de l'agent 64, qui est une idée pure, et comme un rayon[24] de Dieu descendu à la barre.[25]

10 «En procédant de cette manière, le président Bourriche s'assure une
sorte d'infaillibilité, et la seule à laquelle un juge puisse prétendre.
Quand l'homme qui témoigne est armé d'un sabre, c'est le sabre qu'il
faut entendre et non l'homme. L'homme est méprisable[26] et peut avoir
tort. Le sabre ne l'est point et il a toujours raison. Le président Bour-
15 riche a profondément pénétré l'esprit des lois. La société repose sur la
force, et la force doit être respectée comme le fondement auguste des
sociétés. La justice est l'administration de la force. Le président Bourriche sait que l'agent 64 est une parcelle du Prince.[27] Le Prince réside
dans chacun de ses officiers. Ruiner l'autorité de l'agent 64, c'est affaiblir
20 l'Etat. Manger une des feuilles de l'artichaut,[28] c'est manger l'artichaut,
comme dit Bossuet[29] en son sublime langage. (*Politique tirée de l'Ecriture
sainte,*[30] *passim.*)

«Toutes les épées[31] d'un Etat sont tournées dans le même sens.[32] En
les opposant les unes aux autres, on subvertit la république.[33] C'est
25 pourquoi l'inculpé Crainquebille fut condamné justement à quinze jours
de prison et cinquante francs d'amende, sur le témoignage de l'agent 64.
Je crois entendre le président Bourriche expliquer lui-même les raisons
hautes et belles qui inspirèrent sa sentence. Je crois l'entendre dire:

«— J'ai jugé cet individu en conformité avec l'agent 64, parce que
30 l'agent 64 est l'émanation de la force publique. Et pour reconnaître ma
sagesse, il vous suffit d'imaginer que j'ai agi inversement. Vous verrez
tout de suite que c'eût été absurde. Car si je jugeais contre la force, mes
jugements ne seraient pas exécutés. Remarquez, messieurs, que les juges
ne sont obéis que tant qu'ils[34] ont la force avec eux. Sans les gendarmes,
35 le juge ne serait qu'un pauvre rêveur.[35] Je me nuirais[36] si je donnais tort
à un gendarme. D'ailleurs le génie[37] des lois s'y oppose. Désarmer les
forts et armer les faibles ce serait changer l'ordre social que j'ai mission

---

[19] "A single witness is no witness."   [20] 'confuses them'   [21] 'deceives them'
[22] 'alloy'   [23] 'hence'   [24] 'ray'   [25] 'bar [of the court]'   [26] 'contemptible'
[27] i.e. a portion of the sovereign power   [28] 'artichoke'   [29] 'Jacques-Bénigne
Bossuet (1627–1704), French theologian, historian and polemist   [30] a work on state-
craft written for the Dauphin between 1671 and 1680, published in 1709   [31] 'swords'
[32] 'direction'   [33] 'overthrows the commonwealth'   [34] 'as long as they'
[35] 'dreamer'   [36] 'I would be doing myself harm'   [37] 'spirit'

de conserver. La justice est la sanction des injustices établies. La vit-on jamais opposée aux conquérants et contraire aux usurpateurs? Quand s'élève un pouvoir illégitime, elle n'a qu'à le reconnaître pour le rendre légitime. Tout est dans la forme, et il n'y a entre le crime et l'innocence que l'épaisseur d'une feuille de papier timbré.[38] — C'était à vous, Crainquebille, d'être le plus fort. Si après avoir crié: «Mort aux vaches!» vous vous étiez fait déclarer empereur, dictateur, président de la République ou seulement conseiller municipal,[39] je vous assure que je ne vous aurais pas condamné à quinze jours de prison et cinquante francs d'amende. Je vous aurais tenu quitte de toute peine.[40] Vous pouvez m'en croire.

«Ainsi sans doute eût parlé le président Bourriche, car il a l'esprit juridique et il sait ce qu'un magistrat doit à la société. Il en défend les principes avec ordre et régularité. La justice est sociale. Il n'y a que de mauvais esprits pour la vouloir humaine et sensible.[41] On l'administre avec des règles fixes et non avec les frissons de la chair[42] et les clartés de l'intelligence. Surtout ne lui demandez pas d'être juste, elle n'a pas besoin de l'être puisqu'elle est justice, et je vous dirai même que l'idée d'une justice juste n'a pu germer que dans la tête d'un anarchiste. Le président Magnaud[43] rend, il est vrai, des sentences équitables. Mais on les lui casse,[44] et c'est justice.

«Le vrai juge pèse les témoignages au poids des armes. Cela s'est vu dans l'affaire Crainquebille, et dans d'autres causes plus célèbres.»

Ainsi parla M. Jean Lermite, en parcourant d'un bout à l'autre bout la salle des Pas-Perdus.[45]

Maître Joseph Aubarrée, qui connaissait le Palais, lui répondit en se grattant[46] le bout du nez:

— Si vous voulez avoir mon avis, je ne crois pas que monsieur le président Bourriche se soit élevé jusqu'à une si haute métaphysique. A mon sens,[47] en admettant le témoignage de l'agent 64 comme l'expression de la vérité, il fit simplement ce qu'il avait toujours vu faire. C'est dans l'imitation qu'il faut chercher la raison de la plupart des actions humaines. En se conformant à la coutume on passera toujours pour un honnête homme.[48] On appelle gens de bien[49] ceux qui font comme les autres.

[38] 'the thickness of a sheet of stamped [i.e. official] paper' [39] 'alderman'
[40] 'free of all punishment' [41] 'compassionate' [42] 'shudders of the flesh' [43] a progressive judge of the day [44] 'they are reversed' [45] a main lobby in the *Palais de Justice* [46] 'scratching' [47] 'in my opinion' [48] 'gentleman' [49] 'respectable people'

V

DE LA SOUMISSION DE CRAINQUEBILLE
AUX LOIS DE LA REPUBLIQUE

Crainquebille, reconduit en prison, s'assit sur son escabeau enchaîné, plein d'étonnement et d'admiration. Il ne savait pas bien lui-même que les juges s'étaient trompés. Le Tribunal lui avait caché ses faiblesses intimes sous la majesté des formes. Il ne pouvait croire qu'il eût raison
5 contre des magistrats dont il n'avait pas compris les raisons: il lui était impossible de concevoir que quelque chose clochât[50] dans une si belle cérémonie. Car, n'allant ni à la messe,[51] ni à l'Elysée,[52] il n'avait, de sa vie, rien vu de si beau qu'un jugement en police correctionnelle. Il savait bien qu'il n'avait pas crié «Mort aux vaches!» Et, qu'il eût été con-
10 damné à quinze jours de prison pour l'avoir crié, c'était, en sa pensée, un auguste mystère, un de ces articles de foi auxquels les croyants adhèrent sans les comprendre, une révélation obscure, éclatante,[53] adorable et terrible.

Ce pauvre vieil homme se reconnaissait coupable d'avoir mystique-
15 ment offensé l'agent 64, comme le petit garçon qui va au catéchisme se reconnaît coupable du péché[54] d'Eve. Il lui était enseigné, par son arrêt, qu'il avait crié: «Mort aux vaches!» C'était donc qu'il avait crié «Mort aux vaches!» d'une façon mystérieuse, inconnue de lui-même. Il était transporté dans un monde surnaturel. Son jugement était son apoca-
20 lypse.

S'il ne se faisait pas une idée nette[55] du délit, il ne se faisait pas une idée plus nette de la peine. Sa condamnation lui avait paru une chose solennelle, rituelle et supérieure, une chose éblouissante[56] qui ne se comprend pas, qui ne se discute pas, et dont on n'a ni à se louer,[57] ni à se
25 plaindre. A cette heure il aurait vu[58] le président Bourriche, une auréole au front,[59] descendre, avec des ailes[60] blanches, par le plafond entr'ouvert,[61] qu'il n'aurait pas été surpris de cette nouvelle manifestation de la gloire judiciaire. Il se serait dit: «Voilà mon affaire qui continue!»

Le lendemain son avocat vint le voir:
30 — Eh bien! mon bonhomme,[62] vous n'êtes pas trop mal? Du courage! deux semaines sont vite passées. Nous n'avons pas trop à nous plaindre.

— Pour ça, on peut dire que ces messieurs ont été bien doux, bien polis; pas un gros[63] mot. J'aurais pas cru. Et le cipal avait mis des gants blancs. Vous avez pas vu?
35 — Tout pesé,[64] nous avons bien fait d'avouer.

---

[50] i.e. that there could be a hitch anywhere   [51] 'mass'   [52] the palace of the President of the Republic   [53] 'splendid'   [54] 'sin'   [55] 'clear' [56] 'dazzling'   [57] 'to be pleased'   [58] 'had he seen'   [59] 'a halo on his brow' [60] 'wings'   [61] 'open ceiling'   [62] 'old man'   [63] 'coarse'   [64] i.e. all things considered

— Possible.

— Crainquebille, j'ai une bonne nouvelle à vous annoncer. Une personne charitable, que j'ai intéressée à votre position, m'a remis pour vous une somme de cinquante francs qui sera affectée[65] au payement de l'amende à laquelle vous avez été condamné.

— Alors quand que vous me donnerez les cinquante francs?

— Ils seront versés au greffe.[66] Ne vous en inquiétez pas.

— C'est égal.[67] Je remercie tout de même la personne.

Et Crainquebille méditatif murmura:

— C'est pas ordinaire ce qui m'arrive.

— N'exagérez rien, Crainquebille. Votre cas n'est pas rare, loin de là.

— Vous pourriez pas me dire où qu'ils m'ont étouffé ma voiture?

VI

CRAINQUEBILLE DEVANT L'OPINION

Crainquebille, sorti de prison, poussait sa voiture rue Montmartre en criant: *Des choux, des navets, des carottes!* Il n'avait ni orgueil, ni honte de son aventure. Il n'en gardait pas un souvenir pénible. Cela tenait,[68] dans son esprit, du théâtre, du voyage et du rêve. Il était surtout content de marcher dans la boue,[69] sur le pavé[70] de la ville, et de voir sur sa tête le ciel tout en eau[71] et sale comme le ruisseau,[72] le bon ciel de sa ville. Il s'arrêtait à tous les coins de rue pour boire un verre; puis, libre et joyeux, ayant craché[73] dans ses mains pour en lubrifier[74] la paume[75] calleuse, il empoignait[76] les brancards et poussait la charrette, tandis que, devant lui, les moineaux,[77] comme lui matineux[78] et pauvres, qui cherchaient leur vie sur la chaussée,[79] s'envolaient en gerbe[80] avec son cri familier: *Des choux, des navets, des carottes!* Une vieille ménagère,[81] qui s'était approchée, lui disait en tâtant des céleris:

— Qu'est-ce qui vous est donc arrivé, père Crainquebille? Il y a bien trois semaines qu'on ne vous a pas vu. Vous avez été malade? Vous êtes un peu pâle.

— Je vas vous dire, m'ame[82] Mailloche, j'ai fait le rentier.[83]

Rien n'est changé dans sa vie, à cela près[84] qu'il va chez le troquet[85] plus souvent que d'habitude, parce qu'il a l'idée que c'est fête, et qu'il a fait connaissance avec des personnes charitables. Il rentre un peu gai, dans sa soupente.[86] Etendu dans le plumard,[87] il ramène sur lui les sacs que lui a prêtés le marchand de marrons du coin[88] et qui lui servent de

---

[65] 'used'   [66] 'will be paid into the clerk of the court's office'   [67] i.e. never mind
[68] 'smacked'   [69] 'mud'   [70] 'pavement'   [71] 'rain-drenched'   [72] 'gutter'
[73] 'spat'   [74] 'lubricate'   [75] 'palm'   [76] 'took hold of'   [77] 'sparrows'
[78] 'early risers'   [79] 'roadway'   [80] i.e. like a jet of water spouting from a fountain   [81] 'housewife'   [82] = *madame*   [83] i.e. I have been living on my private income   [84] 'except'
[85] 'tavern keeper'   [86] 'garret'   [87] 'feather-bed'   [88] 'the chestnut-vendor at the corner'

couverture, et il songe: «La prison, il n'y a pas à se plaindre; on y a tout ce qui vous faut. Mais on est tout de même mieux chez soi.»

Son contentement fut de courte durée. Il s'aperçut vite que les clientes lui faisaient grise mine.[89]

5 — Des beaux céleris, m'ame Cointreau!

— Il ne me faut rien.

— Comment, qu'il ne vous faut rien? Vous vivez pourtant pas de l'air du temps.

Et m'ame Cointreau, sans lui faire de réponse, rentrait fièrement dans 10 la grande boulangerie dont elle était la patronne.[90] Les boutiquières et les concierges,[91] naguère assidues autour de sa voiture verdoyante et fleurie,[92] maintenant se détournaient de lui. Parvenu à la cordonnerie de l'Ange Gardien, qui est le point où commencèrent ses aventures judiciaires, il appela:

15 — M'ame Bayard, m'ame Bayard, vous me devez quinze sous de l'autre fois.

Mais m'ame Bayard, qui siégeait[93] à son comptoir, ne daigna pas tourner la tête.

Toute la rue Montmartre savait que le père Crainquebille sortait de 20 prison, et toute la rue Montmartre ne le connaissait plus. Le bruit de sa condamnation était parvenu jusqu'au faubourg[94] et à l'angle tumultueux de la rue Richer. Là, vers midi, il aperçut madame Laure, sa bonne et fidèle cliente, penchée sur la voiture du petit Martin. Elle tâtait un gros chou. Ses cheveux brillaient au soleil comme d'abondants fils d'or large-25 ment tordus.[95] Et le petit Martin, un pas grand'chose, un sale coco,[96] lui jurait la main sur son cœur, qu'il n'y avait pas plus belle marchandise que la sienne. A ce spectacle le cœur de Crainquebille se déchira.[97] Il poussa sa voiture sur celle du petit Martin et dit à madame Laure, d'une voix plaintive et brisée:

30 — C'est pas bien de me faire des infidélités.

Madame Laure, comme elle le reconnaissait elle-même, n'était pas duchesse. Ce n'est pas dans le monde[98] qu'elle s'était fait une idée du panier à salade et du Dépôt. Mais on peut être honnête dans tous les états,[99] pas vrai? Chacun a son amour-propre,[1] et l'on n'aime pas avoir 35 affaire à un individu qui sort de prison. Aussi ne répondit-elle à Crainquebille qu'en simulant un haut-le-cœur.[2] Et le vieux marchand ambulant, ressentant l'affront, hurla:

— Dessalée! va![3]

---

[89] i.e. were looking sourly at him   [90] 'proprietress'   [91] 'wives of the shopkeepers and janitors'   [92] 'verdant and blooming'   [93] 'sat'   [94] the *rue du faubourg Montmartre*, a continuation of the *rue Montmartre*, north of the *Grands Boulevards*   [95] 'thick threads of gold plaited in ample coils'   [96] 'a worthless fellow, a dirty rat'   [97] 'was rent'   [98] 'society'   [99] 'stations in life'   [1] 'self-respect'   [2] 'feigning disgust'   [3] 'a trollop, that's what you are!'

Madame Laure en laissa tomber son chou vert et s'écria:

— Eh! va donc, vieux cheval de retour![4] Ça sort de prison, et ça insulte les personnes!

Crainquebille, s'il avait été de sang-froid,[5] n'aurait jamais reproché à madame Laure sa condition.[6] Il savait trop qu'on ne fait pas ce qu'on veut dans la vie, qu'on ne choisit pas son métier,[7] et qu'il y a du bon monde partout. Il avait coutume d'ignorer sagement ce que faisaient chez elles les clientes, et il ne méprisait[8] personne. Mais il était hors de lui.[9] Il donna par trois fois à madame Laure les noms de dessalée, de charogne et de roulure.[10] Un cercle de curieux se forma autour de madame Laure et de Crainquebille, qui échangèrent encore plusieurs injures aussi solennelles que les premières, et qui eussent égrené tout du long leur chapelet,[11] si un agent soudainement apparu ne les avait, par son silence et son immobilité, rendus tout à coup aussi muets et immobiles que lui. Ils se séparèrent. Mais cette scène acheva de perdre[12] Crainquebille dans l'esprit du faubourg Montmartre et de la rue Richer.

VII

LES CONSEQUENCES

Et le vieil homme allait marmonnant:[13]

— Pour sûr que c'est une morue.[14] Et même y a pas plus morue que cette femme-là.

Mais dans le fond de son cœur, ce n'est pas de cela qu'il lui faisait un reproche. Il ne la méprisait pas d'être ce qu'elle était. Il l'en estimait plutôt, la sachant économe et rangée.[15] Autrefois ils causaient tous deux volontiers ensemble. Elle lui parlait de ses parents qui habitaient la campagne. Et ils formaient tous deux le même vœu[16] de cultiver un petit jardin et d'élever des poules.[17] C'était une bonne cliente. De la voir acheter des choux au petit Martin, un sale coco, un pas grand'chose, il en avait reçu un coup dans l'estomac; et quand il l'avait vue faisant mine[18] de le mépriser, la moutarde lui avait monté au nez, et dame![19]

Le pis, c'est qu'elle n'était pas la seule qui le traitât comme un galeux.[20] Personne ne voulait plus le connaître. Tout comme madame Laure, madame Cointreau la boulangère, madame Bayard de l'Ange Gardien le méprisaient et le repoussaient. Toute la société, quoi.[21]

Alors! parce qu'on avait été mis pour quinze jours à l'ombre,[22] on n'était plus bon seulement à vendre des poireaux! Est-ce que c'était

---

[4] i.e. jailbird   [5] 'if he had kept his head'   [6] 'profession'   [7] 'trade'
[8] 'despised'   [9] 'beside himself'   [10] 'carrion, strumpet'   [11] 'would have told their beads to the end'; i.e. would have gone through their whole list of insults   [12] 'completed the ruin of'   [13] 'muttering'   [14] i.e. prostitute   [15] 'thrifty and steady'   [16] 'desire'   [17] 'hens'   [18] 'pretending'   [19] i.e. he had lost his temper, to be sure!   [20] 'mangy fellow'   [21] 'in short'   [22] i.e. in the "cooler"

juste? Est-ce qu'il y avait du bon sens à faire mourir de faim un brave homme parce qu'il avait eu des difficultés avec les flics?[23] S'il ne pouvait plus vendre ses légumes, il n'avait plus qu'à crever.[24]

Comme le vin mal traité, il tournait à l'aigre.[25] Après avoir eu «des mots» avec madame Laure, il en avait maintenant avec tout le monde. Pour un rien, il disait leur fait aux chalandes,[26] et sans mettre de gants, je vous prie de le croire. Si elles tâtaient un peu longtemps la marchandise, il les appelait proprement râleuses et purées;[27] pareillement chez le troquet, il engueulait[28] les camarades. Son ami, le marchand de marrons, qui ne le reconnaissait plus, déclarait que ce sacré père[29] Crainquebille était un vrai porc-épic.[30] On ne peut le nier: il devenait incongru, mauvais coucheur, mal embouché, fort en gueule.[31] C'est que, trouvant la société imparfaite, il avait moins de facilité qu'un professeur de l'Ecole des sciences morales et politiques à exprimer ses idées sur les vices du système et sur les réformes nécessaires, et que ses pensées ne se déroulaient pas dans sa tête avec ordre et mesure.

Le malheur le rendait injuste. Il se revanchait sur ceux qui ne lui voulaient pas de mal et quelquefois sur de plus faibles que lui. Une fois, il donna une gifle[32] à Alphonse, le petit du marchand de vin, qui lui avait demandé si l'on était bien à l'ombre.[33] Il le gifla et lui dit:

— Sale gosse![34] c'est ton père qui devrait être à l'ombre au lieu de s'enrichir à vendre du poison.

Acte et parole qui ne lui faisaient pas honneur; car, ainsi que le marchand de marrons le lui remontra[35] justement, on ne doit pas battre un enfant, ni lui reprocher son père, qu'il n'a pas choisi.

Il s'était mis à boire. Moins il gagnait d'argent, plus il buvait d'eau-de-vie.[36] Autrefois économe et sobre, il s'émerveillait lui-même de ce changement.

— J'ai jamais été fricoteur,[37] disait-il. Faut croire qu'on devient moins raisonnable en vieillissant.

Parfois il jugeait sévèrement son inconduite et sa paresse:[38]

— Mon vieux Crainquebille, t'es plus bon que pour lever le coude.[39]

Parfois il se trompait lui-même et se persuadait qu'il buvait par besoin:

— Faut comme ça de temps en temps, que je boive un verre pour me donner des forces et pour me rafraîchir. Sûr que j'ai quelque chose de brûlé dans l'intérieur. Et il y a encore que la boisson[40] comme rafraîchissement.

[23] 'cops'   [24] 'die like a dog'   [25] 'he was becoming soured'   [26] 'told his customers what he thought of them'   [27] 'he called them hagglers and paupers in no uncertain terms'   [28] 'abused'   [29] 'damned old'   [30] 'porcupine'   [31] 'rude, quarrelsome, foul-mouthed and loud'   [32] 'slap'   [33] i.e. if it was comfortable in prison   [34] 'brat'   [35] 'pointed out to him'   [36] 'spirits'   [37] 'a waster'   [38] 'his misconduct and his laziness'   [39] 'raise the elbow'; i.e. drink   [40] 'there's nothing like drink'

Souvent il lui arrivait de manquer la criée matinale[41] et il ne se fournissait plus que de marchandise avariée[42] qu'on lui livrait à crédit. Un jour se sentant les jambes molles[43] et le cœur las, il laissa sa voiture dans la remise[44] et passa toute la sainte journée à tourner autour de l'étal[45] de madame Rose, la tripière,[46] et devant tous les troquets des Halles. Le soir, assis sur un panier,[47] il songea, et il eut conscience de sa déchéance.[48] Il se rappela sa force première[49] et ses antiques[50] travaux, ses longues fatigues et ses gains heureux, ses jours innombrables, égaux et pleins; les cent pas,[51] la nuit, sur le carreau des Halles, en attendant la criée; les légumes enlevés par brassées[52] et rangés avec art dans la voiture, le petit noir[53] de la mère Théodore avalé[54] tout chaud d'un coup, au pied levé,[55] les brancards empoignés solidement; son cri, vigoureux comme le chant du coq, déchirant l'air matinal, sa course par les rues populeuses, toute sa vie innocente et rude de cheval humain, qui, durant un demi-siècle, porta, sur son étal roulant, aux citadins brûlés de veilles et de soucis,[56] la fraîche moisson des jardins potagers.[57] Et secouant la tête il soupira:

— Non! j'ai plus le courage que j'avais. Je suis fini. Tant va la cruche[58] à l'eau qu'à la fin elle se casse. Et puis, depuis mon affaire en justice, je n'ai plus le même caractère. Je suis plus le même homme, quoi!

Enfin il était démoralisé. Un homme dans cet état-là, autant dire que c'est un homme par terre et incapable de se relever. Tous les gens qui passent lui pilent dessus.[59]

VIII

LES DERNIERES CONSEQUENCES

La misère vint, la misère noire. Le vieux marchand ambulant, qui rapportait autrefois du faubourg Montmartre les pièces de cent sous à plein sac,[60] maintenant n'avait plus un rond.[61] C'était l'hiver. Expulsé[62] de sa soupente, il coucha sous des charrettes, dans une remise. Les pluies étant tombées pendant vingt-quatre jours, les égouts débordèrent[63] et la remise fut inondée.

Accroupi[64] dans sa voiture, au-dessus des eaux empoisonnées, en compagnie des araignées,[65] des rats et des chats faméliques,[66] il songeait dans l'ombre.[67] N'ayant rien mangé de la journée et n'ayant plus pour se couvrir les sacs du marchand de marrons, il se rappela les deux semaines durant lesquelles le gouvernement lui avait donné le vivre et le couvert.[68]

---

[41] 'early morning auction at the market'   [42] 'damaged'   [43] 'weak'   [44] 'shed'
[45] 'stall'   [46] 'tripe-seller'   [47] 'basket'   [48] 'decadence'   [49] 'youthful'
[50] 'former'   [51] i.e. the pacing up and down   [52] 'armfuls'   [53] 'small cup of black coffee'   [54] 'swallowed'   [55] i.e. hastily   [56] 'city folk worn out with sleepless nights and cares'   [57] 'harvest of the vegetable gardens'   [58] 'jug'
[59] 'trample on him'   [60] 'by the sack full'   [61] 'cent'   [62] 'evicted'
[63] 'sewers overflowed'   [64] 'huddled'   [65] 'spiders'   [66] 'starving'
[67] 'meditated in the shadows'   [68] 'board and lodging'

Il envia le sort[69] des prisonniers, qui ne souffrent ni du froid ni de la faim, et il lui vint une idée:

— Puisque je connais le truc,[70] pourquoi que je m'en servirais pas?

Il se leva et sortit dans la rue. Il n'était guère plus de onze heures. Il
5 faisait un temps aigre et noir. Une bruine[71] tombait, plus froide et plus pénétrante que la pluie. De rares passants se coulaient au ras[72] des murs.

Crainquebille longea[73] l'église Saint-Eustache et tourna dans la rue Montmartre. Elle était déserte. Un gardien de la paix se tenait planté sur le trottoir, au chevet[74] de l'église, sous un bec de gaz,[75] et l'on voyait,
10 autour de la flamme, tomber une petite pluie rousse.[76] L'agent la recevait sur son capuchon,[77] il avait l'air transi,[78] mais soit qu'il préférât la lumière à l'ombre, soit qu'il fût las de marcher, li restait sous son candélabre, et peut-être s'en faisait-il un compagnon, un ami. Cette flamme tremblante était son seul entretien[79] dans la nuit solitaire. Son immobilité ne parais-
15 sait pas tout à fait humaine; le reflet de ses bottes sur le trottoir mouillé,[80] qui semblait un lac, le prolongeait inférieurement[81] et lui donnait de loin l'aspect d'un monstre amphibie,[82] à demi sorti des eaux. De plus près, encapuchonné et armé, il avait l'air monacal[83] et militaire. Les gros traits[84] de son visage, encore grossis par l'ombre du capuchon, étaient
20 paisibles et tristes. Il avait une moustache épaisse, courte et grise. C'était un vieux sergot,[85] un homme d'une quarantaine d'années.

Crainquebille s'approcha doucement de lui et, d'une voix hésitante et faible, lui dit:

— Mort aux vaches!

25 Puis il attendit l'effet de cette parole consacrée. Mais elle ne fut suivie d'aucun effet. Le sergot resta immobile et muet, les bras croisés sous son manteau court. Ses yeux, grands ouverts et qui luisaient[86] dans l'ombre, regardaient Crainquebille avec tristesse, vigilance et mépris.

Crainquebille, étonné, mais gardant encore un reste de résolution,
30 balbutia:[87]

— Mort aux vaches! que je vous ai dit.

Il y eut un long silence durant lequel tombait la pluie fine et rousse et régnait l'ombre glaciale. Enfin le sergot parla:

— Ce n'est pas à dire...[88] Pour sûr et certain que ce n'est pas à dire.
35 A votre âge on devrait avoir plus de connaissance... Passez votre chemin.

— Pourquoi que vous m'arrêtez pas? demanda Crainquebille.

Le sergot secoua la tête sous son capuchon humide:

— S'il fallait empoigner tous les poivrots[89] qui disent ce qui n'est pas à dire, y en aurait de l'ouvrage!... Et de quoi que ça servirait?

---

[69] 'lot' [70] 'trick' [71] 'drizzle' [72] 'slunk along close to' [73] 'skirted'
[74] 'apse' [75] 'gas-lamp' [76] 'rust-colored' [77] 'hood' [78] i.e. he looked chilled to the bone [79] 'company' [80] 'wet' [81] 'from below'
[82] 'amphibious' [83] 'monkish' [84] 'features' [85] 'cop' [86] 'shone'
[87] 'stammered' [88] 'it's not a thing to say' [89] 'to run in all the drunks'

Crainquebille, accablé par ce dédain magnanime, demeura longtemps stupide et muet, les pieds dans le ruisseau. Avant de partir, il essaya de s'expliquer:

— C'était pas pour vous que j'ai dit: «Mort aux vaches!» C'était pas plus pour l'un que pour l'autre que je l'ai dit. C'était pour une idée.   5

Le sergot répondit avec une austère douceur:

— Que ce soye[90] pour une idée ou pour autre chose, ce n'était pas à dire, parce que quand un homme fait son devoir et qu'il endure bien des souffrances, on ne doit pas l'insulter par des paroles futiles... Je vous réitère de passer votre chemin.   10

Crainquebille, la tête basse et les bras ballants,[91] s'enfonça[92] sous la pluie dans l'ombre.

[90] = *soit*   [91] 'dangling'   [92] 'went off'